Logistik

Management und Strategien

von
Universitätsprofessor
Dr. Richard Vahrenkamp

unter Mitarbeit von
Dr. Christoph Siepermann

6., überarbeitete und erweiterte Auflage

Oldenbourg Verlag München Wien

Bibliografische Information der Deutschen Nationalbibliothek

Die Deutsche Nationalbibliothek verzeichnet diese Publikation in der Deutschen Nationalbibliografie; detaillierte bibliografische Daten sind im Internet über <http://dnb.d-nb.de> abrufbar.

© 2007 Oldenbourg Wissenschaftsverlag GmbH
Rosenheimer Straße 145, D-81671 München
Telefon: (089) 45051-0
oldenbourg.de

Das Werk einschließlich aller Abbildungen ist urheberrechtlich geschützt. Jede Verwertung außerhalb der Grenzen des Urheberrechtsgesetzes ist ohne Zustimmung des Verlages unzulässig und strafbar. Das gilt insbesondere für Vervielfältigungen, Übersetzungen, Mikroverfilmungen und die Einspeicherung und Bearbeitung in elektronischen Systemen.

Lektorat: Wirtschafts- und Sozialwissenschaften, wiso@oldenbourg.de
Herstellung: Anna Grosser
Satz: DTP-Vorlagen des Autors
Coverentwurf: Kochan & Partner, München
Gedruckt auf säure- und chlorfreiem Papier
Druck: Grafik + Druck, München
Bindung: Thomas Buchbinderei GmbH, Augsburg

ISBN 978-3-486-58467-7

Vorwort zur 6. Auflage

Wegen der guten Aufnahme der 5. Auflage mußte rasch die 6. Auflage erscheinen, in welcher der Text überarbeitet und erweitert wurde. Das Kapitel 15 „Die Rolle des Staates in der Verkehrs-Infrastruktur" habe ich neu aufgenommen. Das Kapitel 26 zur Tourenplanung wurde um den Aspekt der Zuordnung der Kosten zu den Kunden erweitert. Die empirischen Daten zu Abschnitt IV „Transportnetzwerke der Logistik" wurden aktualisiert. In diesen Band gehen die Erfahrungen ein, die der Autor in seinen Seminaren zur Logistik und zum Gütertransport am Fachbereich Wirtschaftswissenschaften der Universität Kassel in den vergangenen Jahren sammeln konnte. Auch führten Diskussionen mit Führungskräften von Logistikunternehmen aus dem Logistik-Cluster von Nordhessen zu einer wesentlichen Bereicherung des hier dargestellten Stoffes. Diskussionsplattformen boten das von der Forschungsgruppe Produktionswirtschaft und Logistik regelmäßig veranstaltete Kasseler Logistikforum. Herr Dr. Christoph Siepermann hat sich als wissenschaftlicher Mitarbeiter am Lehrstuhl Produktionswirtschaft und Logistik besonders engagiert für die Bearbeitung der Texte und die Erstellung eigener Textabschnitte, so in Kapitel 4, 22, 23 und 25. Ganz besonders danke ich Frau Jutta Quanz für die Erstellung und Formatierung des Textes sowie für ihre umfangreichen Korrekturarbeiten. Ich danke auch Herrn Dr. Schechler für die gute Zusammenarbeit mit dem Verlag.

Kassel, im Mai 2007   Richard Vahrenkamp

Inhaltsübersicht

1	Einleitung	2
2	Strategien des Supply Chain Managements	24
3	Speditionen als Integratoren der Logistikkette	47
4	Informationssysteme in Logistiknetzwerken	52
5	Logistiksysteme der Materialwirtschaft	75
6	Distributionssysteme – Struktur und Strategien	85
7	Distributionssysteme in der E-Logistik	112
8	Europa-Strategien für Distributionsnetzwerke	126
9	KEP-Dienste als Treiber für moderne Logistikkonzepte	137
10	Strategien der Ersatzteillogistik	162
11	Das Lagerhausmanagement und Bestellpolitiken	173
12	Beschaffungslogistik und Global Sourcing	203
13	E-Procurement als neue Beschaffungsstrategie	229
14	Entsorgungslogistik	235
15	Die Rolle des Staates in der Verkehrs-Infrastruktur	251
16	Die Systemverkehre mit dem LKW	253
17	Die Rolle der Luftfracht in der internationalen Logistik	274
18	Eisenbahnlogistik	304
19	Die Schiffsverkehre in der internationalen Logistik	317
20	Verpackungs- und Behältersysteme	328
21	Die Lieferantenintegration der Just-in-Time-Beschaffung	342
22	Logistik-Kooperationen zwischen Industrie und Handel: ECR und CPFR	357
23	Strategien des Outsourcings	383
24	Parkkonzepte in der Logistik	400
25	Controlling von Logistiksystemen	416
26	Tourenplanung für die letzte Meile	441
27	Strategische Standortplanung	458
	Literaturverzeichnis	473
	Abkürzungsverzeichnis	484

Inhaltsverzeichnis

Vorwort zur 6. Auflage	V
Inhaltsübersicht	VII
Inhaltsverzeichnis	IX
Abschnitt I Grundlagen der Logistik	**1**

1 Einleitung **2**
    1.1 Logistik – Ein Portrait der Branche 2
    1.2 Impulse für die Logistikbranche 3
    1.3 Modellierung der Logistik 7
    1.4 Die theoretischen Grundlagen der Logistik 9
        1.4.1 Das Netzwerkmodell 10
        1.4.2 Der Verkehr als Produktionsfaktor 12
        1.4.3 Das Flusskonzept 13
        1.4.4 Die Schnittstellenvereinfachung 13
        1.4.5 Das Outsourcing 13
        1.4.6 Die Vereinfachung 14
        1.4.7 Information und Intelligenz 14
        1.4.8 Die Ganzheitlichkeit, Logistikketten und Systemdenken 14
        1.4.9 Vertikale Marketingsysteme 15
        1.4.10 Die Nutzung von Synergie-Effekten 15
        1.4.11 Die Kooperation 16
        1.4.12 Der Transaktionskostenansatz 20

2 Strategien des Supply Chain Managements **24**
    2.1 Einführung 24
    2.2 Das Grundmodell des Supply Chain Managements und dessen Kritik 28
    2.3 Die Methoden des Supply Chain Managements 31
        2.3.1 Postponement 32
        2.3.2 Methoden zur Dämpfung des Bullwhip-Effekts 37
    2.4 Die Erhöhung der Logistik-Effizienz in Europa 44

3 Speditionen als Integratoren der Logistikkette **47**
    3.1 Grundlegende Begriffe und Übersicht 47
    3.2 3PL-Provider und Kontraktlogistik 48
    3.3 4PL-Provider 50

4 Informationssysteme in Logistiknetzwerken **52**
    4.1 Einführung 52
    4.2 Standards für den elektronischen Datenaustausch 53
    4.3 Kosten, Nutzen und Verbreitung von EDI in der Logistikkette 64
    4.4 Auto-Identifikationstechniken in der Logistikkette: Barcodes und RFID... 67

5 Logistiksysteme der Materialwirtschaft **75**
    5.1 Nummerierungssysteme 75
    5.2 Die ABC-Analyse und die XYZ-Analyse 76
    5.3 Der Materialfluss in Bedien- und Abfertigungssystemen 78
    5.4 Die Kapazität von Bedien- und Abfertigungssystemen in der Logistik 80

Abschnitt II Distributionslogistik   84

6 Distributionssysteme – Struktur und Strategien   85
- 6.1 Allgemeine Kennzeichen von Distributionssystemen 85
- 6.2 Konfiguration und Kostenstruktur von Distributionssystemen 93
- 6.3 Die Zentralisierung der Distribution 96
- 6.4 Distributionssysteme der Hersteller 98
- 6.5 Distributionssysteme im Handel 101
- 6.6 Transit-Terminals, Warenverteilzentren und Cross-Docking 103
- 6.7 Distributionssysteme von Frischdiensten 106

7 Distributionssysteme in der E-Logistik   112
- 7.1 Einführung 112
- 7.2 Veränderungen der Logistik durch E-Commerce im B2C-Segment 115
- 7.3 Logistikkosten im virtuellen Online-Handel 117
- 7.4 E-Fulfillment im B2C-Handel 118
  - 7.4.1 Kundenanforderungen im B2C-Handel 118
  - 7.4.2 Die Logistik der Endkundenbelieferung 119
  - 7.4.3 Probleme des Fulfillments in der Endkundenbelieferung 121
- 7.5 Die Rolle der Logistikdienstleister in der E-Logistik 122
- 7.6 Erfolgsfaktoren auf dem Gebiet der E-Logistik 124

8 Europa-Strategien für Distributionsnetzwerke   126
- 8.1 Der Europäische Binnenmarkt 126
- 8.2 Neue Distributionsstrukturen in Europa 127
- 8.3 Strategien in der Eurologistik 129
- 8.4 Logistik in Osteuropa 133
- 8.5 Fallstudie zur Planung von Lagerstandorten mit Euronetz 134

9 KEP-Dienste als Treiber für moderne Logistikkonzepte   137
- 9.1 Grundlegende Begriffe und Übersicht 137
- 9.2 Die Netzwerktypen im KEP-Markt 143
- 9.3 Netzwerkeffekte bei Depot- und Hub-Systemen 147
- 9.4 Strategien für reife KEP-Märkte 150
- 9.5 Das Internet als KEP-Treiber 154
- 9.6 Die KEP-Dienste und die neuen Sicherheitskonzepte 154
- 9.7 General Logistics System GLS 155
- 9.8 DHL 156
- 9.9 Federal Express 159

10 Strategien der Ersatzteillogistik   162
- 10.1 Die Ersatzteilversorgung als Organisation 162
- 10.2 Die Sortimentstruktur in der Ersatzteilorganisation 164
- 10.3 Lagerhaltungsstrategien im Ersatzteilgeschäft 168
- 10.4 Die Anforderungen des After-Sales-Services 170

11 Das Lagerhausmanagement und Bestellpolitiken 173
- 11.1 Das Zielsystem 173
- 11.2 Die Umsetzung des Zielsystems 174
- 11.3 Das Lagerhauslayout 176
- 11.4 Kommissioniersysteme 182
- 11.5 Zweistufige Lagersysteme 190
- 11.6 Bestellpolitiken und Sicherheitsbestände bei stochastischer Nachfrage ... 191
- 11.7 Die Aggregation der regionalen Sicherheitsbestände im Zentrallager 198

Abschnitt III Beschaffungs- und Entsorgungslogistik 202

12 Beschaffungslogistik und Global Sourcing 203
- 12.1 Einleitung und Begriffsbestimmungen 203
- 12.2 Güterarten in der Beschaffung 204
- 12.3 Stufen der internationalen Beschaffung 208
- 12.4 Länderauswahl und Motive für die internationale Beschaffung 209
- 12.5 Transaktionskosten der internationalen Beschaffung 213
- 12.6 Sourcing-Konzepte 216
- 12.7 Die Lieferantenkommunikation und Anlieferstrategien ... 219
- 12.8 Die strategische Beschaffung 226

13 E-Procurement als neue Beschaffungsstrategie 229
- 13.1 Kataloge mit Festpreisen 229
- 13.2 Lieferantenseitige Märkte 229
- 13.3 Kundenseitige Märkte 230
- 13.4 Online-Auktionen 230
- 13.5 Beschaffung von C-Artikeln mit Desktop Purchasing (DP) 231

14 Entsorgungslogistik 235
- 14.1 Die gesetzlichen Grundlagen 235
- 14.2 Recycling von Wertstoffen 238
- 14.3 Das Duale System Deutschland 242
- 14.4 Mehrwegsysteme 244
- 14.5 Kommunale Müllentsorgung 248

Abschnitt IV Transportnetzwerke der Logistik 250

15 Die Rolle des Staates in der Verkehrs-Infrastruktur 251

16 Die Systemverkehre mit dem LKW 253
- 16.1 Rechtliche Grundlagen des Straßengüterverkehrs 253
- 16.2 Der Speditionssammelgutverkehr 258
  - 16.2.1 Sendungsstrukturen im Straßengüterverkehr 258
  - 16.2.2 Die Transportkette im Speditionssammelgutverkehr 259
  - 16.2.3 Kostenstrukturen im Speditionssammelgutverkehr 261
  - 16.2.4 Netzwerktypen im Sammelgutverkehr 261
- 16.3 Fuhrparkmanagement 265

17 Die Rolle der Luftfracht in der internationalen Logistik 274
17.1 Begriff und Kennzeichen der Luftfracht 274
17.2 Die Rolle der Luftfracht in der Weltwirtschaft 279
17.3 Hubs als Konzentratoren in der Luftfracht 285
17.4 Die Carrier-Spediteur-Kooperation in der klassischen Luftfracht 290
17.5 Die Laufzeiten in der klassischen Luftfracht 296
17.6 Informationsplattformen in der Luftfracht 297
17.7 Expressfracht und die Rolle der Integratoren 298
17.8 Sea-Air-Verkehre 300
17.9 Airportlogistikzentren 302

18 Eisenbahnlogistik 304
18.1 Die Privatisierung der Bahn 304
18.2 Die Bahn im Wettbewerb mit anderen Verkehrsträgern 304
18.3 Die mangelnde Kundenorientierung von Railion 306
18.4 Die Zersplitterung der Bahnen im geeinten Europa 306
18.5 Der Kombiverkehr mit der Bahn 309

19 Die Schiffsverkehre in der internationalen Logistik 317
19.1 Einleitung 317
19.2 Schiffstypen und wichtige Begriffe der modernen Schifffahrt 317
19.3 Die Rolle der Schifffahrt im internationalen Handel 318
19.4 Trends in der internationalen Schifffahrt 320
    19.4.1 Ausflaggung 320
    19.4.2 Globaler Arbeitsmarkt 321
    19.4.3 Containerisierung 322
19.5 Entwicklung und Strukturwandel in der Hafenwirtschaft 324
19.6 Technik versus Ökonomie in der Schifffahrt 326

20 Verpackungs- und Behältersysteme 328
20.1 Grundlegende Begriffe und Übersicht 328
20.2 Ladeeinheiten in der Transportkette 330
20.3 Palettenmanagement 334
20.4 Container 336
20.5 Transportbehälter als Mehrwegsysteme 338
20.6 Die Optimierung der Verpackung in der Transportkette 339

Abschnitt V Kooperationen in der Logistik 341

21 Die Lieferantenintegration der Just-in-Time-Beschaffung 342
21.1 Das Just-in-Time-Grundmodell 342
21.2 Die Reduktion der Fertigungstiefe und Outsourcing 345
21.3 Ausgestaltung von Just-in-Time-Kooperationen 350

22 Logistik-Kooperationen zwischen Industrie und Handel: ECR und CPFR 357
22.1 Entstehung von ECR 357
22.2 Die Kooperation in der Logistik: Supply-side ECR 360

22.3 Die Kooperation im Marketing: Demand-side ECR 365
22.4 Technische Rahmenbedingungen für ECR: Enabling Technologies 367
22.5 Implementierung von ECR-Partnerschaften... 368
22.6 Schwachstellen von ECR.. 372
22.7 CPFR als Weiterentwicklung von ECR.. 373

23 Strategien des Outsourcings 383
23.1 Begriff und Arten des Outsourcings... 383
23.2 Chancen und Risiken des Outsourcings 386
23.3 Identifikation outsourcingfähiger Leistungen 390
23.4 Methoden zur Unterstützung von Outsourcing-Entscheidungen............... 392
23.5 Erfolgsfaktoren des Outsourcings 395
23.6 Wirkungen des Outsourcings von Logistikleistungen.............................. 397

24 Parkkonzepte in der Logistik 400
24.1 Zulieferparks.. 400
24.2 Güterverkehrszentren... 403
24.3 Die Citylogistik.. 407
    24.3.1 Citylogistik in Kassel... 409
    24.3.2 Metropolenlogistik in Paris.. 410
24.4 Logistikparks 412

Abschnitt VI Methoden des Logistikmanagements 415

25 Controlling von Logistiksystemen 416
25.1 Begriff, Aufgaben und Ziele des Logistikcontrollings............................. 416
25.2 Instrumente des Logistikcontrollings im Überblick 417
25.3 Die Logistikkosten- und -leistungsrechnung nach Weber........................ 419
25.4 Die Prozesskostenrechnung als Logistikkostenrechnung......................... 423
25.5 Logistikkennzahlen und -kennzahlensysteme 427
25.6 Die Balanced Scorecard als Logistikcontrolling-Instrument.................... 431

26 Tourenplanung für die letzte Meile 441
26.1 Überblick 441
26.2 Grundlagen der Tourenplanung.. 444
26.3 Rechnergestützte Tourenplanungssysteme... 447
26.4 Die Kalkulation der Kosten von Auslieferungstouren 450
    26.4.1 Die Vorstellung des Modellansatzes... 450
    26.4.2 Die Kalkulation der Gesamtkosten 451
    26.4.3 Kalkulation der Zusatzkosten 452
    26.4.4 Die Bestimmung der Grundkosten und der den Kunden anzurechnenden Kosten 456

27 Strategische Standortplanung 458
27.1 Überblick 458
27.2 Das Transportmodell 460
27.3 Das Warehouse-Location-Problem.. 462
27.4 Das Covering-Location-Problem... 467

Literaturverzeichnis 473
Abkürzungsverzeichnis 484

Abschnitt I

Grundlagen der Logistik

1 Einleitung

1.1 Logistik – Ein Portrait der Branche

Die Logistik hat den Transport und die Lagerung von Gütern zum Gegenstand. Von diesen zunächst unscheinbar wirkenden wirtschaftlichen Tätigkeiten ausgehend hat sich die Logistik zu einem bedeutenden Wirtschaftszweig entwickelt. Zwar zählt die Logistik als Branche nicht zu den Kategorien der amtlichen Statistik. Gleichwohl können nach einer Untersuchung von Klaus (2003) hierzu Aussagen gemacht werden. In seiner Studie „Top 100 der Logistik" zeigt er auf, dass in Deutschland die Logistikwirtschaft mit 150 Mrd. € Umsatzvolumen und 2,06 Mio. Beschäftigten auf einem Spitzenplatz unter den Wirtschaftsbranchen steht. Nach Umsatzwerten würde die Logistikwirtschaft, wenn sie einen Platz in der Branchensystematik der amtlichen Statistik gefunden hätte, unter den Industriebranchen nur übertroffen von der Fahrzeugbauindustrie (271 Mrd. €), Elektrotechnik und Maschinenbau (167 bzw. 157 Mrd. €) – nach Beschäftigtenzahlen übertrifft sie diese bei Weitem. 52 Tonnen Güter werden für jeden Bundesbürger jährlich transportiert und logistisch „gehandled" – das sind 2 Tonnen für jede Tausend Euro an Bruttoinlandsprodukt. 2,1 Mio. LKW, 2,06 Mio. Menschen und mehr als 300 Mrd. € an Lagerbeständen sind durch die Logistiker zu managen[1]. Einige weitere Kennzahlen der Logistikbranche sind in der Tabelle 1.1 wiedergegeben. Die dort ausgewiesene Summe von 150 Mrd. € Umsatzvolumen der Logistikbranche entsprechen 7,2% des Bruttoinlandsproduktes.

	Transport-Tonnage in 2002 (Mio. to)	Logistikkosten €/to (Transport)	Umsatz Mrd. € in 2002
LKW-Ferntransport (einschließlich ausländischer Fahrzeuge)	673	40,2	27,1
LKW-Nahtransport (mit <6 to Fahrzeug)	2.908	8,6	25
Bahn	345	10,3	3,6
Schiff- und Luftfahrt, Pipelines	399	18,6	7,4
Terminal-, Lagerwirtschaft ohne Bestände			38,0
Auftragsabwicklung			8,1
Administration/Koordination			7,8
Beständekosten			33,0
Zwischensumme/Mittelwert	**4.325**	**14,6**	**150,0**
davon outgesourced an Logistik-Dienstleister			67,0
Kennziffern:			
beförderte/umgeschlagene Mio. to p.a.			4.325,0
Zahl abgewickelter Mio. Aufträge p.a.			2.622,1
durchschn. Erlös pro Mitarbeiter p.a. (Tsd. €)			143,3
durchschn. Erlös pro Auftrag (€/Auftrag)			57,2
durchschn. Erlös pro Tonne (€/to)			34,8
durchschn. Auftragsgröße, Tonnen/Auftrag			1,6

Tabelle 1.1: Kennzahlen der Logistikbranche (Stand 2002)

Die Umsätze der einzelnen Segmente in der Logistikbranche werden in Tabelle 1.2 dargestellt. Hier wird unterschieden in selbst erstellte Leistungen und von Dritten erstellte Leistungen, die auch als Outsourcing beschrieben werden (vgl. Kapitel 23). Es wird deutlich, dass die Segmente National Massengut, National allgemeine Ladung, Terminal-Lagerhaltung, Konsumgüterdistribution, Kontraktlogistik und Industrielle Kontraktlogistik mit jeweils über 10 Mrd. € die größten Umsätze aufweisen.

---

[1] Als LKW wird in diesem Buch der Lastkraftwagen bezeichnet – auch im Genitiv und Plural.

Marktsegment	Umsatz Outgesourced in 2002, Mrd. €	Umsatz selbsterstellt in 2002, Mrd. €	Umsatz gesamt in 2002, Mrd. €
Hängegut, Kleidertransport	0,5	0,2	0,7
Schwertransport	0,8	0,1	0,9
High-Tech-, Möbel-Transport	2,5	1,5	4
Tank- & Silofahrzeuge	3,2	1,8	5
National Stückgut	4	1	5
Grenzüberschreitender Lufttransport	5	0,4	5,4
Grenzüberschreitender Landtransport	6	1,5	7,5
Grenzüberschreitender Seetransport	7,5	0,4	7,9
Nationaler Ladungsverkehr, Spez. Equipm.	3	5	8
Paket-, Express-, Kurierdienste	7,5	0,5	8
National Massengut	5	5	10
National allgemeine Ladung	6	6,6	12,6
Terminal, Lagerhaltung	5	11,4	16,4
Konsumgüterdistribution, Kontraktlogistik	5	14,3	19,3
Industrielle Kontraktlogistik	6	33,3	39,3
Summe	**67**	**83**	**150**

Tabelle 1.2: Marktsegmente der Logistikbranche in Deutschland

Die Logistikbranche hat sich in den vergangenen 30 Jahren sehr stark entwickelt. Die Gründe hierfür werden im folgenden Abschnitt untersucht.

1.2 Impulse für die Logistikbranche

In den vergangenen Jahren hat sich das Verständnis der Logistik grundlegend gewandelt: Betriebswirtschaftlich, von einer Hilfsfunktion in der Materialwirtschaft zu einem eigenständigen Produktionsfaktor, der weltweite Lieferketten koordiniert. Volkswirtschaftlich, im Aufstieg zu der oben beschriebenen, schwergewichtigen Branche. Man kann geradezu von einer **logistischen Revolution** sprechen, die durch das Zusammenwirken unterschiedlicher Entwicklungen ausgelöst wurde:

1. Zum Bedeutungsgewinn der Logistik hat der **Güterstruktureffekt** beigetragen. In der Entwicklung der Volkswirtschaft steigt im Zeitablauf der Anteil von hochwertigen Gütern im Vergleich zu Massengütern. Diese Güter besitzen ein hohes Verhältnis von Warenwert zu Gewicht und Volumen und sind deswegen für einen vergleichsweise teuren, eiligen Transport per LKW oder Flugzeug gut geeignet. Hierdurch wurde die Entstehung von nationalen Netzwerken der LKW-Systemverkehre und von weltweiten Netzwerken im Luftverkehr gefördert.

2. Der Übergang von der Industrie- zur Dienstleistungsgesellschaft führt zu einem vermehrten Bedarf, Dokumente auszutauschen. Rechtlich selbständige Planungsbüros im Bereich Ingenieurwissenschaften, Architektur, Kultur und Werbung pflegen einen Austausch von Projektvorschlägen für ihre Auftraggeber. Dieses und der internetgestützte Versandhandel geben kräftige Impulse für Kurier- und Paketdienste.

3. Die Zuverlässigkeit und Preisgünstigkeit der Transportvorgänge hat die Arbeitsteilung zwischen verschiedenen Stufen der Produktion erhöht, zu einer Dislozierung von Produktionsstandorten und zu deren Integration in Logistikketten geführt. Man fasst diese Einwirkung moderner Logistikkonzepte auf die Volkswirtschaft mit dem Begriff des **Logistikeffekts** zusammen. Ein Beispiel für den Logistikeffekt ist die Verringerung der Bestände in der Lagerhaltung, die zu kleineren Auftragsgrößen im Lagernachschub

und häufigeren Bestellungen führt. Dieses trifft etwa auf Einzelhandelsgeschäfte mit Innenstadtlagen zu, welche die hohen Mieten für die Lagerhaltung nicht mehr aufbringen können. Der Logistikeffekt wird durch positive **Netzwerk-Externalitäten** unterstützt (siehe unten unter 1.4.1).

4. Man beobachtet einen Bedeutungsverlust der klassischen Massenproduktion auf den Konsumgütermärkten, die zu einer betriebswirtschaftlich aufwendigen Steigerung der **Komplexität** der Abläufe geführt hat. Die klassische Massenproduktion hatte das Ziel, einen einfachen und genormten Gebrauchsnutzen zu niedrigem Preis nahezu jedem Konsumenten zur Verfügung zu stellen. Berühmte Beispiele sind hierfür das Automobil "Model T" von Henry Ford aus den 20er Jahren und der Volkswagen aus den 50er Jahren. Seit dem Wechsel vom Verkäufer- zum Käufermarkt vor 30 Jahren und dem damit intensivierten Wettbewerb um die Gunst der Kunden werden die Konsumgütermärkte mit dem widersprüchlichen Begriff der **Massenindividualisierung** (Mass Customization - MC) gekennzeichnet. Deren zugrunde liegendes Paradigma kann damit beschrieben werden, dass eine derart große Vielfalt von preiswerten und im Design variierenden Gütern anzubieten ist, dass nahezu jeder Konsument genau das findet, was er sich gerade wünscht. Wir sprechen daher auch vom **Ende der Massenproduktion**. Die Individualisierung der Produkte, die bislang ein Kennzeichen der Investitionsgütermärkte gewesen war, hat nun auch die Konsumgütermärkte erfasst. Auf dem Automarkt beobachten wir eine bis heute anwachsende Typenvielfalt. So stieg die Zahl der angebotenen Modelle in der EU von 238 im Jahre 1992 auf 281 im Jahre 2002 (vgl. VDA 2003, S. 85).

Die Massenindividualisierung führt zu einer erhöhten Typenvielfalt in der Materialwirtschaft und steigert so die **Komplexität** der logistischen Prozesse. Dieses kann insbesondere in der Autoindustrie beobachtet werden. Die Zahl der als Katalognummern verwalteten Einzelteile stieg bei Opel von 72.000 im Jahre 1990 auf 170.000 im Jahre 2004, ein Zuwachs von 136% in 14 Jahren. Im VW-Konzern ergab sich im Zeitraum 1990 bis 2004 bei Ersatzteilen ein Anstieg von 124.000 auf 300.000 Positionen. Das erweiterte Teilespektrum wirkt sich unmittelbar auf den Bedarf an Lagerhaltungskapazität und Flächen für die Bereitstellung von Material in Fertigung und Montage aus. Hinzu kommt ein erhöhter Administrations- und Steuerungsaufwand.

Die Komplexitätssteigerung in logistischen Prozessen kann über die Automobilindustrie hinaus auch generell gemessen werden. Die Entwicklungszeiten für neue Produkte nehmen ab und die Zahl der angebotenen Artikel steigt an. Dieses wurde in einer Studie von AT-Kearney aufgewiesen, an der über 100 Unternehmen aus ganz Europa teilgenommen haben (AT-Kearney 2004). Die folgende Abbildung 1.1 zeigt das Absinken der Dauer des Produkt-Lebenszyklus über die verschiedenen Branchen auf. Man erwartet für Konsumgüter ein Absinken von 28 Monaten im Jahre 1998 auf 22 Monate im Jahre 2008. In der Automobilindustrie wird für den gleichen Zeitraum ein Rückgang von 87 Monaten auf 77 Monate vorausgesagt. Über alle Branchen sinkt die Dauer des durchschnittlichen Lebenszyklus von 43 auf voraussichtlich 35 Monate im Jahre 2008.

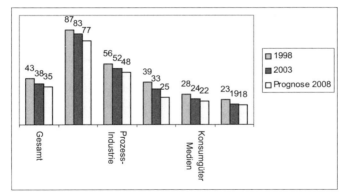

Abbildung 1.1: Verkürzung des Produktlebenszyklus

Der Anstieg der Artikelzahl durch Produktdifferenzierung in den verschiedenen Branchen lässt sich messen mit der Anzahl der verschiedenen Artikel, die in den einzelnen Branchen gelagert werden. Die AT-Kearney Studie hat hierzu Daten erhoben. Die folgende Abbildung gibt die Daten und die Aussichten für 2008 wieder.

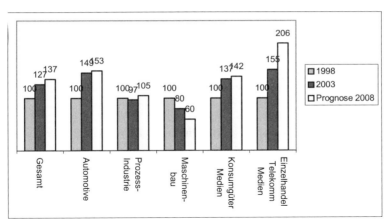

Abbildung 1.2: Relative Entwicklung der Artikelzahl (1998 = 100)

Wenn man die Zahl der unterschiedlichen Artikel im Absatzprogramm der Unternehmen über alle Branchen gleich 100 setzt, so erhöht sich dieser Wert voraussichtlich um 37% im Jahre 2008. Besonders starke Zunahmen werden im Einzelhandel und der Pharma-Industrie erwartet, wo ein Zuwachs von 106% vorausgesagt wird. Auch in der Automotive-Branche und bei den Konsumgütern/Medien gibt es Zuwächse zwischen 53 und 42%. Nur im Maschinenbau nimmt die Anzahl der verschiedenen Artikel im Absatzprogramm der Unternehmen um 40% ab. Dies ist wahrscheinlich auf einen Konzentrationsprozess in dieser Branche zurückzuführen.

5. Dem steigenden Druck aus der Materialwirtschaft stehen die neueren japanischen Produktionskonzepte, die mit Just-in-Time (JIT) und Kanban umschrieben werden, ge-

genüber. Diese problematisieren hohe Lagerbestände und führen zu einer neuen Bewertung der Lagerhaltung.

6. Fortgeschrittene Produktionskonzepte, wie die Fertigungssegmentierung und hochautomatisierte Systeme der flexiblen Fertigung, benötigen deutlich mehr Platz und Fläche, so dass der Flächenbedarf für die Fertigung stark ansteigt. Hieran knüpfen sich Überlegungen, wie durch Rationalisierung in der Materialwirtschaft Flächen zugunsten der Fertigung umgewidmet werden können.

7. Die politischen Entwicklungen führen zu einer strategischen Neukonzeption von Distributionssystemen. Sowohl der Europäische Binnenmarkt wie auch der Zusammenbruch des Ostblocks und die dortige Etablierung von marktwirtschaftlich ausgerichteten Volkswirtschaften erforderten eine neue Bewertung von bisherigen Logistikkonzepten in der Beschaffung und im Absatz. Zuliefererindustrien in den Niedriglohnländern Polen und der Tschechischen Republik ergeben eine Neuorientierung der Logistik-Ketten auf den Beschaffungsmärkten. Das neu eingerichtete Zentrallager von Sony Europa bei Köln folgte ebenfalls strategischen Überlegungen zum Absatz im Europäischen Binnenmarkt. Man spricht in diesem Zusammenhang auch von „Euro-Logistik".

8. Die Konzentration im Lebensmittel-Einzelhandel hat in den vergangenen Jahren ein hohes Ausmaß erreicht. In Deutschland besitzen die 10 größten Unternehmen einen Umsatzanteil von 85%. Diese Handelsunternehmen konnten nur durch den Aufbau eigener, spezialisierter Logistik-Systeme, in denen sie die Führung des Absatzkanals übernehmen, ihre Größe erreichen. Eine optimierte Logistik ist im Lebensmittel-Einzelhandel aufgrund der geringen Margen zu einem entscheidenden Wettbewerbsfaktor geworden.

9. Die Etablierung von Internet-gestützten Informationssystemen parallel zur Logistik-Kette hat zur Beschleunigung und präziseren Steuerung der Materialflüsse beigetragen. Dabei wird versucht, die Bestände im Logistiksystem zu senken, indem diese durch Information und „Intelligenz" substituiert werden. Diese Effekte der Bestandssenkung durch mehr Information können bei den Just-in-Time-Abrufsystemen beobachtet werden.

10. Die oben beschriebenen Impulse des Logistikeffekts und der Massenindividualisierung von Produkten führten in den vergangenen Jahrzehnten zu einem starken Anstieg des Aufkommens im Güterverkehr. Allerdings ist bei diesem Trend als eine Gegentendenz die Miniaturisierung von Konsumgütern durch die Mikroelektronik zu berücksichtigen (Kotzab 2003). Ein Beispiel hierfür ist der Übergang von Bildschirmen der Katodenstrahl-Technologie zu Flachbildschirmen. Auch ist das Zusammenwachsen von mehreren Funktionen in einem Gerät zu bedenken, was tendenziell die Anzahl der Artikel verringert, die im Logistiksystem bewegt werden. Ein Beispiel ist das Zusammenwachsen von Handy und Digitalkamera.

In der Literatur werden die zahlreichen auf die Logistikbranche einwirkenden Impulse häufig auch als **Megatrends** beschrieben. Tabelle 1.3 beinhaltet eine Zusammenstellung dieser Trends nach Klaus (2003).

Kapitel 1 • Einleitung

Megatrends in der Logistik	
... für die Logistik-Nachfrage	... für das Logistik-Angebot
Globalisierung der Produktion und des Wirtschaftsverkehrs „Dislozierung", wachsende Transportdistanzen, neue Kommunikations- und Integrationsbedarfe, gesteigerte Wettbewerbsintensität	*(Wieder-)Entdeckung der Erfolgswirkungen optimierter Struktur- und Prozessorganisation* „Pull"-orientiertes, ganzheitliches Management von „Supply Chains" mit JIT und CRP
Übergang zur postindustriellen Gesellschaft Ende des Wachstums industrieller Güterproduktion, Individualisierung und Expansion der Service-Ökonomie	*Deregulierung und Privatisierung ehemals öffentlicher Dienste der Kommunikation und des Verkehrs* Neue Anbieter, neue Leistungsangebotspakete, neue Konkurrenz
Beschleunigung der Taktraten wirtschaftlicher Aktivität in der „On Demand"-Welt Sofortreaktion auf Kundenwünsche, Verkürzung von Technologie- und Produktzyklen, zeitbasierter Wettbewerb, Logistik-Güterstruktureffekt	*Konzentration auf Kernkompetenzen und „Shareholder Value"-Denken* Ein Fokus auf Komplexitätsreduzierung und Outsourcing
Wachsende Umweltsensibilität Recycling, Verlängerung logistischer Ketten, die Vision von der Kreislaufwirtschaft und zunehmende Aversion gegen den Straßentransport	*Konzentration und Differenzierung der Branchenstruktur* „Polarisierung" und „Hierarchisierung": Wachstum der ganz Großen und der ganz Kleinen, neue Beziehungsstrukturen, mehrstufige Subunternehmerkaskaden

Tabelle 1.3: Megatrends in der Logistik

1.3 Modellierung der Logistik

Die Funktionen der Logistik können hier mit verschiedenen Modellen diskutiert werden. Wenn die logistischen Funktionen in die betrieblichen Funktionen eingeordnet werden, so ergibt sich die in Abbildung 1.3 gezeigte Darstellung, welche die Beschaffungslogistik, die Produktionslogistik, die Distributionslogistik und die Entsorgungslogistik unterscheidet. Die Fragen der Beschaffungslogistik werden in Kapitel 12 diskutiert. Im Abschnitt II liegt der Schwerpunkt auf dem Thema Distributionslogistik. Fragen der Entsorgungslogistik werden in Kapitel 14 diskutiert.

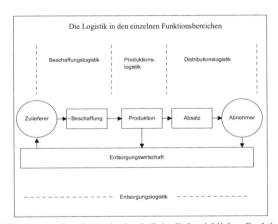

Abbildung 1.3: Einordnung der Logistik in die betrieblichen Funktionen

Ein weiteres Modell der Logistik behandelt die Grundfunktionen der Logistik. Diese werden als eine Überbrückung von Differenzen im Güter- und Informationsstrom beschrieben, wobei aufgezeigt wird, wie diese einen wirtschaftlichen Nutzen stiften. Diese Sichtweise der Logistik wird als Transport-, Umschlag-, Informations- und Lagerlogistik bezeichnet (**TUIL-Logistik**, vgl. Abbildung 1.4). Die logistischen Grundfunktionen werden als **Dienstleistungen** verstanden, da sie Güter bewegen und verwalten, nicht aber im Sinne der Produktionswirtschaft umformen. Diese Unterscheidung ist allerdings nicht vollkommen trennscharf, da moderne Logistikkonzepte auch die Konfektionierung von Konsumgütern für bestimmte Zielmärkte, also deren produktionstechnische Modifizierung, als eine logistische **Dienstleistung** auffassen.

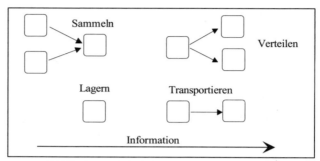

Abbildung 1.4: Die logistischen Grundfunktionen TUIL

Bei der Überbrückung von Differenzen im Güter- und Informationsstrom in einem Netzwerk sind zu unterscheiden:

1. Die Lagerung von Gütern. Hier steht die Überbrückung von **Zeit** als nutzenschaffende Funktion der Logistik im Vordergrund. Wenn Produktion oder Anlieferung zeitlich vor der Nutzung liegen, kann durch Lagerung die Zeitdifferenz überbrückt werden.
2. Der Transport von Gütern von einer Quelle zu einer Senke als eine Überwindung von **Raumdifferenzen**. Die Verfügbarkeit von Gütern an einem anderen Ort ist der Nutzen, den Logistiksysteme stiften. Diese Transportfunktionen werden im Abschnitt IV (Transportnetzwerke der Logistik) behandelt.
3. Die Sammlung von Gütern von mehreren Quellen in einem **Sammeltransport** zur gemeinsamen Verwendung an einem Ort, um die Transaktionskosten der Güternachfrage gegenüber Einzeltransporten zu vermindern.
4. Die Sammlung von einzelnen Gütern von mehreren Quellen und deren Zusammenführung an einem Ort zur **gemeinsamen wirtschaftlichen Nutzung.** Die gemeinsame Nutzung schöpft Skaleneffekte gegenüber der Einzelnutzung aus.
5. Die Verteilung von Gütern im Raum von einer Quelle, die ein Produktionswerk oder ein Lagerhaus darstellen kann, in einem **Sammeltransport** zu mehreren Senken, um die Transaktionskosten gegenüber einer Direktbelieferung vom Produzenten zu senken.
6. Die Verteilung von Gütern im Raum von einer Quelle zu mehreren Senken gemäß den Mengenanforderungen der Senken. Die bei der Verteilung auftretende Auflösung in kleinere Mengeneinheiten stiftet als **Mengentransformation** und als eine **Sortierfunktion** einen spezifischen Nutzen bei den Senken. Diese Nutzenstiftung ist besonders im Einzelhandel ausgeprägt.
7. Die Verwendung fortgeschrittener Informationssysteme stiftet einen **Informationsnutzen** in der Logistikkette durch die dem Güterfluss vorauseilenden und diesen begleitenden Informationen, welche die Übernahme der eintreffenden Güter vereinfachen, und durch die nacheilenden und dem Güterstrom entgegenlaufenden Informa-

tionen, welche die Abrechnung der Leistungen unterstützen. Die Informationssysteme in der Logistik werden in Kapitel 4 behandelt.

Das dritte Modell der Logistik ist das **Netzwerkmodell.** Es bildet ein Netzwerk ab, in dem Rechte, Güter, Finanzströme und Informationen von **Quellen** über Zwischenknoten zu **Senken** fließen und dabei Raum-, Mengen-, Informations- und Zeitdifferenzen sowie Grenzen von Unternehmen überwinden (vgl. Abbildung 1.5). Das Netzwerkkonzept eignet sich besonders dazu, **unternehmensübergreifende** Flüsse in einer Logistikkette abzubilden. Während sich die Logistik auf den Strom von Gütern und Informationen konzentriert, behandelt das Marketing stärker den Übergang von Eigentumsrechten an den Gütern. Je nachdem, welche Stromart betrachtet wird, werden verschiedene **Kanäle** unterschieden, in denen die Ströme fließen. Das Marketing spricht vom Absatzkanal oder vom Kontrahierungskanal, in dem der Übergang der Rechte abgebildet wird. Da die modernen Konzepte der Güterverteilung starken Gebrauch von Informationssystemen machen, ist es sinnvoll, die Kanäle der Güterverteilung und der Informationsübertragung zu einem Kanal zusammenzufassen.

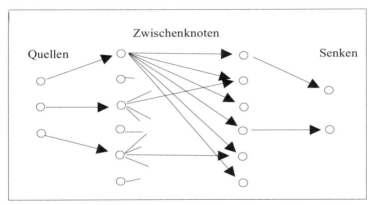

Abbildung 1.5: Der Fluss von Gütern, Informationen, Finanzmitteln und Rechten von Quellen zu Senken in einem Netzwerk

Netzwerke werden konstituiert, wenn die Austauschvorgänge nicht zufällig vor sich gehen, sondern stark standardisierten Abläufen unterworfen werden, die zu positiven **Netzwerk-Externalitäten** führen, die nun erläutert werden.

1.4 Die theoretischen Grundlagen der Logistik

An dieser Stelle sollen die verschiedenen theoretischen Ansätze zusammengestellt werden, welche zu einer theoretischen Grundlegung der Logistik führen. Die folgenden Ausführungen sind Ergebnis einer Literaturstudie, in welcher die verschiedenen theoretischen Konstrukte der Autoren extrahiert und systematisch zusammengestellt worden sind. Dabei zeigt sich, dass die Konstrukte häufig aus einem wiederkehrenden Begründungszusammenhang stammen und z.T. die gleiche Bedeutung abdecken oder sich häufig breit überschneiden.

Der Nutzen eines einheitlichen theoretischen Konzepts für die Logistik kann in Anlehnung an Pfohl (2004, S. 27) wie folgt begründet werden: Zunächst stellt sich ein **definitorischer** Nutzen dadurch ein, dass man sich über die grundlegenden Begriffe klar wird und diese sauber definiert. Ferner hat man den **beschreibenden** Nutzen, wobei Logistiksysteme mit Hilfe der definitorischen Begriffe beschrieben werden können. Darüber hinaus entsteht der **erklärende** Nutzen, indem erklärt wird, wie bestimmte beschriebene Phänomene in Logistiknetzwerken zustande kommen und wie ihre Existenz auf bestimmte Kalküle der einzelwirtschaftlichen Vorteilhaftigkeit zurückgeführt werden können. Der **Erkenntnis**-Nutzen entsteht, wenn auf der Grundlage von Beschreibungen und Erklärungen neue Formen der Logistik entdeckt und bisher nicht verstandene Phänomene erklärt werden können. Abschließend entsteht der **gestaltende** Nutzen, womit gemeint ist, dass auf der Grundlage der theoretischen Konstruktionen in antizipierender Weise Logistiksysteme gestaltet werden können.

1.4.1 Das Netzwerkmodell

Das oben erläuterte Netzwerkmodell soll hier um den Begriff der Netzwerkgüter erweitert werden. In der Wirtschaftstheorie werden genormte Produkte als **Netzwerkgüter** bezeichnet (Katz und Shapiro 1985), wenn deren Nutzen ansteigt, je größer deren Markt und deren Verbreitung sind. Zugleich fällt der Preis der Produkte infolge der Gesetze der Massenproduktion. Diese doppelte Wirkung von steigendem Nutzen und fallenden Preisen wird als **Netzwerkeffekt** bezeichnet und führt zu einer raschen Durchsetzung von Netzwerkgütern. Beispiele dafür sind Normen in der Telekommunikation (z.B. das Internet) und die Kompatibilität von Computerbauteilen und von Softwarestandards, wie z.B. das PC-Betriebssystem Microsoft Windows oder die Textverarbeitung Microsoft Word, deren Norm einen internationalen Austausch von Attachments in Email-Nachrichten ermöglicht. Ferner führen Normen in Stromnetzen (z.B. Wechselstrom mit 50 Hz und 220 Volt) zu Netzwerkeffekten, die in einer Massenproduktion von Transformatorsystemen, Installationsmaterial und Endgeräten bestehen – der Marketingansatz von Thomas A. Edison.

Im Kontext der Logistik bieten insbesondere Verkehrssysteme Beispiele für Netzwerkgüter, wie Eisenbahnlinien, Autobahnen, in Hubs konzentrierte Fluglinien sowie Systemverkehre der Stückgutspeditionen und der Paketdienste, deren Netz einen um so größeren Nutzen der wechselseitigen Erreichbarkeit liefert, je mehr Teilnehmer angeschlossen sind. Die genannten Netze konstituieren jeweils ein besonderes **Netzwerkgut**, indem die Austauschleistungen und die begleitenden IT-Systeme stark standardisiert werden und sich auf diese Weise subadditive Kostenstrukturen ergeben, die unten erläutert werden. Beispiele für Standardisierungen in Logistik-Netzwerken sind:

- Standardisierte Identifikations- und IT-Systeme sorgen für durchgängige Informationsflüsse, die schnell und fehlerfrei ablaufen und so die Qualität der Prozesse sicherstellen. Sie ermöglichen vereinfachte Programmierung und Wartbarkeit und führen so zu sinkenden Stückkosten.
- Die Abläufe in den Lagerhäusern sind standardisiert und ermöglichen so eine vereinfachte Anlernung der Arbeitskräfte, vereinfachte Kontrollsysteme des Mana-

gements und eine erhöhte Transparenz in den Auswertungen des Controllings. Damit steigt die Qualität der Prozesse bei zugleich sinkenden Stückkosten. Ferner ermöglicht die Standardisierung die Modularisierung der Lagerhäuser und deren wechselseitige Backup-Funktion in Notfällen.

Verkehrs-Netzwerke spielen in der Logistik deswegen eine besondere Rolle, da sie **subadditive Kostenstrukturen** aufweisen. Dieses kann man sich klarmachen, wenn man von dem Problem ausgeht, einen neuen Knoten an ein bestehendes Netzwerk von n Knoten anzuschließen. Durch den Anschluss an dieses Netzwerk erhält der Knoten Verbindungen zu den übrigen n Knoten im Netzwerk. Hierdurch fallen die Zugangskosten für den Knoten zu den anderen Knoten in drastischer Weise. Da bereits das Netzwerk vorliegt, muss der neue Knoten nicht mehr direkte Verbindungen zu den übrigen 1 bis n Knoten aufnehmen. In diesem Falle entstünden für jede einzelne Verbindung Kosten und die Gesamtkosten der Verbindung zu allen n Knoten wären die Summe der Einzelverbindungskosten. Demgegenüber ist die Kostenstruktur des Netzwerkes subadditiv. Die Einrichtung einer einzigen Verbindung zum nächsten Knoten reicht aus, damit der neue Knoten Zugang zu allen übrigen n Knoten gewinnt. Je dichter das Netzwerk wird, desto geringer ist die durchschnittliche Entfernung zu einem bisher noch nicht angeschlossenen Knoten und desto geringer sind die Anschlusskosten. Da der neue Knoten mit dem Anschluss an das Netzwerk Verbindung zu n Teilnehmern gewinnt, fallen die Anschlusskosten pro erreichbarem Teilnehmer sehr rasch mit der Funktion 1/n. Setzt man den Nutzen für den neu anzuschließenden Teilnehmer im Netzwerk proportional zur Anzahl der erreichbaren übrigen Teilnehmer, so steigt der Nutzen für den Netzanschluss linear mit wachsender Netzwerkgröße, da für jeden Neuanschluss die übrigen n Knoten erreicht werden können. Nimmt man an, dass für die Gesamtheit der Teilnehmer der Nutzen eines Netzwerkes proportional zur Zahl der realisierbaren Verbindungen steigt, so verhält sich der Nutzen für die Gesamtheit der Teilnehmer als eine quadratische Funktion n^2-n mit einem Zuwachs von $2n$. Den Nutzenzuwachs bezeichnet man auch als eine **positive Netzwerk-Externalität** – extern insofern, als der Nutzenzuwachs nicht durch einen Austauschvorgang auf einem Markt zustande gekommen ist. Zusätzlich führt eine Nutzung des Netzes durch mehr Teilnehmer zu sinkenden Kosten der für den Netzbetrieb erforderlichen Güter durch Economies of Scale. Die hier aufgewiesene Schere zwischen sinkenden Investitionskosten und zunehmendem Nutzen sowohl für den neu anzuschließenden Knoten wie auch für die Gesamtheit der Netzwerkteilnehmer führt zu einem explosionsartigen Wachstum von Netzwerken, wie wir es historisch vor 150 Jahren beim Wachstum der Eisenbahnnetze beobachtet hatten[2] und heute beim Internet beobachten können. Die folgende Abbildung 1.6 zeigt die sich stark öffnende Schere zwischen dem zunehmenden Nutzen und den abnehmenden Anschlusskosten pro erreichbarem Teilnehmer auf, die sich ergibt, wenn sich ein neuer Teilnehmer ans Netzwerk anschließt. Ein Beispiel für **negative Netzwerk-Externalitäten** wird in Kapitel 18 gegeben.

---

[2] Das Wachstum des Eisenbahnnetzes in Großbritannien begann in den ersten 15 Jahre langsam, um ausgehend von 100 Meilen im Jahre 1830 dann 2600 Meilen zu Anfang des Jahres 1845 zu erreichen (Wachstum von 167 Meilen p.a.). Das Netz wuchs dann wesentlich schneller um mehr als 3000 Meilen in den folgenden 6 Jahren und erreichte 6000 Meilen zum Ende des Jahres 1850 (Wachstum von 486 Meilen p.a., siehe Michael Robbins: The Railway Age, London 1965, S. 31 f.).

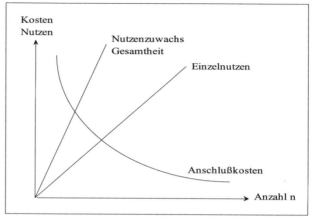

Abbildung 1.6: Die Schere zwischen Anschlusskosten und Nutzen im Netzwerk

Die Netzwerkexternalitäten führen zu einer starken Konzentration der Anbieter, weswegen Netzwerkmärkte einer Monopolkontrolle des Staates unterworfen werden müssen.

1.4.2 Der Verkehr als Produktionsfaktor

In der deutschen Verkehrswissenschaft wurde dem Verkehr eine besondere Rolle in der Volkswirtschaft zugewiesen. Man sprach von der Besonderheitenlehre, die dazu führte, dass der Verkehr nicht wie ein Wirtschaftsgut betrachtet wurde, sondern als eine primäre Ressource der Volkswirtschaft, die nur eingeschränkt dem Wettbewerb ausgesetzt werden dürfe, da ansonsten ein Chaos entstünde, das einzelne Unternehmen, ganze Branchen oder die gesamte Volkswirtschaft ruinieren würde (Voigt 1965). Wettbewerb wurde vorschnell mit ruinöser Konkurrenz verbunden. Dieses altbackene Modell des Verkehrs wurde primär von Juristen, Ingenieuren und Eisenbahnbeamten mit geringen Kenntnissen in der Wettbewerbstheorie der Volkswirtschaftslehre vertreten (Vahrenkamp 2003A). Hinzu kam die Dominanz der Eisenbahn in den erbrachten Transportleistungen, die mit ihrem großen Beamtenapparat die verkehrspolitische Diskussion bestimmte. Der Gedanke des Wettbewerbsschutzes stimmte mit den Interessen der Eisenbahn überein, die Schutz vor dem Wettbewerb mit dem LKW suchte. Hingegen führt der oben dargestellte Logistikeffekt zu der Überlegung, den Verkehr als einen Produktionsfaktor aufzufassen, der nur dann effizient eingesetzt werden kann, wenn dessen Leistungen in einem Wettbewerb zu Marktpreisen angeboten werden. Mit dem Produktionsfaktor Verkehr können Logistik-Ketten und Logistik-Netzwerke überhaupt erst konstituiert werden. Während die deutsche Verkehrswissenschaft den Verkehr als ein aus der übrigen wirtschaftlichen Tätigkeit abgeleitetes mittelbares Phänomen begriff, soll hier der Verkehr als ein Wirtschaftsgut angesehen werden, das im Wirtschaftsprozeß gleichberechtigt neben anderen Einsatzgütern, wie Stahl oder Elektrizität, steht.

1.4.3 Das Flusskonzept

Grundlegend für das moderne Verständnis der Logistik ist das Flusskonzept. Positive Netzwerk-Externalitäten und eine hohe Effizienz im Gesamtsystem werden erreicht, wenn die physischen Güterströme möglichst stetig durch das Logistiksystem fließen, ohne größere Unterbrechungen durch Lagerprozesse. Die Schnittstellen der jeweiligen Subsysteme sind darauf auszurichten, dass diese dem Fließprozess nur einen geringen Widerstand gegenüberstellen. Dieser Denkansatz wird von Weber (1998), Kummer (1996) und Klaus (1998) zu einem generellen Prinzip der Unternehmensführung erweitert. Isoliertes Abteilungsdenken führt zu unnötig hohen Widerständen bei der Überwindung der Schnittstellen und muss zugunsten übergreifender Lösungen geändert werden. Man gelangt hier auch zu einer Sichtweise der Ganzheitlichkeit (s.u. unter 1.4.8). In der Produktionswirtschaft der 20er Jahre wurde das Flusskonzept intensiv als Rationalisierungsstrategie diskutiert, die beschränkte Produktivität der Werkstatt zu überwinden und in die Dimensionen der Massenproduktion vorzustoßen.

1.4.4 Die Schnittstellenvereinfachung

Güterflüsse durch Netzwerke berühren im Allgemeinen eine Reihe von Knoten. Hier sind häufig Umschlagstätigkeiten anzutreffen. Beim Eintreffen von Gütern in einem Knoten spricht man auch von der Überwindung einer Schnittstelle. Beispiele für Schnittstellen sind der Übergang von einem Verkehrsträger an einen anderen oder das Eintreffen von Ware in einem Lager. Hier sind Aktivitäten der Kontrolle und der Übergabe erforderlich. Um die Stetigkeit des Güterstroms zur erhöhen und positive Netzwerk-Externalitäten zu erzielen, sind Vereinfachungen in der Schnittstelle erforderlich. Gefragt werden kann auch danach, ob nicht verschiedene Schnittstellen zu einer einzigen zusammengefasst und dadurch Vereinfachungen herbeigeführt werden können. Die Vereinfachung einer Schnittstelle wird durch eine Koordination von Quelle und Senke herbeigeführt. Die Koordination erfolgt als eine Absprache über Mengen, Termine, Orte der Anlieferung, Abfertigungsprozeduren, EDV-Protokolle der Telekommunikation, Verpackungen und Versandeinheiten (vgl. Kapitel 4).

1.4.5 Das Outsourcing

Mit Outsourcing bezeichnet man die Vergabe bestimmter wirtschaftlicher Aktivitäten an einen externen Partner oder an eine Kooperation mit mehreren externen Partnern, wobei auch an eine gemeinsame Gesellschaft gedacht werden kann. Mit dem Outsourcing einher geht die Konzentration auf die **Kernkompetenz**, indem Teilbereiche der logistischen Kette und spezielle logistische Dienstleistungen nach außen vergeben werden. Das Outsourcing von Logistikdienstleistungen wird in Kapitel 23 ausführlich behandelt.

1.4.6 Die Vereinfachung

Man kann Vereinfachung als ein generelles Prinzip ansehen, das auch bei der oben diskutierten Vereinfachung von Schnittstellen sowie beim Outsourcing zur Anwendung kommt, welches durch Konzentration auf die Kernkompetenz den Verantwortungsbereich für das Management vereinfacht und transparenter gestaltet. Der Vereinfachungsgedanke führt auch zu einer höheren Stetigkeit im Güterfluss und entspricht insofern auch partiell dem Flussprinzip. Beispiele hierzu sind die Fertigungssegmentierungen. Eine Konsequenz aus der Vereinfachung ist in der Unternehmensorganisation die Bildung schlanker Organisationen und flacher Hierarchien.

1.4.7 Information und Intelligenz

Ein stetiger Fluss in den Güternetzwerken wird durch Intensivierung des Informationsaustausches im Netzwerk ermöglicht. Diese Informationen betreffen vorauseilende Informationen über die Art der eintreffenden Güter, deren Zeitpunkt und die verwendeten Versandeinheiten und Transportmittel. Nacheilende Informationen betreffen den Zustand der Ladung, Schadensberichte und Soll-Ist-Abweichungen zwischen bestellter bzw. avisierter Ware und tatsächlich eingetroffener Ware. Durch die Intensivierung von Informationen kann mehr Intelligenz in das Netzwerk gebracht werden, um damit Bestände in den Lagerstützpunkten abzubauen. Früher hatten Bestände die Funktion, das Unwissen über die Bewegung im Güternetzwerk durch Vorhalten von Vorräten auszugleichen. Intelligente Lösungen können auch dazu führen, dass über Fracht- und Laderaumbörsen Kapazitäten gemeinsam genutzt, unproduktive Leerfahrten vermieden und zeitliche Belastungsspitzen im Netzwerk besser verteilt werden können. Von daher unterstützen Informationen und Intelligenz das Flusskonzept und erschließen Synergien.

1.4.8 Die Ganzheitlichkeit, Logistikketten und Systemdenken

Die Forderung nach Ganzheitlichkeit bedeutet, von einer isolierten Funktionslogistik abzugehen und die Güterströme im gesamten Netzwerk als Logistikkette aufzufassen, deren Strom nur durch eine Abstimmung aller Stationen stetiger und schneller vor sich gehen kann. Dieser Ansatz wird mit dem Konzept der Logistikketten und des Supply Chain Managements umgesetzt (vgl. Kapitel 2). Dieses Konzept impliziert zugleich auch die Schnittstellenvereinfachung im Logistiknetzwerk. Es kann durch vermehrte Information und durch mehr Intelligenz im System unterstützt werden. Die ganzheitliche Betrachtungsweise lässt sich auch als Systemansatz in der Logistik verstehen. Der Systemansatz wurde in der Betriebswirtschaftslehre der 70er Jahre intensiv diskutiert und auch von Kirsch u.a. (1973) zur Grundlegung der Logistik herangezogen. Ein System koordiniert eine Menge von einzelnen Elementen durch eine Beziehungsstruktur, die durch das Netzwerk gegeben ist. Die Beziehungen werden durch ihre Art und Intensität beschrieben. Werden die Güterflüsse im Zeitablauf betrachtet und die Zeit als zusätzliche Dimension in das Netzwerk eingeführt, so werden damit Prozesse abgebildet. Der ganzheitliche Ansatz fordert die Koordination und Kooperation der verschiedenen Elemente im Logistiknetzwerk.

Gegen den Systemansatz wendet Bretzke (1996) kritisch ein, dass ein System in der Praxis nur schwer abgrenzbar ist und die ordnende Kraft des Systemdenkens nur eine spezielle Blickrichtung darstellt, die aus der Sicht anderer Marktteilnehmer nicht als koordinierend empfunden werden muss. Diese Sichtweise schließt an die These von Luhmann (1964) an, der vorbringt, dass eine Koordination nach einer Dimension eine Desintegration auf anderen Dimensionen herbeiführt.

1.4.9 Vertikale Marketingsysteme

Der Begriff der vertikalen Marketingsysteme stammt aus dem US-Marketing der 60er Jahre und beschreibt den Versuch, die klassischen, stark segmentierten Distributionsnetzwerke in professionell geführte und zentral gelenkte Netzwerke umzuwandeln, die von Kanalführern gesteuert werden und die effizient die Distributionsaufgaben übernehmen. Dies gelingt, indem Konkurrenzverhalten und Konfliktsituationen der Netzwerkteilnehmer ausgeschaltet und diese vom Kanalführer auf ein einheitliches Ziel hin ausgerichtet werden. Unterschieden werden folgende Formen vertikaler Marketingsysteme (Irrgang 1993, Laurent 1996):

- Vertikale Integration, hierbei gehören Herstellerwerke, Distributionssysteme und Absatzkanäle einem gemeinsamen Unternehmen. Diese eigentumsgebundenen Systeme werden entweder vom Hersteller dominiert, wie etwa bei den Absatzsystemen der Autohersteller (vgl. Florenz 1991), oder werden von großen Handelshäusern geführt, wie z.B. C&A oder Massa. Im Lebensmittelbereich dominiert die vertikale Integration durch den Handel, da dieser Kostenvorteile nur durch spezialisierte, eigene Distributionssysteme erreichen konnte, wie z.B. Aldi.
- Machtgebundene Kooperationen werden charakterisiert durch das überwiegende Gewicht eines Players im gesamten Logistiknetzwerk, dessen Einfluss ausreicht, um die übrigen Player auf seine Ziele hin auszurichten. Diese Form finden wir bei Just-in-Time-Partnerschaften, bei denen die Automobilwerke dominieren, und bei der Lieferantenbeziehung im hochkonzentrierten Lebensmitteleinzelhandel.
- Vertragsgebundene Systeme koordinieren Hersteller und Absatzstufen über vertragliche Vereinbarungen. Beispiele hierfür sind etwa Franchise-Systeme oder Einzelhandelsketten, die von der Großhandelsstufe aus gesteuert werden. Dazu sind Beispiele etwa aus dem PC-Einzelhandel bekannt.

1.4.10 Die Nutzung von Synergie-Effekten

Synergie-Effekte bedeuten, durch Kooperation mit Mitbewerbern Betriebsmittel für einen definierten Aufgabenbereich gemeinsam zu nutzen. Insofern stellt der Punkt Synergie nur einen Spezialfall der in Kapitel 1.4.11 diskutierten Kooperation dar. Beispiele für Synergien sind etwa die gemeinsame Nutzung von Distributionssystemen, von Lagersystemen und von Verkehrssystemen. Bei der Verteilung von fertig gestellten Autos sind Ford in Köln und BMW in München eine Kooperation bei der Nutzung von Güterzügen für den Autotransport in die jeweilige Region eingegangen. Zwischen Köln und München wird anstelle zweier unabhängig verkehrender Güterzüge ein gemeinsamer

Zug eingesetzt mit der Folge, dass unproduktive Leerfahrten vermieden werden können. In der folgenden Abbildung 1.7 wird dieser Effekt der gemeinsamen Nutzung skizziert.

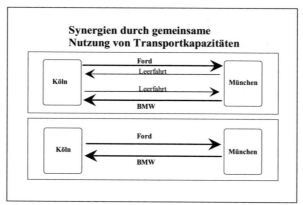

Abbildung 1.7: Synergien durch gemeinsame Nutzung von Autotransport-Zügen

1.4.11 Die Kooperation

In der Literatur bestehen unterschiedliche Definitionen über die Merkmale und die Intensität von Kooperationen[3]. Anhand der am häufigsten verwendeten Merkmale kann die Kooperation definiert werden als ein zielgerichtetes und gemeinsames Wirken von mindestens zwei Partnern, das auf die Optimierung einzelner Funktionen beschränkt und auf eine längere Dauer ausgerichtet ist. Die Kooperation ist eine Koordinationsform zweier oder mehrerer Unternehmen. Die Kooperation entsteht durch eine ganzheitliche Betrachtungsweise der Logistikkette, die unter Ausnutzung der Vorteile der Spezialisierung die mit der Überbrückung räumlicher und zeitlicher Distanzen anfallenden gemeinsamen Probleme beider Institutionen optimal bzw. effizient löst. Die ganzheitliche Betrachtungsweise des Logistikkanals erfordert ein Überdenken der auf einzelne Funktionen beschränkten Sichtweise im Absatzkanal und begründet dadurch ihre Existenz.

Die Kooperation unterscheidet sich von der normalen Geschäftsbeziehung und der Konzernbildung dadurch, dass sie im Vergleich zur normalen Geschäftsbeziehung auf eine langfristige Partnerschaft abzielt. Bei der Konzernbildung kommt es zusätzlich zum Verlust der rechtlichen und wirtschaftlichen Selbständigkeit, wohingegen bei der Kooperation die rechtliche Selbständigkeit erhalten bleibt und lediglich die wirtschaftliche Selbständigkeit eingeschränkt wird. Außerhalb der Logistik werden Kooperationen von

---

[3] Das Thema Kooperation ist ein klassisches Untersuchungsfeld der Betriebswirtschaftslehre. Hier einige ältere Arbeiten: Abels, H.-W.: Organisation von Kooperationen kleiner und mittlerer Unternehmen mittels Ausgliederung, Frankfurt 1980. Benisch, W.: Kooperationsfibel, Bergisch-Gladbach 1973. Bidlingmaier, J.: Begriff und Formen der Kooperationen im Handel, in: Bidlingmaier, J./Jacobi, H./Uherek, E. (Hrsg.): Absatzpolitik und Distribution, Wiesbaden 1967. Lilienstern, H.: Kooperation, zwischenbetrieblich, in: W. Kern (Hrsg.): Handwörterbuch der Produktionswirtschaft, Stuttgart 1979, Sp. 928-938. Pfohl, H.-Chr.: Interorganisatorische Zusammenarbeit bei der Warenverteilung im Absatzkanal - Ein Beispiel für kooperatives Marketing, in: Jahrbuch Absatz- und Verbraucherforschung 21, 1975, S. 284-306. Schwarz, P.: Morphologie von Kooperationen und Verbänden, Tübingen 1979. Stern, L.W.(Hrsg.): Distribution Channells - Behavioral Dimensions, Boston 1969.

der Wirtschaftsinformatik unter dem Begriff der virtuellen Unternehmen diskutiert und von der Fertigungswissenschaft als Logistik-Netzwerke bezeichnet (Wiendahl u.a. 1996).

Unter einem zielgerichteten und gemeinsamen Wirken versteht man eine Koordination von Aktivitäten, die auf ein gemeinsames Zielbündel fokussiert sind, wobei bei einer Kooperation mehrere gleichgerichtete als auch entgegengerichtete Ziele existieren können.

Eine Kooperation kann **horizontal** erfolgen auf der gleichen Stufe in der Logistikkette. Diese Kooperation verbindet dann Wettbewerber. Die **vertikale Kooperation** findet zwischen Unternehmen auf Folgestufen der Logistikkette statt.

Bei der **horizontalen Kooperation** geht es um eine Neuverteilung von Einzelfunktionen unter den Partnern mit dem Ziel, folgende Vorteile zu nutzen:

- **Spezialisierung**. Das Know-how der Mitarbeiter ist für die spezialisierte Aufgabe vertieft vorhanden. Die Häufigkeit der Aufgabenerfüllung führt zu verkürzten Phasen der Einarbeitung. Die Rüstzeiten sinken. Die Effekte der Lern- und Erfahrungskurve können demnach genutzt werden.
- **Kostendegression**. Die Fixkosten des Betriebs können auf mehr Geschäftsvorfälle verteilt werden. Ein vermehrter Output lässt einen höheren Grad der Automation bei verminderten Personalkosten zu und nutzt in dieser Weise Skaleneffekte.
- **Zeitlicher Kapazitätsausgleich**. Die Belastungsspitzen durch die einzelnen Teilnehmer der Kooperation treten zu unterschiedlichen Zeiten auf und führen in der Bündelung zu einem gegenseitigen Ausgleich. Damit ist eine größere Stetigkeit in der Kapazitätsnutzung gegeben, und die Kapazität ist besser an die Belastung anpassbar.

Eine **horizontale Kooperation** als ein zielgerichtetes und gemeinsames Wirken stellt eine Koordination von Aktivitäten dar, die auf ein gemeinsames Zielbündel fokussiert sind, wobei mehrere gleichgerichtete als auch entgegengerichtete Ziele existieren können. Die Koordination kann verschiedene Formen annehmen: Sie kann mit einer Übertragung bzw. Neuverteilung der Teilaufgaben

- auf einen Partner (**Konzentration**),
- auf eine gemeinsame Einrichtung (**Kooperationsbetrieb**),
- auf vertragsgebundene **Franchise-Unternehmen** oder
- auf Dritte (Logistikdienstleister)

einhergehen. Die drei letzten Arten der Kooperation gehen mit der Ausgliederung von Spezialfunktionen einher und werden von folgender Abbildung 1.8 veranschaulicht. Die oben genannten Arten der horizontalen Kooperation werden im Folgenden erläutert. Durch die Funktionsübertragung an den Partner kommt es zu einer Konzentration seiner logistischen Aufgabenerfüllung und den damit verbundenen Vorteilen der Spezialisierung, der Kostendegression und des zeitlichen Kapazitätsausgleichs.

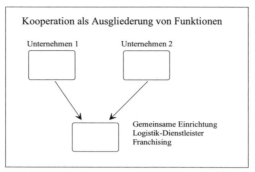

Abbildung 1.8: Kooperation als Ausgliederung von Funktionen

Die Aufgaben und Leistungsbeziehungen werden dabei zwischen den Partnern neu verteilt. Der Fall der Konzentration kann auch die komplementäre Ergänzung in der raumwirtschaftlichen Abdeckung von Logistikleistungen erklären, wie er bei Empfangsspeditionen im Sammelladungsverkehr auftritt (vgl. Kapitel 16). Die Übertragung der Teilfunktion an eine gemeinsame Einrichtung impliziert die Bildung einer gemeinsamen Institution, die auch als **Kooperationsbetrieb** bezeichnet wird. Der Kooperationsbetrieb besitzt die Aufgabe, die bisher auf die Partner verteilten gleichen Teilfunktionen zu bündeln, um Vorteile der Spezialisierung, der Kostendegression und des zeitlichen Kapazitätsausgleichs herbeizuführen und die unterschiedlichen Konfliktarten zwischen den Partnern durch die Bildung einer neutralen Institution zu entschärfen. Das Gleiche trifft auf die Einrichtung von Franchise-Unternehmen zu, die Spezialaufgaben übernehmen können. Eine Kooperation über **Franchise-Unternehmen** eignet sich für die vertikale Kooperation in vertikalen Marketingsystemen (siehe oben) wie auch in horizontaler Kooperation auf gleicher Stufe der Logistikkette für spezialisierte Aufgaben, die z.B. der Paketdienst German Parcel (heute GLS) als Kooperationspartner von mittelständischen Speditionen übernommen hatte. Schließlich kann die Funktionsübertragung auch an einen **neutralen Logistikdienstleister** erfolgen, der nicht Mitglied der Kooperation ist und insofern auch sehr gut zur Pufferung von Konflikten unter den Mitgliedern taugt, und der als spezialisierter Dienstleister Vorteile der Spezialisierung, der Kostendegression und des zeitlichen Kapazitätsausgleichs wahrnehmen kann.

Kooperationen können in unterschiedlicher Form realisiert werden, so u.a. als Managementverträge, Lizenzverträge und Joint Ventures (Zentes 1992, Sydow 1992). Als Joint Venture bezeichnet man eine Koalition zweier oder mehrerer wirtschaftlich und rechtlich voneinander unabhängiger Partner, die in einem gemeinsamen Vorhaben die führungsmäßige Verantwortung und Kontrolle sowie das finanzielle Risiko tragen. Equity Joint Ventures lassen sich von Contractual Joint Ventures unterscheiden. Im Falle eines Equity Joint Venture erfolgt die Gründung einer gemeinsamen Gesellschaft, wobei Mehrheits-, Minderheits- oder paritätische Beteiligungen möglich sind. Beim Contractual Joint Venture handelt es sich um eine Vereinbarung auf vertraglicher Basis ohne Gründung einer separaten Gesellschaft. Hierunter können Konsortien und Arbeitsgemeinschaften eingeordnet werden. Bei Managementverträgen ergibt sich analog zum Joint Venture eine gemeinsame Führungsverantwortung, aber der Berater trägt dabei kein Risiko am Unternehmen. Im Gegensatz zum Joint Venture liegt beim Lizenzvertrag kein gemeinsames Risiko vor, da die Lizenzgebühr kalkulierbar ist.

Die **vertikalen Kooperationen** beziehen sich auf Fragen der Schnittstellenoptimierung zwischen zwei Unternehmen auf Folgestufen in der Logistikkette. Die hierdurch auftretenden Nutzengewinne können mit dem Ansatz der Transaktionskosten (siehe unten) erklärt werden. Die operative Ebene der Schnittstellenoptimierung ist von der strategischen zu unterscheiden:

- **Die operative Ebene**: Gefragt wird nach dem Austausch von Vorabinformationen und von laufenden Informationen über Liefermengen und Absatzzahlen. Absprachen über Liefermengen, Lieferzeiten, Losgrößen, Kapazitätsauslastungen und Versandeinheiten sind zu vereinbaren.
- **Die strategische Ebene**: Themen sind die Planung des Sortiments, der Produktentwicklung und der Marktauftritte.

Auf der strategischen Ebene geht es um eine Neuverteilung von Einzelfunktionen unter den Partnern oder auf externe Dienstleister mit dem Ziel, die Vorteile der Spezialisierung, der Kostendegression und des zeitlichen Kapazitätsausgleichs zu nutzen.

Kooperationen sind anstelle von vertikal integrierten Unternehmen die vorherrschenden Formen der Koordination in Logistikketten. Sie bieten den Vorzug, durch Reorganisation leichter sich ändernden Bedingungen anpassbar zu sein, und weisen eine höhere Kostendisziplin als vertikal integrierte Unternehmen auf, da die Teilnehmer des Netzwerks sich stets mit den vorherrschenden Marktkonditionen vergleichen lassen müssen („Markttest"). Ein Ausschluss aus dem Netzwerk droht einem Teilnehmer dann, wenn andere Anbieter die Leistung zu besseren Konditionen erbringen können. Nach Sydow (1992, S.143) lassen sich die Kostenvorteile von Kooperationen gegenüber der Koordination über den Markt und über die Hierarchie in folgender Tabelle 1.4 zusammenfassen:

Transaktionskostenvorteile von Kooperationen gegenüber
dem Markt wegen
• geringerer Kosten bei der Suche nach Abnehmern und Lieferanten
• Einsparung von Kosten der Vertragsanbahnung, -aushandlung und -kontrolle
• besseren Informationsflusses infolge engerer Kopplung
• Transfer auch nicht-kodifizierbaren Wissens
• Übertragung auch wettbewerbsrelevanter Informationen bei besserer Kontrolle der Wissensverwertung
• möglichen Verzichts auf (doppelte) Qualitätskontrolle
• rascherer Durchsetzung von Innovation
der Hierarchie wegen
• Kombination hierarchischer Koordinationsinstrumente mit dem Markttest
• reduzierten opportunistischen Verhaltens
• gezielter funktionsspezifischer Zusammenarbeit
• größerer Reversibilität der Kooperationsentscheidung
• größerer Umweltsensibilität des dezentral organisierten Gesamtsystems
• leichterer Überwindbarkeit organisatorischen Konservatismus bei Anpassung an eine veränderte Umwelt

Tabelle 1.4: Vorteile der Kooperation

Unter dem Kooperationsbegriff können viele hier angesprochene Konzepte subsumiert werden, etwa das Outsourcing, die Nutzung von Synergieeffekten oder der Ganzheitlichkeitsansatz, der ohne Kooperation der beteiligten Partner in der Logistikkette nicht möglich ist.

1.4.12 Der Transaktionskostenansatz

Die Transaktionskostentheorie kann das Zustandekommen von Kooperationen theoretisch erklären und stellt daher eine übergeordnete Theorieebene dar. Die amerikanische Neue Institutionenökonomik beschäftigt sich mit der Frage, wie sich die unterschiedlichen Unternehmensformen und Kooperationen aus wirtschaftlichen Grundprinzipien herleiten lassen. Sie geht vom Leistungsaustausch zweier Marktpartner aus und untersucht dessen vertragliche Gestaltung mit drei theoretischen Ansätzen: Der Ansatz der **Verfügungsrechte** (property rights) stellt die Eigentumsfrage in den Mittelpunkt der Analyse. Die **Agency-Theorie** analysiert, wie Verträge ex ante zu formulieren sind, um opportunistisches Verhalten der Marktteilnehmer zu minimieren.

Die **Transaktionskostentheorie** geht über die beiden Ansätze hinaus, indem sie ihren Fokus auf die Durchführung der Verträge und die dabei auftretenden Interpretationsprobleme und Streitfälle zwischen den Marktteilnehmern richtet und somit die Ex-post-Perspektive einnimmt. Sie kritisiert die Theorie der Verfügungsrechte und der Agency-Theorie dahingehend, dass diese von der Fiktion des Rechtszentralismus ausgehen und annehmen, dass Streitfälle vor Gerichten entschieden werden. In der Praxis des Leistungsaustausches ist dies jedoch nicht der Fall. Vielmehr werden Institutionen geschaffen, um die Durchführung der Verträge sicherzustellen und Streitfälle zu schlichten. Damit stellt die Transaktionskostentheorie die **Beherrschungs- und Kontrollsysteme** zur Abwicklung von Verträgen in den Mittelpunkt ihrer Betrachtung. Gefragt wird nach effizienten Beherrschungs- und Kontrollsystemen und den sich daraus ergebenden institutionellen Formen des Leistungsaustausches (Williamson 1990).

Die Formen der Vertragsgestaltung analysiert die Transaktionskostentheorie mit drei Kategorien:

- Faktorspezifität,
- Unsicherheit und
- Häufigkeit.

Der Begriff der **Faktorspezifität** drückt aus, in welchem Umfang die Transaktionen Standardgüter oder spezialisierte Leistungen betreffen. Handelt es sich um den Austausch von Standardgütern, so ist der Tauschvorgang problemlos, da in Streitfällen bequem auf einen Ersatzpartner ausgewichen werden kann. Sind die Leistungen jedoch spezialisiert und werden auf speziellen Produktionsanlagen oder mit spezialisiertem Humankapital erbracht, so bedeutet dies für den Anbieter der Leistung ein erhöhtes Risiko, da bei vorzeitiger Beendigung der Austauschbeziehungen die von ihm erbrachten Investitionen nicht durch Rückflüsse abgedeckt werden können. Beispiele hierfür sind Just-in-Time-Kooperationen, in denen die Zulieferer spezialisierte Vorrichtungen aufbauen.

Der Begriff der **Unsicherheit** der Transaktionen drückt aus, dass Vertragsverhandlungen im Kontext von begrenzten Kenntnissen und begrenzter Rationalität geführt werden müssen und daher die Entscheidungsfindung adaptiv und sequentiell erfolgen muss. Ist das Ausmaß der Unsicherheit gering, dann brauchen die Beherrschungs- und Kontrollsysteme sich nur auf die Standardabwicklung der Verträge zu beziehen. Ist hingegen das Ausmaß der Unsicherheit hoch, dann wird der Vertrag Prozeduren vorsehen, in denen Anlässe der schrittweisen Anpassung an die neuen Umweltbedingungen vorgesehen sind. Der Begriff der Unsicherheit steht im engen Zusammenhang mit der Faktorspezifität, da auch bei dieser mit der Ungewissheit der Vertragserfüllung argumentiert wird.

Die **Häufigkeit** der Transaktionen gibt an, wie gut das Kontroll- und Überwachungssystem ausgelastet ist. Bei häufigen Transaktionen können die Kosten für teure Beherrschungs- und Überwachungssysteme besser auf die vielen Fälle verteilt werden. Sind die Transaktionen selten, so ist anstelle spezialisierter Beherrschungs- und Überwachungssysteme die Einrichtung von Schiedsgerichten zu empfehlen.

Mit Hilfe des aufgezeigten Kategorienrahmens kann die Transaktionskostentheorie erklären, wie die Unternehmensgrenzen zustande kommen, wann eine vertikale Integration, wann eine Kooperation rechtlich selbständiger Unternehmen oder nur ein isolierter Markttausch zustande kommt. Sind Faktorspezifität und Unsicherheit beide hoch, dann wird der Fall der vertikalen Integration eintreten, um die Risiken der Marktbeschaffung auszuschalten. Bei großer Häufigkeit und hoher Faktorspezifität sind jedoch auch Kooperationen möglich. In diesem Falle sind beide Kooperationspartner in einer zweiseitigen Monopolsituation, da beide voneinander wegen der hohen Faktorspezifität abhängig sind. Umgekehrt wird bei niedriger Faktorspezifität der Fremdbezug auf anonymen Märkten vorgezogen, da - insbesondere in großen Unternehmen - die Kosten der internen Bürokratie für die Beherrschung und Kontrolle des Produktionsprozesses vergleichsweise hoch sind und andererseits externe Anbieter infolge von Skalen- und Verbundvorteilen günstig anbieten können. Die Skalen- und Verbundvorteile resultieren daraus, dass Anbieter verschiedene Nachfrager aggregieren können (Williamson, 1990, S. 105). Die folgende Tabelle 1.5 fasst die drei Formen des Leistungsaustausches als Ergebnis von verschiedenen Konstellationen der drei Grundkategorien zusammen (+ heißt stark ausgeprägt, – gering ausgeprägt).

	Faktorspezifität	Unsicherheit	Häufigkeit
Vertikale Integration	+	+	
Kooperation	+	–	+
Markttausch	–	–	

Tabelle 1.5: Formen des Leistungsaustausches in der Transaktionskostentheorie

Der Ansatz der Transaktionskostentheorie wurde von Picot (1982) in die deutsche Betriebswirtschaftslehre in einer leicht geänderten Sichtweise eingebracht. Picot hebt weniger auf die Beherrschungs- und Kontrollsysteme ab, sondern unterscheidet, je nach Phase der Transaktion, vier verschiedene Formen von Transaktionskosten:

- Kosten der Anbahnung und Suche nach Kooperationspartnern,
- Kosten der Vereinbarung für die zeitliche und sachliche Ausdehnung der Verhandlungen und der Vertragsgestaltung,
- Kosten für die Kontrolle der ausgehandelten Positionen nach Menge, Termin, Preis und Qualität sowie
- Kosten für die Veränderung von Vereinbarungen.

Folgende Größen beeinflussen die Höhe der Transaktionskosten nach Picot:

- Die Mehrdeutigkeit in der Verhandlungssituation bereitet Probleme, den Wert der Größen zu bestimmen, und kann aus Vertrauens- oder Messproblemen resultieren, die in Beratungssituationen und bei asymmetrischer Informationslage auftreten können.
- Änderungen der Umwelt und damit der Rahmenbedingungen. Hier sind insbesondere Änderungen der rechtlichen Rahmenbedingungen zu nennen, die Einfluss auf Produktqualität, Haftung und Vertragsdauer nehmen. Auch ist an die Verbesserung der Telekommunikation zu denken, die Terminabstimmungen und Kontrollvorgänge erleichtern kann.
- Die Häufigkeit der Transaktionen ergibt auf beiden Seiten Lerneffekte.

Aufgrund des hier dargelegten Transaktionskostenbegriffs kann Picot zu folgender Unterscheidung gelangen: Transaktionen, die einen niedrigen Umfang an zu klärenden Informationen besitzen, sind besonders für den Leistungsaustausch über den Markt geeignet. Da bei der Abhandlung komplexer Informationsprobleme die Transaktionskosten bei der Koordination über den Markt zu stark ansteigen, ist wegen der niedrigeren Transaktionskosten die Koordination über eine Organisation ("Hierarchie") effizienter, die als eine Fusion von ehemals unabhängigen Unternehmen zu einem vertikal integrierten Unternehmen oder als eine Kooperation vorstellbar ist. Die folgende Abbildung 1.9 erläutert diesen Zusammenhang.

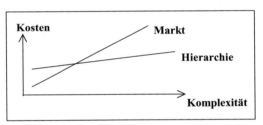

Abbildung 1.9: Koordination über Markt und Hierarchie

Die Transaktionskostentheorie lässt sich mit verschiedenen Argumenten kritisieren. Zunächst kann man auf die einseitige Betonung der Kosten abheben, denen keine Berücksichtigung gegenübersteht, in welcher Weise die Organisationen Nutzen stiften, wenn sie Transaktionen abwickeln. Ferner wird eingewandt, dass die Transaktionskostentheorie sehr stark prinzipiell aufgebaut ist, aber ungenügende Möglichkeit gibt, die Kosten zu operationalisieren. Einheitliche Konzepte und Testmethoden für die Operationalisierung fehlen bisher. Vom Supply Chain Management ist allerdings bekannt, dass die Abstimmung in Hersteller-Lieferanten-Netzwerken die Beschaffungs- und Lagerkosten senken kann. Ein weiterer Kritikpunkt zielt auf die Vernachlässigung von Machtaspekten ab. Die Wahl der Organisationsform zwischen Markt und Hierarchie hängt nicht nur von dem analytischen Modell der Transaktionskosten ab, sondern auch von der Machtverteilung unter den Transaktionspartnern.

Die Unterscheidung von Markt und Hierarchie ist stark vereinfacht. In der Praxis erstreckt sich zwischen beiden Formen ein ganzes Band verschiedener Kooperationsformen, wie von Abbildung 1.10 angezeigt (Zentes 1992, Sydow 1992) und oben unter 1.4.11 erläutert wurde.

Markt	Kooperationen				Vertikale Integration
Tauschgeschäfte	Lieferkontrakte	Lizenz-Vertrag Franchising Management-Vertrag	Contractual Joint Venture	Equity Joint Venture	Akquisition Fusion Konzern

Abbildung 1.10: Typenband von Kooperationsformen

Ergänzende Literatur:

Arnold, U.; Essig, M.: Vertikale Kooperationen in der Logistik, in: Arnold, D. u.a. (Hrsg.): Handbuch der Logistik, Berlin 2004

Ihde, G.; Kloster, T.: Netzeffekte in Logistiksystemen, in: Logistik-Management, Jahrgang 3, Heft 2, 2001, S. 25-34

Kotzab, H.: Miniaturisierung der Produkte und ausgereiftes Logistikmanagement reduzieren das Transportvolumen, in: Wirtschaftspolitische Blätter 1/2003

Otto, Andreas und Robert Obermaier: Schaffen Netzwerke Wert? – Eine Analytik zur kausalen Erklärung des Netzeffektes, in: Lasch und Janker 2005, S. 135-148

Sydow, Jörg und Guido Möllering: Produktion in Netzwerken: make, buy & cooperate, München, 2004

Vahrenkamp, Richard; Siepermann, Christoph (Hrsg.): Risikomanagement in Supply Chains, Berlin 2007

Zentes, J., Janz, M.: Horizontale Kooperationen in der Distributionslogistik, in: Arnold, D. u.a. (Hrsg.): Handbuch der Logistik, Berlin 2004

2 Strategien des Supply Chain Managements

2.1 Einführung

Moderne Produktions- und Distributionssysteme sind von arbeitsteiligen Prozessen und tief gestaffelten Zuliefererketten gekennzeichnet, die zahlreiche Knoten in einem logistischen Netzwerk durchlaufen, bevor die Ware beim Konsumenten eintrifft. Diese Knoten bestehen aus:

- Zulieferern,
- Produzenten,
- Großhändlern,
- Speditionen,
- Lagerhäusern und Warenverteilzentren,
- Logistik-Dienstleistern und
- Filialen des Einzelhandels.

In den klassischen Ansätzen der Betriebswirtschaftslehre und der Logistik werden die Teilnehmer im logistischen Netzwerk isoliert ohne Systemzusammenhang begriffen. Bei jedem einzelnen Teilnehmer werden einzelwirtschaftliche Entscheidungskalküle, die Beschaffung, Leistungserstellung und Absatz betreffen, angenommen, ohne eine Koordination im gesamten Netzwerk anzustreben.

Erst seit Mitte der 80er Jahre des vergangenen Jahrhunderts wird mit der Arbeit von Houlihan das Netzwerk als Ganzes unter dem Begriff **Supply Chain** thematisiert - ein Begriff, der beispielsweise in dem klassischen Logistikwerk von Ballou in der dritten Auflage von 1992 noch gar nicht auftaucht[1]. In der deutschsprachigen Literatur wird mit dem Begriff Supply Chain auch eine Logistikkette, eine Lieferkette, eine Absatzpartnerschaft oder eine Wertschöpfungskette beschrieben. Abbildung 2.1 gibt hierzu eine Veranschaulichung.

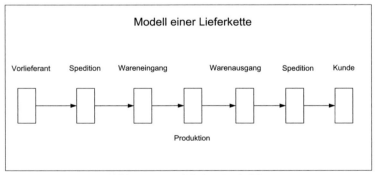

Abbildung 2.1: Modell einer Logistikkette

---

[1] Der Begriff Supply Chain ist insofern irreführend, als die Logistikkette nicht von Lieferanten, sondern von der Nachfrage gesteuert wird. Die Bezeichnung Demand Chain wäre korrekter.

Die ganzheitliche Betrachtung der Logistikkette geht über die Wahrnehmung ihrer einzelnen Teilnehmer hinaus und zielt auf eine Abstimmung der Güterströme im gesamten Netz ab. Eine derartige Koordination wird auch als **Supply Chain Management** (SCM) bezeichnet und verfolgt mit der Optimierung des Gesamtsystems die folgenden Zielsetzungen:

- Orientierung am Nutzen des Endkunden,
- Steigerung der Kundenzufriedenheit durch bedarfsgerechte Anlieferung,
- Senkung der Bestände in der Logistikkette und eine damit verbundene Senkung der Kosten für das Vorhalten von Beständen,
- Verstetigung des Güterstromes und die damit mögliche Vereinfachung der Steuerung,
- höhere Effizienz der unternehmensübergreifenden Produktionssteuerung und der Kapazitätsplanung,
- raschere Anpassung an Änderungen des Marktes,
- Verkürzung der Auftragsdurchlaufzeiten im Zeitwettbewerb,
- Vermeidung von „Out-Of-Stock"-Situationen im Handel.

In der Literatur findet man zahlreiche Definitionen von SCM. In nachfolgender Tabelle 2.1 werden einige Definitionen aufgeführt, die einen Einblick in die Bandbreite der Beschreibungsversuche geben (vgl. Pfohl 2000, S. 5).

Autor	Definition von Supply Chain Management
Christopher (1992)	Network of organizations that are involved, through upstream and downstream linkages, in the different processes and activities that produce value in the form of products and services in the hands of the ultimate consumer.
Cooper/Lambert/Pagh (1997)	The integration of all key business processes across the supply chain is what we are calling supply chain management.
The Global Supply Chain Forum (1998)	Supply Chain Management deals with the management of materials, information and financial flows in a network consisting of suppliers, manufacturers, distributors and customers. The coordination and integration of these flows within and across companies are critical in effective supply chain management.
Vahrenkamp (1998)	Die ganzheitliche Betrachtung der Logistikkette zielt auf die Abstimmung der Güterströme im gesamten Netz ab und wird als Supply Chain Management bezeichnet.
Buscher (1999)	Beim Supply Chain Management handelt es sich um ein strategisches Unternehmensführungskonzept, das darauf abzielt, die Geschäftsprozesse, die entlang der Versorgungskette (Supply Chain) vom ersten Rohstofflieferanten bis zum Endverbraucher auftreten, zur Kundenzufriedenheit zu gestalten.
Bowersox/Closs/Stank (1999)	Supply Chain Management can be defined as a collaborative-based strategy to link interorganizational business operations to achieve a shared market opportunity. Supply Chain Management ... is a ... concept concerned with activities to plan, implement, and control the efficient and effective sourcing, manufacturing, and delivery process for products, service, and related information from the point of material origin to the point of ultimate consumption for the purpose of conforming to end-customer requirements.

Tabelle 2.1: Definitionen von Supply Chain Management in der Literatur

Nach dem Ansatz von Cooper, Lambert und Pagh (1997) wird das lineare Modell der Lieferkette zu einem Liefernetzwerk erweitert (vgl. Abbildung 2.2):

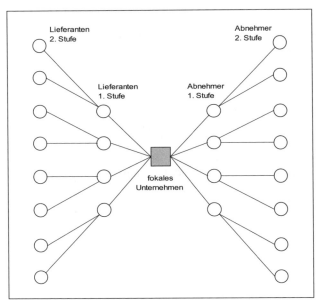

Abbildung 2.2: Liefernetzwerk

Das im Zentrum stehende Unternehmen, das wiederum über mehrere Unternehmensstandorte verteilt sein kann, wird insofern als fokal bezeichnet, als angenommen wird, dass es durch seine starke Stellung das Netzwerk kontrollieren kann. Vorbild dafür sind die Hersteller von Automobilen (OEMs – Original Equipment Manufacturer). Die Lieferanten werden aufgefächert in die 1. und 2. Stufe („Tier"), ebenso wie die Abnehmer. Die Relationen im Netzwerk werden danach gewichtet, wie wichtig sie für die Aufrechterhaltung des Netzwerkes sind. Das Risikomanagement muss die Relationen nach der Bedeutung gewichten und besondere Sorgfalt auf Relationen von höchster Priorität aufwenden, etwa auf die Versorgung des Montagebandes mit Teilen und Systemkomponenten. Damit übernimmt dieser Ansatz die aus der Beschaffungslogistik bekannte Klassifikation von Lieferanten (vgl. Kapitel 12). Für das **Supply Chain Controlling** werden Kennzahlen für die Standorte der einzelnen Werke und für die Relationen Lieferant – Werk und Werk – Abnehmer wie folgt gebildet:

Lieferant - Werk	Werk	Werk - Abnehmer
Lieferanten pro Werk	Produkte pro Werk	Abnehmer pro Werk
Lieferanten pro Produkt	Stückliste pro Produkt (-gruppe)	Produkte pro Abnehmer
Inbound Fracht (Volumen und Transportkosten)	Anzahl Produktanläufe und -ausläufe	Outbound Fracht (Volumen und Transportkosten)
Bedarfsmenge p.a. pro Teil	Produktionskapazitäten	Teilebedarf p.a. pro Produkt
Entfernung Lieferant - Werk	Standort Werk	Entfernung Werk - Abnehmer
Einkaufsvolumen pro Lieferant		Umsatz pro Produkt
Standort Lieferant		Umsatz pro Kunde

Tabelle 2.2: Daten und Kennzahlen für die Supply Chain

Für die Zulieferer bedeutet die enge datentechnische und logistische Verknüpfung mit den OEMs, dass sie sich in mehreren Zulieferketten wieder finden und für jeden OEM dessen vorgegebene Schnittstelle bedienen müssen. Insofern führt der SCM-Ansatz zu hohen Kosten für die Zulieferer. Als Beispiel gibt Tabelle 2.3 die Lieferungen in Prozent des Umsatzes des britischen Zulieferers Wagon pc vom Werk in Fontaine bei Mühlhausen an die OEMs wieder.

Renault	25	Jaguar, Land Rover, Volvo	5
First Tier	17	Andere	5
Audi	12	VW	4
Peugeot, Citroën	12	MG Rover	3
Ford	6	Daimler Chrysler	3
GM	5	Fiat	3

Tabelle 2.3: Lieferbeziehungen von Wagon pc
(Quelle: Automobilproduktion, Heft 1, 2004, S. 53)

Neben der Autoindustrie werden auch Hersteller von Markenartikeln, wie Textilien und Artikel der Consumer Electronic, und Hersteller von Investitionsgütern als Original Equipment Manufacturer (OEM) bezeichnet. Der OEM ist als ein wichtiges Glied in der Lieferkette anzusehen. Der Kunde verbindet alle erbrachten Leistungen mit dem OEM und weist ihm damit eine Schlüsselrolle zu, da der OEM die Lieferkette koordiniert. Der Produkt- oder Markenname ist direkt mit diesem OEM verbunden, und das Gelingen der Koordinationsaufgabe bestimmt zugleich den Erfolg der Marke und den Absatz des Leistungsbündels.

Die Logistikkette ist daher in einem **Wettbewerbskontext** zwischen OEMs zu begreifen. Der Wettbewerb findet dann nicht mehr zwischen einzelnen Unternehmen, sondern zwischen verschiedenen Logistikketten statt. Der Kunde wählt unter Produkten verschiedener Logistikketten das Produkt aus, das seinen Nutzen maximiert. Die Logistikkette ist damit am Nutzen des Endkunden ausgerichtet. Die Mitglieder der Logistikkette tragen durch Abstimmung ihrer Aktivitäten zum Kundennutzen bei, indem sie Kostenvorteile erzielen oder die Produktqualität verbessern. Das traditionelle Wettbewerbsverhalten von Unternehmen, durch antagonistisches Verhalten Vorteile zu Lasten von vor- oder nachgelagerten Unternehmen in der Logistikkette zu erlangen, ist keine angemessene Strategie, da diese nicht den Kundennutzen erhöht. Dieser kann vielmehr nur durch kooperatives Verhalten der Mitglieder einer Logistikkette vermehrt werden.

Zu einem effizienten Supply Chain Management gehört neben der Gestaltung der Material- und Informationsflüsse auch die Optimierung der Geldströme zwischen den Geschäftspartnern. Diese wird auch als **Financial Supply Chain Management** bezeichnet. Das Financial Supply Chain Management umfasst zwei große Aufgabenbereiche: Der erste Aufgabenkomplex liegt zeitlich vor der Güter-Transaktion und beinhaltet Aufgaben wie die Prüfung der Kreditwürdigkeit des Kunden, die Finanzierung der geplanten Transaktionen und die Absicherung des Geschäfts. Der zweite Aufgabenkomplex beginnt nach der Abwicklung des Geschäfts und besteht aus den Komponenten Rechnungsstellung, Prüfung und Zahlung. Während der erstgenannte Aufgabenbereich die Kernkompetenz von Banken und Versicherungen darstellt, wird der zweite Bereich vielfach von qualifizierten Logistikdienstleistern abgedeckt, die in der Lage sind, mit Hilfe webbasierter Lösungen die Bearbeitungskosten im Zusammenhang mit der Rechnungserstellung und Zahlungsabwicklung um bis zu 70% zu senken (vgl. Scholz 2004).

2.2 Das Grundmodell des Supply Chain Managements und dessen Kritik

Bei der Betrachtung des in der Einleitung aufgezeigten logistischen Netzwerks fällt die Vielzahl der Knoten auf, welche dieses Netzwerk konstituieren. Hierdurch treten viele Schnittstellen auf, die bei der Bewegung des Materials durch das Logistiknetzwerk überwunden werden müssen. Traditionellerweise treten die Teilnehmer in dem Logistiknetzwerk als unabhängige Player auf, die untereinander um die günstigsten Konditionen konkurrieren. Bei den Playern besteht eine Unsicherheit über die Langfristigkeit der Zusammenarbeit, da Kontrakte meistens nur kurzfristig und ohne Garantie einer Verlängerung laufen. Im Vordergrund der Vertragsverhandlungen steht ein niedriger Preis. Aspekte von Service und Qualität werden nachrangig behandelt. Die Unsicherheit über das Weiterlaufen der Verträge wird durch hohe Lagerbestände und hohe Kapazitätsreserven aufgefangen. Die Durchlaufzeiten von Aufträgen und Material in diesem System sind lang, da Schnittstellen jeweils neu definiert und neu überwunden werden müssen.

Ansätze von Supply Chain Management setzen im Unterschied zum Konkurrenzmodell der unabhängigen Player auf ein Modell der Kooperation zwischen den Teilnehmern im Logistiknetzwerk. Diese Kooperation geht von kurzfristigen Kontrakten ab und eröffnet über Rahmenverträge eine langfristige Zusammenarbeit. Die Schnittstellen zwischen den Netzwerkteilnehmern erhalten eine höhere Stabilität, und daher können vereinfachte Prozeduren beim Schnittstellenübergang geschaffen werden. Die Systeme für den Informationsaustausch und den Güterfluss werden unter den Beteiligten in folgender Weise aufeinander abgestimmt:

- durch langfristige Verträge, welche die Erbringung logistischer Leistungen in der Kette sauber abgrenzen,
- durch eine umfassende gegenseitige Information,
- durch unternehmensübergreifende Informationssysteme mit Standardprotokollen des Electronic Data Interchange (EDI),
- durch Standards im Materialflusssystem,
- durch Vereinheitlichung von Prozeduren und Abstimmung in der ganzen Kette,
- durch Abbau von Lastspitzen mittels gemeinsamer Kapazitätsplanung sowie
- durch Vorabinformationen für eine effizientere Produktionssteuerung.

Diese Integration erlaubt es, kurzfristig Aufträge durch das Netzwerk laufen zu lassen, ohne dass Einkäufer eingeschaltet, Vertragskonditionen ausgehandelt und die Waren beim Eingang nach den üblichen Prozeduren kontrolliert werden müssen. Die Kooperation zwischen den zu Logistikpartnern gewordenen Teilnehmern im Logistiknetz erstreckt sich auch auf weitergehende Aspekte, wie etwa die Produkt- und Sortimentsentwicklung, Forschung und Entwicklung sowie gemeinsame Aktionen der Verkaufsförderung und der Regaloptimierung. Viele Vorstellungen von Kooperation und den daraus entstehenden Nutzengewinnen wurden bereits in der US-Literatur zu vertikalen Marketingsystemen der 60er Jahre formuliert (Kirsch u.a. 1973, S. 366).

Die Umsetzung des Grundmodells in eine arbeitsfähige Kooperation unter den Partnern erfordert den schrittweisen Aufbau einer vertrauensvollen Zusammenarbeit, die in verhaltenswissenschaftlichen Modellansätzen diskutiert wird. Die Abstimmung von Partnern im Logistik-Netzwerk kann sich auch auf verschiedene Abteilungen und Bereiche eines Konzerns oder eines Unternehmens beziehen, wie etwa bei der Optimierung von mehrstufigen Distributionssystemen oder der strategischen und operativen Ausrichtung von kontinentalen Absatzorganisationen.

Das Grundmodell des Supply Chain Managements ist mit zwei Prinzipien charakterisiert worden:

1. Ganzheitliche Auffassung der Logistikkette,
2. Kooperation der Partner in der Logistikkette.

In folgender Weise kann das Grundmodell konkretisiert werden:

- Die Orientierung am Kunden in der Logistikkette und insbesondere am **Endkunden**. Hier sind Messungen der Service-Qualität erforderlich, um Verbesserungspotentiale zu erschließen. Der Kooperationsgedanke kann auf die Organisation des Endkunden erweitert werden, wie z.B. die Übernahme von bestimmten Dienstleistungen beim Endkunden durch den Lieferanten oder durch den Logistik-Dienstleister. Beispiele hierzu sind aus dem Bereich Handel und Krankenhauslogistik bekannt.
- Die Kooperation mit externen Partnern ist zu erweitern und auch nach innen in die eigene Organisation zu richten. Die Nachteile der eigenen funktionalen Organisation sind zu erkennen und durch Reorganisation der Geschäftsprozesse den Erfordernissen einer durchgehenden Logistikkette anzupassen.
- Die ganzheitliche Betrachtung der Logistikkette erschließt Potentiale zur **Optimierung** der Kette. Hier ist an das Variantenmanagement zu denken, das bereits bei der Produktentwicklung die Kosten der Varianten entlang der gesamten Kette berücksichtigt. In dem auf die Partner in der Kette verteilten Fertigungsprozess sind die Varianten der kundenindividuellen Ausgestaltung von Grundmodellen möglichst spät am Ende der Kette vorzunehmen, etwa Konfektionierungen, landesspezifische Verpackungen und Begleitmaterialien. Dieser Gedanke wird als **Postponement** (siehe unten) bezeichnet. Weitere Aspekte der Optimierung der Logistikkette beziehen sich auf das Bestandsmanagement und auf Fragen der Standorte und werden in den Kapiteln 11 und 27 diskutiert.
- Ein weiterer mit dem Kooperationsprinzip verknüpfter Aspekt ist der Aufbau von durchgängigen Informationssystemen, wie z.B. Scannerkassen am Point of Sale in der Logistikkette, der besonders im Kapitel 22 behandelt wird.

Neben dem ganzzeitlichen Ansatz der Supply Chain werden in der Literatur vielfach verkürzte Auffassungen vertreten. Zahlreiche Autoren konzentrieren sich auf Absatz- bzw. Zulieferbedingungen von Einzelunternehmen, so zum Beispiel Fischer (1997), Chopra und Meindl (2007) und Christopher (2005). Dabei geht es nicht um die Supply Chain als ganzer, sondern lediglich um die Abstimmung von Beschaffungs-, Produktions- und Vertriebsaktivitäten und deren Anpassung an die jeweils verfolgte Firmenstrategie – ein Ansatzpunkt, der in der Führungslehre und im Controlling immer schon im Zentrum stand. Die Firmenstrategie setzt sich zusammen aus folgenden Größen:

- Der Lieferzeit: Wird vom Lager aus geliefert oder muss der Kunde sich in ausstehende Produktionsaufträge einreihen?
- Der Spezialisierung oder Breite des Angebotes.
- Der Flexibilität hinsichtlich der Anpassung an Kundenwünsche. Wird der Kunde auch mit Kleinmengen beliefert oder nur in großen Mengen?
- Der Fokussierung auf Standardartikel oder Artikel, die nach Kundenauftrag gefertigt werden.
- Der Konzentration auf Niedrigpreissegmente oder andere Preisbereiche.
- Technologieführerschaft oder die Nutzung von Standardtechnologien.

Je nach dem wie die Unternehmensstrategie gewählt ist, müssen die zugehörigen Elemente der Supply Chain darauf abgestimmt sein. Werden etwa Standardprodukte zu einem günstigen Preis angeboten, können längere Lieferzeiten, die aus einem Vorlauf zur Produktionsplanung zur Erzielung niedriger Stückkosten oder durch Sourcing in weit entfernt liegenden Niedriglohnländern sich ergeben, und eine Belieferung aus einem zentralen Lagerhaus vorgesehen werden. Werden hingegen Hunderttausende von MRO-Artikeln angeboten, so ist neben der breiten Auswahl eine kurzfristige Verfügbarkeit und eine rasche Belieferung über Paketdienste entscheidend, und der Kunde ist bereit, dafür einen höheren Preis zu zahlen.

Bretzke (2005) hat sich explizit gegen einen überzogenen Ansatz des Supply Chain Management gewandt und diesen als eine logistische Utopie bezeichnet. Seine Argumente gehen dahin, dass dieser Ansatz zu stark auf den Flußaspekt des Materialstroms abhebt und zu wenig die Aufbauorganisationen der beteiligten Partner berücksichtigt. Denn Schnittstellen zwischen den Unternehmen sind notwendige Einrichtungen, die Stabilität der Organisation zu gewährleisten und können deswegen nicht einfach abgeschafft werden. Auch fehlt eine eigenständige Organisation, welche die gesamte Supply Chain manage. Christopher nennt diese Organisation schwammig eine „Confederation of Organisations" (2005, S.179). Diese Organisation existiert nur in den Köpfen der Logistiktheoretiker, ist aber empirisch nirgends vorfindbar. Tatsächlich sind Beispiele für erfolgreiche Logistikkooperationen stets nur auf eine Stufe in der Logistikkette auf fokale Unternehmen beschränkt, wie etwa Just-in-Time (vgl. Kapitel 21) und ECR (vgl. Kapitel 22). Eines der wenigen Beispiele für eine Kooperation in übergreifenden Supply Chains ist die Einrichtung von Monitoring-Systemen, welche die Prozesse des Materialflusses überwachen. Für schnelldrehende Konsumermärkte besitzen diese Systeme eine Rechtfertigung darin, dass sie frühzeitig bei Materialengpässen warnen.

Ferner hebt Bretzke als weiteren Punkt hervor, dass unsere Wirtschaftsordnung auf dem Wettbewerb als grundlegendem Prinzip basiert, der die technologische Entwicklung antreibt und eine wirtschaftliche Leistungsfähigkeit herbeiführt. Dem gegenüber schalten enge Bindungen an Zulieferer den Wettbewerb aus und gefährden langfristig die Auswahl aus preisgünstigen Alternativen und Anreize zur Entwicklung von technischem Fortschritt.

2.3 Die Methoden des Supply Chain Managements

An dieser Stelle sollen die Methoden des Supply Chain Managements näher betrachtet werden. Wir behandeln unten insbesondere das Prinzip des Postponements und Methoden zur Dämpfung des Bullwhip-Effekts. Für die Kooperation längs der Supply Chain können darüber hinaus weitere Methoden eingesetzt werden. Zunächst ist daran zu denken, dass zwei aufeinander folgende Stufen in der Supply Chain ihre Kapazitätsplanung abstimmen. Darüber hinaus gibt es den Ansatz der gemeinsamen Planung, Prognose und Lagerergänzung (Collaborative Planning, Forecasting and Replenishment – CPFR), der neben der gemeinsamen Kapazitätsplanung auch einen Ausbau der Prognoseinstrumente und Methoden der Lagerergänzung beinhaltet (vgl. Kapitel 22). Für die Abwicklung von Geschäftstransaktionen über das Internet lassen sich auch verschiedene Formen des E-Commerce einsetzen, wie z.B. elektronische Kataloge (vgl. Kapitel 13). Eine besondere Form der Lieferantenbeziehung stellt die Versorgung des Eingangslagers für eine bestimmte Artikelgruppe durch einen Lieferanten dar. Man spricht von Vendor Managed Inventory (VMI – vgl. Kapitel 12). In der Studie von AT-Kearney wurde danach gefragt, in welchem Ausmaß die Unternehmen die genannten verschiedenen Tools für das Supply Chain Management einsetzen (AT-Kearney 2004). Die folgenden Abbildungen weisen die Prozentzahlen der eingesetzten Tools bezogen auf die Anzahl der antwortenden Unternehmen getrennt nach Lieferanten- und Kundenbeziehungen aus.

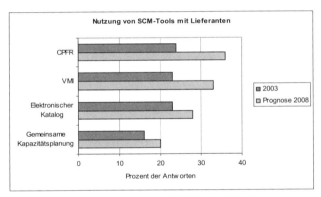

Abbildung 2.3. Nutzung von SCM-Tools mit Lieferanten

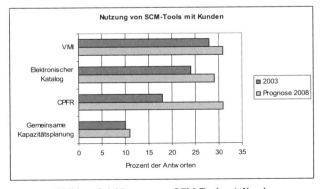

Abbildung 2.4: Nutzung von SCM-Tools mit Kunden

Hieran wird deutlich, dass das Ausmaß, in dem diese Tools eingesetzt werden, noch relativ gering ist. In der Beziehung zu den Lieferanten schwanken die Antworten zwischen 16 und 24%. An der Spitze der Anwendungen liegt CPFR mit 24%. In der Beziehung zu den Kunden schwanken die Angaben zwischen 10 und 28%. An der Spitze der Anwendungen liegt dort VMI mit 24%. Für das Jahr 2008 wird eine deutliche Zunahme bei der Nutzung der verschiedenen Tools erwartet. Sowohl beim VMI wie auch beim CPFR steigt die Nutzung auf 31 bis 36% an. Über die genannten Tools hinaus existieren im Supply Chain Management noch weitere Methoden, wie die unternehmensübergreifende Produktionsplanung im SAP Modul APO (Stadtler 2004) und die unternehmensübergreifende Losgrößenplanung, die u.a. von Sucky 2004 behandelt wurde. Auch sind verhaltenswissenschaftliche Ansätze zu berücksichtigen. Zum Aufbau einer Supply Chain schlägt etwa Wolfram (2004) vor, bei den Lieferanten über Workshops ein Verständnis für SCM aufzubauen und ein Konzept für die Zusammenarbeit zu entwickeln.

2.3.1 Postponement

Unter den Bedingungen von Mass Customization wird der Absatzmarkt mit einer Vielzahl von Varianten versorgt. Auch ist an die länderspezifische Anpassung der Produkte zu denken. Das hier auftretende Variantenproblem führt zu der Frage, an welcher Stelle der Supply Chain die Variantenbildung einsetzt. Das Prinzip des Postponements bedeutet, möglichst spät in der Supply Chain die Variantenbildung zu beginnen, so dass man von einer verspäteten Variantenbildung als wörtliche Übersetzung von Postponement sprechen kann. Der Übergang in der Supply Chain von der variantenunspezifischen Fertigung zur variantenspezifischen Fertigung wird als **Entkopplungspunkt** bezeichnet. Hier soll untersucht werden, mit welchen Methoden der Entkopplungspunkt möglichst weit in Richtung Down Stream zum Kunden hin verschoben werden kann. Hinter diesem Ziel der verspäteten Variantenbildung steht die Absicht, auf Märkten mit kurzen Produktlebenszyklen die Fertigung nach den Kundenaufträgen zu organisieren (Make to Order), um das Risiko zu verkleinern, durch die Produktion von nicht marktgerechten Varianten Lagerbestände zu produzieren, die rasch abgeschrieben werden müssen. Dagegen kann die Fertigung vor dem Entkopplungspunkt mit absatzunspezifischen Produkten auf **Absatzprognosen** beruhen und auf Lager produziert werden (Make to Stock).

Das Problem, bei variantenreichen Endprodukten einen Entkopplungspunkt zwischen der Lagerproduktion für Teile und einer montageorientierten Kundenauftragsproduktion zu finden, ist bereits seit langem dem Produktionsmanagement bekannt und wird als **Bevorratungsebene** bezeichnet (vgl. Abbildung 2.5). Das Teilelager bevorratet die selbst erstellten Teile und die Zukaufteile, die zumeist aus Normteilen bestehen. Die Produktion von Eigenteilen ist weitgehend von konkreten Kundenaufträgen entkoppelt und basiert auf Schätzungen des zukünftigen Bedarfs. Man spricht auch von einer erwartungsbezogenen Produktion (Make to Stock). Die Montagelinie ist hingegen von einzelnen Kundenaufträgen bestimmt. Für die große, in den Bereich von mehreren Millionen gehende Zahl der Varianten von verschiedenen, kundenindividuellen Endprodukten kann eine Produktion auf Lager nicht mehr vor sich gehen. Dies ist darin begründet, dass weder ausreichende Lagerfläche vorhanden ist, noch die Kapitalkosten für die Lagerung der Endprodukte aufgebracht werden können - ganz abgesehen von Problemen der raschen Veralterung und Entwertung, die ebenfalls einer Lagerung entgegenstehen. Die hier zum Ausdruck gebrachte Zweiteilung zwischen Teilefertigung und Endmontage eröffnet dem Produktionsmanagement den Handlungsspielraum des **Kapazitätsausgleichs**. Belastungsspitzen des einen Abschnitts können mit Personaleinsatz des anderen Abschnitts aufgefangen werden.

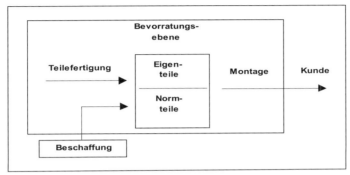

Abbildung 2.5: Teilefertigung und Montage

Den Kunden schnell mit individualisierten Produkten (Mass Customization) zu beliefern, ist heute im Wettbewerb bedeutsam. Die Anforderungen an Mass Customization werden in wachsenden globalen Märkten verstärkt durch schnellen technischen Fortschritt, viele lokale und regionale Produktvarianten und überlappende Produktlebenszyklen. Der Trend zu Eigenmarken des Handels zwingt die Hersteller zu weiteren vielen Produktoptionen. Der Vorteil der Mass Customization für Produzenten besteht darin, dass sie neue Märkte erschließen können, die sie mit Standardprodukten nicht abdecken können. Allerdings muss die Mass Customization entsprechende Logistik- und Produktionsstrukturen aufweisen, weil sonst Zeitbedarf und Kosten so hoch werden, dass Kunden ihre Erwartungen nicht erfüllt sehen. Deswegen muss die Mass Customization den Zeitbedarf und die Kosten reduzieren. Die Methoden dazu bestehen im Abkürzen der Durchlaufzeit bei Geschäftsprozessen und dem Einsatz von EDI und Internet-Technologien, um die Auftragseingänge schneller zu erhalten. Work-Flow-Managementsysteme dienen dazu, den Auftragsdurchlauf im Unternehmen zu beschleunigen. Der Vertrieb durch Paketdienste zielt darauf ab, dass Kunden das Produkt schneller bekommen. Techniken der flexiblen Automatisierung erlauben nicht nur eine schnellere Erledigung von Produktionsaufträgen, sondern auch, sich schneller auf Änderungen im Produktmix einzustellen. Neben diesen Verbesserungen der Durchlaufzeit und Flexibilität muss aber auch die Produktentwicklung umgestaltet und mit den Erfordernissen des Supply Chain Managements verbunden werden. Die Idee dazu ist, ein Produkt stufenweise längs der Supply Chain fertig zu stellen, also die Produktionsschritte stufenweise anzuordnen. Damit kann erreicht werden, dass die Produktvielfalt möglichst spät in der Supply Chain auftritt und die Gesamtkosten der Supply Chain möglichst niedrig sind. Das Prinzip der verspäteten Variantenbildung meint die Verschiebung von Prozessen auf spätere Stufen der Supply Chain, mit denen das Produkt das endgültige Aussehen, seine speziellen Funktionen und Eigenschaften und „Persönlichkeit" erhält.

Für die Strategie des Postponements sind folgende Grundsätze zu beachten:

- Die Prozessschritte sollen so beschaffen sein, dass weniger stark differenzierende Schritte vor dem Entkopplungspunkt liegen. Da mehr Produktvarianten zusammengefasst werden, werden die Prognosen hierdurch präziser.
- Die Präzision von Prognosen ist wichtig für die Schritte vor dem Entkopplungspunkt.
- Die Prozessschritte nach dem Entkopplungspunkt müssen schnell und flexibel sein. Flexibel deswegen, weil unterschiedlich ausgestattete Endprodukte hergestellt werden sollen. Schnell deswegen, damit die Kunden nicht zu lange Wartezeiten haben. Unter dem hohen Zeitdruck muss dennoch die Fertigung fehlerfrei sein und eine hohe Qualität aufweisen. Dafür müssen speziell trainierte Arbeitskräfte eingesetzt werden.
- Auf den Stufen, die nach dem Entkopplungspunkt folgen, sind die Produkte den kurzfristigen Kundenanforderungen auf den Märkten rasch anzupassen. Dafür sind Informationen über den Kundenbedarf schnell und präzise durch Rückmeldesysteme aus dem Handel zu erlangen.

Wir unterscheiden zwei Arten von Postponement:

- das Logistik-Postponement und
- das Form-Postponement.

Logistik-Postponement
Die Aufgaben der Kundenindividualisierung werden nicht im Fabrikationsschritt zentral erledigt, sondern sie werden beim Logistik-Postponement auf die Supply Chain in Richtung Kunde (Down-Stream) verteilt. Oft sind die Aufgaben der Kundenindividualisierung geographisch nach Ländern oder Kontinenten verteilt und damit näher am Absatzmarkt. Einige dieser Aufgaben können beim Großhändler oder in Distributionszentren erledigt werden. Schließlich können auch einige Aufgaben direkt vom Kunden übernommen werden, wenn Vorkehrungen im Produkt-Design gemacht werden, zum Beispiel das Zusammenfügen von Komponenten (Mitnahmemöbel). Damit das Logistik-Postponement erfolgreich ist, muss das Unternehmen sicherstellen,

- dass die Schritte Down-Stream nicht die Qualität verschlechtern,
- dass die Aufgaben erledigt werden, ohne zu hohen Kostensteigerungen und zu Zeitverzögerungen zu führen,
- dass die Beteiligten Down-Stream die erforderlichen Materialien und Zusatzgeräte erhalten oder selbst beschaffen können,
- dass die Produktentwicklung das Produkt so bereitstellt, dass die Schritte der Kundenindividualisierung auch wirklich auf die Stationen Down-Stream verlagert werden können.

Ein bekanntes Beispiel für Logistik-Postponement ist die unten geschilderte Fallstudie von Hewlett Packard, wo die Aufgaben der Druckerkonfigurierung auf die Distributoren in den jeweiligen Absatzländern verlagert wurden.

Form-Postponement

Hier wird das Produkt grundlegend neu konstruiert. Die Produktkomponenten und die Produktionsprozesse werden standardisiert. Wenn frühe Schritte des Produktaufbaus so standardisiert werden können, dann tritt in dieser Phase der Supply Chain keine Produktdifferenzierung auf. Diese Art des Postponements wird durch Änderung der Form oder des Aufbaus des Produktes erreicht. Das Produkt wird dann in den Distributionszentren auf die Kundenbedarfe konfiguriert. Am Beispiel von HP-Laserdruckern lassen sich diese Funktionen aufzählen, die in Distributionszentren angefügt werden können: Netzwerkfähigkeit, Memory, Stapelplätze, Systemsoftware, Faxunterstützung, Papierzufuhr, Anschlüsse an das Netzwerk, Scannermöglichkeit, Gestelle zum Aufstellen. Werden diese vielen Möglichkeiten der Konfiguration betrachtet, so kann hierfür nicht mehr sinnvoll eine Prognose der Bestellungen erwartet und darauf eine Produktionsplanung aufgebaut werden. Stattdessen werden diese Optionen in den Distributionszentren installiert. Ein Beispiel für das Form-Postponement ist das Universalnetzteil, das sowohl mit 110 Volt in den USA als auch mit 220 Volt in Europa eingesetzt werden kann. Während zuvor Netzteile für 110 Volt oder für 220 Volt separat produziert wurden, was zu Ungleichgewichten in den Vorräten für die USA und für Europa führte, kann heute ein Universalnetzteil, das zwischen beiden Spannungsoptionen umgeschaltet werden kann, zu einem Mengenausgleich zwischen den USA und Europa führen.

Die Voraussetzung für ein erfolgreiches Form-Postponement ist die **Modularisierung** der Produkte. Dabei bedeutet Modularisierung, ein Produkt aus Modulen zu bauen und die einzelnen Module anstatt des gesamten Produkts zu testen. Dies erfordert die Schnittstelle der Module zu optimieren, damit sie leicht zu einem Produkt montiert und getestet werden können. Die Vorteile der Modularisierung sind:

- Das Endprodukt wird in zusammengehörige Teile aufgeteilt, die separat zusammengebaut und getestet werden können.
- Separate Module können zugleich erzeugt werden. Durch diese Parallelisierung wird Zeit gespart.
- Separate Module können von Zulieferern erzeugt werden.

Ähnliche Argumente lassen sich für eine Modularisierung der Prozesse finden:

- Subprozesse können näher an den Kunden gerückt werden.
- Subprozesse können in der Reihenfolge geändert werden, so dass neue Entkopplungspunkte gefunden werden können. Hierfür ist Benetton ein Beispiel. Eine rasche Anpassung an Trends im Absatzmarkt gelingt dadurch, dass die Ware anstatt aus bereits gefärbter Baumwolle aus ungefärbter Baumwolle hergestellt und erst kurz vor der Auslieferung in den aktuellen Modefarben gefärbt wird (Camuffo et al. 2001). Hier wurde die Reihenfolge Färben des Garnes und Herstellen eines Kleidungsstücks vertauscht.
- Wenn Subprozesse standardisiert werden können, kann man daraus ein Form-Postponement ableiten.

Von den Entwicklungsingenieuren ist die ganze Supply Chain zu berücksichtigen, um Produkte und Prozesse sinnvoll redesignen zu können. Klassischerweise konzentrieren sich Entwicklungsingenieure auf Funktionalitäten des Produkts und auf Materialkosten. Dabei wird das Verhalten in der Supply Chain häufig nicht zum Gegenstand der Produktentwicklung gemacht. Für ein effektives Postponement ist aber die ganze Kette zu betrachten. Für die Entwicklung der Kostenbestandteile lässt sich sagen, dass die Kosten für eine Standardisierung und Modularisierung ansteigen. Betrachtet man jedoch die gesamte Supply Chain, so sinken die Logistikkosten durch das Logistik-Postponement in den Distributionszentren. Für Postponement-Entscheidungen sind daher beide Kostenarten abzuwägen.

Fallstudie Hewlett Packard
Die Fragestellung, einen Entkopplungspunkt zu definieren, ist in den 80er Jahren in der Computerindustrie erstmals aufgetreten. Hewlett Packard, ein amerikanischer Hersteller von Computern und Druckern, hat eine breite publizistische Tätigkeit mit seinen Fallstudien entfaltet. Auf diese Erfahrungen kann im Folgenden zurückgegriffen werden. Die Vielzahl der lokalisierten Produktvarianten und die Anforderungen an schnelle Lieferung resultierten bei HP in hohen Lagerbeständen, die zum Teil mit hohen Beträgen am Ende des Lebenszyklus abgeschrieben werden mussten. Als Ausweg entwickelte Hewlett Packard ein Grundmodell als Drucker und lieferte dies an die Distributionszentren aus. Für das Grundmodell mussten jedoch die Baupläne für die Drucker geändert werden, damit das Netzteil als letztes Element extern vom Distributionszentrum hinzugefügt werden konnte. Als Folge konnte Hewlett Packard die Sicherheitsbestände für das Grundmodell herunterfahren, während die Distributionszentren die Komponenten für das Netzteil beschafften. Als Zusatznutzen stellte sich heraus, dass der Drucker kleiner und schlanker wurde und so mehr Einheiten auf die Palette passten, so dass die Frachtkosten sanken. Ähnliche Erfahrungen wurden bei Philipps gemacht. Dort modularisierte man das Design für Elektronikprodukte so weit, dass eine lokale Anpassung in den Distributionszentren möglich wurde.

Die folgende Abbildung 2.6 zeigt einen Ausschnitt von Logistik-Ketten bei Hewlett-Packard (HP), die sich über eine Vielzahl von Produktionsstätten in Asien und Amerika erstrecken (Billington 1994). Auf technologiegetriebenen Märkten, die durch einen scharfen Preiswettbewerb, schnellen Produktwechsel und das Erfordernis der raschen Reaktion auf Kundenwünsche gekennzeichnet sind, wie die Märkte für Computer und Drucker, muss das Management von Logistik-Ketten ganzheitlich ansetzen und die Abgrenzungen des Funktionsmanagements überwinden.

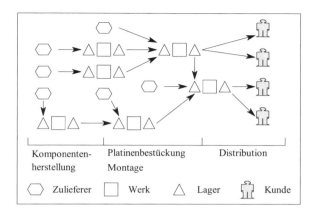

Abbildung 2.6: Integrierte Logistik-Ketten bei Hewlett Packard

Lokale Optimierung an einem Punkt der Kette kann womöglich keinen Nutzen stiften, da Engpässe an anderer Stelle bestehen. Ziel der Optimierung von Logistik-Ketten ist der rasche Materialfluss über das globale Netz und damit eine Senkung der Bestände. Schnelligkeit des Materialflusses ist erforderlich, um so, trotz der langen Wege, in der Logistik-Kette kurzen Produktzyklen von 6-12 Monaten zu entsprechen. Ein schneller Materialfluss führt darüber hinaus auch zum Ziel niedriger Bestände im gesamten System. Durch niedrige Bestände können zugleich die Bestandskosten gesenkt und so im Preiswettbewerb mitgehalten werden. Traditionelle Methoden des Managements von Logistik-Ketten, die auf der Funktionaltrennung beruhen, sichern sich im globalen Netz der Logistik-Ketten mit hohen Beständen ab, um Anforderungen der folgenden Kettenglieder gerecht zu werden. So besaß HP vor Einführung des Logistik-Ketten-Managements weltweit Bestände in Höhe von über 3 Mrd. $. Mit Simulationsrechnungen in Netzwerkflussmodellen konnte das Verhalten von Logistik-Ketten studiert und kostengünstigere Verteilungen ermittelt werden (Lee und Billington 1993). HP stellte z.B. die Konfektionierung der Drucker für die einzelnen Länder von der zentralen Produktion in Vancouver auf eine dezentralisierte Konfektionierung in den Lagern in Europa, Asien und Amerika um und konnte so den Bestand in der Logistik-Kette für Drucker um 18% senken. Die Konfektionierung bezieht sich z.B. auf Stromversorgung und Begleittexte. Dies ist eine Konkretisierung des Postponement-Prinzips.

2.3.2 Methoden zur Dämpfung des Bullwhip-Effekts

Mit dem Bullwhip-Effekt, auch Peitschenschlag-Effekt genannt, wird das in Logistikketten vielfach beobachtete Phänomen bezeichnet, dass sich Schwankungen in den Bestellmengen und den Beständen längs der Logistikkette ergeben, die um so stärker werden, je weiter man sich von der Kundennachfrage entfernt. Selbst dann, wenn die durch den Variationskoeffizienten[4] gemessene Variabilität der Kundennachfrage gering ist, ergibt sich ein stets ansteigender Variationskoeffizient, wenn man die Kette zurückver-

---

[4] Der Variationskoeffizient ist gegeben als Standardabweichung/Mittelwert.

folgt. In den mehrstufigen Systemen der Ersatzteilversorgung in der Autoindustrie ist dieses Phänomen auch vielfach beobachtet worden. So wies in der Ersatzteilversorgung von Mercedes eine Stichprobe von 50 Topteilen auf der Ebene des Zentrallagers eine Standardabweichung von 52% des Mittelwertes auf (Navel/Schaffitzel 1995, S. 113). Die Abbildung 2.7 zeigt den Anstieg der Varianz von den Stufen der Käufe der Konsumenten, über die Aufträge der Einzelhändler an die Großhändler, der Großhändler an die Hersteller und schließlich der Hersteller an die Zulieferer an.

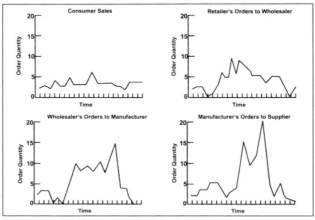

Abbildung 2.7: Anstieg der Varianz in der Lieferkette (Lee u.a. 1997)

Das empirische Phänomen des Bullwhip-Effekts stellt die klassische Interpretation von Vorräten in der Supply Chain in Frage. Bei dieser Interpretation geht man davon aus, dass Vorräte die Funktion haben, Schwankungen in der Nachfrage abzupuffern, damit die Produktionsstufe stetiger arbeiten kann. Der Bullwhip-Effekt zeigt aber auf, dass gerade die für die Produktion eingehenden Bestellungen wesentlich größere Schwankungen aufweisen als die Nachfrage der Kunden im Handel.

Gefragt werden soll an dieser Stelle, wie der Bullwhip-Effekt zu erklären ist und auf welche Phänomene er zurückgeführt werden kann. Damit können auch Ansätze entwickelt werden, um die unerwünschten Ausschläge abzufedern. In der Literatur werden fünf verschiedene Faktoren angeführt, die zu der aufgewiesenen Aufschaukelung der Bestellmengen führen:

- der Pipeline-Effekt,
- die Rationierung,
- Losgrößen-Zusammenfassungen und
- Preisänderungen,
- Verzerrungen der subjektiven Wahrnehmung.

Der Pipeline-Effekt
Um den Pipeline-Effekt zu beschreiben, sei hier vereinfacht eine dreistufige Supply Chain wie folgt modelliert: Fabrik-Großhandel-Einzelhandel. In dieser Kette leitet der

Einzelhandel Bestellungen an den Großhändler, der Großhändler Bestellungen an die Fabrik. Der Einzelhändler reagiert auf die Kundennachfrage, der Großhändler auf die Bestellungen des Einzelhandels und die Fabrik auf die Bestellungen des Großhandels. Damit erhalten Großhandel und Fabrik keine direkten Informationen über den Absatz ihrer jeweiligen Nachfolger. In jeder Periode treffen Bestellungen beim Vorgänger in der Supply Chain ein. Bestellungen des Einzelhandels beim Großhändler bzw. des Großhändlers bei der Fabrik haben jeweils eine Lieferzeit L von n Perioden. Keine Stufe besitzt eine Rückgabemöglichkeit und Informationen über den Absatz der Nachfolgestufe. Die in Rechnung gestellten Preise bleiben konstant, um spekulatives Verhalten auszuschließen.

Da in der Supply Chain die Vorgänger keine direkten Informationen über den Absatz der Nachfolger erhalten, kann eine Änderung der Bestellmengen des Händlers in der vorgelagerten Stufe des Großhandels nicht die Änderung der Kundennachfrage widerspiegeln. Diese Verfälschung der Kundennachfrage in den Bestellmengen des Handels rührt daher, dass der Handel mit einer Lieferzeit von n Perioden rechnen muss und deswegen n Bestellungen unterwegs sind (Pipeline-Bestand).

Wir nehmen an, dass die Kundennachfrage bisher pro Periode konstant 150 Stück betrug und so der Handel pro Periode eine Bestellung von 150 an den Großhandel abgegeben hatte. Wenn aber zum Zeitpunkt T die Kundennachfrage von 150 um 30 Stück auf 120 Stück pro Periode sinkt und der Händler annimmt, dass diese Änderung dauerhaft ist, so erwartet er wegen der Lieferzeit von n Perioden in den nächsten n Perioden mehr Ware, nämlich n*30, als die Kundennachfrage beträgt (vgl. Abbildung 2.8). Um diesen Überschuss an Ware zu korrigieren, reduziert der Händler seine Bestellmenge zum Zeitpunkt T stärker als die Reduktion der Kundennachfrage von 150 auf 120. Hier sind alle Werte zwischen 120 und Max(0, 150 – n*30) denkbar. Diese über das Sinken der Kundennachfrage hinausgehende Reduktion der Bestellung wird als **Pipeline-Effekt** bezeichnet. Als Reaktion auf die gesunkenen Bestellmengen der Handelsstufe reduziert ebenfalls die Großhandelsstufe stärker die Bestellmengen als das Absinken der Bestellmengen der Handelsstufe. Damit wird die ansteigende Größe der Schwankungen längs der Lieferkette erklärt.

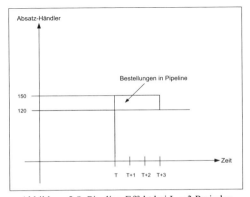

Abbildung 2.8: Pipeline-Effekt bei L = 3 Perioden

Der gleiche Mechanismus der Erhöhung der Schwankungen greift, wenn zum Zeitpunkt T die Kundennachfrage von 150 auf 180 ansteigt (vgl. Abbildung 2.9). Der Händler kann über n Perioden die Kundennachfrage nicht befriedigen. Pro Periode bleibt eine Fehlmenge von 30 Einheiten. Wenn es sich nicht um leicht substituierbare Allerweltsprodukte handelt und der Händler seine Kunden, die leer ausgingen, bis zum Zeitpunkt T+n vertrösten kann, dann wird er zum Zeitpunkt T eine Zusatzbestellung von 30*n aufgeben, die zum Zeitpunkt T+n eintrifft, um dann seine Kunden, die leer ausgingen, zufrieden zu stellen. Damit bestellt der Händler zum Zeitpunkt T mehr Einheiten als es der Zunahme der Kundennachfrage von 30 Einheiten entspricht. Interpretiert die Großhandelsstufe die Händlerbestellung als neue Kundennachfrage pro Periode, so tritt eine Täuschung wegen mangelnder lokaler Informationen über die Kundennachfrage pro Periode ein.

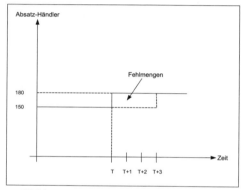

Abbildung 2.9: Pipeline-Effekt bei L = 3 Perioden

Wir erkennen, dass die spezielle, im Pipeline-Effekt zum Ausdruck kommende Dynamik der Logistik-Ketten daher rührt, dass ihre Stufen rückgekoppelte Systeme mit zeitverzögerten Vorgängen darstellen, die aus Meldefristen für den Bedarf, deren Umsetzung in Lieferungen und aus Transportzeiten resultieren. Ferner wird deutlich, dass das Ausmaß der Reduktion der Händlerbestellungen von der Länge der Lieferzeit L = n abhängt. Wird die Lieferzeit verkürzt, so hat der Händler einen kleineren Anreiz, seine Bestellungen drastisch zu senken bzw. zu erhöhen. Eine **Glättung** der Supply Chain gelingt also dann, wenn die Lieferzeit verkürzt wird. Ein weiterer Ansatz zur Glättung besteht darin, dem Händler im Falle einer künftigen Senkung seiner Bestellung das Recht einzuräumen, seine Lagerüberhänge dem Großhändler gegen Erstattung des Kaufpreises zurückzugeben, z.B. dann, wenn der Händler zukünftig seine Bestellung um mehr als 10% unter den Durchschnitt seiner Bestellungen der vergangenen drei Perioden senkt.

Die negativen Konsequenzen des Pipeline-Effekts können durch einen besseren Informationsaustausch in der Lieferkette gemildert werden. Idealerweise sind die Umsatzzahlen des Einzelhandels vom Point of Sale (POS) unmittelbar an die Vorgänger zu übermitteln. Damit können die Vorgänger die geänderten Bestelldaten anhand der gemeldeten Umsatzzahlen interpretieren und feststellen, ob sich die Kundennachfrage deutlich geändert hat oder bloß das Bestellverhalten des Handels. Hier ist an die Konzepte von Efficient Consumer Response (Kapitel 22) zu denken und an das Anlieferprinzip des Vendor Managed Inventory (VMI - vgl. Kapitel 12). Auch trägt eine Verkürzung der Lieferzeiten zu einer Verringerung des Pipeline-Vorrats bei, wodurch den rapiden Änderungen von Bestellungen entgegengewirkt werden kann.

Die Rationierung
Wenn in den schnell drehenden Konsumgütermärkten neue Produkte eingeführt werden, können sich verschiedene Produkte zu einem Renner entwickeln, so dass die Lieferanten nicht mehr nachkommen. Es tritt eine Verknappung der Waren ein. Die Händler reagieren nun auf dieses Verknappungsphänomen, indem sie größere Mengen bestellen als es der Kundennachfrage entspricht. Diesen steigenden Bestellmengen liegt die Annahme zugrunde, dass der Lieferant bei Rationierungen einen festen Prozentsatz der Bestellungen realisiert, d.h. je größer die Bestellmengen werden, desto größer ist die Wahrscheinlichkeit, dass aus der Sicht des Händlers genügend Ware geliefert werden kann.

Diesem Bestellverhalten der Händler bei Rationierung kann entgegengewirkt werden, indem an die Händler nur im Verhältnis zu ihrem Marktanteil geliefert wird. Auch können Einschränkungen der Handlungsspielräume des Händlers vorgenommen werden:

- Beschränkung der Liefermengen, wodurch Spitzen im Logistiksystem gemindert werden, die generell eine negative Auswirkung auf die Stetigkeit der Flüsse in der Supply Chain besitzen.
- Die Möglichkeiten der Auftragsstornierungen können umso mehr eingeschränkt werden, je näher der Liefertermin rückt. Dabei kann das Recht auf Änderung der Bestellungen immer mehr abnehmen. Zum Beispiel kann der Händler eine Vorausschau für 18 Wochen an den Lieferanten geben. In der 14. Woche vorher sind noch Änderungen um 30% möglich, in der 10. Woche nur noch um 15% und in der 6. Woche um 7%.
- Schließlich stellt im Falle der Rationierung auch die Einschränkung des Rechts auf freie Rückgabe der Ware ein wirksames Mittel gegen erhöhte Bestellungen des Handels dar, da auf diese Weise die Risiken der Händler bei Überversorgung steigen.

Diese Einschränkungen im Bestellverhalten der Händler sind jedoch nur dann möglich, wenn der Lieferant eine starke Marktstellung besitzt.

Losgrößenbündelungen
Bestellungen werden dann zu Losen zusammengefasst, wenn die bestellfixen Kosten größer null sind. Dabei steigen die Losgrößen umso mehr an, je größer die bestellfixen Kosten sind. Entgegengewirkt werden kann diesem Zwang zu größeren Losen, indem die fixen Bestellkosten mit Hilfe von Bestellsystemen über das Internet gesenkt werden. Die Konsequenz sind dann häufigere Bestellungen in kleineren Einheiten. Durch die Einschaltung eines Spediteurs können Bestellungen von verschiedenen Herstellern zu einer Wagenladung konsolidiert werden, so dass die Versandkosten sinken. Die Herstel-

ler können die Losgrößenentscheidungen auch so beeinflussen, dass sie eine ganze Wagenladung gemischt mit verschiedenen Artikeln zu günstigeren Preisen anbieten.

In mehrstufigen Lagerhaltungssystemen können durch mangelnde Anpassung der Bestellpolitiken auf den einzelnen Ebenen extreme Ausschläge des Bedarfs im Zentrallager entstehen, selbst dann, wenn die Nachfrage der Kunden einen vollkommen stetigen Verlauf nimmt. Die starken Schwankungen auf der Ebene des Zentrallagers sind in der Praxis ein besonderes Problem.

Christopher (1992, S. 173) gibt ein Beispiel über sechs Zeitperioden (Wochen) für vier Verkaufsbüros in vier verschiedenen Regionen, die einen konstanten Abverkauf erzielen. Je zwei Verkaufsbüros werden über ein Regionallager versorgt. Die Verkaufsbüros ordern in Vielfachen von 50 Paletten bei den Regionallagern, die Regionallager ordern in Vielfachen von 250 Paletten bei den Zentrallagern. Die folgende Tabelle 2.4 zeigt den Aufbau der Schwankungen, ausgedrückt in Standardabweichungen, von den Verkäufen der Verkaufsbüros über die Orders der Verkaufsbüros, die Bedarfe der Regionallager, die Orders der Regionallager bis zum gebündelten Bedarf im Zentrallager.

	Woche 1	Woche 2	Woche 3	Woche 4	Woche 5	Woche 6	Standard-Abweichung	Mittelwert der Standard-Abweichung pro Ebene
Verkäufe								
Region 1	10	10	10	10	10	10	0.0	
Region 2	60	60	60	60	60	60	0.0	
Region 3	30	30	30	30	30	30	0.0	
Region 4	70	70	70	70	70	70	0.0	**0.0**
Order der Regionen								
Region 1	50	0	0	0	0	50	25.8	
Region 2	150	0	150	0	0	150	82.2	
Region 3	100	0	0	100	0	0	51.6	
Region 4	250	0	0	250	0	0	129.1	**72.2**
Bedarf auf Ebene der Regionallager								
Regional-Lager 1	200	0	150	0	0	200	102.1	
Regional-Lager 2	350	0	0	350	0	0	180.7	**141.4**
Order der Regionallager								
Regional-Lager 1	250	0	250	0	0	250	136.9	
Regional-Lager 2	500	0	0	500	0	0	258.2	**197.6**
Bedarf im Zentral-Lager	750	0	250	500	0	250	292.3	**292.3**

Tabelle 2.4: Anstieg der Schwankungen im Bedarf in mehrstufigen Lagerhaltungssystemen bei nicht abgestimmten Bestellpolitiken (Werte als Anzahl der Paletten)

Als Maß für die Stetigkeit des Güterstroms im Distributionsnetzwerk ziehen wir die Standardabweichung heran. Die Tabelle weist auf, wie die Standardabweichung im Mittel von 72 Paletten bei den Bestellungen der Verkaufsbüros auf 292 Paletten im Zentrallager zunimmt, obwohl der Abverkauf der Verkaufsbüros Woche für Woche konstant ist. Infolge nicht abgestimmter Bestell-Lose und nicht abgestimmter Bestelltermine entwickeln sich die Bedarfe auf der Ebene der Regionallager und des Zentrallagers so uneinheitlich, dass auch die Anwendung von Prognoseverfahren nicht mehr möglich ist.

Die in Kapitel 1 geforderte Stetigkeit zur Realisierung des Fließprinzips ist bei der hier angenommen Bestellpolitik nicht realisierbar, und insofern entspricht das hier diskutierte Modell eines Distributionssystems nicht dem modernen Verständnis von logistischer Optimierung.

	Woche 1	Woche 2	Woche 3	Woche 4	Woche 5	Woche 6	Standard-Abweichung
Verkäufe							
Region 1	10	10	10	10	10	10	0.0
Region 2	60	60	60	60	60	60	0.0
Region 3	30	30	30	30	30	30	0.0
Region 4	70	70	70	70	70	70	0.0
Order der Regionen							
Region 1	0	30	0	0	30	0	15.5
Region 2	0	180	0	0	0	180	93.0
Region 3	90	0	0	90	0	0	46.5
Region 4	210	0	0	210	0	0	108.4
Bedarf auf Ebene der Regionallager							
Regional-Lager 1	0	210	0	0	210	0	108.4
Regional-Lager 2	300	0	0	300	0	0	154.9
Order der Regionallager							
Regional-Lager 1	0	210	0	0	210	0	108.4
Regional-Lager 2	300	0	0	300	0	0	154.9
Bedarf im Zentral-Lager	300	210	0	300	210	0	**137.7**

Tabelle 2.5: Anstieg der Schwankungen im Bedarf in mehrstufigen Lagerhaltungssystemen bei abgestimmten Bestellpolitiken (Werte als Anzahl der Paletten)

Eine bessere Anpassung an das Ideal eines **Fließsystems** erreicht man durch die in Tabelle 2.5 dargestellte abgestimmte Bestellpolitik. Auf der Ebene des Zentrallagers ergibt sich dann eine deutlich niedrigere Standardabweichung von 137 Paletten. Dies wird erreicht, indem die Bestellungen der Regionen 1 und 2 sowie 3 und 4 für je drei Wochen zusammengefasst und um eine Woche zeitversetzt an die beiden Regionallager gegeben werden. Die Regionallager fungieren dann als reine Transit-Terminals.

Preisänderungen
Durch die Antizipation von Preisänderungen führt der Handel ein spekulatives Element in seine Lagerhaltung ein. Wenn Preiserhöhungen absehbar sind, schnellen die Bestellungen empor, ohne dass ihnen eine erhöhte Kundennachfrage entspricht. Umgekehrt führen angekündigte Preissenkungen dazu, dass Bestellungen zurückgehalten werden bis zum Zeitpunkt der Preissenkung. Ähnliche Impulse in der Lieferkette werden ausgelöst durch Rabattsysteme. Wenn Rabatte auf die Menge der Bestellungen im Gesamtjahr gegeben werden, so kann dies bedeuten, dass bis zum Jahresende Bestellungen aufgegeben werden, um in den Genuss von Rabatten zu gelangen. Als Ergebnis lässt sich festhalten, dass Preisänderungen und Rabattsysteme immer einen Impuls in der logistischen Kette geben. Deswegen ist aus logistischer Sicht eine Politik von dauerhaft konstanten Preisen vorzuziehen. Wenn, wie im Handel vielfach üblich, Preispromotionen

geplant werden, so sind diese in enger Abstimmung zwischen Handel und Hersteller vorzunehmen, um schädliche Auswirkungen des Bullwhip-Effekts zu vermeiden.

Verzerrungen der subjektiven Wahrnehmung
Um das subjektive Entscheidungsproblem bei der Auslösung von Bestellungen aufgrund geänderter Nachfrage in der Supply Chain abzubilden, wurde am Massachussets Institut of Technology (MIT) das sogenannte Bierspiel eingeführt (Sterman 1989). Dieses Spiel bildet eine vierstufige Logistikkette ab mit einer Brauerei, einem Distributeur, einem Großhändler und einem Einzelhändler[5] und zeigt experimentell den Bullwhip-Effekt auf.

2.4 Die Erhöhung der Logistik-Effizienz in Europa

Die Unternehmensberatung AT-Kearney hat eine Studie über die Struktur der Logistikkosten in verschiedenen Unternehmen von Europa erstellt (AT-Kearney 2004). Da diese Studie seit 1987 viermal wiederholt wurde, kann im Zeitablauf sehr gut die Verbesserung von Logistikkennzahlen dargestellt und so die Wirkung des Konzepts von Supply Chain Management ermittelt werden. Die Abbildung 2.10 weist sinkende Logistikkosten seit 1987 auf.

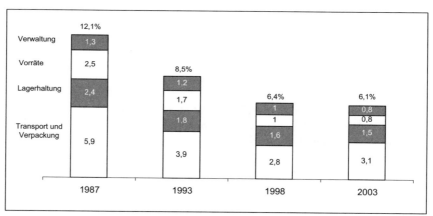

Abbildung 2.10: Logistikkosten in Prozent vom Umsatz

Diese fielen von 12,1% vom Umsatz im Jahre 1987 auf 6,1% im Jahre 2003. Der größte Anteil der Kostenreduktion in der Logistik entfiel auf die Transportkosten, die von 5,9% auf 3,1% gefallen sind. Hieran wird erkennbar, dass die Liberalisierung der Transportmärkte in den 90er Jahren zu einem starken Rückgang der Transportkosten geführt hat. Insgesamt wird deutlich, wie durch die Instrumente des Supply Chain Managements die Logistikkosten in den vergangenen 15 Jahren gesenkt werden konnten. So fielen die Kosten für Vorräte, ein wichtiger Indikator für die Effizienz der Prozesse, von 2,5% auf 0,8% des Umsatzes.

---

[5] Informationen zum Bierspiel unter der Internetadresse http://www.beergame.lim.ethz.ch

Die Logistikkosten variieren beträchtlich zwischen den einzelnen Industriezweigen. Dieses wird in der folgenden Abbildung 2.11 dargestellt. Der Maschinenbau weist die höchsten Anteile der Logistikkosten von 7,5% auf, während in der Automobilindustrie und im Einzelhandel die Logistikkosten bloß 4,4% des Umsatzes ausmachen. Interessant ist, dass die Prozessindustrie den höchsten Anteil an Transportkosten aufweist.

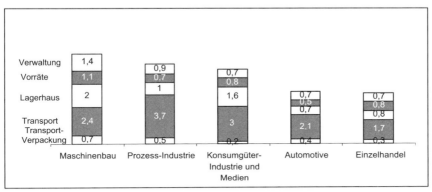

Abbildung 2.11: Die Struktur der Logistikkosten nach Branchen

Dieses ist auf den Transport von großen Gütermengen in der Grundstoffindustrie zurückführbar. Auffallend ist ferner, dass die Automotive-Branche den zweit niedrigsten Transportkostenanteil von 2,1% aufweist. Diese Daten unterstützen nicht das Argument der Kritiker von Just-in-Time Lieferungen (vgl. Kapitel 21), dass Just-in-Time Logistikkonzepte die Transporte erheblich intensivieren. Die niedrigen Bestands- und Lagerhauskosten im Einzelhandel zeigen an, dass hier die hohe Wettbewerbsintensität zu niedrigen Logistikkosten geführt hat. Umgekehrt deuten die hohen Anteile im Maschinenbau entweder auf eine niedrigere Wettbewerbsintensität in dieser Branche hin oder dieses ist so zu erklären, dass das Logistikbewusstsein dieser Branche noch nicht den hohen Stand des Supply Chain Managements erreicht hat.

Die durchschnittlichen Lieferzeiten über die untersuchten Unternehmen in den verschiedenen Branchen wurden ebenfalls von der AT-Kearney Studie erhoben und deren Entwicklung in den vergangenen 15 Jahren in der folgenden Abbildung 2.12 dargestellt.

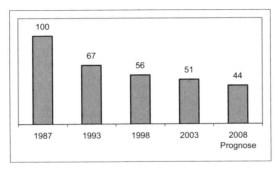

Abbildung 2.12: Lieferzeiten in Prozent von 1987

Hieran wird erkennbar, dass die Lieferzeit um 49% im Jahre 2003 gegenüber dem Jahr 1987 gesunken ist, was bedeutet, dass die Anstrengungen des Supply Chain Managements zu einer erheblichen Verkürzung der Lieferzeit geführt haben.

Auch die Wirkung von Postponement-Strategien in den vergangenen 10 Jahren wurde von der AT-Kearney Studie erhoben. Zusätzliche Aufgaben, wie das länderspezifische Abpacken, die Modifikation von Produkten gemäß der Kundenaufträge und sogar eine zurückgestellte endgültige Montage werden mehr und mehr in Distributionszentren von Logistikdienstleistern übernommen und als Value-Added-Services ausgeführt. Diese Strategien reduzieren die Vorräte und führen zu einer besseren Reaktion auf die Kundennachfrage. Sie ergeben eine Reduktion der Kosten wegen der typischen höheren Flexibilität in den Distributionszentren und Verbesserung der Kapazitätsauslastung durch Kooperationsprojekte.

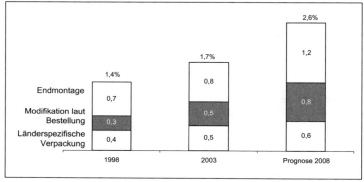

Abbildung 2.13: Die Wirkung von Postponement-Strategien

Die Abbildung 2.13 weist die einzelnen Postponement-Strategien und deren Kosten als Anteil am Umsatz aus und zeigt, wie die Kosten der Value Added Services in den Distributionszentren in Prozent vom Umsatz von 1,4% im Jahre 1998 auf 1,7% im Jahre 2003 gestiegen sind. Erwartet für 2008 werden 2,6%.

Ergänzende Literatur:

Alicke, Knut: Planung und Betrieb von Logistiknetzwerken, Berlin 2003
Bogaschewsky, Ronald (Hrsg.): Integrated Supply Chain Management, München 2003
Bretzke, Wolf-Rüdiger: Supply Chain Management: Wege aus einer logistischen Utopie, in: Logistik Management, Heft 2/2005, S. 21-30
Gattorna, John L. (Hrsg.): Strategic Supply Chain Alignment, 2000
Kuhn, Axel; Hellingrath, Bernd: Supply Chain Management, Berlin 2002
Otto, Andreas und Kotzab, Herbert: Welchen Beitrag leistet Supply Chain Management? Sechs Perspektiven zur effektiven Leistungsmessung, in: Handbuch Industrielles Beschaffungsmanagement. Hahn, Dietger und Kaufmann, Lutz (Hg.). 2. Auflage. Wiesbaden, 2002
Seuring, Stefan: Strategy and Organization in Supply Chains, Heidelberg 2003
Sucky, Eric: Coordinated Order and Production Policies in Supply Chains: A Bargaining Problem, in: OR Spectrum, 2004, Vol. 26, No. 4, S. 493-520.
Vahrenkamp, Richard; Siepermann, Christoph (Hrsg.): Risikomanagement in Supply Chains, Berlin 2007

3 Speditionen als Integratoren der Logistikkette

In diesem Kapitel werden die Speditionen für die verschiedenen Verkehrsträger und deren Dienstleistungen behandelt.

3.1 Grundlegende Begriffe und Übersicht

Unter einer **Spedition** versteht man im allgemeinen Sprachgebrauch ein Unternehmen, dessen primärer Unternehmenszweck im Transport und ggf. der Lagerung von Gütern besteht. Genau genommen ist jedoch der Begriff des Spediteurs von demjenigen des Frachtführers und des Lagerhalters zu unterscheiden. Diese Differenzierung hat ihren Ursprung im Handelsrecht, wonach das **Frachtgeschäft** (§§407-452d HGB), das **Speditionsgeschäft** (§§453-466 HGB) und das **Lagergeschäft** (§§467-475h HGB) unterschieden werden. Das Speditionsgeschäft umfasst dabei (lediglich) die Organisation der Transporte, nicht jedoch deren Ausführung. Diese ist Gegenstand des Frachtgeschäfts. Das Lagergeschäft beinhaltet die Lagerung von Gütern. Spediteur, Frachtführer und Lagerhalter können, müssen aber nicht in einem Unternehmen vereint sein, d.h. ein Spediteur kann die Durchführung von Transporten entweder selbst (mit eigenen Kapazitäten) besorgen oder sich dazu eines externen Frachtführers bedienen. Übernimmt die Spedition den Transport selbst, so spricht das Handelsgesetzbuch vom **Selbsteintritt** (§458 HGB).

Spediteure sind wichtige Mittler in der Konstituierung von Logistikketten. Sie disponieren nach Angaben des Bundesverbandes Spedition und Logistik (vgl. BSL 2000, S. 7) in Deutschland die folgenden Mengen:

- 80% der Transportmenge im gewerblichen Straßengüterfernverkehr,
- 98% des Luftfrachtaufkommens,
- 20% der Tonnage in der Binnenschifffahrt,
- 25% der Güter im Schienenverkehr (einschließlich der durch Operateure des Kombinierten Verkehrs ausgelieferten Mengen) und
- 75% der Gütermenge im Seeverkehr (außer Massengut).

Das Betätigungsfeld von Speditionen ist damit verkehrsträgerübergreifend. Tabelle 3.1 gibt eine Übersicht über die Zusammenarbeit der Speditionen mit den einzelnen Verkehrsträgern. Dabei wird allerdings deutlich, dass der Schwerpunkt des Betätigungsfeldes von Speditionen im Straßengüterverkehr liegt.

Verkehrsträger	Betriebe in % (Mehrfachnennungen möglich)
Gewerblicher Straßengüterverkehr	66%
Bahnverkehr	16%
Binnenschifffahrt	10%
Seeschifffahrt	34%
Luftfracht	33%

Tabelle 3.1: Zusammenarbeit der Speditionen mit Verkehrsträgern (Quelle: BSL 2000, S. 7)

Der Spediteur organisiert Transportketten und übernimmt dazu eine Vielzahl von Aufgaben (vgl. Tabelle 3.2). Er stellt unter der großen Zahl von Transportalternativen die für seinen Auftraggeber günstigsten Beförderungsmöglichkeiten zusammen. Hierbei geht es um die Aspekte der Kostenersparnisse, der Schnelligkeit und der Sicherstellung der Qualität. Der Spediteur übernimmt die Einsammlung von Gütern beim Kunden und die Auslieferung beim Empfänger. Hierbei kann er eine Vielzahl von kleinen Sendungen zu kompletten Ladungen kombinieren. Damit stellt er die Ausnutzung des knappen Transportraums sicher. Der Spediteur unterhält Geschäftskontakte zu einem dichten Netz von **Empfangsspediteuren** in der ganzen Bundesrepublik und kann auf diese Weise Transportketten zusammenstellen. Zur Unterstützung dieser Tätigkeit werden Informationssysteme unterhalten, die dem Kunden jederzeit Aufschluss über den Status des Transportauftrages geben. Darüber hinaus unterhält der Spediteur Lager- und Umschlagsbetriebe, in denen Güter gelagert und für Sammel- und Verteilverkehre umgeschlagen werden können.

Aufgaben der Spedition	Beispiele
Beratungsfunktion	Beratung in Außenhandelsfragen
Organisationsfunktion	Planung der Transportwege; Disposition der Fahrzeuge
Auswahl- und Besorgungsfunktion	Auswahl der Frachtführer; papiermäßige Abfertigung; Lademittel-Bereitstellung; Schadensbearbeitung
Sammelverkehrsfunktion	Zusammenfassen von Einzelsendungen zu größeren Gesamtsendungen
Umschlagsfunktion	Umladen des Gutes von einem Verkehrsmittel auf ein anderes
Lagerfunktion	Vor-, Zwischen- und Nachlagerung
Beförderungsfunktion	Übernahme des Gutes zum Transport und diesen ganz oder teilweise selbst ausführen
Inkassofunktion	Einziehen von Geldbeträgen beim Empfänger
Manipulationsfunktion	Bemustern; Neutralisieren; Verpacken; Auszeichnen; Kommissionieren
Zollbehandlungsfunktion	Zollantrag erstellen und einreichen; Ware gestellt; Zoll und Einfuhrumsatzsteuer auslegen
Treuhänderfunktion	Herausgabe von Dokumenten nur gegen Zahlung des Kaufpreises
Versicherungsbesorgungsfunktion	Abschluss bzw. Vermittlung von Transportversicherungen
Logistikfunktion	JIT-Lieferungen von Roh- und Hilfsstoffen in einen Industriebetrieb; Übernahme der gesamten Lagerhaltung für einen Industriebetrieb; Übernahme des Einsortierens der Artikel in die Regale und der Preisauszeichnung für einen Supermarkt

Tabelle 3.2: Speditionelle Tätigkeiten
(in Anlehnung an Dischinger u.a. 2003, S. 24 und Lorenz 2003, S. 48f.)

3.2 3PL-Provider und Kontraktlogistik

Mit dem Aufkommen moderner Logistikkonzepte geht der Spediteur über sein klassisches Arbeitsgebiet weit hinaus und übernimmt als sog. **3PL-Provider**[6] die Verantwortung für viele zusätzliche Leistungen zur Organisation von logistischen Ketten (**Value Added Services**). Der Dienstleister wird dabei zum Systemlieferanten von Logistikleistungen und übernimmt die gesamte Logistik seiner Kunden. Zu denken ist etwa an die Beschaffung bei Just-in-Time-Anlieferungen in der Autoindustrie (vgl. Kapitel 21), die Finanzierung von Gütern auf der Absatz- oder Beschaffungsseite oder die Organisation des Nachschubs für einzelne Geschäfte, was bis hin zur Preisauszeichnung und Regalpflege führen kann. Dieses als **Kontraktlogistik** bezeichnete Dienstleistungsspektrum unterscheidet den 3PL vom klassischen Spediteur und entsteht in der Regel auf Basis mehrjähriger Partnerschaften. Das Potential für den Markt der Kontraktlogistik in Deutschland wird von Klaus (2003) auf 60 Mrd. € geschätzt. Dabei sind aber erst 11 Mrd. € tatsächlich abgewickelt.

---

[6] 3PL steht für Third Party Logistics.

Die Märkte für Kontraktlogistik lassen sich wie folgt konkretisieren. Zunächst ist an die Recycling-Kreisläufe (vgl. Kapitel 14) zu denken (z.B. Rückführung von Wertstoffen aus dem Elektronikschrott und dem Autorecycling). Auch außerhalb der Automobilindustrie können Speditionen die Beschaffungslogistik übernehmen, wie etwa Rhenus die Rohstoffversorgung für Behring Pharma Produktion in Berlin organisiert (vgl. Kapitel 12). Im Handel ist die Kooperation zwischen Fiege-Logistik und Karstadt ein bekanntes Beispiel für die Übernahme von Dienstleistungen. Fiege verwaltet in einem Logistikzentrum bei Ebenbühren/Osnabrück die Aktionsware von Karstadt und liefert diese bundesweit aus. In Kooperation mit anderen Handelshäusern kann Fiege den saisonalen Bedarf von Karstadt glätten und so durch das Angebot dieser Verbundleistung zu günstigen Stückkostenrelationen gelangen. Tabelle 3.3 gibt einen Überblick über das heutige Angebot an logistischen Dienstleistungen von Speditionen. Die Einbindung der Speditionen in Logistiknetzwerke führte zu einer erheblichen Qualitätssteigerung in der Leistungserbringung. So ist bei der JIT-Anlieferung entscheidend, dass die Aufträge sorgfältig erfüllt werden, da die Bestände knapp sind und Fehler in der Ausführung unmittelbare Rückwirkungen auf die Logistikkette besitzen. Weitere Möglichkeiten der Dienstleistungserbringung ergeben sich für Speditionen durch das Einklinken in den Wertschöpfungsprozess. Hierbei ist an die Endbearbeitung (Finish) von Textilien oder die länderspezifische Konfiguration von Gütern, wie z.B. Handbüchern und Netzteilen zu denken. Ferner ergeben sich Märkte für Spezialgüter, wie z. B. Tiefkühlgut, Gefahrgut oder Textilguthängeversand. Tabelle 3.4 gibt einen Überblick über die wichtigsten logistischen Teilmärkte in der Spedition. Die klassische Strategie der Standardisierung und **Kostenführerschaft** wurde insbesondere von den Paketdiensten wahrgenommen (siehe Kapitel 9).

Logistische Dienstleistungen (Value Added Services)	Betriebe in % (Mehrfachnennungen möglich)
Logistikberatung	49
Abrufsteuerung	23
Bestandsmanagement	36
Qualitätskontrollen	30
Zentrallagerfunktion	39
Bestellabwicklung für Kunden	29
Kommissionieren, Verpacken	66
Etikettierung	48
Konfektionierung	24
Regalservice	11
Fakturierung und Inkasso	15
Call Center	8
Tracking and Tracing	27

Tabelle 3.3: Logistische Dienstleistungen in der Spedition (Quelle: BSL 2000, S. 20)

Teilmärkte	Betriebe in % (Mehrfachnennungen möglich)
Supply-Chain-Automobilindustrie	29
Nahrungs- und Genussmittel	25
Ersatzteile	22
Hightech	21
Chemie	19
Temperaturgeführte Güter	18
Textilien	13

Tabelle 3.4: Logistische Teilmärkte in der Spedition (Quelle: BSL 2000, S. 20)

3.3 4PL-Provider

Im Zusammenhang mit der Konzeption des Supply Chain Managements (vgl. Kapitel 2) wird in jüngster Zeit die Weiterentwicklung der Logistikdienstleister vom Systemdienstleister (3PL) zum Systemintegrator (4PL) in Form einer übergeordneten Instanz zur Steuerung der gesamten Supply Chain intensiv diskutiert (vgl. z.B. Baumgarten/Zadek 2002). Unter einem **4PL-Provider** wird dabei ein Supply Chain Manager verstanden, der die Ressourcen, Kapazitäten und Technologien seiner eigenen Organisation mit denen anderer beteiligter Dienstleister zusammenführt und koordiniert, um seinen Kunden eine vollständige Supply Chain Lösung anbieten zu können (vgl. Baumgarten/Zadek 2002, S. 16). 4PL-Provider fungieren damit als Integratoren von mehreren Unternehmen mit definierten logistischen Aufgaben. Das Aufgabenspektrum umfaßt neben der Integration von 3PL-Providern in die Arbeitsabläufe der Kunden auch die Integration von Produktionspartnern und deren Zulieferern innerhalb der Supply Chain durch IT-basierte Lösungen mit dem Ziel der Optimierung des gesamten logistischen Netzwerks. Tabelle 3.5 zeigt das (idealtypische) Aufgabenspektrum eines 4PL-Dienstleisters.

Aufgaben eines 4PL-Providers	Aufgabenbeschreibung
Supply Chain Planung	Unternehmensübergreifende Produktions- und Distributionsplanung; Verbund- und Netzwerkplanung zur Abstimmung der Beschaffungs-, Lager-, Bestands- und Transportplanung zwischen den beteiligten Unternehmen; Standortplanung, Lieferantenauswahl, Verkehrsträger-Mix
Integration von IT Systemen	Schnittstellendefinition und Datenintegration zwischen unterschiedlichen Standardanwendungssystemen
Strategische Netzwerk-Planung	Einbindung des 4PL in die Netzwerkplanung ist notwendig für das Gesamtoptimum des Supply Nets
Transportplanung	Transportmittelauswahl, Beladungsterminierung, Lade- und Stauplanung sowie Dienstleisterauswahl
Sendungsverfolgung	Auftragsverfolgung und Statusrückmeldung über alle Partner der Supply Chain
Tourenplanung und -optimierung	Planung, Abstimmung, Einteilung und Optimierung der zu fahrenden Routen
Lager- und Bestandsmanagement	Unternehmensübergreifendes Lager- und Bestandsmanagement zur Minimierung der Bestandskosten und Maximierung der Verfügbarkeit innerhalb der Supply Chain
Beratung	Beratung der Supply Chain Partner über Verbesserungsmöglichkeiten sowohl operativer und als auch strategischer Art
Ertragsmanagement	Ermittlung der Effizienzgewinne aus der Kooperation und Verteilung auf die Supply Chain Partner
Dokumentenverwaltung	Management des Dokumentenstroms und Bereitstellung der physischen IT-Infrastruktur
Application Service Providing	Bereitstellung und Betrieb der benötigten übergreifenden SCM-Software
Personal Leasing	Personeller Ausgleich von Engpässen und Überkapazitäten
Finanzdienstleistungen	Angebot und Koordination von Finanzdienstleistungen für die Supply Chain Mitglieder

Tabelle 3.5: Aufgabenspektrum eines 4PL-Providers
(vgl. Würmser 2001, S. 48 f. und Zadek 2001, S. 326 ff.)

Zusammenfassend lassen sich damit die in Abbildung 3.1 dargestellten Entwicklungsstufen von Speditionen bzw. Logistikdienstleistern unterscheiden. Deren Leistungsspektrum läßt sich nach verschiedenen Kriterien systematisieren. Tabelle 3.6 gibt hierzu einen Überblick.

Abbildung 3.1: Entwicklungsstufen von Logistikdienstleistern

Unterscheidungsmerkmal	Ausprägungen
Verkehrsträger (Speditionszweige)	Kraftwagenspedition, Bahnspedition, Binnenschifffahrtspedition, Seeschifffahrtspedition, Luftfrachtspedition
Güterarten (Fachsparten)	Möbelspedition, Kleiderspedition, Holzspedition, Kühlgutspedition, Spedition für Kfz-Transporte, Gefahrgutspedition, Tankwagenspedition, Silospedition
Zielorte	Nationale Spedition, internationale Spedition
Logistisches Leistungsspektrum	Transport- und Lagerei, Spedition, 3PL, 4PL
Stellung des Leistungsangebots in der logistischen Kette	Beschaffungslogistik, Distributionslogistik, Entsorgungslogistik

Tabelle 3.6: Arten von Speditionen bzw. Logistikdienstleistern

Ergänzende Literatur:

Dischinger, A. u.a.: Speditionsbetriebslehre, 4.A., Darmstadt 2003

Lorenz, W.: Leitfaden für Spediteure und Logistiker in Ausbildung und Beruf, Band 1, 19.A., Hamburg 2003 und Band 2, 14.A., Hamburg 2002

4 Informationssysteme in Logistiknetzwerken

4.1 Einführung

Zwischen Herstellern und Abnehmern wird entlang der Logistik-Kette eine Vielzahl von Informationen ausgetauscht. Beispielhaft sind zu erwähnen: Anfragen, Angebote, Bestellungen, Bestellbestätigungen, Lieferscheine, Rechnungen, Zahlungsanweisungen sowie spezielle Informationen zur Identifikation von Artikeln und Transporteinheiten. Bei der traditionellen Abwicklung der Geschäftsbeziehungen werden diese Informationen in Papierform übertragen und zumeist mit der Post oder dem jeweiligen Spediteur verschickt. Unter den beteiligten Partnern treten bei der Verarbeitung dieser Informationsströme hohe Transaktionskosten dadurch auf, dass die Nachrichten in Papierform in die jeweiligen EDV-gestützten Informationssysteme für Auftragsabwicklung einerseits oder Beschaffung andererseits integriert werden müssen. Bei der Übertragung aus der Papierform in die betrieblichen, EDV-gestützten Informationssysteme ergeben sich sogenannte **Medienbrüche**. Diese Medienbrüche ziehen mit ihrem hohen Übertragungsaufwand eine hohe Fehleranfälligkeit nach sich und führen so zu einem beachtlichen Kontrollaufwand.

Die papiergebundene Informationsübermittlung wirft ferner das Problem auf, dass Informationen in der Transportkette häufig nicht rechtzeitig zur Verfügung stehen. So erfährt der Spediteur mitunter erst beim Verlader, welche Ware er übernehmen soll. Auch wenn die Sendung beim Empfänger eintrifft, fehlen **Vorabinformationen**, welche Ladungseinheiten oder Container angeliefert werden oder welche Ladungshilfen erforderlich sind. Das Problem der zu späten Information betrifft auch das Verhältnis von Generalunternehmern zu Subkontraktoren und zu Lieferanten. Der Fertigungsfortschritt, die Liefer- und die Qualitätsmeldungen der Vorlieferanten werden so spät übermittelt, dass im Netzplan des Generalunternehmers große Unsicherheiten auftreten.

Ein weiterer Punkt des Informationsdefizits entlang der Logistik-Kette betrifft die Verfolgung individueller Ladungseinheiten, wie Pakete oder Container. Ohne elektronische Datenübermittlung ist es nicht möglich, jederzeit Auskunft über den jeweiligen Verbleib der Güter zu erhalten. Diese Fragen betreffen insbesondere die Haftung als ein grundlegendes Element von Geschäftsbeziehungen. Hier ergibt sich eine Verbindung zum vorangehend behandelten Problem der Vorabinformation: Die individuelle Identifizierung der Transporteinheiten ermöglicht gleichzeitig die Übermittlung von Vorabinformationen an den Empfänger.

Computergestützte Informationssysteme entlang der Logistik-Kette und ein elektronischer Datenaustausch zwischen diesen Systemen sollen die genannten Probleme der unzureichenden Informationsversorgung und der Medienbrüche beseitigen. Kommunikationsrechner und Telekommunikationsnetzwerke stellen die Infrastruktur für den elektronischen Austausch von Nachrichten dar. Für diesen Austausch hat sich die Abkürzung EDI eingebürgert, welche Electronic Data Interchange bedeutet. EDI stellt ein Konzept zum papierlosen, automatisierten (d.h. interventionslosen) Austausch von strukturierten Geschäftsdaten zwischen Anwendungssystemen verschiedener Unternehmen unter Nutzung von Telekommunikationsverbindungen dar. Der EDI-Einsatz eignet sich insbesondere für zeitkritische Transaktionen mit starkem Routinecharakter und hohem Datenvolumen bei gleichzeitig strukturierten Aufgabenstellungen und genau definierter Vorgehensweise (Gleißner 2000, S. 126).

Den Nachrichtenaustausch über EDI klassifiziert man nach den drei Bereichen

- Austausch von Dokumenten,
- Austausch von Produktdaten, insbesondere CAD-Daten,
- Austausch von Handelsdaten.

Wir beschränken uns hier auf den Austausch von Handelsdaten. Die folgende Abbildung 4.1 zeigt das Prinzip von EDI auf. An die jeweiligen betrieblichen Informationssysteme werden Kommunikationsrechner angeschlossen, die als multitaskingfähige Systeme mehrere Kommunikationsvorgänge parallel und in Realzeit abarbeiten können.

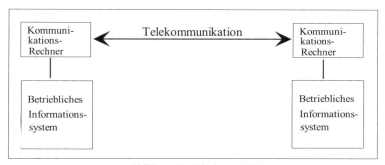

Abbildung 4.1: Prinzip von EDI

4.2 Standards für den elektronischen Datenaustausch

Ein automatisierter, unternehmensübergreifender und integrierter Austausch von Geschäftsdaten auf elektronischem Wege setzt die Standardisierung der Kommunikationsprozesse voraus. Dabei sind verschiedene Standardisierungsebenen zu unterscheiden.

Kommunikationsstandards regeln den Datentransport vom Sender zum Empfänger. Die Kommunikationsverfahren unterscheiden sich zum einen nach der Art der Verbindung und zum anderen nach der Art des verwendeten Netzwerks. Bei der **Art der Verbindung** wird zwischen Store-and-Foreward- und Point-to-Point-Prinzip unterschieden. Der Datentransfer nach dem **Store-and-Foreward-Prinzip** erfolgt über ein Mailboxsystem. Der Absender adressiert die Nachricht an eine eindeutige Empfangsadresse und initiiert die Versendung an die Mailbox des Empfängers. Die Nachricht wird dort abgelegt, bis der Empfänger seine Mailbox abruft und die Übertragung und Weiterverarbeitung der Nachrichten anstößt. Die Mailbox wird als Mehrwertdienst von einem sogenannten Value Added Network Service Provider (VAN) bereitgestellt. Als VAN treten sowohl die ehemaligen nationalen Telekommunikationsgesellschaften wie Deutsche Telekom AG, France Télécom oder British Telecom als auch privatwirtschaftliche Anbieter wie IBM oder AT&T auf. Die Entkopplung von Sende- und Empfangsvorgang durch die Verwendung einer Mailbox, die für beliebig viele Kommunikationspartner als elektronischer Briefkasten dient, hat den Vorteil, dass keine permanente Verbindung zum EDI-Partner aufgebaut werden muss, was sich positiv auf die Kommunikationskosten auswirkt und die Sicherheit erhöht, da der EDI-Partner keinen direkten Zugang zum Rechner des Empfängers hat. Als nachteilig erweist sich jedoch der Zeitverzug innerhalb des Übertragungsprozesses durch die Zwischenschaltung der Mailbox. Beim **Point-to-Point-Prinzip** wird eine direkte Verbindung zwischen Sender und Empfänger aufgebaut. Diese Art der Kommunikation wird vor allem bei der Übertragung zeitkritischer Daten (z.B. für die Just-in-Time-Belieferung) praktiziert, weshalb sie in der Automobilindustrie weit verbreitet ist. Point-to-Point-Verbindungen haben jedoch den Nachteil, dass Sende- und Empfangssystem immer online sein müssen.

In Bezug auf die Art des für die Datenübertragung verwendeten Netzwerks wird zwischen klassischen und internet-basierten Protokollen unterschieden. **Klassische Protokolle** übertragen die Nachrichten innerhalb geschlossener Netzwerke, wodurch für die abgewickelten Transaktionen eine hohe Übertragungs- und Rechtssicherheit bestehen. **internet-basierte Protokolle** sind hingegen für offene Netzwerke konzipiert und erfordern daher zur Gewährleistung einer sicheren Datenübertragung im Hinblick auf Authentizität, Datenintegrität und Vertraulichkeit die Implementierung zusätzlicher Mechanismen zur Herstellung der Übertragungssicherheit. Dafür sind die Übertragungskosten bei internet-basierten Protokollen weitaus geringer als bei klassischen Protokollen. Die Nutzung von internet-basierten Übertragungsverfahren für den elektronischen Datenaustausch wird auch als **Web-EDI** bezeichnet. Tabelle 4.1 zeigt die den beschriebenen Kommunikationsverfahren zugeordneten Protokolle.

	Store-and-Foreward-Verbindungen	Point-to-Point-Verbindungen
Klassische Protokolle	X.400	
internet-basierte Protokolle	SMTP	HTTP/S

Tabelle 4.1: Klassifizierung von Kommunikationsverfahren (in Anlehnung an Georg 2005)

X.400 ist ein auf den Empfehlungen der International Telecommunication Union (ITU) basierendes, hersteller- und plattformenabhängiges Store-and-Forward-System. Die wesentlichen Bestandteile sind eine weltweit einheitliche Adressierung der Teilnehmer sowie ein normierter Nachrichtenaufbau mit Merkmalen wie Empfangsbestätigung oder Blindkopien. Die Vorteile des X.400-Kommunikationsverfahrens sind die Rechts- und Übertragungssicherheit, die Übermittlung einer Empfangsbestätigung, garantierte Nachrichtenlaufzeiten, die einmalige und korrekte Übermittlung der Nachricht sowie die einfache Installation. Nachteilig wirken die zeitverzögerte Übertragung durch die Zwischenschaltung der Mailbox sowie die vergleichsweise hohen Übertragungskosten, die sich aus einer monatlichen Grundgebühr von 20 Euro je Mailbox, einer datenvolumenabhängigen Komponente sowie den Kosten für die Bereitstellung und Nutzung der ISDN-Leitung(en) zusammensetzen.

Das Simple Mail Transfer Protocol (**SMTP**) zählt zu den ältesten und am weitesten verbreiteten Diensten des Internets. Die Vorteile von SMTP liegen in dem hohen Verbreitungsrad, der einfachen Bedienbarkeit und den sehr geringen Kommunikationskosten. Ein großer Nachteil von SMTP besteht allerdings in der fehlenden Bereitstellung von Mechanismen für einen sicheren Nachrichtenaustausch, was für den Austausch von Geschäftsdaten jedoch eine unabdingbare Voraussetzung darstellt, da damit weitgehende finanzielle Verpflichtungen eingegangen werden, was wiederum nur dann möglich ist, wenn die Vertragspartner davon ausgehen können, dass Verträge rechtmäßig zustande kommen. Hierzu sind im Kontext von EDI die Identifizierung des Absenders einer Nachricht (Gewährleistung der Authentizität), der Ausschluss der Manipulierbarkeit der Nachricht (Gewährleistung der Datenintegrität), die Gewährleistung der Vertraulichkeit (Abhörsicherheit) und die Nichtabstreitbarkeit des Versands bzw. Empfangs einer EDI-Nachricht erforderlich. Mechanismen zur Gewährleistung dieser Anforderungen sind zum einen (auf der Ebene der Nachrichten selbst) Verfahren der digitalen Unterschrift und Verschlüsselung (z.B. PGP – Pretty Good Privacy). Zum anderen ist es auf der Ebene des Transports möglich, innerhalb des Internets ein sog. Virtual Private Network (VPN) einzurichten, das die Nachrichten zwischen vorgesehenen, abgesicherten Servern transportiert und von besonderen, die Rolle von VANs einnehmenden Zugangsprovidern überwacht und abgesichert wird.

Das Hypertext Transfer Protocol (HTTP) ist das grundlegende Protokoll des World Wide Webs (WWW). Es dient zur Übertragung von Daten zwischen einem HTTP-Server und einem HTTP-Client. HTTP definiert dabei, wie der Client Daten vom Server anfordert bzw. Daten zum Server übermittelt. HTTP ist somit ein einfaches Anfrage/Antwort-Protokoll auf der Basis eines zuverlässigen verbindungsorientierten Transportdienstes. Der Client sendet eine Anfrage, der Server sendet die Antwort. Da HTTP vor allem für die Datenübertragung zwischen einem Web-Server und einem Web-Browser konzipiert wurde, wurden bei der Entwicklung aufgrund des allgemeinen Datenzugangs keine besonderen Anforderungen an die Übertragungssicherheit gestellt. Um HTTP als Protokoll für die Übertragung geschäftlicher Daten zu nutzen, sind zusätzliche Sicherheitsmerkmale zu integrieren. Dazu dient das Secure Socket Layer (SSL) Protokoll. SSL ist ein ursprünglich von Netscape entwickeltes Sicherheitsprotokoll, das die Datensicherheit einer TCP/IP-basierten Kommunikationsverbindung garantiert, indem vor die eigentliche Datenübermittlung ein Prozess zur Herstellung der Übertragungssicherheit und Authentifizierung geschaltet wird. Die Integration von SSL in HTTP wird als **HTTP/S** bezeichnet. HTTP/S stellt ein sicheres und anerkanntes Verfahren für den direkten Datenaustausch zwischen Sender und Empfänger zur Verfügung. Die Komplexität der Installation einer HTTP/S-Verbindung ist allerdings weitaus höher als bei einer X.400-Verbindung.

Über die Implementierung eines sicheren und stabilen Kommunikationsverfahrens hinaus werden für den unternehmensübergreifenden Datenaustausch zwischen zwei Anwendungssystemen einheitliche **Datenformatstandards** benötigt. Die Notwendigkeit zur Definition von Datenformatstandards ergibt sich aus den unterschiedlichen Datenmodellen betriebswirtschaftlicher Anwendungssysteme, die einen unmittelbaren Datenaustausch zwischen zwei Systemen unmöglich machen. Das gilt aufgrund der unternehmensspezifischen Konfiguration der Systeme selbst dann, wenn Sender und Empfänger das gleiche Anwendungssystem mit dem gleichen Release- und Versionsstand benutzen. Im Laufe der Zeit sind auf dieser Standardisierungsebene zahlreiche Standards entwickelt worden, die sich im Hinblick auf das geographische Anwendungsgebiet und die Branchenausrichtung unterscheiden. Tabelle 4.2 zeigt einige wichtige Datenformatstandards.

	national	international
branchenspezifisch	VDA, DTA, SEDAS	ODETTE, SWIFT, EDIFACT-Subsets (z.B. EANCOM)
branchenübergreifend	ANSI X.12	EDIFACT

Tabelle 4.2: Wichtige Datenformatstandards (in Anlehnung an Georg 2005)

Für die Automobilindustrie entwickelte der **VDA** (Verband der Automobilindustrie) einen nationalen und die „Organization for Data Exchange by Teletransmission in Europe" (**ODETTE**) einen europäischen Standard für die Kommunikation zwischen Zulieferern und Herstellerwerken. Für den Zahlungsverkehr gibt es das Datenträgeraustauschformat (**DTA**) auf nationaler und den von der "Society for Worldwide Interbank Telecommunication" (**SWIFT**) entwickelten Übertragungsstandard auf internationaler Ebene. Für den elektronischen Datenaustausch zwischen Herstellern und Handel wurden von der Centrale für Coorganisation (CCG) in Köln die „Standardregelungen einheitlicher Datenaustauschsysteme" (**SEDAS**) entwickelt, die jedoch Anfang der 90er Jahre durch das EDIFACT-Subset EANCOM abgelöst wurden (siehe unten).
ANSI X.12 ist ein vom "American National Standards Institute" (ANSI) entwickelter, auf Nordamerika beschränkter branchenübergreifender Datenformatstandard.

Der zurzeit wichtigste Datenformatstandard ist **EDIFACT** (Electronic Data Interchange for Administration, Commerce and Transport), der Mitte der 80er Jahre von der "Wirtschaftskommission der Vereinten Nationen für Europa" (UN/ECE) zunächst als europäischer Standard für die EDI-Kommunikation entwickelt wurde. Der Standard wurde mit den amerikanischen Regelungen (ANSI X.12) abgestimmt und dem internationalen Standardbüro ISO zur Normung übergeben. In Deutschland arbeiten das Deutsche Institut für Normung und der Arbeitskreis DEUPRO (Deutsche Prozeduren) beim Bundeswirtschaftsministerium an der EDIFACT-Normung. Mit EDIFACT wird das Ziel verfolgt, einen weltweiten, hersteller-, hard- und softwareunabhängigen Standard für die branchenübergreifende Geschäftskommunikation zu schaffen. Die Normung stellt Syntaxregeln für den Aufbau von kommerziellen Nachrichten wie Bestellungen, Lieferscheine, Rechnungen usw. auf, die als Textdateien übermittelt werden. Mittlerweile hat sich EDIFACT vor allem in Europa, zunehmend aber auch in Nord- und Südamerika mit Ausnahme des Banken- und Finanzsektors in nahezu allen Branchen als zentraler Standard für die Maschine-zu-Maschine-Kommunikation durchgesetzt.

Die universelle Anwendbarkeit des EDIFACT-Standards, der mit dem Stand vom April 2004 etwa 240 unterschiedliche Nachrichtentypen umfasst, hat jedoch zu einer extrem hohen Komplexität des Regelwerks geführt, die die Handhabung erschwert. Vor diesem Hintergrund wurden für einzelne Branchen sog. **EDIFACT-Subsets** entwickelt, in die jeweils nur die in der betreffenden Branche benötigten Komponenten des EDIFACT-Standards aufgenommen wurden. Tabelle 4.3 gibt einen Überblick über wichtige deutsche EDIFACT-Subsets. Auch einige der in Tabelle 4.2 erwähnten nationalen oder branchenspezifischen Datenformatstandards sind heute als EDIFACT-Subsets verfügbar bzw. zu solchen weiterentwickelt worden (z.B. ANSI X.12, ODETTE).

Subset	Branche	Subset	Branche
BSL	Spedition und Lagerei	EDIKEY	Schloss- und Beschlagindustrie
CEFIC	Chemische Industrie	EDILIBE	Bibliotheken und Buchhandel
EANCOM	Konsumgüterwirtschaft	EDIoffice	Bürowirtschaft
EDIBDB	Baustoffhandel	EDIPAP	Papierindustrie
EDICER	Keramikindustrie	EDITEC	Sanitär, Haustechnik
EDICOS	Parfum, Kosmetik	EDITEX	Mode, Textilwirtschaft
EDIFER	Eisen, Stahl	EDIVIN	Weinwirtschaft
EDIFICE	Elektroindustrie	EDIWHITE	Weiße Ware, Haushaltsgeräte
EDIFURN	Möbelindustrie und -handel		

Tabelle 4.3: Wichtige deutsche EDIFACT-Subsets (vgl. Gleißner 2000, S. 130)

Das wichtigste EDIFACT-Subset ist das für die Konsumgüterwirtschaft entwickelte Subset **EANCOM**, das zur Zeit 44 Nachrichtentypen beinhaltet. Abbildung 4.2 gibt einen Überblick über wichtige EANCOM-Nachrichtentypen. Die in der Praxis am meisten genutzten Nachrichtenarten sind dabei ORDERS, DESADV und INVOIC (zum Nutzungsgrad in der Markenartikelindustrie und im Handel im Jahre 2003 vgl. Abbildung 4.3).

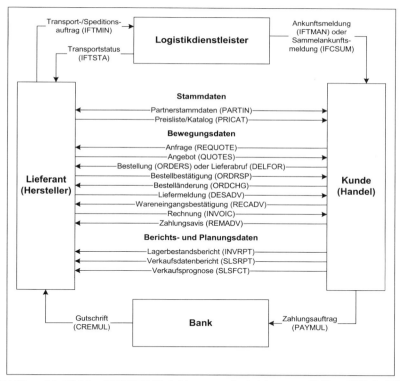

Abbildung 4.2: Wichtige EANCOM-Nachrichtentypen (in Anlehnung an Gleißner 2000, S. 132)

Die wesentlichen Vorteile der EANCOM-Subsetbildung liegen in der Reduzierung von Komplexität und Umfang des Standards durch Beschränkung auf die relevanten Nachrichtentypen und innerhalb der Nachrichtentypen auf die relevanten Elemente sowie in der Integrierbarkeit der EAN/UCC-Nummerierungssysteme (siehe unten) in die Nachrichten. Der große Nachteil besteht jedoch in der Inkompatibilität zu anderen Branchensubsets. Von dieser Problematik sind vor allem Logistikdienstleister betroffen, die in der Regel für Kunden aus mehreren Branchen tätig sind und daher vielfach eine große Bandbreite an Datenformatstandards abdecken müssen. Aber auch die Unternehmen der Konsumgüterwirtschaft selbst tauschen Leistungen mit branchenfremden Unternehmen wie Anbietern von Dienstleistungen oder Maschinen aus und können die zugehörigen Geschäftsvorgänge folglich nicht im EANCOM-Subset abbilden. Damit birgt die Subsetbildung die Gefahr, das ursprüngliche Ziel, einen für alle Branchen verbindlichen Weltstandard zu definieren, zu verfehlen.

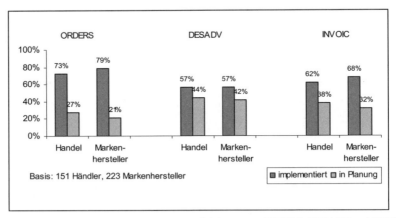

Abbildung 4.3: Nutzungsgrad der EANCOM-Nachrichtentypen ORDERS, DESADV und INVOIC im Jahre 2003 (Quelle: Kranke u.a. 2003)

Der elektronische Datenaustausch zwischen zwei betrieblichen Anwendungssystemen via EDIFACT setzt vor und nach der Datenübertragung die Konvertierung der Daten zwischen dem Format des jeweiligen Anwendungssystems und dem EDIFACT-Format voraus. Die Konvertierung kann entweder über einen unternehmenseigenen Konverter oder über einen Clearing-Dienstleister erfolgen. Die Entscheidung, welches Konzept eingesetzt werden soll, richtet sich unter anderem nach der Unternehmensgröße und dem zu übertragenden Datenvolumen, der eingesetzten ERP-Software bzw. dem Vorhandensein entsprechender Schnittstellen, der Sensibilität der zu übertragenden Daten sowie danach, ob in der jeweiligen Branche überhaupt kompetente Clearing-Dienstleister vorhanden sind. So werden kleinere Unternehmen aufgrund des hohen finanziellen und personellen Aufwands für Installation und Betrieb eines eigenen Konverters und des tendenziell geringeren Datenvolumens eher auf die Dienstleistungen einer Clearing-Stelle zurückgreifen. Andererseits wird man umso eher einen eigenen Konverter einsetzen, je höher die Sensibilität der zu übertragenden Daten ist.

Mit der zunehmenden Verbreitung des Internets hat sich **XML** als Alternative zu EDIFACT herausgebildet. Die eXtensible Markup Language (XML) ist eine textbasierte Meta-Auszeichnungssprache, die Daten bzw. Dokumente derart beschreibt und strukturiert, dass sie zwischen unterschiedlichen Anwendungen ausgetauscht und weiterverarbeitet sowie in einem Web-Browser graphisch aufbereitet angezeigt werden können. Die Philosophie von XML besteht darin, den auszutauschenden Daten die zu ihrer Nutzung und Weiterverarbeitung notwendigen Informationen direkt mitzugeben, d.h. Struktur und Inhalt von Dokumenten so präzise zu beschreiben, dass auf eine feste Integration des Standards in die Anwendungssysteme verzichtet werden kann. Auf diese Weise können sehr flexibel unterschiedliche Geschäftstransaktionen abgebildet werden. XML ähnelt von der Struktur und vom Aufbau her HTML, ist aber im Gegensatz zu HTML nicht schon selbst eine Auszeichnungssprache, sondern eine Metasprache, die Vorschriften zur Definition konkreter Auszeichnungssprachen zur Beschreibung und Strukturierung von beliebigen Dokumenten bereitstellt. Man kann sich XML somit als einen Standard zur Entwicklung von Datenformatstandards (Datenaustauschformaten) vorstellen. Jedes Unternehmen kann auf Basis von XML seine eigene Auszeichnungssprache zur Beschreibung und Strukturierung seiner Dokumente entwickeln, was im Gegensatz zu den komplexen und langwierigen Standardisierungsprozessen bei EDIFACT für eine hohe Flexibilität und schnelle Umsetzbarkeit XML-basierter Lösungen sorgt. In dieser Flexibilität liegt jedoch gleichzeitig auch der große Nachteil von XML. Das einfache Regelwerk und der offene Standard haben zur Entwicklung zahlreicher XML-Dialekte (XML-basierter Standards) geführt, die untereinander inkompatibel sind und eine Daten- und Prozessintegration daher unmöglich machen. Aktuell werden weltweit ca. 500 unterschiedliche XML-Dialekte gezählt (vgl. Georg 2005). Tabelle 4.4 zeigt einige bedeutende Beispiele.

Bezeichnung	Entwickler	Anwendungsbereich
cXML (Commerce XML)	Ariba	Online-Marktplätze und E-Procurement-Systeme
xCBL (Common Business Library)	Commerce One	Online-Marktplätze und E-Procurement-Systeme
RosettaNet	Unternehmen der High-Tech-Branche (z.B. IBM, Compaq, HP, Intel, Toshiba, Nokia)	High-Tech Supply Chain
Chem eStandards	CIDX (Chemical Industry Data Exchange)	Chemische Industrie
ebXML (Electronic Business XML)	OASIS und UN/CEFACT	branchenübergreifend

Tabelle 4.4: Wichtige XML-Branchenstandards (vgl. Georg 2005)

Der Vorteil von XML gegenüber EDIFACT ist daher primär psychologischer Natur (vgl. Georg 2005). Während EDIFACT ein teures und kompliziertes Image anhaftet, wird mit XML eine einfache und günstige Lösung zum Austausch von Geschäftsdaten verbunden. Das kostengünstige Image von XML ist zum einen auf die Möglichkeit der Nutzung internet-basierter Kommunikationsprotokolle zurückzuführen, die einen kostengünstigeren Datenaustausch erlauben als das klassische Übertragungsverfahren X.400. Zwar können grundsätzlich auch EDIFACT-Nachrichten internet-basiert transportiert werden, historisch bedingt werden diese jedoch üblicherweise über X.400 übertragen. Zum anderen ermöglicht XML den Verzicht auf die bei EDIFACT notwendige und mit hohen Einstiegsinvestitionen verbundene Integration in das betriebliche ERP-System. Denn XML bietet die Möglichkeit, die übertragenen bzw. zu übertragenden Daten mit einem (XML-fähigen) Web-Browser anzuzeigen bzw. zu erfassen und mit Hilfe entsprechender Applets Antwortnachrichten zu generieren (z.B. eine Liefermeldung als Antwort auf eine Bestellung). Diese als **XML/EDI** bezeichnete Art des elektronischen Datenaustauschs ermöglicht vor allem kleinen und mittleren Unternehmen, denen die Implementierung und der Betrieb einer Integrationslösung in die betriebliche ERP-Software zu kostenintensiv ist, zu annehmbaren Kosten am elektronischen Geschäftsverkehr teilzunehmen. Ein weiterer Vorteil von XML gegenüber EDIFACT besteht in der Möglichkeit der Einbindung multimedialer Daten (Bild- und Tondaten). Diese Möglichkeit wird von dem vom Bundesverband Materialwirtschaft, Einkauf und

Logistik (BME) für die Übertragung und Aktualisierung elektronischer Produktkataloge entwickelten Verfahren BMEcat verwendet.

Schließlich ist der mit EDI übermittelte Informationsstrom mit dem zugehörigen Güterstrom zu verknüpfen. Hierzu dienen die von der "International (früher European) Article Numbering Association" (EAN) in Brüssel und dem "Uniform Code Council" (UCC) entwickelten **Identifikationsstandards**. Obwohl diese eine unabdingbare Voraussetzung für den elektronischen Datenaustausch darstellen, sind sie im Gegensatz zu den bisher behandelten Standards prinzipiell unabhängig von EDI zu sehen und auch ohne EDI anwendbar. Das **EAN/UCC-Identsystem** ist ein System international gültiger Nummerierungen und Kennzeichnungen, das die eindeutige Identifikation von Unternehmen und Unternehmensteilen, Artikeln und Transportgebinden ermöglicht. Es setzt sich aus folgenden Bestandteilen zusammen:

- der Internationalen Lokationsnummer (ILN) bzw. Global Location Number (GLN),
- der Internationalen (früher Europäischen) Artikelnummer (EAN) bzw. Global Trade Identification Number (GTIN) und
- der Nummer der Versandeinheit (NVE) bzw. Serial Shipping Container Code (SSCC).

ILN und EAN bestehen standardmäßig aus 13 Stellen, die NVE umfasst 18 Stellen, wobei die letzte Stelle jeweils eine Prüfziffer darstellt, die aus den vorangehenden Ziffern gebildet wird und zur Überprüfung der Korrektheit einer ILN, EAN bzw. NVE dient (Vermeidung von Übertragungsfehlern).

Die **ILN** ist die Basis des EAN/UCC-Identsystems und wird in Deutschland von der CCG vergeben. EAN und NVE leiten sich daraus ab und können auf Basis der ILN von den Marktteilnehmern eigenständig generiert werden. Die ILN dient zur weltweit eindeutigen Identifizierung der physischen Adressen von Unternehmen und Unternehmensteilen. Dabei wird zwischen der ILN vom Typ 1 und vom Typ 2 unterschieden. Die ILN vom Typ 1 dient ausschließlich der Identifikation eines Unternehmens und wird von der CCG als fortlaufende Nummer vergeben; die Ableitung weiterer Nummern ist nicht möglich. Die ILN vom Typ 2 ermöglicht hingegen die eigenverantwortliche Generierung weiterer Nummern (ILN, EAN, NVE). Sie setzt sich (neben der Prüfziffer) aus einer von der CCG vergebenen 7-, 8- oder 9-stelligen Basisnummer und (je nach Länge der Basisnummer) fünf, vier bzw. drei frei zu vergebenden Stellen für die Generierung von bis zu 99.999 (zusätzlichen) Lokationsnummern zur Kennzeichnung von Unternehmensteilen wie Tochterunternehmen, Niederlassungen, Abteilungen, Anlieferpunkten usw. zusammen, wobei die ersten beiden Stellen das Land (Länderkennzeichen für Deutschland: 40-43) und die restlichen fünf bis sieben Stellen der Basisnummer das Unternehmen kennzeichnen. Die ILN-Basisnummer stellt den Schlüssel für die dezentrale Generierung der übrigen Identnummern (EAN und NVE) dar. Die Länge der Basisnummer (7, 8 oder 9 Stellen) richtet sich nach dem Kapazitätsbedarf des Unternehmens nach eigenständig generierten Nummern.

Die EAN dient als weltweit überschneidungsfreie Identnummer der eindeutigen Kennzeichnung und Identifizierung von Artikeln im zwischenbetrieblichen Warenverkehr. Die ersten sieben, acht bzw. neun Stellen beinhalten dabei die ILN-Basisnummer, die restlichen Stellen stehen (bis auf die Prüfziffer) für die Bildung der eigentlichen Artikelnummern zur Verfügung. Damit können je ILN maximal 100.000 EANs generiert werden. Unternehmen, die mehr als 100.000 Artikelvarianten zu verwalten haben, benötigen eine zweite ILN. Neben der numerischen Darstellung ist die EAN auch als Strichcode (Barcode) darstellbar (vgl. Abbildung 4.4) und kann somit automatisch mit Hilfe von Scannerlesegeräten (insbesondere Scannerkassen im Selbstbedienungshandel) erfasst werden. Dabei wird der auf den einzelnen Artikeln aufgebrachte EAN-Strichcode von der Scannerkasse gelesen, decodiert und aus der vom jeweiligen Handelsunternehmen anzulegenden und zu pflegenden PLU (Price Look-Up)-Datei der Preis des entsprechenden Artikels ausgelesen und auf dem Kassenbon abgedruckt. Neben der 13-stelligen EAN-Normalversion (EAN-13) steht für besonders kleinvolumige Artikel, die ein EAN-13-Strichcodesymbol nicht aufnehmen können, eine 8-stellige EAN-Kurznummer (EAN-8) zur Verfügung. Da 8-stellige Nummern nur begrenzt vorhanden sind, werden sie nur in begründeten Ausnahmefällen direkt von der CCG vergeben.

Abbildung 4.4: Die EAN-13 (Quelle: Gleißner 2000, S. 141)

In den USA und in Kanada wird zur Artikelnummerierung der 12-stellige "Universal Product Code" (UPC) verwendet, der sich aus einer 6-stelligen Herstellernummer, einer 5-stelligen Artikelnummer und einer Prüfziffer zusammensetzt. Der UPC kann zwar zur EAN kompatibel gemacht werden, indem dem UPC eine Null vorangestellt wird, im umgekehrten Fall entstehen jedoch Decodierungsprobleme, da die in den USA und Kanada genutzten Scanner in der Regel nur 12 statt der für den EAN-Code typischen 13 Stellen decodieren (vgl. Gleißner 2000, S. 138).

ILN und EAN stellen als reine Identifikationshilfsmittel lediglich die Zugriffsschlüssel auf die hinter dem jeweiligen Code abgelegten Informationen (Unternehmens- bzw. Artikelstammdaten) dar. Damit die benötigten Stammdaten den Beteiligten in der Logistikkette zur Verfügung stehen, müssen diese vorab (mit Hilfe der EANCOM-Nachrichtentypen PARTIN und PRICAT) gegenseitig ausgetauscht und laufend aktualisiert werden. Da es durch dieses Verfahren des bilateralen Stammdatenaustauschs und -abgleichs leicht zum Fehlen von Daten oder infolge der redundanten Datenhaltung zu unabgestimmten Daten kommen kann, wurde vor dem Hintergrund der essentiellen Bedeutung fehlerfreier Stammdaten für einen reibungslosen elektronischen Datenaustausch unter Führung der CCG ein zentrales Stammdateninformationssystem (SINFOS) als Plattform für die Verwaltung von Unternehmens- und Artikelstammdaten eingerichtet. Als Zugriffsschlüssel auf die hinterlegten Informationen dienen ILN bzw. EAN. Im September 2000 wurde SINFOS aus der CCG ausgegliedert und in ein eigenständiges Unternehmen, die SINFOS-GmbH, übertragen.

Die **NVE** dient zur eindeutigen Identifizierung von Transportgebinden auf ihrem Weg vom Absender zum Empfänger. Sie kennzeichnet die kleinste physische Einheit von Waren, die in der Logistikkette vom Verlader bis zum Abnehmer nicht mit anderen Einheiten fest verbunden ist, sondern einzeln gelagert und transportiert werden kann. Sie wird vom Erzeuger der Versandeinheit (z.B. Hersteller, Logistikdienstleister) einmalig vergeben und kann bis zur Auflösung der Versandeinheit von allen am logistischen Prozess Beteiligten für die Sendungsübergabe und -verfolgung verwendet werden. Die NVE basiert auf dem sog. EAN-128-Standard und besteht aus 18 Stellen, von denen die erste das Kennzeichen der Versandpackung, die Stellen 2-8 die (7-stellige) ILN-Basisnummer des Versenders und die letzte Stelle die Prüfziffer darstellen. Die Stellen 9-17 können vom Versender für die fortlaufende Durchnummerierung der Versandeinheiten frei vergeben werden. Damit können Unternehmen mit einer 7-stelligen Basisnummer bis zu 1 Mrd. NVEs generieren, bei 8- und 9-stelligen Basisnummern sind es entsprechend weniger. Eine einmal vergebene NVE sollte nach den Empfehlungen der CCG frühestens nach einem Jahr wiederverwendet werden, wobei sichergestellt sein muss, dass die wieder zu vergebende NVE sowohl physisch (in Form einer logistischen Einheit) als auch informationstechnisch (als Datensatz in irgendeinem EDV-System) nicht mehr existiert (vgl. CCG 2002, Abschnitt 4, S. 21-22). Wie die EAN ist auch die NVE als Barcode darstellbar und kann somit automatisiert erfasst und verarbeitet werden (vgl. Abbildung 4.5).

Abbildung 4.5: Die NVE (Quelle: Gleißner 2000, S. 143)

Die NVE dient (wie ILN und EAN auch) lediglich als Zugriffsschlüssel auf die dahinter abgelegten und mittels der elektronischen Liefermeldung (DESADV) vorab zu übermittelnden Informationen. Um auch solche Unternehmen, die nicht am elektronischen Datenaustausch teilnehmen, in die Lage zu versetzen, wichtige Sendungsinformationen rationell zu erfassen und weiter zu geben, ermöglicht der EAN-128-Standard die Aufnahme und strichcodierte Darstellung von über 50 verschiedenen Datenelementen zur

Beschreibung einer Sendung (z.B. Informationen zum Empfänger, Gewichte und Abmessungen, Mindesthaltbarkeitsdaten usw.). Diese Informationen werden als Barcode auf dem sog. **EAN-128-Transportetikett** abgedruckt, das auf jede Versandeinheit an geeigneter Stelle aufzubringen ist. Besonders wichtige Informationen werden zusätzlich in Klarschrift dargestellt. Abbildung 4.6 zeigt ein Beispiel eines EAN-128-Transportetiketts. Der untere Barcode repräsentiert dabei die NVE, der obere Strichcode enthält die zusätzlichen Sendungsinformationen. Bei einer Teilnahme am elektronischen Datenaustausch (Austausch elektronischer Liefermeldungen) enthält das EAN-128-Transportetikett lediglich die NVE sowie einen frei gestaltbaren Kopfteil (z.B. für die Anbringung des Firmenlogos). Den Nutzungsgrad des EAN-128-Transportetiketts im Jahre 2003 zeigt Abbildung 4.7.

Abbildung 4.6: EAN-128-Transportetikett (Quelle: CCG 2002, Abschnitt 4, S. 27)

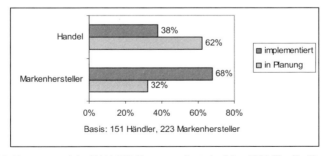

Abbildung 4.7: Nutzungsgrad des EAN-128-Transportetiketts im Jahre 2003 (Quelle: Kranke u.a. 2003)

Abbildung 4.8 stellt den Aufbau des EAN/UCC-Identifikationsstandards noch einmal zusammenfassend graphisch dar.

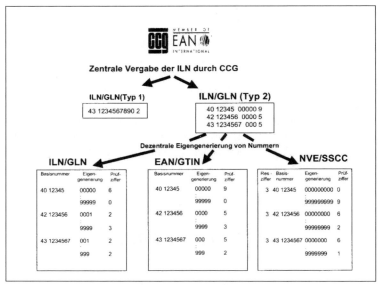

Abbildung 4.8: Aufbau des EAN/UCC-Identifikationsstandards (Quelle: CCG 2002, Abschnitt 1, S. 3)

Durch die weltweite Einheitlichkeit und Überschneidungsfreiheit des EAN/UCC-Nummerierungssystems in Verbindung mit der maschinellen Lesbarkeit der Informationen werden die Voraussetzungen für eine umfassende und effiziente Erfassung und Verfolgung der Warenströme geschaffen. Im Einzelnen sind mit der Nutzung des EAN/UCC-Identifikationssystems folgende Vorteile verbunden:

- Verringerung des administrativen Aufwands für die Stammdatenpflege und Vereinfachung der Datenverarbeitungsprozesse durch Wegfall des Abgleichs unternehmensindividueller, inkompatibler Kunden-, Lieferanten- und Artikelnummern;
- Beschleunigung und erhöhte Genauigkeit der Datenerfassung (Vermeidung von Eingabefehlern) durch automatische Datenerkennung (Scanning);
- Reduzierung des personellen Arbeitsaufwands durch Wegfall manueller Eingaben und Abgleiche von Dokumenten;
- Wegfall papiergebundener, u. U. schlecht lesbarer (Zusatz-) Informationen und dadurch Reduzierung der Gefahr von Fehlverladungen;
- Zeitnahe Verfügbarkeit von Informationen über Bestände, Abverkäufe, den Sendungsstatus von Waren usw. (Erhöhung der Auskunftsfähigkeit);
- Transparente Sendungsverfolgung vom Absender bis zum Empfänger und dadurch Möglichkeit zur lückenlosen Rückverfolgung von Warenbewegungen (z.B. bei Rückrufaktionen, Rückführung von Verpackungen und Ladungshilfen usw.).

4.3 Kosten, Nutzen und Verbreitung von EDI in der Logistikkette

Die Vorteile des elektronischen Datenaustauschs in der Logistikkette werden unmittelbar deutlich, wenn man die Abläufe bei traditioneller, papiergebundener Datenübermittlung mit denen unter Nutzung von EDI vergleicht. Zu diesem Zweck stellt Tabelle 4.5

die unterschiedlichen Vorgehensweisen beim papiergebundenen Verfahren, bei der Nutzung des elektronischen Datenaustauschs auf Basis von EDIFACT und bei der Nutzung von XML/EDI am Beispiel einer Bestellabwicklung gegenüber, bei der ein großer Kunde (z.B. ein Automobilhersteller oder eine Handelskette) eine Bestellung bei einem mittelständischen Lieferanten (z.B. Automobilzulieferer, mittelständischer Konsumgüterhersteller) tätigt.

Papiergebundenes Verfahren	Klassisches EDI auf Basis von EDIFACT	Kombination von klassischem EDI und XML/EDI
Weder Kunde noch Lieferant verfügen über ein EDI-System.	Kunde und Lieferant tauschen Geschäftsdaten im EDIFACT-Format aus.	Der Kunde betreibt ein klassisches, EDIFACT-basiertes EDI-System, der Lieferant wird über XML/EDI angebunden.
Der Kunde erfasst eine Bestellung in seinem ERP-System, druckt diese aus und faxt sie an den Lieferanten. Der Lieferant gibt die vom Faxgerät ausgedruckte Bestellung seinerseits in sein ERP-System ein, bearbeitet sie, druckt einen Lieferschein aus und sendet diesen zusammen mit der Ware an den Lieferanten.	Der Kunde erfasst eine Bestellung in seinem ERP-System. Die (im Format des ERP-Systems vorliegende) Bestellung wird vom EDIFACT-Konverter des Kunden in die EANCOM-Nachricht ORDERS konvertiert und an den Lieferanten verschickt. Dort wird die Nachricht vom lieferantenseitigen Konverter in das Datenformat des empfangenden ERP-Systems übersetzt und vom Lieferanten bearbeitet. Verfügt der Lieferant nicht über einen eigenen Konverter, wird die Nachricht nicht direkt an den Lieferanten, sondern zunächst an einen Clearing-Dienstleister gesendet, der die Übertragung der EANCOM-Nachricht in das Inhouse-Format des Lieferanten und die anschließende Weiterleitung an diesen übernimmt. Das ERP-System des Lieferanten erzeugt eine NVE, die als Barcode auf der Sendung angebracht wird. Gleichzeitig wird ein elektronischer Lieferschein erzeugt und als EANCOM-Nachricht DESADV auf dem gleichen Weg wie zuvor die Bestellung an den Kunden übermittelt. Über die NVE können Ware und Liefermeldung einander zugeordnet und miteinander verglichen werden.	Der Kunde erfasst eine Bestellung in seinem ERP-System. Die Bestellung wird vom EDIFACT-Konverter des Kunden in die EANCOM-Nachricht ORDERS konvertiert und zu einem (von einem Clearing-Dienstleister betriebenen) XML/EDI-Server (XML-Konverter) gesendet, der die EDIFACT-Nachricht ins XML-Format umwandelt. Der Lieferant loggt sich auf dem XML/EDI-Server ein und lässt sich die Auftragsdaten mit Hilfe eines XML-fähigen Browsers darstellen. Er bearbeitet den Auftrag, versieht die versendete Ware mit einer NVE und wandelt die Bestellung in eine Liefermeldung um, die vom XML/EDI-Server in die EANCOM-Nachricht DESADV übersetzt und an den Kunden weitergeleitet wird. Ware und Liefermeldung können über die NVE einander zugeordnet werden. Anstatt die Bestellung online zu bearbeiten, kann sich der Lieferant diese auch per E-Mail vom XML/EDI-Server zuschicken lassen oder per FTP bei diesem abholen, offline bearbeiten und die auf Basis der Bestellung erzeugte Liefermeldung wieder per E-Mail oder FTP an den XML/EDI-Server zurücksenden.

Tabelle 4.5: EDI am Beispiel eines Bestellprozesses

Im Einzelnen ergeben sich durch die Nutzung von EDI die folgenden Nutzeneffekte:

- Durch die Vermeidung von Medienbrüchen und dem damit verbundenen Wegfall von Mehrfacherfassungen lassen sich die Geschäftsprozesse erheblich beschleunigen und aufgrund der höheren Datenaktualität, der Vermeidung von Datenerfassungsfehlern, der in der asynchronen Kommunikation begründeten besseren Erreichbarkeit der Geschäftspartner sowie der Überwindung von Sprachbarrieren im internationalen Geschäftsverkehr auch qualitativ verbessern.
- Die Reduzierung des manuellen Erfassungsaufwands entlastet das Personal von monotonen Routinearbeiten und ermöglicht entweder unmittelbar die Einsparung von Personalkosten oder die Realisierung von indirekten Kostensenkungen bzw. Leistungsverbesserungen durch die Nutzung der frei werdenden Ressourcen für wertschöpfendere Tätigkeiten.
- Die Beschleunigung der Informationsflüsse sowie die verbesserte Daten- und Prozessintegration erlauben eine Reduzierung der Wiederbeschaffungszeiten und

damit der Lagerbestände mit der Folge einer verringerten Kapitalbindung sowie der Erhöhung der Kundenzufriedenheit durch schnellere Belieferung, Reduzierung der Fehlerquote, erhöhte Auskunftsfähigkeit usw.
- Schließlich kann das Unternehmen durch die Signalisierung von Innovationsfreudigkeit eine Imageaufwertung bei Kunden und Lieferanten erfahren.

Diese positiven Nutzeneffekte werden jedoch erst längerfristig wirksam und lassen sich im Allgemeinen nur schwer monetär bewerten, während die Kosten für die Einführung und den laufenden Betrieb sofort bzw. sogar bereits im Vorfeld des produktiven Betriebs anfallen und zum großen Teil relativ gut quantifizierbar sind. So müssen für ein leistungsfähiges EDI-System (Hard- und Software) heute zwischen 8.000 und 15.000 Euro investiert werden (vgl. Georg 2005). Hinzu kommt der personelle Aufwand für den meist zeitaufwendigen Implementierungsprozess, der von den beteiligten Personen ein hohes technisches und betriebswirtschaftliches Know-how erfordert. Verfügt das Unternehmen nicht selbst über hinreichend qualifiziertes Personal, müssen teure externe Beratungsleistungen in Anspruch genommen werden. Tabelle 4.6 gibt einen Überblick über die Einführungs- und Betriebskosten einer hauseigenen EDI-Lösung.

Einführungskosten	Betriebskosten
- Informationssammlung - Externe Beratungsleistungen - Abstimmung mit den zukünftigen Kommunikationspartnern - Mitarbeiterschulungen - Hard- und Software (insbesondere Konverter) - Softwareanpassungen bestehender Systeme (Schnittstellen) - Anschlussgebühren an VAN-Dienste - Pilot- oder zeitweiser Parallelbetrieb	- Softwarepflege und -weiterentwicklung (z.B. Anpassung an Weiterentwicklungen des EDIFACT-Standards) - Instandhaltung der Hardware - Verbindungsentgelte/Gebühren für die Nutzung der VAN-Dienste - Mitarbeiterweiterbildung

Tabelle 4.6: Einführungs- und Betriebskosten einer hauseigenen EDI-Lösung
(in Anlehnung an Gleißner 2000, S. 134)

Als Alternative für die Implementierung eines hauseigenen EDI-Systems bietet sich insbesondere für kleinere und mittlere Unternehmen die Einschaltung eines Clearing-Dienstleisters an. Tabelle 4.7 zeigt exemplarisch die Preise des Clearing-Dienstleisters cctop.

Einführungskosten	
Einrichtung einer Standard-Schnittstelle je Konvertertabelle	850,00 €
Einrichtung einer Individual-Schnittstelle je Konvertertabelle	1.750,00 €
Anschluss eines weiteren Partners unter einer bestehenden Tabelle	450,00 €
Betriebskosten (monatlich)	
Grundgebühr (inkl. 3 Partner/Nachrichten-Beziehungen)	50,00 €
Jede weitere Partner-/Nachrichten-Beziehung	8,90 €
X.400-Pauschale (bei EDI-Partnern mit X.400-Kommunikation)	5,00 €

Tabelle 4.7: Preise des Clearing-Dienstleisters cctop (Quelle: www.cctop.de)

Aufgrund der vergleichsweise hohen Einstiegsinvestitionen ist der Einsatz von EDI in der Praxis hinter den ursprünglichen Erwartungen zurückgeblieben. Zwar haben nahezu alle führenden Industrie-, Handels- und Logistikunternehmen EDI-Systeme im Einsatz, kleine und mittlere Unternehmen stehen jedoch einer EDI-Einführung trotz im Laufe der Zeit deutlich gesunkener Preise für die Anschaffung der notwendigen Hard- und Software aufgrund des aufwendigen Implementierungsprozesses weiterhin vielfach skeptisch und ablehnend gegenüber. Die oftmals einzige Motivation kleiner und mittlerer Unternehmen zur Teilnahme an EDI stellt die Sorge dar, ansonsten wichtige Geschäftsbeziehungen zu Großunternehmen zu verlieren. Für solche Unternehmen bietet XML/EDI heute eine kostengünstige Alternative zum klassischen EDIFACT-basierten EDI, um der Aufforderung der "großen" Geschäftspartner zur Teilnahme am elektronischen Datenaustausch nachzukommen. So fällt beispielsweise für die Nutzung der Web-EDI-Lösung von cctop lediglich eine monatliche Grundgebühr von 50 € an. Hinzu kommen lediglich noch die Verbindungsgebühren für den Datentransfer via E-Mail oder FTP, Einrichtungsgebühren werden hingegen nicht fällig. Allerdings stellen sich die eingangs dargestellten Vorteile des EDI-Einsatzes beim über XML/EDI angebundenen Partner aufgrund der fehlenden Integration in die betriebliche ERP-Software und der dadurch weiterhin notwendigen menschlichen Intervention beim Datenaustausch dann nur sehr begrenzt ein (keine Vermeidung von Medienbrüchen mit allen sich daraus ergebenden Konsequenzen).

4.4 Auto-Identifikationstechniken in der Logistikkette: Barcodes und RFID

In den letzten 30 Jahren stellte der **Strichcode (Barcode)** die führende Technologie zur automatischen, berührungslosen Datenerfassung dar. Die Barcode-Technologie erlaubt durch die Möglichkeit der automatisierten Identifizierung logistischer Einheiten

- die Nutzung umfassender und vorauseilender Sendungsinformationen,
- die Eliminierung redundanter Prozessschritte in der Logistikkette,
- die Verringerung des manuellen Arbeitsaufwands zum bestandsmäßigen Abgleich von Avis und tatsächlicher Bewegung sowie
- eine erhöhte Abwicklungsgeschwindigkeit, Transparenz und Sicherheit von Warenbewegungen (vgl. Gleißner 2000, S. 145).

Heute zeichnet sich zunehmend eine Tendenz zur Verwendung der sog. **Radiofrequenztechnik für Identifikationszwecke (RFID)** für die Warenidentifikation und -steuerung ab, bei der die zu identifizierenden Objekte anstelle von Barcodes mit RFID-Tags (sog. Transpondern) versehen werden. "Ein **Transponder** [...] ist ein automatischer Antwortsender, der auf ein eingehendes Signal reagiert. Der Begriff ist ein Kunstwort aus den englischen Worten 'Transmitter' (Sender) und 'Responder' (Antwortgeber)." (Hansen/Neumann 2001, S. 803).

Ein Transponder besteht aus einem Mikrochip zur Speicherung der Informationen, einer Sende- und Empfangsantenne für den Datenaustausch mit der Umwelt (Luftschnittstelle) und einer umschließenden Schutzhülle. Die Codierung und Decodierung der auf dem Mikrochip hinterlegten bzw. zu hinterlegenden Daten erfolgt über Schreib-/ Lesestationen, die mit den nachgelagerten Anwendungen (z.B. betriebliche ERP-Software) über eine sog. Middleware verbunden sind. Der Lese- bzw. Schreibvorgang beginnt automatisch, sobald sich der Transponder innerhalb der Reichweite einer Lese-/ Schreibstation befindet. Man unterscheidet

- aktive Transponder, die die benötigte Energie für die Datenübertragung und den Datenerhalt einer Batterie entnehmen und
- passive Transponder, das sind batterielose Systeme, die die benötigte Energie während des Lese-/Schreibvorgangs von einem elektromagnetischen Feld erhalten, das der Leser bzw. die Lese-/Schreibstation produziert (vgl. Hansen/Neumann 2001, S. 803).

Ein wichtiges Unterscheidungskriterium von Transpondern ist der Frequenzbereich, auf dem sie arbeiten, da dieser erhebliche Auswirkungen auf die Kommunikation zwischen Transponder und Schreib-/Lesestation hat (vgl. Tabelle 4.8).

Arbeitsfreqeunz	100-135 kHz	13,56 MHz	868/915 MHz	2,45 GHz
Energieversorgung	passiv	passiv	passiv oder aktiv	passiv oder aktiv
Reichweite	bis 1 m	bis 1,70 m	passiv: bis 6 m aktiv: > 100 m	passiv: bis 6 m aktiv: > 100 m
Einsatz auf Metall	problematisch	problematisch	weniger problematisch	weniger problematisch
Einsatz bei Flüssigkeiten	relativ unproblematisch	relativ unproblematisch	problematisch	sehr problematisch
Pulkfähigkeit (gleichzeitiges Auslesen mehrerer RFID-Tags)	möglich, aber kaum realisiert	bis 100 Stück pro Sekunde	bis 500 Stück pro Sekunde	bis 500 Stück pro Sekunde
Datenübertragungsrate	niedrig	hoch	sehr hoch	sehr hoch
Bauformen (Beispiele)	Glasröhrchen, Plastikkarte	Label, Plastikkarte	passiv: Label aktiv: Kunststoffgehäuse	passiv: Label aktiv: Kunststoffgehäuse
Anwendungsgebiete (Beispiele)	Wegfahrsperre, Zutrittskontrolle, Tieridentifikation	Zutrittskontrolle (z.B. Skipass, ÖPNV), Kennzeichnung von Ladungseinheiten (z.B. Paletten)	Kennzeichnung von Ladungseinheiten, Mehrwegbehältern, Containern, Wechselbrücken usw.	Kennzeichnung von Mehrwegbehältern, Containern, Wechselbrücken usw., Mauterfassung

Tabelle 4.8: Eigenschaften gängiger RFID-Systeme (in Anlehung an Jansen/Mannel 2004, S. 43)

Einsatzgebiete **aktiver Transponder** in der Logistik sind z.B.

- die Begleitung von Montageprozessen in der Automobilindustrie zur Prozessdokumentation und Verbesserung von Qualitätskontrollen und Qualitätsnachweisen,
- die Identifizierung von Containern und die Prozesskontrolle im Containerumschlag,
- die Identifizierung von LKW beim Ein- und Ausfahren an Lieferpunkten oder
- Mautsysteme.

Die Rate der fehlerfreien Lese- und Schreibvorgänge liegt bei aktiven Transpondern mit 99,98% sehr hoch. Die Kosten für einen aktiven Tag liegen heute (je nach Bauart) zwischen 20 und 150 € pro Stück.

Zur Warenidentifikation und -verfolgung in der Logistikkette, insbesondere zur Steuerung und Kontrolle des Warenflusses in Distributionssystemen der Konsumgüterindustrie und des Einzelhandels, werden ausschließlich **passive Transponder** verwendet. Dabei lassen sich drei Anwendungsstufen unterscheiden (vgl. Jansen/Mannel 2004, S. 44):

- 1. Stufe: Kennzeichnung und Identifikation auf Ladungsträgerebene:
  Jeder Ladungsträger (z.B. Palette) wird mit einem Transponder gekennzeichnet, der Informationen zu der geladenen Ware enthält. Damit wird (lediglich) das EAN-128-Transportetikett durch einen RFID-Tag abgelöst.
- 2. Stufe: Kennzeichnung und Identifikation auf Karton-/Behälterebene:
  Neben den Ladungsträgern werden auch die darauf befindlichen Kartons bzw. Behälter jeweils mit einem Transponder versehen.
- 3. Stufe: Kennzeichnung und Identifikation auf Artikel-/Stückebene:
  Dabei wird jede einzelne Produkteinheit mit einem Transponder versehen, auf dem ein sog. **elektronischer Produktcode** hinterlegt ist.

Der elektronische Produktcode (EPC) stellt eine Erweiterung der EAN dar, indem er in der Lage ist, über $1,3 \cdot 10^{16}$ Objekte eindeutig zu identifizieren (vgl. Zetlmayer 2004, S. 81). Dadurch ist es möglich, jede einzelne Artikeleinheit mit einem eigenen EPC zu versehen und damit weltweit eindeutig zu kennzeichnen. Der EPC umfasst (in der derzeitigen Spezifikation) 96 Bit und besteht aus

- einem Versionskennzeichen (16 Bit),
- einer zentral vergebenen Herstellernummer (28 Bit, ausreichend für etwa 270 Millionen Hersteller),
- einer vom Hersteller vergebenen Produktnummer (24 Bit, ausreichend für bis zu 16 Millionen verschiedene Produkte pro Hersteller) und
- einer Artikel-Seriennummer (36 Bit, ausreichend zur weltweit eindeutigen Kennzeichnung von 68 Milliarden Einheiten eines Produktes).

Durch diesen Aufbau ist die Kompatibilität zum bisherigen EAN/UCC-Identifikationssystem gewährleistet (vgl. Meyer/Schüler 2004).

Der EPC bildet den Zugriffsschlüssel auf die dazugehörigen Stamm- und Bewegungsdaten (z.B. Artikelbezeichnung, Chargennummer, Mindesthaltbarkeitsdatum usw.), die entweder wie bisher bei jedem Geschäftspartner vorgehalten und mittels EDI ausgetauscht bzw. in einem Stammdatenpool wie SINFOS zentral abgelegt oder, wie vom Massachusets Institute of Technology (MIT) vorgeschlagen, in über die Internettechnologie zugänglichen dezentralen Datenbanken gespeichert werden können. Die Verbindung zwischen EPC und dem (den) Speicherort(en) der ergänzenden Stamm- und Bewegungsdaten soll nach den Vorstellungen des MIT über ein zentrales Datenbanksystem, den sog. **Object Name Server (ONS)** hergestellt werden, wo alle im Umlauf befindlichen EPCs mit den zugehörigen Verknüpfungen zu den ergänzenden Informationen abgelegt werden. Passiert nun eine mit einem oder mehreren Transpondern versehene logistische Einheit eine Leseschleuse, werden die in den Transpondern hinterlegten EPCs ausgelesen und an die sog. **Savant-Software** übertragen, die über einen Internet-Zugang den Kontakt zum Object Name Server herstellt. Über die dort hinterlegten Verbindungen ist es dann möglich, die zum EPC gehörenden Stamm- und Bewegungsdaten aus den verteilten Datenquellen herunterzuladen (vgl. Springob 2004, S. 27; Vogell 2004, S. 23). Abbildung 4.9 stellt das vom MIT mit dem Stichwort „Internet der Dinge" in die Diskussion gebrachte Konzept graphisch dar.

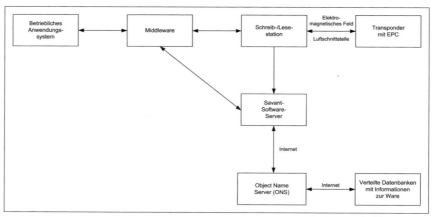

Abbildung 4.9: Das EPC-Informationssystem (vgl. Vogell 2004, S. 22+24; Springob 2004, S. 27)

Die Kennzeichnung von logistischen Einheiten mit Transpondern anstatt mit Barcodes hat den Vorteil, dass für einen Lesevorgang kein Sichtkontakt zwischen Datenträger und Lesegerät notwendig ist, da sich Transponder durch alle festen und nicht-metallischen Stoffe lesen lassen. Dadurch kann eine Vielzahl von Objekten ohne manuelle Eingriffe gleichzeitig erfasst und identifiziert werden (Pulk-Erfassung). Auf diese Weise lassen sich beispielsweise Wareneingangsprozesse beschleunigen oder Fehlverladungen durch automatischen Abgleich des Auftrags mit der im Warenausgang bereitgestellten Ware vermeiden. Weitere Vorteile von RFID gegenüber der Barcode-Technologie sind die Unempfindlichkeit der Datenträger gegen Verschmutzungen und Deformierungen und die damit verbundene niedrigere Fehleranfälligkeit beim Lesevorgang, die größere Reichweite beim Lesevorgang sowie die größere Speicherkapazität.

Von der individuellen Kennzeichnung jeder einzelnen Produkteinheit mit einem RFID-Tag (höchste Implementierungstiefe) erhofft man sich darüber hinaus folgende Verbesserungen in der Logistikkette (vgl. Vogell 2004, S. 22; Garbisch 2004, S. 77; Zetlmayer 2004, S. 82):

- Senkung der Fehlerrate in der Kommissionierung durch automatischen Abgleich von Kommissionierauftrag und -ergebnis;
- Automatisierung des Kassierprozesses im Einzelhandel durch Pulk-Erfassung;
- Vereinfachung von Inventuren und Bestandskontrollen (Erfassung der Lagerbestände durch mobile RFID-Lesegeräte) und dadurch Reduzierung von Out-of-Stock-Situationen und falscher Platzierung von Artikeln in den Regalen;
- Vereinfachung von Umtauschprozessen (RFID-Tag als elektronischer Kassenbon) und verbesserte Rückverfolgbarkeit von Waren entlang der gesamten Lieferkette durch individuelle Kennzeichnung jedes einzelnen Artikels mit einem eigenen EPC;
- Reduzierung von Schwund und Diebstählen durch elektronische Warensicherung und -überwachung.

Eine wesentliche Voraussetzung für die Erschließung von Rationalisierungspotenzialen in der Logistik durch RFID ist die flächendeckende Umstellung auf die Transpondertechnologie. Da ein stichtagsbezogener Wechsel vom Barcode zum Transponder kaum zu bewältigen ist, muss für eine Übergangszeit vom parallelen Einsatz beider Technologien ausgegangen werden. Zur Erleichterung der Migration wird daher vorgeschlagen, in der Umstellungsphase sog. Hybrid-Etiketten zu verwenden, die sowohl einen Barcode als auch einen Transponder tragen (vgl. Garbisch 2004, S. 78 und Abbildung 4.10).

Abbildung 4.10: Palettenetikett mit Transponder (Quelle: Meyer/Schüler 2004)

Zurzeit erproben die Einzelhandelskonzerne Tesco (Großbritannien), Wal-Mart und Metro den Einsatz von Transpondern in der Logistik im Rahmen von Pilotprojekten. So liefern ca. 100 Lieferanten der Metro seit dem 1.11.2004 mit Transpondern versehene Paletten und ab dem 1.7.2005 auch Kartons an die verschiedenen Standorte der Metro Group (vgl. Wolfram 2004, S. 72). Bis die RFID-Technologie in der Praxis flächendeckend zur Anwendung kommt und den Barcode ablösen kann, sind jedoch noch einige Standardisierungs- und Entwicklungsschritte notwendig (vgl. Ritter 2004, S. 31/32; Zetlmayer 2004, S. 83; Mayer/Schüler 2004):

- Für die Transponder und die Lese-/Schreibgeräte müssen einheitliche Kommunikationsprotokolle bzw. Spezifikationen geschaffen werden, um Transponder und Schreib-/Lesegeräte verschiedener Hersteller zueinander kompatibel zu machen.
- Der für RFID zu nutzende Frequenzbereich muss international vereinheitlicht werden. Dabei ist unter anderem die Abhängigkeit zwischen Frequenzbereich und Reichweite der Transponder zu beachten. So haben die derzeit zum Einsatz kommenden Hochfrequenz-Tags mit einer Frequenz von 13,56 MHz nur eine Reichweite von unter einem Meter, was für logistische Zwecke nicht ausreicht. Um ganze Paletten durch eine Leseschleuse fahren zu können, wird eine Reichweite von mindestens drei Metern benötigt. Daher ist man in den USA zu Transpondern mit einer Resonanzfrequenz im Ultrahochfrequenzbereich bei 915 MHz übergegangen, die eine Reichweite von drei bis vier Metern erreichen. Dieser Frequenzbereich liegt jedoch sehr dicht an dem in Europa für Handys und schnurlose DECT-Telefone vergebenen Frequenzbereich, so dass in Europa Frequenzen um 868 MHz bevorzugt werden.

- Aufgrund physikalischer Gesetzmäßigkeiten können an Metalloberflächen befestigte Transponder nicht ausgelesen werden. Metallische Gegenstände (z.B. Obstkonserven) müssen daher entweder mit einer Kartonverpackung oder einer Ferritabschirmung versehen werden. Darüber hinaus bereitet bei der Verwendung von Ultrahochfrequenz-Transpondern die Identifikation von Behältern mit Flüssigkeiten noch erhebliche Schwierigkeiten.
- Die Erfassungsgenauigkeit der passiven Transponder muss noch weiter verbessert werden, um Leseraten von annähernd 100% zu erzielen.
- Mit der Kennzeichnung und Identifikation jeder einzelnen Verpackungseinheit in der Logistikkette (3. Implementierungsstufe) ist ein enormer Anstieg des zu bewältigenden Datenvolumens pro Zeiteinheit verbunden, dem die heutigen Warenwirtschafts- und ERP-Systeme (im Unterschied zu den Datenbankengines der KEP-Dienste) vielfach nicht gewachsen sind.

Für die Erarbeitung der notwendigen, global gültigen RFID-Standards (Verabschiedung des EPC, Vereinheitlichung der Radiofrequenzen usw.) wurde **EPCglobal Inc.** als gemeinsame Tochtergesellschaft von EAN International und dem Uniform Code Council (UCC) gegründet. In Deutschland wird EPCglobal durch die CCG repräsentiert. Doch trotz intensiver Standardisierungsbemühungen und technologischer Weiterentwicklungen ist kurzfristig nicht mit einer flächendeckenden Ablösung des Barcodes durch RFID zu rechnen, da nicht nur die technischen, sondern auch die ökonomischen Voraussetzungen in Form eines angemessenen Kosten-/Nutzenverhältnisses noch nicht vorliegen. RFID-Tags, wie sie für die Logistik benötigt werden, kosten derzeit ca. 0,50 € pro Stück. Ein wirtschaftlicher Einsatz der RFID-Technologie zur umfassenden Warenkennzeichnung und -identifikation in der Logistikkette setzt jedoch voraus, dass die RFID-Tags für weniger als 0,10 € pro Stück verfügbar sind. Ein Absinken der Preise auf unter 0,05 € pro Stück wird für das Ende dieses Jahrzehnts erwartet (vgl. Meyer/Schüler 2004). Zu den Kosten für die Tags kommen darüber hinaus noch die Kosten für die Anschaffung und Wartung der Lese-/Schreibgeräte und zusätzlicher Rechner sowie die Softwareanbindung, die sich durch die erzielbaren Einsparungen bei den Prozesskosten erst einmal amortisieren müssen. Vor diesem Hintergrund erscheint der Einsatz von Transpondern anstelle von Barcodes heute vor allem dann sinnvoll, wenn (vgl. Jansen/Mannel 2004, S. 44)

- rauhe Umgebungsbedingungen einen Barcodeeinsatz nicht zulassen,
- häufig wertschöpfende Schreib-/Lesevorgänge stattfinden (z.B. Steuerung von Behälterkreisläufen),
- Schreib-/Lesevorgänge häufig automatisch erfolgen und Handlesegeräte nur dort zum Einsatz kommen, wo stationäre Lesevorrichtungen nicht einsetzbar sind oder der Einsatz nicht wirtschaftlich ist.

Schließlich stellen die Bedenken von Verbraucher- und Datenschutzorganisationen, der Transponder werde zum "gläsernen Konsumenten" führen, ein weiteres Hindernis bei der Verwendung von RFID zur Kennzeichnung von Konsumgütern dar. Die individuelle Kennzeichnung jedes einzelnen Artikels mit einem eigenen EPC eröffnet in Verbindung mit Bank-, Kredit- oder Kundenkarten theoretisch die Möglichkeit, das Kaufverhalten jedes einzelnen Konsumenten lückenlos zu erfassen und auf dieser Basis persönliche Verbraucherprofile anzulegen, die dann z.B. für auf die individuellen Kaufgewohnheiten abgestimmte Werbung genutzt werden können. Die Kennzeichnung von Kleidungsstücken mit Transpondern, die an der Kasse nicht deaktiviert werden, könnte ferner die (beinahe) jederzeitige Feststellung des aktuellen Aufenthaltsortes eines Menschen ermöglichen, da dieser bei jedem Passieren einer RFID-Schleuse automatisch ermittelt würde. Bereits heute werden Transponder zur Kennzeichnung von Berufskleidung verwendet, um nach dem Waschen die Zuordnung zu den jeweiligen Mitarbeitern zu erleichtern. Datenschützer befürchten dabei, dass die Transponder in der Berufskleidung gleichzeitig zur Überwachung am Arbeitsplatz genutzt werden könnten. Aus diesen Gründen hält die Verbraucherschutzorganisation CASPIAN (Consumers against Supermarket Privacy Invasion and Numbering) die (kaum zu kontrollierende) Deaktivierung der RFID-Tags an der Kasse für nicht ausreichend, sondern fordert vielmehr die Entfernung der Tags bereits vor dem Kontakt der Produkte mit dem Endverbraucher, d.h. bevor die individuell gekennzeichneten Artikel in den Verkaufsraum gelangen (vgl. Schüler 2004). Dann aber ist nur ein Teil der mit RFID zu erzielenden Rationalisierungspotenziale erreichbar. Daher sind Konsumgüterindustrie und Handel gefordert, verantwortungsvoll mit der neuen Technologie umzugehen und die Verbraucher über die damit auch für sie verbundenen Vorteile aufzuklären.

Management Praxis: Konsequente Nutzung der NVE: Mittelständischer Betrieb rüstet sich für die Zukunft[7]

Vom I-Punkt des Vorratslagers bis hin zur Versandpaletten-Steuerung: Fehlverladungen sind bei der Privat-Fleischerei Reinert im westfälischen Versmold ausgeschlossen. Mit der Inbetriebnahme ihres neuen Logistikzentrums im Jahre 1999 entschloss sich Reinert, den EAN 128-Strichcodestandard und mit ihm die Nummer der Versandeinheit (NVE) einzuführen.
Bis zu 40.000 Colli werden täglich im Hause Reinert zum Versand gebracht. Etwa 180 verschiedene Artikel mit unterschiedlichen Ausprägungen für Abpackvarianten, Kennzeichnungsalternativen sowie Versandbehältnissen stellen eine nicht unerhebliche Herausforderung für die Abteilung Endversand dar, um alle Colli kundengerecht den Transportpaletten zuzuführen. Von artikelreinen Paletten, die wiederum gestapelt als Sandwichpalette kundenrein das Haus verlassen, bis hin zu Sammelgutpaletten für die jeweiligen Empfangsniederlassungen des beauftragten Transportdienstleisters reicht das Anforderungsprofil zur Kommissionierung der zum großen Teil nicht egalisierten Ware mit bis zu 650 Aufträgen und 120 Tonnen täglich.

Warenversand: Bündelung aus zwei Bereichen
Zum Endversand wird die Ware
- aus der weitestgehend automatisierten Verpackungsabteilung mit vollautomatischer Zuführung der nicht egalisierten Ware aus dem Vorratslager sowie
- aus der Abteilung SB-Verpackung, die die gesamte egalisierte Ware für die Auslieferung vorbereitet, gebündelt. Sämtliche Materialflussprozesse werden nun für beide Artikelgruppen mit Hilfe der weltweit eindeutigen Nummer der Versandeinheit (NVE) gesteuert. Dazu ordnen vollautomatische Wiegeprozesse den Colli-NVEs bei nicht egalisierten Artikeln die Gewichte zu.

Funkscanner statt MDE
Im Logistikzentrum Versmold (LVS) werden keine 40 Sekunden benötigt, um eine Palette mit 100 Kartons einzuscannen. Dabei wird bei jedem Scan der Colli-NVEs in Millisekunden ein Abgleich mit den relevanten Feldern in der Datenbank des LVS gemacht und bei Fehlern eine Klartextmitteilung auf dem Scannerdisplay ausgegeben. Diese kann der Benutzer nicht ignorieren, sondern muss sie aktiv bestätigen und den Packfehler unmittelbar korrigieren.

---

[7] Quelle: Schlingmann, A.; Müller, H.-W.: Konsequente Nutzung der NVE, in: Coorganisation, Heft 1/2004, S. 18-20

Geringe Hardware-Anforderungen
Eingesetzt werden Funkscanner der Firma Datalogic. Die robusten Geräte der DLL-Baureihe arbeiten im 433 MHz-Bereich mit einer Reichweite von 50 m. Sie besitzen ein LCD-Display (4x16 Zeichen) und drei Tasten. Statt kostenintensive programmierbare MDE-Geräte einzusetzen, liegt hier sämtliche Intelligenz in der Software der beiden Host-Rechner. Sie verwalten im Praxisbetrieb jeweils 10 Funkscanner gleichzeitig, bis zu 127 wären möglich. Die Software erledigt alle Datenbankanfragen und wertet diese aus. Anschließend werden Displaymeldungen, akustische Signale oder kontextgesteuerte Menüs – je nach ausgewählter Benutzerfunktion – an den betreffenden Scanner zurückgesendet.

Bedienerfreundlichkeit integriert
Anwenderfreundliche Bedienung ist Voraussetzung für einen effektiven Betrieb. So kann der Kommissionierer mehrere Paletten zur gleichen Zeit mit dem Funkscanner bearbeiten und den Scanprozess sogar beliebig oft unterbrechen. Auch mehrmaliges Scannen einzelner Colli führt aufgrund der intelligenten Host-Software nicht zu Fehlern. Wenn Pack- und Scanprozesse für eine Versandpalette abgeschlossen sind, kann am Scanner der Palettenscheindruck gestartet werden.

Kurze Schulungsphase
Nur geringer Schulungsaufwand war erforderlich, um die Mitarbeiter in den Abteilungen Endversand und SB-Verpackung mit dem neuen Scanningsystem anzufreunden. Aufwändiges Tastensuchen wie bei MDE-Geräten wird bei den Drei-Tasten- Funkscannern mittels kontextgesteuertem Menü umgangen.

Supply-Chain-Steuerung mit EDI
Der Kreis schließt sich, wenn nun alle Paletten-NVEs mit den zugehörigen Colli-NVEs zur Generierung des elektronischen Lieferavises (DESADV im EANCOM-Format) an das Auftragssystem übermittelt werden. Nach Erhalt des DESADV kann der jeweilige Empfänger elektronisch per Scanner den Lieferschein bzw. seine eigene Bestellung mit der gelieferten Ware abgleichen. Zeitraubende Prozesse der Warenannahme werden so drastisch reduziert. In der gesamten Lieferkette bestehen nun klare Informationen, die vorauseilend zur Ware eine optimale Steuerung der Supply Chain ermöglichen.

Alte Probleme ausgemerzt
Durch Reinert fehlgeleitete Colli in der Distribution gehören nun längst der Vergangenheit an. Und damit auch ihre negativen Auswirkungen wie
- Fehlmengen beim Kunden,
- kosten- und zeitintensive Sendungsrecherche,
- Frachtkosten für die nachträgliche Anlieferung oder Rückfrachtkosten, wenn die Ware wieder auftaucht,
- entfallener Umsatz/Regresse bei schlechten Lieferquoten,
- Aufwendungen für Gutschrifterstellung und Schadensbearbeitung,
- Auspacken und Verwerten retournierter/annahmeverweigerter Ware.

Die Investition in das System für die nun elektronisch per Funkscanner gestützte Versandabwicklung amortisierte sich bereits innerhalb eines halben Jahres.

Rückverfolgbarkeit gewährleistet
Durch den Einsatz von NVE-Barcodes konnte die Kennzeichnung der Versandeinheiten nach dem EUL (Efficient Unit Loads)-Konzept bis in die letzte Stufe konsequent umgesetzt werden. Hier greift das Verschachtelungsprinzip: Die kleinste Versandeinheit, der Colli wird mit mehreren anderen Colli-NVE auf eine neu generierte Paletten-NVE verknüpft. Übereinander gestapelte Paletten werden mit ihrer NVE an die neu generierte Sandwichpaletten-NVE übergeben. Für die logistische Einheit bleibt also stets immer eine eindeutige Kennzeichnung, die jeweils Rückschluss auf die darin enthaltenen Einheiten der nächst kleineren Ebene zulässt. Die größte Einheit ist letztlich das Transportmittel. Mit diesem System wird gleichzeitig der Verordnung (EG) Nr. 178/2002 genüge getan, die ab 2005 den Versendern von Lebensmitteln eine lückenlose Rückverfolgbarkeit auferlegt.

Ergänzende Literatur:
Hansen, Hans Robert; Neumann, Gustaf: Wirtschaftsinformatik I, 8. Auflage, Stuttgart 2001

Mattfeld, Dirk C. und Leena Suhl (Hrsg.): Informationssysteme in Transport und Verkehr. DSOR Beiträge zur Wirtschaftsinformatik/DSOR Contributions to Information Systems, Norderstedt, 2006

Wannenwetsch, Helmut H.; Nicolai, Sascha (Hrsg.): E-Supply-Chain-Management, Wiesbaden 2002

5 Logistiksysteme der Materialwirtschaft

In diesem Kapitel sollen die Systeme der Materialwirtschaft vorgestellt werden. Zunächst werden Nummerierungssysteme behandelt, dann die ABC- und XYZ-Analyse und schließlich Prinzipien des Materialflusses und der Warteschlangen in Bedien- und Abfertigungssystemen.

5.1 Nummerierungssysteme

Um die Vielzahl der Materialarten und Teile in der Supply Chain zu verwalten, sind Nummerierungssysteme von Bedeutung. Man unterscheidet identifizierende Schlüssel von klassifizierenden Schlüsseln. Die identifizierenden Nummerierungssysteme vergeben für jede Teile- und Materialart genau eine Teile- oder Materialnummer, die in der Regel 5 bis 20 Stellen umfassen kann. Hiermit ist eine eindeutige Identifikation der gewünschten Teile oder Materialart möglich. Diese Art der Identifikation ist besonders gut geeignet für die Verwaltung der Materialien in EDV-Systemen. Klassifizierende Nummerierungssysteme bilden hingegen für jede einzelne Materialart einen hierarchischen Schlüssel, der sich aus Ober- und Unterbegriffen zusammensetzt, etwa in der Weise Produktfamilie, Produkt, Baugruppe, Untergruppe. Man kann über diese klassifizierenden Schlüssel zwar leichter eine inhaltliche Zuordnung der Materialart vornehmen, eine Unterscheidung zwischen einzelnen Materialarten aber ist weniger leicht herbeizuführen als bei identifizierenden Schlüsseln.

Für die Beschaffungslogistik entlang der Lieferkette ist eine Abstimmung der Identifikationssysteme in den einzelnen Unternehmen erforderlich. Im Normalfall hat der Lieferant für seine angebotenen Materialien ein anderes Nummerierungs- und Klassifikationssystem als das beziehende Unternehmen. Die folgende Abbildung 5.1 verdeutlicht diesen Abstimmungsbedarf. In der Regel liefert ein Lieferant an mehrere Abnehmer, vielleicht sogar an eine Vielzahl von Abnehmern. Hieran lässt sich die Komplexität der Schnittstellenverwaltung ermessen.

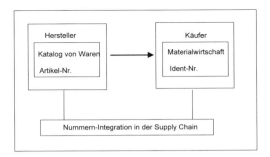

Abbildung 5.1: Abstimmungsbedarf der Identifikationssysteme in der Supply Chain

5.2 Die ABC-Analyse und die XYZ-Analyse

Mit Hilfe des Verfahrens der ABC-Analyse werden „wichtige" von „unwichtigen" Materialien unterschieden. Die Vielzahl der Teile erfordert eine Klassifikation. Eingesetzt wird die ABC-Analyse in der Beschaffungslogistik, um für das Risikomanagement kritische Teile zu identifizieren und um wertvolle Materialien von Standardteilen zu trennen. Mit dem gleichen Ansatz kann man auch wichtige von unwichtigen Lieferanten unterscheiden (vgl. Kapitel 12). Auf der Absatzseite der Unternehmung unterscheidet die ABC-Analyse die wichtigsten Umsatzträger von unwichtigen und kann so zur Bereinigung des Produktionsprogramms beitragen. Auch in der Ersatzteillogistik unterstützt die ABC-Analyse Verfahren, die in den Vertriebskanälen häufig benötigte Ersatzteile von Langsamdrehern unterscheiden.

Die ABC-Analyse geht von der Erfahrungsregel aus, dass nur ein kleiner Teil (ca. 5%) der untersuchten Materialarten zu einem großen Teil (ca. 80%) der Materialkosten (bei der Beschaffungslogistik) bzw. des Umsatzes (bei der Absatzanalyse) beiträgt. Diese werden als A-Teile bezeichnet. Umgekehrt lässt sich ebenfalls beobachten, dass ein großer Teil (ca. 80%) der Materialarten nur zu einem kleinen Teil (ca. 5%) der Materialkosten (bzw. des Umsatzes) beiträgt. Diese werden als C-Teile bezeichnet. Während man A- und C-Teile mit diesen Regeln einigermaßen genau bestimmen kann, entziehen sich die B-Teile einer direkten Beschreibung. Sie können als Restmenge von A- und C-Teilen gelten.

Ein Beispiel für das Verfahren der ABC-Analyse liefern Tabelle 5.1 und Tabelle 5.2. In Tabelle 5.1 ist die Beschaffung von 7 verschiedenen Teilen dargestellt, mit Teilenummern, zu beschaffenden Mengen, Einkaufspreis pro Stück und Einkaufswert (Menge * Einkaufspreis). In der Tabelle 5.2 sind diese Daten absteigend nach der Kategorie Einkaufswert sortiert.

Teile-Nr.	Menge	EK-Preis €	EK-Wert €
K10002	5.000	2,37	11.850
P3307	1.500	152,20	228.300
L4586	20.000	6,98	139.600
H28667	700	350,40	245.280
K44374	2.000	12,55	25.100
M73953	20.000	6,89	137.800
P45228	1.200	839,00	1.006.800
Summe	50.400		1.794.730

Tabelle 5.1: Beispiel für eine ABC-Analyse (Teil 1)

Teile-Nr.	Menge	EK-Preis €	EK-Wert €	EK-Wert kum.	In %	Menge kum.	In %
P45228	1.200	839,00	1.006.800	1.006.800	56	1.200	2
H28667	700	350,40	245.280	1.252.080	69	1.900	3
P3307	1.500	152,20	228.300	1.480.380	82	3.400	6
L4586	20.000	6,98	139.600	1.619.980	90	23.400	46
M73953	20.000	6,89	137.800	1.757.780	97	43.400	86
K44374	2.000	12,55	25.100	1.782.880	99	45.400	90
K10002	5.000	2,37	11.850	1.794.730	100	50.400	100

Tabelle 5.2: Beispiel für eine ABC-Analyse (Teil 2)

In der folgenden Spalte werden die Einkaufswerte kumuliert und dann als Prozentsatz des gesamten Einkaufswertes dargestellt. Wir erkennen an der Tabelle 5.2, dass die ersten 3 Artikel 82 % des Einkaufswertes ausmachen, wenn man sie dagegen in der Menge kumuliert, nur 6 % der beschafften Menge darstellen. Man kann demnach die ersten 3 Artikel als A-Artikel bezeichnen. Hingegen können die letzten 4 Artikel als C-Artikel gelten, da sie beim kumulierten Einkaufswert lediglich 10% ausmachen, nämlich den Sprung von 90 auf 100%, aber in der kumulierten Menge 54% darstellen, nämlich den Sprung von 46 auf 100%.

Wenn man für eine große Artikelzahl die Wertentwicklung der Mengenentwicklung in einer ABC-Analyse gegenüberstellt, so ergibt sich eine stark ausgebauchte Kurve. In der Abbildung 5.2 stellen wir diese Kurve anhand eines Ersatzteillagers von 60 Tsd. Artikeln eines Autoherstellers vor. Wenn man an dieser Kurve die A-Artikel identifiziert, erkennt man, dass der Umsatzanteil von 80% bei ca. 6% der Teile abgewickelt wird. Umgekehrt sieht man, dass die Teile im Bereich 20 bis 100% lediglich knapp 5% des kumulierten Umsatzanteiles ausmachen. Diese entsprechen damit den C-Teilen. Die B-Teile sind dann die Restmenge zwischen A- und C-Teilen. In der US-Literatur wird die in Abbildung 5.2 dargestellte Kurve als **Pareto-Chart** bezeichnet, während die Wirtschaftsstatistik von einer **Konzentrationskurve** oder **Lorenzkurve** spricht (Bruckmann 2004).

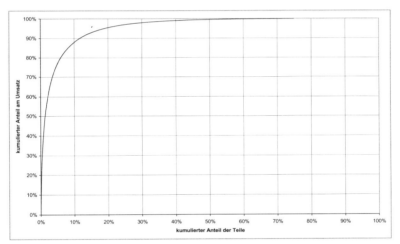

Abbildung 5.2: Lorenzkurve der ABC-Anlayse

Die ABC-Analyse wird von der **XYZ-Analyse** ergänzt, welche die Regelmäßigkeit des Verbrauchs (bzw. des Absatzes) der verschiedenen Materialarten ausdrückt. Die XYZ-Analyse untersucht die Schwankungen im Bedarf. X-Teile zeichnen sich durch einen stetigen Verbrauch und geringe Schwankungen aus. Bei Y-Teilen treten stärkere Schwankungen auf. Die Prognosesicherheit liegt nur bei knapp 70% wöchentlich und die Verbrauchsschwankungen können monatlich zwischen 20% und 50% betragen. Diese Schwankungen treten in den kurzzyklischen Märkten der Elektronikindustrie und der Modebranche auf. Z-Teile weisen noch größere Schwankungen im Verbrauch auf. Man spricht von einem sporadischen Bedarf, so dass bloß eine fallweise Beschaffung in Frage kommt. Diese Bedarfsart spielt in der Versorgung von langsam drehenden Ersatzteilen eine große Rolle. Stellt man die Vorhersagegenauigkeit der Wertigkeit gegenüber, so ergibt sich in der Tabelle 5.3 ein grau unterlegter Bereich, der für die Beschaffung auf Abruf (siehe unten) geeignet ist.

Wertigkeit → Vorhersagegenauigkeit ↓	A	B	C
X	hoher Verbrauchswert hohe Vorhersage- genauigkeit stetiger Verbrauch	mittlerer Verbrauchswert hohe Vorhersage- genauigkeit stetiger Verbrauch	niedriger Verbrauchswert hohe Vorhersage- genauigkeit stetiger Verbrauch
Y	hoher Verbrauchswert mittlere Vorhersage- genauigkeit halbstetiger Verbrauch	mittlerer Verbrauchswert mittlere Vorhersage- genauigkeit halbstetiger Verbrauch	niedriger Verbrauchswert mittlere Vorhersage- genauigkeit halbstetiger Verbrauch
Z	hoher Verbrauchswert niedrige Vorhersage- genauigkeit stark schwankender Verbrauch	mittlerer Verbrauchswert niedrige Vorhersage- genauigkeit stark schwankender Verbrauch	niedriger Verbrauchswert niedrige Vorhersage- genauigkeit stark schwankender Verbrauch

Tabelle 5.3: Kombination von ABC- und XYZ-Analyse

Neben dieser vorgestellten Klassifikation nach ABC und XYZ gibt es jedoch noch eine Reihe anderer wichtiger Klassifizierungsmöglichkeiten für die Teile im Rahmen des **Risikomanagements** in der Supply Chain. Hierbei geht es um die Funktionen der Teile und deren Bedeutung in einer Fehlerbaumanalyse für das Endprodukt, was die Sicherheit, die Gesundheit und das Leben der Verbraucher anbetrifft. Im Rahmen von Supply Chain Management werden auch Informationen über die Austauschbarkeit der Teile bei Lieferproblemen erforderlich. Gefragt wird nach der Austauschbarkeit mit anderen Teilen, aber auch nach dem Wechsel von Lieferanten.

5.3 Der Materialfluss in Bedien- und Abfertigungssystemen

Um die Prinzipien des Materialflusses zu diskutieren, gehen wir von einem Modell in der Produktionslogistik aus. Die Prinzipien können aber ebenso gut auf andere Bedien- oder Abfertigungssysteme in der Beschaffungslogistik oder Distributionslogistik übertragen werden (siehe unten). Wir gehen von einem Modell aus, in dem Arbeitsmaschinen in einer linearen Kette angeordnet sind. Jede Maschine besitzt einen Eingangspuffer, durch den das Material hineinkommt und einen Ausgangspuffer. Verknüpft werden die Maschinen in der linearen Kette durch ein Materialflusssystem, welches den Ausgangspuffer der Vorgängermaschine mit dem Eingangspuffer der Nachfolgermaschine verknüpft. Die Abbildung 5.3 stellt die Verknüpfung von drei Maschinen M1, M2, M3 dar. An jeder Maschine ist der Produktionsvorgang so vorstellbar, dass die im Eingangspuffer befindlichen Teile einzeln entnommen, nacheinander von der Maschine bearbeitet und als fertig bearbeitetes Werkstück in den Ausgangspuffer gelegt werden.

Werden die Maschinen durch ein automatisches Fördersystem miteinander verbunden, so können einzelne Werkstücke vom Ausgangspuffer zum Eingangspuffer der Folgemaschine darüber in einfacher Weise transportiert werden. Werden jedoch die Maschinen durch Transportfahrzeuge verbunden, welche das Material aus dem Ausgangskorb aufnehmen und zum Eingangskorb der Folgemaschine befördern, so ist die geschlossene Produktion besser anwendbar, weil dann die Teile in Gitterboxen gesammelt werden können, bevor sie weitergeleitet werden.

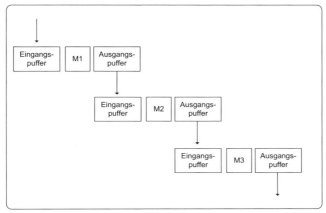

Abbildung 5.3: Verknüpfung von drei Maschinen

Für die Analyse von Materialflusssystemen ist weiterhin entscheidend, nach welchem Prinzip die Werkstücke aus dem Eingangspuffer zur Bearbeitung an die Maschine gelangen. Je nachdem, in welcher Weise dieses vor sich geht, unterscheidet man verschiedene Arten der Abfertigung (Warteschlangendisziplin). Hier sind drei Ansätze zu unterscheiden:

1. Die Entnahme nach der Reihenfolge der Ankunft. Dies ist das Prinzip First-In, First-Out (FiFo-Regel).
2. Die Entnahme nach der Regel, dass das zuletzt eingetroffene Werkstück als erstes bearbeitet wird (Last-In, First-Out, LiFo-Regel).
3. Auf Werkstücke, die von unterschiedlichen Kundenaufträgen stammen, können verschiedene Prioritätsregeln nach der Wichtigkeit der Kunden und dem voraussichtlichen Terminerfüllungsgrad der Aufträge angewendet werden.

Wenn man das Materialflusssystem als eine Kette auffasst, so entsteht weiterhin die Frage, nach welchen Auslöserimpulsen das Material von einer Maschine zur Folgemaschine weitergegeben wird. Man unterscheidet dabei die Push-Systeme von den Pull-Systemen.

Push-Systeme entsprechen den herkömmlichen Strategien des Materialflusses in der Werkstatt. Der Begriff Push-System meint, dass das Material dann zur Folgemaschine weitergegeben wird, wenn es im Ausgangspuffer vorliegt, sei es in der offenen oder in der geschlossenen Produktion. Dies impliziert, dass die Folgemaschine das Material unabhängig davon erhält, ob ihr Eingangspuffer bereits stark oder weniger stark gefüllt ist. Aus der Sicht der Folgemaschine wäre eine Weitergabe des Materials zu dem Zeitpunkt wünschenswert, wenn gerade ihr Eingangspuffer leer ist. Unter den Bedingungen des stochastischen Modells des Materialflusses kommen in den Eingangspuffern der Maschinen rasch Warteschlangen von wartendem Material zustande. Daher ist die Materialweitergabe nach dem Push-Prinzip wenig vorteilhaft.

Das Pull-Prinzip: Wenn man das Materialflusssystem als eine Einheit begreift, so ist ein Produktionsvorlauf an der Vorgängermaschine erst dann erforderlich, wenn die

Nachfolgermaschine kein Material im Eingangspuffer besitzt. Diesen Gedanken macht sich das Pull-System zunutze. Sobald der Eingangspuffer der Nachfolgermaschine leer ist, läuft ein Auftragsimpuls an das Materialflusssystem, einen gefüllten Vorratsbehälter aus dem Ausgangspuffer der Vorgängermaschine in den Eingangspuffer der Nachfolgermaschine zu transportieren und damit für die Nachfolgemaschine Material bereitzustellen. Die Vorgängermaschine bemerkt die Entleerung des Ausgangspuffers und beginnt dann mit der Produktion von neuem Material für den Ausgangspuffer, indem sie auf die Werkstücke im Eingangspuffer zurückgreift. Auf diese Weise wird die Vorgängermaschine erst dann tätig, wenn Material von der Nachfolgermaschine benötigt worden ist. Voraussetzung für das Funktionieren dieses Systems ist ein Anfangszustand, in welchem die Ausgangspuffer aller Maschinen gefüllt sind mit Material, bereit zur Weitergabe an die Nachfolgermaschinen. Mit dem Kanban-Ansatz wird dieses Pull-System systematisiert und in ein Organisationskonzept eingebettet. Gemessen an den Kriterien der mittleren Bestandshöhe in den Eingangskörben (Warteschlangen-Länge) und der mittleren Durchlaufzeit des Materials durch das Gesamtsystem haben Simulationsstudien und praktische Erfahrungen erwiesen, dass die Pull-Systeme den Push-Systemen überlegen sind. Es hat daher im vergangenen Jahrzehnt eine starke Umorientierung von Push- auf Pull-Systeme in der deutschen Industrie gegeben.

5.4 Die Kapazität von Bedien- und Abfertigungssystemen in der Logistik

Bedien- oder Abfertigungssysteme treffen wir in der Logistik in vielfältiger Form an. In der Beschaffungslogistik denken wir an die Entladerampe in der Wareneingangszone, an der eintreffende LKW abgefertigt werden. In der Produktionslogistik geht es um die Bearbeitung von Werkstücken an Arbeitsstationen oder das Finish von Konsumgütern als Value Added Service von Speditionen. In der Distributionslogistik können wir uns Kommissioniersysteme vorstellen, in denen Bestellungen als Kommissionieraufträge abgefertigt werden. Eine weitere Aufgabe ist die Verpackung von Sendungen gemäß der Versandaufträge, die in der Distributionslogistik von Bedeutung sind. Bei internationalen Transporten stellt die Zollabfertigung ein wichtiges Bediensystem dar. Hier werden die im Airport eintreffenden Luftfrachtsendungen abgefertigt oder die im Hafen eintreffenden Container bzw. die an der Grenze wartenden LKW. Auch sind Kassen im Einzelhandel weit verbreitete Bediensysteme. Die folgende Tabelle 5.4 stellt diese Systeme noch einmal vor und zeigt die von den Systemen abgefertigten Einheiten auf.

Bediensystem	Abgefertigte Einheiten
Entladerampe in der Wareneingangszone	LKW
Bearbeitungsstation für die Bearbeitung von Werkstücken in der Produktionslogistik	Werkstücke
Konfektionierung für die Mass Customization als Value Added Service	Konsumgüter
Kommissioniersysteme in der Distributionslogistik	Bestellungen als Kommissionieraufträge
Verpackung von Sendungen	Versandaufträge
Zollabfertigung	Im Airport eintreffende Luftfracht Im Hafen eintreffende Container An der Grenze eintreffende LKW
Call-Center	Eingehende Anrufe
Kassen	Kunden im Einzelhandel

Tabelle 5.4: Bediensysteme

Fragestellungen bei Bediensystemen sind die folgenden: Wenn man die Systeme als Kanäle auffasst, durch die hindurch die abgefertigten Einheiten fließen müssen, so stellt sich die Frage nach der Kapazität dieser Kanäle. Dann kann gefragt werden, wie diese Kapazität zu bemessen ist und wie die Bediensysteme auszulegen sind, damit die durchschnittlichen Wartezeiten bei der Abfertigung eine gewisse Obergrenze nicht überschreiten. Die Wartezeiten bei Bediensystemen sind daher eine wichtige Einflussgröße für die Schnelligkeit der Abfertigung und für das Serviceniveau in der gesamten Lieferkette (vgl. Kapitel 6).

Um die bei unzureichender Kapazität der Bediensysteme entstehenden Warteschlangen in Logistiksystemen zu erklären, soll im Folgenden ein einfacher warteschlangentheoretischer Ansatz vorgestellt werden. Gehen wir von unregelmäßigen Bearbeitungszeiten an Vorgängersystemen und unregelmäßigen Transportzeiten aus, so ergeben sich am Bediensystem zufällig gestreute Ankunftszeiten der Einheiten, die dort in den Stauraum eintreffen. Die Ankunftszeiten im Bediensystem stellen demnach einen stochastischen Prozess dar.

Als zweite Quelle einer Stochastik treten unterschiedliche Abfertigungszeiten im Bediensystem auf, die aus Unregelmäßigkeiten des Materials, aus Ausfallzeiten des Abfertigungssystems sowie aus variierender Aufmerksamkeit des Abfertigungspersonals resultieren und damit einen stochastischen Abfertigungsprozess beschreiben. Die Stochastik von Ankunfts- und Abfertigungsprozessen beschreiben wir mit den Mittelwerten λ und μ. Man bezeichnet λ als **Ankunftsrate** und μ als **Abfertigungsrate**, jeweils gemessen in Stück pro Zeiteinheit. Die Abbildung 5.4 beschreibt diese zufälligen Prozesse.

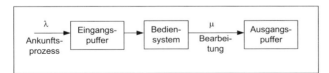

Abbildung 5.4: Stochastik bei Ankunft und Abfertigung von Einheiten

Die sich insgesamt ergebende Stochastik besitzt einen enormen Einfluss auf

- die Bildung und das Anwachsen der Warteschlangen,
- das Absinken der genutzten Kapazität des Bedienkanals unter 100% sowie
- ein ausgeprägtes Anwachsen der Durchlaufzeiten in Bedieneinrichtungen.

Unterstellen wir ein einfaches **Warteschlangensystem** von einem Bediensystem mit einem Abfertigungskanal mit Poisson-verteilten Ankunfts- und Bearbeitungsprozessen (in der Literatur auch als M/M/1 Wartesysteme bezeichnet), so kann man die Systemdynamik mit einfachen Formeln beschreiben. Dazu nehmen wir an, dass die Ankunftsrate λ unter der Abfertigungsrate μ liegt ($\lambda<\mu$). Dann ergibt sich:

- Der Quotient λ/μ kann dann als durchschnittliche Kapazitätsauslastung des Abfertigungssystems gedeutet werden. Wegen $\lambda<\mu$ liegt sie stets unter 100%.

- Die Größe 1 - λ/μ ist der Prozentsatz des Arbeitstages, zu dem das Abfertigungssystem mangels wartender Aufträge nicht arbeiten kann. Es handelt sich um Systemstillstandszeiten.
- Die mittlere Anzahl der Aufträge in der Warteschlange ist der Quotient $\lambda^2/\mu(\mu-\lambda)$.
- Die Größe $1/(\mu-\lambda)$ stellt die mittlere Durchlaufzeit (Warten plus Abfertigung) der Aufträge im Gesamtsystem dar.
- Die Größe $\lambda/(\mu-\lambda)$ stellt die mittlere Anzahl der Aufträge im Gesamtsystem dar (Warten plus Abfertigung).

Die folgende Tabelle 5.5 gibt die Zusammenhänge für ausgewählte Werte von λ wieder. Dabei wird $\mu = 1$ angenommen.

Ankunftsrate λ	Kapazitätsauslastung λ/μ	Mittlere Anzahl der Aufträge in der Warteschlange $\lambda^2/\mu(\mu-\lambda)$	Mittlere Durchlaufzeit $1/(\mu-\lambda)$	Stillstandszeiten des Systems $1-\lambda/\mu$
0,5	50	0,5	2	50
0,618	61,8	1	2,6	38,2
0,75	75	2,25	4	25
0,9	90	8,1	10	10
0,95	95	18	20	5
0,98	98	48	50	2

Tabelle 5.5: Wirkung der Ankunftsrate auf die Kapazitätsauslastung und Durchlaufzeit

Die Tabelle 5.5 zeigt auf, dass die durchschnittliche Anzahl wartender Aufträge zwischen 1 und 2,25 gleichbedeutend mit einer Kapazitätsausnutzung zwischen 61,8% und 75% ist. Bereits bei dieser noch gering erscheinenden Kapazitätsauslastung betragen die Durchlaufzeiten bereits zwischen 2,6 und 4 Zeiteinheiten.

Fragt man nun nach der Länge der Warteschlange bei $\mu=1$, so erhält man aus der Tabelle 5.5 das folgende Diagramm von Abbildung 5.5, das die Kapazitätsnutzung im Abfertigungssystem mit der durchschnittlichen Zahl der in der Schlange wartenden Aufträge verbindet.

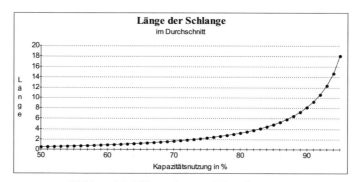

Abbildung 5.5: Schlangenlänge und Kapazitätsnutzung

Ergänzende Literatur:

Furmans, K.: Bedientheoretische Modellierung logistischer Systeme, in: Arnold, D. u.a. (Hrsg.): Handbuch der Logistik, Berlin 2004
Günther, H.-O., H. Tempelmeier: Produktion und Logistik, 6. Auflage, Berlin 2005
Kelton, W.D. et al.: Simulation with Arena, Boston 2002
Thomas, F.: Materialflussverwaltungssysteme, in: Arnold, D. u.a. (Hrsg.): Handbuch der Logistik, Berlin 2004

Abschnitt II

Distributionslogistik

6 Distributionssysteme – Struktur und Strategien

In diesem Kapitel wird die Struktur von Distributionssystemen mit zentralen und regionalen Lagerhäusern behandelt und Konsequenzen für die Belieferungsstrategien und die Kostenstruktur werden diskutiert. Die für den Absatzerfolg entscheidende Qualität der Belieferung der Abnehmer wird erörtert.

6.1 Allgemeine Kennzeichen von Distributionssystemen

Distributionssysteme besitzen die Funktion, in einem geographischen Raum die Produktionsstandorte und Nachschublager mit der Kundennachfrage zu koordinieren und die Warenströme zu den Kunden zu leiten. Die regionale Verteilung

- der Kundennachfrage sowie
- der Produktionsstandorte und Nachschublager

im geographischen Raum bestimmt die Struktur von Distributionssystemen. Der Planung liegt ein Raum zugrunde, der darstellen kann:

- Die ganze Welt. Ein globales Distributionscenter ist zumeist am weltweit einzigen Produktionswerk angesiedelt und dient der Versorgung der Kunden weltweit.
- Einen Großraum, wie Asien, Europa, Amerika. Großraum-Distributionscenter dienen der zentralen Lagerung der Waren für den Großraum und versorgen die nationalen Distributionszentren mit Nachschub (vgl. Kapitel 8).
- Einzelne Länder, wie die Bundesrepublik Deutschland (nationale Distributionscenter).

Die Abbildung 6.1 zeigt den prinzipiellen Aufbau von Distributionssystemen (DC = Distributionscenter).

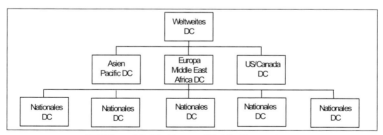

Abbildung 6.1. Struktur von Distributionssystemen

International operierende Großunternehmen, wie Automobil-, Chemie- und Computerhersteller, besitzen globale Distributionssysteme, die mit global verteilten Produktionsstandorten und Zuliefererketten zu **Logistik-Ketten** verknüpft sind (vgl. Kapitel 12). Der Automobilhersteller Ford unterhält beispielsweise Werke in 30 Ländern. Die in Deutschland ansässigen Hersteller von Konsumgütern, die in großen Stückzahlen produzieren, besitzen nationale oder europaweite Distributionssysteme.

Das Marketing hat die Planung von Distributionssystemen in verschiedener Weise modelliert. Für die Planung von Distributionskanälen hat Rosenbloom (1999) sechs Basisentscheidungen ausgemacht:

- Welche Rolle spielt Distribution in den Zielen und Strategien des Unternehmens?
- Welche Rolle spielt die Distribution im Marketing-Mix?
- Wie sollten die Distributionskanäle aussehen, damit die Distributionsziele erreicht werden können?
- Welche Arten von Mitgliedern sollen ausgewählt werden, um die Distributionsziele zu erreichen?
- Wie sollte der Distributionskanal geführt werden, um effektiv und effizient auf einer kontinuierlichen Basis arbeiten zu können?
- Und wie sollte die Performance der Mitglieder beurteilt werden?

Marchant (1996) fasst drei Hauptaspekte der Distributionsplanung zusammen: die physische Distribution, Überwachung und Kontrolle und die Dokumentation. Cateora (2002) hat das Modell der fünf Cs entwickelt: coverage, character, continuity, control und cost. Das Modell Cateoras entspricht in weiten Teilen den Fragen Rosenblooms. Lediglich die erste Frage Rosenblooms, welche die Rolle der Distribution mit den Zielen des gesamten Marketing-Mixes verknüpft und somit die Interaktion der Distribution mit anderen Aufgaben des Unternehmens betrifft, entspricht keinem der von Cateora aufgelisteten Elemente.

Zur Analyse von Distributionssystemen betrachten wir das Verhältnis von Lieferanten zu Abnehmern. Wie in der Abbildung 6.2 gezeigt, stellt das Distributionssystem das Bindeglied zwischen Lieferanten und Abnehmern dar. Als Lieferanten können Hersteller, Importorganisationen und Großhandelseinrichtungen auftreten.

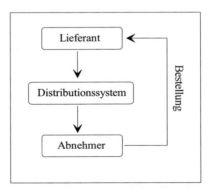

Abbildung 6.2: Das Distributionssystem zwischen Hersteller und Abnehmer

Bei den Abnehmern handelt es sich um die Großhandelsstufe, um den Facheinzelhandel, um ein Zentrallager von großen Handelsorganisationen oder um einzelne Filialen von großen Handelsketten. Die wichtigsten Funktionen eines Distributionssystems lassen sich zusammenfassen als:

- Die **Lagerung** von Artikeln. In Lagerhäusern auf den verschiedenen Stufen des Distributionssystems werden die Artikel für die Verteilung an die Abnehmer bereitgehalten.
- Der **Transport**. Die Artikel werden in unterschiedlich großen Lager- und Transporteinheiten vom Lieferanten über die einzelnen Lager- und Umschlagspunkte zum Abnehmer transportiert. Zum Transport können die in den Kapiteln 16-19 dargestellten Verkehrsträger genutzt werden.
- Die **Abwicklung von Bestellungen**. Die Bestellungen werden dem Lieferanten übermittelt, der die Auslieferung aus bestimmten Lagerhäusern veranlasst und festlegt, in welchen Mengen geliefert wird, in welchen Versandeinheiten gebündelt, wie die Verpackung gewählt, zu welchen Zeitpunkten ausgeliefert wird und welche Verkehrsträger gewählt werden. Ferner gehören Dokumentations- und Abrechnungssysteme zur Bestellabwicklung. Das Thema Bestellabwicklung wird in Kapitel 22 vertieft.

Man kann Distributionssysteme danach unterscheiden, wem die **Systemführerschaft** im Absatzkanal zuzurechnen ist. Traditionellerweise sind Distributionssysteme vom Lieferanten bestimmt. Die Systemführerschaft liegt beim Lieferanten. Dieses drückt sich auch in den Lieferkonditionen "Frei Haus" aus. Derartige Distributionssysteme können dort aufgefunden werden, wo die Abnehmer schwach und zersplittert sind. Dieses trifft etwa für den Facheinzelhandel im Verhältnis zum Großhandel zu. Bei starken Abnehmern liegt die Systemführerschaft jedoch beim Abnehmer. Wir können dieses Verhältnis bei den großen, hochkonzentrierten Handelsorganisationen im Lebensmittel-Einzelhandel auffinden (siehe unten Abschnitt 6.5). Distributionssysteme sind in diesem Fall auf die Bedürfnisse der Abnehmer ausgerichtet und sind auf den Durchsatz von großen Mengen ausgelegt. Die Lieferanten senden große Partien in das Zentrallager der Handelsorganisationen, von denen aus die Feinverteilung vorgenommen wird. Sind beide Seiten schwach und zersplittert, sowohl die Lieferanten wie auch die Abnehmerseite, kann die Systemführerschaft auf externe Logistikdienstleister übergehen. Diesen Fall finden wir etwa im Getränkevertrieb vor, wo regionale Brunnen- und Brauereibetriebe mittelständisch strukturiert sind und die Gaststätten als Abnehmer eine atomisierte Marktmacht repräsentieren. Zwar befinden sich die Distributionssysteme im Normalfall im Eigentum der jeweiligen Systemführer. Jedoch gibt es in der letzten Zeit einen starken Trend zum Outsourcing von Distributionsdienstleistungen auf spezielle Logistikdienstleister. Diese Tendenz wird im Kapitel 23 weiter behandelt.

Das **Zielsystem** von Distributionssystemen weist die folgenden Dimensionen auf:

- niedrige Kosten des gesamten Systems,
- akquisitorische Funktion und
- hoher Lieferservice.

Zu Strategien der Kostenminimierung von Distributionssystemen wird unten im Abschnitt 6.3 Stellung genommen. Mit akquisitorischer Funktion ist gemeint, dem Kunden zur Beratung bei Problemlösungen zur Verfügung zu stehen, die Betreuung des Kunden nach dem Kauf (After Sales) mit Installation, Einweisung, Schulung, Umtausch und für den Reparaturservice.

Ein hoher **Lieferservice** des Distributionssystems ist für den Lieferanten von großer Bedeutung, um eine starke Stellung auf dem Absatzmarkt zu erringen, da Differenzierungsvorteile im Markt nur noch schwer über Verbesserung der Produktqualität zu erreichen sind und daher der Lieferservice ein wichtiges Unterscheidungsmerkmal zur Differenzierung darstellt. Aus diesem Grund ist die Verbesserung des Lieferservices bei Distributionssystemen in den letzten Jahren in den Mittelpunkt des Interesses gerückt.

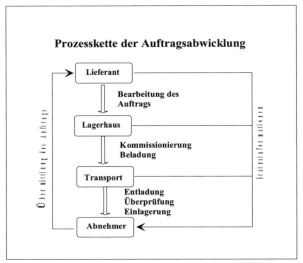

Abbildung 6.3: Die Prozesskette des Auftragsabwicklungszyklus'
und Komponenten der Lieferzeit

Die lange Prozesskette der Abwicklung eines Kundenauftrags, wie in Abbildung 6.3 dargestellt, umfasst eine Reihe von verschiedenen Prozessen, die jede für sich den Lieferservice vermindern können. Daher muss auf jeder dieser Stufen sorgfältig die Qualität sichergestellt werden. Wegen der Vielzahl von Faktoren, welche den Lieferservice beeinflussen, und wegen der überragenden Bedeutung des Lieferservices für den Absatzerfolg sollen im Folgenden die verschiedenen Dimensionen des Lieferservices detailliert diskutieren werden. Man unterscheidet vier Dimensionen des Lieferservices:

- die Lieferzeit,
- die Lieferzuverlässigkeit,
- die Lieferungsbeschaffenheit und die
- Lieferflexibilität.

Der Begriff **Lieferzeit** fasst die Zeit zusammen, die zwischen dem Zeitpunkt der Auftragserteilung beim Lieferanten und dem Eintreffen der Ware beim Abnehmer liegt. Ein wichtiger Differenzierungsvorteil besteht darin, dem Abnehmer eine kurze Lieferzeit zu bieten. Hier sind in der Vergangenheit viele Schwächen aufgetreten. Die in der Literatur bekannten Projekte zur Reorganisation von Geschäftsprozessen haben immer wieder aufgezeigt, wie lang die Liegezeit der Aufträge in der Organisation zur Bestellabwicklung ist. Bei leicht substituierbaren Gütern führen lange Lieferzeiten jedoch schnell zu sinkenden Umsätzen. In den vergangenen Jahren sind Anstrengungen unternommen worden, die Lieferzeit im Wesentlichen an die kaum reduzierbare Transportzeit anzunähern.

Die verschiedenen Komponenten der Lieferzeit fasst die Abbildung 6.3 zusammen. Eine wesentliche Komponente ist die Bearbeitung des Auftrags. In diesem Bearbeitungsschritt wird die Verfügbarkeit der Ware im Lager geprüft, werden Kommissionieraufträge für das Lager erteilt sowie Lieferscheine und Rechnungen fertig gestellt. Die Bearbeitungszeit im Lager besteht aus dem Zusammenstellen („Kommissionieren") des Lieferauftrags aus dem Lagerbestand und der Zuordnung der Ware zum Auslieferungsfahrzeug. Die Fahrzeit besteht aus der Zeit, die entweder das Fahrzeug vom Lager auf direktem Weg zum Abnehmer fährt, oder der Fahrzeit in einer Sammeltour, in der zuvor andere Kunden angefahren werden. Trifft das Fahrzeug beim Kunden ein, kann bei Großkunden eine beträchtliche Zeit für die Entladung auftreten, da am Entladungspunkt des Kunden ein Stau von verschiedenen Lieferanten auftreten kann. Zur Beschleunigung der Abfertigung sind Lieferzeitfenster zu vereinbaren.

Die **Lieferzuverlässigkeit** gibt an, ob der zugesagte Liefertermin eingehalten werden kann oder durch Verzögerungen im Arbeitsablauf überschritten wird. Die hier angesprochene **Termintreue** kann sehr gut mit der Kennzahl Anzahl der verspäteten Lieferungen bezogen auf alle Lieferungen gemessen werden. Die Termintreue ist dann von besonderer Bedeutung, wenn nur noch ein niedriger Restlagerbestand beim Empfänger vorhanden ist und dieser auf die pünktliche Wiederauffüllung angewiesen ist. Hier wird ein unmittelbarer Zusammenhang zwischen hoher Lieferzuverlässigkeit und niedrigen Beständen beim Abnehmer sichtbar. Die andere Dimension der Lieferzuverlässigkeit ist die **Lieferbereitschaft**. Die Lieferbereitschaft drückt aus, mit welcher Wahrscheinlichkeit der Lieferant die Bestellung aus seinem Lagerbestand bedienen kann oder ob eine sogenannte Fehlmenge auftritt. Die Lieferbereitschaft kann mit einer Reihe von quantitativen Maßen als eine Wahrscheinlichkeit, einen Auftrag zu erfüllen, ausgedrückt werden. Die wichtigsten sind:

- die Produktlieferbereitschaft,
- die Auftragslieferbereitschaft und
- die Periodenlieferbereitschaft.

Die Produktlieferbereitschaft bezieht sich auf einen einzelnen Artikel und gibt den Prozentsatz an, zu welchem die für einen Artikel in einer Zeitperiode eingegangenen Bestellungen ab Lager bedient werden können. Die Auftragslieferbereitschaft bezieht sich auf Aufträge, die im allgemeinen mehrere Bestellpositionen umfassen, und wird in Prozent gemessen als der Quotient der in einer Zeitperiode vollständig erfüllten Aufträge mal 100, dividiert durch die Anzahl der eingegangenen Aufträge. Dieses Maß drückt aus, mit welcher Wahrscheinlichkeit ein eingegangener Auftrag ab Lager bedient werden kann. Das Maß der Periodenlieferbereitschaft bezieht sich auf die beobachteten Zeitperioden und drückt den Prozentsatz der Zeitperioden aus, in denen die Lagerbestände ausreichten, um alle Bestellungen zu erfüllen. Selbst wenn für die einzelnen Produkte die Produktlieferbereitschaft hoch bei z. B. 98% ist, sinkt die Auftragslieferbereitschaft auf einen niedrigeren Wert ab, da bereits die Nichtverfügbarkeit eines Produktes dazu führt, dass eine Auftrag nicht erfüllt werden kann. Besteht z. B. ein Auftrag aus durchschnittlich 10 Positionen, die mit jeweils 98% erfüllt werden können, so sinkt die Auftragslieferbereitschaft auf $(0,98)^{10} = 82\%$ ab. Hieran können folgende Überlegungen geknüpft werden. Die Auftragslieferbereitschaft sinkt ab, wenn die Anzahl der Auftragspositionen auf einem Auftrag zunimmt. Auch wenn Kunden eine hohe Auftragslieferbereitschaft erwarten, so tolerieren sie eher die Nichtlieferfähigkeit eines Produkts bei einem Auftrag mit 100 Auftragspositionen als bei einem mit 10 Auftragspositionen. Damit die Auftragslieferbereitschaft hoch bei, z.B. 95%, liegt, muss die Produktlieferbereitschaft deutlich darüber liegen. Wenn die letztere 99,5% beträgt, so sinkt bei 10 Auftragspositionen die Auftragslieferbereitschaft auf 95% ab. Eine analoge Überlegung gilt für die Periodenlieferbereitschaft, die umso weiter unter der Auftragslieferbereitschaft sinkt, je mehr Aufträge pro Periode eintreffen. In Kapitel 11 wird die Höhe der Sicherheitsbestände erläutert, die für eine bestimmte Produktlieferbereitschaft erforderlich ist.

Die Dimension der **Lieferungsbeschaffenheit** gibt an, in welcher **Genauigkeit** die eingegangenen Bestellungen vom Lieferanten ausgeführt werden. Werden die bestellten Artikel in der bestellten Menge und in der bestellten Art ausgeliefert, so wird die Lieferung genau ausgeführt. Abweichungen hiervon treten auf, wenn nur Teillieferungen vorgenommen werden, oder wenn von der Bestellung abweichende Produkte ausgeliefert werden. Diese Fälle können auftreten in Folge von Fehlmengen im Lager des Lieferanten oder auch, wenn Fehler in der Ablaufsteuerung bei der Auftragsbearbeitung und Kommissionierung sowie Auslieferung in der Beladung der Fahrzeuge auftreten. In der Steuerung des Distributionssystems ist viel Sorgfalt auf die Einhaltung einer hohen Liefergenauigkeit aufzuwenden. Denn die Korrektur der Fehler, die durch falsche Mengen und falsche Produkte in den Lieferungen beim Kunden entstehen, ist sehr zeit- und kostenaufwendig. Ausgelieferte Artikel müssen gesammelt und zurückgesandt werden. Die dazu erforderlichen Umbuchungen in der Eingangskontrolle des Abnehmers und in der Auftragsbearbeitung des Lieferanten sind vorzunehmen. Werden die bestellten Artikel nur teilweise geliefert, so treten zusätzliche Kosten beim Lieferanten für die Nachlieferung auf und mögliche Vertragsstrafen für unzureichende Lieferung. Beim Abnehmer entstehen Kosten für entgangene Gewinne und für die Verteilung von nachgelieferter Ware.

Ein weiterer Punkt der Lieferungsbeschaffenheit ist der **Zustand der Lieferung**. Hier geht es um die Frage, ob die Ware **unbeschädigt** beim Abnehmer eintrifft. Ist dies nicht der Fall, müssen Retouren organisiert werden und Kosten für Nachlieferungen treten in der gleichen Weise wie oben auf. Die Dimension der Lieferungsbeschaffenheit kann ebenso wie die Lieferbereitschaft durch Prozentangaben gemessen werden, in denen Lieferungen von Kunden dem Lieferanten als nicht korrekt rückgemeldet werden.

Die Entwicklung der verschiedenen Fehlerarten in der Lieferzuverlässigkeit und der Lieferungsbeschaffenheit wurde von der AT-Kearney Studie aufgezeigt (AT-Kearney 2004). Diese werden in der folgenden Abbildung 6.4 dargestellt. Hieran wird erkennbar, dass seit dem Jahre 1993 die unvollständigen Lieferungen von 11% der Aufträge auf 6,2% gesunken sind. Der Anteil der beschädigten Lieferungen sank von 5% im Jahre 1993 auf 2,2% im Jahre 2003. Die Anteile der verspäteten Lieferungen sanken im gleichen Zeitraum von 12% auf 7,1%. Das Absinken der Fehlerraten deutet auf ein Intensivieren in den Bemühungen hin, den Lieferservice zu steigern und die Anstrengung im Supply Chain Management zu intensivieren. Neben der fallenden Tendenz der Fehlerraten ist jedoch auf die absolute Höhe hinzuweisen. 6,2% von unvollständigen Lieferungen oder 7,1% von verspäteten Lieferungen sind doch ein sehr hoher Prozentsatz.

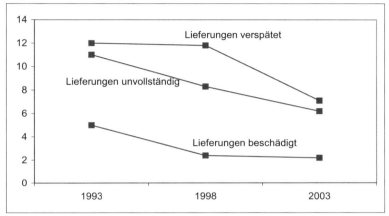

Abbildung 6.4: Verbesserungen in der Lieferungsbeschaffenheit (Angaben in Prozent)

Die Dimension der **Lieferflexibilität** bringt zum Ausdruck, inwieweit die Organisation des Distributionssystems an die Wünsche des Kunden angepasst ist. Diese Frage tritt besonders auf, wenn die Systemführerschaft beim Lieferanten oder bei einem Logistikdienstleister liegt. Liegt diese beim Abnehmer, so ist davon auszugehen, dass diese weitgehend an die Bedürfnisse des Kunden angepasst ist, obwohl die Bemühungen um Efficient Consumer Response zeigen, dass hier im Distributionssystem noch weitere Feinabstimmungen möglich sind (vgl. Kapitel 22).

Die Lieferflexibilität kann unterteilt werden nach den Größen

- Auftragsmodalitäten,
- Liefermodalitäten und
- Information des Kunden.

Die Auftragsmodalitäten legen fest, inwieweit der Lieferant ein vorgegebenes Schema bei der Formulierung von Bestellungen vorgibt. Hier geht es um vorgeschriebene Kommunikationswege, wie etwa die Verwendung von bestimmten Formularen oder die elektronische Übermittlung von Bestellungen durch EDIFACT (vgl. Kapitel 4). Ferner sind Entscheidungen zu treffen über Mindestabnahmemengen bei den einzelnen Lieferpositionen und über einen Mindestwert des Gesamtauftrags. Die Liefermodalitäten, die für die Lieferung festgelegt werden, bestimmen die Art und Weise, wie der physische Güterfluss erfolgt. Hier wird die Frage geregelt, in welcher Transportart die Güter übermittelt werden: Werden die Güter im Werkverkehr ausgeliefert, durch Einschaltung einer Spedition oder eines Paketdienstes, oder werden sie selbst vom Abnehmer abgeholt? Die Fragen, in welchen Verpackungs- und Versandeinheiten die Güter angeliefert werden, die möglicherweise auf das Lager des Abnehmers abgestimmten Palettenhöhen und dergleichen spielen ebenfalls eine Rolle. Zeitfenster für die Zustellung der Ware oder Lieferung auf Abruf können vereinbart werden. Die Lieferflexibilität zeichnet sich weiter dadurch aus, dass die Abnehmer umfassend über den Status ihrer Bestellung informiert werden. Hierbei geht es um den voraussichtlichen Zeitpunkt der Lieferung, um möglichst frühzeitige Informationen über Fehlmengen und über sonstige Störungen im Ablauf des Distributionsprozesses. Diese Fragen werden besonders intensiv diskutiert in den neueren Ansätzen der Logistikkooperation zwischen Industrie und Handel (vgl. Kapitel 22).

Die neueren Entwicklungen auf dem Gebiet der Distributionssysteme gehen dahin, dass diese durch die informationstechnologische Infrastruktur unterstützt und verbunden werden. Die Verbindung vom Lieferanten zum Abnehmer erfolgt als eine **integrierte Logistikkette**. Diese Sichtweise wird in Kapitel 4 behandelt. Die Integration führt dazu, dass die Auftragsabwicklung im Distributionssystem mit der Distribution der Abnehmerorganisation eng verzahnt wird. Der Bestellvorgang selbst wird damit ein Bestandteil im Distributionssystem.

Zur weiteren Diskussion von Distributionssystemen gehen wir von der Kundennachfrage aus. Die Postleitzahlen stellen gegenüber den Kreis- oder Gemeindegrenzen ein übliches Analyse-Kriterium dar, um die Kundennachfrage zu erfassen, da die Postleitzahlen bereits im Adressenstammsatz der Kunden auftreten und so einfach verfügbar sind. Aus der nach zweistelligen Postleitzahlen regionalisierten Darstellung lassen sich bereits auf einfache Weise Schwerpunkte der Nachfrage ableiten. Mit der heute verfügbaren Software für **geographische Informationssysteme** auf dem PC, wie Autoroute plus, Regiograph, Map and Guide oder Excel, ist eine derartige regionale Darstellung ohne weiteres möglich.

An die hier ausgewiesene regionale Struktur der Nachfrage ist das Distributionssystem zur Versorgung anzupassen. Wenn Produktion und Absatz integriert betrachtet werden, stellt sich die Frage nach der alternativen Verteilung von Produktion und Distribution auf mehrere Standorte. Hierzu sollen Distributionssysteme am Beispiel des Versorgungsgebietes BRD durch folgende allgemeine Kriterien beschrieben werden:

- Die Anzahl und Verteilung der Produktionsstandorte (**Stufe 0**).
- Die Anzahl der Lagerstufen. Gefragt werden kann: Wird die Versorgung nur von einem zentralen Lager (**Stufe 1**) für die ganze Bundesrepublik Deutschland vorgenommen. Man spricht dann von **einstufiger Distribution**. Oder befinden sich unterhalb der Zentrallagerebene noch weitere regionale Lagerhäuser (**Stufe 2**). Dann wird von **zweistufiger Distribution** gesprochen, vgl. Abbildung 6.5. Unterhalb der regionalen Lagerhäuser können sich optional als dritte Stufe die Transit-Terminals befinden.
- Die Anzahl der Lagerhäuser. Wird das Distributionssystem nur von einem zentralen Lager beschrieben oder befinden sich unter dieser Ebene weitere regionale Lagerhäuser und Transit-Terminals, und wenn ja, wieviele?
- Die regionale Verteilung der Lagerhäuser. An welchen Orten in der Bundesrepublik Deutschland werden die Lagerhäuser angesiedelt?

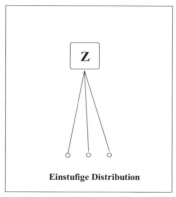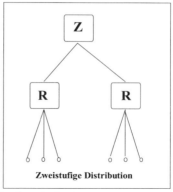

Abbildung 6.5: Ein- und zweistufige Distributionssysteme

Diese allgemeinen Kriterien für Distributionssysteme werden durch folgende Einflussfaktoren konkretisiert. Besondere Anforderungen an ein Distributionssystem ergeben sich durch

- die Zugehörigkeit zu speziellen volkswirtschaftlichen Sektoren, wie Produktion, Handel, Verkehrswirtschaft. Man spricht dann von einer Hersteller-Distribution, Handels-Distribution, Logistikdienstleister-Distribution, Speditions-Distribution und einer Entsorgungs-Logistik.
- die Eigenarten der zu distribuierenden Artikel im Warensortiment.
- die Selbsterstellung der Transporte zwischen den Elementen des Distributionssystems (Werkverkehr) oder Vergabe an externe Logistikdienstleister, wie Speditionen.

6.2 Konfiguration und Kostenstruktur von Distributionssystemen

Die Anzahl der Lagerstufen und der Lagerhäuser bestimmt das Ausmaß der **Zentralisierung** eines Distributionssystems. Die Vor- und Nachteile der Zentralisierung können folgendermaßen diskutiert werden. Wenn wir von einem Zentrallager als einzigem Element des Distributionssystems ausgehen, so ist zu berücksichtigen, dass ein zentraler Lagerstandort zwar betriebswirtschaftliche Vorteile der Kostendegression der Betriebskosten beinhaltet. Demgegenüber besitzt er die Nachteile vergleichsweiser hoher Transportkosten zu den Abnehmern auf der Absatzseite, wie auch den der Marktferne mit langen Transportzeiten und vergleichsweise schlechter Akquisitionsfunktion. Mehrere regionale Standorte für Produktion und Verteilung lassen die Summe der Absatzwege zu den Abnehmern sinken, da jeder Regionalstandort lediglich die Kunden seiner Region beliefern muss. Werden diese Überlegungen systematisiert, so gelangt man zu dem Konzept eines **mehrstufigen Distributionssystems** (vgl. Abbildung 6.9).

Die Gesamtkosten des Distributionssystems setzen sich aus zwei Komponenten zusammen: Den Transportkosten und den Kosten für die Bewirtschaftung der Lager, vgl. Abbildung 6.6. Beide Komponenten sind zunächst gegenläufig. Je mehr Regionallager und Transit-Terminals ausgewiesen werden, desto geringere durchschnittliche Entfernungen von einem Lager zu den zugeordneten Kunden liegen vor. Damit sinken zunächst die Transportkosten auf den Verbindungen vom Lager zu den einzelnen Kunden. Die Regionallager können mit kostengünstigen gebündelten Transporten aufgefüllt werden, solange die Auffüllmenge nicht zu klein wird, um das Transportmittel auszulasten. Daraus folgt, dass eine große Zahl von Regionallagern die Auffüllmengen verkleinert und schließlich die Auffüllpolitik unwirtschaftlich werden lässt. Die fallende Kurve der Transportkosten steigt also wieder an nach Überschreiten einer Grenzanzahl von Regionallagern.

Die Kosten für die Bewirtschaftung der Regionallager steigen mit wachsender Zahl von Regionallagern und Transit-Terminals. Für jedes Lager fallen Fixkosten an, die unabhängig vom Durchsatz sind. Es sind Investitionen zu tätigen und Kosten für den laufenden Unterhalt und für den Bestand inklusive Sicherheitsbestand in Anschlag zu bringen. Da der Lagerdurchsatz pro Lager mit steigender Zahl der Regionallager sinkt, steigen die Lagerkosten pro Lagereinheit wegen Skaleneffekten progressiv. Da zudem in jedem Lager ein gewisser Schwund durch Lagerrisiken entsteht, steigt mit der Zahl der Regionallager der Schwund im gesamten System. Die Kostenstruktur wird durch die folgende Abbildung dargestellt.

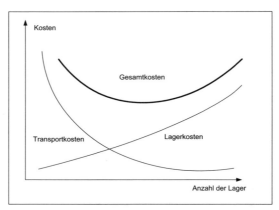

Abbildung 6.6: Kostenstruktur von Distributionssystemen

Die Kurve der Auslieferungskosten und die der Betriebskosten verhalten sich gegenläufig. Während die eine Kurve zunächst fällt, steigt die andere Kurve mit zunehmender Dezentralisierung an. Aus der Gegenläufigkeit der Kostenfunktionen ergibt sich theoretisch ein **Optimum an Dezentralität**, das im Minimum der Summe beider Kurven angenommen wird. Allerdings ist dieser Ansatz insofern vereinfacht, als die Kostengrößen zunächst unbekannt sind und bloß geschätzt werden können. Das Verhältnis von

- der Verteilung der Kundennachfrage in der Fläche und in der Bestellgröße,
- der Lageranzahl,
- den Lagerstandorten und
- den Kosten der Transporte für die Belieferung von Lagern und von Kunden

ist interdependent. Solange die Lagerstandorte nicht gegeben sind, lassen sich die Kosten für die Belieferung der Regionallager vom Zentrallager aus und für die Belieferung der Kunden nicht bestimmen. Eine simultane Bestimmung von Standorten und Auslieferungskosten ist daher nicht möglich, sondern nur in einem iterativen Prozess erreichbar, in welchem die möglichen Standorte in dem Netzwerk der Transportsysteme festgelegt und diese schrittweise konkretisiert werden. Die strategische Standortplanung wird unterstützt mit dem an der Universität Kassel entwickelten Software-Tool **Euronetz**[8], mit dem die Kosten von verschiedenen Modellkonfigurationen von mehrstufigen Distributionssystemen in Europa ermittelt werden können (vgl. Kapitel 10 und 27).

Ist eine Standortkonfiguration versuchsweise angesetzt worden, kann dann mit Schätzmethoden eine Zuordnung der Kunden zu den sie beliefernden Lagern vorgenommen werden. Nach diesem Schritt kann die Tourenplanung die Kunden den einzelnen Auslieferungsfahrten zuordnen, die Reihenfolge der Belieferung optimieren und die Auslastung der Fahrzeuge sicherstellen - eine kritische Größe, welche entscheidend die Kosten der Auslieferung determiniert. Erst dann stehen die Kosten der Auslieferung bei der gegebenen Modellkonfiguration fest. Als Beispiel einer Optimierung sei hier das Chart der Pfanni-Werke in Abbildung 6.7 vorgestellt. Dort werden die Anzahl der Lager und die der Transit-Terminals (siehe unten unter 6.6) den Kosten gegenübergestellt (Rosenthal 1991).

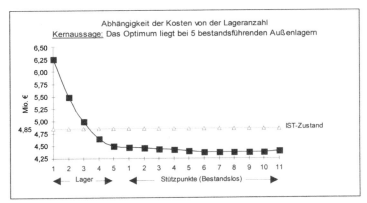

Abbildung 6.7: Distributionskosten bei Pfanni in Abhängigkeit von der Distributionsstruktur

Im Ist-Zustand betrugen die Distributionskosten 4,85 Mio. €. Bei 5 Lagern kann ein Wert von 4,5 Mio. € erreicht werden, der noch leicht auf 4,375 Mio. € absinkt, wenn ca. 6 Transitterminals vorgesehen werden. Die Wirkung der Transit-Terminals besteht weniger in einer spürbaren Senkung der Kosten als in einer einfacheren Versorgung der Outlets und einer Bündelung der Paletten und der Verkehre. In Kapitel 27 wird die Frage der Optimierung von Distributionssystemen unter Kostengesichtspunkten ausführlich behandelt.

---

[8] Eine Demo-Version der Software Euronetz kann von folgender Internet-Seite heruntergeladen werden: http://www.ibwl.uni-kassel.de/vahrenkamp/software.html

6.3 Die Zentralisierung der Distribution

Die europaweite Neubestimmung der Distributionslogistik in den vergangenen Jahren hat zu einer verstärkten **Zentralisierung** geführt; Regionallager wurden zugunsten eines Zentrallagers aufgegeben. An den historisch gewachsenen Distributionssystemen konnten viele Überschneidungen und Inkompatibilitäten festgestellt werden, so dass zugleich mit der Zentralisierung eine Vereinheitlichung der IT-Systeme vorgenommen werden konnte. Als Beispiele für die Zentralisierung können aufgeführt werden:

- das Zentrallager der Beiersdorf AG in Hamburg für cosmed-Produkte,
- das Zentrallager der Kodak AG in Scharnhausen,
- das Zentrallager von IBM Frankreich in Evry Lisses sowie
- das Zentrallager von Sony Europa bei Köln.

Die Management Praxis 2 zeigt die Zentralisierung bei Karstadt-Quelle auf. Die Tendenz zur Zentralisierung ist auf die **degressive Kostenstruktur** eines Zentrallagers zurückzuführen. Diese beruht darauf, dass die im Zentrallager gebundenen Bestände im Vergleich zu Regionallagern sinken und damit auch die Kapitalbindungskosten. Hinzu kommen sinkende Gebäude- und Kommissionierungskosten in Abhängigkeit von der umgeschlagenen Menge, dem "Lagerdurchsatz" (vgl. Abbildung 6.8).

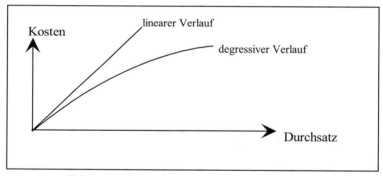

Abbildung 6.8: Degressive Kostenstruktur eines Zentrallagers

Die Rentabilität von Rationalisierungsinvestitionen im Lager - wie Regalbediengeräte, Kommissionierhilfen und EDV-Ausstattung - steigt mit steigendem Lagerdurchsatz und ist daher in Regionallagern niedriger als im Zentrallager. Bedenkt man, dass die Personalkosten einen Anteil von 60% bis 75% an den Lagerkosten ausmachen, so liegt der Rationalisierungsgewinn der Zentralisierung vor allem in den Personalkosten.

Eine Zentralisierung führt zwar zu höheren Transportkosten, doch liegt deren Zuwachs deutlich unter den Rationalisierungsgewinnen. Zudem ist in den vergleichsweise niedrigen Transportkosten im Verhältnis zum Warenwert bei Fertigwaren ein weiterer Faktor zu erkennen, der einen Anreiz zur Zentralisierung gibt. Die Frachtrate für einen Transport von München nach Hamburg (780 km) mit einem LKW mit 20 t Zuladung liegt bei 700 €. Setzt man diese Kosten in Beziehung zum Wert der Ladung, so erreicht der Frachtkostenanteil bei einem Warenwert von 5 € pro kg Warengewicht und einem Ladungsgewicht von 20 t die Größe von 700 €/100.000 € = 0,7%. Der genannte Warenwert stellt für Fertigwaren in der Konsumgüterindustrie, insbesondere für hochwertige Konsumgüter, eine untere Grenze dar, so dass hieran der marginale Anteil der Transportkosten am Warenwert erkennbar wird. Die relative Vorteilhaftigkeit des LKW-Transports über große Strecken gegenüber regionalen Distributionssystemen ist unter ökologischen Gesichtspunkten kritisch zu bewerten, da insbesondere der Verkehr zu hohen Umweltbelastungen beiträgt. Der hier erkennbare Zielkonflikt zwischen Ökonomie und Ökologie lässt sich kaum über eine Verteuerung des Treibstoffs lösen, da bei einem Anteil der Treibstoffkosten von 30% an der Frachtrate selbst bei einer Verdoppelung des Treibstoffpreises die Transportkosten weiterhin nur einen marginalen Anteil am Wert der transportierten Waren ausmachten.

Als ein weiterer Aspekt der Zentralisierung ist der **Ausgleich der Nachfrageschwankungen** hervorzuheben, der durch die Zusammenlegung der Regionallager zu einem Zentrallager entsteht. Die überdurchschnittliche Nachfrage eines Regionallagers wird von einer unterdurchschnittlichen Nachfrage eines anderen Regionallagers ausgeglichen. Der Abfluß der Waren erfolgt in einem zentralisierten Lager für die einzelnen Artikelgruppen gleichmäßiger mit einer geringeren Standardabweichung. Daher können im Zentrallager die Sicherheitsbestände für die einzelnen Artikelgruppen niedriger angelegt werden – im Vergleich zur Summe der Sicherheitsbestände in den Regionallagern – mit den entsprechenden Konsequenzen für die Kosten des Lagerhausbetriebs, was in Abschnitt 11.7 näher ausgeführt wird. In der Literatur wird dieser Effekt mit der Risikominderung der Portfolioselektion nach Markowitz verglichen (Silver u.a. 1998, S. 428). Allerdings wird die Zentralisierung der Sicherheitsbestände auch mit zunehmenden Lieferzeiten an die Kunden erkauft.

Liebmann (1991, S. 21) beschreibt die Effekte der Zentralisierung wie folgt:

- Synergie/Zusammenwirken,
- Produktivitätsverbesserung durch Ausgleich,
- Bündelung und Multiplikation von vorhandenem Wissen,
- Bündelung von Warenströmen,
- Bündelung und gemeinsame Nutzung von Produktionsfaktoren,
- Spezialisierung,
- Integration aus verschiedenen Bereichen erlaubt die Bildung und Förderung von Spezialisten,
- Chancen für produktivere und günstigere Verfahren,
- Einheitlichkeit,
- gleiche Verfahren und Methoden bieten den Vorteil einer einfacheren Organisation (Verringerung von Komplexität),
- Gefahr der Uniformität.

Ein Aspekt, der gegen das Konzept eines einzigen Zentrallagers spricht, ist die **Versorgungssicherheit**. Wenn die Versorgung über ein Netz von Regionallagern erfolgt, lässt sich der Schaden, der bei Ausfall eines Lagers entsteht – etwa durch Brand – besser eingrenzen. Hingegen bricht bei einem Zentrallagerkonzept die Versorgung im Schadensfall vollkommen zusammen. Bei Distributionssystemen, die ein breites Artikelspektrum umfassen, wie in der Handelslogistik oder im Ersatzteilwesen, ist daher eine dezentrale Aufstellung zur Risikominderung zu empfehlen.

Schulte (2004, S. 282) charakterisiert die Einflussfaktoren, die zu zentralisierten Distributionssystemen führen, mit folgender Tabelle:

Einflussfaktor	Zentrallager	Regionallager
Sortiment	Breites Sortiment	Schmales Sortiment
Lieferzeit	Ausreichende Lieferzeiten	Schnellste Belieferung Stundengenaue Anlieferung
Wert der Produkte	Teure Produkte	Billige Produkte
Konzentration der Produktionsstätten	Eine "Quelle"	Viele "Quellen"
Kundenstruktur	Wenige Großkunden	Viele kleine Kunden
Nationale Eigenheiten (Produkt-Auszeichnung, nationale Vorschriften)	Wenig nationale Eigenheiten	Viele nationale Eigenheiten

Tabelle 6.1: Kriterien für die Zentralisierung/Dezentralisierung

Die Grenzen der Zentralisierung sind in den Marktanforderungen zu sehen, die Kunden mit LKW-Verkehren ausreichend rasch zu beliefern. Aus einem Zentrallager allein, ohne Regionallager, können die Kunden in Westeuropa innerhalb von drei Tagen beliefert werden. Ein westeuropaweiter Lieferservice von zwei Tagen erfordert Regionallager im Großraum London, Paris, Barcelona, Mailand, Dortmund und Kopenhagen. Bei Gütern, die eine Lieferung innerhalb von 24 Stunden erfordern, wie Ersatzteile oder leicht substituierbare Güter, sind kundennahe Regionallager erforderlich, deren Zahl europaweit ca. 20 beträgt (vgl. Kapitel 8).

6.4 Distributionssysteme der Hersteller

Das Distributionssystem aus der Sicht der Hersteller besteht aus mehreren Stufen (vgl. Abbildung 6.9). Die Produktion ist auf der obersten Stufe angesiedelt mit einem oder mehreren Werken (**Stufe 0**). Dort sind ebenfalls die Lieferanten von Handelswaren zu finden. Als Handelswaren werden zugekaufte Artikel bezeichnet, die der akquisitorischen Abrundung des Sortiments dienen. Auf der ersten Stufe der Distribution finden wir das **Zentrallager**, wo die das **Vertriebsprogramm** ausmachenden Produkte aus der Produktion und von den Lieferanten gesammelt und dann in weiteren Schritten an die Endkunden verteilt werden. Das Zentrallager enthält zumeist die gesamte Breite des Vertriebsprogramms[9]. In großen, kontinentalen Distributionssystemen (vgl. Kapitel 8) können mehrere derartige Zentrallager bestehen. Eine wesentliche Funktion der Zentrallager besteht im Vorhalten des gesamten Vertriebsprogramms und in der Belieferung der **Regionallager**, die wir auf der **zweiten Stufe** finden und welche die Kunden in einer Region beliefern. Hierdurch entsteht ein regionaler Bündelungseffekt der Lieferverkehre und der Transaktionen. Die Regionallager sind den zumeist nach Postleitzahlgebieten aufgeteilten Verkaufsgebieten zugeordnet und werden daher auch als **Auslieferungslager** bezeichnet und enthalten durchweg nur die gängigen Artikel des Vertriebsprogramms. Die Regionallager nehmen die Umsetzung der Sendungsgrößen im Distributionsstrom vor. Eingelagert wird im Regionallager in Vielfachen von sortenrein bela-

---

[9] Das Zentrallager wird in manchen Unternehmen auch als Warenverteilzentrum bezeichnet - im Unterschied zu unserer Definition unten in diesem Kapitel.

denen Paletten. Hingegen betragen die Bestellgrößen der Kunden häufig nur Teile einer Paletteneinheit. Bevor die Endkunden erreicht werden, können noch Transit-Terminals als weitere Stufe der Feinverteilung eingeschaltet werden, die eine Umverteilung von sortenreinen Paletten auf die Bedarfe der einzelnen Kunden vornehmen. Unterhalb der Transit-Terminals sind die Endkunden angesiedelt. Der Trend zu kleinen Sendungen und zu Just-in-Time-Anlieferungen vermehrt die Direktbelieferung der Endkunden vom Zentrallager aus, etwa durch Paketdienste (vgl. Kapitel 9). Zweistufige Systeme können dahingehend modifiziert werden, dass die bestandslosen Transit-Terminals anstelle der Regionallager die zweite Stufe übernehmen. Die Struktur von Distributionssystemen ist zugleich mit **Standortentscheidungen** verknüpft. Die Kriterien für die Standortwahl werden in Kapitel 27 diskutiert.

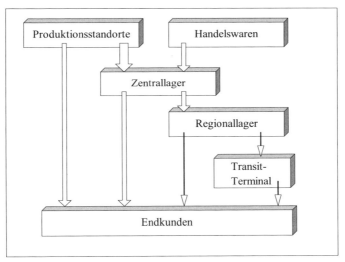

Abbildung 6.9: Struktur von Distributionssystemen der Hersteller
(Die Breite der Pfeile symbolisiert die mögliche Intensität der Warenströme.)

Die Struktur der Distributionssysteme ist an das Verhältnis Produktions- zu Abnehmerstruktur und die besonderen Anforderungen der Abnehmer anzupassen. Das Verhältnis Produktions- zu Abnehmerstruktur modifiziert das Distributionssystem wie folgt (vgl. Abbildung 6.10):

- Die Konzentration der Produktion auf einen Standort und wenige große Abnehmer führen zu einer Distribution mit einem Zentrallager am Produktionsstandort ohne Regionallager und ohne Transit-Terminals. Beispiele sind spezialisierte Produkte des Maschinenbaus und der Produktionsmittelindustrie. Die Kunden werden direkt beliefert. (In diesem Fall wird das Zentrallager auch als Warenverteilzentrum bezeichnet, im Unterschied zum Verständnis des Warenverteilzentrums in diesem Kapitel unten.)
- Hingegen führt eine große Zahl von Endkunden zu einem Konzept mit mehreren Regionallagern. Die zweistufige und mehrstufige Distribution spielt eine Rolle, wenn ein Hersteller viele Kunden beliefert. Dies ist etwa bei der Versorgung der vielen Outlets im Lebensmittelhandel der Fall. Die Regionallager erschließen die

Fläche und ermöglichen eine schnellere Belieferung der Outlets als die Versorgung durch ein Zentrallager.

	Kunden	Menge je Kunde
Ein Zentrallager	wenige	groß
Mehrere Regionallager	viele	klein

Abbildung 6.10: Portfolio zum Zentralisierungsgrad

Die Lagerstufen des Distributionssystems werden mit **Transportsystemen** verbunden. Hier ist eine Tendenz zu erkennen, den Werkverkehr zugunsten eines Dienstleisters aufzugeben. Der Waschmittelproduzent Henkel lässt von den beiden Produktionsstandorten Düsseldorf und Genthin neun Regionallager in der BRD direkt mit durchgehenden Zugverbindungen ohne Rangierbetrieb ("Ganzzügen") mehrmals pro Woche von Railion beliefern. Darüber hinaus haben verschiedene Hersteller ihr Distributionssystem vollständig an externe Logistikdienstleister abgegeben. Der Betrieb der Lager und die Auslieferung werden von regionalen Logistikdienstleistern übernommen. Als Beispiele für die Externalisierung von Logistikleistungen sind zu nennen:

Hersteller	Produkt	Logistikdienstleister
Oetker	Tiefkühlprodukte	Nagel
Reemtsma	Zigaretten	Ebel-Transport
Sony	Unterhaltungselektronik	Trans-O-Flex
Jacobs Suchard AG	Kaffee	Steinbeck Global Logistics Deutschland

Tabelle 6.2: Externalisierung von Logistikleistungen

Die Logistikdienstleistungen beziehen sich nicht nur auf den Transport, sondern erstrecken sich auch auf den Betrieb von Lagerhäusern, auf die Konfektionierung von Ware, die Auszeichnung mit Preisen und Barcode-Etiketten, die Rücknahme von Verpackung und Ladungshilfen sowie die Regalbelieferung und -pflege im Handel. Die Auslagerung von Dienstleistungen erfolgt ebenfalls im Handel.

Die Anforderungen der Kunden betreffen eine besondere Qualität der Belieferung und der sie begleitenden Dienstleistungen. Da der Wettbewerb auf gesättigten Märkten mit austauschbaren Gütern sehr stark vom Lieferservice bestimmt wird, ist eine darauf ausgerichtete Distributionspolitik heute ein entscheidendes Instrument im Marketing-Mix geworden. Die Kundenanforderungen haben zum Gegenstand:

- Die Forderung nach termin- und tageszeitgenauer Lieferung in einem vorgegebenen Zeitfenster.
- Die Forderung nach sofortiger Lieferung innerhalb 24 Stunden nach Bestellung.
- Die kurzfristige Befriedigung von Bedarfsspitzen.
- Die Senkung der Bestände beim Abnehmer und die damit verbundene Reduktion der Sendungsgrößen. Wie in der Industrie verlangt auch der Handel nach Just-in-Time-Lieferkonzepten. Hier ist an die Einschaltung von Logistikdienstleistern zur

Übernahme der Distributionsaufgabe zu denken, wie etwa von Paketdiensten, welche den Handel mit kleinen Mengen beliefern können (vgl. Kapitel 9).
- Die nachlassende Akzeptanz von Teillieferungen bei den Abnehmern und stattdessen die Forderung der Abnehmer nach Komplettlieferungen.
- Die Anpassung der Hersteller an die unterschiedlichen Distributionskonzepte der verschiedenen Abnehmer, wobei Lieferungen großer Partien an das Zentrallager der Abnehmer auftreten können, wie auch die Direktbelieferung von Filialen im Handel mit kleinen Mengen.
- Die Übernahme von zusätzlichen Dienstleistungen für den Abnehmer, wie der Betrieb eines lokalen Auslieferungslagers für die Just-in-Time-Auslieferung, die Konfektionierung von Textilien für den Handel, die Preisauszeichnung und das Anbringen von handelsspezifischen Barcode-Etiketten, die Regalpflege, die Rücknahme von Verpackungen und Ladungshilfen, deren Einbringung in Kreisläufe und die Automatisierung des Nachschubs.

6.5 Distributionssysteme im Handel

Die Frage der Zentralisierung und der Rationalisierung von Distributionssystemen hat sich in den vergangenen Jahren insofern gestellt, als durch die starke **Konzentration** im Lebensmittel-Einzelhandel, die zu Filialketten und Großmärkten geführt hat, die klassische Belieferung des Einzelhandels über die Großhandelsstufe an Bedeutung verloren hat. Ein Vergleich der Umsätze der führenden Lieferanten des Lebensmittel-Einzelhandels (Abbildung 6.11) mit denjenigen der führenden Konsumgüterhandelsunternehmen (Abbildung 6.12) macht die Dominanz des Handels über die Industrie infolge des Konzentrationsprozesses deutlich.

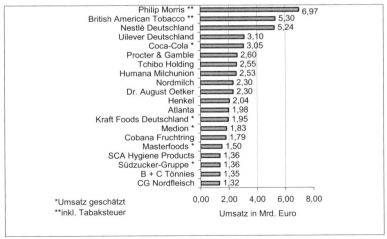

Abbildung 6.11: Umsätze der führenden Lieferanten im Lebensmittel-Einzelhandel im Jahre 2003 (Quelle: Lebensmittelzeitung)

Kapitel 6 • Distributionssysteme – Struktur und Strategien

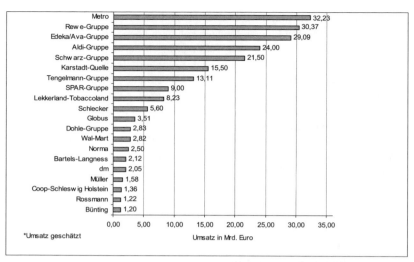

Abbildung 6.12: Umsätze führender Konsumgüterhandelsunternehmen im Jahre 2003
(Quelle: Lebensmittelzeitung 2003)

Die großen Einzelhandelsunternehmen besitzen ihre eigenen Distributionssysteme, die der Struktur von Abbildung 6.9 entsprechen, jedoch keine Produktionsstufe aufweisen. Das Betreiben von eigenen, von Herstellern und Großhandelsstufen unabhängigen, optimierten Distributionssystemen hat sich im Handel als ein entscheidender Wettbewerbsfaktor erwiesen (Kotzab 1997). Bretzke (1996) spricht von einem **Wandel** von der Distributionslogistik der Hersteller zu einer Beschaffungslogistik des Handels. Im Lebensmittel-Einzelhandel sind infolge der hohen Wettbewerbsintensität niedrige Distributionskosten durch ausgefeilte Logistiksysteme eine unabdingbare Voraussetzung, um die Strategie der Kostenführerschaft durchzusetzen (Specht 1992, S. 85).

Würden die Distributionssysteme eines Herstellers und eines Einzelhandelsunternehmens zur Belieferung miteinander verbunden, resultierte bloß eine kaum effiziente Verdoppelung der Systeme. Der starke vertikale Wettbewerb zwischen hochkonzentriertem Einzelhandel im Lebensmittelbereich und der Industrie lässt den Hersteller vom Handel abhängig werden und veranlasst den Hersteller, sich an die Distributionssysteme des Handels anzupassen. Das kombinierte Distributionssystem kann dadurch insgesamt soweit gestrafft werden, dass sich entsprechende Rationalisierungsgewinne einstellen[10]. Die Hersteller von Konsumgüterprodukten haben sich darauf eingestellt. Die Zentralisierung ihres Distributionssystems vermag in einfacher Weise, Ware in großen Mengen an das Zentrallager des Distributionssystems des Handels zu liefern, das auch als Handelslager bezeichnet wird.

Die hier vorgestellte Struktur der Distributionssysteme des Handels hebt auf die verschiedenen Lagerstufen ab. Wenn man die Distributionssysteme institutionell aufgliedert, erhält man die im Marketing vertretene Sichtweise von Absatzkanälen, die den

---

[10] Die Logistik-Kooperation zwischen Hersteller und Handel wird in Kapitel 22 eingehend behandelt.

direkten Vertrieb von ein- und zweistufigen Distributionssystemen unterscheidet (Liebmann und Zentes 2001) und die in folgender Abbildung 6.13 wiedergegeben ist.

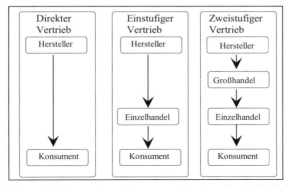

Abbildung 6.13: Konzeptionalisierung von Absatzkanälen im Marketing

Die verschiedenen Formen von Absatzkanälen werden je nach Zielmärkten und Produktgruppen spezifisch eingesetzt und auch kombiniert. Z.B. werden Avon-Kosmetik und Tupper-Ware im Direktvertrieb dem Konsumenten angeboten. Bei den ein- und zweistufigen Kanälen gibt es aufgrund der Vielfalt der Formen im Einzelhandel eine Reihe von Gestaltungsmöglichkeiten. Die Vertriebsformen des Einzelhandels unterscheiden sich in Deutschland in (Euro-Handelsinstitut 2004):

1. **Facheinzelhandel**, wie z. B. Musikgeschäfte, Schuhgeschäfte.
2. **Supermärkte** sind Lebensmittelmärkte mit 200 bis 800 qm Fläche, die mit ca. 8.600 Outlets den filialisierten Einzelhandel darstellen und in Wohngebieten angesiedelt sind (Nachbarschaftsläden).
3. **Discounter** sind filialisierte Lebensmittelmärkte mit einem auf bis zu 1500 Artikel beschränkten, in spartanischer Aufmachung auf ca. 400 qm Fläche dargebotenen Sortiment und durch optimierte Logistik möglichen Niedrigpreisen. Discounter betreiben ca. 14.000 Outlets in Innenstädten und Wohngebieten.
4. **Kaufhäuser** sind wegen ihrer 100-jährigen Tradition durch eine Innenstadtlage gekennzeichnet und vertreten mit 260 Häusern ein breites Sortiment mit einem Schwerpunkt auf Textilien.
5. **SB-Großmärkte** liegen verkehrsgünstig am Stadtrand, bieten auf einer Fläche von 800 bis 10.000 qm ein Sortiment um die 50.000 Artikel aus allen Sparten an und sind mit ihren ca. 2.500 Häusern zumeist Teil eines größeren Einkaufszentrums, das verschiedene Anbieter vereinigt.
6. Der **Versandhandel** führt z.T. spezialisierte Sortimente, wendet sich über Kataloge, TV oder das Internet an den Kunden und beliefert diesen über Paketdienste (vgl. Kapitel 9).

6.6 Transit-Terminals, Warenverteilzentren und Cross-Docking

Die Distributionssysteme im Handel zeichnen sich besonders durch die Aufnahme von **Transit-Terminals** aus. Das Konzept des Transit-Terminals wird für die Belieferung im filialisierten Einzelhandel, insbesondere in der Lebensmitteldistribution eingesetzt, mit der viele Läden mit kleinen Mengen zu beliefern sind. Transit-Terminals sollen die Bündelung von Streckengeschäften für spezielle Produkte ermöglichen und Kleinlieferungen von bis zu 2,5 t pro Kunde auf eine LKW-Ladungseinheit von 10 t bis 20 t konzentrieren, so eine Bündelung der Transporte bis zur Größe eines LKW vom Zentral- oder Regionallager zu den Filialen ermöglichen und eine Feinverteilung der Sendungen erst im Transit-Terminal nahe den Filialen vornehmen. In Abbildung 6.14 wird der Zusammenhang skizziert.

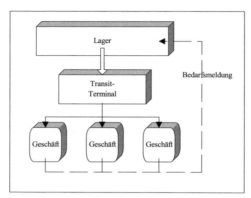

Abbildung 6.14: Struktur von Transit-Terminals – Cross-Docking

Für ein Transit-Terminal ist eine Vielzahl von Bezeichnungen gebräuchlich: Es wird auch als Transshipment-Punkt, Warenverteilzentrum, Cross-Docking[11], Rendez-Vous-Punkt oder Umschlagslager bezeichnet. Eine wesentliche Voraussetzung für das Funktionieren von Transit-Terminals ist eine rechtzeitige Meldung der Bedarfe der einzelnen Filialen an das liefernde Lager. Dort werden die Bedarfe zu sortenreinen Lagergebinden zusammengefasst. Da das Transit-Terminal nur dem Umschlag, nicht aber der Lagerung dient, ist es "bestandslos". In diesem Konzept wird ein bestimmter Zeitrhythmus festgelegt: Wenn am Vortag die Bedarfsmeldung der Geschäfte an das Regionallager durch Übermittlung von beleglosen Standard-Datensätzen nach EDIFACT über die Telekommunikation (vgl. Kapitel 4) erfolgt, so können die einzelnen Artikel, als sortenreine Lagergebinde gebündelt, bis zum nächsten Morgen um 10 Uhr in das Transit-Terminal gebracht, dort innerhalb von drei Stunden auf den Bedarf der Geschäfte umgepackt und bis 17 Uhr ausgeliefert werden. Diese Kombination von Transit-Terminals und Telekommunikation hat sich als sehr effizient erwiesen. In Analogie zum Just-in-Time-Konzept werden im Transit-Terminal Bestände durch "Information" ersetzt, wodurch ein bestandsloser Umschlagspunkt möglich wird. Nach einer Umfrage der Lebensmittelzeitung unter 151 Handelsunternehmen und 223 Markenartikelherstellern ist im Jahre 2003 das Cross-Docking-Konzept zu 57% im Handel und zu 47% bei den Herstellen implementiert[12].

---

[11] Der Begriff des **Cross-Dockings** stammt aus der amerikanischen Logistik-Literatur und bezeichnet den Vorgang, dass an der einen Stirnseite eines Lagerhauses die LKW andocken und dort die Lieferungen des Regionallagers eintreffen und an der gegenüberliegenden Seite angedockte LKW mit den Lieferungen für die einzelnen Geschäfte beladen werden.

[12] Logistik inside, Heft 2, 2004, S. 37

Zusätzlich zu den hier diskutierten Anforderungen an das Cross-Docking-Verfahren ist nach der Studie von Kotzab (1997) für den Erfolg dieses Konzeptes entscheidend, dass

- die Transportunternehmen enge Zeitfenster einhalten,
- die Kapazität der Eingangs- und Ausgangsrampen im Terminal ausreicht, um einen reibungslosen Umschlag zu ermöglichen,
- eine Unterstützung des Umschlags im Terminal durch Fördertechnik vorhanden ist.

Neben dem hier dargestellten Ansatz, sortenreine Gebinde in das Cross-Docking-Terminal einzuliefern und dort für die Outlets umzupacken (**Pack-Cross-Docking**), können im Terminal auch

- bereits auf das Outlet spezifisch vorkommissionierte Paletten umgeschlagen werden (**vorkommissioniertes Cross-Docking**) oder
- sortenreine Paletten eingeliefert und an die Outlets ohne Anbruch weitergeliefert werden (**sortenreines Cross-Docking**), was aber nur für Großabnehmer geeignet ist.

Nach einer Studie von Ernst (2004) ist das Cross-Docking-Konzept erheblich erweitert und die Ursprungsidee, kleine Liefermengen zu bündeln, stark verwässert worden. Der Markenartikelhersteller Johnson & Johnson beliefert anstelle von kleinen Märkten Großmärkte wie Ratio und Wal-Mart im Cross-Docking-Verfahren. Die Metro MGL Logistik betreibt ein zweistufiges Cross-Docking mit einem Terminal im Quellgebiet, von wo aus die Abholmengen im Hauptlauf zu den Cross-Docking-Terminals in den Zielgebieten verdichtet werden. In den Cross-Docking-Terminals von Douglas werden die Artikel ausgepackt und mit Preisetiketten und Diebstahlsicherungen versehen. Nach Ernst (2004) gibt es folgendes Spektrum der Belieferungsarten, das sich von der direkten Filial-Belieferung bis zum zweistufigen Cross-Docking erstreckt:

Warenart	Direkte Filial-belieferung	Zentrallager-belieferung	Einstufiges Cross-Docking	Zweistufiges Cross-Docking
Stapelware	nicht sinnvoll	üblich	geeignet	üblich
Modische Ware	nicht sinnvoll	in Einzelfällen	geeignet	üblich
Aktionsware/ Sonderabwicklung	in Einzelfällen	in Einzelfällen	in Einzelfällen	nicht sinnvoll
Lebensmittel	üblich	üblich	geeignet	geeignet

Tabelle 6.3: Belieferungsarten im Handel

Ein etwas anderes Konzept als die Transit-Terminals stellen die **Warenverteilzentren** dar, obgleich zuweilen Transit-Terminals auch als Warenverteilzentren bezeichnet werden. **Warenverteilzentren** werden für die Versorgung von Großmärkten in städtischen Ballungsräumen vorgesehen (Sack 2002). Verschiedene Hersteller oder Lieferanten liefern in großen Partien Ware mit sortenreinen Paletten in das Warenverteilzentrum. Dort wird die Ware in die Kommissionen der Abnehmer aufgelöst, lieferantenübergreifend gebündelt und an die Großmärkte ausgeliefert, vgl. Abbildung 6.15. Voraussetzung ist auch hier die rechtzeitige Koordinierung von Angebot und Bedarf durch Bedarfsmeldungen an die Hersteller über die Telekommunikation. Als Rationalisierungsgewinn ergibt sich eine sinkende Belastung des städtischen Ballungsraums durch Güterverkehre, da jeder Großmarkt nur noch mit einem LKW vom Warenverteilzentrum aus angefahren werden muss. Zudem entsteht an den bis dahin stets überlasteten Eingangszonen und Rampen der Großmärkte weniger Verkehr. Von den Warenverteilzentren sind **Güterverkehrszentren** zu unterscheiden, die eine Bündelung von Funktionen des Güterverkehrs und des Güterumschlags vornehmen (vgl. Kapitel 24). Die Einordnung der Begriffe wird erleichtert, wenn bedacht wird, dass ein Warenverteilzentrum eine Teilfunktion eines Güterverkehrszentrums darstellt. Die Bündelung von Belieferungen von Geschäften in der Innenstadt wird unter dem Begriff der **Citylogistik** diskutiert und ebenfalls häufig mit Funktionen des Güterverkehrszentrums verknüpft (vgl. Kapitel 24).

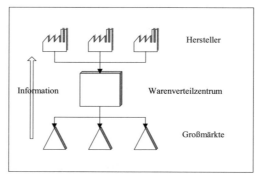

Abbildung 6.15: Struktur von Warenverteilzentren

6.7 Distributionssysteme von Frischdiensten

Lebensmittel stellen ein sehr heterogenes Sortiment dar, das unterschiedliche Anforderungen an die Logistik stellt. Im Allgemeinen gilt, je höher der Frischegrad und je niedriger die Verarbeitungsstufe, desto höher die Anforderungen an den Transport und die Lagerung. Der Anspruch der Kunden an Frische und Qualität der Lebensmittel ist in der Vergangenheit kontinuierlich gestiegen. Aus diesem Grund nimmt im Lebensmittelhandel die Frische als Qualitätsmerkmal eine immer größere Bedeutung ein. Die Folge dieser Entwicklung ist, dass Lebensmittelhersteller zunehmend frischebetonte Ware auf den Markt bringen. Diese kann aber nur dann erfolgreich vermarktet werden, wenn es gelingt, sie im einwandfreien Zustand vom Erzeuger zum Konsumenten zu bringen. Eine an diese Anforderungen angepasste Distributionslogistik ist hierfür erforderlich.

Was unter dem Frische-Sortiment verstanden wird, gibt die folgende Aufzählung wieder:

- Obst & Gemüse,
- Fleisch & Wurst,
- Brot & Backwaren,
- Molkereiprodukte,
- Fisch,
- Tiefkühlkost.

Die Waren des Frische-Sortiments erfordern eine dauernde Kühlung, weswegen sie auch als **temperaturgeführte** Waren bezeichnet werden. Der Markt für temperaturgeführte Lebensmittel gewinnt in Deutschland weiter an Bedeutung. 2003 betrug der Pro-Kopf-Verbrauch an Tiefkühlkost 30,4 kg (ohne Rohgeflügel und Speiseeis). Der Gesamtabsatz lag dabei bei ca. 2,5 Mio. t. Die Angebotsvielfalt von Frischwaren und Tiefkühlkost nimmt kontinuierlich zu. Vor allem Convenience-, Halbfertig- und Fertigprodukte werden von Konsumenten stark nachgefragt. Zurückzuführen ist dies auf veränderte Ernährungsgewohnheiten der Verbraucher, steigende Produktqualität sowie auf ein professionelleres Angebot an temperaturgeführter Logistik. Tiefgekühlte und gekühlte Artikel sind hochempfindliche Produkte. Bereits geringste Abweichungen von der Soll-Temperatur können zu erheblichen Qualitätsverlusten führen. Die Anforderungen an die Logistik sind in diesem Segment deshalb deutlich höher als bspw. bei Trockengütern. Wesentliche Merkmale temperaturgeführter Ware sind (Küppers 2002):

- differenzierte Temperaturansprüche/-bedingungen der einzelnen Warengruppen,
- begrenzte bzw. kürzere Haltbarkeit,
- größere Empfindlichkeit der Ware,
- höhere Hygieneanforderungen,
- extreme Unterschiede bei Produktions-, Chargen-, Gebinde- und Verpackungsgrößen der einzelnen Warengruppen,
- kleinere Auftragsgrößen,
- kleinere Einlagerungsmengen pro Artikel und
- hohe Belieferungsfrequenz.

Daraus ergeben sich Forderungen nach einer hohen Umschlagsgeschwindigkeit und einer effizienten Kommissionierung.

Der überwiegende Teil der Transporte von temperaturgeführter Ware erfolgt auf der Straße. Weniger als 10% werden über die Schiene abgewickelt. Im Jahre 2001 waren 56.819 temperaturgeführte LKW und 32.671 Anhänger in Deutschland angemeldet. Damit steht eine Gesamttonnage von fast 90.000 t zur Verfügung, mit der die Kühl- und Tiefkühllogistik bewältigt werden kann. Kühlgut muss auf dem Weg vom Herstellerbetrieb bis zum Verbraucher vier bis sechs Schnittstellen überwinden. An die Logistikkette werden deshalb besondere Vorgaben gestellt. Diese ergeben sich aus den speziellen Temperaturanforderungen und der Notwendigkeit einer Vernetzung der organisatorischen und technischen Bindeglieder der einzelnen Logistikbausteine. Eine Überwachung, Dokumentation und vor allem die Gewährleistung gesetzlicher Temperaturvorgaben wird so erst möglich. Das Ergebnis einer solchen effizienten sowie schnittstellenübergreifenden Logistikkette muss die zeitnahe, warenvorauseilende und transparente Gestaltung der verschiedenen Logistikprozesse sein. Die Einhaltung der Kühlkette ohne Temperaturverluste ist dabei eine notwendige Voraussetzung. Dabei fordern vor allem Markenartikelhersteller flächendeckende nationale und europäische Distributionsnetze. Damit wollen sie ihre Logistikstrukturen im Frische- und Tiefkühlsegment optimieren und Distributionskosten weiter senken.

Bei temperaturgeführten Handelsgütern ist ein zeitnaher Umschlag entscheidend. Damit ergeben sich besondere Anforderungen an die Umschlagsbereiche. Entsprechend temperierte und dimensionierte Bereitstellungszonen, leistungsfähige Andockmöglichkeiten und schnelle Identifikationssysteme sind notwendig. Zu Spitzenzeiten muss Personal vorgehalten werden, um hier Engpässe zu verhindern. Der Lebensmittelhandel stellt hohe Ansprüche an die Flexibilität der Großhändler. Späte Bestelleingänge, Lieferzeiten innerhalb von 12 Stunden innerhalb eines Radius von 500 bis 800 km sind charakteristisch.[13]

Die eigentliche Lagerhaltung spielt bei frischebetonter Ware eine untergeordnete Rolle, da die Produkte nur einen bis wenige Tage gelagert werden können. Lagerhäuser dienen lediglich als Durchgangsknoten im logistischen System. Nach einer Erhebung des Verbandes Deutscher Kühlhäuser und Kühllogistikunternehmen (VDKL) wurden 2002 insgesamt 523 Kühlhäuser mit mind. 2.000 m^3 gezählt. Deren Gesamtkapazität wird mit rund 15,4 Mio. m^3 bzw. 3,3 Mio. Euro-Palettenplätzen beziffert. Hiervon entfielen ca. 13,1 Mio. m^3 auf Temperaturbereiche von -18°C und kälter. Diese Flächen sind zu je etwa 50% auf gewerblich und betrieblich genutzte Lagerhäuser verteilt. Der durchschnittliche Belegungsgrad von VDKL-Kühlhäusern lag im Jahre 2001 bei etwa 84% (Peilnsteiner 2002).

Die Branche der temperaturgeführten Logistik-Dienstleister organisiert sich zunehmend in Verbänden und anderen Plattformen. Hier werden u.a. Standards und Leitlinien für eine erfolgreiche Logistik erarbeitet. Um den Ansprüchen der Kunden und des Gesetzgebers gerecht zu werden, sind darüber hinaus weitere Rahmenbedingungen zu erfüllen. Neben Grundangaben zu Produktionschargen und Mindesthaltbarkeitsdaten der Ware sind jederzeit abrufbare aktuelle Informationen zur geographischen Position oder der jeweiligen Temperatur der Ware erforderlich. Dies wird z.B. durch satellitengestützte Online-Überwachung gewährleistet.

Neben dem Tiefkühlsortiment sind Obst und Gemüse ein wichtiger Teil im Frische-Sortiment. Deutschland ist der größte Absatzmarkt für Obst und Gemüse in Europa. 2002 wurde mit dieser Produktgruppe ein Umsatz von etwa 30 Mrd. EUR erzielt. Der Pro-Kopf-Verbrauch betrug dabei ca. 90 kg bei Gemüse und mehr als 128 kg bei Obst. Der überwiegende Teil dieser Ware wird aus dem Ausland importiert. Nur rund 40% des Gemüses und weniger als 20% des Obstes stammen aus dem heimischen Anbau (Vicha 2004). Obst und Gemüse besitzen als Frischware hohe Ansprüche an den Transport und die Lagerung. Bis auf wenige Ausnahmen verlangen diese Produkte nach einer geschlossenen Kühlkette mit eng gefassten Klimavorgaben. Besonders bei den in dieser Branche üblichen langen Transportwegen ist dieses zu beachten. Deshalb ist eine entsprechende Klimatisierung der Transportmittel hier die Regel. Bei Nicht-Einhaltung drohen dem Händler Totalverluste durch vorzeitige Reife bzw. Verderbnis. Auch der Lagerzeit sind klare Grenzen gesetzt. Üblicherweise verbleibt die Ware nur wenige Stunden bis max. einige Tage in den Lagern der Distributoren. Nur so können die Qualitätsansprüche der Kunden erfüllt werden. Eine Ausnahme bilden Bananen, die dem Händler bei entsprechender Handhabung eine gewisse Latenzzeit bieten.

---

[13] Logistik inside, Spezialheft zur Handelslogistik, Heft 2, 2004, S. 58

Aufgrund der zentralen Bedeutung einer funktionierenden Belieferung für den Unternehmenserfolg ist der Eigenbetrieb von Lager- und Transportdienstleistungen im Lebensmittel-Einzelhandel festzustellen. Während noch vor wenigen Jahren Outsourcing ein Mittel war, um Kosten im Bereich der Frische-Logistik einzusparen, übernehmen die Unternehmen zunehmend die Belieferung der Märkte mit Frischeprodukten wieder selber. Begründet wird diese Entwicklung damit, dass in der Frische-Logistik kaum überregionale Strukturen vorhanden sind. Eine Vielzahl regionaler Anbieter prägt den Markt für Kühl- und Tiefkühldistribution. Abgesehen von Kraftverkehr Nagel und DACHSER existieren kaum Logistik-Dienstleister, die ihre Dienste bundesweit anbieten (vgl. Management Praxis 1 unten). Kleinere und mittelständische Logistik-Dienstleister arbeiten zwar verstärkt zusammen, um auch den Ansprüchen überregional agierender Kunden gerecht zu werden. Doch haben die Bemühungen noch nicht zum Aufbau bundesweit flächendeckender Verteilernetze geführt. National aufgestellte Handelsbetriebe sind deshalb gezwungen, mehrere Dienstleister zu beauftragen und damit Nachteile in der Disposition in Kauf zu nehmen. Besonders bei sensiblen Produkten - wie Frischwaren - fallen diese ins Gewicht. Als Folge hat bspw. Edeka die Frische-Logistik zum Kernkompetenz-Geschäftsfeld erklärt. Man war der Meinung, mit eigenen Dienstleistungsgesellschaften einen besseren Lieferservice zu erreichen, als dies mit Externen oder durch Direktbelieferung möglich wäre. Darüber hinaus sah man Möglichkeiten zur Effizienzsteigerung bei der Wareneingangskontrolle und der Rechnungslegung. Auch andere bedeutende Unternehmen des Lebensmitteleinzelhandels wollen diesen Weg beschreiten. Dazu gehören u.a. Tengelmann und Globus (Vicha 2004). Dass In-house-Lösungen gut funktionieren können, zeigen einige Anbieter aus dem Discountsektor. Aldi und Lidl verfolgen diese Strategie schon lange. Die vorhandenen Strukturen sind hierfür ideal geeignet, da nur ein begrenztes Sortiment in großer Stückzahl auf viele Filialen verteilt werden muss. Diese Entwicklung ist aber nicht einheitlich. Es existieren weiterhin Unternehmen, die im Outsourcing ein Instrument zur Stärkung der eigenen Position sehen. So hat die Karstadt Warenhaus AG nahezu die gesamte Logistik ihrer Lebensmittelabteilungen abgegeben. Lediglich die Karstadt-Tochter Optimus Logistik fungiert noch als ein unternehmenseigenes Glied in der Transportkette.

Auf dem Markt für temperaturgeführte Transporte ist ein Verdrängungswettbewerb um Positionen und Marktanteile zu beobachten. Rein auslastungsorientierte Angebote haben häufig Dumpingpreise zur Folge. Warenbündelungen der Verlader führen zusätzlich zu beträchtlichen Mengenrabatten für die Kunden, die darüber hinaus unentgeltliche Zusatzleistungen seitens der Spediteure bzw. Transportunternehmen erwarten (Hillemeyer 2001). Diese Entwicklung hat natürlich Auswirkungen auf den Logistikmarkt. Nach Pinguin und Alli hat zuletzt im Sommer 2002 der bundesweit agierende Anbieter für Lebensmitteldistribution, die Bruhn Internationale Transporte GmbH, Insolvenz angemeldet. Neben diesen „Großen" sind aber auch zahlreiche kleinere Firmen der Frische-Logistik betroffen (Vicha 2004).

Die Suche nach Synergien zur Effizienzsteigerung ist die logische Folge, um wettbewerbsfähig bleiben zu können. Die Bündelung von Sortimenten und Temperaturbereichen im selben Distributionskanal ist ein möglicher Weg. So versucht z.B. DACHSER diesen Ansatz durch die Verwendung neu entwickelter Kühlfahrzeuge mit variabler Raumaufteilung umzusetzen.

Management Praxis 1: Der Logistik-Dienstleister DACHSER[14]

Die in Kempten/Allgäu ansässige Speditionsgruppe DACHSER GmbH & Co. KG ist ein Spezialist für Transport und Warehousing von Lebensmitteln im plusgradigen Bereich (+2°C bis + 7°C und + 12°C bis + 18°C). Das Unternehmen verfügt über ca. 1.150 Kühlfahrzeuge und ist deutschlandweit mit 30 Ladeterminals vertreten. Darüber hinaus existiert ein europaweites Netzwerk für Lebensmittellogistik, bei dem die Firma mit regionalen Partnern zusammenarbeitet. Auf diese Weise kann eine durchgehende Kühlkette mit +2°C bis +7°C bzw. +12°C bis +18°C garantiert werden. Barcode-gestützte Prozessabläufe ermöglichen dabei transparente Warenflüsse und somit die Voraussetzung für ECR und Supply Chain Management. Mit diesen Qualitätsmerkmalen ist DACHSER in der Lage, die lückenlose Rückverfolgbarkeit der Lebensmittel zu gewährleisten, wie sie im Zuge der EU-Verordnung 178/2002 ab 2005 gefordert wird.

Bereits 1984 wurde innerhalb des DACHSER-Konzerns der DACHSER Frischdienst gegründet. 1998 erfolgte die Umbenennung in DACHSER Lebensmittel-Logistik (DLL). Damit ging auch eine Ausweitung des zu transportierenden Sortiments einher. Zu den klassischen Frischeprodukten, wie Fleisch- und Wurstwaren, Milchprodukte, Convenience-Ware wie Fertiggerichte und Süßwaren des Temperaturbereichs +2°C bis +7°C kamen weitere temperaturunempfindliche Lebensmittel, wie z.B. Teigwaren, Konserven, Spirituosen etc. hinzu.

2002 wurden 5,2 Mio. Sendungen mit einer Gesamttonnage von 2,6 Mio. t befördert. Mit einem Umsatz von 265 Mio. EUR im Jahr 2002 ist DLL die Nummer zwei unter den deutschen Lebensmittel-Logistikern.

Strategien der Lebensmitteldistribution
Um den unterschiedlichen Anforderungen seiner Kunden gerecht zu werden, bietet DLL vier verschiedene „Frischdienst-Module" an. Der Auftraggeber kann dabei wählen zwischen:

- "SuperFrisch": Zustellgarantie am nächsten Tag bis 11.00 Uhr, auch samstags. Selbstabholung vom DACHSER-Depot schon ab 6.30 Uhr möglich.
- "ExpressFrisch": Lieferung erfolgt innerhalb von 24 Stunden.
- "Frisch": Europaweite Lieferung mit fest definierten Laufzeiten. Zustellung in Deutschland dauert ein bis zwei Arbeitstage nach Übernahme der Ware vom Lieferanten.
- "Fixtermin": Lieferdatum kann vom Kunden frei gewählt werden.

Darüber hinaus hat der Kunde die Möglichkeit, weitere Module hinzuzufügen. Dazu zählen u.a. die Art und Weise der Auftragsentgegennahme und -bearbeitung, Lagerdienstleistungen und ein ein- und zweistufiger Lieferservice an den Handel bzw. Großverbraucher. So kann dem Auftraggeber ein individuelles und kundenspezifisches Logistiksystem präsentiert werden. Der Markenartikelindustrie werden noch umfangreichere Systeme geboten. Die Beschaffungs-, Lager- und Distributionslogistik kann je nach Bedarf mit der kompletten Auftragsabwicklung sowie entsprechenden Informationsleistungen kombiniert werden. Laut DACHSER kommt man damit einerseits der Forderung des Marktes entgegen zur immer schnelleren und flächendeckenden Verfügbarkeit breiter Lebensmittelsortimente. Andererseits versuchen die Hersteller von Nahrungsmitteln, durch Outsourcing branchenfremder Leistungen ihre Abläufe immer kostengünstiger zu gestalten. Dabei eröffnet der Einsatz spezialisierter Dienstleister erhebliche Einsparpotenziale bei gleichzeitig gestiegener Leistungsfähigkeit. Nach Firmenuntersuchungen kann ein externer Logistik-Dienstleister (in diesem Fall DACHSER) die Logistikleistung ca. 35 % günstiger erbringen.

In der Praxis kann dies am Beispiel des Delikatessenversandhandels verdeutlicht werden. Dieser Handelszweig arbeitete mit dem Expressgutsystem der Bundesbahn. Die Waren wurden in mit Eis gefüllten Isolierbehältern zum Zielbahnhof befördert. Von dort musste der Empfänger den weiteren Transport selber organisieren. Bereits 1985 führte DACHSER hier einen sog. Parcelservice für temperaturkritische Waren ein. Binnen 24 Stunden erfolgt nun die Auslieferung der Ware an die Abnehmer. Aufgrund der

---

[14] Vicha (2004)

geschlossenen Kühlkette konnte auf aufwändige Isolierbehälter verzichtet werden, die besonders bei Großverbrauchern mit erheblichem Aufwand gehandhabt werden mussten (Entsorgung bzw. Rücklauf).

Management Praxis 2: Das Warenverteilzentrum der Karstadt Warenhaus AG[15]

In den Warenhäusern der Karstadt Warenhaus AG werden zwischen 200.000 und 500.000 Artikel angeboten. Der Zentraleinkauf beschafft diese Artikel bei mehr als 5.000 Lieferanten aus 90 Ländern. Um Warenbewegungen in diesen Dimensionen wirtschaftlich zu organisieren bedarf es einer ganzheitlichen Betrachtung des Warenflusses vom Lieferanten zum Endabnehmer. Dieser als „Supply Chain Management" bezeichnete Ansatz führte seit 1980 zu einem Umdenken und Neustrukturierung des logistischen Systems für den stationären Handel. 80 dezentrale Lagerhäuser wurden aufgelöst und durch ein zentrales Warenverteilzentrum (WVZ) in Unna ersetzt. Dort erfolgt eine Kommissionierung und Bündelung der Ware sowie die anschließende Auslieferung an die Großmärkte.

Als Folge dieser Umstrukturierung konnten die Transporte auf ein Achtzehntel des ursprünglichen Umfanges reduziert werden, ca. 3 Mio. Einzellieferungen pro Jahr werden so eingespart. Eine erhebliche Steigerung der Wirtschaftlichkeit der Versorgungswege wurde so erreicht. Durch die Erhöhung des Warenumschlags im WVZ werden eine zusätzliche Bestandsreduktion und eine weitere Steigerung der Bestell- und Belieferungsfrequenz erreicht. Dies führt zur Senkung der Logistikkosten, zur Reduzierung des in den Beständen gebundenen Kapitals sowie zu neuen Möglichkeiten der Sortimentspolitik.

Besonders für Großmärkte ergeben sich auch noch räumliche Vorteile. Durch die einmalige Anlieferung pro Woche mit voll ausgelasteten LKW kann die Situation an den häufig überlasteten Entlade- und Lieferzonen der Märkte entschärft werden. Infolge der Bündelung der Transportmengen und optimalen Verkehrsmittelauslastung sinkt die Belastung der Städte durch den Güterverkehr. Das WVZ ist mit einem der größten Hochregallager Europas ausgerüstet und verfügt über ein eigenes Terminal mit Hochleistungskran für Bahncontainer. Hier erfolgt u.a. die zentrale Bevorratung von ca. 160.000 Stapelartikeln. Seine Gesamtfläche umfasst rund 480.000 m². Dieses Areal beinhaltet auch einige Lager im Radius von 100 km, die nach der Umstrukturierung nicht mehr als Filiallager benötigt wurden und nun als Satelliten fungieren.

Für den Transport zum und vom WVZ wird der jeweils wirtschaftlichste Weg gewählt. Dabei werden Bahn, LKW oder kombinierter Verkehr eingesetzt. Das WVZ Unna verfügt über einen eigenen Bahnanschluss und die Möglichkeit, 24 LKW gleichzeitig abzufertigen. Jährlich verlassen mehr als 400 Mio. Verkaufseinheiten das WVZ. Durch die Realisierung des Warenverteilzentrums erreichte die Karstadt Warenhaus AG:

- Senkung der Logistikkosten,
- Reduktion der Reservewarenbestände,
- geringere Kapitalbindung,
- Belieferung der Filialen unter Berücksichtigung des JIT-Gedankens,
- max. 40 Stunden zwischen Bestellung und Lieferung der Ware an die Filialen,
- weitestgehende Automatisierung der Warenanforderung,
- verkaufsfertige Bereitstellung der Ware unter Einbeziehung der Lieferanten.

Ergänzende Literatur:

Ballestrem, Graf von, W.: Handelslogistik, in: Arnold, D. u.a. (Hrsg.): Handbuch der Logistik, Berlin 2004
Kopfer, H. und Jörn Schönberger, 2006
Kotzab, H.: Neue Konzepte der Distributionslogistik von Handelsunternehmen, Wiesbaden 1997
Liebmann, H. u. Joachim Zentes: Handelsmanagement, München 2001
Stölzle, W.; Heusler, K.F.; Karrer, M.: Erfolgsfaktor Bestandsmanagement. Konzept, Anwendung, Perspektiven. Zürich 2004

---

[15] Vicha (2004)

7 Distributionssysteme in der E-Logistik

7.1 Einführung

Während das Internet bis zum Jahre 1996 eher eine Angelegenheit von Spezialisten war, nahm diese Technologie seitdem eine unerwartet schnelle und geradezu explosionsartige Verbreitung an. Die Gründe hierfür lassen sich wie folgt darstellen:

- die weite Verbreitung von Personalcomputern (PC),
- die weite Verbreitung von PC-Know-how,
- der niedrige Preis für PCs und Server,
- die hohe Zuverlässigkeit von PCs und Servern aus der industriellen Großserie,
- der einfache Zugang zum Internet mit einer intuitiven Benutzerführung,
- niedrige Kosten für die Erstellung und den Austausch von Informationen im Internet.

Aufgrund dieser weiten Verbreitung ist es nahe liegend, das Internet im Unternehmen für den Austausch geschäftlicher Informationen und die Durchführung wirtschaftlicher Transaktionen mit Lieferanten und Kunden zu nutzen, zumal das Internet für den Austausch von Informationen gegenüber traditionellen Medien wesentliche Vorteile besitzt:

Der Einsatz des Internets betrifft gerade diejenigen Informationen, welche für den elektronischen Handel von Bedeutung sind: Produktkataloge und Preislisten. In diesem Informationssektor hat das Internet eine drastische Beschleunigung, Vereinfachung und Kostensenkung im Informationsaustausch ermöglicht. Während früher die Produktkataloge und Preislisten als Printmedien gestaltet werden mussten, dementsprechend dickleibig ausfielen und nur in einem langwierigen Prozess herzustellen waren, gestaltet sich nun der Austausch im Internet wesentlich effizienter: Bilder von Produkten können zusammen mit ausführlichen Produktbeschreibungen in das Internet gestellt werden. Preislisten und Produktbeschreibungen können zu geringen Kosten kurzfristig geändert und in Sekundenschnelle weltweit übertragen werden. Damit sind sämtliche Informationen stets aktuell und rund um die Uhr, d.h. unabhängig von Geschäftszeiten, überall verfügbar, so dass sich die Reichweite der Informationen wesentlich erhöht.

Diese Eigenschaften erklären die hohe Bedeutung des Internets für den elektronischen Handel (E-Commerce, E-Business) und das rapide Wachstum der Internettechnologie im E-Commerce.

Unter **Electronic Business (E-Business)** versteht man die Abwicklung sämtlicher geschäftlicher Prozesse über elektronische Medien, insbesondere das Internet. **Electronic Commerce (E-Commerce)** ist der Teilbereich des E-Business, der den elektronischen Handel von Waren und Dienstleistungen umfasst.

Unabdingbare Voraussetzung für das Funktionieren von E-Commerce ist eine effiziente und reibungslose Abwicklung der physischen Warenbewegungen. Das ist Gegenstand der E-Logistik, denn das Internet selbst stellt nur eine neue Möglichkeit der Übermittlung von Informationen dar.

E-Logistik beinhaltet die strategische Planung und Entwicklung aller für die elektronische Geschäftsabwicklung erforderlichen Logistiksysteme und -prozesse sowie deren administrative und operative Ausgestaltung für die physische Abwicklung.

Die Kommunikation der Geschäftspartner im E-Business basiert im Wesentlichen auf den Internet-Diensten

- E-Mail (elektronische Post),
- FTP (Austausch von Dateien) und
- WWW (World Wide Web).

Als Teilnehmer des Electronic Commerce (bzw. allgemein des Electronic Business) kommen

- Unternehmen („Business"),
- Konsumenten („Consumer") und
- staatliche Einrichtungen („Administration")

in Betracht (vgl. Tabelle 7.1). Von besonderer Bedeutung sind die Geschäftsbeziehungen

- von Unternehmen untereinander (Business-to-Business – B2B) und
- von Unternehmen zu Konsumenten (Business-to-Consumer – B2C).

Nachfrager → Anbieter ↓	Administration	Business	Consumer
Administration	Administration to Administration (A2A)	Administration to Business (A2B)	Administration to Consumer (A2C)
Business	Business to Administration (B2A)	Business to Business (B2B)	Business to Consumer (B2C)
Consumer	Consumer to Administration (C2A)	Consumer to Business (C2B)	Consumer to Consumer (C2C)

Tabelle 7.1: Interaktionsmatrix des Electronic Business

Während der B2C-Bereich besondere Anforderungen an die Gestaltung der **Distributionslogistik** zur Auslieferung der bestellten Waren an die Kunden stellt (**E-Fulfillment**), steht im B2B-Bereich die Optimierung der **beschaffungslogistischen Prozesse** im Vordergrund (**E-Procurement**, vgl. Kapitel 13). Unter makrologistischen Aspekten ist auch der internetbasierte Handel von Konsumenten untereinander (Consumer-to-Consumer – C2C) von Bedeutung, da sich dadurch das Sendungsaufkommen erhöht, wovon insbesondere die Paketdienste profitieren. In diesem Kapitel stehen die Veränderungen der distributionslogistischen Prozesse durch die Internet-Technologie im Mittelpunkt.

E-Commerce-Plattformen können betrieben werden von

- einem oder mehreren verkaufenden Unternehmen (**Sell-side-Lösungen**),
- einem oder mehreren beschaffenden Unternehmen (**Buy-side-Lösungen**) oder
- einem unabhängigen Dritten (**elektronische Marktplätze**).

Nach der Branchenausrichtung unterscheidet man horizontale und vertikale E-Commerce-Plattformen. Während **horizontale Plattformen** Unternehmen aus verschiedenen Branchen bedienen, sind **vertikale Plattformen** jeweils auf eine spezifische Branche (z.B. Chemische Industrie, metallverarbeitende Industrie) spezialisiert. Somit werden auf horizontalen Plattformen in der Regel Standardartikel (z.B. Büroartikel) und auf vertikalen Plattformen Spezialartikel gehandelt.

Je nachdem, ob eine E-Commerce-Plattform frei zugänglich (ggf. nach Registrierung und Zahlung von Nutzungs- oder Transaktionsgebühren) oder einem ausgewählten Kreis von Teilnehmern vorbehalten ist, spricht man von **offenen** bzw. **geschlossenen Plattformen**.

Nach dem zugrunde liegenden Geschäftsmodell der E-Commerce-Plattform unterscheidet man

- Schwarze Bretter (Blackboards oder Bulletinboards), die mit dem Kleinanzeigenteil einer Zeitung vergleichbar sind,
- katalogbasierte Dienste (multimediale Produktkataloge), z.B. bei E-Shops oder Desktop Purchasing Systemen (DPS),
- Online-Auktionen (Versteigerungen im Internet),
- Online-Börsen (vergleichbar mit Wertpapier-Börsen) und
- Online-Konsortien (internetbasierter Zusammenschluss von Anbietern oder Nachfragern).

Diese Formen des E-Commerce unterscheiden sich einerseits im Umfang der Kommunikationsmöglichkeiten zwischen den Geschäftspartnern und andererseits im zugrunde liegenden Preisfindungsmechanismus.

Die Kommunikation zwischen den Geschäftspartnern kann (mit zunehmendem Integrationsgrad) per

- E-Mail,
- Web-EDI oder
- EDI (Electronic Data Interchange)

erfolgen.

Tabelle 7.2 fasst diese Unterscheidungsmerkmale von E-Commerce-Plattformen noch einmal zusammen. Abbildung 7.1 und Tabelle 7.3 zeigen die Zusammenhänge zwischen ausgewählten Unterscheidungsmerkmalen auf.

Unterscheidungskriterium	Ausprägungen
Betreibermodell	Betreiber = Anbieter: Sell-side-Lösungen (Verkaufsplattformen)
	Betreiber = Nachfrager: Buy-side-Lösungen (Einkaufsplattformen)
	Unabhängiger (neutraler) Betreiber: elektronische Marktplätze
Branchenausrichtung	horizontal (nicht branchenspezifisch)
	vertikal (branchenspezifisch)
Zugang	offen
	geschlossen
Geschäftsmodell (Umfang der Interaktionsmöglichkeiten, Preisfindungsmechanismus)	Schwarze Bretter (Blackboards, Bulletinboards)
	Katalogbasierte Dienste
	Online-Auktionen
	Online-Börsen
	Online-Konsortien
Teilnehmer	Business-to-Business (B2B)
	Business-to-Consumer (B2C)
	Business-to-Administration (B2A)
	Consumer-to-Consumer (C2C)
	...
Integrationsgrad (Kommunikation)	E-Mail
	Web-EDI
	EDI (Electronic Data Interchange)

Tabelle 7.2: Marktformen des E-Commerce (1)

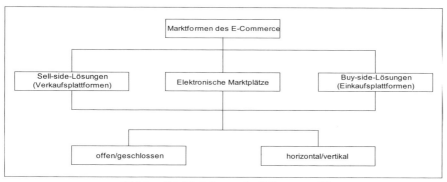

Abbildung 7.1: Marktformen des E-Commerce (2)

	Sell-side-Lösungen	Elektronische Marktplätze		Buy-side-Lösungen
		Lieferantenseitig	Kundenseitig	
Schwarze Bretter			x	
Katalogbasierte Dienste	E-Shop (E-Mall)	E-Mall	Ausschreibungsplattformen	Ausschreibungen DPS
Online-Auktionen	Vorwärts-Auktion	Vorwärts-Auktion	Rückwärts-Auktion	Rückwärts-Auktion
Online-Börsen			x	
Online-Konsortien		x	x	

Tabelle 7.3: Marktformen des E-Commerce (3)

7.2 Veränderungen der Logistik durch E-Commerce im B2C-Segment

Die Ansprüche, die aus dem elektronischen Handel für die Logistik resultieren, sind vielfältig. Herausforderungen für die Logistik ergeben sich in den verschiedensten Bereichen: in der Zustellung, der Zahlungsabwicklung, dem Retourenmanagement, der Kundenbetreuung und vielem mehr. Aufgrund der Verschmelzung von E-Commerce und Logistik, vorangetrieben durch das Outsourcing von Dienstleistungen seitens der Online-Händler, muss ein Logistikdienstleister die verschiedensten Funktionen im E-Commerce bedienen. Für die Dienstleister bestehen Ansprüche an eine optimale Logistik von zwei Seiten: vom Online-Händler und vom Endkunden. Daraus ergibt sich, dass Unzufriedenheit bzw. Zufriedenheit immer auf beiden Seiten möglich ist. Die Qualität der Logistikkette ist auch im Wettbewerb mit konventionellen Vertriebskanälen entscheidend. Effizienzgewinne durch nicht benötigte Ladenlokale, zentralisierte Warenbestände und entbehrlich gewordene Verkaufsmitarbeiter dürfen nicht durch hohe Logistikkosten im Direktvertrieb über längere Zeiträume verspielt werden.

Während im klassischen Handel die Ware den Weg vom Hersteller über den Großhändler zum Einzelhandel nimmt, organisieren Handelsunternehmen, die vollständig virtualisiert sind, das Distributionssystem, ohne in Kontakt mit der Ware zu kommen. Dabei wird die Ware direkt vom Lager des Herstellers mit Hilfe von Logistikdienstleistern an die Kunden geliefert.

Im Direktvertrieb der Hersteller im E-Commerce werden einzelne Zwischenstufen vollständig eliminiert. Distributionsmittler, die bisher Aufträge bündelten, Lagerkapazitäten zur Verfügung stellten oder auch die Beratung und den Warenverkauf übernahmen, werden ausgeschaltet. Die Vertriebskosten lassen sich dadurch senken, die Anzahl der Kundenkontakte wird erhöht, und es wird eine größere Kundennähe erreicht.

Die Endkundenbelieferung der im E-Commerce tätigen Unternehmen erfolgt durch Logistikdienstleister (LDL). Das sind Paket-Dienste, wie beispielsweise DHL oder GLS. In regionalen Vertriebsnetzen ergeben sich auch Chancen für mittelständische Logistikdienstleister, etwa Kurierdienste. Abbildung 7.2 veranschaulicht die Veränderung der Distributionssysteme.

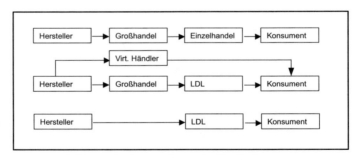

Abbildung 7.2: Die Veränderung der Distributionssysteme

Für den E-Commerce-Bereich ist die Distributionslogistik besonders relevant. Die Anforderungen an die Distributionslogistik durch E-Commerce steigen und die durch das Internet stark zunehmende Globalisierung fordert von den Unternehmen zunehmend flexible und reaktionsfähige Distributionssysteme. Durch den E-Commerce haben sich zusätzliche Anforderungen an die Distribution ergeben: Beispielsweise sinken die Bestellmengen, die Bestellhäufigkeit hingegen steigt gleichzeitig an. Trendschwankungen sind häufiger und unvorhersehbarer. Zudem erwartet der Kunde noch schnellere Lieferung der bestellten Ware. Nur durch eine optimale Logistik, die diese hohen Anforderungen konsequent umsetzt, kann ein Unternehmen im E-Commerce langfristig erfolgreich sein.

7.3 Logistikkosten im virtuellen Online-Handel

Ein Kunde, der im stationären Handel einkauft, hat verschiedene Tätigkeiten zu erbringen, bis die Ware seinen Haushalt erreicht: Zunächst fährt der Kunde zu dem Geschäft, in dem er die Ware kaufen kann. Er hat hierbei seinen "Auftrag im Kopf" und beginnt mit der Suche der gewünschten Ware. Ist die Ware gefunden, nimmt er sie aus dem Regal und geht zur Kasse, wo er die Bezahlung vornimmt. Anschließend wird die Ware vom Kunden verpackt und in sein Auto verladen, um dann die Fahrt nach Hause anzutreten. Abbildung 7.3 veranschaulicht diese verschiedenen Tätigkeiten.

Abbildung 7.3: Kundentätigkeiten beim Einkauf im Einzelhandel

Im E-Commerce verlagern sich diese Tätigkeiten auf die Distributionslogistik bzw. das Fulfillment. Es entstehen hierbei verschiedene Logistikkosten, die von vielen Unternehmen in ihrer Summe unterschätzt werden (vgl. Tabelle 7.4). Die Lagerkosten für einen heterogenen Einkauf (von 5 bis 50 Non-food und Food-Produkten) betragen durchschnittlich 0,50 bis 2,50 Euro. Die Höhe der Bestellkosten liegt zwischen 0,25 bis 0,75 Euro, dazu kommen die Kosten von 0,75 Euro für das Inkasso sowie für die Überprüfung des Geldflusses. Die Kosten für die Kommissionierung, die stark von der Anzahl der Picks abhängig sind, liegen zwischen 0,75 und 6,25 Euro pro Sendung. Bei der anschließenden Verpackung kommen noch einmal 0,55 bis 1,40 Euro hinzu, für den innerbetrieblichen Transport, also die Logistik zum Logistikdienstleister (z.B. Deutsche Post) fallen 0,25 bis 1,25 Euro an. Für eine E-Commerce-Bestellung ergeben sich also zwischen 3 bis 13 Euro Logistikkosten. Hinzu kommen noch die Kosten für den Versand der Lieferung über einen Paket-Dienst.

Lagerkosten	0,50 bis 2,50 Euro
Bestellkosten	0,25 bis 0,75 Euro
Kosten für Zahlungsverkehr	0,75 Euro
Kommissionierkosten	0,75 bis 6,25 Euro
Verpackung	0,55 bis 1,40 Euro
Transport	0,25 bis 1,25 Euro
Logistikkosten für eine E-Commerce-Bestellung	**3 bis 13 Euro**

Tabelle 7.4: Logistikkosten für eine E-Commerce-Bestellung

Wie man an diesem Beispiel und an dem Beispiel der Versand- und Fulfillment-Kosten sieht, sind die Logistikkosten im Online-Handel nicht zu unterschätzen. Da die Online-Händler in einem Wettbewerb mit dem stationären Einzelhandel stehen, können sie auch nicht viel höhere Preise als dieser verlangen. Einsparungen können beispielsweise durch das veränderte Distributionssystem entstehen, da Zwischenhändler ausgeschaltet werden.

7.4 E-Fulfillment im B2C-Handel

7.4.1 Kundenanforderungen im B2C-Handel

Internet-Einkäufer gelten gegenüber den Anbietern als wenig loyal, besonders angesichts des großen Angebots im weltweiten Netz. Ist ein Kunde nur ein wenig unzufrieden, und sei es nur im Bestellvorgang, schaut er sich nach den gesuchten Waren anderweitig um. Denn nur schnell belieferte und zufriedene Kunden bleiben treu. Etwa 75% der Beinahe-Kunden brechen ihren Einkauf ab, wenn die Bestellprozedur zu langwierig oder zu kompliziert ist. Wichtig ist daher eine Internetseite, die dem Kunden eine klare Orientierung über auszuwählende Produkte, über den Status des Warenkorbes und übersichtliche Abbruch- und Rücksprungmöglichkeiten anbietet. Zu empfehlen sind Suchfenster, mit denen der Kunde nach Produkten suchen kann, ohne das gesamte Angebot durchblättern zu müssen. Die Kunden erwarten ferner umfassende Produkt- und Preisinformationen. Zu den führenden Händlern im B2C-Handel gehören die in folgender Tabelle genannten.

Online-Händler	Anzahl der Kunden 2003 in Mio.
Amazon.de	8
Neckermann	2
Otto	3,34
Quelle	2,8
Tchibo.de	4
Weltbild.de	2,4

Tabelle 7.5: Führende Online-Händler in Deutschland
(Quelle: Logistik inside, Heft 2, 2005, S. 32)

Die Anforderungen und Erwartungen der Kunden an Internet-Händler sind vielseitig. Die Verbraucher erwarten bei E-Commerce-Bestellungen generell:

- Hohe Schnelligkeit der Lieferung ist für viele Online-Shopper mittlerweile selbstverständlich, eine zweitägige Lieferzeit gilt für Online-Bestellungen als akzeptabel;
- Lieferung innerhalb enger Zeitfenster;
- Lieferzusagen per E-Mail und Informationen über den Sendungsstatus sind größtenteils Standard bei den meisten Anbietern;
- korrekte Bestandsführung der Waren im Online-Shop;
- ordnungsgemäße Rechnungsstellung;
- unentgeltliche Zustellung der bestellten Waren ab einem bestimmten Bestellwert;
- umfassende Produkt- und Preis-Information;
- Preisgünstigkeit;
- Bestellmöglichkeit rund um die Uhr;
- einfaches Retourenmanagement.

Hieraus ergeben sich allerdings weitere Anforderungen an die Logistiksysteme der Online-Händler und deren Dienstleister, wie z.B. paketdienstfähige Sendungsgrößen oder kurze Kommissionsdurchlaufzeiten.

Besondere Bedeutung wird von den Kunden der Pünktlichkeit, d.h. der Lieferung in engen Zeitfenstern, sowie einem einfachen Retouren-Management beigemessen. Hinzu kommt noch die bereits erwähnte Schnelligkeit der Lieferung, wobei langfristig der Trend zur Belieferung am gleichen Tag geht (vornehmlich bei Lebensmitteln oder regional bezogenen Angeboten). An die Qualität des Fulfillments, insbesondere an die Lieferung der Waren und deren reibungslose Zustellung, werden hohe Anforderungen gestellt.

7.4.2 Die Logistik der Endkundenbelieferung

Eine zentrale Herausforderung für die Distributionslogistik ist das durch E-Commerce induzierte zusätzliche Paketaufkommen. Es zeichnet sich eine deutliche Tendenz zu schnellen, kleinteiligen Sendungen ab. Diese "Atomisierung" der Sendungsgröße stellt hohe Anforderungen hinsichtlich Flexibilität und Transportgeschwindigkeit. Zudem nimmt die Zahl der Retouren deutlich zu. Zeitfenster für die Anlieferung, insbesondere bei der Direktbelieferung, gewinnen an Bedeutung. Die große Herausforderung besteht in der Umstellung oder dem Neuaufbau der Distributionssysteme hinsichtlich der Anforderungen durch E-Commerce.

Eine spezielle Problematik birgt insbesondere die Zustellung der Waren zum Endkunden. Wie sollen die bestellten Waren zum Kunden gelangen, wenn dieser nicht zu Hause ist? Erneute Zustellungen werden notwendig, wenn der Kunde nicht angetroffen wird oder der Kunde muss seine Pakete innerhalb von vorgegebenen Öffnungszeiten selbst abholen. Ein solcher Trend könnte zu einem Wachstumshemmer für das E-Commerce-Geschäft werden: Obwohl das Interesse am Online-Shopping bei zunehmender Berufstätigkeit steigt, sinkt damit auch zugleich die Möglichkeit, die Ware in Empfang zu nehmen.

E-Commerce-Kunden erwarten das Maß an Service und Zuverlässigkeit in der Logistik, das durch die Einfachheit der Bestellung impliziert wurde. Die Anlieferung hat in einem fest definierten Zeitfenster zu erfolgen. Allein diese relativ einfache Forderung setzt die Verknüpfung unterschiedlicher Informationen voraus. Dies beginnt mit der effizienten Planung der Auslieferungstransporte über die fortlaufende Information des Kunden auf der Basis von Satellitenortung, Mobilkommunikation oder des Internets bis hin zur sicheren elektronischen Abrechnung der Leistungen.

Viele Paket-Dienste stehen bei der Belieferung an den Endkunden vor neuen Herausforderungen. Besonders durch niedrige Stopp-Faktoren, zweite und dritte Zustellversuche und zeitaufwändiges Inkasso explodieren die Kosten der letzen Meile. Da eine Lieferung nach Feierabend für die meisten Paket-Dienste unmöglich scheint und eine Lieferung auf Termin nur in den seltensten Fällen möglich ist, sind Lösungen zur Überwindung der letzten Meile dringend notwendig. Allerdings sind bei der Suche nach Alternativen die Wünsche der Kunden zu berücksichtigen, denn jeder bevorzugt eine für ihn bequeme Lösung.

Mögliche Ansätze zur Lösung der Problematik der letzten Meile bietet beispielsweise ein Konzept mit Einsatz von Paketboxen an der Wohnungstür sowie ein Konzept mit Lieferung an sogenannte Pick-Up-Stellen (z.B. Tankstellen, Convenience-Shops oder

Videotheken), bei denen der Kunde auch noch spät abends oder rund um die Uhr seine bestellten Pakete abholen kann. Eine andere Variante bevorzugt große Briefkästen, die einem ganzen Straßenzug dienen und von Paket- und anderen Lieferdiensten genutzt werden können. Ein neuerer Vorschlag in dieser Richtung kam vom Fraunhofer Institut für Materialfluss und Logistik (IML), wonach kleine, in das Erdreich eingelassene Türme auf öffentlich zugänglichen Plätzen aufgestellt werden.

Eine Lösung zur Überwindung der letzten Meile mit Hilfe von Paketboxen an der Wohnungstür (sogenannte Drop-Boxen) entwickelte die Firma Condlesys. Durch Einsatz der Drop-Boxen soll eine räumlich-zeitlich entkoppelte Zustellung an Privatkunden ermöglicht werden. Bei diesen Boxen handelt es sich um 15 bis 20 kg schwere Kästen aus Stahlblech mit einem Zahlenschloss. Der Kunde gibt bei seiner Bestellung die Kombination für das Zahlenschloss an. Der Zusteller öffnet mit dem angegebenen Code die Box und legt sein Paket hinein. Danach ändert sich automatisch der Code und die Box ist nur noch vom Kunden mit dessen Code zu öffnen.

Ein Geschäftskonzept unter Einsatz von Pick-Up-Stellen ist unter dem Namen Pickpoint bekannt und sieht folgendermaßen aus: Nach dem Kauf klickt der Kunde den Pickpoint-Button an und wählt auf dem Pickpoint-Server den für ihn am günstigsten gelegenen Pickpoint. Bei der ersten Bestellung teilt der Kunde seine Adresse, E-Mail-Adresse und Handynummer mit. Die Lieferung der bestellten Ware erfolgt dann an den gewählten Pickpoint, wo die Ware 10 Tage zur Abholung bereitliegt. Der Kunde erhält eine E-Mail oder SMS über das Eintreffen der Ware vom Pickpoint-Server.

Die Vor- und Nachteile der verschiedenen Konzepte lassen sich wie folgt darstellen: Zeitliche Flexibilität für den Empfänger ist ein entscheidendes Kriterium, das in allen Konzepten, bis auf die Türzustellung, sehr gut umsetzbar ist. Zustellboxen am Haus gewährleisten, dass der Kunde keine zusätzlichen Wege in Kauf nehmen muss, um seine bestellte Ware zu erhalten - ebenfalls ein wichtiger Punkt, wenn man bedenkt, dass 70% der Online-Shopper die Zustell-Box den Abholstationen vorziehen. Allerdings ist die Kostenbelastung für den Kunden durch die Anschaffung einer solchen Box recht hoch (ca. 100 bis 150 Euro). Ebenso wird eine Bezahlung per Nachnahme in einem Zustellsystem mit Empfangsboxen nur schwer umsetzbar sein. Auch können wegen des Platzbedarfs Boxen nur schlecht in dicht besiedelten Wohngebieten und in Mehrfamilienhäusern untergebracht werden. Die relevante Zielgruppe für die Internet-Händler, nämlich die jungen Berufstätigen, werden allerdings auch durch eine Zustellung über einen Pickpoint entlastet, der auf dem Heimweg von der Arbeit relativ leicht ohne große Umwege angesteuert werden kann. Welche der vorgestellten Konzepte sich jedoch in der Praxis durchzusetzen vermögen, bleibt abzuwarten.

Zur Verdeutlichung der Vor- und Nachteile der verschiedenen Zustellkonzepte soll hier Tabelle 7.6 dienen.

	Zeitliche Flexibilität für Empfänger	Cash on Delivery	keine Restriktionen	keine zusätzlichen Wege für Empfänger	Diebstahlsicherheit, Privatsphäre	Einsparpotentiale für Logistiker
Türzustellung	-	++	+	+/-	++	--
Boxen am Haus	++	--	--	++	+	-
Postkästen für Straßenzüge	++	--	-	-	-	+
Boxsystem für Mehrfamilienhäuser	++	-	--	+	+	+
Abholstationen-Konzept	++	++	+	-	+/-	++

Tabelle 7.6: Vor- und Nachteile diverser Zustellkonzepte im E-Commerce

7.4.3 Probleme des Fulfillments in der Endkundenbelieferung

Das Fulfillment beinhaltet das Lagermanagement und die Kommissionierung der einzelnen Kundenbestellungen, die Zahlungsabwicklung, den Transport bzw. die Vertriebslogistik, das Retourenmanagement sowie den Kundenservice.

In der Anfangszeit hatten Online-Shop-Anbieter mit vielen Mängeln im E-Fulfillment zu kämpfen. Es gab Servicemängel bei der Auslieferung, schwierige bis unmögliche Retourenprozesse und schwachen Kundenservice. Auch wurden die Betrugsmöglichkeiten bei der Zahlungsabwicklung unterschätzt, so dass generell eine Bonitätsprüfung der Kunden zu empfehlen ist, die je nach Prüfstufe für 20 Cent bis 1 Euro pro Kundenadresse bei spezialisierten Dienstleistern online abgewickelt werden kann. Folgende Übersicht führt die gefundenen Mängel auf:

- kein Schnellversand (48h) verfügbar,
- verspätetes Eintreffen der Bestellungen bis zu 4 Wochen,
- Beschädigungen an Waren oder Verpackung,
- Bestellungen trafen gar nicht ein,
- kein Geschenkeservice,
- keine Feierabendzustellung,
- keine Überprüfung der Bonität des Kunden, wie Rechnungsadresse und Kreditkartennummern,
- kein Retourenmanagement,
- mangelnde Fachkompetenz bei Beratung,
- keine Auskünfte zum Lieferstatus,
- keine Stornierung eines fehlerhaften Auftrages-

Durch solche Fehlleistungen im Fulfillment werden die Online-Shops nicht lange überleben können. Aus diesem Dilemma führt nur ein schlüssiges Gesamtkonzept für das E-Fulfillment. Zwar erfordert ein Online-Shop zuerst bloß niedrige Anfangsinvestitionen, so dass die Schwelle zum Markteintritt niedrig ist. Jedoch werden der Aufwand und die Kosten eigener Fulfillment-Lösungen oft unterschätzt. Vielfach decken die vorhandenen IT-Systeme und Logistikprozesse die Online-Anforderungen nicht ab. Eine Alternative ist die Integration eines Fulfillment-Komplettdienstleisters oder die Integration mehrerer spezialisierter Dienstleister. Die Vorteile für den Online-Händler sind die geringen eigenen Anfangsinvestitionen, Ausnutzung von Größenvorteilen, Ausnutzung vorhandenen Know-hows und Schnelligkeit bei der Umsetzung. Ein Nachteil ist die schwierige Integration der Dienstleistersysteme mit dem eigenen System.

In Zusammenhang mit den Mängeln im Fulfillment ist auch der Aspekt der Loyalität der Kunden von Interesse. Zufriedene Kunden besuchen einen Online-Shop öfter und geben mehr Geld aus als unzufriedene Kunden.

7.5 Die Rolle der Logistikdienstleister in der E-Logistik

Die Betätigung auf dem Gebiet E-Logistik stellt eine große Chance für Logistikdienstleister dar, sich trotz geringer Margen für Standardleistungen durch neue logistische Produkte mit hoher Wertschöpfung am Markt zu behaupten und sich so Wettbewerbsvorteile gegenüber anderen Marktteilnehmern zu verschaffen. Das Leistungsspektrum von E-Logistik-Dienstleistern umfasst dabei die komplette Konzeption und Realisierung von Online-Shopping-Systemen. Die einzelnen Bausteine sind Tabelle 7.7 zu entnehmen.

Bestellung	Lager	Versand	Zahlungsverkehr
• Internet-Shop • Schnittstellen (WWS) • Call-Center • Bestellservice • Hotline/Helpdesk • Statistik	• Wareneingang • Qualitätskontrolle • Lagerung • Kommissionierung/ Konfektionierung • Verpackung • Inventur • Warendisposition • Statistik	• Distribution • Tracking & Tracing • Retouren • Technischer Kundenservice	• Kundenstamm • Bonitätsprüfung • Rechnungsstellung • Unterstützung verschiedener Bezahlverfahren (Nachnahme, Bankeinzug, Kreditkarten, Rechnung) • Zahlungskontrolle • Elektronische Archivierung

Tabelle 7.7: Leistungsspektrum von E-Logistik-Dienstleistern

Die Vergütung der Leistungen erfolgt in der Regel auf Basis des Verkaufspreises pro Sendung. Je nach Umfang der in Anspruch genommenen Dienstleistungen sind hier 7 bis 10% des Verkaufspreises pro Sendung üblich.

Tabelle 7.8 gibt einen Überblick über wichtige E-Logistik-Anbieter in Deutschland, ohne dabei Anspruch auf Vollständigkeit zu erheben.

E-Logistik-Anbieter	Internet-Adresse
ABX/Bahntrans	
Hellmann-Logistics	www.hellmann.de
Ifco	www.ifco.de
Rudolph Logistik Gruppe	www.rudolph-log.de, www.logeon.net
Thiel Logistik	www.thiel.logistik.com
WM-Group	www.elogistik.de

Tabelle 7.8: E-Logistik-Anbieter in Deutschland

E-Logistiksysteme stellen aufgrund geänderter Sendungsstrukturen, die sich in

- einem Anstieg der Sendungszahlen bei kleineren Sendungsgrößen,

- der Atomisierung der Sendungsrelationen und -destinationen,
- den unterschiedlichen zu bewegenden Produkten hinsichtlich Stückgewicht, Sperrigkeit und Empfindlichkeit

manifestieren, und gestiegener Kundenanforderungen hinsichtlich

- Schnelligkeit der Lieferung,
- Termintreue,
- Flexibilität in Bezug auf Lieferzeitpunkte und
- Lieferkosten

erhöhte Anforderungen an die Logistikdienstleister. Diesen Anforderungen kann nur durch den Aufbau zusätzlicher informatorischer Kompetenzen begegnet werden. Die informatorischen Anforderungen von E-Logistik-Systemen ergeben sich dabei aus folgenden Rahmenbedingungen:

- Auftragssteuerung und Auftragsverfolgung müssen über das Internet dargestellt und mit Zusatzleistungen wie der Abwicklung von Zahlungsströmen kombiniert werden.
- Die Verschiebung zu einer großen Zahl von Kleinstaufträgen stellt neue Anforderungen an das Lagerwesen und die Warenwirtschaftssysteme sowie deren Ankopplung an die ERP-Systeme der Unternehmen.
- Die internetbasierte Auftragsabwicklung setzt beim Logistikdienstleister offene Schnittstellen zu den Auftragsabwicklungssystemen der produzierenden Unternehmen voraus.
- Der Trend zum Einkauf von komplexen Leistungspaketen wie der „Verfügbarkeit von Produkten" anstelle von einzelnen Lager- und Transportleistungen beim Logistikdienstleister führt dazu, dass diesem die Bestandsoptimierung in der gesamten Supply Chain obliegt.

Um diesen Anforderungen zu genügen, sind eine hohe Prozess- und IT-Kompetenz und die Fähigkeit zu offenen Kooperationen wettbewerbsentscheidend. Logistikdienstleister müssen E-Commerce-Unternehmen werden, die die Logistik als integralen Bestandteil ihrer Geschäftstätigkeit betrachten. Zentrale Herausforderungen an und Erfolgsfaktoren für Logistikdienstleister im Rahmen von E-Logistik sind

- die Fähigkeit, ihre Dienstleistungen über unterschiedliche Marktplätze und Portale anzubieten und zu realisieren (Multiportalfähigkeit) und
- die Unterstützung von Multi-Channel-Strategien der Hersteller, die vermehrt dazu übergehen, ihre Produkte über verschiedene Vertriebskanäle zu vertreiben, die jeweils unterschiedliche Anforderungen an die logistische Wertschöpfungstiefe des Dienstleisters stellen (Multi-Channel-Fähigkeit).

Zur Bewältigung dieser Herausforderungen sind vor allem Investitionen in die Prozess- und IT-Kompetenz der Mitarbeiter anstatt in physische Transport- und Lagerkapazitäten notwendig.

7.6 Erfolgsfaktoren auf dem Gebiet der E-Logistik

Abschließend sollen die Voraussetzungen und Erfolgsfaktoren für eine erfolgreiche Betätigung auf dem Gebiet der E-Logistik zusammengefasst werden.

Bei der Konzeption und Realisierung einer Verkaufsplattform in Form eines E-Shops sind folgende Faktoren erfolgsentscheidend:

- einfache Benutzerführung,
- umfassende Produkt- und Preisinformationen (einschließlich Verfügbarkeit der Produkte),
- Bestellmöglichkeit rund um die Uhr,
- kurze Lieferzeiten (max. 48 Stunden),
- flexibel wählbarer Lieferzeitpunkt auch außerhalb der normalen Geschäftszeiten (z.B. früh morgens, spät abends, am Wochenende),
- flexibel wählbarer Lieferort (z.B. nach Hause, Auswahl einer Pick-up-Station usw.),
- Lieferzusage (Auftragsbestätigung) per E-Mail,
- Statusanzeige über den Auftragsstatus (Tracking & Tracing),
- pünktliche Lieferung innerhalb des ausgewählten (engen) Zeitfensters,
- einwandfreie Qualität der gelieferten Waren (z.B. Gewährleistung einer unterbrechungsfreien Kühlkette bei Lebensmitteln),
- einfache Retourenabwicklung,
- angemessene Versandkosten und unentgeltliche Zustellung ab einem bestimmten Bestellwert (jeweils abhängig von der Branche),
- bequeme und sichere Bezahlung mit Wahlmöglichkeit der Zahlungsart,
- Unterstützung bei Problemen (Call-Center, technischer Kundenservice),
- Berücksichtigung der Präferenzen unterschiedlicher Kundensegmente (bequemer vs. preisbewusster Verbraucher).

Zu beachten ist, dass sich nicht alle Produkte gleichermaßen für den Internet-Vertrieb eignen. Kriterien für internettaugliche Waren sind

- eine hohe Wertdichte (Optimierung des Verhältnisses der Logistikkosten zum Warenwert),
- andererseits kein zu hoher Warenwert wie z.B. bei Juwelen, teurem Schmuck oder teuren Uhren (mangelndes Vertrauen!),
- ein geringes emotionales Anschauungsbedürfnis (Sehen, Riechen, Fühlen) sowie
- ein geringer Logistikaufwand (einfache, kostengünstige Lagerung, Kommissionierung, Verpackung und Transport).

Von grundsätzlicher Bedeutung ist auch die Frage, ob das E-Fulfillment selbst (durch den Shop-Betreiber) durchgeführt oder einem Logistikdienstleister übertragen werden soll. Kriterien sowie Vor- und Nachteile beider Alternativen enthält Tabelle 7.9.

	Eigenerstellung	Fremdbezug
Anzahl Bestellungen pro Tag	unter 1.000 und über 15.000	zwischen 1.000 und 15.000
Vorteile	• Vielfältigerer Service am Kunden • Kosteneinsparung ab einer bestimmten Größe (s.o.)	• Nutzung des Know-hows von Logistikexperten • Geringere Anlaufkosten • Kürzere Time-to-Market-Zeit
Nachteile	• Hohe Anlauf- und Entwicklungskosten • Investitionen in schnell veralternde Technik • Hochqualifizierte Mitarbeiter (Logistikexperten) erforderlich • Längere Time-to-Market-Zeit	• Umfassender Zugriff des Logistikdienstleisters auf Firmendaten erforderlich • Gefahr der Abhängigkeit vom Logistikdienstleister • IT-Schnittstellenprobleme bzw. hohe Investitionen • Für kleinste Unternehmen meist unattraktiv

Tabelle 7.9: Kriterien für Eigenerstellung oder Fremdbezug von E-Logistik-Leistungen

Ergänzende Literatur:

Bayles, Deborah L.: E-Commerce Logistics and Fulfillment, Prentice Hall 2001
Reindl, Martin; Oberniedermaier, Gerhard: eLogistics: Logistiksysteme und -prozesse im Internetzeitalter, München u.a. 2002
Wannenwetsch, Helmut H.; Nicolai, Sascha (Hrsg.): E-Supply-Chain-Management, Wiesbaden 2002

8 Europa-Strategien für Distributionsnetzwerke

Neue Anforderungen an das Supply Chain Management wurden in den vergangenen Jahren - vor allem unter strategischen Aspekten - durch die Neuausrichtung von kontinentalen Distributionssystemen formuliert. Zu denken ist an den asiatischen Wachstumsraum und die dort stattfindende Reorganisation von Distributionssystemen großer Hersteller aus Nordamerika und Europa. Die gleiche Frage stellt sich bei der Schaffung großflächiger Wirtschaftsräume, wie der Nordamerikanischen Freihandelszone NAFTA und der Europäischen Union, wenn Zölle wegfallen oder reduziert werden und Abfertigungsprozeduren beim grenzüberschreitenden Güterverkehr vereinfacht werden. Bei der NAFTA geht es um die wirtschaftliche und kulturelle Einbindung von Mexiko in den nordamerikanischen Wirtschaftsraum. In der Europäischen Union wurde die Neuausrichtung von Produktionsstandorten und von Distributionssystemen unter dem Stichwort „Euro-Logistik" diskutiert.

8.1 Der Europäische Binnenmarkt

Die Schaffung des Europäischen Binnenmarktes 1993 bedeutete eine Harmonisierung von Abgaben, Steuern, Normen und Vorschriften und war besonders durch den Wegfall der Grenzformalitäten beim grenzüberschreitenden Güterverkehr gekennzeichnet. Bis dahin waren lange Wartezeiten an den Grenzen zum Ausgleich verschiedener Regelungsintensitäten in den Mitgliedsländern erforderlich. Untersuchungen haben ergeben, dass den Unternehmen durch den internen Verwaltungsaufwand und die Wartezeiten an den Grenzen acht Milliarden Euro an Kosten entstanden sind. Dieses entsprach ca. 2% des grenzüberschreitenden Warenwertes (Cecchini 1988). Die Wartezeiten entstanden durch die Bearbeitung der erforderlichen Dokumente an der Grenze, die sich u. a. auf die unterschiedlichen Mehrwertsteuer- und Verbrauchsabgabesätze bezogen sowie auf unterschiedliche Hygiene- und Veterinärvorschriften. Ferner entstand durch unterschiedliche technische Normen an der Grenze ein Regelungsbedarf, der den freien Warenverkehr behinderte. Seit 1993 sind diese Hindernisse im Austausch von Waren und Dienstleistungen entfallen.

Die Schaffung des Europäischen Binnenmarktes ging einher mit der Deregulierung des Gütertransports und der Telekommunikationsmärkte und verlieh der Neustrukturierung einer **europaweiten Logistik** und der Intensivierung der Arbeitsteilung in Europa damit starke Impulse. Die Erwartungen der Unternehmen, die sich mit der Schaffung der EU verknüpften, ließen folgende Potentiale für Kostensenkung und Differenzierung erkennen:

- die Möglichkeit der Produktstandardisierung durch Vereinheitlichung von Standards und der Anerkennung von gegenseitigen Normen,
- eine Verkürzung der Laufzeiten in der europaweiten Warendistribution,
- Erleichterung der grenzüberschreitenden Auftragsabwicklung,
- Senkung von Transportkosten durch Zunahme der internationalen Konkurrenz auf den Gütertransportmärkten und durch Angleichung von Verbrauchsteuern,
- Erschließung neuer, billigerer Produktionsstandorte durch die erwartete Senkung der Transportkosten.

Ob diese Erwartungen erfüllt worden sind, hat Gnirke (1998) in einer Studie zur Umsetzung der EU ermittelt. Durch den Wegfall der Grenzformalitäten haben sich die Abwicklungskosten mit den Behörden beim grenzüberschreitenden Warenverkehr nicht so stark reduziert wie erwartet, da die Abwicklung, die sich auf den Ausgleich unterschiedlicher Steuern bezieht, nun im Haus anstatt an der Grenze vor sich geht. Das INTRASTAT-System erfordert eine Anmeldung von grenzüberschreitenden Warenbewegungen beim Statistischen Bundesamt und beim Finanzamt. Daher haben Dreiviertel der befragten Unternehmen angegeben, dass sich ihre Erwartungen zur Senkung der Abwicklungskosten mit Behörden nicht oder nur teilweise erfüllt hätten. Die erwartete Senkung der **Transportpreise** um 10-30% ist nach der Studie von Gnirke eingetreten. Dagegen ist die Harmonisierung der gesetzlichen Produktanforderungen nicht so weit fortgeschritten wie erwartet. 52% der Unternehmen sehen die Erwartungen nur teilweise erfüllt und 40% nicht erfüllt oder überhaupt nicht erfüllt. Damit lässt sich das Konzept des Marketings, durch Produktstandardisierung zu **Euromarken** zu gelangen und diese einheitlich in Europa zu vermarkten, nur schwer umsetzen.

8.2 Neue Distributionsstrukturen in Europa

Bei der Neuausrichtung von kontinentalen Distributionssystemen geht es um eine Abkehr von den jeweils rein national definierten Distributionssystemen. Diese wurden in der Vergangenheit von eigenständig geführten nationalen Vertriebsgesellschaften bestimmt. Werden die Leistungen dieser Vertriebsgesellschaften in einem Großraum miteinander verglichen, so treten zahlreiche logistische Schwächen zutage, wie z.B.

- keine Koordination des Bestellverhaltens zwischen verschiedenen Ländern,
- kein Bestandsausgleich zwischen verschiedenen Ländern, so dass in einem Land Engpässe entstanden, ohne dass ein Ausgleich durch ein Nachbarland möglich wurde,
- viele Schnittstellen im Logistiksystem mit hohem Handlingsaufwand,
- Langwierigkeit der Bestandsauffüllung,
- Verwendung von nationalen Artikelnummerierungssystemen und nationalen Informationssystemen.

Die pharmazeutische Fabrik Merck z.B. besaß folgende Probleme in ihrem europäischen Logistiksystem (Römer 1994):

- hohe Logistikkosten in Europa bei geringer Koordination,
- jeder Artikel wird im Durchschnitt 12 mal bewegt,
- ein niedriger Servicegrad im Zentrallager. Zwischen den europäischen Lagern eine Lieferzeit zwischen 18 und 21 Tagen,
- hohe Bestände in den europäischen Lagern,
- im Laborbereich nur mittelmäßiger Servicegrad,
- veraltete Abwicklung im Zentrallager.

Die Optimierung der kontinentalen Distributionssysteme hat eine Vereinheitlichung der hier aufgewiesenen Unterschiede in den nationalen Vertriebssystemen zum Ziel. Die

Lagerstandorte sind zunächst unabhängig von den Ländergrenzen festzulegen. Angestrebt wird ferner ein einheitliches EDV-System, das sowohl zentral wie auch dezentral (national) einen Zugriff auf die Bestände in dem Kontinent besitzt und so ein europaweites Bestandsmanagement erst möglich macht. Voraussetzung dafür ist eine einheitliche Artikelnummerierung[16]. Die Abrechnungssysteme sind soweit zu vereinheitlichen, dass ein Austausch von Beständen zwischen nationalen Gesellschaften transparent, kosten- und erfolgsneutral erfolgen kann. Die Lieferpapiere sind in der jeweiligen Landessprache des Kunden auszustellen. Die Durchsetzung dieser neuen Konzepte gegenüber den selbständigen nationalen Vertriebsgesellschaften ist allerdings außerordentlich schwierig, da diese Vertriebsgesellschaften die Eigenständigkeit bei den Bestellpolitiken, den Informationssystemen und den Nummerierungssystemen aufgeben müssen. Hier ist eine große Überzeugungsarbeit notwendig, worauf verschiedene Autoren, wie z.B. Taylor (1997) und Oska (1997), besonders hinweisen.

Die Neuausrichtung von kontinentalen Distributionssystemen hat in der Euro-Logistik zunächst zu einer sehr starken Präferenz von länderübergreifenden Zentrallager-Konzepten geführt. Zu erwähnen sind die Zentrallager

- der Beiersdorf AG in Hamburg für cosmet Produkte,
- der Kodak AG in Scharnhausen,
- von Agfa Gevaert in München,
- von IBM in Frankreich bei Evry Lisses,
- von Sony Europa bei Köln.

Die Versorgung von Europa durch ein Zentrallager ist dann sinnvoll, wenn die Produktion am Zentrallager angesiedelt ist und ebenfalls zentralisiert ist. Wenn die Märkte längere Lieferfristen zulassen, können dann die Kunden europaweit von einem Zentrallager aus direkt beliefert werden, ohne Umschlagsknoten einzuschalten. Die Agfa Gevaert Gruppe verteilt etwa ihre Geräte aus dem Zentrallager München europaweit.

Die Auflösung von Regionallagern und die Konzentration der Versorgung von Europa mit bloß einem Zentrallager senken die Kosten der Lagerhaltung, da im Zentrallager ein größerer Durchsatz ermöglicht wird und damit Investitionen in Lagerautomation wirtschaftlicher werden. Wenn das Zentrallagerkonzept mit einem europaweiten 24-h-Lieferservice kombiniert werden soll, so ist dieser Service nicht mit einem LKW-Transportnetzwerk darstellbar. Vielmehr muss dann auf einen Expressdienstleister zurückgegriffen werden, der mit einem Luftfrachtnetzwerk Europa in 24h versorgen kann. Ein Beispiel dafür ist in der Managementpraxis dargestellt. Zwar sind die Preise von Expressdienstleistern sehr hoch. Dennoch sind in den Gesamtkosten Einsparungen gegenüber der dezentralen Lagerhaltung möglich, wenn die Kosteneinsparungen durch Auflösung der Regionallager berücksichtigt werden.

Die Grenzen der Zentralisierung sind zum einen in den Marktanforderungen zu sehen, die Kunden ausreichend rasch zu beliefern. Aus einem Zentrallager allein, ohne Regio-

---

[16] Aus Bilanzgründen kann es sinnvoll sein, noch einen Unterschied in der Artikelnummerierung zu machen zwischen eigengefertigten Artikeln und Zukaufartikeln, auch wenn es sich um identische Artikel handelt.

nallager, können die Kunden in Westeuropa innerhalb von drei Tagen mit dem LKW beliefert werden. Ein westeuropaweiter LKW-Lieferservice von zwei Tagen erfordert Regionallager im Großraum London, Paris, Barcelona, Mailand, Dortmund und Kopenhagen. Bei Gütern, die eine Lieferung innerhalb von 24 Stunden mit dem LKW erfordern, wie Ersatzteile oder leicht substituierbare Güter, sind kundennahe Regionallager erforderlich, deren Zahl westeuropaweit ca. 20 beträgt. Bei diesen Überlegungen zum Lieferservice spielen LKW-Direktverkehre in Europa eine große Rolle, die schnell und effizient abgewickelt werden können, da in der Eurologistik ein Umschlag in Intermodalports entfällt, der die Überwindung einer Vielzahl von Schnittstellen erfordert, zu Zeitverzögerungen führt und Risiken der Verzögerung durch Streiks und des Verlusts durch Beschädigung und organisierte Kriminalität birgt.

Ein weiterer Aspekt, der gegen das Konzept eines einzigen Zentrallagers spricht, ist die **Versorgungssicherheit**. Wenn die Versorgung über ein Netz von Regionallagern erfolgt, lässt sich der Schaden, der bei Ausfall eines Lagers entsteht – etwa durch Brand – besser eingrenzen. Hingegen bricht bei einem Zentrallagerkonzept die Versorgung im Schadensfall vollkommen zusammen. Bei Distributionssystemen, die ein breites Artikelspektrum umfassen, wie in der Handelslogistik oder im Ersatzteilwesen, ist daher eine dezentrale Aufstellung zur Risikominderung zu empfehlen.

Neben dem Kriterium der Kundennähe werden die Grenzen der Zentralisierung unter weiteren Aspekten diskutiert. Zum einen wird insbesondere im Lebensmittelbereich auf die jeweiligen nationalen Besonderheiten hingewiesen, welche die Führung eines zentral gehaltenen Sortiments erschweren. Ferner wird bei europaweiten, spezialisierten Produktionsstandorten das Zentrallagerkonzept insofern kritisch gewertet, als weite Transportstrecken der Artikel von den jeweiligen spezialisierten Produktionsstandorten zum Zentrallager hin auftreten. Osram löst den Konflikt zwischen dezentraler Spezialproduktion und zentralisierten Lagervorstellungen dadurch, dass es europaweit drei Distributionszentren vorsieht, die noch weiter durch regionale Zentren ergänzt werden. Bei der Existenz von einheitlichen Informationssystemen besteht keine Notwendigkeit mehr für ein Zentrallager. Vielmehr können die Artikel durchaus dezentral gelagert werden, müssen dann aber durch ein einheitliches Informationssystem zentral erfassbar sein, so dass jederzeit die Bestände abrufbar sind. Voraussetzung dafür ist eine europaweite Vereinheitlichung der Artikel. Anzustreben ist dann, dass jede nationale Vertriebsgesellschaft einen gleichberechtigten Zugang zu diesen Informationen erhält. Bei vielen Unternehmen ist die Einrichtung eines weltweit einheitlichen Releasestandes ihrer Informationssysteme, wie SAP R/3, in Arbeit, so dass dieser Ansatz verwirklicht werden kann.

8.3 Strategien in der Eurologistik

Eine Strategie zur Durchsetzung der Eurologistik besteht in der Trennung von **Verkaufsorganisation** und Distributionssystem, das an die Kunden die Ware ausliefert. Wenn bisher die Distributionssysteme als jeweilige Landesgesellschaften organisiert waren, so verfügten sie über eine Verkaufsorganisation für die Marktbearbeitung mit einem angeschlossenen Zentrallager für das jeweilige Land (vgl. Abbildung 8.1). Mit dem Übergang zu länderübergreifenden Organisationsformen wird für die einzelne Landesorganisation das Zentrallager aufgelöst. Hingegen bleibt die Verkaufsorganisation mit dem Kontakt zum jeweiligen nationalen Markt davon unbeeinflusst. Die von ihr eingeworbenen Aufträge werden nun, anstatt an das landeseigene Regionallager, durchgereicht an das Zentrallager, welches länderübergreifend tätig wird. Von dort werden die eingehenden Aufträge landesweit aggregiert und in das jeweilige Land an einen Übergangspunkt gebracht. Von dort übernimmt ein Logistikdienstleister die Verteilung der Ware an die Kunden (vgl. Abbildung 8.1). Dieses Konzept wird etwa von dem Krankenhausbedarfs-Hersteller B.Braun Melsungen in seiner Eurologistik verfolgt (vgl. Schröer 2004).

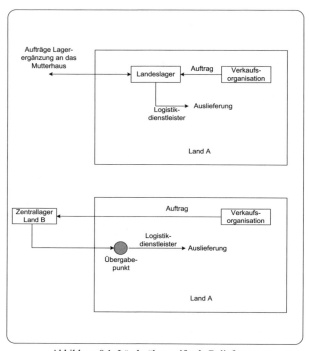

Abbildung 8.1: Länderübergreifende Belieferung

Einen gleichmäßigen Lieferservice über die ganze EU zu erstrecken ist wenig sinnvoll, da man so Ballungsräume und dünn besiedelte periphere Gebiete gleichsetzt. Entscheidend sind vielmehr die Distributionskosten pro erreichbarem Konsumenten, so dass vorrangig Ballungsräume in der EU betrachtet werden müssen. Wenn man fragt, wie diese mit einem 24 Stunden Service versorgt werden können, so erhält man die folgenden Überlegungen: In den Ballungsräumen London, Paris, Brüssel und Köln sind zusammen ca.100 Mio. Konsumenten vertreten (vgl. Abbildung 8.2). Ein Zentrallager in Brüssel oder in Lille kann diese Konsumenten in weniger als 24 Stunden mit einem LKW-gestützten Liefernetzwerk beliefern, so dass diese Standorte eine hohe Attraktivität für die Eurologistik besitzen. Durch den Kanaltunnel liegt Lille im Zentrum der Ballungsräume. Nach London dauert die Zugfahrt von Lille durch den Eurotunnel 90 Minuten, nach Paris 60 Minuten und nach Brüssel 30 Minuten, wobei die Fahrtdauern mit dem LKW entsprechend sind. Mit einem Zentrallager in Brüssel oder Lille kann somit bereits ein großer Teil der Konsumenten in der EU mit einem 24h-LKW-Lieferdienst abgedeckt werden.

Abbildung 8.2: Bevölkerungsschwerpunkt in der EU zwischen Birmingham und Köln

Schary und Skjott-Larsen (2001) stellen die folgenden unterschiedlichen Netzwerke für die Eurologistik vor. Unterschiede in der Konfiguration der Netzwerke hängen davon ab, wie die Endprodukte für die Absatzmärkte konfiguriert werden. Hierzu werden vier verschiedene Strategien am Beispiel der Europäischen Union aufgewiesen:

- Kundenauftragsfertigung, die variabel und flexibel ist, erfordert eine hohe Flexibilität von den Zulieferern. Die Komplexität des Netzwerkes liegt in der Zulieferung und der Produktion.
- Herstellung eines Standardproduktes, das in einer Packung mit 15 verschiedenen Sprachen als Europack abgepackt wird. Diese Konfiguration erfordert eine niedrige Komplexität des Netzwerkes.
- Herstellung eines Kernproduktes, das mit sprachlich angepassten Modulen für die einzelnen Länder der EU versehen wird. Hier kommt das Prinzip des Postponements (vgl. Kapitel 2) zur Anwendung, indem in lokalen Distributionszentren die länderspezifische Anpassung erfolgt. Die Komplexität des Netzwerkes liegt damit im Vertrieb.
- Herstellung eines Standardproduktes, das für jede europäische Sprache mit einer eigenen Variante hergestellt wird. Hier ist der Vertrieb einfach, aber die Produktion weist eine höhere Komplexität auf.

In der Pharmaindustrie ist die rasche Belieferung der Kunden ein herausragender Wettbewerbsfaktor. Daher müssen die Produkte von europaweit spezialisierten Produktionsstandorten in kundennahen Regionallagern abrufbar sein. Um den parallelen Aufbau teurer und schlecht ausgelasteter Distributionssysteme für jedes Unternehmen einzeln zu vermeiden, unterhalten Wettbewerber in der Pharmaindustrie gemeinsame Distributionssysteme. Dazu werden Kooperationen eingegangen, um z.B. für Deutschland ein gemeinsames Auslieferungslager zu unterhalten, das die Produkte der europaweit spezialisierten Produktionsstandorte für eine rasche Belieferung in Deutschland vorhält[17]. Ein gemeinsames Lager für Europa kann ein Unternehmen der Pharmaindustrie nicht aufbauen, da die Zulassungen der Medikamente landesspezifisch geregelt sind und auch die Produktionsstrecken für die einzelnen Länder einzeln zertifiziert werden müssen. Hier ergeben sich große Hindernisse für die Eurologistik. Um die länderspezifisch zertifizierten Produktionsstrecken möglichst klein zu halten, werden die Vorprodukte für ganz Europa auf einer Anlage zentral erzeugt. Hier ist eine Anwendung des Prinzips des Postponements im Supply Chain Management (vgl. Kapitel 2) zu erkennen.

Das Beispiel der Management Praxis zeigt, welche Vorteile die Nutzung von Expressdienstleistern in der Europadistribution den Unternehmen bringen können. So werden nicht nur Kostensenkungen, sondern auch Servicesteigerungen möglich.

Die Schaffung des europäischen Binnenmarktes führt zu einer Intensivierung des Wettbewerbs auf den Gütertransportmärkten, die bis dahin in Deutschland unbekannt gewesen war. Wie die deutschen Speditionen darauf reagieren können, hat Bretzke (1993A) in einer Studie aufgewiesen. Er unterscheidet vier Strategien, um im Wettbewerb zu bestehen:

- Die Strategie der **Standardisierung** ist auf Märkten angebracht, auf denen der Wettbewerb über den Preis ausgetragen wird, wie z.B. auf dem Paketmarkt.
- Die Strategie der **Segmentierung** passt die Grundprodukte an die Bedürfnisse der Kunden an und schafft einen Spielraum für höhere Preise. Der Wettbewerb wird auf bestimmte Zielgruppen ausgerichtet. Beispiele sind Frischedienste, Textilversand, Gefahrgut und sperrige Güter.
- Die Strategie der **Differenzierung** schafft Wettbewerbsvorteile durch besonderen Zusatznutzen für den Kunden, ohne das Grundprodukt zu ändern. In Märkten, die von einer hohen Austauschbarkeit geprägt sind, kann bereits ein geringer Zusatznutzen zu einer Steigerung von Marktanteilen führen.
- Die Strategie der **Flexibilisierung** passt die Leistung kurzfristig und fallweise den sporadischen Kundenwünschen an und eröffnet damit einen Spielraum für höhere Preise. Beispiele sind Kurierdienste, Expressdienste für schwere Teile oder ganze Ladungen sowie Schwertransporte.

Im europäischen Logistikmarkt ist eine starke Konzentrationsbewegung auf wenige Großanbieter zu beobachten (vgl. auch Kapitel 9). Die Intensivierung der Verkehrsbeziehungen in der Europäischen Gemeinschaft bedeutete für die **Großspeditionen**, ihr Geschäft europaweit auszudehnen. Dabei ging es um den Aufbau von flächendeckenden

---

[17] Die Hersteller Böhringer Ingelheim, Merck und Ciba Geigy unterhalten ein gemeinsames Lager bei Dortmund.

Netzen für den Sammelgutverkehr. Von den Sammelgutspeditionen erwarten die Kunden europaweit ähnliche Laufzeiten wie im Inland. Die Unterscheidung von inländischen Verkehren und Auslandslieferungen wird immer weniger plausibel. So baute als Reaktion auf diese Marktanforderungen z.B. Kühne & Nagel ein Netz von 65 Logistikterminals europaweit auf. Diese Strategie wird dadurch unterstützt, dass in den Mitgliedsländern Unternehmen erworben werden, die über komplette oder ausbaufähige nationale Distributionssysteme verfügen. Die einzelnen Logistikterminals werden nicht direkt untereinander vernetzt, sondern über sechs Eurologistik-Hubs. Die folgende Tabelle zeigt die zehn umsatzstärksten Logistikkonzerne in Europa auf (Klaus 2003):

Rang	Unternehmen	Logistik-Umsatz in Europa/Welt (in Mio. € ohne "Mail")	Mitarbeiter
1	Deutsche Post World Net (Konzern)/(D)	15.574	92.000
2	A.P. Moeller (DK)	14.460	19.000
	Danzas (Teilkonzern Deutsche Post)/(CH)	9.153	45.000
3	TNT Post Group (TPG)/(NL)	7.264	70.000
4	Exel (GB)	7.061	60.000
5	SNCF (Konzern) (F)	6.622	50.000
	DHL (Teilkonzern Deutsche Post)/(B)	(6.300)	(71.000)
6	Schenker (D)	6.122	32.000
7	Kühne & Nagel (CH)	5.749	17.500
8	Royal Vopak (NL)	5.640	11.288
9	P&O Nedlloyd (GB)	4.753	10.500
10	Panalpina (CH)	3.609	12.000
	Summe TOP 10 (ohne Teilkonzernumsätze)	76.854	374.288

Tabelle 8.1: Top 10 der europäischen Logistikkonzerne

Die Stellung der Großspeditionen in Europa wird durch ein verändertes Verhalten bei der Beschaffung gestärkt. Anstelle einer Vielzahl von Bezugsquellen zu nutzen geht der Trend der Beschaffung zum Single oder Dual Sourcing (vgl. Kapitel 12) und zum Einschalten von wenigen **Systempartnern**, die umfassende logistische Leistungen aus einer Hand anbieten können. Damit vereinfachen die Unternehmen ihre Schnittstelle zum Transportmarkt und senken ihre Transaktionskosten.

8.4 Logistik in Osteuropa

Die Erweiterung der EU um acht Länder in Mittel- und Osteuropa im Jahre 2004 ergibt für die Standorte von lohnintensiven Produktionen und für Distributionssysteme neue Perspektiven.

Eine einfache Übertragung der Konzepte aus Westeuropa ist nicht möglich. Die niedrigen Lohnkosten in den neuen Ländern sind zwar für Produktionsunternehmen interessant. Der Auftragsfertiger Flextronics, der sich auf Produkte der Consumer Elektronik spezialisiert hat und weltweit 100 Produktionsstandorte betreibt, hat sich an Standorten in Rumänien und Ungarn angesiedelt. Er bezieht Teile und vormontierte Einheiten aus Asien und betreibt die Montage, das Testen und die Verpackung in Rumänien und Ungarn. Die Absatzmärkte liegen in Westeuropa (Slijkhuis 2004).

Anders sieht es aber bei Standortentscheidungen für Distributionscenter aus. Zunächst ist zu bemerken, dass die Transport- und Telekommunikationsnetze in Ausdehnung und Qualität nicht das Niveau von Westeuropa erreichen. Daher ist von langen Transportzeiten zwischen den Ländern in Mittel- und Osteuropa auszugehen. National muss mit einer Laufzeit bei Stückgut und Paketen von 24 bis 48 Stunden gerechnet werden. Grenzüberschreitend weisen die Laufzeiten im Stückgutbereich mit 2 bis 9 Tagen als auch im Paketdienstbereich mit 3 bis 6 Tagen starke Schwankungen auf. Die schnellsten Verbindungen bestehen zwischen Deutschland und Polen, Tschechien und Ungarn, sowie zwischen Tschechien und der Slowakei (Müller-Daupert und Jezusek 2004).

Ferner ist zu bedenken, dass Logistikimmobilien in den logistischen Knotenpunkten fast das westeuropäische Preisniveau erreichen oder je nach Ausstattung teilweise sogar darüber liegen. In den Ländern Polen, Ungarn und Tschechien muss mit Mietkosten von 5 Euro pro qm und Monat gerechnet werden.

Aufgrund der hohen Flächenkosten in Osteuropa und der langen Laufzeiten zwischen den Ländern Osteuropas ergeben sich nach Müller-Daupert und Jezusek (2004) folgende Strategien:

1. Ist bereits ein effizientes Lager in Deutschland oder Österreich vorhanden, sollte geprüft werden, ob eine komplette Kundenversorgung aus diesem Lager möglich ist. Bei hohem Technisierungsgrad in der logistischen Abwicklung und mittleren bis geringeren Anforderungen an die Lieferzeit ist dies die optimale Logistikstruktur. Aber auch bei höheren Anforderungen an die Lieferzeit kann es je nach Sendungsgröße günstiger sein, mit Expresslieferungen ab Deutschland zu liefern, um dezentral hohe Lager- und Bestandskosten einsparen zu können.
2. Ein Zentrallager in Osteuropa ist vorteilhaft, wenn die in Osteuropa produzierten Waren gelagert werden sollen sowie für sehr handlingintensive Logistikabwicklungen mit geringem Technisierungsgrad. Vorteilhaft ist diese Logistikstruktur für Artikel mit mittlerer bis geringer Anforderung an die Lieferzeit.
3. Nationale Regionallager sind dann notwendig, wenn ein Lieferservice von 24-48 Stunden angestrebt wird. Aufgrund der hohen Flächenkosten in Osteuropa sollte genau überlegt werden, inwieweit logistische Prozesse vor Ort stattfinden müssen. Eine dezentrale nationale Abwicklung ist für handlingintensive Logistikabwicklungen mit geringem Technisierungsgrad und hohen Anforderungen an eine kurze Lieferzeit vorteilhaft.

Schließlich ist zu bedenken, dass die Qualität der logistischen Leistungserbringung und das Qualifikationsniveau der Arbeitskräfte in den Ländern von Mittel- und Osteuropa niedriger sind und hier Trainingsaktivitäten erforderlich werden.

8.5 Fallstudie zur Planung von Lagerstandorten mit Euronetz

An dieser Stelle soll eine Fallstudie zur Planung von Lagerstandorten für ein Distributionssystem vorgestellt werden (vgl. auch Kapitel 27). Mit Hilfe des an der Universität Kassel entwickelten Softwaretools **Euronetz** lässt sich in systematischer Weise ermitteln, welche Standorte in Europa einzurichten sind, wenn man von vorgegebenen Transportzeiten (Fahrtzeiten) zwischen den Lagern und den Kunden ausgeht[18]. Man

---

[18] Eine Demo-Version der Software kann von folgender Internet-Seite heruntergeladen werden: http://www.ibwl.uni-kassel.de/vahrenkamp/software.html

erhält damit das Konzept der Fahrtzeitradien. Damit ist gemeint, dass man jedem Lagerstandort die Kunden zur Belieferung zuordnet, die in einer gewissen vorgegebenen maximalen Fahrtzeit, wie zum Beispiel 6 Stunden, vom Lager aus beliefert werden können. Zu bedenken ist allerdings bei diesem Konzept, dass es hier um reine Fahrtzeiten geht, während die Auftragsdurchlaufzeiten eines Lagers zu der gesamten Abwicklungszeit des Auftrags noch hinzukommen. Diese Auftragsdurchlaufzeiten liegen in dem Bereich von 10 Stunden und mehr, so dass bei einer maximalen Fahrtzeit von 6 Stunden insgesamt eine Lieferzeit von 16 bis 20 Stunden zustande kommt.

Das Softwaretool Euronetz stützt sich als Datenbasis auf das europäische Autobahnnetz sowie auf die in Europa liegenden Großstädte ab 100.000 Einwohnern. Dabei wird angenommen, dass sich die Nachfrage nach Konsumgütern allein auf diese Großstädte beschränke. Die Nachfrage werde in Tonnen gemessen und sei für diese Fallstudie proportional zur jeweiligen Einwohnerzahl der Stadt. Als Fahrtzeitradius werden 6 Stunden (240 Minuten) angenommen. Das Softwaretool ermittelt dann unter allen Großstädten denjenigen Standort, der in dem gegebenen Fahrzeitradius die größte Nachfrage auf sich vereinigen kann und wählt diese Stadt als den ersten Standort aus. In der Abbildung 8.3 ist dies der Standort Brüssel. Dieses korrespondiert mit der Diskussion oben, wo aufgezeigt wurde, dass dieser Standort ideal ist für den Großraum London-Paris-Köln. Die Software streicht dann die vom Standort Brüssel aus versorgten Kunden aus der Liste der zu versorgenden Kunden, die von Brüssel aus versorgt werden können und errichtet in der verbleibenden Kundenmenge wiederum einen Standort dort, wo die größte Nachfrage aggregiert werden kann. Dieses Verfahren geht in der gleichen Weise schrittweise weiter, bis ein Abbruchkriterium erreicht ist. In diesem Falle wird der Aufbau von weiteren Standorten gestoppt, sobald die bei einem neuen Standort auffindbare Nachfrage unter 1% der Gesamtnachfrage sinkt.

Die Ergebnisse dieser Analyse sind in Abbildung 8.3 dargestellt. Insgesamt werden 18 Standorte vorgeschlagen, wobei aber bloß 7 Standorte ein Mengenvolumen von mehr als 5% der Gesamtnachfrage repräsentieren. Die übrigen Standorte repräsentieren Nachfragemengen unter 5% und sind grau unterlegt. Zu berücksichtigen ist bei dieser Analyse, dass nicht alle Städte in einem 6-Stunden Fahrzeitradius von einem Lager aus erreichbar sind. Wegen des Abbruchkriteriums können durchaus Städte außerhalb dieses Radius auffindbar sein. Jedoch wird mit diesem Ansatz sichergestellt, dass unwirtschaftliche Lagerstandorte, die bloß eine geringe Nachfrage befriedigen, nicht mitberücksichtigt werden. Zu bedenken ist ferner, dass die vorgeschlagene Konfiguration von Abbildung 8.3 sehr stark von der regionalen Verteilung der Nachfrage abhängt. Während für dieses Beispiel die Nachfrage proportional zur Bevölkerungszahl angenommen wurde, kann die Verteilung anders aussehen, wenn andere Nachfragestrukturen vorliegen.

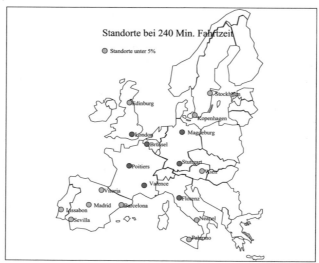

Abbildung 8.3: Einrichtung von Lagerstandorten bei einem 6 Stunden Fahrtzeitradius

In einem weiteren Analyseschritt können dann die vorgegebenen Standorte den tatsächlichen wirtschaftlichen Gegebenheiten angepasst werden, wie etwa Verfügbarkeit von Gewerbeflächen und Lagerhallen. So können diese Kapazitäten etwa bei verbundenen Konzernunternehmen vorhanden sein, so dass es sinnvoll ist, diese zu nutzen. Auch kann die Vielzahl von benachbarten Standorten, die bloß schwach ausgelastet sind, wie etwa auf der iberischen Halbinsel, noch stärker aggregiert werden.

Management Praxis:
Nutzung von Expressdienstleistern in der Europadistribution bei Ciba Vision[19]

Das international operierende Unternehmen Ciba Vision produziert, vertreibt und distribuiert Kontaktlinsen an den Fachhandel. Bevor Ciba Vision seine Distribution von einem Expressdienst durchführen ließ, unterhielt das Unternehmen 20 Lager in Europa, von denen aus innerhalb von 24 Stunden nach Bestellung an den Fachhandel geliefert wurde. Aufgrund der rund 25.000 verschiedenen Varianten waren die Lager nur teilsortimentiert. Die Folge war, dass der 24-Stunden-Lieferservice trotz der sehr hohen Gesamtbestände nur in 60% bis 88% der Bestellungen realisierbar war. Das neue Konzept sah eine zukünftige Europadistribution von nur einem Zentrallager am Standort der Fertigung aus vor, wobei die Beibehaltung des bisherigen Serviceangebots an den Fachhandel vorgesehen war. Durch die Umstellung sollte jedes Land Zugriff auf alle Varianten der Kontaktlinsen erhalten. Ferner sollten die Bestände wesentlich gesenkt und das Ersparnispotential realisiert werden.

Um einen 24-Stunden-Service europaweit erfüllen zu können und um die 5.000 Sendungen pro Tag entsprechend den Servicevorgaben liefern zu können, wurde gemeinsam mit der DHL Worldwide Express GmbH eine neue ausgefeilte, arbeitssparende EDV- und Kommunikationsverknüpfung auf der Basis einer EDI-Lösung erarbeitet und schrittweise eingeführt. Ciba Vision hat seit 1995 alle Außenlager geschlossen und betreibt nur noch ein Zentrallager am Standort. Durch das EDI-Konzept wird eine Auslieferung aller Bestellungen, die bis 20.00 Uhr im Zentrallager eingehen, bis Mittag des Folgetages europaweit ermöglicht. Der Anteil der europaweiten 24-Stunden-Lieferungen konnte auf 94% gesteigert werden, und der Zugriff auf die mehr als 24.000 Varianten „next day" wurde allen Ländern ermöglicht. Schließlich wurden die Bestände und deren direkte und indirekte Kosten um ca. 40% gesenkt.

---

[19] Quelle: Weka 1996

9 KEP-Dienste als Treiber für moderne Logistikkonzepte

9.1 Grundlegende Begriffe und Übersicht

In diesem Kapitel werden die Kurier-, Express- und Paketdienste (KEP-Dienste) und zugehörige Dienstleistungen behandelt. Ein Vergleich verschiedener Layoutstrukturen von Paketdiensten wird vorgenommen und neue Strategien in der Phase der Marktsättigung diskutiert.

Die Paketdienste haben sich in den vergangenen 20 Jahren als Logistikdienstleister aus dem klassischen Stückgutgeschäft entwickelt, indem sie sich einen leicht standardisierbaren Anteil herausgeschnitten und diesen als separaten Markt für Paketsendungen etabliert haben. Zur Abgrenzung des Marktes der Paketdienste unterscheidet man das **Kleingut** bis 31,5 kg vom Stückgut. Das **Stückgut** bezeichnet Ladungen bis zu zwei Tonnen. Das folgende Portfolio stellt die beiden Bereiche Stückgut und Kleingut gegenüber.

Abbildung 9.1: Unterschiedliche Positionierung von Stückgut- und Kleingutmärkten

Während beim Stückgut die Zahl der Sendungen niedrig ist, dafür aber das einzelne Sendungsgewicht hoch, verhält es sich beim Kleingut umgekehrt. Das Sendungsvolumen ist groß, während das Gewicht pro Sendung relativ niedrig ist. Der Stückgutverkehr von Speditionen wird in Kapitel 16 behandelt. Im Speditionssammelgutverkehr wurden im Jahre 2002 in Deutschland 30 Mio. Tonnen umgeschlagen. Zusätzlich haben die Paketdienste ein Aufkommen von 10 Mio. Tonnen bewegt (vgl. Tabelle 9.1).

Anbieter	Gütervolumen pro Jahr
Spediteursammelgutverkehr	30 Mio. Tonnen
Paketdienstleister	10 Mio. Tonnen
davon	
– Deutsche Post World Net	660 Mio. Pakete
– DPD	208 Mio. Pakete
– Hermes	165 Mio. Pakete
– UPS	160 Mio. Pakete
– GLS	115 Mio. Pakete
– Trans-o-flex	98 Mio. Pakete

Tabelle 9.1: Der Kleingutmarkt 2002
(Quelle: Lorenz 2003, S. 71 und S. 556)

Im Folgenden sollen die Marktsegmente Paketdienste, Kurierdienste und Expressdienste unterschieden werden. Seit der Freigabe der Preise für den Sammelgutverkehr im Jahre 1975 haben sich auf dem Markt für Pakete spezielle **Paketdienste** etabliert[20]. Diese

---
[20] Der Marktzugang von UPS in Deutschland datiert auf 1976.

konzentrieren sich auf das in Paketform verpackte Kleingut. Üblicherweise werden Pakete bis 31,5 Kilogramm über Nacht transportiert. Diese Gewichtsgrenze wird damit begründet, dass sie die Handhabung des Pakets bei Abholung oder Zustellung durch einen einzigen Mann ermöglicht und auch damit, dass in den USA dies die Gewichtsgrenze des genehmigungsfreien Güterverkehrs ist (70 US lbs = 31,5 kg). Übergibt ein Auftraggeber mehrere Pakete, werden diese vom KEP-Dienstleister zu einer **Sendung** zusammengefasst. Die Paketdienste richten ihr Angebot nicht an der Einzelsendung aus, sondern sind vielmehr mengenorientiert und arbeiten mit einem hohen Systematisierungsgrad. Paketdienste sind insbesondere im nationalen Bereich tätig.

Kurierdienste konzentrieren sich auf eine individuelle Abholung und Zustellung sowie den individuell begleiteten Transport von Sendungen im Direktverkehr. Das Gewicht der Sendung ist niedrig, im Durchschnitt 1,5 Kilogramm. Die Auslieferung wird im nationalen Bereich für denselben Tag bzw. den Folgetag bis 10 Uhr zugesichert. Verschiedene Kurierdienste haben ein weltumspannendes Netz aufbauen können.

Der **Expressdienst** ist genau wie der Kurierdienst auf Einzelsendungen spezialisiert. Die Einzelsendungen werden nicht im Direktverkehr, sondern hauptsächlich systemgeführt im Sammelverkehr distribuiert. Ein weiterer wesentlicher Unterschied liegt bei den Gewichtsbeschränkungen. Es wird ein wesentlich höheres Gewichtsspektrum angeboten, teilweise sogar ohne Gewichtslimit.

Die Kurier-, Express- und Paketdienste fasst man auch unter der Bezeichnung **KEP-Dienste** zusammen. Die Dienste unterscheiden sich in den Leistungen und in der Preisstruktur. Obwohl die Begriffe theoretisch eindeutig erklärt sind, kommt es in der Praxis nicht selten zu Überschneidungen. Die KEP-Branche ist aber von den klassischen Speditionsunternehmen durch ihre Laufzeiten, durch ihr Preismodell und die zu transportierenden Gewichte klar abgegrenzt.

Eine ganze Reihe von verschiedenen Faktoren führt zu einem seit 1975 lang anhaltenden und intensiven Wachstum der KEP-Branche:

- Zu nennen ist zunächst der **Güterstruktureffekt**. In der Entwicklung der Volkswirtschaft steigt im Zeitablauf der Anteil von hochwertigen Gütern im Vergleich zu Massengütern. Diese Güter besitzen ein hohes Verhältnis von Warenwert zu Gewicht und Volumen und sind deswegen für einen vergleichsweise teuren, eiligen Transport per Kurier- oder Paketdienst gut geeignet.
- Der Übergang von der Industrie- zur Dienstleistungsgesellschaft führt zu einem vermehrten Bedarf, Dokumente auszutauschen. Rechtlich selbständige Planungsbüros im Bereich Ingenieurwissenschaften, Architektur, Kultur und Werbung pflegen einen Austausch von Projektvorschlägen für ihre Auftraggeber.
- Die Verringerung der Bestände in der Lagerhaltung führt zu kleineren Auftragsgrößen im Lagernachschub und häufigeren Bestellungen. Dieses betrifft etwa Einzelhandelsgeschäfte mit Innenstadtlagen, welche die hohen Mieten für die Lagerhaltung nicht mehr aufbringen können.
- Die Zuverlässigkeit und Preisgünstigkeit der Paketdienste hat die Arbeitsteilung zwischen verschiedenen Stufen der Produktion erhöht, zu einer Dislozierung von

Produktionsstandorten und zu deren Integration in Logistikketten geführt. Man fasst diese Einwirkung moderner Logistikkonzepte auf die Volkswirtschaft mit dem Begriff des **Logistikeffekts** zusammen. Die Zuverlässigkeit der Paketdienste hat auch zu einer Zentralisierung im **Ersatzteilwesen** geführt (vgl. Kapitel 10). Anstelle lokaler oder regionaler Lagerung wird das Ersatzteilsortiment zentral geführt und über Paketdienste im 24-Stunden-Service ausgeliefert.
- Der Internethandel induziert in der Warengruppe von physischen Waren bei jeder Bestellung eine Paketsendung (siehe unten). Auch führen Änderungen im Konsumverhalten mit den weit ausdifferenzierten Wünschen der Konsumenten zum Vordringen von spezialisierten Mailorder-Firmen, die ihre Waren über Paketdienste an den Kunden senden.

Die Paketdienste waren entscheidende **Schrittmacher** zur Einführung innovativer Logistikkonzepte für die gesamte Logistikindustrie. Sie definierten das **Standard-Paket**, richteten **Hub-Systeme** zum Umschlag ein (siehe unten) und verwendeten erstmals **Barcodes** und Scanningsysteme an den verschiedenen Schnittstellen der Transportkette, womit sie eine lückenlose informatorische Begleitung der Güter in der Transportkette erreichten (**Tracking- und Tracing-Systeme** – siehe unten). Ferner waren sie Vorreiter in der Kundenkommunikation, indem sie den Kunden über das Internet eine Schnittstelle gaben, über welche der Status der Versandaufträge abgefragt werden konnte. Der Auftraggeber gibt die Paketnummer ein und erhält dann über das Internet einen Statusbericht. Im Marketing wird diese Erkundungsmöglichkeit als wichtiges Instrument der Kundenbindung angesehen.

Gegenüber dem Stückgutbereich weist das Umschlagen von Paketen verschiedene Wettbewerbsvorteile auf, die zum Wachstum dieses Segments beigetragen haben. Das Spektrum der Sendungen im Stückgutbereich ist außerordentlich heterogen. Die meisten Sendungen sind nicht als Paket verpackt, sondern auf einer Palette verankert. Darüber hinaus kommen noch vielfältige physische Abmessungen ins Spiel, wie sehr lang gestreckte Sendungen oder runde Sendungen wie Reifen. Bei dieser Struktur der Sendungen ist ersichtlich, dass die Prozesse in Stückgutnetzwerken schwieriger zu beherrschen und zu automatisieren sind, als wenn lediglich Sendungen in Paketform gehandhabt werden müssten. Diese Vereinfachung im Prozessablauf machen sich Paketdienste zu nutze. Lediglich Sendungen werden akzeptiert, welche vorgegebene Maximalabmessungen als Paket nicht überschreiten. Dadurch werden zum Beispiel extrem lange Sendungen ausgeschlossen. Mit diesem Sendungsgut ist eine Verarbeitung auf mechanischen Fördersystemen, wie Rollen, Bändern, Rutschen und dergleichen möglich. Den Paketdiensten ist es damit möglich, die Abläufe und IT-Prozesse stark zu standardisieren und so Kostensenkungspotentiale des Netzwerkeffekts (vgl. Kapitel 1) zu erschließen.

Ein weiterer Schritt zur Automatisierung von Distributionsprozessen wird mit dem auf den Paketen aufgebrachten **Barcode** getan. In den automatischen Sortieranlagen ist es mit Hilfe des Barcodes möglich, das Zieldepot des Paketes automatisch zu scannen und es damit durch das Fördersystem zu der richtigen Verladestation zu bewegen.

Verbunden mit der Barcodetechnik sind die Gewährleistung einer hohen Prozesssicherheit und eines **hohen Lieferservices**. An allen wichtigen Stationen des gesamten Distributionsprozesses wird der Barcode des Pakets gescannt und als Zeitmarke im Computersystem hinterlegt (Tracking and Tracing). Dieses gilt für Stationen wie

- Abholung,
- Einlieferung ins Regionaldepot,
- Einlieferung in den Zentralhub,
- Verlassen des Zentralhubs,
- Auslieferung beim Empfänger.

Sofern ein Paket von einem Kunden reklamiert wird, kann anhand der im System angelegten Datenspuren festgestellt werden, an welcher Stelle des Prozessablaufes das Paket zuletzt aufgetaucht ist. Damit werden die Möglichkeiten zur Nachforschung über den Verbleib verbessert. Die Einführung der Quittierung auf Hand-Held-Geräten des Auslieferungsfahrers beim Empfänger schließt die letzte Lücke in der Prozesskette und gibt dem Absender die Möglichkeit, die Quittierung des Empfangs bestätigt zu bekommen. Die genannte hohe Prozesssicherheit und Prozessqualität war zunächst im Stückgutbereich nicht gegeben, da dort keine Barcodetechnik verwendet wurde.

Weitere Wettbewerbsvorteile der Paketdienste gegenüber dem klassischen Stückgutverkehr bestehen bzw. bestanden in folgenden Punkten:

- Inlandslaufzeiten von 24 Stunden in Deutschland für 90% der Sendungen. Hingegen war der klassische Stückgutbereich gekennzeichnet von dreitägigen Laufzeiten: Einen Tag für den Sammelverkehr und die Einlieferung der Sendung in das Regionaldepot, einen Tag für den Hauptlauf zum Zieldepot und einen Tag für die Auslieferung an den Empfänger (vgl. Kapitel 16).
- Ferner ist das Preissystem von KEP-Diensten einfacher und transparenter. Der Kunde erhält Preistabellen, die für den Inlandsbereich lediglich nach Gewicht gestaffelt sind. Damit sind Kalkulationen der Preise bereits bei der Auftragsvergabe möglich. Hingegen bestehen die Abrechnungen im klassischen Stückgutbereich aus drei Teilen: Eine Rechnung für den Vorlauf, eine Rechnung für den Hauptlauf und eine Rechnung für den Nachlauf. Auch konnten im Stückgutbereich keine vorgegebenen Preistabellen ausgegeben werden, da zumindest die Vor- und Nachläufe von den jeweiligen regionalen Dienstleistern abhingen. Im Vergleich zum Sammelladungsverkehr besitzen die Paketdienste wegen der transparenten Tarife und einfachen Abrechnung eine höhere Attraktivität.

Weiterhin wird als Wettbewerbsvorteil der Paketdienste die Fähigkeit angesehen, wechselndem Bedarf z. B. aufgrund saisonaler Schwankungen durch Personalanpassung oder Einbeziehung von Subunternehmern entsprechen zu können. Die geforderte Schnelligkeit und Pünktlichkeit stellen hohe Anforderungen an die Mitarbeiter. Branchentypisch sind Nachtarbeit, flexible Arbeitszeiten und ein leistungsbezogenes Vergütungssystem. Kurze Laufzeiten, Transparenz der Leistungserstellung und der Abrechnung haben dazu geführt, dass viele Sendungen, die zuvor im Sammelgut verschickt worden waren, nun als Pakete über die Paketsysteme laufen. Damit verschlechterte sich die Sendungsstruktur in dem klassischen Stückgutbereich insofern, als dort die schwer handhabbaren Sendungen verblieben. Die Paketdienste konnten sich damit einen Anteil am gesamten Stückgutbereich herausschneiden und sind nun mit 4 Mrd. € Umsatz gleich stark wie der Stückgutmarkt (Stand 2002, vgl. Klaus 2003).

Ohne den noch vom Postmonopol gehaltenen Briefverkehr wurden im KEP-Markt in der Bundesrepublik Deutschland im Jahre 2002 ca. 1,8 Mrd. Sendungen bewegt und 8 Mrd. Euro umgesetzt. Davon entfielen (Klaus 2003):

- 5 Mrd. € auf Paketdienste, darunter 1 Mrd. € für internationale Sendungen,
- 2,5 Mrd. € auf Expressdienste, darunter 1 Mrd. € für internationale Sendungen,
- 0,5 Mrd. € auf Kurierdienste.

Eine Abgrenzung hinsichtlich der zu transportierenden Gewichte und der Laufzeitgarantie ergibt folgende Differenzierung der KEP-Dienste:

Marktsegment	Gewicht	Laufzeit	Typischer Anbieter
Dokumente	bis 3 kg	Garantie	Kurierdienst
Pakete	3,5-31,5 kg	mit hoher Wahrscheinlichkeit	Paketdienst
Sammelgut	30-2.800 kg	Garantie	Expressdienst
Partiegut	über 2.800 kg	Garantie	Expressdienst

Tabelle 9.2: Unterscheidungsmerkmale der KEP-Dienste

Die Laufzeiten werden bei Paketdiensten nicht garantiert, sondern nur mit hoher Wahrscheinlichkeit erfüllt. In der Nord-Süd-Ausrichtung der Bundesrepublik Deutschland von Rügen nach Konstanz kann im Paketdienst eine Laufzeit einer Übernachtzustellung oder von 24 Stunden nicht eingehalten werden. Dort tritt eine Laufzeit von bis zu 48 Stunden auf. Abgesehen von der langen Nord-Süd-Achse kann man die Übernacht-Zustellung bei allen drei Unterscheidungsarten der KEP-Dienste als Standardleistung ansehen.

Unterschieden werden die Produkte der KEP-Dienste nach der Länge der **Laufzeiten**:

- **Sofort** – Diese Beförderungszeit kennzeichnet die schnellstmögliche Form der Transportabwicklung. Sie ist im Stadtkurierbereich weit verbreitet. Aufgrund des engen Zusammenhangs der Laufzeit und der Entfernung zwischen Versender und Empfänger betragen die Zeiten im Stadtbereich oftmals nur Minuten bis wenige Stunden.
- **Same Day** – Dieses Produkt kennzeichnet die schnellste Form der Transportabwicklung im bundesweiten Versand. Bei überregional tätigen Kurieren werden meistens Laufzeiten von vier bis sechs Stunden angeboten. Der Anbieter Time:matters bezeichnet mit Same Day den Expressversand für extrem eilige oder außergewöhnliche Versandanforderungen - national und international.
- **Next Day** – Dieses Expressangebot zielt auf eine bundesweite Auslieferung innerhalb der nächsten 24 Stunden. Häufig existieren vorgegebene Zeitfenster, innerhalb derer der Wareneingang vollzogen sein muss, um die Zustellung bis zum Nachmittag des nächsten Tages zu gewährleisten.

- **Second Day** – Die Transportabwicklung erfolgt innerhalb von 48 Stunden. Im europäischen und im interkontinentalen Transport bieten häufig Paket- und Expressdienste diese Serviceform an, wie FedEx oder UPS (vgl. Kapitel 17).
- **Overnight** – Eilsendungen werden zu festen Laufzeiten und Tarifen über Nacht zugestellt. Die Abholung erfolgt in den Abendstunden. Die vor allem bundesweite Auslieferung findet am folgenden Arbeitstag bis spätestens 10 oder 12 Uhr statt. Dieser Service wird häufig in Ergänzung zum Stadtkurierbereich von eigenen Liniendiensten oder in Kooperationen mit anderen KEP-Unternehmen angeboten. Auch international tätige Dienste bieten diese Serviceform an.
- **Innight** – Die Auslieferung findet noch innerhalb der Nacht statt. Mit dieser Serviceart sind besondere Anforderungen an die Zustellung verbunden. Die Lieferung erfolgt zum Beispiel in Güterschleusen oder abschließbaren Behältern. Dieser Service richtet sich an Empfänger, die nachts über keine geeignete Annahmemöglichkeit verfügen. Die ursprüngliche Anforderung für den Service des Innight-Delivery ist in der Automobilindustrie entstanden. Die Firma Kutzner-Nacht-Express hat sich vor Jahren darauf spezialisiert, Kfz-Ersatzteile während der Nacht den Werkstätten zuzustellen.

Die Produkte der Paketdienste können für die Kategorie Next Day je nach garantierter Zustellzeit differenziert werden. Während das Standardpaket spätestens am Nachmittag des Folgetages den Empfänger erreicht, gibt es mit Preisaufschlägen Staffelungen für die **Premium-Produkte**

- bis spätestens um 12 Uhr des Folgetages und
- bis spätestens um 10 Uhr des Folgetages.

Im Hinblick auf die räumliche Reichweite können die Produkte der KEP-Dienste ebenfalls differenziert werden in lokal, regional, national, europaweit und interkontinental.

Deutschland ist mit seiner geographischen Ausdehnung besonders geeignet für Paketdienste mit dem Produkt „Next Day". Die Entfernung Hamburg-München beträgt ungefähr 800 km und ist mit einem LKW bei Annahme von 80-Stundenkilometer Durchschnitt unter Einrechnung von Pausen in 11 Stunden zu bewältigen. Daher können die Netzwerktypen Depot (siehe unten) oder Hub-and-Spoke (siehe unten) hier besonders günstig eingesetzt werden. Anders ist die Situation in Ländern wie Frankreich, Italien oder Spanien, wo die Hauptachsen nicht mehr in einer Nacht durchfahren werden können. Daher kann mit bodengebundenen Transporten in diesen Ländern der „Next Day" Service nicht für alle Relationen dargestellt werden. Allerdings gibt es in Italien die Konzentration der wirtschaftlichen Tätigkeit auf Norditalien, so dass Netzwerke der oben genannten Typen die Region Turin-Mailand-Rom in einem „Next Day" Service versorgen können. In Frankreich ist die Situation ähnlich. Einige Extremdistanzen können nicht über Nacht mit einem Hubkonzept abgedeckt werden, wie Bordeaux-Mühlhausen mit 950 km oder Paris Nordwest-Nizza mit 890 km. Mit einem Hub in Orleans können in Frankreich alle wichtigen Wirtschaftszentren im Norden und Osten von Frankreich innerhalb einer 400 km Distanz erreicht werden. Dies trifft allerdings nicht auf Marseille und Nizza zu.

Genutzt werden **Expressdienste** von jenen Kunden, die mit dem konventionellen Transportangebot der Sammelgutspeditionen nicht zufrieden sind und darüber hinausgehende Anforderungen stellen. Die Mehrzahl der Versandgüter ist geschäftlicher Natur. Die sehr große Zahl an unterschiedlichen Kunden und unterschiedlichen Gütern erfordern bei der Großflächigkeit der Bedienungsgebiete zahlreiche speziell auf den Kunden zugeschnittene oder standardmäßig angebotene Zusatzleistungen, wie etwa Gefahrgutberatung, Nachnahmeservice, Verpackungs-Entsorgung und Sicherheitsservice oder garantierte Abhol- und Zustellzeitpunkte, auch zu sehr außergewöhnlichen Zeiten. Der Privatkunde nutzt die Leistungen der Expressdienste selten bis nie, die der Paketdienste nur sehr wenig.

Eine weitere Komponente des Wachstums ist der flächendeckende Service, den die Expressdienstleister anbieten. Dieses System ermöglicht gleiche Absatzchancen für jedes Unternehmen, unabhängig von ihrem geografischen Standort. So können sich Unternehmen in Randzonen ansiedeln, wo sie zum einen Steuervorteile und billige Arbeitskräfte nutzen können und zum anderen in strukturschwachen Regionen Arbeitsplätze schaffen. Betrachtet man das Segment der als Paket transportierbaren Güter, so ist heute nicht von Bedeutung, in welchem Teil Europas ein Unternehmen seinen Produktionsstandort hat. Mit einem dicht geknüpften Transportnetz stellen KEP-Anbieter eine Auslieferung im 48-Stunden-Rhythmus sicher.

Allerdings ist es bis heute nicht gelungen, in Europa einen einheitlichen Markt für Pakete herzustellen, wie er in den USA in den vergangenen 30 Jahren zustande kam und dazu führte, dass Memphis als Umschlagsort für Federal Express der weltweit größte Frachtflughafen wurde (siehe unten). Vielmehr existieren in Europa in jedem Land eigene Paketmärkte, die über Schnittstellen das internationale Netz bilden.

9.2 Die Netzwerktypen im KEP-Markt

Je nach Marktsegment werden im KEP-Markt verschiedene Netzwerktypen unterschieden, innerhalb derer die Zustellung der Sendung erfolgt.

Das **Direktverkehrsnetz** (vgl. Abbildung 9.2) ist auch unter der Bezeichnung Point-to-Point bekannt und stellt in der Entwicklungshierarchie den einfachsten Netzwerktyp dar. Mit dieser Netzwerkform operieren hauptsächlich die Anbieter einfacher Transportleistungen, vor allem Stadtkurierdienste. Stadtkuriere kommen in der Regel ohne hohe Investitionen in IT-Systeme und Tourenplanung aus. Gelegentlich greifen national und international tätige Expressdienste auf die Nutzung eines Direktverkehrsnetzes zurück. In einem solchen Fall handelt es sich um besonders zeitkritische Transporte.

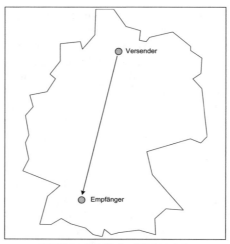

Abbildung 9.2: Kurier-Direktverkehr

Beim **Multistopp-Netzwerk** (vgl. Abbildung 9.3), das auch als Milkrun bezeichnet wird, liegt eine Vernetzung von Abhol- bzw. Zustellpunkten vor. Kennzeichnend für diese Form ist die Fahrzeugbündelung. Dadurch, dass ein Fahrzeug die zu transportierenden Waren in kleineren Partien bei mehreren Punkten während einer Tour sammelt oder verteilt, werden die Lieferungen zu größeren Transporteinheiten zusammengefasst. Dieser Netzwerktyp wird durch das Transportmuster der Sammel- und Verteilfahrten geprägt. Durch die geschickte Kombination unterschiedlicher Transportvorgänge zielt das Multistopp-Netzwerk auf Kosteneinsparungen ab. So verwendet der Paketdienst DPD diese Netzwerkform bei der Apothekenbelieferung. Im Vergleich zum Direktverkehrsnetz stellt diese Form höhere Anforderungen an die Transport- und Tourenplanung. Weit verbreitet ist das Multistopp-Netzwerk bei der klassischen Post und im Bereich des Stückgutverkehrs. Im Segment der Paketdienste ist diese Netzwerkform bei den auf die Massenverteilung ausgerichteten Diensten zu finden.

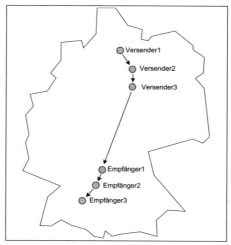

Abbildung 9.3: Das Multistopp-Netzwerk

Beim **Depot-Netzwerk** (Transshipment-Netzwerk) erschließt jeweils ein Depot eine Region mit Sammel- und Verteilverkehren für die Sendungen (vgl. Abbildung 9.4). Diese Netzwerkstruktur weist folgenden Zeitrhythmus auf: Von unterschiedlichen Lieferpunkten der Region gehen Sendungen in die Depots am späten Nachmittag ein. Im Depot erfolgt die Sortierung und Bündelung nach Empfangsdepots, sowie die Beladung auf neue Fahrzeuge für die Relationen zu den Empfangsdepots. Die Fahrzeuge fahren abends ab und erreichen am Morgen des **Folgetages** das Empfangsdepot. Dort werden die Fahrzeuge entladen und zu Ausliefertouren zusammengestellt. Kleintransporter bringen bis zum Nachmittag die Sendungen zu den Empfängern. Durch die Konzentration der Verkehre über Depots reduziert sich die Anzahl der Verbindungen zwischen den einzelnen Versand- und Empfangspunkten von Sendungen. Für diesen Netzwerktyp sind hohe Sendungszahlen erforderlich, um die mit der Umschlags- und Bündelungsfunktion des Depots verbundenen Optimierungsmöglichkeiten zu nutzen. Für die Abdeckung des deutschen Wirtschaftsraumes werden ca. 30 bis 40 Depots benötigt. Diese Anzahl ist typisch für alle in Deutschland tätigen Paketdienste.

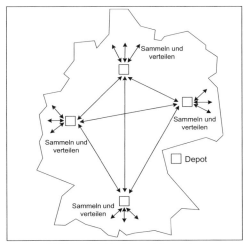

Abbildung 9.4: Das Depot-Netzwerk

Eine wichtige Netzform, die im Jahre 1973 von Federal Express (siehe unten) als ein innovatives Konzept in die Logistikindustrie eingeführt worden ist, ist das **Hub-and-Spoke-Netzwerk** (vgl. Abbildung 9.5). Diese bei Paket- und Expressdienstleistern am weitesten verbreitete Netzwerkform erinnert stark an ein Wagenrad mit einer zentralen Nabe und mehreren Speichen. Im Hubsystem werden die Sendungen aus den Regionallagerhäusern in der Nacht in ein zentrales Umschlagdepot, das auch als Nabe oder Hub bezeichnet wird, eingeliefert, dort nach Zielen umsortiert und dann sternförmig in die regionalen Umschlagdepots (Speichen) befördert. Infolge dieser Organisation wird nur an einem zentralen Ort in einem Arbeitsgang sortiert.

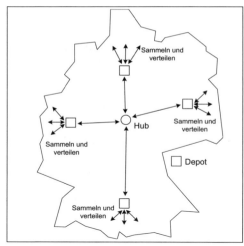

Abbildung 9.5: Die Hub-Struktur

Während in Depotnetzwerken jedes Depot mit jedem anderen Depot über eine Transportrelation verbunden wird, müssen im Hub-Layout lediglich Verbindungen zwischen den einzelnen Depots und dem zentralen Hub aufgebaut werden, so dass die minimal mögliche Anzahl von Transportverbindungen verwendet wird, um alle Depotstandorte miteinander zu verbinden. Tatsächlich werden aber in der Paketdistribution die Hub-and-Spoke-Netzwerke nicht unabhängig von dem Depot-Netzwerktyp betrieben. Vielmehr werden beide Netzwerktypen Depot und Hub-and-Spoke kombiniert. Bei dieser Kombination werden die Sendungen von aufkommensstarken Relationen mit Direktverkehren wie in Depotnetzwerken gefahren, während Sendungen in aufkommensschwachen Relationen über den Hub konzentriert werden.

Der Zeitrhythmus bei Hub-and-Spoke-Netzwerken ist ähnlich wie bei den Depotnetzwerken. Anstelle der Zieldestination besitzen die von den Depots am Abend abgehenden LKW die Destination des Zentralhubs. Dort treffen sie gegen Mitternacht ein, werden entladen und die Sendungen werden auf Zieldestinationen sortiert. Der Sortiervorgang ist um 2 Uhr nachts abgeschlossen, so dass dann die Sendungen auf die LKW verladen werden und diese ihre Zieldestinationen ansteuern können. Die LKW erreichen dann am frühen Morgen ihre Zieldestinationen.

Für die geographische Lage des Hubs spielt eine **Zentrallage** innerhalb von Deutschland eine große Rolle, da von diesem Punkt aus alle Depots in der ungefähr gleichen Maximalentfernung erreicht werden können. Die Paketdienstleister haben daher ihre Hubs in die Gegend zwischen Kassel und Aschaffenburg gelegt. Während GLS seinen Hub in Neuenstein bei Bad Hersfeld besitzt, hat der Paketdienst DPD seinen Hub in Aschaffenburg aufgebaut. Der Hub von DHL Express liegt in Staufenberg bei Kassel und der von UPS SCS in Niederaula bei Bad Hersfeld.

Das Hub-and-Spoke-System wird in Deutschland vielfach ergänzt durch regionale Sub-Hubs. In aufkommensstarken Gebieten wie dem Ruhrgebiet oder dem süddeutschen Wirtschaftsraum werden die Sendungen mit der gleichen Zielregion in regionalen Hubs vorsortiert und nicht mehr über den Zentralhub geführt. Dadurch entstehen eine Entlastung der Verkehre zu dem Zentralhub und eine Reduktion der Transportvorgänge. Da die LKW-Maut die Transporte verteuert, werden nun vermehrt regionale Hubs eingerichtet, um die gefahrenen Kilometer zu reduzieren.

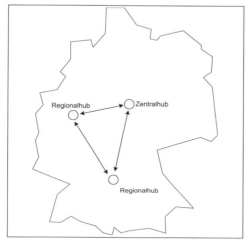

Abbildung 9.6: Ergänzung des Zentralhubs durch Regionalhubs

9.3 Netzwerkeffekte bei Depot- und Hub-Systemen

In den neu errichteten Distributionssystemen in Europa kann man beide Layout-Typen beobachten, sowohl das Depot-Netzwerk wie auch das Hub-Layout. Die Deutsche Post hatte im Jahre 1993 eine neu strukturierte Paketabteilung gegründet und ihren Betrieb im Jahre 1995 mit 33 neu erbauten Umschlagspunkten aufgenommen, die im Depot-Netzwerk miteinander verbunden wurden. Ebenso nahm die deutsche Tochter von TNT-World-Wide-Express den bundesweiten Übernacht-Paketdienst auf, dessen Leistungen innerhalb Deutschlands in einer garantierten Lieferung bis 9.00 Uhr am nächsten Tag bestehen. TNT benutzt im Unterschied zur deutschen Postfracht das Hub-and-Spoke-Netzwerk, um 29 Umschlagdepots zu verbinden. Daher entsteht die Frage, worin die ökonomischen Faktoren bestehen, die solch unterschiedliche Layout-Entscheidungen, einmal Depot-Netzwerk zum anderen das Hub-Layout, steuern.

Im Folgenden wollen wir die Modelle der Paketdienste und ihrer Layout-Typen näher beleuchten. In dem Modell des Paketdienstes ist eine räumliche Verteilung der Kunden, die Pakete absenden und empfangen, gegeben. In jeder Region werden die Kunden von einem Depot als Umschlagspunkt bedient, das beide Funktionen erfüllt: Einmal das Sammeln der Pakete aus der Region und zweitens die Verteilung der einkommenden Pakete unter den Kunden. Wir nehmen an, dass die räumliche Verteilung der Depots gegeben und an dieser Stelle nicht Gegenstand von Optimierungsüberlegungen ist. Der Übernacht-Service der Paketdienste prägt eine besondere Zeitstruktur ihrer Aktivitäten: Die Einsammlung der Pakete geht am Nachmittag vor sich und die Verteilung an die Kunden am Vormittag. Die Depots sind verbunden durch LKW-Transportsysteme, welche das **Paketsystem** konstituieren. Die Pakete, die von einem Depot gesammelt werden, werden am Abend dort nach Zieldepots sortiert und am nächsten Morgen verteilt. Diese Verteilung erfordert eine weitere Sortierung der Pakete nach Empfängern. Daher wird die Sortierfunktion zweifach durchgeführt. Zunächst die Sortierung der einzelnen Pakete nach dem Zieldepot (Zielsortierung) und zweitens die Sortierung aller im Zieldepot eingehenden Pakete nach den individuellen Empfängern (Empfängersortierung).

Um die einzelnen Depots in ein arbeitsfähiges System zu integrieren, werden damit zwei fundamentale Funktionen erforderlich:

- das Sortieren und
- die Verbindung der Depots.

In diesen beiden Grundfunktionen ergeben sich Unterschiede in beiden Layout-Typen.

Im Depot-Netzwerk werden die Depots durch direkte Relationen verbunden. Wenn wir die Zahl von N Depots annehmen, dann haben wir im Depot-Netzwerk zwischen jedem Paar von Depots zwei Relationen, eine für jede Richtung. So erhalten wir die Zahl von $N*(N-1)$ direkten Relationen. Wir nehmen an, dass LKW die Fracht entlang dieser Relationen transportieren. Im Unterschied dazu werden im Hub-Layout zweimal N direkte Relationen gefahren. Das Depot-Netzwerk zeigt ein quadratisches Wachstum, während das Hub-Layout ein lineares Wachstum der direkten Relationen in Abhängigkeit von der Zahl N der verbundenen Depots aufweist.

Wenn wir die **Sortierfunktion** in beiden Layout-Typen vergleichen, kommen wir zu folgender Betrachtung. Der Unterschied zwischen beiden Layout-Typen liegt in der Durchführung der Zielsortierung. Im Depot-Netzwerk wird die Zielsortierung in jedem Depot durchgeführt, während im Hub-Layout die Zielsortierung im Hub zentralisiert ist. Aus diesem Grund können im Hub-Layout Größenvorteile in der Zielsortierung ausgenutzt werden. Dies ist ein bedeutender Punkt im Vergleich der Effizienz.

Weitere Faktoren, welche die ökonomischen Vorteile des Hub-Layouts betreffen, befinden sich auf der strategischen und operativen Ebene des Hub-Layouts. Die Effizienzvorteile des Hub-Layouts betreffen:

- Optimierung der Standortwahl für den Hub im Straßennetzwerk,
- preiswerte Fläche für den Hub außerhalb von Verdichtungsgebieten,
- stetiger Betrieb des Hubs durch einen Mengenausgleich der verschiedenen eingehenden Ströme,
- Vermeidung von Transaktionskosten in dem Kontakt mit Subunternehmern, die sammeln bzw. verteilen,
- Verminderung der Managementkapazität, da nur zweimal N direkte Relationen gegenüber $N*(N-1)$ Relationen im Depot-Netzwerk vorliegen,
- bessere Nutzung der Transportkapazität durch Vermeidung direkter Relationen mit niedrigerem Volumen.

Die betriebswirtschaftlichen Vorteile sind jedoch nicht alleine beim Hub-Layout konzentriert. Im Depot-Netzwerk können wir folgende Effizienzvorteile feststellen:

- Niedrige Transportkosten und kurze Transportzeiten zwischen benachbarten Depots.
- Doppelte Nutzung der Sortiermaschinen in den Depots: Am Abend werden sie genutzt für die Zielsortierung und am Morgen werden sie genutzt für das Empfängersortieren.
- Die Investitionen in Sortiermaschinen sind im Hublayout doppelt so groß wie im Depot-Netzwerk: Einmal die Sortierkapazität in den Depots für die Empfängersortierung, zum zweiten die Sortierkapazität für die Zielsortierung im Hub, deren Kapazität gleich ist der aggregierten Kapazität der Sortierung in den Depots.
- Die beiden Punkte zuvor implizieren, dass die Nutzung von einer Geldeinheit Investition in Sortiermaschinen im Depot-Netzwerk viermal größer ist als im Hublayout.
- Das Depot-Layout ist geeignet für große Volumen. Der zentrale Hub besitzt eine obere Schranke für die Sortierkapazität.

Der letzte Punkt ist der Grund für DHL, ihren Paketdienst im Depot-Netzwerk zu betreiben. Pro Jahr wird von der DHL die Menge von ca. 660 Millionen Paketen transportiert. Diese Menge kann nicht ökonomisch in einem Zentralhub sortiert werden. Im Unterschied dazu betreiben Wettbewerber, wie der Paketdienst TNT oder GLS, ein Hub-Layout. Für die praktische Realisierung kann man eine Mischung beider Layout-Typen beobachten. Die Paketdienste betreiben Relationen mit einer großen Menge von Paketen mit direkten Verbindungen und konzentrieren Relationen mit einer niedrigen Paketmenge im Hub-Layout. Der Absender von Paketen hat insofern einen Nutzen von den direkten Relationen, als die Zeitschranke am Abend, an der ein Paket spätestens aufgegeben werden muss, nach hinten verschoben werden kann.

Wenn man das Depot-Netzwerk mit dem Hub-Netzwerk vergleicht, ergibt sich ein Trade-Off zwischen Kapitalinvestitionen in Transportmittel und dem Umfang der im Netzwerk zurückgelegten Transportstrecke. Dieses soll hier mit einer modelltheoretischen Analyse am Beispiel des Lufttransports erläutert werden. Hierzu nehmen wir 16 Kundenknoten an, die kreisförmig um einen zentralen Hub mit einem Radius von 1.000 km gleichmäßig angeordnet sind. Das Sendungsaufkommen von Kundengebieten i nach j betrage jeweils 30 Tonnen. Als Transportmittel werden Flugzeuge mit 20 Tonnen Nutzlast eingesetzt. Werden die Transporte im Depot-Netzwerk ausgeführt, so ergeben sich nach Vahrenkamp (1999A) folgende Größen im Vergleich zur Transportabwicklung über den zentralen Hub (Hub-Netzwerk):

	Depot-Netzwerk	Hub-Netzwerk
Anzahl der benötigten Flugzeuge	480	368
Flugleistung insgesamt in tkm	20*361.920	20*720.000
Flugleistung pro Flugzeug in tkm	15.080	39.130

Tabelle 9.3: Transportgeräte und Transportleistung

An diesen Daten wird deutlich, dass Netzwerke des Gütertransportes mit einer Hub-Struktur weniger Flugzeuge einsetzen, und zwar in diesem Modellfall um 23% weniger, diese aber, gemessen an der Flugleistung, intensiver nutzen, und zwar in diesem Modellfall um den Faktor 8/3. Das folgende Portfolio in Abbildung 9.7 veranschaulicht den Trade-Off zwischen Kapitalinvestition und Nutzungsintensität.

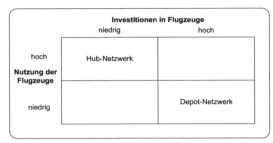

Abbildung 9.7: Portfolio zum Depot- und Hub-Netzwerk

9.4 Strategien für reife KEP-Märkte

Die KEP-Anbieter haben vor allem bis in die neunziger Jahre hinein eine Periode erfolgreichen Wachstums hinter sich gebracht. Das stürmische Wachstum im Paketmarkt flacht jedoch seit 1995 ab. Das Wachstum der KEP-Branche wurde seitdem vom Express- und Kuriersegment getragen. Mit dem Konjunktureinbruch in der Medienindustrie seit dem Jahre 2000 ist auch der mit dem Markt für Werbung eng verbundene Bereich der Kurierdienste bundesweit um 30% eingebrochen.

Nun ist ein Zeitabschnitt mit gedämpften Wachstumsraten zu beobachten, in dem die KEP-Branche einem schnellen Wandel unterworfen ist. Zwar bleibt im heutigen KEP-Markt die reine Transportleistung durch eigene leistungsfähige Road- und Airnetzwerke weiterhin ein wichtiger Erfolgsfaktor. Jedoch haben zahlreiche Anbieter erkannt, dass der einfache Sendungstransport von A nach B heutzutage nicht mehr ausreicht, um weiterhin Wachstum zu erzielen. Eine Situationsanalyse soll die derzeitige Lage auf dem KEP-Markt beschreiben.

Die KEP-Märkte befinden sich nun in einer Phase der **Marktreife**. Reife Märkte sind von nachstehenden Eigenschaften gekennzeichnet:

- zunehmender Verdrängungswettbewerb und Konzentrationsprozess,
- verstärkte Kundenorientierung,
- steigendes Preisbewusstsein bei den Kunden,
- Angebotsdifferenzierung und damit verbundene Marktfragmentierung,
- hohe Marktzugangsbarrieren,
- hohe Bedeutung technologischer Innovationen.

Die ehemals traditionelle Branchenunterteilung in Speditionen auf der einen und KEP-Dienste auf der anderen Seite verblasst zusehends. Neben Transport- und Speditionsunternehmen versuchen auch Versandhändler und Verlage, in den Bereich des „schnellen Versands" vorzudringen. Dies gilt auch für Luftverkehrsgesellschaften. Eine Express-Sendung kann dabei nicht nur innerhalb des Carrier-eigenen Netzwerkes, sondern auch durch andere Airlines befördert werden. Zudem wurde DB Cargo durch den Kauf des Logistikunternehmens Stinnes zu einem europäischen Logistikanbieter auf der Schiene und der Straße mit einem umfassenden Angebot.

Der steigende Wettbewerbsdruck hat die KEP-Dienste gezwungen, stärker über neue Konzepte und Produkte nachzudenken, um effektiver und schneller auf sich verändernde Marktkonstellationen reagieren zu können. Damit wird die Bildung von Kooperationen und Fusionen angesprochen.

Der **Konzentrationsprozess** ist zurzeit einer der Hauptantreiber in der KEP-Branche. Durch den Boom in der KEP-Kategorie Pakete bis in die neunziger Jahre hinein sind die Postunternehmen in ihren angestammten Postmärkten angegriffen worden. Mit Firmenaufkäufen in den Jahren seit 1998 reagierten die nationalen Postgesellschaften in Europa. In Deutschland sind die Aktivitäten der „Deutschen Post AG" anzuführen. Die Deutsche Post AG hat in den Jahren 1998 bis 2002 ca. jeden Monat ein Logistikunternehmen im europäischen Ausland oder in den USA gekauft, um neue Leistungssysteme aufzubauen. Hier sind u.a. Nedlloyd, American Express und Danzas zu nennen. Zur weiteren Abrundung ihres Luftfrachtgeschäfts hat die Deutsche Post AG im November 2001 die österreichische Cargoplan/Cargoline-Gruppe übernommen, was ebenfalls zu einem Anstieg des Umsatzes mit Frachtdienstleistungen führte. Im Vergleich zu zahlreichen privaten Anbietern verfügten die nationalen Postgesellschaften über ausreichend Finanzkraft für die internationale Expansion. So kritisiert zum Beispiel der Integrator UPS, dass die Post durch ihre Monopolstellung im deutschen Briefgeschäft jahrelang starke Finanzpolster aufgebaut habe. Mit diesem Geld sei es dem Postvorstand möglich gewesen, Übernahmen in anderen Geschäftsfeldern zu finanzieren.

Umgekehrt schreitet aber auch die Expansion ausländischer Logistikkonzerne im deutschen Transport-, Logistik- und Postmarkt rasch voran. Ein Ende dieser Konzentrationswelle scheint nicht in Sicht. Vielmehr lässt sich seit Ende der neunziger Jahre die Herausbildung großer KEP-Gruppen, die sich bis auf UPS um jeweils nationale europäische Postgesellschaften gebildet haben, erkennen. Durch Firmenaufkäufe und Übernahmen bauen die europäischen Postgesellschaften ihre Kernmärkte weiterhin aus. Bereits heute kontrollieren die vier führenden Postunternehmen ca. 50 Prozent des europäischen Marktes. Die folgende Tabelle 9.4 zeigt die 15 umsatzstärksten KEP-Unternehmen auf dem deutschen Markt im Jahre 2002 auf (Klaus 2003). Deutlich wird, dass die 10 größten Unternehmen bereits einen Anteil von 73% am Gesamtumsatz von 8 Mrd. € halten.

Rang	Unternehmen	Umsatz in Mio. EUR
1	Deutsche Post	2.100
2	UPS	900
3	DPD - Deutscher Paket Dienst	800
4	GLS (ehem. German Parcel)	416
5	Hermes Versand Service	391
6	Trans-o-flex	382
	DHL Worldwide - (D) (in Deutsche Post)	(320)
7	Optimus Logistics	175
8	TNT Logistics	150
9	Transmed Transport	100
10	TNT Express	90
	Summe Top 10	**5.504**
11	GO! (Kooperation)	60
12	GEL Express Logistik (Kooperation)	59
13	MGL Logistik	30
14	Nagel	20
15	Hansetrans Holding	18
	Summe Top 15	**5.691**

Tabelle 9.4: Die 15 umsatzstärksten KEP-Unternehmen in Deutschland

Wenn man den Instrumentalbereich der **Produktpolitik** betrachtet, so ist in der Reifephase eine stärkere Produktdifferenzierung erforderlich. In der Phase starken Wachstums war die Produktpolitik angebotsorientiert, was bedeutete, dass die Kunden ein Standardangebot des KEP-Dienstleisters zu akzeptieren hatten. Wenn heute die Differenzierung der Produkte auf der Tagesordnung steht, so geht es darum, stärker die Anforderungen der Kunden zu berücksichtigen. Hier sind die Staffelung der Zustellzeiten, Geld-zurück-Garantien und die Ausstattung der Produkte mit einem Zusatznutzen, wie z.B. die Lieferung von Statusinformationen, zu nennen – Angebote, die heute bereits größtenteils realisiert sind. Ferner können in der Produktpolitik neue Abnehmergruppen als Auslieferungsziele gewählt werden, wie zum Beispiel durch die Zustellung am Samstag oder die Zustellung an Privathaushalte. Die Differenzierungspolitik ist eine besondere Chance für mittelständische KEP-Unternehmen, die sich Marktnischen mit maßgeschneiderten Angeboten suchen können, während die Top 5 der KEP-Anbieter, die ca. 50% des Umsatzes auf sich vereinen, den Markt für Standard-Produkte dominieren.

Im Instrumentalbereich der **Preispolitik** ist davon auszugehen, dass bei reifen Märkten die Preiskämpfe zwischen Wettbewerbern besonders hart werden und Preisdifferenzierungen nach Top-Kunden, nach Standorten und nach Produktarten zu beobachten sind.

Betrachtet man den Instrumentalbereich der **Konditionenpolitik**, so lassen sich Differenzierungen an der Schnittstelle Kunde-KEP-Dienstleister beobachten, die sich stärker an den Kundenerwartungen auszurichten haben. Die Schnittstelle war in der Vergangenheit vom Dienstleister als ein Standard vorgegeben worden und hatte bei den Kunden zu einigem Unmut geführt. Die Zeit der exklusiven Bindung des Kunden an einen KEP-Dienstleister dürfte vorbei sein. Daher ist der Instrumentalbereich der Kommunikationspolitik in der Reifephase besonders zu aktivieren, da es nun darum geht, gegenüber Mitbewerbern einen Aufmerksamkeitseffekt zu erzielen und ein Differenzierungsmerkmal zu übermitteln. In der Kommunikationspolitik setzten die KEP-Dienstleister bereits Meilensteine der Kundenbindung, indem sie den Kunden mit der Internet-Schnittstelle Statusinformationen bereitstellen.

In der Phase der Reife bietet die KEP-Branche verstärkt Problemlösungen als gebündeltes Produkt an. Somit müssen sich KEP-Dienste nicht nur als Transporteur, sondern auch als Problemlöser (Zusatzleistungen wie Austauschleistungen, Reparaturservice etc.) etablieren. Daher wird die Bedeutung des komplexen integrierten Logistikdienstleisters zukünftig noch wichtiger werden. Das Segment der Zusatzleistungen wird auch das Geschäftsfeld sein, auf dem eine Differenzierung gegenüber dem Wettbewerb möglich sein wird.

Der Privatkunde hat die Leistungen der KEP-Dienste bisher selten bis nie genutzt. Seit kurzem nimmt die Bedeutung des Distanzhandels allerdings stetig zu. Dabei wird der klassische Distanzhandel durch die Möglichkeiten des E-Commerce ergänzt. Ein anderes Einkaufsverhalten führt dazu, dass auch die Belieferung von privaten Endkunden weiter erheblich zunehmen wird. Hierfür entstehen zurzeit neuartige Konzepte zur Bedienung der ‚letzten Meile' zum Kunden. Verschiedene Systeme der Entkopplung von Zustellung und Entgegennahme von Sendungen, wie ‚Paketshops', ‚Pickpoints' oder ‚Tower-Konzepte', befinden sich in der Erprobung und konkurrieren um die Gunst der Kunden (vgl. Kapitel 7).

Neben derartigen, asynchronen Belieferungsformen fragen Kunden verstärkt höherwertige logistische Leistungen als Value Added Services nach. Im Endkundenbereich steht hierbei vor allem die Vereinbarung möglichst enger Zeitfenster für die Zustellung im Vordergrund. So können Kunden z.B. vor dem Austausch eines defekten Handys im Dialog mit dem KEP-Dienst einen Zeitraum vereinbaren, in dem die Zustellung des neuen und die Rücknahme des defekten Geräts erfolgen sollen Ein Kunde wünscht sich, dass neben der reinen Austauschleistung eines defekten Gerätes auch weitere Services, wie die Datenübertragung, vorgenommen werden.

Im Geschäftskundenbereich lassen sich ähnliche Entwicklungen beobachten. Der Bereich des ‚After Sales Services' wird nachhaltig von KEP-Diensten unterstützt. So wird vielfach die Versorgung von Servicetechnikern im Feld mit Ersatzteilen durch KEP-Dienste vorgenommen. Hierbei kann die Belieferung z.B. nachts durch verschiedene Boxsysteme direkt an die Fahrzeuge des Technikers erfolgen. Im Bereich der Mehrwertdienstleistung lassen sich ähnliche Beispiele feststellen.

Zusammenfassend lassen sich die heutigen Kundenanforderungen wie folgt beschreiben:

- Preissensibilität nimmt zu, eine höhere Servicequalität zu geringeren Preisen wird erwartet.
- Kunden fordern integrierte Logistikdienstleistungen. Dieser Anspruch beinhaltet sowohl ein internationales Netzwerk als auch IT-Anbindung und Value Added Services.
- Erwartung einer kundenindividuellen Problemlösung.
- Logistikdienstleister müssen über branchenspezifisches Know-how verfügen, um als kompetenter Gesprächspartner akzeptiert zu werden.
- Viele Kunden wollen das Outsourcing ihrer Nicht-Kern-Aktivitäten.
- Erhöhte Transparenz der gesamten Wertschöpfungskette, wie z.B. eine lückenlose Sendungsverfolgung.

Die Ausführungen zeigen, dass KEP-Dienste heutzutage logistische Problemlösungen anzubieten haben, die weit über die reine Transportleistung hinausgehen.

9.5 Das Internet als KEP-Treiber

Die Bedeutung des Internets im B2C-Segment nimmt immer weiter zu. Folglich erhält die KEP-Branche durch den E-Commerce auch in den kommenden Jahren einen Wachstums- und Entwicklungsschub. Schätzungen der Unternehmensberatung MRU besagen, dass jedes vierte Paket durch Internet-Handel ausgelöst wird. Immer mehr KEP-Anbieter bieten ihren Kunden durch Online-Service kundenindividuelle Datenverarbeitungs-Lösungen an. Mit Tracking und Tracing wird den Kunden bereits seit langem durch Internettechnologie der Zugang zu Sendungsverfolgungssystemen angeboten. Zu jeder beliebigen Tages- und Nachtzeit kann der Kunde den aktuellen Status seiner Sendung abfragen. Die lückenlose Sendungsverfolgung sichert ein permanenter Scanningprozess. Bei Bedarf erhält der Empfänger ein Proof of Delivery. Seit kurzem gewähren führende KEP-Dienstleister dem Kunden e-mail-tracking. Letztere können den jeweiligen Status von bis zu 50 Sendungen zugleich verfolgen, indem sie die Sendungsdaten über E-Mail an eine bestimmte Adresse schicken. Beinahe jeder KEP-Dienst ist im Internet auffindbar und stellt als Erweiterung zur Internet-Homepage für den Kunden die Möglichkeit dar, Sendungen zu erstellen und anschließend online zu buchen.

Hauptsächlich Innovationen im Bereich der mobilen Endgeräte und die dazu parallel verlaufende Entwicklung leistungsfähiger Mobilfunktechnologien sind bei KEP-Diensten verbreitet und führen dazu, dass sich der Ablauf in der Logistikkette problemlos und zeitnah verfolgen lässt.

Mittlerweile können die Preise fast aller Anbieter unter der jeweiligen Homepage abgefragt werden. Zudem stellt das Internet weitere Möglichkeiten zur Auswahl, um sich als Versender über Preis- und Leistungsunterschiede innerhalb der Branche zu informieren. Beispielsweise ist es unter www.letmeship.de möglich, die Preise und Leistungen für Kurier- und Express-Sendungen zu vergleichen sowie ohne Aufpreise und Gebühren zu buchen. Auch unter www.posttip.de können Tarife für die Paketbeförderung online abgefragt werden. Neben Wandel und Weiterentwicklungen in den KEP-Unternehmen sind auch auf Seiten der Kunden Veränderungen festzuhalten, die einen großen Einfluss auf die Branche haben.

9.6 Die KEP-Dienste und die neuen Sicherheitskonzepte

Ein Wandel in der KEP-Branche hat sich auch aufgrund der Ereignisse vom 11. September 2001 bezüglich der Sicherheitsmaßnahmen beim Flugtransport vollzogen. Sicherheitsmaßnahmen werden von der Bundesluftfahrtbehörde vorgeschrieben. Nahezu alle Pakete werden geröntgt, bestimmte müssen anschließend 24-Stunden gelagert werden, bevor sie weiter transportiert werden dürfen. Jedes in die USA zu transportierende Frachtstück wird über 24-Stunden bzw. über den Zeitraum des bevorstehenden Fluges dem Flug entsprechenden Umständen, wie dem verminderten Luftdruck, ausgesetzt. Dies kann zu Laufzeitverzögerungen führen.

Die dennoch kürzeren Laufzeiten gegenüber klassischen Anbietern erreichen vor allem die Integratoren durch extrem effiziente Arbeitsweisen, wie z.B. der Sammlung und Verteilung der Güter tagsüber und Vorverzollung und Durchführung der Transporthauptläufe über Hubs in der Nacht, die mit Hilfe scannergestützter Sortieranlagen einen Umschlag in kürzester Zeit ermöglichen. Einen großen Zeitvorteil erzielen zahlreiche KEP-Dienste durch eine sehr intensive Zusammenarbeit mit dem Zoll. So werden abfertigungsspezifische Informationen bereits vor dem Eintreffen der Sendung in dem Empfängerland von Integratoren an die Zollbehörde übermittelt. Durch ein solches Verfahren können KEP-Anbieter eine legale, schnelle Importabfertigung sicherstellen.

Im Folgenden sollen die Paketdienste General Logistics System GLS, DHL (Frachtpost) und Federal Express vorgestellt werden.

9.7 General Logistics System GLS

Der Paketdienst General Logistics System GLS wurde als German Parcel 1988 in Deutschland als flächendeckend tätiger Paketdienst von 25 mittelständischen Spediteuren gegründet und nahm 1989 seine Arbeit auf. Der Verbund befördert bundesweit Pakete bis 30 kg, europaweit bis zu 50 kg. Die Regellaufzeit beträgt 24 Stunden in Deutschland und 48 - 96 Stunden in Europa. Auf der Versenderseite arbeitet der Verbund ausschließlich mit gewerblichen Kunden aus den unterschiedlichsten Branchen zusammen. Distribuiert werden die Sendungen sowohl an gewerbliche als auch an private Empfänger. Die Pakete laufen zur Sortierung über einen Hub in Neuenstein bei Bad Hersfeld.

Bei GLS handelt es sich um eine als **Franchisesystem** aufgebaute Kooperation mittelständischer Unternehmen. Jeder Gesellschafter ist gleichzeitig Franchisenehmer des Systems, und seine Eigenständigkeit ordnet sich, wo notwendig, den Anforderungen des Gesamtsystems unter. Der Zusammenschluss versteht sich als Markenartikel-Dienstleister. Der **Markenartikel Paketlogistik** wird, unabhängig von Zeit und Ort, überall in gleicher Qualität durch die Systemteilnehmer erbracht. Unter einheitlichem Logo, Erscheinungsbild und operativer Abwicklung vermitteln die rechtlich und wirtschaftlich selbständigen Partner im Außenverhältnis eine durchgängige Unternehmensidentität. Im Unterschied zur Post-DHL beliefert GLS hauptsächlich Geschäftskunden.

Antrieb für die Gründung von German Parcel waren die Veränderungen des Marktes. Bei den mittelständischen Spediteuren machte sich deutlich der Güterstruktureffekt bemerkbar. Die zu befördernden Güter wurden immer kleiner und leichter, und die Frequenz der Sendungen nahm zu. Mit dem traditionellen Stückgutnetz waren diese Transporte nicht mehr wirtschaftlich abzuwickeln, denn der Transport von Paletten stellt andere Anforderungen an einen Spediteur als der häufige Transport von Kleingutsendungen. Durch die Veränderungen auf der Nachfrageseite sahen sich die Spediteure gezwungen, ihr Leistungsangebot zu überdenken und neue Produkte anzubieten. So entstand der Gedanke, einen Paketdienst aufzubauen, der gezielt die veränderte Nachfrage der Kunden abdeckt. Um den Anforderungen des Marktes zu genügen, war es notwendig, ein **flächendeckendes System** aufzubauen, um deutschlandweit qualitativ hochwertige Leistungen erbringen zu können. Seit 1999 ist die britische Royal Mail Group (RMG) Hauptgesellschafter der GLS Germany. Mit der Gründung der General Logistics Systems International Holding B.V. (GLS) in Amsterdam Ende März 2000 wurde eine strategische Basis für sämtliche Geschäftsaktivitäten im kontinental-europäischen Kurier-, Express- und Paketmarkt geschaffen. Heute hält die GLS Anteile an 18 europäischen Paket-, Kurier-, und Expressunternehmen. Die deutsche Tochter GLS Germany setzte im März endenden Geschäftsjahr 2002/2003 rund 438 Millionen € um.

9.8 DHL

Als im Juli 1995 die Postreform II in Kraft trat, sollte die Umwandlung der staatlichen Post in eine privatwirtschaftliche Aktiengesellschaft mehr Wirtschaftlichkeit, höhere Flexibilität, günstigere Preise, besseren Service und mehr Wettbewerb ermöglichen. Der Paketversand der Post firmierte zunächst als Frachtpost. Die Grundphilosophie des neuen Konzeptes für die Frachtpost beinhaltete:

- Belieferung des Privatkundensegmentes,
- standardisierter Betriebsablauf mit nur noch zwei Verteilgängen,
- Verknüpfung der reduzierten Bearbeitungsstätten mit Direktverkehren,
- Lösung von der einseitigen Bindung an einen Verkehrsträger unter gleichzeitiger Bündelung und Verdichtung der Transporte,
- kalkulierbare und zuverlässige Laufzeiten auch bei Saisonspitzen,
- Einführung eines genormten Basisproduktes, in das die wichtigsten Produktmerkmale bereits integriert sind,
- nachfragegerechte Zusatzleistungen und branchenbezogene Lösungen,
- ausbaufähiges Informations- und Steuerungssystem.

Schwerpunkt der Umwandlung ist ein Netz von 33 Frachtpostzentren mit angeschlossenen Zustellbasen, in das der Postdienst ca. 1,5 Mrd. € investiert hat. Die Paketzentren, die im Juli 1995 in Betrieb genommen worden sind, bilden die logistische Grundlage für das Konzept der Frachtpost. Die Paketzentren sind mit modernster Verteiltechnik ausgestattet und über IT-Kommunikationssysteme miteinander vernetzt. In jeder der 33 Anlagen, die alle identisch sind, können pro Stunde ca. 24.000 Pakete bearbeitet werden[21]. Die Investitionen von 1,5 Mrd. € für das neue Logistiksystem der Frachtpost erscheinen zunächst hoch. Legt man die Investitionen jedoch auf die ca. 600 Mio. Pakete jährlich um bei einem Kapitaldienst von 10%, so ergibt sich nur eine vergleichsweise geringe Belastung von € 0,25 pro Paket. Die Abbildung 9.8 zeigt die Verteilung der 33 Paketzentren in Deutschland auf.

---

[21] Logistik Heute, Heft 6, 1996, S. 72f

Abbildung 9.8: Die Bezirke der Paketzentren (Deutsche Bundespost 1994)

Jedem Paketzentrum sind rund 15 Zustellbasen zugeordnet, von denen aus die Pakete an die Empfänger ausgeliefert werden. Eine optimierte Verteillogistik sorgt für einen weitgehend automatisierten Umschlag der Pakete in den Zentren. So hat durch das neue System ein Paket zwischen Einlieferungsstelle des Absenders und Zustellbasis des Empfängers nur noch zwei Stationen zu passieren: zum einen das Paketzentrum im Versorgungsbereich des Absenders und zum anderen das Paketzentrum im Versorgungsbereich des Empfängers. Mit dem alten System der Post hätte dasselbe Paket ca. sieben Stationen bis zur Auslieferung durchlaufen müssen. Durch das neue System beträgt die durchschnittliche Laufzeit der täglich ca. 2,5 Millionen Pakete 1,3 Tage.

Der Umschlag der Pakete im Paketzentrum wird in folgender Abbildung 9.9 dargestellt. Die mit Einsammelfahrten angelieferten Pakete werden aus Rollbehältern für das Codieren entladen und lesegerecht auf die Codierlinie aufgelegt. Die Pakete der Großkunden sind bereits vollständig codiert. Eine Arbeitskraft, die sogenannte Codierkraft, erfasst die Empfängerangaben, die Postleitzahl, Straße und Hausnummer über eine Tastatur ein und erhält ein Barcode-Label mit dem aufgedruckten Leitcode. Anschließend wird das Label auf das Paket geklebt.

158　Kapitel 9 • KEP-Dienste als Treiber für moderne Logistikkonzepte

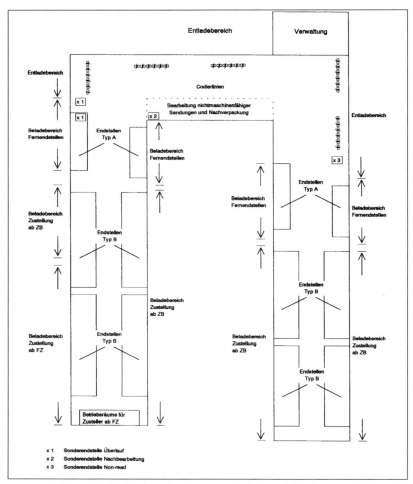

Abbildung 9.9: Die Struktur eines Paketzentrums (Deutsche Bundespost 1994)

Von den Codierplätzen aus werden die Pakete über Förderbänder in einen Vorsortierring eingeschleust. Während des Transportes wird der Leitcode mit Hilfe eines Scanners automatisch abgelesen. Sind die Pakete für andere Paketzentren bestimmt, werden sie an den Endstellen ausgeschleust und gesondert in Wechselbehältern für den Fernverkehr verladen. Verbleiben die Pakete im eigenen Versorgungsbereich, so werden sie an die Endstellen verteilt und dort von Mitarbeitern in Rollbehälter für die Zustellung gestapelt. Kommen die Pakete von anderen Paketzentren in die Eingangsbearbeitung, können sie sofort maschinell verteilt werden, da sie bereits den Leitcode aus der vorangegangenen Abgangsbearbeitung tragen.

Im Zuge des Konzentrationsprozesses wurde in den vergangenen Jahren bis 2002 der Expressdienst „DHL International" schrittweise vom Postkonzern aufgekauft. Insgesamt kontrolliert die Post damit 100% des Expressdienstleisters DHL. Ziel war es, das gesamte Express- und Logistikgeschäft unter dem Dach der Marke DHL zu bündeln, das ab 2003 einheitlich unter dem Branding DHL firmiert. Im Segment Express erzielte DHL im Jahre 2003 einen Umsatz von 16,4 Mrd. € und ist damit in Europa Marktführer. Indem sich das Paketnetzwerk von DHL auch an die Zustellung an Privatkunden richtet, ist DHL ein wichtiger Partner für den Versandhandel und auch für die neuen Internet-Firmen, wie Amazon in Bad Hersfeld, die durch eine nahe Ansiedlung am zentral in Deutschland liegenden Paketzentrum **Staufenberg** bei Kassel späte Einlieferungszeiten ihrer Sendungen am Abend („Cut-Off-Zeiten") in das Paketnetzwerk von DHL bei gleichzeitiger Zustellung am Folgetag erreichen. Der Elektronik-Distributor NT-Plus erreicht auf diese Weisen Cut-Off-Zeiten von 2 Uhr nachts (vgl. Kapitel 24).

9.9 Federal Express

Frederick Smith hatte bereits im Jahre 1965 in einer Seminararbeit an der Universität Yale die Unzulänglichkeiten des Liniensystems der Luftfrachtunternehmen herausgearbeitet. Smith baute mit seiner Firma Federal Express einen Übernacht-Paketdienst für die USA auf. Für die USA, mit ihren großen Entfernungen, war das Angebot eines Übernacht-Paketdienstes, der nahezu alle Orte verbindet, neu und revolutionär.

Das Konzept von Frederick Smith für Federal Express schuf zunächst eine Alleinstellung auf dem amerikanischen Güterverkehrsmarkt. Es gab dort keinen Service, der vergleichbare Merkmale aufwies. Der Paketdienst UPS hatte ein landesweites hervorragendes Haus zu Haus Paket-Transportnetz, das aber wegen der Straßenorientierung keine Möglichkeiten bot, einen Übernachtservice über weite Strecken anzubieten. Die Luftfrachtcarrier und -spediteure boten keinen durchgängigen Haus zu Haus Service bzw. keine wirklich zuverlässigen, eindeutigen und einfachen Servicestandards an. Die Grundideen von Federal Express lassen sich so zusammenfassen (Klaus 1988):

- Produktstandardisierung: Der neue Service sollte sich auf Pakete bis max. 24 kg beschränken. In diesem Bereich fallen die meisten sehr eiligen Fracht- und Dokumentensendungen an.
- Umgehung der staatlichen Regulierung: Für das Luftlinien- und Straßenflächennetz wurde die damals noch strikte Regulierung des Luft- und Straßengüterverkehrs dadurch umgangen, dass ausschließlich kleine Flugzeuge (Falcon-Jets), die als Lufttaxis konzessionsfrei waren, und Kleinbusse eingesetzt wurden.
- Das Nabe-Speiche-Verkehrsnetz: Um mit größter Zuverlässigkeit und Effizienz bei zunächst relativ geringem Aufkommen arbeiten zu können, wurde die gesamte Umschlagsoperation und Verwaltung auf einen Punkt - den Flughafen Memphis - gelegt. Memphis liegt etwa im geographischen Mittelpunkt der USA. Dort konnten brachliegende Flugplatzkapazitäten billig genutzt werden. Jedes Wirtschaftszentrum der USA ist dort in weniger als 4 Stunden Flugzeit zu erreichen. Memphis hat gute Wetterbedingungen und keine Luftraumüberfüllungsprobleme. Jede Sendung wurde von jeder der zunächst ca. 50 bedienten Speichenstationen in den wichtigsten Ballungsräumen der USA mit 30 Falcon-Jets am frühen Abend nach Memphis geflogen, zwischen 23 und 2 Uhr nachts dort umgeschlagen und in einer zweiten Welle von Flügen rechtzeitig zum Beginn der Auslieferungstouren zu den Zielspeichenstationen gebracht. Ein Päckchen von Boston für die 500 km entfernt

liegende Stadt Washington D.C. wurde dann über den zentralen Umschlagsknoten in Memphis geflogen und legte dabei rund 3.000 km zurück. Es war aber bereits in 16 Stunden beim Empfänger.
- Einfache und übersichtliche Tarifstrukturen und Begleitpapiere: Ein simples, übersichtliches Tarif- und Begleitpapiersystem, das keine versteckten Zusatzkosten enthält, wurde konzipiert.

Nachdem Federal Express 1973 den Betrieb aufgenommen hatte, erfolgten weitere Innovationen und kontinuierliche Verbesserungen:

- Die elektronische Sendungsverfolgung: Die Zuverlässigkeit und Kontrollierbarkeit des Systems wurde mit modernster Kommunikations- und Datenverarbeitungstechnik ausgebaut (Tracking und Tracing). Auslieferungsdaten mit dem Namen des Quittierenden sind in Minuten nach dem Ablieferungstermin systemweit abrufbar.
- Computeroptimierte Tourenplanung: Die elektronische Verbindung zwischen Fahrzeugen und dem zentralen Computersystem ist so ausgebaut, dass während des Tages eingehende Abholaufträge den Fahrzeugen zugleich mit der jeweils neu optimierten Tourenplanung gegeben werden.
- Telefon-Kundenservice: Federal Express hat ein Kundenservicesystem, bei dem Anrufe zu regionalen Servicezentren weitergeleitet und dort unter strikter Qualitätskontrolle zentral erledigt werden.
- Ausbau des Netzes: Mit der Deregulierung des Luft- und Straßenverkehrs in den USA 1978/80 war die Benutzung von Lufttaxi-Flugzeugen und Bussen nicht mehr erforderlich. Jumbofrachter und einige regionale Hubs ergänzen seither das System.
- Business Service Center und Drive-Through Auslieferungsstation: Mit wachsender Dichte des Systems wurden in Bürozentren und Ballungsgebieten Selbstbedienungs- und Drive-Through Auslieferungsstationen eingerichtet.

Federal Express beschäftigte zu Beginn des Jahres 1988 50.000 Mitarbeiter und setzt 17.000 Flächenverkehrsfahrzeuge und 155 Flugzeuge ein. Der Umsatz betrug im Jahre 1987 3,1 Mrd. $. Die Firma Federal Express verbuchte auch weiterhin sehr große Wachstumsraten und hat im Jahre 2003 einen Umsatz von 22,5 Mrd. $ erreicht. Sie schlägt die Sendungen u.a. in dem zentralen Hub in Memphis mit 140.000 m^2 Lagerfläche um, betreibt mit 650 Flugzeugen die größte private Luftflotte, die weltweit 330 Flughäfen anfliegt und mit 43.500 Flächenfahrzeugen täglich 3,3 Mio. Sendungen transportiert.

Das hohe Wachstumspotential des Paketmarktes in den USA und weltweit wird an den beiden **Spitzenstellungen** deutlich, die FedEx einnimmt:

- Nach der umgeschlagenen Menge an Luftfracht in Tonnen steht der Flughafen Memphis an der Spitze aller Flughäfen weltweit (vgl. Kapitel 17).
- FedEx steht weltweit nach UPS auf Platz zwei aller Logistikdienstleister (Klaus 2003).

Management Praxis 1:
Nutzung von Expressdienstleistern in der Europadistribution bei Widia[22]

Widia ist ein Hersteller von Werkzeugen und Werkzeugkomponenten und unterhielt Außenlager in sieben europäischen Ländern. In diesen Außenlagern wurden täglich insgesamt etwa 400 Sendungen an die Endkunden versandt. Durch die Nutzung eines Expressdienstes wollte Widia seine Außenlager innerhalb weniger Jahre schließen. Zur Realisierung dieses Vorhabens wurde von dem Unternehmen ein Konzept erarbeitet, das einerseits die Integration eines ausgefeilten Auftragsverwaltungssystems und andererseits die Nutzung des erprobten Transport- und Informationsnetzes eines Expressdienstes beinhaltet. Nach Realisierung des Konzepts wurden täglich etwa 400 Sendungen aus einem Zentrallager von einem Expressdienst an etwa 65 verschiedene europäische Destinationen verschickt. Die Umsetzung des Konzeptes ermöglichte es Widia, trotz der etwas höheren Transportkosten pro Stück beträchtliche Ersparnisse durch die Senkung der Lagerbestände und durch den Wegfall der Lagerkosten der Regionallager zu erzielen.

Management Praxis 2: Der UPS-Hub am Flughafen Köln-Bonn[23]

Mit der größten Einzelinvestition außerhalb der USA bekräftigt UPS die zentrale Rolle des Standorts Köln-Bonn im globalen Logistiknetzwerk. „Wir haben entschieden, dass Köln-Bonn in Europa der beste Standort für die UPS-Air-Operation ist und in den kommenden Jahren der Mittelpunkt unseres internationalen Geschäfts in Europa bleiben wird", sagte David Abney, President UPS International, anlässlich des Richtfestes der neuen UPS-Frachthalle am Köln-Bonner Flughafen. Mit einer Investition von 135 Millionen US-Dollar ist der Logistikdienstleister gerade dabei, hier seine Umschlagskapazitäten mehr als zu verdoppeln. Mit der größten Investition außerhalb der USA und der zweitgrößten Einzelinvestition in der 96-jährigen Unternehmensgeschichte überhaupt entsteht eine der modernsten Paketumschlagsanlagen der Welt.

Der 300 Meter lange, 100 Meter breite und 25 Meter hohe Rohbau wurde in nur sechs Monaten vollendet. Jetzt erfolgt der Einbau der Sortiertechnik, die den größten Teil der Gesamtkosten ausmacht. Schon zum Weihnachtsgeschäft 2005/2006 soll die Anlage in der ersten Ausbaustufe einsatzbereit sein. Zusammen mit der bestehenden Frachthalle, die 60.000 Sendungen je Stunde sortieren kann, wird UPS dann über eine Gesamtkapazität von 100.000 Sendungen pro Stunde verfügen. Zum vollen Einsatz kommt die Anlage dabei nur wenige Stunden in der Nacht. Bis elf Uhr werden die Sendungen angeliefert und schon um drei Uhr verlässt wieder der erste Flieger Richtung New York das Europa-Hub. Da bleiben nur drei bis dreieinhalb Stunden für das Sortieren der Sendungen. Bei Bedarf ist die Anlage auf eine Gesamtleistung von 165.000 Sendungen je Stunde erweiterbar. Mit dieser Kapazitätsreserve sieht sich UPS für die kommenden zwölf Jahre dem Geschäftswachstum gewappnet.

Neben der EU-Osterweiterung sieht der weltgrößte Logistikdienstleister vor allem Wachstumschancen durch den Fernosthandel. Dies zeigt sich schon heute in der Aufnahme von neuen Direktflügen. Ende Oktober gab UPS eine neue Verbindung zwischen Köln-Bonn und Hongkong bekannt.

Auch die Mitarbeiterentwicklung verdeutlicht das kontinuierliche Wachstum: Das Europa-Hub am Rhein startete 1986 mit 40 Mitarbeitern, heute sind es 1600 und mit der Erweiterung sollen 700 neue Stellen entstehen. Damit gehört Köln-Bonn neben dem Haupthub in Louisville im US-Bundesstaat Kentucky und den asiatischen Umschlagszentren auf Taiwan und den Philippinen zu den wichtigsten Knotenpunkten im UPS-Paketnetz.

Ergänzende Literatur:

Baum, H.; Henn, A.; Esser, K.; Kurte, J.: Produktivitäts- und Wachstumseffekte der Kurier-, Express- und Paketdienste für die arbeitsteilige Wirtschaft, 2004

---

[22] Quelle: Weka 1996
[23] Quelle: Logistik inside, Heft 17, 2003, S. 56-57

10 Strategien der Ersatzteillogistik

10.1 Die Ersatzteilversorgung als Organisation

Die Notwendigkeit, Ersatzteile vorzuhalten, ist eine unmittelbare Folge der Produktpolitik, deren Bestandteil es ist, für jedes Modell des an dieser Stelle auch als **Primärprodukts** bezeichneten Endprodukts einen kompletten Satz von Ersatzteilen für die Kunden vorzuhalten, um dem Käufer des Primärprodukts im Schadensfall einen Ersatzteilservice bieten zu können. Man spricht auch von einem After-Sales-Service.

Die aus einem hohen Servicegrad resultierende Zufriedenheit der Kunden in der Nachkaufphase spielt eine besondere Rolle für nachfolgende Kaufentscheidungen für das Primärprodukt. Eine **After-Sales-Betreuung**, die ein hohes Serviceniveau der Ersatzteilversorgung garantiert, induziert eine große akquisitorische Wirkung für die Vermarktung des Primärprodukts, besonders bei technisch hochentwickelten Primärprodukten im Investitionsgütermarkt wie im Konsumgüterbereich, z.B. bei Haushaltsgeräten, Autos und Kameras. Die Service-Politik stellt demnach ein wichtiges Element in der Marktpositionierung dar, entweder als Differenzierungsmerkmal, das eine Alleinstellung ausweist oder als ein vom Markt geforderter Standard, den auch die Mitbewerber bieten. Eine qualifizierte After-Sales-Betreuung der Kunden ist nach Gareis (2004) von folgenden Zielen gekennzeichnet:

- einen Ansprechpartner für alle Technologien,
- Servicespezialisten für die verschiedenen Produktbereiche,
- globale Präsenz und regionale Nähe,
- lebenszyklusgerechte und kundenindividuelle Serviceangebote,
- Basisangebote zu Ersatzteilverkauf, Reparatur, Feldservice, Anwenderschulung und -beratung.

Das Service-System gliedert sich in das Zentrallager auf der obersten Ebene, das die Ersatzteile vorhält und die verschiedenen Ersatzteilkunden auf der unteren Ebene damit versorgt. Werkstätten, ein Netzwerk von Service-Technikern für den Einsatz beim Kunden, Vertriebsniederlassungen, vertragsgebundene Händler des Primärprodukts, Importhändler im Ausland, Fachgroß- und -einzelhandel, Tankstellen sowie Kaufhäuser und Großmärkte stellen mit ihrer Nachfrage nach Ersatzteilen die Kunden des Zentrallagers dar und werden als **Ersatzteilkunden** bezeichnet. Die Werkstätten lassen sich unterscheiden in:

- unternehmenseigene Werkstätten von Niederlassungen,
- Werkstätten von Vertragshändlern des Primärprodukts und
- freie Werkstätten.

Der Reparaturservice geht nicht alleine stationär in Werkstätten vor sich, sondern die Wartung von Anlagen erfolgt auch beim Kunden des Primärprodukts. Diese Steuerung der Kundendiensttechniker ist ein besonderes Aufgabengebiet der Ersatzteilorganisation. Ein direkter Kontakt des Zentrallagers zu den Kunden des Primärprodukts besteht in der Regel nicht, sondern erfolgt nur über die Werkstätten oder den Vor-Ort-Service (vgl. Abbildung 10.1). Dezentrale Serviceorganisationen lassen sich in Massenmärkten von Konsumgütern auffinden, wie bei Automobilen oder Fernsehern. Der Reparatur- und Garantieservice für Artikel mit weniger hoher Verbreitung ist dagegen zentral organisiert. Der Kontakt mit den Kunden erfolgt über **Paketdienste** (vgl. Kapitel 9). Der Druckerhersteller Hewlett Packard bedient sich dieser Lösung. Von einer Zentrale in Holland gesteuert, werden in ganz Deutschland defekte Drucker gegen Neue über den Paketdienst UPS ausgetauscht und in Holland aufgearbeitet.

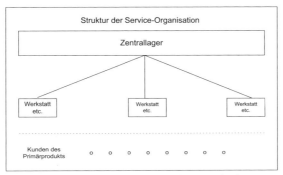

Abbildung 10.1: Struktur der Service-Organisation

Im Unterschied zur Vermarktung des Primärprodukts zeichnet sich die **Ersatzteildistribution** durch besondere Anforderungen aus, die sich wie folgt kennzeichnen lassen:

- die Kundenanforderungen an den Lieferservice sind hoch,
- das Teilespektrum ist inhomogen und sehr groß mit stark wachsender Tendenz,
- die Einzelbedarfe sind niedrig,
- Integration in Recycling-Kreisläufe,
- der auftretende Bedarf ist schlecht planbar,
- die Ersatzteile sind erklärungsbedürftig,
- Integration in den Reparaturservice,
- die Lieferzeiten für Lagerergänzungen sind zum Teil groß,
- Abhängigkeit von Speziallieferanten,
- die Versorgung ist international und
- die Versorgung ist eilbedürftig.

Diese Besonderheiten führen dazu, dass Ersatzteile nicht ohne weiteres wie die Primärprodukte bewirtschaftet werden können. Nach Beendigung des Produkt-Lebenszyklus des Primärprodukts ist die Bevorratung von Ersatzteilen noch während der Lebensdauer des Produktes vorzusehen, z.B. in der Automobilindustrie etwa 10 bis 15 Jahre. In der Studie von Ihde u.a. aus dem Jahre 1998 verteilt sich in der Automobilbranche die Lagerdauer nach Auslaufen eines Modells unter den 15 befragten PKW-Automobilanbietern in Deutschland wie folgt (Ihde u.a. 1999, S.57):

- 5-10 Jahre: 12 Anbieter,
- 10-15 Jahre: 3 Anbieter.
- Im Einzelfall werden Vorräte bis zu 25 Jahren gehalten.

Aus der Sicht der Kunden des Primärprodukts unterscheidet sich die Nachfrage nach Ersatzteilen grundlegend von der nach dem Primärprodukt. Während der Kauf des Primärprodukts zumeist ein geplanter Kauf ist, entsteht der Bedarf nach Ersatzteilen überraschend und ungeplant. Der Schadensfall bedeutet einen Ausfall des Primärprodukts oder dessen eingeschränkte Funktionalität und ist deshalb mit negativen Erlebnissen der Kunden verbunden. Die Kunden sind bestrebt, diesen Zustand möglichst schnell zu beenden, und fordern eine schnellst mögliche Reparatur von ihrer Werkstatt. Die Anforderungen der Werkstätten an den Ersatzteilservice sind daher hoch. Nach einer Studie von Pfohl unter 103 Ersatzteilkunden werden die **Lieferzeit** und die **Lieferzuverlässigkeit** als die wichtigsten Komponenten des Lieferservice angesehen. Die Lieferzuverlässigkeit spielt dann eine Rolle, wenn Reparaturen nur zu bestimmten Zeiten, wie am Wochenende bei Stillstandszeiten der Anlagen, vorgenommen werden können (Pfohl 2004, S. 228). Das Distributionssystem für Ersatzteile hat sich auf diese Kundenanforderungen einzustellen, besonders auf die Schnelligkeit der Belieferung im Schadensfall („car down"-Fall im Automobil-Service). Nach einer Studie des Verfassers über das Ersatzteilgeschäft unter 11 Automobilanbietern in Deutschland wird bei Eilbestellung eine Lieferzeit unter 24 Stunden eingehalten (vgl. Tabelle 10.1).

Lieferzeit	Anzahl der Nennungen
Bis 6 Stunden	1
6 bis 10 Stunden	1
10 bis 15 Stunden	4
15 bis 20 Stunden	5

Tabelle 10.1: Lieferzeiten im Schadensfall

Die Versorgung mit Ersatzteilen unterscheidet die Regelabwicklung von Eillieferungen. **Regelabwicklungen** dienen dazu, die nachgeordneten Lagerstufen, etwa in Werkstätten, aufzufüllen (Lagerergänzungslieferungen) und sind weniger zeitkritisch. Die mit der Regelabwicklung erfolgende Grundversorgung der Regionallager kann mit der Bahn vor sich gehen und wird etwa bei der Ersatzteildistribution von Volkswagen auf diese Weise vorgenommen. Die Grundversorgung der Regionallager erfolgt wöchentlich mit der Bahn vom Zentrallager Kassel.

Eillieferungen sind für die Versorgung von hochwertigen Maschinen und Anlagen sowie im Systemgeschäft - der Vermarktung von Verkehrssystemen, Energieversorgung, Waffensystemen und Kommunikationssystemen - vorzusehen. Eillieferungen sind als Kurierdienst außerhalb der Regelabwicklung mit dem LKW, Hubschrauber oder Flugzeug vorzunehmen. Andererseits treten diese Fälle insofern begrenzt auf, als in diesen Anlagen eine vorausschauende Politik der Wartung betrieben wird, welche Verschleißteile periodisch austauscht und kritische Teile eigens bevorratet. Die Versorgung mit Ersatzteilen ist in diesen Fällen zumeist vertraglich über eine bestimmte Laufzeit sichergestellt.

10.2 Die Sortimentstruktur in der Ersatzteilorganisation

Ein besonderes Kennzeichen der Ersatzteildistribution besteht darin, dass diese sich nicht allein auf ein Produkt beziehen, sondern auf die gesamte Produktpalette der vergangenen 10 bis 30 Jahre. Daraus resultiert ein enormes **Mengenproblem**. Das Mengenproblem wird durch die Produktdifferenzierung und Produktinnovationen auf den Primärproduktmärkten wesentlich verschärft; für jede Variante sind Ersatzteile vorzuhalten. Während bei einer Produktinnovation das alte Primärprodukt vom Markt genommen wird, wird auf der Ersatzteilebene eine Vervielfachung der Teile erforderlich. Daher steigen die Teilepositionen im Ersatzteilsystem stark an. Am Beispiel der Volkswagen AG lässt sich die Auswirkung der Produktdifferenzierung auf der Ersatzteilebene beobachten. Während heute über 300.000 Positionen an Ersatzteilen gehalten werden müssen, genügten in den 50er Jahren, als es nur ein einziges Modell VW-Käfer gab, ca. 1.800 Positionen. Dem Ersatzteilgeschäft wurde damals noch keine besondere Aufmerksamkeit geschenkt; in den Kellern der Wolfsburger Produktionshallen befand sich das Ersatzteillager auf einer Fläche von 22.000 qm. Die Gründe für das Wachstum des Teilesortiments in der Autoindustrie sind:

- Diversifikation in der Typenpalette,
- kürzere Modellinnovationszyklen,
- Diversifikation der serienmäßigen Sonderausstattungen,
- zunehmende High-Tech-Ausrüstungskomponenten für Fahrzeugkomfort und -sicherheit,
- Anforderungen aus Gesetzgebung und Umweltbewusstsein und
- Ausweitung des Zubehörprogramms.

In der oben erwähnten Studie von Ihde u.a. wurde von insgesamt 124 Unternehmen in verschiedenen Branchen die Größe der Ersatzteilsortimente im Jahre 1998 erhoben. Die folgende Tabelle 10.2 gibt die Daten dazu wieder (Ihde u.a. 1999, S. 37) und weist die PKW- und Nutzfahrzeugbranchen als diejenigen aus, deren Sortimente über 100.000 Teile reichen.

	PKW	Kfz-Zulieferer	Nutz-fahrzeuge	Land-maschinen	weiße Ware	braune Ware	BKS	Medizin-technik etc.	Sonstiges
Mittelwert	119.513	14.805	50.786	40.014	24.164	33.643	16.545	29.751	64.763
Minimum	700	70	7.500	8.000	1.000	3.000	750	10	900
Maximum	400.000	110.000	200.000	120.000	100.000	100.000	110.001	100.000	900.000

Tabelle 10.2: Größe der Ersatzteilsortimente nach Branchen

Unter logistischen Gesichtspunkten sind die erhöhten Produktions- und Lagerkosten auf der Teile- und Ersatzteilebene während der gesamten Lebensdauer des Primärprodukts den erhöhten Erträgen gegenüberzustellen, die aus der durch Produktdifferenzierung verbesserten Marktsituation erwachsen. Aus dieser Überlegung folgt ein optimaler Grad an Produktdifferenzierung, der die Differenz von Erlösen und Kosten maximiert (Zich 1996).

Neben dem Mengenproblem ist das Ersatzteilsortiment von einer **niedrigen durchschnittlichen Nachfrage** pro Teil gekennzeichnet, da die meisten Ersatzteile als C-Teile nur selten verlangt werden[24]. Die Nachfrage nach C-Teilen tritt oftmals nur sporadisch auf und ist daher mit den Methoden der Zeitreihenanalyse nicht prognostizierbar und planbar. Lediglich ein kleiner Teil der Ersatzteile besteht aus häufig benötigten A-

---

[24] Zur ABC-Analyse siehe Kapitel 5.

Teilen. Trotz der niedrigen durchschnittlichen Nachfrage pro Teil ist die Ersatzteildistribution auf große Spitzen in der Nachfrage auszulegen, da durch Rückrufaktionen oder zu spät erkannte, systematische Fehler kurzfristig ein sehr hoher Bedarf auf der Ersatzteilebene entstehen kann. So stand im Jahre 1997 der amerikanische Flugzeughersteller Boeing vor dem Problem, für alle 2.700 weltweit verteilten 737-Jets die Steuerbox für das Seitenruder auszutauschen, da der Verdacht auf unregelmäßige Funktionen bestand. Boeing konnte jedoch diesen Bedarf nicht kurzfristig befriedigen. Gegenüber den C-Teilen stellen A-Teile Verschleißteile dar, deren Absatz direkt proportional zur Menge und Nutzungsdauer der Primärprodukte ist.

Die Sortimente des Ersatzteilsystems lassen sich unterscheiden nach

- Ersatzteilen aus eigener Produktion (Eigenteile),
- Ersatzteilen, die von anderen Herstellern bezogen werden (Kaufteile, die auch unter der eigenen Marke vertrieben werden),
- Artikeln für das Zubehörprogramm.

Diese Unterscheidung ist insofern von Bedeutung, als sie unterschiedliche Handlungsspielräume eröffnet. So können Ersatzteile aus eigener Produktion als Kapazitätspuffer in der Kapazitätsplanung der Produktion des Primärprodukts eingesetzt werden. In Zeiten niedriger Beschäftigung können vermehrt Ersatzteile gefertigt werden, wie umgekehrt die Ersatzteilproduktion außer Haus vergeben werden kann, wenn die Kapazitäten voll ausgelastet sind. Das Primärprodukt ist der eigentliche Umsatzträger und besitzt daher in der Produktionsplanung Vorrang. Die Ersatzteilproduktion besitzt nur eine zweitrangige Priorität und muss daher unwirtschaftlich große Lose in Kauf nehmen, um größere Zeitabstände überbrücken zu können. Bei der Beschaffung von Kaufteilen sind eventuell lange Zeiten der Wiederbeschaffung zu berücksichtigen, da die hochspezialisierten Teile von Spezialisten gefertigt werden müssen, die eine starke Marktstellung besitzen oder die womöglich erst vom Beschaffungsmarketing ausfindig gemacht werden müssen. Auch können die Mindestlosgrößen bei Kaufteilen wegen der Spezialisierung der Vorrichtungen beim Hersteller groß und wesentlich höher sein als die **Endbevorratungshöhe**, die für ein ausgelaufenes Modell des Primärprodukts den gesamten Bedarf des Teils bis zum Verschrottungszeitpunkt aller noch benutzten Produkte darstellt und mit modelltheoretischen Ansätzen abgeschätzt werden kann (Ihde u.a. 1999). Der Einkauf einer Endbevorratungshöhe kann dann sehr teuer werden. Da die Beschaffung in der Ersatzteilversorgung von seltenen Spezialaufträgen gekennzeichnet ist, können die Methoden des Supply Chain Managements, die auf eine kontinuierliche Versorgung abzielen, hier nicht angewendet werden.

Das Zubehörprogramm beinhaltet auch Ausstattungsgüter des Primärprodukts, die bloß in den ersten Jahren der Nachkaufphase nachgerüstet werden, wie z.B. Klimaanlagen für Autos, und deswegen nicht langfristig im Programm bleiben müssen. Bei Artikeln für das Zubehörprogramm sind die modellspezifischen Einbauvarianten zu beachten. Beispielsweise sind für Autoradios und Autotelefone Kabelsätze und Halterungen in einer Konfektionierungsstufe an die verschiedenen Modelle des PKW-Programms anzupassen und im Lager vorzuhalten. Diese Art der Konfektionierung kann von externen **Logistikdienstleistern** erbracht werden.

Für die Art der Lagerung und der Bewegung der Ersatzteile im Distributionssystem ist die Teilebeschaffenheit entscheidend. Hier ist das Problem der großen **Inhomogenität** der Teile zu erkennen. Die verschiedenen Arten lassen sich abgrenzen als:

- **Kleinteile**. Lagerung und Verteilung können in standardisierten Kleinteileladungsträgern vor sich gehen, wie der VDA-Box. Häufig sind Kleinteile unverpackt. Wenn Kleinteile zugleich billig sind, können große Lose eingelagert werden.
- **Sperrige Teile**. Hierfür sind individuelle Verpackungen und Versandhilfsmittel vorzusehen, die sich nicht standardisieren lassen. Die mangelnde Standardisierungsfähigkeit und der relativ hohe Bedarf an Lagerfläche, der aus der Sperrigkeit resultiert, führen hier zu hohen Lagerkosten. Die Transportkosten sind hoch, da die Fahrzeuge nur wenige Teile aufnehmen können. Wegen des großen Platzbedarfs können nur kleine Lose gelagert werden.
- **Schwere Teile**, wie Batterien, Getriebe, Motoren. Für diese Teile sind robuste Versandverpackungen zu planen. Wegen des großen Gewichts können diese Teile im Lager nicht hoch übereinander gestapelt werden, wodurch die Lagerkosten steigen. Im Versand können die Fahrzeuge nur mit relativ wenigen Einheiten beladen werden, was die Volumenausnutzung der Fahrzeuge vermindert. Die Transportkosten sind entsprechend hoch.
- **Zerbrechliche Teile**, wie Glasscheiben.
- **Verderbliche Teile**, die nur eine bestimmte Zeit gelagert werden können und bei denen das FIFO-Prinzip der Lagerhaltung anzuwenden ist (vgl. Kapitel 5).
- **Gefährliche Teile**, von denen z.B. die Gefahren der Vergiftung, der Entzündung oder Explosion ausgehen und die nach den Vorschriften für gefährliche Güter[25] zu bevorraten und zu verteilen sind. Hierzu zählen etwa auch Airbags für Autos.

Weitere Abgrenzungen des Teilespektrums betreffen die Langfristigkeit der Lagerung und die unverpackte Ware.

Die Ersatzteildistribution ist in vielen Fällen mit der Rücknahme der alten Teile beim Kunden verbunden. Man spricht in diesem Zusammenhang von **Retouren**. Bei diesen Teilen handelt es sich um:

- **Gewährleistungsteile**. Auf die Funktion dieser Teile hat der Kunde innerhalb einer Frist einen Garantieanspruch. Im Schadensfall ist dieses Teil zu ersetzen und das Schadensteil zurückzunehmen. Dies trifft im Automobilmarkt etwa auf Getriebe und Motoren zu.
- **Austauschteile**. Bei diesen Teilen handelt es sich um komplexe Baugruppen und Aggregate. Wenn diese im Schadensfall nicht vor Ort instand gesetzt werden können, werden sie komplett gegen ein neues Teil ausgetauscht. Das Schadensteil wird zurückgenommen und zentral repariert oder aufgearbeitet.

---

[25] Es handelt sich z.B. um die Gefahrstoffverordnung zur Kennzeichnung gefährlicher Güter, um die Verordnung brennbarer Flüssigkeiten und deren Technische Richtlinien, um die Bundesimmissionsschutzverordnung und um die Verwaltungsvorschrift über Anlagen zum Lagern, Abfüllen und Umschlagen wassergefährdender Stoffe.

Für diese Teilegruppen ergeben sich neue Anforderungen an das Distributionssystem, die aus dem Sammeln und Lagern der Retouren entstehen. Die Rücknahmepolitik wird zu **Recycling-Kreisläufen** erweitert, wenn es sich um Austauschteile handelt. Dieses ist etwa bei alten Motoren der Fall. Ein Beispiel hierfür stellt das Mercedes-Werk Berlin dar, in dem das Einschleusen von aufgearbeiteten Teilen in die Produktionssteuerung von Neumotoren eine Feinabstimmung der Steuerung des Materialflusses erfordert. Im Volkswagenwerk Kassel wird etwa 10% der Produktionshallen mit der Aufarbeitung von Austauschteilen belegt. Die Abbildung 10.2 veranschaulicht den Recycling-Kreislauf.

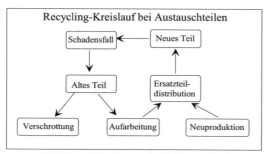

Abbildung 10.2: Austauschteile im Kreislauf

10.3 Lagerhaltungsstrategien im Ersatzteilgeschäft

Ein besonderes Problem der Ersatzteildistribution besteht in der womöglich weltweiten Nachfrage nach Ersatzteilen, etwa bei Investitionsgütern, bei Verkehrssystemen und speziell bei Flugzeugen. Die Ersatzteildistribution ist daher nicht bloß national, sondern auch europaweit oder - wie im Falle von Automobilmärkten - gar weltweit zu sichern und durch Einrichtung von Zentral- und Regionallagern ein vorgegebenes Serviceniveau an Lieferzeit zu garantieren (vgl. Kapitel 8).

Das Ersatzteilsortiment kann sich nicht allein nach umsatzstarken und renditestarken Teilen ausrichten, sondern muss auch selten verlangte Teile, die für die Funktion des Primärprodukts von Bedeutung sind, vorhalten. Für diese Teile sind die Umsätze pro Stück gering und die Lagerkosten wegen der vergleichsweise langen Lagerdauer hoch. Standardentscheidungen über die Eliminierung von „Langsamdrehern" aus dem Sortiment können im Ersatzteilgeschäft also nicht vorgenommen werden. Dieses ist auch der Grund dafür, dass die extrem hohe Zahl von Ersatzteilpositionen im System vorgehalten werden muss, die jedoch wegen der geringen Preiselastizität der Nachfrage von entsprechenden Erlösen finanziert werden können.
Der Ersatzteilmarkt ist von einem geringen Wettbewerb gekennzeichnet, da Ersatzteile als Spezialprodukte in der Mehrzahl nur von einem Hersteller - dem Hersteller des Primärprodukts - angeboten werden. Insofern ist das Preisniveau auf diesem Markt hoch. Andererseits ist die Preisempfindlichkeit der Nachfrage gering, da für den Kunden der Bedarf an Ersatzteilen im Schadensfall insofern zwingend ist, als er nur die Alternativen des eingeschränkten Gebrauchs des Primärprodukts oder gar der Verschrottung besitzt. Diese besonderen Bedingungen auf der Anbieter- und Nachfrageseite charakterisieren

das Ersatzteilgeschäft als besonders **renditestark** und als ein eigenständiges Erfolgspotential. Sind die Ersatzteile jedoch standardisiert, können sich daraus weltweite Märkte für Commodities, wie für Autolampen oder Komponenten in Kommunikationsnetzen, entwickeln, in denen die Preise der Kostenführer gelten und so die Renditen schmälern (Backhaus 2003). Um die von der Renditestärke des Ersatzteilmarktes angezogenen unabhängigen Anbieter zu bekämpfen, sind die Auto-, Flugzeug- wie die Computerhersteller um eine Politik der **Originalteile** bemüht und versuchen, diese in Verbindung mit Gewährleistungsgarantien beim Kunden durchzusetzen. Der von den unabhängigen Anbietern etablierte „graue Markt" für Ersatzteile kann zu besonderen Problemen führen; er stellt z.B. für die Flugzeugindustrie einen unerwünschten Verlust an Kontrolle über die Sicherheit der Flugzeuge dar. Jedoch darf der Wettbewerb zwischen Originalteilen und freien Herstellern nach dem §85 EWG-Vertrag im Grundsatz nicht eingeschränkt werden.

Im Ersatzteilgeschäft lassen sich die Instrumente des Marketing-Mixes nur bedingt einsetzen. Jedoch kann mit der Kommunikationspolitik eine starke Markenbindung aufgebaut werden, um die Anbieter auf dem freien Markt zurückzudrängen. Wegen der geringen Preiselastizität der Nachfrage kann mit Preissenkungen der Absatz nur insofern gesteigert werden, als im Schadensfall die Konkurrenz zwischen Primärprodukt und Ersatzteil - d.h. Neukauf oder Reparatur - zugunsten des Ersatzteils ausschlägt. Auch können Mengenrabatte den nachgeordneten Lagerstufen nur bedingt gewährt werden, da große Lose dort die Lagerkosten erhöhen. Die Strategien der Marktfelder, wie die Marktentwicklung und die Produktentwicklung, können nicht angewandt werden, da die Nachfrage nach Ersatzteilen keine eigenständige Größe ist, sondern aus der Nachfrage nach dem Primärprodukt abgeleitet ist: Wichtige Determinanten der Nachfrage nach Ersatzteilen sind die **Bestandshöhe** der in Gebrauch befindlichen Primärprodukte, deren regionale Verteilung und deren Altersstruktur. Diese Determinanten können von Marktfeldstrategien nicht beeinflusst werden. Produktverbesserungen zur Erweiterung des Nutzens oder zur Erschließung neuer Anwendungsbereiche können nur auf Zubehör und Ausstattungselemente bezogen werden, nicht aber auf Ersatzteile im engeren Sinne.

Die Gliederung des Distributionssystems in die Zentral- und die Regionallagerebene kann mit der Möglichkeit verbunden werden, unterschiedlich schnell auf Kundenwünsche zu reagieren. Häufig verlangte A- und B-Teile können regional vorgehalten werden, um rasch den Kunden zu erreichen (vgl. Abbildung 10.3). Hingegen können selten verlangte C-Teile im Zentrallager gelagert werden. Kunden, die selten verlangte Teile anfordern, müssen dann eine längere Wartezeit in Kauf nehmen. Diese Politik der Aufteilung wird auch als **selektive Lagerhaltung** bezeichnet. Eillieferungen per LKW oder Flugzeug können z.T. die Bestände an selten verlangten Teilen in Regionallagern substituieren. Wegen dieser Substitutionswirkung von Eillieferungen muss sorgfältig darauf geachtet werden, dass nachgeordnete Lagerstufen die Eillieferungen nicht auf ihre A- und B-Sortimente ausdehnen, um Lagerkosten zu sparen.

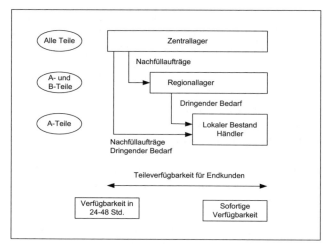

Abbildung 10.3: Gliederung der Lagerebenen

Ein besonderes Problem im Ersatzteilvertrieb entsteht in der Erfassung der Bestände in den verschiedenen Standorten für Regionallager und auf Händlerebene. Diese Bestandsüberprüfungen sind von Bedeutung für die Ausführung von Händleraufträgen und für die Disposition des Lagernachschubs als Beschaffungsaufträge. Gelöst werden kann das Problem der europaweiten bzw. weltweiten Bestandsabfrage durch die Einführung von kompatiblen Softwarelösungen für die Warenwirtschaftssysteme der jeweiligen Lagerstandorte. Zum Beispiel können gleiche Release-Stände von SAP R/3 eingeführt werden. Diese Lösung hat der Landmaschinenbauer Claas für die Versorgung seiner europäischen Kunden gewählt (Rudzio und Hofbauer 2003). Über diese Integration der regionalen Bestände hinaus können ebenfalls die Bestände der Händler in eine Datenbank eingestellt werden. Hierzu sind einfache Schnittstellen zu den jeweiligen Warenwirtschaftssystemen der Händler zu definieren und über das Internet zu einem virtuellen Lager zu integrieren. Ein Händlerauftrag lässt sich, falls erforderlich, von einem beliebigen Lager aus ausführen.

Einen Schritt weiter ist die Steinmann Technology in St. Gallen gegangen. Ihr Ersatzteil-Vertriebssystem integriert nicht allein die regionalen Lagerstandorte weltweit über das Internet, sondern ermöglicht auch den Kunden einen Zugang zu dem System. Der Kunde kann dort Verfügbarkeitsüberprüfungen vornehmen und Bestellungen auslösen. Dabei hat der Kunde die Möglichkeit, die Versandart unter Alternativen auszuwählen. Aus welchem Lager geliefert wird und wie die Lieferzeit voraussichtlich sein wird, wird dem Kunden mitgeteilt[26].

10.4 Die Anforderungen des After-Sales-Services

Das Ersatzteilgeschäft ist mit dem Aufbau eines **Reparaturservices** verknüpft. Das Zentrallager versorgt ein Netz von **Werkstätten oder Servicetechnikern** (After-Sales-

---

[26] Logistik Heute, Heft 4, 2002, S.68

Organisation). Diese treten im Ersatzteilsystem als Endnachfrager auf und sind mit Know-how, Spezialgeräten und Material auszustatten. Im Automarkt kommen zu den Markenhändlern, die Werkstätten betreiben, noch weitere, eigenständige Werkstätten hinzu, die ebenfalls als Nachfrager nach Ersatzteilen auftreten. Z.B. wird der Renault-Reparaturservice mit 720 Renault-Händlern in der Bundesrepublik Deutschland von ca. 800 zusätzlichen Werkstätten ergänzt.

Ein wichtiger Punkt in der Ersatzteildistribution ist die **Erklärungsbedürftigkeit** der Produkte, die von der After-Sales-Organisation aufzufangen ist. Der dazu notwendige Transfer von Know-how auf die Werkstätten stellt eine besonders wichtige Funktion der Ersatzteillogistik dar. Umfassende Kenntnisse über die technische Funktion, den Leistungsumfang und detaillierte Hinweise auf die Montage der oftmals komplexen Ersatzteile sind Grundvoraussetzungen für einen guten Reparaturservice und sind für die Mitarbeiter des Ersatzteil-Distributionssystems und die Kunden bereitzuhalten, wie Montagezeichnungen, Explosionszeichnungen, Videounterweisungen und internetgestützte Schulungskurse. Ferner sind die verschiedenen Versionen und Baujahre der Teile zu dokumentieren und im Lagerbereich zu trennen. Bei Problemen sind Mitarbeiter der Werkstätten und die Kunden zu beraten und zu schulen.

Eine weitere Fragestellung der After-Sales-Organisation besteht in der Steuerung der Serviceorganisation, welche die Wartungsaufträge bei den Kunden und den Einsatz von Monteuren bei Störfällen steuert. Das schwedische Unternehmen BT-Industries, das Flurförderfahrzeuge herstellt, hat europaweit 2.200 Servicetechniker im Einsatz und wickelt täglich ca. 7.000 Wartungsarbeiten ab[27]. Davon sind 60 bis 70% fest vereinbart und der Rest stellt die Behebung von Störfällen dar. Die Steuerung der Monteure erfolgt über einen Hand-Held-Computer (persönlicher Assistent – PDA). Mit diesem System erhält der Service-Techniker seine Aufträge und für jeden Kunden die Maschinen- und Vertragsdaten. Die Oberfläche des PDA ist mit Pull-Down-Menüs und dem einfachen Anklicken von Textbausteinen einfach zu bedienen. Nachdem der Auftrag erledigt wurde, kann der Service-Techniker diesen auf dem PDA quittieren, wodurch dann in der Zentrale die Rechnungserstellung automatisch angestoßen wird. Dieses System der Steuerung der Serviceorganisation stellt eine große Steigerung der Produktivität der Monteure dar, die zuvor ihre Aufträge und Daten per Telefon und Fax erhalten hatten. Pro Monteur und Jahr werden durch dieses System Einsparungen von 10.000 Seiten Papier erzielt.

Für die beiden wesentlichen Geschäftsprozesse im Ersatzteilbereich, den Ersatzteilverkauf und den Reparaturservice, können IT-gestützte Diagnosetools das **Ersatzteil-Controlling** unterstützen, die verschiedenen Supply Chains im Ersatzteilbereich abbilden und deren Performance mit Kennzahlen messen. So können unterschiedliche Vertriebswege sichtbar gemacht werden, Produktfamilien hervorgehoben werden oder Auswertungen nach einzelnen Kunden erfolgen. Die Prozesse entlang der Supply Chain können mit Kennzahlen bewertet werden, die den Lieferservice beschreiben, wie z.B. die Liefertreue, die Lieferabweichungen, die Durchlaufzeiten und Verfügbarkeiten. Im

---

[27] Logistik Heute, Heft 9, 2004, S.36

After-Sales-Geschäft von Bosch Rexroth AG wurde die Unterstützung des Ersatzteilgeschäftes durch ein sogenanntes Supply Chain Cockpit herbeigeführt (Gareis 2004).

Management Praxis: Ersatzteil-Expresslieferung gegen Produktionsausfall[28]

In max. zwölf Stunden liefern DHL und die Lufthansa Cargo-Tochter time:matters elektronische Maschinen-Ersatzteile aus deutschen Siemens-Lagern zu Automobilherstellern und Zulieferern nach Spanien und Portugal. Das Supply Chain Projekt „Concert" wird von Siemens-Controlmatic S.A. – einer Beteiligungsgesellschaft von Siemens Spanien – sowie den Logistik-Dienstleistern DHL und time:matters, einem Tochterunternehmen der Lufthansa Cargo AG, getragen.
Kommt es also in den spanischen oder portugiesischen Werken von Herstellern (wie Seat und General Motors) oder Zulieferern (wie Blaupunkt und Robert Bosch) infolge eines elektronischen Defekts zu einem Produktionsstillstand, läuft nun ein perfekt abgestimmter Logistikprozess entlang der Lieferkette an. Dieser orientiert sich kompromisslos an einem zentralen Ziel: der schnellstmöglichen Ersatzteillieferung. Im Detail gestaltet sich ein typischer „Concert"-Einsatz wie folgt: Sobald das Problem auftritt, wendet sich das betroffene Unternehmen an den Kundendienst von Siemens-Controlmatic in Madrid. Dort wird das Problem technisch identifiziert, zudem werden der Ersatzbedarf und die Teileverfügbarkeit abgeklärt; anschließend wird per Fax ein Auftrag an das jeweils zuständige Siemens-Lager in München, Nürnberg oder Erlangen gesandt. Parallel dazu gelangt der Auftrag an die spanische Zentrale des Logistik-Dienstleisters DHL. Dort wird geprüft, ob die zugesicherte Zwölf-Stunden-Lieferung mit Hilfe des eigenen (Overnight-)Netzwerks gewährleistet werden kann oder ob der um einiges schnellere „taggleiche" „same:day"-Zustellservice von time:matters eingeschaltet werden muss.

Geht der Auftrag zwischen 18 Uhr und 20 Uhr ein, schafft es das DHL-Overnight-System in der Regel, das benötigte Ersatzteil rechtzeitig am folgenden Tag früh morgens zuzustellen und damit die Zwölf-Stunden-Frist einzuhalten. Hingegen kann der Overnight-Service bei einem Auftragseingang, der vor 18 Uhr oder nach 20 Uhr erfolgt, eine Lieferung innerhalb des vordefinierten Zeitraums nicht garantieren. Daher kommt in diesen Fällen der time:matters-Dienst zum Zuge: DHL España in Madrid informiert das zentrale Coordination Center der Lufthansa Cargo-Tochter in München; von dort aus wird die sofortige Abholung der benötigten Teile per Sonderkurier in die Wege geleitet. Gleichzeitig wird die schnellste Flugverbindung ermittelt – entweder per Direktflug ab München oder mit Umschlag in Frankfurt am Main.

Auch für das Problem, dass von Deutschland aus nur die spanischen Metropolen Madrid und Barcelona direkt angeflogen werden und von dort aus ein Weitertransport auf der Straße in entlegene Städte wie Vigo oder Malaga viel zu zeitraubend wäre, hält „Concert" eine Lösung bereit: Durch eine Kooperation von time:matters mit der Fluggesellschaft Spanair wird Madrids Flughafen Barajas zur „same:day"-Drehscheibe für die iberische Halbinsel. Binnen kürzester Zeit – z.T. innerhalb von nur 30 Minuten – können die dringenden Sendungen auf eine Flugverbindung mit innerspanischem oder portugiesischem Ziel umgeladen und auf diese Weise besonders zeitnah weitertransportiert werden.

Kurz nach der Ankunft am endgültigen Zielflughafen kommt dann wieder DHL ins Spiel: Am Airport erwartet ein Kurier am time:matters-Schalter die Sendungsübergabe, die max. eine halbe Stunde nach Landung der Maschine erfolgt. Das benötigte Ersatzteil wird nun unverzüglich (ungeachtet des Wochentags und der jeweiligen Tages- oder Nachtzeit) zugestellt; der Fertigungsprozess im vorübergehend „lahm gelegten" Produktionswerk kann wieder anlaufen.

Ergänzende Literatur:

Eberhardt, S.: Ersatzteillogistik, in: Arnold, D. u.a. (Hrsg.): Handbuch der Logistik, Berlin 2004
Ihde, Gösta B.: Ersatzteillogistik, 3.A., München 1999

---

[28] Mehl, Karl-Ludwig: Ersatzteil-Expresslieferung gegen Produktionsausfall: Logistische Dreier-Allianz "Concert" gestartet, in: Logistik für Unternehmen 7/8-2003, S. 38-39

11 Das Lagerhausmanagement und Bestellpolitiken

An dieser Stelle sollen die in den voran gegangenen Kapiteln aufgewiesenen Lagerfunktionen in den Distributionssystemen behandelt werden. Gegliedert nach den klassischen Funktionsbereichen spielt die Lagerhaltung aber auch bei der Beschaffung, als Zwischenlager im Produktionsprozess und bei der Entsorgungslogistik eine Rolle. Die Lagerprozesse werden in den verschiedenen Funktionsbereichen durch unterschiedliche Güter, unterschiedliches Lagerhausdesign sowie unterschiedliche Strategien beim Kommissionieren und beim Einlagern differenziert. Diese Themen sollen hier mit dem Schwerpunkt der Distribution näher behandelt werden. Gesteuert wird der gesamte Ablauf durch ein betriebswirtschaftliches Zielsystem, das durch verschiedene Kennzahlensysteme konkretisiert wird.

In Distributionssystemen besitzen Lager die Funktion der **Größentransformation**. Das Lager wird versorgt mit Artikeln in großen, sortenreinen Ladungseinheiten, wie Paletten. Abgegeben werden die Artikel in kleinen Losgrößen bis hinunter auf n = 1, gemäß der Bestellungen der Kunden.

11.1 Das Zielsystem

Die Lagerhaltungsprozesse erfüllen eine Reihe von Funktionen in der Betriebswirtschaft. An erster Stelle steht der **zeitliche Ausgleich** zwischen nicht synchronisierten Prozessen. Diese allgemeine Funktion kann mit dem situativen Modell der Unternehmung erklärt werden. Die Unternehmung verarbeitet die Kontingenzen der Umwelt, um dann im Inneren, abgeschirmt von den Fluktuationen der Umwelt, stetige Abläufe einzurichten. Damit ist die Gewährung von Sicherheit und Stetigkeit eine wichtige Funktion von Lagerhaltungsprozessen. Auf der Absatz- und Beschaffungsseite sind ferner **spekulative Überlegungen** für die Funktion von Lagerhaltungssystemen von Bedeutung. Mit Hilfe der Lagerhaltung können Preisbewegungen auf den Absatz- und Beschaffungsmärkten antizipiert und damit z.B. die auf den Rohstoffmärkten typischen großen Preisausschläge für die Beschaffung auf ein mittleres Niveau ausgeglichen werden.

Werden die betriebswirtschaftlichen Funktionen der Lagerhaltung in ein Zielsystem umformuliert, so gelangen wir zu folgenden Aussagen: Die Ziele der Lagerhaltung bestehen

- in der Sicherung einer hohen Lieferbereitschaft gegenüber dem Kunden,
- in einer Minimierung der Fälle, in denen das Lager keine Vorräte besitzt (Fehlmengen),
- in der Sicherheit und dem Schutz des Lagergutes sowie
- in der Minimierung der Lagerkosten.

Die Kosten der Lagerhaltung bestehen aus verschiedenen Komponenten:

- Den bei der Beschaffung von Ware anfallenden Bestellkosten, welche die Kosten für die Einholung von Angeboten und die Kosten für die Bestellung beinhalten.
- Den Transportkosten, welche aus Fracht, Versicherung sowie Verpackung bestehen.
- Den Annahmekosten, welche aus den Kosten der Kontrolle, der Einlagerung, Zahlung und Buchung bestehen.
- Den Lagerkosten, die sich aus den Kosten für das gebundene Umlaufvermögen, aus den Gebäudekosten, den Personalkosten sowie Kosten für Schwund und Verderb zusammensetzen.
- Den Kosten für Fehlmengen, welche man als Kosten für nachträgliche Lieferung sowie Opportunitätskosten für den entgangenen Gewinn auffassen kann.

Das Grundproblem der Lagerhaltung besteht in der Gegenläufigkeit der Ziele im Zielsystem. Niedrige Lagerkosten bedeuten einen niedrigen Bestand sowie ein eingeschränktes Sortiment. Diesen Forderungen gegenüber steht jedoch das Ziel der hohen Lieferbereitschaft, welche auch eine kurzfristig erhöhte Nachfrage bei einem breiten Sortiment sicherstellen soll und deshalb von einem hohen Lagerbestand ausgehen muss.

Zu den Zielen gehört auch die **Flexibilität**. Diese bezieht sich sowohl auf die Saisonkurve, so dass auch Nachfragespitzen vom System abgearbeitet werden können wie auch auf die Frage der Modularisierung und Erweiterbarkeit für ein Wachstum in den kommenden 5 bis 10 Jahren. Hierfür sind Reserveflächen auf dem Grundstück oder im Gebäude bereitzuhalten. Beispiele für Flexibilität gibt der Buchgroßhandel. Im Logistikzentrum des Buchgroßhändlers Libri in Bad Hersfeld sind hohe Spitzen zu berücksichtigen, wie montags ein 130-Prozent-Betrieb oder die bis zu 200-prozentige Spitzenauslastung in der Weihnachtszeit. Daher ist durch die **Personaleinsatzplanung** die Flexibilität sicher zu stellen. Hier sind verschiedene Arbeitszeitmodelle, die der Flexibilisierung der Arbeitszeit Rechnung tragen, anwendbar, wie der Jahresarbeitszeitvertrag oder die kapazitätsorientierte variable Arbeitszeit (KAPOVAZ). Zudem können über Minijobs Spitzen abgefangen werden. Aber auch durch die systemtechnische Auslegung ist für Flexibilität zu sorgen. So wechselt bei Libri die ABC-Klassifikation wegen des raschen Wechsels in den Bestsellerlisten sehr schnell. Abgesehen von den 9.000 Schnelldrehern im Sortiment von insgesamt 300.000 Artikeln ändert sich von den ca. 60.000 täglichen Bestellungen die Zusammensetzung der bestellten Artikel sehr schnell. Das Bestellspektrum des Folgetages hat nur noch 10.000 bis 20.000 Gemeinsamkeiten mit dem Vortag (Irrgang 2001).

11.2 Die Umsetzung des Zielsystems

Das oben behandelte Zielsystem ist für sich genommen noch recht allgemein. Um es zu konkretisieren, bedarf es spezieller **Analyse- und Kennzahlentechniken**. Bedenkt man, dass in Lagerhaltungssystemen einige Tausend bis einige Hunderttausend verschiedene Artikel lagern können, dann gewinnen Informationssysteme eine hohe Bedeutung, welche Aussagen über die Lagerkosten und Liefersicherheit auf der Ebene von Artikelgruppen oder gar von einzelnen Artikeln treffen können. Hierzu sind vom Logistik-Controlling eine Reihe von Kennzahlen entwickelt worden (vgl. Kapitel 25). Diese beschreiben Ein- und Auslagerungsvorgänge, den Platzbedarf und die Umschlagsgeschwindigkeit der Artikel im Zeitablauf. Die Bezugsgröße ist dabei meistens ein Jahr. Wir unterscheiden hier lediglich drei grundlegende Kennzahlen:

- durchschnittlicher Lagerbestand = Summe der Monatsendbestände / 12,
- Umschlagskoeffizient = Jahresverbrauch / durchschnittlicher Lagerbestand,
- durchschnittliche Lagerdauer in Tagen = 365 / Umschlagskoeffizient.

Diese drei Kennzahlen ergeben, disaggregiert auf Artikelgruppen bzw. Artikelebenen, ein Bild der Lagerbewegung, das mit weiteren Kennzahlen verfeinert werden kann. Die Effizienz des Lagersystems wird insbesondere mit **Umschlagskoeffizienten** gemessen. Er sagt aus, wie häufig pro Jahr der Lagerbestand umgeschlagen wird.

Mit Hilfe der Lagerkennzahlen können die Artikel in verschiedene (Pareto-) Klassen aufgeteilt werden, welche das unterschiedliche Verhalten der Artikel widerspiegeln. Man spricht auch von einer ABC-Analyse (vgl. Kapitel 5). Bei dieser Analyse werden die Lagerbestände in zwei verschiedenen Dimensionen gegenübergestellt, einerseits der Mengendimension und andererseits der Wertdimension (**Wert-ABC-Analyse**). Das Lagerhausmanagement hat insbesondere sein Augenmerk auf die A-Güter zu richten. Sicherheit und Schutz des Lagergutes müssen hier besonders stark beachtet werden. Ebenso ist eine geringe durchschnittliche Lagerdauer für A-Güter anzustreben, um die Kapitalbindung gering zu halten. Für A-Güter sind detailliertere Dispositionssysteme zu entwickeln, während für B- und C-Güter ein geringerer Dispositions- und Kontrollaufwand betrieben werden kann.

Eine vergleichbare Analyse kann auch mit der Zeitdimension anstelle der Wertdimension vorgenommen werden (**Zeit-ABC-Analyse**). Diese Analyse ermöglicht es, die A-Güter mit einem hohen Umschlagskoeffizienten zu ermitteln. Diese werden im Jargon der Materialwirtschaft als **Schnelldreher** oder als **Schnellläufer** bezeichnet und repräsentieren ca. 5% der Lagergüter. Für diese Güter sind dann für die Kommissionierung besonders leicht erreichbare Standorte im Lagersystem und besondere Kommissioniervorgänge vorzusehen. Hingegen sind die C-Güter solche mit niedrigem Umschlagskoeffizienten.

Um einen hohen Lieferservice im Distributionssystem sicher zu stellen, ist auf eine hohe Qualität der einzelnen Prozesse zu achten. So sind z.B. Fehler im Kommissionierprozess durch Kontrollroutinen zu minimieren. Dazu gehören etwa das Abwiegen der Sendungen an die Kunden, um durch eine Plausibilitätskontrolle Abweichungen zu erkennen, oder auch das Scannen der Fächer bei der Entnahme von Ware. Ferner können dokumentierte Systeme des Qualitätsmanagements die einzelnen Prozesse sicherer machen und helfen, einzelne Artikel oder Chargen zurück zu verfolgen.

Die Software zur Lagerverwaltung muss die Prozesse und deren Qualität beherrschen. Die Standardanforderungen an die Software zur Lagerverwaltung lassen sich wie folgt systematisieren:

- Für die einzelnen Artikel sind die Lagerplätze zu verwalten.
- Für die einzelnen Artikel sind Gewicht und Volumen zu erfassen, um ausgeführte Kommissionieraufträge durch Wiegeprozesse auf Fehler zu überprüfen und um eine geeignete Kartongröße für den Versand auszuwählen.
- Für die einzelnen Artikel sind die Bestände zu führen und zu kontrollieren. Dabei sind die Bewegungsdaten und deren Historie zu speichern, so z.B. Zeitmarke und Menge der letzten Entnahme oder der letzten Auffüllung.
- Reservierung von Artikeln für bestimmte Aufträge.
- Leergutkontenführung.
- Darüber hinaus hat die Chargenverwaltung für die Rückverfolgung von Sendungen in der Lieferkette zu sorgen. Die Chargenverwaltung kann verfeinert werden zu einer Überwachung der Seriennummern-Historien.
- Mandantenfähigkeit für die Erbringung von Lagerdienstleistungen für verschiedene Auftraggeber mit gesicherten Prozessen der Ein- und Auslagerung.
- Die Terminüberwachung ist von Bedeutung, um Artikel mit begrenzter Haltbarkeit zu überwachen. Hier sind dann die Restlaufzeiten zu dokumentieren. Darüber hinaus dient die Terminüberwachung der Erfassung der Lagerzeit der einzelnen Artikel, um damit Langsamläufer identifizieren zu können.
- Für die verschiedenen Gefahrgutklassen sind besondere Lagerplätze und Verwaltungssysteme vorzusehen.
- Darüber hinaus gibt es noch Verbote für die gemeinsame Lagerung von Artikeln, etwa aus Gründen der Geruchsübertragung oder der Hygiene.
- Der Bestand der einzelnen Artikel im System ist vorzuhalten.
- Die Auslösung von Nachschubordern bei Unterschreitung des Meldebestandes erfordert die Führung von Meldebeständen für die einzelnen Artikelpositionen.
- Auch sind periodische ABC-Analysen des Lagerbestandes erforderlich, um damit eine kontinuierliche Reorganisation der Schnellläuferzonen zu ermöglichen.
- Schließlich stellt man an moderne Software die Anforderung, eine Visualisierung der Daten zu ermöglichen.

Die auf dem Markt angebotenen Softwarepakete zur Lagerverwaltung werden vom Fraunhofer Institut IML analysiert und die Ergebnisse unter der Internetadresse www.warehouse-logistics.com publiziert. Nach einer Studie von ten Hompel (2002) sind die Softwarepakete zur Lagerverwaltung bisher wenig standardisiert. Die Schnittstellen zur Lagertechnik und zu den Datenbanken sind zum Teil nicht offen gelegt, so dass Programmierungen zur Weiterentwicklung und Anpassung an spezifische Kundenanforderungen und an neue Technologien, wie RFID, XML, Java und das Internet, nur schwer möglich sind.

11.3 Das Lagerhauslayout

Die Frage, nach welchen Prinzipien ein Lagerhaus aufzubauen und zu betreiben ist, hängt von folgenden sechs Faktoren ab:

Kapitel 11 · Das Lagerhausmanagement und Bestellpolitiken

- Von der Art der einzulagernden Güter, wie Schüttgüter, Flüssigkeiten oder Stückgüter. Bei den Stückgütern unterscheiden wir kleine, große, leichte, sperrige und schwere Teile.
- Von der Art der Verpackung. Sind etwa Kleinteile lose in Boxen aufgehoben, wie z.B. Schrauben, oder bestehen Kommissionier- und Transportverpackungen in großen Kartons oder Gebinden? Sind die Transport- und Lagergebinde übereinander stapelbar, werden sie auf Paletten angeliefert oder in Gitterboxen?
- Von der verwendeten Lagertechnologie, wie z.B. Schüttlager, Blocklager, Regallager oder automatisiertes Hochregallager (siehe Abbildung 11.2).
- Von der Art der verwendeten Transporthilfsmittel, wie z.B. Umschlag mit Gabelstaplern, Umschlag mit Förderbändern oder automatischen Transportsystemen für Paletten oder Boxen (siehe Abbildung 11.1).
- Von dem Automatisierungsgrad der Ein- und Auslagerungsprozesse und der Transportprozesse. Gabelstapler ermöglichen die Mechanisierung von Ein- und Auslagerungs- sowie Transportprozessen von Gitterboxen und Palettenstapeln. Kombinationen von manueller Ein- und Auslagerung mit automatisierten Transportsystemen sind weit verbreitet. Der höchste Automatisierungsgrad wird bei Hochregallagern erzielt, bei denen die Transport- sowie Ein- und Auslagerungsprozesse durch Rechner gesteuert werden.
- Vom Lagerdurchsatz. Materialflusssysteme für einen hohen Lagerdurchsatz erfordern höhere Investitionen in das Transportsystem, als die Lagerung von C-Teilen, welche sich langsam umschlagen.

Bei der Realisierung von Lagern können die genannten Einflussfaktoren nicht immer sinnvoll kombiniert werden, da die Artikelstrukturen und die Anforderungen an die Lieferfähigkeit unterschiedlich sind. Zu unterscheiden sind Lagerflächen für Großteile, für Paletten sowie für Kleinteile. Zusätzlich werden die Artikel mit einem hohen Durchsatz (Schnellläufer) von dem übrigen Sortiment abgesetzt. Die Steuerung der Fahrwege im Transportsystem unterliegt Optimierungsstrategien, um diese Ressourcen effizient zu nutzen. Diese Überlegungen spielen etwa in automatischen Hochregallagern eine besondere Rolle sowie beim Containerumschlag.

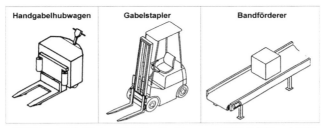

Abbildung 11.1: Fördermittel (Quelle: Jünemann 1989, S. 203 und 219)

Einige wichtige Arten der Lagerung sind (vgl. Abbildung 11.2)

- die Blocklagerung,
- das Fachregal,
- das Durchlaufregal,
- das Palettenregal,

- das Einfahrregal und
- das Hochregal.

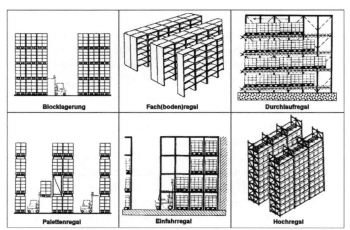

Abbildung 11.2: Lagerarten (Quelle: Schmidt 1999, S. 221-225; Jünemann 1989, S. 154)

Bei der **Blocklagerung** werden identische, stapelfähige Güter übereinander gepackt und in Reihen aufgestellt. Nicht stapelfähige Güter können dabei durch geeignete Ladehilfsmittel wie Gitterboxen, Paletten oder Flachpaletten stapelfähig gemacht werden. Je nach Gewicht der Güter und deren Belastbarkeit können die Güter übereinander gestapelt werden. Üblich ist eine zwei- bis vierfache Stapelung mit Höhen bis zu ca. 5 Metern. Beispiele sind Kühlschränke, in Transportkartons verpackte Fernsehgeräte oder auf Paletten gepackte Waschmittelkartons. Die Blocklagerung nutzt die Höhe des Lagerraumes aus, besitzt jedoch den Nachteil, dass ein Zugriff nach dem FIFO-Prinzip (first in, first out) nicht mehr möglich ist, da nur die zuletzt gestapelten Einheiten zugänglich sind (LIFO-Prinzip: last in, first out).

Das **Fachregal** (auch Fachbodenregal genannt) ist eine Lagertechnik, bei dem das Gut in Gestellen aus Holz oder Metall auf geschlossenen Fachböden gelagert wird. Die Regale werden zeilenförmig, durch Gänge getrennt, aufgestellt. Wenn die Regale von beiden Seiten zugänglich sind, können die Beschickungs- und Entnahmeaktivitäten entkoppelt werden. Die Fachregallager besitzen eine hohe Übersichtlichkeit und eine gute Zugriffsmöglichkeit zu den einzelnen Lagereinheiten. Sie eignen sich für die Lagerung großer Teilesortimente mit jeweils kleineren bis mittleren Mengen (insbesondere Kleinteile).

Das **Durchlaufregal** ist eine Sonderform des Fachregals, bei dem pro Regalfach mehrere Lagereinheiten hintereinander gelagert werden. Indem die Fächer als geneigte Rollenbahnen ausgelegt oder mit Gurt-, Band- und Kettenförderer unterlegt werden, rollt das zuerst eingegebene Lagergut zur Entnahmeseite, vgl. Abbildung 11.3. Das FIFO-Prinzip kann realisiert werden, Beschickung und Entnahmeseiten werden voneinander getrennt.

Abbildung 11.3: Durchlaufregal im Ersatzteillager von Elektrokleingeräte-Hersteller Braun
(Quelle: Logistik für Unternehmen, Heft 9, 2003, S.36)

Beim **Palettenregal** werden palettierte Güter in Holz- oder Metallgestellen gelagert, die keine Regalböden, sondern Auflagenträger enthalten, auf denen die Paletten abgesetzt werden. Die Ein- und Auslagerungsoperationen sowie die Transportsysteme können auf den drei Stufen

- manuell,
- teilmechanisiert oder
- vollautomatisch

ablaufen. Bei den Ein- und Auslagerungsoperationen mit Hilfe von Gabelstaplern spricht man auch von einem **Einfahrregal**.

Die **Hochregallager** stellen Regallager mit besonders großer Stapelhöhe zwischen 10 m und 40 m dar und sind gekennzeichnet durch

- einen hohen Automatisierungsgrad,
- der damit verbundenen Einsparung an Personalkosten,
- einer guten Ausnutzung der Grundfläche und
- einem hohen Investitionsbedarf.

Gestaltet werden Hochregallager wie folgt: Die Regale sind durch schmale Gänge getrennt, deren Breite sich aus den Maßen der einzustapelnden Ladungseinheiten und der Bedienroboter bestimmt. Die Ein- und Auslagerung von Ladungseinheiten an den Fächern wird durch Bedienungsautomaten realisiert, welche in der Ganglänge und in der Ganghöhe frei beweglich sind. (Hochregallager bis 10m Höhe können auch mit Hochregalstaplern bedient werden.) Für jeden Gang ist ein Bedienungsautomat vorgesehen, dessen Steuerung mit Prozessrechnern erfolgt. Die Lagerungseinheiten, wie z.B. Paletten oder Gitterboxen, in denen die von den Kunden oder Werksaufträgen gewünschten Artikel lagern, werden mit Bedienungsautomaten aus ihren jeweiligen Lagerplätzen geholt und über automatische Fördersysteme in eine Kommissionierzone befördert. Hier kreisen die Lagereinheiten in einem Ringpuffer so lange, bis aus ihnen die gewünschte Menge entnommen wurde (vgl. Abbildung 11.11). Dann werden die Lagerungseinheiten automatisch zurückbefördert. Die Kommissionierzone ist dem Hochregallager selber vorgelagert. Dort werden die Kundenaufträge einzeln oder im Batch (siehe unten) zusammengestellt. Im Werk Karben des Automobilteilezulieferers VDO werden im Hochregallager für Kleinteile mit 23.000 Stellplätzen die Ein- und Auslagerungsvorgänge mit fünf Bedienrobotern automatisch ausgeführt.

Nach einer gewissen Hochregallager-Euphorie werden diese Konzepte heute kritischer beurteilt. Nur dort, wo Fläche wirklich knapp ist, lassen sich Hochregallager ohne weiteres rechtfertigen. Anzumerken ist jedoch, dass sich aus der Forderung nach 100%-iger Verfügbarkeit Probleme ergeben, da die hochkomplexen Steuer- und Transportsysteme doch eine gewisse **Ausfallwahrscheinlichkeit** aufweisen. Fällt in einem Regalgang die Fördermaschine aus, so ist kein Zugang mehr zu den dort eingelagerten Waren vorhanden. Um dieses Problem abzumildern, werden wichtige Waren häufig in mehreren Gängen parallel verteilt gelagert. Dies beeinträchtigt wiederum die Effizienz des Gesamtsystems. Zusätzlich bestehen Restriktionen im Durchsatz. Die Lagermaschinen besitzen eine Kapazität von ca. 60 Spielen (siehe unten) pro Stunde. Für Spitzenbelastungen, wie sie etwa bei saisonalen Schwankungen oder bei Rückrufaktionen fehlerhafter Serien auftreten können, sind Hochregallager ungeeignet. Diese eignen sich für Langsamdreher, die auf Paletten gelagert werden, und für Paletten eines Nachschublagers (siehe unten). Wenn in den Fächern von Hochregallagern zwei oder mehr Paletten hintereinander gelagert werden, dann bringt die Erfassung der Lagereinheiten über Transponder (RFID) gegenüber dem Barcode Vorteile der Schnelligkeit und Sicherheit (Schneider 2002, S. 71).

Bei dem Layout von Lagerhäusern spielen der Durchsatz und die Kommissionierstrategie eine große Rolle. Im Folgenden wollen wir diesen Zusammenhang erläutern und beginnen mit einem Beispiel eines einfachen **einachsigen Designs** eines Lagerhauses aus der Konsumgüterindustrie, in welchem die Blocklager in verschiedene Lagerzonen aufgeteilt sind. Das einachsige Layout mit 14 Lagerzonen besitzt die folgende Gestalt (vgl. Krajewski/Ritzman 2002, S. 461):

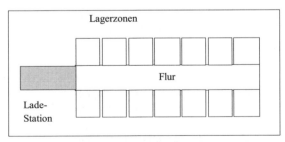

Abbildung 11.4: Das Einachsen-Layout

An der Ladestation des Lagers wird die Ware in Empfang genommen, dann eingelagert und später wieder in kleineren Teilen entnommen, um einzelne Kundenwünsche zu befriedigen. Für die Ein- und Auslagerung der Ware wird angenommen, dass dieses mit Gabelstaplern geschieht. Einen einzelnen Vorgang dieser beiden Operationen, Einlagerung oder Auslagerung, bezeichnet man auch als **Staplerspiel** (oder allgemein **Spiel**). Die Anzahl der möglichen Staplerspiele pro Verkehrsachse determiniert den Durchsatz des Lagersystems. Wir unterscheiden in folgendem Beispiel sieben Warengruppen, die auf die Lagerzonen aufzuteilen sind. Das Kriterium der Anordnung ist die Minimierung der Verkehrsintensität zwischen den Lagerzonen einerseits und der Ladestation andererseits. Der Flächenbedarf (in Anzahl von Lagerzonen) der sieben Warengruppen und deren Verkehrsintensität wird in folgender Tabelle am Beispiel der Gütergruppe von Elektrogeräten dargestellt.

Ware	Staplerspiele	Flächenbedarf (Anzahl der Lagerzonen)
Toaster	280	1
PC	160	2
Mikrowelle	360	1
Stereo-Anlage	375	3
TV	800	4
Radio	150	1
Großgeräte	100	2

Tabelle 11.1

Eine Anordnung, welche den internen Transportaufwand minimiert, ist leicht zu finden, da alle Transportbeziehungen einseitig auf die Ladestation ausgerichtet sind. Wir beziehen die Stapelspiele auf die benötigte Fläche und legen die Zonen mit den höchsten Stapelspielen so weit wie möglich in die Nähe der Ladestation.

Das Einachsen-Layout ist zu einfach strukturiert, um in komplexen Situationen sinnvoll angewandt zu werden. Insbesondere behindert die gemeinsame Laderampe für Beschickung und Entnahme einen größeren Güterumschlag. In diesem Falle ist es sinnvoll, die beiden Vorgänge der Entnahme und Beschickung zu entkoppeln. Anstelle des Einachsen-Layouts wird dann ein **Mehrachsen-Layout** verwendet, bei dem die eine Seite die Einlagerungsströme und die andere Seite die Entnahmeströme aufnimmt. Die Laderampen für beide Vorgänge sind an den entsprechenden Stirnseiten des Lagerhauses angebracht. Dieses Layout kann noch dadurch verfeinert werden, dass in der Nähe der Auslagerungsrampen noch eine besondere Lagerzone für **Schnellläufer** eingerichtet wird. Diese sind bei Kommissioniervorgängen leicht erreichbar und können dadurch die Effizienz des Systems erhöhen (Abbildung 11.5).

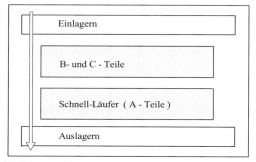

Abbildung 11.5: Lager-Layout mit einer Schnellläufer-Zone

11.4 Kommissioniersysteme

Während bei der Einlagerung von Ware größere Mengen auf einmal eingelagert werden, bezieht sich der Kommissionierauftrag auf eine Vielzahl kleinerer Kunden- oder Werksaufträge. Diese Aufträge betreffen verschiedene Artikel des Sortimentes in zumeist kleineren Mengen. Die Zusammenstellung der Artikel für einen Kundenauftrag geschieht durch Aufsuchen der Lagerplätze und Entnahme der betreffenden Artikel. Dieser Vorgang wird als **Kommissionierung** bezeichnet. Eine ganze Reihe von **Kommissionierprinzipien** lassen sich realisieren. Man unterscheidet die Kommissionierprinzipien "Person zur Ware" und "Ware zur Person". Ferner können die Aufträge für sich einzeln kommissioniert (auftragsbezogene Kommissionierung) oder zu sogenannten Batchläufen zusammengefasst und jeweils gleiche Artikel gemeinsam kommissioniert werden (artikelbezogene Kommissionierung).

Für Lagerhaussysteme mit geringem Durchsatz und kleinen oder leichten Artikeln kann das Prinzip "Person zur Ware" mit der auftragsbezogenen Kommissionierung in Fachregalen verbunden werden. Dieses geschieht etwa bei dem Buchversender Amazon in Bad Hersfeld, bei dem die Aufträge typischerweise aus ein bis zwei Artikeln bestehen. Anstelle von Fachregalen können auch Durchlaufregale verwendet werden (vgl. Abbildung 11.3).

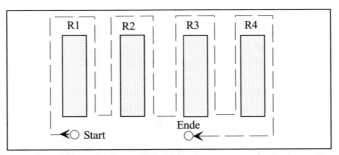

Abbildung 11.6: Auftragsbezogene Kommissionierung mit Regalgängen von Fachregalen

Eine Kommissionierung geht in diesem System wie folgt vor sich. Eine Person (Order Picker) mit einer Auftragsliste durchläuft das Lagersystem und sucht nacheinander die jeweiligen Lagerfächer der in der Auftragsliste angegebenen Artikel auf. Die Abbildung 11.6 zeigt den Weg einer Person durch vier Regale R1, R2, R3, R4. Im Extremfall kann sie - wie in der Abbildung angedeutet - die Regalflure des gesamten Systems einmal ablaufen. Handelt es sich um kleine und leichte Artikel, so kann die Person die kommissionierte Ware in einem Handkarren sammeln. Bei schwereren Artikeln oder größeren Gebinden können Gabelstapler oder selbstfahrende Kommissionierwagen eingesetzt werden, welche den Sammelvorgang unterstützen (vgl. Abbildung 11.7).

Abbildung 11.7: Selbstfahrende Kommissionierwagen (Agiplan 2001)

Im Prinzip ist bei einer Anordnung mit Regalgängen für jeden Kunden- oder Werksauftrag ein Rundgang durch das Lagerhaussystem erforderlich. Um lange Wege zu vermeiden, können den Order Pickern auch feste Kommissionierzonen zugeteilt werden, welche mit einem Fördersystem verbunden werden (vgl. Abbildung 11.8). Mit Prozessrechnern gesteuerte Sammelboxen können die einzelnen Haltepunkte (Kommissionierstationen) anfahren und dort die Ware für den einzelnen Auftrag aufnehmen. Welche Ware aufzunehmen ist, können die Order Picker der beiliegenden Pickliste entnehmen. Dieses Verfahren wird beispielsweise in der Pharmaindustrie angewandt, wo eine große Zahl von Medikamenten zu lagern ist.

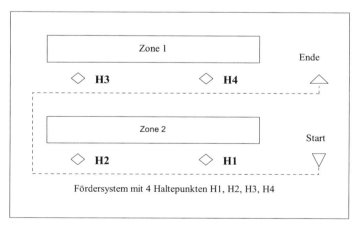

Abbildung 11.8: Auftragsbezogene Kommissionierung mit Kommissionierzonen, die vier Haltepunkte H1 - H4 mit einem prozessrechnergesteuerten Fördersystem verbindet

Die Abbildung 11.9 zeigt ein Beispiel der auftragsbezogenen Kommissionierung mit Kommissionierzonen aus dem Medienlager. Das Prinzip der festen Kommissionierzonen kann auch mit den Gängen von Fachregalen für Kleinteile kombiniert werden. Mit einer dynamischen Paretoanalyse werden die Schnellläuferartikel nahe an den Haltepunkten der Fördertechnik sortiert. So kann der Order Picker diese mit kurzen Wegen entnehmen. Bei dem Teileversender RS-Components in Bad Hersfeld kann auf diese Weise der Order Picker bis zu 5.000 Artikelpositionen verwalten (vgl. Management Praxis).

Abbildung 11.9: Kommissionierung im Langenscheidt Auslieferungslager Gotha (Agiplan 2001)

Muss eine Vielzahl von Aufträgen im System verarbeitet werden, so empfiehlt sich die Bündelung einzelner Aufträge zu einem **Batch**, um die Zahl der erforderlichen Rundwege abzusenken. Die Kommissionierung erfolgt dann artikelbezogen. In dem Batch, der eine Zusammenfassung von mehreren Aufträgen darstellt, wird in einem Rundgang die zusammengefasste Zahl der Aufträge kommissioniert, um dann anschließend in einer zweiten Stufe über eine Vorsortierung auf die jeweiligen Einzelaufträge an einem Wandregal weiter verteilt zu werden. Man spricht auch von einem **zweistufigen** Kommissioniervorgang (vgl. Abbildung 11.10). Das zweistufige System erfordert ein höheres Maß an datentechnischer Unterstützung, damit bei der Aggregation und Disaggregation der Aufträge keine Übertragungsfehler vorkommen. Die Hilfsmittel, um eine datentechnische Unterstützung zu gewährleisten und die Kommissionierfehler zu minimieren, bestehen in vorbereiteten, mit Barcodes versehenen Klebeetiketten, Laser-Scannern zur Identifizierung der Artikel auf Laufbändern und Handheld-Datenerfassungsgeräten mit Infrarot-Übertragungstechnik.

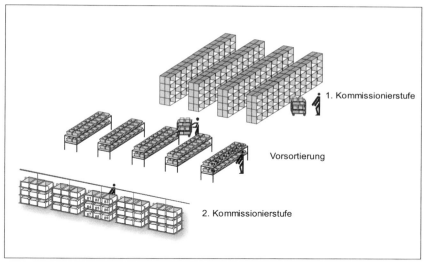

Abbildung 11.10 Zweistufiges Kommissioniersystem mit Wandregal (Agiplan 2001)

Mit der zweistufigen Kommissionierung ist zumeist das Prinzip "Ware zur Person" verbunden, wobei für dieses Prinzip die automatisierte Hochregallagertechnologie eingesetzt wird. Mit einem automatischen Fördersystem wird die Ware in eine Kommissionierzone, die auch als Kommissionierbahnhof bezeichnet wird, gebracht und dort gemäß der Aufträge zusammengestellt, vgl. Abbildung 11.11. Man spricht auch von einer **dynamischen** Bereitstellung der Ware. Wenn die Artikel mit einem Barcode identifiziert werden können, können auch automatische Sortierungen auf die einzelnen Aufträge angewendet werden. Das Kommissionierprinzip "Ware zur Person" ist besonders geeignet für eine Auftragsstruktur mit einer großen Artikelzahl in den Bestellpositionen.

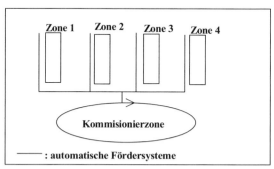

Abbildung 11.11: Kommissioniersystem Ware zur Person

Die dynamische Bereitstellung der Ware mit einer automatisierten Hochregallagertechnologie wird häufig für die Kommissionierung von Kleinteilen eingesetzt. Man spricht dann von einem automatischen Kleinteilelager (AKL). Die Ware in diesem Lagertyp liegt in genormten Kunststoffwannen – z.B. in VDA-Boxen (vgl. Kapitel 20) – die von der Lagertechnik aus den Fächern entnommen und zu den Kommissionierbahnhöfen gebracht werden. Die Abbildung 11.12 zeigt das AKL mit vorgelagerten Kommissionierbahnhöfen des PC-Distributors COS AG im mittelhessischen Ort Linden[29].

Abbildung 11.12: Das AKL der COS AG

In jüngerer Zeit sind verschiedene innovative Kommissionierverfahren entwickelt worden, die nun vorgestellt werden sollen:

- Pick-und-Pack-System,
- Pick-to-Light,
- Pick-to-Voice.

Das **Pick-und-Pack-System** eignet sich für den Fall, wenn die geplante Kommissionierleistung keine mehrstufige Kommissionierung erforderlich macht, sondern auftragsbezogen kommissioniert werden kann. Es ist sehr effizient, da ein manueller Arbeitsgang – das Füllen der Versandverpackung – entfallen kann. Der Arbeitsablauf gestaltet sich bei einem Pick-und-Pack-System in etwa wie folgt (vgl. Abbildung 11.13):

- Kartonzuschnitte werden mittels einer Aufrichtmaschine zu Trays aufgerichtet, die (z. B. über einen Inkjet Drucker) einen maschinenlesbaren Code (Barcode) erhalten.
- Das Tray wird weiterbefördert und an einer bestimmten Stelle mit dem Kommissionierauftrag versehen.
- An den Kommissionierstationen befinden sich Geräte (z. B. Laserscanner, Handheld-Datenerfassungsgeräte mit Infrarot-Übertragungstechnik), die mittels der im Barcode enthaltenen Information das Tray an der ersten Kommissionierstation für den jeweiligen Auftrag ausschleusen, das dann vom Kommissionierer mit der entsprechenden Ware versehen wird.
- Das Tray wird zur nächsten Kommissionierstation weiterbefördert (usw.).
- Hat das Tray alle Stationen durchlaufen, wird es zu einer zentralen Verschließanlage transportiert.
- Das Gewicht des Trays wird auf Plausibilität geprüft.

---

[29] Logistik für Unternehmen, Heft 9, 2004, S. 28

- Ist das Ergebnis positiv, werden die Seiten des Trays eingeschlagen und gebändert, um so ohne Füllmaterial die Ware gegen Verrutschen im Versandgebinde zu schützen.
- Über das Tray wird ein Deckel gestülpt, der wiederum gebändert wird.
- Das Versandetikett wird gedruckt und auf das Tray geklebt.

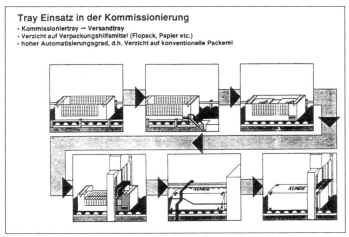

Abbildung 11.13: Pick-und-Pack-System (Geitz 1993)

Beim Pick-und-Pack-System sind alle Verpackungsvorgänge vollautomatisch, auch das Aufkleben des Versandetiketts. Die Vorteile liegen in der Vermeidung eines zusätzlichen Handlings durch die direkte Kommissionierung in das Versandgebinde, der Sicherung der Ware ohne die Verwendung von zusätzlichem Füllmaterial, der stabilen Versandverpackung und der automatischen und 100%igen Gewichtskontrolle der Kommissionierung. Auch ist ein Vorteil, dass keine Kommissionierbehälter zurückgeführt werden müssen (Köhler 2001).

Die Nachteile der Pick-und-Pack-Systeme bestehen darin, dass keine parallele Kommissionierung mit unterschiedlichen Sektionen möglich ist, dass die Teilbearbeitung von Aufträgen nicht erfolgen kann und Probleme auftreten bei stark unterschiedlichen Paketgrößen.

Die bisher vorgestellten Kommissionierprinzipien beruhen auf einem Kommissionierauftrag in Papierform, den der Order Picker erhält und den er ausführt. Hierbei können verschiedene Fehlerarten beim Picken auftreten, die nach Logma (2003) in folgender Häufigkeit auftreten (100% gleich alle Pickfehler):

- Auftragsposition vergessen: 45%,
- falschen Artikel gegriffen: 30%,
- falsche Anzahl gegriffen: 5%.

Um Fehler beim Picken zu reduzieren, sind Vorgänge des Quittierens bei jedem Pickvorgang vorzusehen, z.B. das Scannen des Barcodes des Greiffaches, womit das Greifen eines falschen Artikels erkannt wird. Darüber hinaus können noch weitere Fehler auftreten, die entstehen, wenn Artikel vom Beschickungssystem in falsche Fächer gelegt werden, der Order Picker aber richtig in das angegebene Fach greift.

Als beleglose Kommissionierung bezeichnet man die **Pick-to-Light-Technologie**, da hierbei dem Order Picker kein Kommissionierauftrag in Papierform vorliegt. Diese Technologie kann bei der Organisation durch Kommissionierzonen angewendet werden. Eine Person ist zuständig für 100 bis 200 Artikel, die in Einsammelfächern verfügbar sind. Das Fach, in dem gepickt werden soll, wird durch eine Fachinnenbeleuchtung dem Order Picker mitgeteilt. Am Fach erscheint eine zweistellige Digitalanzeige, welche die zu entnehmende Stückzahl anzeigt. Erst wenn alle Produkte an dieser Station eingesammelt sind, wird mit einer Quittierungstaste für alle Anzeigen der Station das Ende des Kommissionierprozesses angezeigt. Diese Art der Kommissionierung erhöht die Pickleistung und reduziert zugleich die Fehlerquote. Zudem ist eine kurze Anlernphase infolge der leichten Bedienbarkeit gegeben (Köhler 2001).

Während der Pick-to-Light-Ansatz für kleine überschaubare Greifpositionen an einem Kommissionierplatz geeignet ist, ist der **Pick-to-Voice-Ansatz** auch für die Warenentnahme in Regalgängen geeignet. Der Order Picker trägt bei dieser Kommissioniertechnik ein Headset, aus Kopfhörern und Mikrophon bestehend. Es ist über einen drahtlosen Anschluss mit dem zentralen Kommissionierrechner verbunden. Dieser Rechner weist dem Order Picker per Sprachanweisung über den Kopfhörer die Aufträge zu und führt ihn durch die Lagergänge. Er weist ihn an, zu welchen Stellen im Lager er gehen muss und an welchem Pickplatz er wie viel Ware zu entnehmen hat. Ist er dort angekommen, bestätigt er über eine am Lagerplatz befindliche Prüfziffer seine Position für den jeweiligen Arbeitsgang. Auch die Warenentnahme und Stückzahl bestätigt der Kommissionierer über Schlüsselworte. Ist die Warenentnahme erfolgreich bestätigt, dann gibt das System die neue Position zum nächsten Pickplatz an. Da Pick-by-Voice beleglos kommissioniert, spart der Kommissionierer den Weg zur Ausgabe eines neuen Kommissionierauftrages. Das Lesen und Bearbeiten der Kommissionieraufträge entfällt ebenfalls. Die Wegoptimierung im Rechner verkürzt darüber hinaus die Laufwege. Insgesamt ergibt sich eine deutliche Steigerung der Produktivität beim Orderpicken.

Welche der hier diskutierten Kommissioniersysteme anzuwenden sind, hängt von der Artikelzahl im Lager und der Größe der einzelnen Auftragspositionen ab. Das in Abbildung 11.14 dargestellte Portfolio zeigt die Einsatzbereiche im Prinzip auf.

Kapitel 11 • Das Lagerhausmanagement und Bestellpolitiken

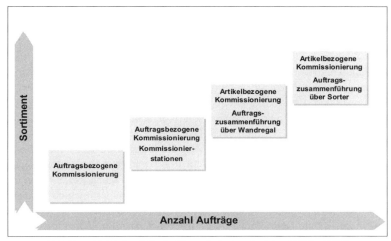

Abbildung 11.14: Portfolio der Kommissionierprinzipien (Köhler 2001)

Die Auswahl der Lagertechnik und des Automatisierungsgrades der zum Einsatz kommenden Kommissioniertechniken hängt von der Art der eingelagerten Artikel und von der Struktur der Kommissionieraufträge ab. Die Aufträge sind danach zu unterscheiden, wie viele Auftragspositionen sie im Durchschnitt aufweisen und wie groß die Bestellmenge pro Auftragsposition ist. Im Versandhandel von Büchern bestehen die Aufträge meistens nur aus ein bis zwei Positionen mit je einem Artikel. Bei dieser Struktur der Aufträge ist eine manuelle Kommissionierung vorteilhaft (Habel 2004). Auch ist das gesamte Packvolumen eines einzelnen Auftrages zu berücksichtigen. Für Aufträge mit einem kleinen Volumen können Pick-und-Pack-Systeme vorgesehen werden. Enthalten Aufträge sowohl Positionen mit großen wie mit kleinen Teilen, müssen die Kommissionierung und der Versand gesplittet werden, einmal als Paket für kleine Teile und einmal als Stückgut für die großvolumigen, sperrigen Teile. Für die unterschiedlichen Komponenten eines Kommissionierauftrages werden z.B. im europäischen Distributionszentrum in Marktheidenfeld des Elektrokleingeräte-Herstellers Braun GmbH fünf verschiedene Systeme parallel eingesetzt[30]:

1. Für extreme Schnelldreher sind 66 Palettenstellplätze vorgesehen, die durch Pick-by-Light Kommissionierung gesteuert werden.
2. Eine doppelstöckige Stückgutdurchlauf-Regalanlage mit 24 Regalfeldern mit je vier Durchlaufrahmen im Erd- und Obergeschoss bieten Platz für 1.280 Stückgutkanäle, die für Kleinbestellungen vorgesehen sind.
3. Ein automatisches Kleinteilelager dient der Ersatzteilversorgung von Braun.
4. Ein statisches Palettenregal für die Kommissionierung ganzer Packungseinheiten wurde eingerichtet.
5. Für das Vollpalettengeschäft und zur Artikelbevorratung dient ein automatisches Palettenhochregallager.

---

[30] Logistik für Unternehmen, Heft 9, 2003, S.34-36

11.5 Zweistufige Lagersysteme

Bei Kommissioniersystemen mit manuellem Order Picking ist die Übersichtlichkeit und der leichte Zugang für die Kommissionierpersonen von hoher Bedeutung, um sowohl rasch als auch weitgehend fehlerfrei die Kommissionierung vorzunehmen. Den kleinteiligen Kommissionierabläufen stehen andererseits Einlagerungen in großen Partien, wie z.B. Gitterboxen oder Palettenstapeln gegenüber. Der sich hier auftuenden Größendifferenz werden die Kommissioniersysteme insofern gerecht, als sie ein eigenes Kommissionierlager vom restlichen Lager absetzen. Das letztere übernimmt die Funktion des Reservelagers für das Kommissionierlager. Sind die Vorräte im Kommissionierlager erschöpft, so wird eine größere Partie aus dem Reservelager in das Kommissionierlager übertragen und dort dem Kommissioniervorgang zur Verfügung gestellt. Zumeist werden beide Lagersysteme nach unterschiedlichen Einlagerungsstrategien beschickt. Um den manuellen Kommissioniervorgang weitgehend zu unterstützten, werden den einzelnen Artikeln bestimmte feste Standplätze zugeordnet. Demgegenüber ist die **Belegung des Reservelagers** mit großen Packeinheiten **wahlfrei** oder **chaotisch** gestaltet. Damit bezeichnet man ein Lagerungsprinzip, dass die Einlagerung einer Einheit an einem freien, sonst aber beliebigen Platz erfolgen kann. Der Einlagerungsort wird in einem Informationssystem mitverwaltet, womit der Artikel jederzeit wieder auffindbar ist. Ein Beispiel für die Verwaltung von Lagerplätzen mit Karten wird unten gegeben.

Statistische Überlegungen zeigen, dass bei einem gleichmäßigen Lagerabgang 50% der Lagerfläche nicht genutzt wird, wenn die Artikel nach dem Prinzip der festen Zuordnung gelagert werden. Unter Vernachlässigung von Sicherheitsreserven kann daher eine chaotische Lagerung mit einer 50% geringeren Lagerfläche auskommen. Hierbei ist jedoch anzunehmen, dass die verschiedenen einzulagernden Artikel nicht gleichzeitig als Nachschub am Lagerhaus eintreffen, sondern im Zeitablauf gleichmäßig verteilt. Die Kombination von Kommissionier- und Reservelager kann sogar in einem Regalgang erfolgen. Die unteren beiden Regalböden stehen den manuellen Kommissionierern in fester Zuordnung zur Verfügung, während auf den oberen Regalböden große Packgebinde in Reserve für den Nachschub bereit stehen. Diese können über Gabelstapler ein- und ausgefahren werden. Wir treffen diese Kombination z.B. im Großteilelager des Versandhauses Quelle in Nürnberg und im Ersatzteillager von Volkswagen in Kassel an.

Das Informations- und Verwaltungssystem eines derartigen Lagersystems basiert auf **Laufkarten**, wie in Abbildung 11.15 skizziert. Es ist ähnlich zum Kanban-System und wie folgt aufgebaut. Jeder Stellplatz im Reservelager wird mit einer Laufkarte dokumentiert. Die Karten von unbelegten Stellplätzen werden in einem Pool gesammelt. Wenn eine Palette im Reservelager eingelagert werden soll, erhält der Staplerfahrer eine Karte aus dem Pool, die den freien Platz ausweist. Nach dem Einlagerungsvorgang wird die Karte am Kommissionierplatz des Artikels abgelegt. Wenn Nachschub in das Kommissionierlager gebraucht wird, wird eine Karte am Kommissionierplatz des Artikels entnommen. Die Karte verweist auf einen Platz im Reservelager, von wo aus der Nachschub geholt werden kann. Nachdem dies erledigt ist, ist der Platz im Reservelager wieder frei, und die Laufkarte kehrt in den Pool zurück. Bemerkenswert an diesem Informations- und Verwaltungssystem sind dessen Einfachheit und die Tatsache, dass es ohne Computerunterstützung auskommt. Insofern ist es mit dem Kanban-System vergleichbar.

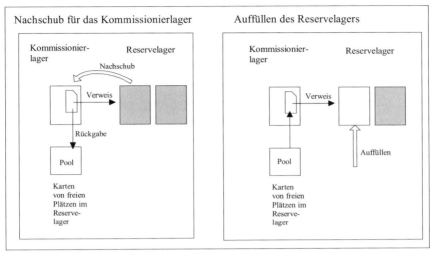

Abbildung 11.15: Karten-Informationssystem bei chaotischer Lagerung

11.6 Bestellpolitiken und Sicherheitsbestände bei stochastischer Nachfrage

Zur Frage des Lagerhausmanagements zählt insbesondere die Überlegung, nach welchen Strategien das Lager aufzufüllen ist. Eingelagert wird in großen Partien. Dem stehen kleinteilige Kundenaufträge auf der Entnahmeseite gegenüber. Während die Größenstruktur und Häufigkeit der Kundenaufträge vorgegeben sind, kann das Management bei Einlagerungsprozessen solche Strategien verfolgen, welche die **Lagerkosten minimieren**. Gefragt wird nach der Menge, die bestellt werden soll. Bei der Bestimmung kostenminimaler Bestellmengen sind die Lagerkosten, die bei großen Bestellmengen entstehen, den Kosten zur Abwicklung der Bestellvorgänge, welche bei häufigen kleineren Einzelbestellungen anfallen, gegenüberzustellen. Gleichzeitig ist die Gewährleistung eines festgelegten Serviceniveaus zu berücksichtigen. Für die Frage der **optimalen Bestellpolitiken** sind in der Betriebswirtschaftslehre verschiedene Modelle entwickelt worden. Es handelt sich um deterministische und stochastische Ansätze. Unterschieden werden

- die Andler'sche Losgrößenformel für das statische Modell, das in jeder Zeiteinheit gleiche Lagerabgangsraten aufweist,
- die dynamische Optimierung nach Wagner/Whitin, welche mehrere zukünftige Perioden umfasst und für diese unterschiedliche Lagerabgangsraten unterstellt und
- die stochastischen Ansätze, welche Zeitpunkte und Auffüllpolitiken bei zufällig verteilten Lagerabgangsraten untersuchen.

Da die deterministischen Ansätze infolge des stochastischen Lagerabgangs für die Bestellpolitiken keine Rolle spielen, sollen hier die **stochastischen** Ansätze vorgestellt werden.

Die Bestellungen der Artikel im Lager verteilen sich nicht gleichmäßig im Zeitablauf, sondern unterliegen zahlreichen Schwankungen, die dem in Kapitel 1 postulierten Prinzip des gleichmäßigen Stromes als Voraussetzung einer optimierten Logistik nicht entsprechen. Das Lagerhausmanagement sollte aber versuchen, sich diesem Ideal der Stetigkeit anzunähern. Dazu ist es erforderlich, den Bestelleingang nicht als eine gegebene Größe hinzunehmen, sondern aktiv die Supply Chain so zu gestalten, dass große Lieferschwankungen infolge nicht abgestimmter Bestelltermine und schlecht koordinierter Bestellmengen vermieden werden. Ein Beispiel für die schlechte Abstimmung verschiedener Lagerstufen wurde in Kapitel 2 zum Supply Chain Management gegeben. Auch sollten **Sonderaktionen** des Handels, die auf der Lagerebene einen stoßweisen Bedarf erzeugen, reduziert oder ganz aufgegebenen werden, wie dies im Kapitel 22 zum Efficient Consumer Response diskutiert wird. Auch sollte durch Einsatz verbesserter Methoden die Präzision von Absatzprognosen (vgl. Kapitel 22.7) so verbessert werden, dass unvorhergesehene Schwankungen vermindert werden. Wenn alle diese Möglichkeiten der **Glättung** des Bestellprozesses ausgeschöpft sind, können in einer zweiten Phase aus den restlichen, deutlich verminderten Schwankungen der Bestelleingänge optimierte Bestellpolitiken mit modelltheoretischen Methoden hergeleitet werden.

Voraussetzung für eine modelltheoretische Analyse ist es, den Lagerabgang für einen Artikel als eine **zufällige Variable** mit den Größen Mittelwert und Standardabweichung zu beschreiben. Die Frage ist dann zu beantworten, zu welchen **Zeitpunkten** bestellt werden soll und welche Vorsorge gegen den Fall zu treffen ist, dass die Zufallsvariable des Lagerabgangs stärker als der Mittelwert ausschlägt und die Vorräte schneller als erwartet zur Neige gehen und wie das Verhalten in diesem Fall optimiert werden kann. Diese Fragen werden im Kontext von Bestellstrategien diskutiert, die in das **Bestellzyklusverfahren** und das **Bestellpunktverfahren** eingeteilt werden. Beim Bestellzyklusverfahren wird nach festgelegten Periodenlängen t der Nachschub bestellt. Beim Bestellpunktverfahren wird überprüft, wann der Vorrat unter eine Meldegrenze s sinkt und dann eine Bestellung ausgelöst.

Bei beiden Strategien werden zusätzlich die **Auffüllpolitiken** unterschieden:

- Auffüllen bis zu einem vorgegebenen Niveau (Bestellniveau S),
- Auffüllen mit einer bestimmten Menge (Los q).

Die Zuordnung der Bestellstrategien zu den Auffüllpolitiken zeigt das folgende Portfolio.

	Los q	Bestellniveau S
Bestellzyklus t	t,q	t,S
Bestellpunkt s	s,q	s,S

Tabelle 11.2: Portfolio der Bestellpolitiken

Nicht alle Kombinationen dieses Portfolios sind gleichermaßen sinnvoll. So wird gegen die (t,q)-Politik vorgebracht, dass diese keine Schwankungen des Verbrauchs berücksichtigt, wenn in festen Zeitabständen stets die gleiche Menge q bestellt wird. An dieser Stelle werden nur die beiden Politiken mit festem Bestellniveau S näher diskutiert: Das Bestellzyklusverfahren und das Bestellpunktverfahren. Diese Politiken berücksichtigen den knappen Lagerplatz, der den einzelnen Artikeln vorab vorgegeben ist. Nach einer Studie von Ihde u.a. (1999) über die Ersatzteillogistik unter 124 Unternehmen in Europa überwiegt die (s,S)-Politik.

Das **Bestellzyklusverfahren** wird durch **Bestellperioden** mit konstanter Länge t gekennzeichnet, an deren Ende der Lagerbestand wieder aufgefüllt wird, wobei eine Lieferzeit T_W anfällt. Übliche Zyklen für t sind eine Woche oder ein Monat. Die Länge der Bestellperiode ist vorgegeben und nicht Gegenstand einer Optimierung. In den Fällen, in denen der Lagerabgang während der gewählten Bestellperiode einigermaßen voraussehbar ist und zum zweiten auch der Lagerbestand weitgehend abgebaut wird, ist das Bestellzyklusverfahren von Bedeutung. Dies trifft etwa auf schnell umschlagende A-Teile zu. Ein Vorzug des Bestellzyklusverfahrens ist, dass Bestellungen über viele Artikel bei einem Lieferanten zeitlich gebündelt werden können. Hingegen ist es für langsam umschlagende C-Teile nicht sinnvoll einsetzbar, da während der Bestellperiode der Verbrauch gering ist und daher eine größere Unsicherheit über dessen Schätzung besteht.

Im Folgenden wird ein **Modellansatz** für die (t,S)-Politik erläutert, der eine Wahrscheinlichkeitsaussage über das Auftreten einer Fehlmenge in einer Bestellperiode t mit einer Wiederbeschaffungszeit T_W erlaubt. Damit lassen sich Aussagen zur Höhe der Auffüllgrenze S und zur Produktlieferbereitschaft des Lagers als Maß der Servicequalität herleiten. Der Lagerabgang für ein Produkt wird bei diesem Modellansatz als normal verteilte Variable mit **Mittelwert** μ und **Standardabweichung** σ während einer Woche angenommen. Die Lagerabgänge in den Folgewochen seien genauso verteilt und unabhängig voneinander. Die Normalverteilung streut beliebig weit in den positiven und negativen Bereich. Dieses ist für empirische Verteilungen des Lagerabgangs nicht der Fall. Doch dient die Annahme der Normalverteilung der Vereinfachung, da diese Verteilung weithin bekannt und einfach mit der Tabellenkalkulation zu berechnen ist. Auch haben nach Silver/Petersen (1998, S. 289) Untersuchungen gezeigt, dass Annahmen über andere Wahrscheinlichkeitsverteilungen nur leicht geänderte Ergebnisse zeigen.

Die Bestellperiode t betrage n Wochen, die Wiederbeschaffungszeit T_W betrage w Wochen. Die Variable L des Lagerabgangs während der Bestellperiode und der Wiederbeschaffungszeit ist dann normal verteilt mit dem Mittelwert $\mu_L = (n+w)\mu$ und der Standardabweichung $\sigma_L = \sigma\sqrt{n+w}$ (vgl. unten Formel (4) in Abschnitt 11.7).

Die elementaren Eigenschaften der Normalverteilung können mit Hilfe der **σ-Regeln** in Aussagen über die erforderliche Auffüllgrenze S und der damit verbundenen Fehlmengenwahrscheinlichkeit überführt werden. Die Produktlieferbereitschaft α des Lagers, die auch als Service-Niveau α bezeichnet wird, kann dann als Prozentsatz 1 − α der Fälle ausgedrückt werden, in denen für einen Artikel eine Fehlmenge auftritt. Die folgende Tabelle gibt dazu eine Übersicht. Die Variable L des Lagerabgangs überschreitet während der Zeit von n+w Wochen nach den elementaren Eigenschaften einer Normalverteilung in dem in der Tabelle 11.3 wiedergegeben Prozentsatz der Fälle die Grenze $z\sigma_L$ und führt zu einer Fehlmenge.

Produktlieferbereitschaft α in %	Fehlmengenwahrscheinlichkeit in %	Vielfaches z von σ_L
84,2	15,8	1,0
90	10	1,25
94	6	1,55
95	5	1,64
96	4	1,75
97	3	1,87
97,72	2,28	2,0
98	2	2,05
99	1	2,3
99,87	0,13	3,0

Tabelle 11.3: σ-Regeln

Die Fehlmengenwahrscheinlichkeit der Grenze $z\sigma_L$ bestimmt sich mit der kumulierten Verteilungsfunktion F(x) der normierten Normalverteilung als $1 - F(z)$.[31] Die Auffüllgrenze S ist dann gegeben als $S = \mu_L + z\sigma_L$. Eine Fehlmengenwahrscheinlichkeit von 15,8% impliziert nach der Tabelle eine Auffüllgrenze S von $\mu_L + \sigma_L$, eine Fehlmengenwahrscheinlichkeit von 2,28% eine Auffüllgrenze S von $\mu_L + 2\sigma_L$ und eine Fehlmengenwahrscheinlichkeit von 0,13% eine Auffüllgrenze S von $\mu_L + 3\sigma_L$. An diesen Überlegungen ist die stark steigende Auffüllgrenze bei einer Annäherung der Produktlieferbereitschaft an die Grenze von 100% erkennbar. Der Sprung von 84,2% (entsprechen einer Fehlmengenwahrscheinlichkeit von 15,8%) auf 97,72% erfordert eine Erhöhung der Auffüllgrenze um ein σ_L. Um dann die Produktlieferbereitschaft bloß noch um 2,15 Prozentpunkte auf 99,87% zu steigern, ist die Auffüllgrenze S noch einmal um den Betrag σ_L zu erhöhen. Eine Erhöhung von S bedeutet jedoch höhere Lagerkosten, weshalb eine Verbesserung des Lieferbereitschaftsgrads bei Annäherung an die Grenze von 100% mit progressiv steigenden Lagerkosten verbunden ist. Die folgende Abbildung zeigt den steilen Verlauf der Lagerkosten bei der Annäherung des Lieferbereitschaftsgrads an die Grenze von 100%.

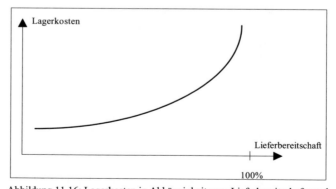

Abbildung 11.16: Lagerkosten in Abhängigkeit vom Lieferbereitschaftsgrad

---

[31] In Excel wird die zu z gehörende Wahrscheinlichkeit mit der Tabellenfunktion Normvert als 1 – Normvert(z ; 0 ; 1; WAHR) ausgegeben.

Da die Auffüllgrenze S über die Formel S = μ_L + $z\sigma_L$ linear von σ_L = $\sigma\sqrt{n+w}$ abhängt, führt eine Verkürzung der Wiederbeschaffungszeit T_W zu niedrigeren Lagerbeständen S, ebenso wie eine Verkürzung der Bestellperiode. Damit ist eine Rechtfertigung von Quick Response Systemen gegeben, die schnelle und häufige, aber kleine Lieferungen vorsehen.

Nun erläutern wir das **Bestellpunktverfahren**. Hierbei wird nicht in festen Zeitabständen bestellt, sondern erst dann, wenn der Lagerbestand einen gewissen Mindestwert, der auch als **Meldebestand** bezeichnet wird, unterschreitet. Heutzutage ist mit den Mitteln der elektronischen Bestandsfortführung die Abrufung des aktuellen Lagerbestandes für die einzelnen Artikel jederzeit möglich. Insofern kommt dem Bestellpunktverfahren heute für B-und C-Artikel eine größere Bedeutung zu gegenüber der früheren Zeit, in welcher der Lagerverwaltung effiziente Hilfsmittel zur Bestandskontrolle fehlten. Beim Modellansatz des Bestellpunktverfahrens wird für einen Artikel eine zufällig verteilte Lagerabgangsrate angenommen, welche den Abgang pro Zeiteinheit darstellt. Wird ein Meldebestand des Lagerbestandes unterschritten, so wird eine Bestellung ausgelöst, welche den Lagerbestand wieder auffüllt.

Da zwischen dem Auslösen der Bestellung und dem Eintreffen der neuen Artikel eine Zeitspanne verstreicht, ist diese Zeit als **Wiederbeschaffungszeit T_W** in Rechnung zu stellen. Während dieser Zeitspanne ist die Nachfrage aus dem Meldebestand zu befriedigen. Das Bestellpunktverfahren wird daher auch **2-Behälter-System** genannt: Wenn kein Vorrat mehr im Hauptbehälter vorhanden ist, wird die Nachfrage aus dem zweiten Behälter des Meldebestands bedient. Die Abbildung 11.17 verdeutlicht das 2-Behälter-System mit einer konstanten Rate des Lagerabgangs, welche den Mittelwert der zufälligen Variablen „Lagerabgang" darstellt.

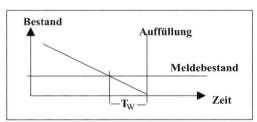

Abbildung 11.17: Meldebestand und Wiederbeschaffungszeit beim Bestellpunktverfahren (2-Behälter-System)

Der Meldebestand hat dann mindestens so groß zu sein, dass der Lagerabgang während der Wiederbeschaffungszeit nicht den Bestand auf Null schmelzen lässt. Wird auf Artikel im Lager zugegriffen, ohne dass ein Vorrat vorhanden ist, spricht man auch von einer **Fehlmenge**. Hier entsteht die Frage, welcher Meldebestand überhaupt zu wählen ist. Die Festlegung des Meldebestandes kann auf zwei Arten geschehen:

- über die Wahrscheinlichkeit des Auftretens einer Fehlmenge oder
- auf die Minimierung der Summe von Lager- und Fehlmengenkosten.

Im Folgenden wird ein **Modellansatz** erläutert, der eine Wahrscheinlichkeitsaussage über das Auftreten einer Fehlmenge bei kurzen Wiederbeschaffungszeiten erlaubt. Im Unterschied zum Bestellzyklusverfahren, das den Zeitraum $t + T_w$ betrachtet, wird beim Bestellpunktverfahren der Lagerabgang als normal verteilte Variable A mit Mittelwert μ und Standardabweichung σ während der Wiederbeschaffungszeit T_w angenommen. Mit der Annahme des Lagerabgangs als normal verteilt entsteht während der Wiederbeschaffungszeit im Mittel ein Bedarf von μ. Da die Normalverteilung symmetrisch um den Mittelwert streut, bleibt der Lagerabgang in 50% der Fälle unterhalb des Mittelwertes, aber auch in 50% der Fälle oberhalb. Das bedeutet, dass eine Wahl des Meldebestands s als Mittelwert μ in 50% der Fälle eine Fehlmenge verursacht. Diese hohe Fehlmengenrate ist aber unerwünscht. Zusätzlich zum Mittelwert μ ist daher noch ein **Sicherheitsbestand B** vorzusehen, um Schwankungen der Zufallsvariablen A aufzufangen. Der Meldebestand beträgt dann $\mu + B$. Man drückt den Sicherheitsbestand B als ein Vielfaches z der Standardabweichung σ des Lagerabgangs aus und erhält die oben beschriebenen σ–Regeln. Die Argumentation verläuft an dieser Stelle wie oben beim Fall des Bestellzyklusverfahrens. Da der Sicherheitsbestand proportional zu σ ist, muss mit den oben beschriebenen Methoden der Lagerabgang soweit wie möglich geglättet werden, um σ klein zu halten.

Wird die Produktlieferbereitschaft des Lagers als Prozentsatz der Fälle ausgedrückt, in denen während der Wiederbeschaffungszeit keine Fehlmengen auftreten, so impliziert die Tabelle 11.3 eine Fehlmengenwahrscheinlichkeit von 15,8% bei einem Sicherheitsbestand von σ, eine Fehlmengenwahrscheinlichkeit von 2,28% bei einem Sicherheitsbestand von 2σ und eine Fehlmengenwahrscheinlichkeit von 0,13% bei einem Sicherheitsbestand von 3σ. An diesen Überlegungen ist wiederum – wie oben – der stark steigende Sicherheitsbestand bei einer Annäherung des Lieferbereitschaftsgrads an die Grenze von 100% erkennbar.

Als ein **Beispiel** für Aussagen über Fehlmengen behandeln wir folgende Daten: Der unregelmäßige Abgang in einem Meldebestandssystem wird derart geschätzt, dass er ungefähr einmal im Monat, d.h. zwölf Mal im Jahr, wieder aufgefüllt werden muss. Der Lagerabgang während der Wiederbeschaffungszeit sei eine normal verteilte Zufallsvariable mit dem Mittelwert $\mu = 200$ und der Standardabweichung $\sigma = 50$. Wie groß sind der Sicherheits- und der Meldebestand zu wählen, so dass höchstens einmal unter den zwölf Fällen ein Fehlbestand auftritt? 1/12 entspricht dem Wert $\alpha = 0{,}0833$. Wenn F(x) die kumulierte Verteilungsfunktion der Normalverteilung mit Mittelwert μ und der Standardabweichung σ ist, dann liefert die inverse Funktion $F^{-1}(x)$ von F bei $x = 1 - \alpha$ die Grenze $\mu + B$, die die Variable des Lagerabgangs mit einer Wahrscheinlichkeit α überschreitet. Mit der Tabellenfunktion Norminv von Excel erhält man $F^{-1}(1 - \alpha)$ = NORMINV(1-0,0833;200;50) = 269, was bedeutet, dass einmal in 12 Fällen die Variable des Lagerabgangs den Wert 269 überschreitet. Der Meldebestand beträgt damit 269 Einheiten und der Sicherheitsbestand ist $B = 269 - 200 = 69$.

Wenn die Verteilung der Bestellhäufigkeiten bekannt ist und die Kosten der Nichterfüllung eines Auftrags wegen Fehlmengen abgeschätzt werden können, z.B. durch Konventionalstrafen, dann können die Lagerkosten mit den Fehlmengenkosten abgewogen werden und der Sicherheitsbestand so hoch angesetzt werden, dass die Summe von Lager- und Fehlmengenkosten minimal wird. Wir geben hierzu ein Beispiel, in dem der Lagerabgang einen Mittelwert $\mu = 1.000$ Stück mit einer Standardabweichung von 200 aufweist. Eine Produktlieferbereitschaft von mindestens 84,2% soll garantiert werden. Damit ist der Sicherheitsbestand B von mindestens $1*\sigma = 200$ anzusetzen. Nur die Artikel, die zusätzlich über die Grenze 200 hinaus gelagert werden, sollen in die Kostenabwägung einbezogen werden. Ein Artikelwert von € 600 mit einem Lagerzinssatz von L = 20% wird angenommen. Damit ergeben sich Lagerkosten von € 120 pro Stück. In der folgenden Tabelle 11.4 wird in der Spalte „Anzahl der Überschreitungen" die Verteilung der Nachfrage beispielhaft angenommen und aufgezeigt, wie oft bei einem bestimmten Sicherheitsbestand die Nachfrage nicht befriedigt werden kann. So kann z.B. bei einem Sicherheitsbestand von 300 die Nachfrage in 110 Fällen der Planungsperiode nicht gedeckt werden. Dann entstehen Fehlmengenkosten von € 260 pro Fall, also insgesamt € 28.600. Die Spalte „Gesamtkosten" zeigt die gegenläufigen Kosten von Lagerung und Fehlmengen auf. Nach diesem Ansatz ist der Sicherheitsbestand von 325 derjenige mit den geringsten Gesamtkosten von € 40.480.

Sicherheitsbestand	Anzahl der Überschreitungen	Zusätzliche Lagerkosten	Fehlmengenkosten	Gesamtkosten
200	200	0	52.000	52.000
225	170	3.000	44.200	47.200
250	145	6.000	37.700	43.700
275	125	9.000	32.500	41.500
300	110	12.000	28.600	40.600
325	98	15.000	25.480	**40.480**
350	88	18.000	22.880	40.880
375	81	21.000	21.060	42.060
400	76	24.000	19.760	43.760

Lagerkosten = 120, Lagerwert = 600, Lagerzins = 0,2, Fehlmengenkosten pro Stück = 160

Tabelle 11.4: Abwägung von Lager- und Fehlmengenkosten
bei einer gegebenen Verteilung der Nachfrage

Wenn man die Daten von Lagerkosten und Fehlmengenkosten in einer Sensitivitätsanalyse variiert, ergibt sich, wie robust die optimierten Sicherheitsbestände auf die Änderung der Daten bei einer gegebenen Nachfrageverteilung reagieren. Die folgende Tabelle 11.5 zeigt die optimierten Sicherheitsbestände in Abhängigkeit von diesen Daten auf:

Fehlmengenkosten → Lagerkosten↓	140	160	180	200	220	240	260
60	325	350	350	350	375	375	375
80	300	300	325	325	350	350	350
100	275	275	300	300	325	325	350
120	250	275	275	275	300	300	325

Tabelle 11.5: Optimierte Sicherheitsbestände in Abhängigkeit von Lager- und Fehlmengenkosten.

Zweistufige Meldesysteme gehen von einem niedrigeren Sicherheitsbestand aus. Wird erkennbar, dass während der Wiederbeschaffungszeit T_W der Vorrat nicht ausreicht, so kann mit einer Eillieferung eine kleine Partie zusätzlich innerhalb der Wiederbeschaffungszeit besorgt werden. Die Eillieferung wird ausgelöst, sobald der Vorrat unter eine zweite, niedrigere Meldegrenze fällt, die anzeigt, dass der Lagerabgang rascher erfolgt als zunächst vermutet. Mit dem zweistufigen Meldesystem werden große Sicherheitsbestände, die selten ganz in Anspruch genommen werden, durch Eillieferungen substituiert.

Eine weitere Strategie, die Sicherheitsbestände zu senken, besteht in der aggregierten Betrachtung von gleichartigen Produkten, die sich gegenseitig substituieren können. Wenn zum Beispiel eine 200 GB Festplatte nicht mehr lieferbar ist, so kann diese mit einer 300 GB Festplatte substituiert werden. Oder Großpackungen können durch zwei kleine Packungen ersetzt werden. Ein weiterer Ansatzpunkt besteht in der Bestimmung der durchschnittlichen Lieferfähigkeit eines Lagers über eine ganze Artikelgruppe. Dieser Durchschnitt kann gehalten werden, indem die Produktlieferbereitschaft für teure Artikel gesenkt, dafür aber die von niedrigpreisigen Artikeln erhöht wird. Mit dieser Strategie sinkt der durch den Sicherheitsbestand gebundene Kapitalbedarf.

11.7 Die Aggregation der regionalen Sicherheitsbestände im Zentrallager

In diesem Abschnitt sollen die Sicherheitsbestände in Distributionssystemen untersucht werden, die regionale Lagerhäuser aufweisen. Gefragt wird, wie sich eine Zusammenfassung n Regionallagern zu einem Zentrallager auf die Sicherheitsbestände auswirkt. Dazu machen wir folgende Annahmen für die Zufallsvariablen z_i des Lagerabgangs in den Regionallagern $i = 1,...,n$: Der Lagerabgang pro Periode (z.B. einer Woche) sei normal verteilt mit den folgenden Charakteristika:

- μ_i = Mittelwert des Lagerabgangs des Lagers i
- σ_i = Standardabweichung des Lagerabgangs des Lagers i
- r_{ij} = Korrelation zwischen dem Lagerabgang des Lagers i und des Lagers j

Wir unterstellen nun anstatt von n Regionallagern ein Zentrallager und fassen den Lagerabgang aus den Regionallagern zu einer Variablen Z des Lagerabgangs des Zentrallagers additiv zusammen, d.h. $Z = \Sigma z_i$. Z besitze den Mittelwert μ_Z, die Standardabweichung σ_Z und die Varianz v_Z. Dann ist die Variable Z normal verteilt mit dem Mittelwert $\mu_Z = \Sigma \mu_i$ und der Varianz (vgl. Bleymüller u.a. 2004):

(1) $\quad v_Z = (\sigma_Z)^2 = \sum_{i=1}^{n} \sigma_i^2 + \sum_{i \neq j} r_{ij} \sigma_i \sigma_j$.

Wenn wir die Annahme machen, dass die Variablen der Lagerabgänge in den Regionallagern voneinander unabhängig sind, sind die Korrelationskoeffizienten $r_{ij} = 0$, und die Varianz von Z vereinfacht sich nach (1) wie folgt:

(2) $\quad v_Z = (\sigma_Z)^2 = \sum_{i=1}^{n} \sigma_i^2$.

Diese Annahme trifft nicht stets zu. Z.B. wenn Saisonartikel verkauft werden, ist der Lagerabgang in den Regionallagern gleichartig. Aber auch dann, wenn die Variablen der Regionallagerabgänge positiv korreliert sind, bleibt die Varianz des Lagerabgangs im Zentrallager kleiner als die quadrierte Summe der einzelnen Standardabweichungen, solange die Korrelationskoeffizienten $r_{ij} < 1$ sind:

(3) $\quad v_Z = (\sigma_Z)^2 = \sum_{i=1}^{n} \sigma_i^2 + \sum_{i \neq j} r_{ij} \sigma_i \sigma_j < \sum_{i=1}^{n} \sigma_i^2 + \sum_{i \neq j} \sigma_i \sigma_j = \left(\sum_{i=1}^{n} \sigma_i \right)^2$.

Wenn auf der anderen Seite die Nachfrage in den verschiedenen Regionallagern vollständig positiv korreliert ist, werden die Korrelationskoeffizienten $r_{ij} = 1$. In diesem Falle ist nach Gleichung (1) die Standardabweichung der aggregierten Nachfrage Z gleich der Summe der Standardabweichungen der einzelnen Regionallager:

$$\sigma_Z = \sum_{i=1}^{n} \sigma_i \,.$$

Aus der Gleichung (3) folgt, dass die Standardabweichung im Zentrallager dann geringer als die Summe der Standardabweichungen der einzelnen Regionallager wird, wenn die Korrelationskoeffizienten $r_{ij} < 1$ sind. Daraus ergibt sich unmittelbar die Vorteilhaftigkeit der Zentralisierung hinsichtlich des im Zentrallager vorzuhaltenden Sicherheitsbestandes, da dieser eine lineare Funktion der Standardabweichung ist. Damit lässt sich durch Zentralisierung der Sicherheitsbestand senken, ohne die Verfügbarkeit einzuschränken.

Wenn man die Annahmen weiter vereinfacht und unterstellt, dass nicht nur die Lagerabgänge voneinander unabhängig sind, sondern auch die Standardabweichungen für jedes Regionallagerhaus identisch sind, $\sigma_i = \sigma$, dann erhält man aus Gleichung (2) für die Standardabweichung im Zentrallager die in der Literatur als „Wurzeltheorem" bekannte Gleichung:

(4) $\quad \sigma_Z = \sqrt{\sum_{i=1}^{n} \sigma_i^2} = \sqrt{n\sigma^2} = \sigma\sqrt{n} \,.$

Mit anderen Worten: Wenn man n Regionallager zentralisiert, so sinkt der Sicherheitsbestand um den Faktor $\sqrt{n}$. Das Wurzeltheorem wird – wie oben gezeigt – für die Modellierung der Standardabweichung des Lagerabgangs während der Wiederbeschaffungszeit herangezogen.

Wenn man die Standardabweichungen auf die Variationskoeffizienten $v_i = \sigma_i/\mu_i$ normalisiert, so lassen sich folgende Aussagen über die Vorteilhaftigkeit der Zentralisierung bzw. Dezentralisierung treffen. Wenn Produkte einen kleinen Variationskoeffizienten im regionalen Lagerabgang aufweisen, so fällt die Reduktion der Sicherheitsbestände in einem Zentrallager nicht so groß aus. Dieses trifft etwa bei schnell drehenden Artikeln zu, die nahe am Absatz im Regionallager dezentral gelagert werden können. Umgekehrt ist die Situation bei langsam drehenden Artikeln. Hier sind Standardabweichungen und Variationenkoeffizienten groß, und der Effekt der Aggregation auf den Sicherheitsbestand ist beträchtlich. Daher ist für langsam drehenden Artikel eine Zentralisierung des Bestandes vorteilhaft. Die folgende Tabelle gibt hierzu ein Beispiel für die (s,S)-Politik.

Wir nehmen 10 Regionallager an. Der Wert des Artikels A sei 10 €, der von Artikel B 100 €. Die Wiederbeschaffungszeit betrage 2 Wochen.

	Einzelnes Lagerhaus		Ein Zentrallager	
	Artikel A	Artikel B	Artikel A	Artikel B
Mittlerer Umsatz pro Woche in Stück pro Lagerhaus	1.000	100	10.000	1.000
Standardabweichung σ	400	80	1264,91	252,98
Variationskoeffizient	0,4	0,8	0,126	0,253
Wiederbeschaffungszeit 2 Wochen				
Standardabweichung $\sigma_w = \sigma$*Wurzel(2) während der Wiederbeschaffungszeit	565,69	113,14	1788,85	357,77
Sicherheitsbestand = $2\sigma_w$ in Stück pro Lager bei (s,S)-Politik bei 2,28% Fehlmenge	1.131,37	226,27	3.577,71	715,54
Gesamter Sicherheitsbestand in Stück über alle Lagerhäuser	11.313,71	2.262,74	3.577,71	715,54
Wert des Sicherheitsbestandes	113.137,08 €	226.274,17 €	35.777,09 €	71.554,18 €

Tabelle 11.6: Vergleich der Sicherheitsbestände Regionallager - Zentrallager

Für den Artikel B mit dem großen Variationenkoeffizienten sinkt der Wert des Sicherheitsbestandes von 226 Tsd.€ auf 71 Tsd. €, für den Artikel A aber bloß von 113 Tsd. € auf 35 Tsd. €.

Management Praxis: Das Zentrallager von RS-Components in Bad Hersfeld[32]

Die RS Components GmbH versorgt Ingenieure, Techniker und andere professionelle Anwender mit technischen Qualitätsprodukten für die Automation, Elektronik, Energie- und Elektrotechnik, Informations-Technologie sowie mit mechanischen Komponenten. Die Anforderungen der Kunden nach oftmals kleinen Mengen, die umgehend benötigt werden, setzen den Standard. Deshalb gibt es weder Mindestbestellmengen noch Mindermengenzuschläge, und was werktags bis 20.00 Uhr aus dem 85.000 Produkte umfassenden Programm bestellt wird, trifft zu 99 Prozent am nächsten Werktag beim Kunden ein.

Vor etwa einem Jahr ging das neue Distributionszentrum in Bad Hersfeld in Betrieb. Es birgt eine Infrastruktur, die aufgrund des effizienten Ablaufs und der mit 21.000 m² viermal größeren Geschossfläche deutlich leistungsfähiger ist als das bisherige Lager. Im ersten der zwei Gebäudetrakte befinden sich im 1. und 2. Geschoss Fachboden- und Durchlaufregale mit der jeweils verbindenden Fördertechnik. Im Erdgeschoss sind die Bereiche Wareneingang, Packerei, Exportverpackung, Sortierung und Verladung untergebracht. Der zweite Gebäudetrakt beherbergt die Palettenregalanlage.

Das Logistikzentrum ist als konventionelles, manuell bedientes Lager mit angeschlossener Behälterfördertechnik organisiert. Die Lagereinrichtung stammt zu großen Teilen von SSI Schäfer, Neunkirchen: Die Schmalgang-Palettenregalanlage des Typs PR 600 von Schäfer ist am Kopfende in der untersten Ebene mit Rollenbahnen ausgestattet. Schnelldreher können hier direkt aus dem Regal abkommissioniert und über die Durchlaufrollen von der Beschickungsseite wieder nachgestellt werden. Die Anlage nimmt bis zu 5.000 Paletten auf, darunter auch Mittel- und Langsamdreher, und dient ebenfalls als Puffer für das Fachbodenlager. Die Bedienung erfolgt über schienengeführte Schubmaststapler.

Der Kommissionierbereich schließt direkt an den Gebäudetrakt an. Schnelldreher befinden sich über den Pickstationen oberhalb der Förderstrecken in Kolli-Durchlaufregalen von Schäfer. Mittel- und Langsamdreher sind in gegenüberliegenden Fachbodenregalen untergebracht. Die Fachbodenanlage beherbergt Kleinteile in Regalkästen auf ca. 90.000 Lagerplätzen. Die obersten Fachbodenebenen, die von der Ergonomie her schlechter zugänglig sind, dienen als Pufferlager für die Durchlaufregale.

Moderne Fördertechnik mit einer Länge von insgesamt 2.200 m verbindet die verschiedenen Bereiche und sorgt für eine Zu- und Abfuhr der Artikel innerhalb des Materialflusses. Als Mehrwegbehälter sind 1.500 Euro-Fix-Boxen von SSI Schäfer im Einsatz. Aufgrund seiner ausgezeichneten Laufeigenschaften auf Förderstrecken ist der Drehstapelbehälter eine ökonomische Kommissionier- und Transportbox. In leerem Zustand kann der Behälter platzsparend ineinander gestapelt werden.

---

[32] Presseinformation RS-Components 2003

Es laufen täglich viele verhältnismäßig kleine Aufträge ein, die durch eine hohe Kommissioniertätigkeit sichergestellt werden müssen. Die Kapazitätsplanung wird durch den besonderen Service der Lieferung am nächsten Tag erschwert. Es gibt keine Auftragsüberhänge von einem Tag auf den nächsten. Lieferqualität und Lieferzuverlässigkeit sind wesentliche Teile des Service-Versprechens. Was der Kunde direkt spürt, ist für RS Components die relevante Messgröße. Bei monatlich weit über 40.000 Aufträgen mit durchschnittlich mehr als drei Bestellpositionen liegt die Rate bei den Kommissionierfehlern heute schon bei unter einem Promille. Gleichzeitig wurde die Genauigkeit der Bestandsführung auf fast 100 Prozent gesteigert.

Ergänzende Literatur:

Gudehus, T.: Kommissioniersysteme, in: Arnold, D. u.a. (Hrsg.): Handbuch der Logistik, Berlin 2004
Inderfurth, K; Jensen, T.: Lagerbestandsmanagement, in: Arnold, D. u.a. (Hrsg.): Handbuch der Logistik, Berlin 2004
Lempik, M: Warehousing, in: Arnold, D. u.a. (Hrsg.): Handbuch der Logistik, Berlin 2004
Kummer, S.: Management von Transport- und Lagerrisiken in Supply Chains, in: Vahrenkamp, Richard; Siepermann, Christoph (Hrsg.): Risikomanagement in Supply Chains, Berlin 2007, S. 255-272
Rall, B.; Alicke, K.: Lagersysteme, in: Arnold, D. u.a. (Hrsg.): Handbuch der Logistik, Berlin 2004

Abschnitt III

Beschaffungs- und Entsorgungslogistik

12 Beschaffungslogistik und Global Sourcing

12.1 Einleitung und Begriffsbestimmungen

Als **Beschaffung (Procurement, Sourcing)** wird allgemein die Suche nach Lieferanten, der Vertragsabschluss und die Durchführung von Lieferungen von Einsatzstoffen für Produktionsunternehmen und von Handelsware für Handelsunternehmen bezeichnet. Die Beschaffungsorganisation gestaltet die Schnittstelle zwischen Unternehmen und den Beschaffungsmärkten. Während früher die Beschaffung als ein einzelner Funktionsbereich der Unternehmung verstanden worden war, wird diese heute in die breiteren Konzepte der Unternehmensnetzwerke und des Supply Chain Managements eingeordnet.

Die Beschaffungslogistik umfasst die Gestaltung des Materialflusses von den Lieferanten in das Unternehmen hinein und im Unternehmen. Die Transporte und Lagerprozesse werden geplant, durchgeführt und abgerechnet, wobei die folgenden Ziele bestehen:

- Sicherstellung der Versorgung,
- niedrige Bestände in den Lagern,
- Beschleunigung der Materialströme.

Durch den Einsatz moderner EDV-Systeme zur Unterstützung von Supply-Chain-Management-Konzepten und von Internetschnittstellen zu den Beschaffungsmärkten ist die Bedeutung der Beschaffung in den vergangenen Jahren stark gewachsen. Auch haben die Lieferantennetzwerke in der Automobilindustrie die strategische Bedeutung der Beschaffung aufgezeigt.

Die Relevanz der Beschaffung für den Unternehmenserfolg lässt sich anhand der Fertigungstiefe diskutieren. Diese ist definiert als (Umsatz – Materialaufwand)/Umsatz. In den vergangenen Jahren konnten wir eine Tendenz zum Fallen der Fertigungstiefe auf unter 50% beobachten. Dies bedeutet im Umkehrschluss, dass der Quotient Materialaufwand/Umsatz auf über 50 % gestiegen ist. Bei dieser Entwicklung waren vor allen Dingen die Automobilwerke Vorreiter, die aufgrund der hohen Lohnkosten in den Werken große Teile der Fertigung in Niedriglohnsektoren und Niedriglohnländer ausgelagert haben. Man spricht in diesem Zusammenhang auch von **Outsourcing** (vgl. Kapitel 23). In der deutschen Automobilindustrie (OEM) sank die Fertigungstiefe von 37% in den 80er Jahren auf 24% im Jahre 2001 (Verband der Automobilindustrie (Hrsg.): Jahresbericht Auto 2003, Frankfurt 2003, S. 65).[33]

Der Anstieg des Quotienten Materialaufwand/Umsatz auf über 50 % zeigt den großen Einfluss der Beschaffung auf die Herstellkosten an und weist auf die Wettbewerbsfähigkeit hin. Zunächst stellen die absoluten Materialkosten ein Potential zur Kosteneinsparung dar, die sowohl von einer Senkung der Materialeinkaufspreise wie auch von der Materialergiebigkeit her gesteuert werden können. Die Einsparung an Materialkosten

---

[33] Diese Daten stimmen nicht mit den Angaben von BMW und der Mercedes Car Group überein. Die Fertigungstiefe betrug im Jahre 2002 nach Angaben der Geschäftsberichte bei BMW 44% und bei der Mercedes Car Group 29%.

besitzt eine große Hebelwirkung auf den Gewinn. Bei einem Umsatz von 1 Milliarde Euro, Materialkosten von 500 Millionen Euro und einem Gewinn von 5 % des Umsatzes, d.h. von 50 Millionen Euro, bedeutet die Senkung der Materialkosten um 1 % einen Gewinnanstieg um 10%.

Lieferbeziehungen werden von einer steigenden Internationalisierung gekennzeichnet. Diese Internationalisierung wird für die Unternehmen aufgrund des ständig steigenden Kosten- und Wettbewerbsdrucks immer wichtiger. Empirisch lässt sich ein Wachstum des Auslandsanteils am Konzernumsatz bei einer Auswahl der größten deutschen Industriekonzerne beobachten. In einer Studie bei 778 europäischen und nordamerikanischen Großunternehmen berichtete über die Hälfte der befragten Unternehmen über eine geplante deutliche Erweiterung der Auslandsaktivitäten in den nächsten Jahren. Die intensiven internationalen Beschaffungs-, Produktions- und Vertriebsaktivitäten dokumentieren sich in einem ansteigenden grenzüberschreitenden Verkehrsaufkommen. Von 1990 bis 2001 wuchs das Transportaufkommen von und nach Deutschland mit einer durchschnittlichen Wachstumsrate von 3,3% pro Jahr und erreichte im Jahre 2001 ein Volumen von 836 Millionen Tonnen (Bundesministerium 2003).

Die Entwicklungsstufen der Internationalisierung einer Unternehmung vollziehen sich sowohl auf der Beschaffungsseite wie auch auf der Produktions- und Absatzseite vom nationalen Unternehmen zum Weltunternehmen, das weltweite Netzwerke von Lieferanten, eigenen Produktionsstätten und Absatzkanälen aufbaut. Im Folgenden soll die Beschaffungsseite mit den zugehörigen Logistiksystemen im Mittelpunkt stehen.

12.2 Güterarten in der Beschaffung

Die von einem Unternehmen zu beschaffenden Güter lassen sich allgemein nach unterschiedlichen Kriterien systematisieren:

- Zunächst ist zwischen der Beschaffung von Investitions- und Verbrauchsgütern zu unterscheiden. **Investitionsgüter** sind durch folgende Eigenschaften gekennzeichnet: Hoher Grad an technischer Spezifikation, hoher Suchaufwand bei weltweiten Lieferanten, hoher Artikelwert und eine Systemlösung, die Schulung, Service und Ersatzteilversorgung einschließt. Die Beschaffung erfolgt fallweise. Im Gegensatz dazu sind **Verbrauchsgüter** laufend zu beschaffen, da sie im Produktionsprozess verzehrt werden. Sie sind weiter nach den im Folgenden aufgeführten Merkmalen zu unterscheiden.
- Nach dem **Bezug zum Endprodukt** unterscheidet man direkte und indirekte Güter. **Direkte Güter** fließen in Form von Rohstoffen und Vorprodukten unmittelbar in das Endprodukt ein. Unter **indirekten Gütern**, auch **MRO-Artikel**[34] genannt, versteht man den Bedarf für Verwaltungsprozesse wie Papier, PC-Ausrüstungen, Büromöbel etc. sowie (standardisierte) Ersatzteile (z.B. Glühlampen, Ventile) und Wartungsmaterialien wie Werkzeuge und Austauschteile (z.B. Filter, Sicherungen, Hydrauliköle).

---

[34] MRO = Maintenance, Repair, Operations = Instandhaltung, Reparatur, Verwaltung.

- Nach der **Bedeutung der Güter für das Unternehmen** im Hinblick auf die Sicherstellung eines reibungslosen Produktionsablaufs sind kritische und unkritische Güter zu unterscheiden. **Kritische Güter** sind durch eine hohe Spezifität und damit eine geringe Substituierbarkeit gekennzeichnet. Sie können häufig nur von einem einzigen Lieferanten bezogen werden. Ihr Fehlen führt unmittelbar zu einem Produktionsstillstand. Bei **unkritischen Gütern** handelt es sich dagegen um leicht substituierbare, häufig standardisierte Güter, die von vielen verschiedenen Lieferanten angeboten werden und daher im Bedarfsfall schnell bereitgestellt werden können.
- Weitere wichtige Unterscheidungsmerkmale sind das **Beschaffungsvolumen** und die **Wertigkeit** der Güter. Die Kombination dieser beiden Kriterien führt zur Unterscheidung von A-, B- und C-Gütern (vgl. auch Kapitel 5). Während es sich bei **A-Gütern** um hochwertige Güter mit einem vergleichsweise geringen mengenmäßigen Anteil am gesamten Beschaffungsvolumen handelt, stellen **C-Güter** geringwertige Güter dar, die in großen Mengen beschafft werden. **B-Güter** nehmen hinsichtlich Beschaffungsvolumen und -wert eine Mittelstellung ein.
- Schließlich können die Beschaffungsgüter noch nach ihren **physischen Eigenschaften** wie Volumen, Gewicht, Stapelbarkeit, Empfindlichkeit, Verderblichkeit usw. klassifiziert werden.

Die Kombination der Ausprägungen dieser Unterscheidungsmerkmale hat erhebliche **Auswirkungen** auf den **Beschaffungsweg** (Beschaffung beim Hersteller oder über den Handel) und die damit verbundene **Logistik**:

- So sind direkte A-Güter durch regelmäßige Wiederbeschaffung, geprüfte Qualität von ausgewählten Lieferanten, Rahmenverträge mit Lieferanten sowie zum Teil Lieferung auf Abruf gekennzeichnet. Oberstes Ziel bei der Beschaffung derartiger Artikel ist die Sicherung der Versorgung der Produktion, da ansonsten ein Stillstand mit hohen Kosten eintritt. Da die Beschaffung somit zeitkritisch werden kann, wird das direkte Material in den Montagewerken der Automobilindustrie in den überwiegenden Fällen nicht von weit entfernten Lieferanten bezogen, sondern von Zulieferern, die im Nahbereich nach dem Konzept des Lieferantenparks angesiedelt sind.
- Bei MRO-Artikeln handelt es sich (abgesehen von kritischen Ersatzteilen) zum größten Teil um relativ geringwertige Artikel (also C-Artikel). Logistisches Kennzeichen derartiger Artikel ist ein sehr großes und ein äußerst inhomogenes Artikelspektrum, das eine große Lagerkapazität erfordert und hohe Logistikkosten in der Steuerung und Kontrolle des Beschaffungsprozesses im Vergleich zum Artikelwert verursacht. Die Beschaffung ist zumeist nicht zeitkritisch. Wegen des großen Artikelspektrums ist die Bündelung der Beschaffung bei Händlern erforderlich, wobei eine Beschaffung im Ausland nicht vordringlich ist.
- Bei kritischen Ersatzteilen für Systeme, die keine Unterbrechung erfahren dürfen, wie Produktionsmaschinen, Anlagen der Energiewirtschaft und der Verkehrswirtschaft, sind hingegen neben lokalen Sicherheitsbeständen vor allem Expresslieferungen mit Expressdiensten von den Beschaffungsquellen innerhalb der EU vorzusehen. Als einen Standort für das weltweite Sourcing von Ersatzteilen hat sich der Flughafen Anchorage in Nord-West-Alaska herauskristallisiert, der weniger

als 9 Flugstunden von wichtigen Flughäfen der Triade Japan, USA, Europa entfernt liegt.

Für **weltweite Beschaffungsaktivitäten** eignen sich tendenziell insbesondere hochstandardisierte, technisch ausgereifte und arbeitsintensive Produkte mit einem niedrigen Wert und Gewicht sowie geringem Abstimmungsaufwand. Um die Einkaufsteile, die für ein Global Sourcing geeignet sind, genauer zu spezifizieren, kann eine Portfolioanalyse des vorhandenen Einkaufsspektrums durchgeführt werden (vgl. Abbildung 12.1). Hierzu werden die Zulieferteile nach ihrer Bedeutung für das Unternehmen und ihrem Einkaufsvolumen in vier Gruppen unterteilt (Krokowski 2004):

- Strategische Teile
- Engpassteile
- Spotmarktteile
- Standardteile

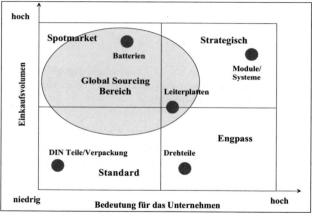

Abbildung 12.1: Portfoliodarstellung von Global Sourcing Teilen

Nachfolgend werden die Gruppen näher definiert und anhand von Beispiele aus der Automobilindustrie erläutert:

1. Strategische Teile weisen eine teilweise monopolistische Lieferantenstruktur auf bzw. es existieren hier nur weniger Anbieter:

   - hohes Know-how/hohes Innovationspotential,
   - überwiegend Single Sourcing Lieferanten (werkzeuggebunden),
   - Einkaufsvolumen >0,5-1 Mio.€ pro Produktgruppe,
   - hohe technologische und qualitative Anforderungen/komplexe Teile,
   - hohe/lange Wiederbeschaffungszeit,
   - optimal gesteuerte Bedarfsdeckung,
   - hohe logistische Anforderungen/teilweise Just-in-Time,
   - hoher Servicegrad

Bei strategischen Teilen wird aufgrund der hohen Bedeutung für das Unternehmen und des hohen Einkaufsvolumens ein partnerschaftlicher Umgang mit wenigen Lieferanten empfohlen. Hierbei handelt es sich um hochwertige Systeme (z.B. Sitz-, Cockpitsysteme). Ein Global Sourcing bietet sich nur nach sorgfältiger Abwägung an.

2. Engpassteile besitzen dieselben Merkmale wie die zuvor beschriebenen strategischen Teile, jedoch besitzen sie ein geringeres Einkaufsvolumen:

- dadurch sitzt der Lieferant am längeren Hebel,
- verbrauchsgesteuerte Lieferung/teilweise erhöhter Lagerbestand.

Bei Engpassteilen wird augrund der hohen Bedeutung für das Unternehmen und des niedrigen Einkaufsvolumen eine weltweite Beschaffung nicht empfohlen.

3. Spotmarktteile sind gekennzeichnet durch eine kurze Wiederbeschaffungszeit. Es handelt sich um Lagerware:

- Standardteile/Handelsware,
- hohes Einkaufsvolumen,
- mehrere Anbieter,
- nicht werkzeuggebunden,
- Standardlogistik/reale Bedarfsdeckung.

Spotmarktteile sind aufgrund des hohen Standardisierungsgrads, des damit verbundenen niedrigeren Versorgungsrisikos und der relativ einfachen Austauschbarkeit der Lieferanten für ein Global Sourcing geeignet. Als typische Standardteile gelten in der Automobilindustrie z.B. Schrauben, Ventile oder Kabel. Aufgrund dieser Eigenschaften bieten viele Lieferanten diese Teile an, die über ein Global Sourcing beschafft werden können.

4. Standardteile haben dieselben Merkmale wie die Spotmarktteile, jedoch sind sie durch ein geringes Einkaufsvolumen und einen hohen administrativen Aufwand gekennzeichnet. Hier sollte die Prozessoptimierung im Vordergrund stehen (Outsourcing und Konzentration auf wenige Lieferanten).

Die nachfolgende Tabelle 12.1 macht deutlich, dass Einzelteile wie Batterien, Schrauben, Sonnenblenden (die zu Spotmarktteilen zählen) durch einen hohen Auslandsbezug gekennzeichnet sind. Dazu zählen auch die Komponenten wie Scheibenwischermotor und Kabelbaum. Hier ergibt sich ein hohes Potential für den Auslandsbezug über das Jahr 2008 hinaus (Göpfert und Grünert 2006). Demgegenüber pendelt sich der Inlandsbeschaffungsanteil bei Modulen und Systemen auf einem hohen Niveau ein. Bereits in 2003 wurde das Kaufmodul Sitz nur noch im Inland bezogen bzw. zu einem geringen Anteil im In- und Ausland. Bis 2008 wird sich auch der reine Auslandsbezug bei Cockpit- und Tanksystemen bis auf null reduzieren. Generell sind diese Modulumfänge für eine Auslandsbeschaffung geeignet.

		1998 I in %	2003 I/A in %	2008 A in %	1998 I in %	2003 I/A in %	2008 A in %	1998 I in %	2003 I/A in %	2008 A in %
Einzelteile	Batterie	47,06	35,29	17,65	45,00	30,00	25,00	30,00	40,00	30,00
	Schrauben	17,65	58,62	23,53	19,05	61,90	19,05	0,00	68,42	31,58
	Sonnenblende	46,67	26,67	26,67	33,33	22,22	44,44	27,78	22,22	50,00
Komponenten	Scheibenwischermotor	47,05	23,53	29,41	33,33	23,81	42,86	21,05	42,11	36,84
	Kabelbaum	38,89	27,78	33,33	31,82	31,82	36,38	21,05	42,11	38,84
Module/ Systeme	Sitzsystem	93,75	6,25	0,00	95,00	5,00	0,00	89,47	10,53	0,00
	Cockpitsystem	81,25	18,75	0,00	80,00	15,00	5,00	73,68	26,32	0,00
	Motor Innenelemente	33,33	46,67	20,00	22,22	50,00	27,78	21,05	57,89	21,05
	Motor Außenelemente	3,33	33,33	33,33	27,78	38,89	33,33	21,05	47,37	31,58
	Tanksysteme	85,71	7,14	7,14	84,21	10,53	5,25	84,21	15,79	0,00

Tabelle 12.1: Anteil im Inland(I), teils im In- teils im Ausland(I/A), sowie nur im Ausland (A) gekaufter Leistungsumfänge (Göpfert und Grünert 2006)

12.3 Stufen der internationalen Beschaffung

Im Hinblick auf den Internationalisierungsgrad von Beschaffungsaktivitäten lassen sich drei Stufen der internationalen Beschaffung unterscheiden (vgl. Piontek 1993, S. 37f.):

- Die **quasinationale Beschaffung** ist die früheste Entwicklungsstufe der internationalen Beschaffung. Hierbei werden im Inland Güter beschafft, die ausländische Teile enthalten. Auch können Güter von ausländischen Herstellern bei inländischen Händlern und Importeuren erworben werden. Dieser Art der Beschaffung fehlt neben dem internationalen Charakter auch die systematische, strategische Ausrichtung.
- Für die **internationale Beschaffung** ist charakteristisch, dass einzelne Eingangsstoffe für die Produktion im Ausland beschafft werden. Dies geschieht durch die direkte Bestellung beim ausländischen Hersteller als Contract Manufacturer oder Händler (**direkte internationale Beschaffung**) oder durch Einschaltung von ausländischen Beschaffungsbüros (**indirekte internationale Beschaffung**). Die Beschaffung in den einzelnen Ländern erfolgt aber noch unkoordiniert. Für europäische Unternehmen stellte sich der erste Schritt der internationalen Beschaffung als Sourcing in der Europäischen Union dar. Das wirtschaftliche Handeln innerhalb der Europäischen Union (EU) wurde durch den Wegfall von Zollschranken und das Festschreiben der Wechselkurse vereinfacht, wodurch ein Anreiz zum Sourcing in der EU gegeben wurde.
- Die **weltweit koordinierte Beschaffung** (**Global Sourcing**) wird durch die Koordination der ausländischen Partnerunternehmen und die Abstimmung mit der Absatzseite geprägt. In der Literatur besteht Einigkeit, dass vom **Global Sourcing**

erst ab dieser Entwicklungsstufe gesprochen werden kann (vgl. Arnold 2002, S. 211). Die einzelnen Beschaffungsvorgänge bei Lieferanten treten nicht mehr als isolierte Aktionen am Beschaffungsmarkt auf, sondern werden untereinander abgestimmt. Diese Entwicklungsstufe setzt neben einem geeigneten Informationsfluss auch die Wahl einer günstigen Rechtsform voraus. Die gebräuchlichsten Kooperationsformen sind der Abschluss eines Kooperationsvertrags (strategische Allianz), die gemeinsame Gründung von Zulieferunternehmen (Joint Venture), die Übernahme von ausländischen Zulieferunternehmen oder die Gründung einer ausländischen Produktionsgesellschaft als Tochter. Eine Partnerschaft erfordert einen hohen Planungsaufwand und eine gute Koordination. Bei der Wahl der günstigsten Kooperationsform müssen eine Reihe anderer Aspekte berücksichtigt werden, wie Local-Content-Auflagen, Höchstgrenzen bei Beteiligungen, Steuern und Subventionen sowie Beschränkungen im Kapitalverkehr.

An den Entwicklungsstufen der Internationalen Beschaffung vom Kooperationsvertrag bis zur Gründung eines Zuliefererunternehmens wird deutlich, wie dieses Konzept in die globale Produktion einmündet. Abbildung 12.2 zeigt die weltweiten Standorte des Automobilzulieferers Brose aus Coburg, der zunächst vom Standort Coburg aus die weltweit verteilten Montagewerke der Automobilindustrie versorgt hatte, und weist damit die Evolution eines Zulieferers am Heimatstandort Coburg zu einem weltweiten Produzenten auf.

Abbildung 12.2: Weltweite Standorte des Automobilzulieferers Brose aus Coburg

12.4 Länderauswahl und Motive für die internationale Beschaffung

Die Frage, in welchen Ländern gesourct werden soll, richtet sich vor allem nach Erwägungen der einzelwirtschaftlichen Vorteilhaftigkeit. Dabei lässt sich die Kostenseite von der Leistungsseite unterscheiden. Die Motive für die internationale Beschaffung sind vielfältig und lassen sich wie folgt systematisieren:

- Das Hauptargument für die internationale Beschaffung ist der **Preisvorteil gegenüber dem heimischen Markt**. Diese Preisvorteile werden größtenteils durch geringe Lohnkosten in Niedriglohnländern, geringere Unternehmensbesteuerung und geringere oder nicht vorhandene Umweltauflagen erzielt. Betrachtet man die große Hebelwirkung auf den Unternehmensgewinn, die sich bei einem gegebenen Umsatz ergibt, wenn die Einkaufskosten um einen Prozentpunkt gesenkt werden

können, so wird die Bedeutung des Preisarguments für die internationale Beschaffung deutlich.
- Die Internationalisierung der Beschaffung **verbreitert die Angebote** und **intensiviert so den Wettbewerb** unter den Anbietern. Damit erhalten die Einkäufer die Möglichkeit, den besten Lieferanten zu ermitteln und von weltweiter Exzellenz zu profitieren.
- Ein weiterer Grund, der für eine weltweite Beschaffung spricht, ist die Möglichkeit, den **Zugang zu neuen Technologien und qualifizierten Mitarbeitern** zu erhalten. Die Wachstumsmärkte für Elektronikartikel in Südostasien basieren auf der Entwicklung neuer Technologien und Produkte. Europäische Unternehmen erhoffen sich durch den Aufbau von Liefer- und Geschäftsbeziehungen zu diesen Unternehmen, an deren Innovationen und Entwicklungen teilzuhaben und für die Entwicklung ihrer Absatzmärkte nutzen zu können. Daher ist dieses Motiv strategischer Natur.
- Bei der Entscheidung für die weltweite Beschaffung spielen aber auch **handelspolitische und absatzfördernde**, damit **strategische Gründe** eine Rolle. So können durch den Bezug von Gütern aus einem bestimmten Land handelspolitische Schranken geöffnet und gleichzeitig neue Absatzmärkte erschlossen werden. Dieses Motiv ist vor allem in der Automobilindustrie vorherrschend, die Standorte in Ländern mit großer Bevölkerungszahl (Russland, China) eröffnet. Diese Produktionsstandorte werden aber mit Local-Content-Auflagen verknüpft, d.h. die Produktion darf sich nicht zu 100% auf importierte Teile stützen, sondern ein Teil der Wertschöpfung muss von inländischen Zulieferern stammen. Dieser Zusammenhang ist ein Anreiz für Zulieferer, an den Standorten der Automobilindustrie ebenfalls eine Produktionsstätte einzurichten (vgl. Abbildung 12.2). Diese Märkte können des Weiteren dazu genutzt werden, vorhandene Fremdwährungsvorräte, die durch den Export entstanden sind, zum Einkauf von Gütern im selben Land zu nutzen. So ergibt sich eine natürliche Absicherung des Wechselkursrisikos. Außerdem versprechen sich einige Firmen durch die weltweite Beschaffung ihrer Produkte ein weltoffenes Image auf dem inländischen Markt und dadurch einen erhöhten Absatz.
- Soll ein Land als ein Standort für ein Joint Venture oder eine eigene Tochtergesellschaft ausgewählt werden, so spielen für diese Entscheidung zahlreiche Standortfaktoren eine Rolle, die in harte (z.B. Lohnkosten, Güte der Infrastruktur) und weiche Faktoren (z.B. Stabilität des politischen Systems, wirtschaftsfreundliche Verwaltung) unterschieden werden können. Eine Liste der Standortfaktoren ist in Kapitel 27 zu finden.
- Unter den Motiven für eine Internationalisierungsstrategie spielt auch ein **opportunistisches Verhalten des Topmanagements** eine Rolle. Eine Internationalisierung erhöht die Kontrollkosten für die Aufsichtsräte, da zusätzlich internationale Geschäftsbeziehungen geprüft werden müssen. Hierdurch vermindert sich der Anreiz für die Kontrolle des Topmanagements. So entsteht ein größerer Spielraum für das Topmanagement.

Bei der Einschätzung dieser Motive ist allerdings zu beachten, dass von Einzelfällen abgesehen wenig empirisch gestütztes generelles Wissen über diese Motive vorliegt. Recherchen in der internationalen Literaturdatenbank Wiso-net und bei den fünf von der

Bundesrepublik Deutschland finanzierten Wirtschaftsforschungsinstituten ergaben, dass trotz der in den vergangenen Jahren geführten intensiven Debatten um die Globalisierung der Wirtschaft keine empirischen Studien über deren Motive erstellt wurden. Auch Mol et al. konstatieren die unzureichende empirische Basis der Globalisierungsliteratur (vgl. Mol et al. 2002).

Vielfach wird in der Reduzierung der Einkaufspreise der dominierende Grund für eine Beschaffung im Ausland gesehen. Die übergeordnete Bedeutung eines niedrigen Preises bei der internationalen Beschaffung nimmt jedoch gegenüber den anderen Motiven ab. Beispiele zeigen, dass große Unternehmen wegen der hohen Transaktionskosten erst dann die internationale Beschaffung gegenüber dem Inlandsmarkt einschalten, wenn der Preisvorteil mindestens 25% beträgt.[35]

Neben einem niedrigen Einkaufspreis sollten bei der internationalen Beschaffung auch **Marketingfragen** sowie soziale und **politische Erwägungen** berücksichtigt werden. Zhan et al. haben aufgezeigt, dass Herkunftsbezeichnungen und Designhinweise auf den Konsumgütern die Wahrnehmung durch die Kunden und deren Kaufverhalten beeinflussen (vgl. Zhan et al. 2000). Weiter ist zu bedenken, dass Kunden oder der Öffentlichkeit im Inland keine Angriffspunkte gegeben werden sollten wegen

- umweltbedenklicher Vorprodukte oder
- Ausbeutung der Arbeitskraft in der dritten Welt infolge fehlender Garantien von sozialen Standards (vgl. Klein 2001 sowie Spreitzhofer/Heintel 2000).

So wurden die multinationalen Unternehmen Shell, Chevron und Nike Gegenstand von Demonstrationen und Boykottaufrufen wegen ihres Verhaltens in Burma und Nigeria oder wegen extrem niedriger Löhne in Entwicklungsländern.

Bei konzerngebundenen Lieferanten können auch Kriterien des **aggregierten globalen Profits** einen Ausschlag für die Länderwahl bei der internationalen Beschaffung geben. Das folgende Beispiel nach Schary/Skjott-Larsen (2001, S. 183) zeigt nicht nur die Wirkung von Beihilfen und Steuern in verschiedenen Ländern bei der Bewertung internationaler Lieferanten innerhalb eines Konzerns auf, sondern auch Kriterien des aggregierten globalen Profits. Bei der Bewertung von Lieferanten in verschiedenen Ländern sind daher nicht alleine die Angebotspreise zu kalkulieren, sondern darüber hinaus auch Exportbeihilfen und Importzölle. Je nachdem, ob Einkaufskosten oder globaler Profit als Kriterium herangezogen werden, verändert sich die Auswahl der Lieferanten wie folgt:

---

[35] Zu Transaktionskosten vgl. Abschnitt 12.5.

Menge des zu beschaffenden Teiles	2 500
Produktionskosten in Land 1	7,20 € pro Stück
Produktionskosten in Land 2	8,00 € pro Stück
Standardprofitrate für Transferpreis	25 %
Einkommenssteuer in Land 1	45 %
Einkommenssteuer in Land 2	35 %
Einkommenssteuer in Land 3	52 %
Importzoll in Land 3	8 %
Frachtkosten pro Stück von Land 1	1,50 € pro Stück
Frachtkosten pro Stück von Land 2	3,00 € pro Stück
Exportbeihilfe in Land 1	0 % vom VK-Preis
Exportbeihilfe in Land 2	30 % vom VK-Preis
Verkaufspreis in Land 3	15,00 €

Tabelle 12.2: Ausgangsdaten des Beispiels

Werte in Euro	von Land 1	von Land 2
Produktionskosten	18 000	20 000
Profitzuschlag	4 500	5 000
Transportkosten	3 750	7 500
CIF Preis in Land 3	26 250	32 500
Zoll in Land 3	2 100	2 600
Beschaffungskosten in Land 3	**28 350**	**35 100**

Tabelle 12.3: Vergleich der Beschaffungskosten

Werte in Euro	von Land 1	von Land 2
Produktionskosten	18 000	20 000
Transferprofit	4 500	5 000
Exportbeihilfen	0	7 500
Profit im Herstellungsland	4 500	12 500
Einkommenssteuer	2 025	4 375
Nettoprofit im Herstellungsland	**2 475**	**8 125**
Umsatzerlöse im Land 3	37 500	37 500
Beschaffungskosten in Land 3	28 350	35 100
Profit	9 150	2 400
Steuer in Land 3	4 758	1 248
Nettoprofit in Land 3	4 392	1 152
Globaler Profit	**6 867**	**9 277**

Tabelle 12.4: Vergleich des globalen Profits

Tabelle 12.3 und Tabelle 12.4 zeigen die Wirkung dieser Größen Kosten und Profit auf die Beschaffungsentscheidung für ein Land auf. Geht man nach den Beschaffungskosten, würde die Entscheidung zugunsten von Land 1 fallen, während unter Zugrundelegung des Kriteriums "globaler Profit" die Beschaffung aus Land 2 günstiger ist.

Eine zusätzliche Orientierungshilfe zur Auswahl eines möglichen Beschaffungslandes bieten verschiedene international anerkannte Tools wie (vgl. Kerkhoff 2005)

- der Growth Competitiveness Index (GCI) des World Economic Forums: Er spiegelt das Wirtschaftswachstum eines Landes wider. Hierzu gehen die makroökonomischen Rahmenbedingungen, das Engagement des jeweiligen Staates bei der Wirtschaftförderung und sein technologisches Potential in den GCI ein.
- der Business Competitiveness Index (BCI) des World Economic Forums: Anhand dieser Daten lässt sich ablesen, ob die Unternehmen des jeweilige Landes mit ihren Leistungsportfolios sich im internationalen Wettbewerb behaupten können. Dazu werden die Qualität des Managements und die mikroökonomischen Daten bewertet.
- der Index of Economic Freedom: Er gibt den wirtschaftlichen Freiheitsgrad wieder. Zu den Faktoren, die in den Index einfließen, gehören Rahmenbedingungen

für ausländische Investoren, Geld- und Währungspolitik, Steuern und Zölle, Staatsquote und staatliche Eingriffe in die Wirtschaft.
- der Corruption Perceptions Index (CPI) von Transparency International: Er gibt Hinweise auf das Ausmaß der Korruption in den jeweiligen Ländern.

Abschließend ist zu bemerken, dass diese Auswahlmöglichkeiten nur eine Orientierungshilfe darstellen und die Entscheidung für einen Beschaffungsmarkt immer in einem Gesamtzusammenhang zu sehen ist, jeweils abhängig von den individuellen Anforderungen eines Unternehmens. So ist auch die Attraktivität eines Landes abhängig von den vorhandenen Lieferanten auf dem jeweiligen Beschaffungsmarkt.

12.5 Transaktionskosten der internationalen Beschaffung

Die Vorteilhaftigkeit internationaler Beschaffungsaktivitäten gegenüber der nationalen Beschaffung darf nicht allein aufgrund des Einstandspreises beurteilt werden. Vielmehr sind die durch die Auslandsbeschaffung entstehenden Transaktionskosten zu berücksichtigen. Diese lassen sich mit Hilfe der **Transaktionskostentheorie** der Institutionenökonomie systematisieren (vgl. Colsman 2000). Zur Transaktionskostentheorie vgl. Kapitel 1 sowie Picot 1982.

Zur Anwendung der Transaktionskostentheorie auf die mit langen Transportwegen verbundene internationale Beschaffung wird an dieser Stelle der Begriff der Transaktionskosten um die Kosten für den Transport erweitert. Damit gelangt man zu einem Distanzbegriff, der die Verteilung der internationalen Handelsströme erklärt: Distanz und Stärke des Handelsstroms zwischen zwei Länder sind negativ korreliert (Lindemann 1966, S. 29).

Zur Bewertung von Einkäufen aus dem Ausland sind die Transaktionskosten, die durch eine Auslandbeschaffung entstehen, zu dem Einkaufspreis zu addieren. So entstehen Transportkosten, Kosten für die Mitarbeiterqualifikation, Reisekosten, Kosten zur Aufrechterhaltung der Kommunikation. Aufgrund des größeren Transportrisikos, höherer Unsicherheiten bezüglich des Transportflusses und der längeren Transportdauer resultieren aus der internationalen Beschaffung normalerweise höhere Lagerbestände. Mit diesen Lagerbeständen und dem gegebenenfalls unstetigen Materialfluss sind in der Regel steigende Kosten verbunden. Zu diesen erhöhten Lagerbeständen kommt noch durch die relativ langen Beschaffungswege ein hoher Transitbestand hinzu. Dieser könnte durch einen schnelleren, aber teureren Lufttransport reduziert werden (vgl. Kapitel 17).

Die Barrieren bei der internationalen Beschaffung, welche die Transaktionskosten erhöhen, stellen sich wie folgt dar:

- Barrieren in Sprache und Kultur,
- Unterschiede in Tageszeiten, Geschäftszeiten und Feiertagen,
- Währungsrisiken,
- Logistikrisiken, die Transportkosten und das Transportrisiko steigen lassen,

- aufwendige Ausstellung von Fracht- und Zolldokumenten,
- erschwerte gerichtliche Auseinandersetzungen.

Die Größe dieser Barrieren steigt in Europa schrittweise in den folgenden Stufen an:

- die nationale Beschaffung,
- die Beschaffung innerhalb der EU und
- die Beschaffung in anderen Kontinenten.

Die Barrieren werden in Tabelle 12.5 dargestellt.

Barriere	Beschaffung innerhalb eines EU-Landes	Beschaffung in der EU	Interkontinentale Beschaffung
Vorräte	niedrig	mittel	hoch
Verteillager	eines	wenige	viele
Vorräte in der Transportkette (Pipeline)	niedrig	niedrig	hoch
Zollbarrieren	nicht vorhanden	nicht vorhanden	vorhanden
nicht-tarifäre Barrieren	nicht vorhanden	nicht vorhanden	vorhanden
LKW-Direkt-Verkehr	möglich	möglich	nicht möglich
Intermodaler Transport	nicht erforderlich	nicht erforderlich	erforderlich
Handelsdokumente	wenige	wenige	viele
Fremdsprachige Rechnungsstellung	nicht erforderlich	erforderlich	erforderlich
Abrechnung in Fremdwährungen	nicht erforderlich	nicht erforderlich (in der Euro-Zone)	erforderlich
Währungsrisiken	nicht vorhanden	nicht vorhanden (in der Euro-Zone)	vorhanden
Fremdsprachige Verpackungen/Betriebsanleitungen	nicht erforderlich	erforderlich	erforderlich
Entfernung	niedrig	mittel	hoch
Transportzeit	niedrig	mittel	hoch

Tabelle 12.5: Stufen der Barrieren vom Inlandsourcing in der EU zur interkontinentalen Beschaffung

Schary/Skjott-Larsen (1998, S. 26) nennen drei Gründe, weswegen die Größe dieser Barrieren zunimmt:

- Die **Marktkomplexität** steigt an, was sich in monetären Aspekten darstellt, wie Währungsrisiken, Rechnungserstellungen, Distribution und Zollschranken.
- Die **Produktkomplexität** steigt an. Die Produktvielfalt wird größer, die Beschaffungszeiten werden länger und die Zuliefernetzwerke werden komplexer.
- Die **Logistikkomplexität** steigt mit dem Handel über Grenzen, den längeren Transportwegen, der Nutzung von Lagerhausknoten und Telekommunikationsdienstleistungen an.

Innerhalb der EU stellen die Zulieferer-Netzwerke logistisch ein geringeres Problem dar, da Distanzen und Versorgungszeiten der Hauptmärkte in der Region London-Paris-Brüssel-Köln gering sind, was die Notwendigkeit von Vorräten vermindert. Innerhalb der EU kann der Transport für die Beschaffung mit Direktverkehren über den LKW ohne Verzögerung und den Wechsel eines Transportmodus abgewickelt werden. In vielen Fällen können Unternehmen die Nachfrage direkt an die Produktion weiterleiten und so Vorräte vermindern. Daher ist es möglich, die Produktvielfalt zu steigern und kleine Marktnischen zu besetzen. Dies zeigt die Bedeutung der Produktionsplanung für die Logistik auf. In der EU können jedoch lokal verschiedene Nachfragestrukturen bestehen, die eine Vorratshaltung von Lieferanten erfordern. Für deutsche und für niederländische Unternehmen spielt die Beschaffung innerhalb der EU gegenüber Quellen aus

Übersee die weit überwiegende Rolle, wie empirische Erhebungen ergeben haben (vgl. Institut der deutschen Wirtschaft 1997 sowie Mol et al. 2002).

Interkontinentale Beschaffungswege weichen wie folgt von der Situation innerhalb der EU ab: Lange Lieferzeiten machen schnelle Reaktionen auf Nachfrageänderungen nur um den Preis einer hohen Lagerhaltung möglich. Ferner können die Transporte nicht wie in Europa mit Direktverkehren abgewickelt werden, sondern müssen multimodal erfolgen, wobei der Vorlauf in dem Lieferkontinent zu einem Importhafen oder Flughafen erfolgt (vgl. Kapitel 19 und 17). Der Umschlag in den Ports erfordert die Überwindung einer Vielzahl von Schnittstellen, führt zu Zeitverzögerungen und birgt Risiken der Verzögerung durch Streiks und des Verlusts durch Beschädigung und organisierte Kriminalität (vgl. Wenz 2001). Die transkontinentale Verbindung zwischen Port und Port wird mit dem Schiff oder dem Flugzeug realisiert, und der Nachlauf erfolgt vom Port zu dem Kunden auf dem Empfangskontinent. Generell ist ein Zollverfahren bei transkontinentalen Beschaffungen zu durchlaufen und Zoll auf Importe zu zahlen. Die Zollverfahren verzögern die Abfertigung um einige Tage, wodurch beim Lufttransport der größte Anteil der Transportdauer von Haus-zu-Haus erklärt werden kann. Bei überlasteten Infrastrukturen von Häfen in Entwicklungsländern kann der Umschlag mehrere Wochen erfordern (vgl. Wood u.a. 2002). Ferner sind Dokumente für den internationalen Transport und den Zoll auszustellen. Die Vielfalt der in internationale Logistikprozesse involvierten Institutionen hat eine noch größere Vielfalt von Dokumenten zur Folge, die zwischen den Institutionen ausgetauscht werden. In einer kanadischen Untersuchung wurden für eine typische Sendung 46 verschiedene Dokumente mit insgesamt 360 Ausfertigungen ermittelt (vgl. Pfohl 2000, S. 375).

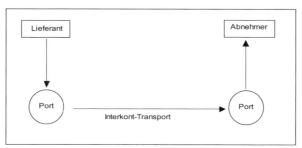

Abbildung 12.3: Multimodaler Transport zwischen Kontinenten

Durch die Dokumentenvielfalt werden die Kommunikation erschwert und höhere Kosten der Auftragsabwicklung verursacht. Fehlende, fehlerhafte oder verspätete Informationen in den Dokumenten beeinträchtigen den Service oder erhöhen die Logistikkosten. Eine Untersuchung der Abwicklung von Export- und Importaufträgen ergab, dass im Durchschnitt bei 30 % der Aufträge mangelhafte Informationen diese Auswirkungen hatten (vgl. Pfohl 2000, S. 375). Schließlich können unterschiedliche Standards im Datenaustausch (EDI) zwischen EU und anderen Kontinenten zu Strukturbrüchen führen.

Um die hohen Transaktionskosten der internationalen Beschaffung zu rechtfertigen, ist eine internationale Beschaffung nur dann sinnvoll, wenn

- ein hohes Beschaffungsvolumen vorliegt,
- keine leistungsfähigen inländischen Lieferanten vorhanden sind,
- die Nachfrage stabil ist,
- die Spezifität der Produkte klar definierbar ist (vgl. Krotseng 1997, S. 30).

Bei der Beschaffung können **Versorgungsschwierigkeiten** durch partielle Lieferverzögerungen oder totale Lieferantenausfälle entstehen, die durch Streiks, auch bei den Vorlieferanten, politische Unruhen, Ausfälle in Verkehrssystemen, Auftreten von Reise- und Lieferbeschränkungen durch Seuchengefahren oder Naturkatastrophen hervorgerufen werden. Durch eine Verteilung der Beschaffung auf zwei oder mehr Länder kann die Versorgungssicherheit durch **Risikostreuung** in den internationalen Quellen erhöht werden. Diese Risikostreuung ist bei der Beschaffung von landwirtschaftlichen Produkten von besonderer Bedeutung. Kaffeeröster schützen sich z.B. durch die klimabezogene Differenzierung der Lieferquellen gegen klimabedingte Ernteausfälle.

Ein weiteres Risiko der internationalen Beschaffung stellt das durch starke Schwankungen der Wechselkurse hervorgerufene **Wechselkursrisiko** dar, das insbesondere dann zu einem bedeutenden Problemfaktor der internationalen Beschaffung wird, wenn Importgeschäfte aus Ländern vorgenommen werden, in denen kein Absatzmarkt präsent ist. Die Herstellung einer zumindest teilweisen Parallelität von Absatz- und Beschaffungsströmen kann das Wechselkursrisiko wesentlich abmildern. Einen geeigneten Lösungsansatz hierzu stellt die **globale Produktion** dar.

12.6 Sourcing-Konzepte

Die Diskussion um Sourcing-Konzepte geht der Frage nach, welche Kriterien die Wahl der Quellen bestimmen. Der Suchaufwand zum Auffinden von Lieferanten ist bei einem Händler niedriger, da Händler große Sortimente bündeln. Soll bei einem Hersteller beschafft werden, dann entstehen hohe Transaktionskosten, wenn die Suche und die Verhandlungen in einem fremdsprachigen kulturellen Kontext erfolgen. Die Suchkosten bei der Lieferantenwahl werden durch die Art des zu beschaffenden Produktes bestimmt.

Häufig wird die These vertreten, dass Lieferanten für Standardgüter (Commodities) einfach zu finden seien und sich das Problem der Lieferantensuche mit steigender Komplexität und Spezifität der zu beschaffenden Produkte vergrößere. Dies bedeutet zum Beispiel, dass für hochinnovative Produkte Lieferanten besonders schwer aufzufinden sind. Allerdings sind Lieferanten für Standardgüter nur dann einfach zu finden, wenn bei Händlern beschafft werden kann. Steht die Beschaffung von großen Mengen und zu günstigen Preisen im Vordergrund, wie es bei dem Einkauf von A-Artikeln für die Großserienproduktion der Fall ist, dann muss unter Inkaufnahme von hohen Transaktionskosten bei Herstellern beschafft werden.

Die Beschaffung direkt beim Hersteller hat dann Priorität, wenn

- der Hersteller ein Konzernunternehmen im Konzern des Einkäufers ist,
- niedrige Preise ausschlaggebend sind, da keine Zwischenhändler eingeschaltet werden müssen,
- Verhandlungen über Qualität und technische Eigenschaften der Produkte möglich sind und
- große Mengen von Standardwaren abgenommen werden.

Die Beschaffung bei einem Händler ist dann erforderlich, wenn

- nur kleine Mengen benötigt werden,
- logistischer Zusatznutzen wie Lagerhaltung und Vorverarbeitung gewünscht wird und Zahlungskonditionen ausgehandelt werden sollen,
- der Händler ein breites Sortiment besitzt und die Einkäufe über verschiedene Sortimente gebündelt werden können.

Für eine industrielle Beschaffung beim Hersteller unterscheidet man drei verschiedene Sourcing-Konzepte:

1. Single Sourcing: Hier ist ein Lieferant alleine vertreten. Das hat den Vorteil, dass sich der Lieferant mehr Mühe gibt, wenn er weiß, dass er der alleinige Lieferant ist. Der Lieferant kann aber z.B. auch ein Monopol aufgrund von Patenten besitzen. Viele Just-in-Time-Programme beruhen auf dem Single Sourcing. Bei großer Anlagenspezifität und teuren Vorrichtungen vermeidet das Single Sourcing die mehrfachen Werkzeugkosten. Man erwartet von Single-Source-Lieferanten mehr Engagement bei Lieferengpässen und bei Preisreduktionen, wenn große Mengen abgenommen werden. Beim Single-Source-Lieferanten sind Vorgaben, auch beim Änderungsdienst, einfacher als bei Multiple-Source-Politiken durchsetzbar, da nur mit einer Quelle verhandelt werden muss.

2. Multiple Sourcing oder Dual Sourcing: Bei dieser Strategie wird ein Artikel bei zwei oder mehr Lieferanten beschafft. So ist mehr Sicherheit in der Versorgung gegeben, da Engpässe eines Lieferanten durch einen anderen ausgeglichen werden können. Es entsteht zugleich mehr Wettbewerb unter den Lieferanten. Allerdings sind bei Artikeln mit hoher Spezifität die Anlagen- und Werkzeugkosten mehrfach vom Käufer zu bezahlen. Infolge der Hierarchie der Lieferanten besteht jedoch in der Autoindustrie die Tendenz, das Multiple Sourcing auf Single Sourcing zu reduzieren, da Systemlieferanten eine hohe Spezifität der Güter ermöglichen. Beim Sourcing von schnelldrehenden Konsumartikeln für Handelshäuser wird das Dual Sourcing eingesetzt, um bei der einen Quelle mit längeren Vorlaufzeiten und zu günstigen Preisen einen Grundbestand zu ordern, während bei der zweiten Quelle die sich abzeichnenden Bedarfsspitzen kurzfristig und zu höheren Preisen nachgeordert werden. Diese Strategie verfolgt z. B. Benetton.

3. Strategische Partnerschaften mit Lieferanten: Der Inhalt der Partnerschaft besteht im Austausch von Daten über die Produktentwicklung, über Absatzpläne und über die gegenseitigen Erwartungen. Im Zeitablauf entsteht eine enge Beziehung, die als **Liefe-**

rantenintegration bezeichnet wird. Die Vorteile daraus ergeben sich in niedrigen Beständen beim Abnehmer, kurzen Lieferzeiten, Warnungen bei Engpässen und schnellen Übernahmen bei Konstruktionsänderungen. Die Partnerschaften gehen über zu Entwicklungsgemeinschaften, die zu einer Verkürzung der Entwicklungszeit und zu einer besseren Nutzung des Know-hows des Zulieferers führen und ebenfalls bedeutend für die Vorbereitung einer Großserie sind. Für die strategische Partnerschaft sind Lieferanten sorgfältig auszuwählen, um die Leistungsfähigkeit während der gesamten Lieferzeit im Produktlebenszyklus sicherzustellen. Damit werden Lieferanten zu Single-Source-Lieferanten.

Strategische Partnerschaften werden in folgenden Situationen eingegangen:

- Beschaffung von Produkten mit hohem Einkaufswert,
- Beschaffung von Produkten mit hoher Qualität,
- Beschaffung von Produkten mit hohem Entwicklungsaufwand,
- alternative Lieferanten sind schwer auffindbar.

Die Strategische Partnerschaft wird in der Automobilindustrie als **Modular Sourcing** bezeichnet. Hier liefert ein Systemlieferant (First Tier) im Just-in-Time-Verfahren Baugruppen oder Module, die am Montageband der Autowerke eingebaut werden. Damit können lohnintensive Arbeiten des Zusammenbaus eines Moduls beim Autowerk entfallen. Beispiele für Module sind Armaturenbretter, Sitzgarnituren, Bremssysteme, Stoßfänger und Schiebedächer. Mit dem Modular Sourcing werden nicht nur Montage- und Komplettierleistungen vom Autowerk auf den Lieferanten verlagert, sondern darüber hinaus Leistungen der Qualitätssicherung, der Entwicklung und der Beschaffung. Der Systemlieferant stützt sich wiederum auf bis zu 50 Vorlieferanten (Second Tier), die jeweils bis zu 30 Teile zuliefern. Hierdurch entsteht eine pyramidenförmige Zuliefererstruktur, die als **Zulieferpyramide** bezeichnet wird. Der weltweit tätige Zulieferer Faurecia, der Module für Sitze, Türen und Cockpits produziert, bezieht etwa von einem Lieferanten Kopfstützen, Schalen, Mittelarmlehnen, Seitenpolster, und von einem zweiten Lieferanten Knöpfe, Blendrahmen, Sitzschaum und Sitzlehnen (vgl. Automobilproduktion, Sonderheft Qualität, Nr. 1/2004, S. 22). Durch das Modular Sourcing wird die Anzahl der Lieferanten drastisch reduziert. Während früher in den Autofabriken über 1.000 Lieferanten angeliefert hatten, ist diese Zahl durch das Modular Sourcing auf unter 100 gesunken. Zugleich sind damit die Transaktionskosten auf der Beschaffungsseite gesunken und die Komplexität der Materialsteuerung und der Managementaufgaben hat abgenommen. Tritt auf der einen Seite eine Vereinfachung der Steuerung durch das Konzept der Modullieferanten ein, so haben die Modullieferanten dennoch eine große, aus der Massenindividualisierung resultierende Variantenvielfalt zu bewältigen.

Während Lieferantenbindungen dazu tendieren, die Zahl der Lieferanten zu verkleinern, kann es auch Anlässe geben, Lieferanten zu wechseln. Dies geschieht dann, wenn der Lieferant schlechte Qualität liefert, hohe Preise durchzusetzen versucht und größere Änderungen beim Lieferanten stattfinden, wie Eigentümerwechsel oder personelle Veränderungen im Management. Neue Lieferanten bei der Beschaffung einzuschalten, ergibt sich insbesondere bei der Beschaffung von neuartigen Produkten.

Die Einbindung von Lieferanten in Niedriglohnländern in den Entwicklungsprozess wird durch sprachliche und kulturelle Unterschiede und durch unterschiedliche Auffassungen von Qualitätsanforderungen erschwert. In einer Befragung von 135 deutschen Unternehmen wurde deutlich, dass in Osteuropa den niedrigen Preisen deutlich schlechtere Einschätzungen hinsichtlich Qualität, Zuverlässigkeit, Flexibilität und Kompetenz in der Produktentwicklung gegenüberstehen (Institut der Deutschen Wirtschaft: Internationalisierung des Einkaufs, Köln 1997). Auch müssen Mängel im Telefonnetz hingenommen werden, was die Kommunikation über das Internet erschwert.

Verschiedene andere Sourcing-Konzepte lassen sich nach dem **Arealkonzept** gliedern. Man unterscheidet:

- Local Sourcing: Hier erfolgt die Beschaffung im Nahbereich, um Fernverkehre zu vermeiden.
- International Sourcing: Die Beschaffungsmärkte werden auf mehrere Länder, auch global, ausgedehnt. Hier ist die Beschaffung aber rein operativ und nicht strategisch ausgerichtet.
- Global Sourcing: Internationale Beschaffung, die strategisch ausgerichtet ist, mit der Absicht, Stützpunkte in anderen Ländern zu schaffen für
  a) den Absatz, um Local-Content-Auflagen zu erfüllen, um Importverbote zu umgehen und Gegengeschäfte zu ermöglichen. Darüber hinaus erschließt das Global Sourcing die Erkenntnisse der jeweiligen Märkte.
  b) die Gewinnung von technologischem Know-how von Lieferanten oder deren Partnern.

12.7 Die Lieferantenkommunikation und Anlieferstrategien

Die Lieferantenkommunikation beginnt mit der Beschaffungsmarktforschung. Diese versorgt das Unternehmen mit Informationen über Beschaffungsmärkte und Kriterien für die Auswahl von Lieferanten. Als Informationsquellen stehen hierzu Messen, Zeitschriften, Tagungen, Besuche bei Lieferanten, Kataloge von Firmen, Preislisten und Web-Seiten zur Verfügung. Hieraus können Daten über die Produkte, deren Qualität, Preise und Vertriebspolitik gewonnen werden. Über die Beschaffungsmärkte werden Informationen über die Konkurrenzintensität, die politische Stabilität der Länder, die Ersatzprodukte bei Engpässen und die Transportwege gesammelt. Neben der Unterstützung und Vorbereitung der operativen Beschaffung dient die Beschaffungsmarktforschung auch strategischen Zielen. Hiermit ist die frühzeitige Information des Unternehmens über neue Produkte und Technologien zur Innovation und zur Rationalisierung der Produktion gemeint.

Um die Preise der verschiedenen Lieferanten zu vergleichen, sind die Angebotspreise auf Stückpreise umzurechnen, wobei dort Größen eingehen wie

- Bestellmenge,
- Mengenrabatt,
- Übernahme von Kosten für Verpackung und Transport,
- Zahlungsbedingungen.

Die einzelnen Lieferanten können mit einem Punktwertverfahren beurteilt werden. Dabei werden beurteilt:

- Die Lieferzuverlässigkeit: Liefert der Lieferant pünktlich und in der vereinbarten Menge?
- Die Preisgestaltung: Wie sind die Rabatte beschaffen, wie die Preisgleitklauseln und Festpreise?
- Die Qualität: Entspricht die Qualität den Abnehmererfordernissen und wird die Qualität laufend kontrolliert?
- Das Innovationspotential des Unternehmens: Wie stark ist das Unternehmen in Forschung und Entwicklung engagiert?

Die Lieferantenkommunikation beinhaltet insbesondere die Lieferantenpflege. Diese Politik dient der Erzielung eines vertrauensvollen Verhältnisses, um bei Engpässen vorrangig beliefert zu werden. Ferner zählt zur Lieferantenkommunikation die Lieferantenerziehung, deren Ziel darin besteht, Fehler und Mängel in der Leistungserstellung zu mindern und eine Motivation zur besseren Leistung zu vermitteln. Dies kann geschehen, indem der beste Lieferant mit Preisen, Prämien oder Geschenken ausgezeichnet wird. Ferner können Konventionalstrafen bei auftretenden Mängeln vereinbart werden. Schließlich kann mit einer Sperrung als Lieferant gedroht werden („Auslistung").

Die Beschaffungsmarktforschung wird heute durch Suchmöglichkeiten im Internet und Einkaufsplattformen im Internet drastisch vereinfacht. Teilweise wird die klassische Beschaffungsmarktforschung auch dadurch entlastet und auf die Lieferantenseite verschoben, dass die Unternehmen mit Hilfe der Internet-Technologie eigene **Beschaffungsportale** aufbauen, über die der Bedarf dargestellt wird und Lieferanten sich um Absatzmöglichkeiten bewerben können.

Die Beschaffungsportale sind aber nur *ein* Instrument des auf der Internet-Technologie basierenden **E-Procurement**, über das hinaus der internationalen Beschaffung alle Instrumente des E-Procurement zur Verfügung stehen (vgl. Kapitel 13).

Ein wichtiger Prozess in der Lieferantenkommunikation ist die **Warenannahme**. Diese bildet die Schnittstelle zwischen dem Lieferanten und der von ihm beauftragten Spedition und dem abnehmenden Unternehmen. Hier geht es um die Anlieferung der Waren, die in der Eingangszone der Unternehmen entladen werden. Dazu sind stichprobenartige Kontrollen der Qualität der angelieferten Ware erforderlich. Die vereinnahmte Ware ist mit den Bestellungen und Lieferscheinen zu vergleichen (wobei sich ergebende Differenzen zu dokumentieren sind) ggf. in Behälter für die Lagerung umzupacken und in einem Eingangslager einzulagern. Probleme ergeben sich, wenn zu viele LKW an der Entladerampe stehen und sich hierdurch ein Stau unter den abzufertigenden LKW bildet. Für das Supply Chain Management sind deswegen für den Empfang der Ware bestimmte Zeitfenster zu vereinbaren. Die logistischen Schnittstellen der Prozesskette beim Wareneingang umfassen die folgenden Punkte:

- Verpackungsvorschriften, Palettenstandards, Behältertypen sowie Leergut- und Entsorgungsmanagement,

- Barcode-Standards, Nachrichtentypen und Artikelnummern,
- Lieferabrufe, Just-in-Time-Anlieferungen (JIT) und vom Lieferanten verwaltete Vorräte beim Abnehmer (Vendor Managed Inventory, VMI),
- Versorgungssicherheit und Notfallstrategien,
- Lieferpapiere, Kennzeichnungen von Versandeinheiten und Zollplanung, Qualitätssicherungssysteme und Änderungsdienst.

Die Gestaltung der Schnittstelle der Warenannahme hängt von der gewählten Anlieferstrategie ab. Folgende besondere Anlieferstrategien haben sich herausgebildet:

- **Die Lieferung auf Abruf, Just-in-Time (JIT)**: Statt mit großen Losen anzuliefern, werden kleine Partien angeliefert, die kurzfristig abgerufen werden können. Hierdurch entsteht eine höhere Flexibilität der Produktionssteuerung, um auf Anforderungen von Mass Customization eingehen zu können. Ein Beispiel ist die auf das Montageband bezogene sequenzgenaue Anlieferung von Autositzen. Die Steuerung der Lieferabrufe erfolgt mit dem Konzept der Fortschrittszahlen.
- **Outsourcing der Eingangslager:** Um die hohen Lohnkosten in den Stammwerken der Automobilindustrie (OEM) zu umgehen, hat man dort die Eingangslager auf Spediteure outgesourct, welche die Lagerarbeiter nach den Tarifen der Transportgewerkschaft "Ver.di" entlohnen. Ferner können kleinere Teillieferungen, die einen LKW nicht auslasten, durch die Spediteure besser gebündelt angeliefert werden.
- **VMI (Vendor Managed Inventory), Konsignationslager**: Beim VMI-Konzept bewirtschaftet der Lieferant das Eingangslager des Abnehmers und ist für die Einhaltung des Mindestbestands, der vertraglich vereinbart ist, verantwortlich und disponiert dementsprechend eigenverantwortlich den Nachschub. Diese Nachschubsteuerung kann der Lieferant mit seiner eigenen Produktionsplanung abstimmen und so besser wirtschaftliche Lose erreichen. Auf ein Ausgangslager kann der Zulieferer verzichten, wenn er direkt ins Eingangslager liefert. Für den Abnehmer besitzt dieses Anlieferkonzept den Vorteil, den Bestellaufwand zu senken. Das Lager kann auch von einem Logistikdienstleister im Auftrag des Lieferanten verwaltet werden. Das Konsignationslager-Konzept stellt eine Erweiterung des VMI-Konzepts dar, da die Lagerbestände bis zur Entnahme durch den Abnehmer im Eigentum des Lieferanten verbleiben und das Material erst nach der Entnahme in das Eigentum des Abnehmers übergeht. VMI- und Konsignationslager-Konzept sind für eine Versorgung mit A-Artikeln, deren Bedarf regelmäßig ist (AX-Artikel), weniger geeignet, da hier besser die JIT-Versorgung mit einer Anlieferung direkt an den Bedarfspunkt angebracht ist. Anders ist die Situation bei Artikeln, deren Bedarf schwankend ist (AY-Artikel) zu bewerten. Hier bietet es sich an, mittels VMI oder Konsignationslager das Risiko, eine ausreichende Bestandshöhe zu garantieren, auf den Lieferanten zu verlagern. Diese Anlieferstrategien sind in den kurzzyklischen Märkten der Elektronikindustrie und der Modebranche von Bedeutung, aber nur realisierbar, wenn der Lieferant über Supply-Chain-Management-Systeme frühzeitig den Bedarf mitgeteilt bekommt (vgl. Kapitel 2) Das VMI-Konzept wird neuerdings auch sehr stark von den First Tier

Automobilzulieferern verfolgt, um auf diese Weise ihre eigenen Zulieferer einzubinden[36].

- **Insourcing-Konzepte** binden den Lieferanten nahe an das Hauptwerk des OEM, um kurze Lieferzeiten zu ermöglichen. Man unterscheidet in der Autoindustrie:
  a) Den Lieferantenpark: Ansiedlung von Lieferanten auf einem Gewerbegebiet in der Nachbarschaft des Autowerkes.
  b) Ansiedlung im Werk selbst (Factory-In-Factory, z.B. bei Smart), aber ohne den Einbau der Komponenten vorzunehmen.
  c) Ansiedlung im Werk mit Einbau der Komponenten am Band.

  Bei den Insourcing-Konzepten werden die Lohnkostenvorteile von Lieferanten genutzt, die nicht an die hohen Haustarife der Autowerke gebunden sind.

Die Beschaffungslogistik von großen Produktionsbetrieben ist von einer Vielzahl von Lieferanten gekennzeichnet. Der Auftragsfertiger Magna Steyr unterhält ein Netzwerk von 1000 Lieferanten, von denen pro Jahr 1 Mio. Transportaufträge ins Werk Graz gehen und dabei 400.000 Ladungsträgerbuchungen erfolgen (vgl. Management Praxis). Hierdurch besteht die Situation, dass es zu einem nicht koordinierten Anlieferungsverkehr in der Eingangszone der Warenannahme kommt. Viele Speditionen treten dort mit ihren Lastkraftwagen auf. Als Ansatzpunkt, den Verkehr in der Eingangszone zu koordinieren, bietet sich zunächst die Vergabe von Zeitfenstern für Anlieferverkehre an. Magna Steyr hat zur Koordinierung der Anlieferverkehre ein internet-basiertes IT-System geschaffen, das die Transportplanung, die Transportsteuerung, die Ladungsträgerverwaltung und das Frachtkostenclearing übernimmt. In der Transportplanung werden die Optimierungsziele verfolgt (Dachs-Wiesinger und Althoff 2004):

- Frequenzoptimierung für mögliche Full-Truck-Loads,
- Zusammenfassung von mehreren Teilebedarfen und/oder Lieferanten zu Transporten,
- Optimierung der Routen dieser Transporte in der Anfahrtsreihenfolge, nach Anlieferungszeitpunkten und in der Frequenz,
- Nutzung von Synergien von eingehenden und ausgehenden Transporten.

Das System ermöglicht dem Auftragsfertiger Magna Steyr, die Rechnungslegung und Kostenzuordnung bei der Beschaffung für die unterschiedlichen Auftraggeber getrennt auszuweisen.

Für das Problem, die Anlieferverkehre zu bündeln, haben die Speditionen als Logistik-Dienstleister ebenfalls Modelle entwickelt. In der Automobilindustrie ist die Bündelung der Beschaffung durch

- Gebietsspediteure,
- das Milkrun-Konzept und
- Lead Logistics Provider (LLP)

weit verbreitet. Diese Konzepte werden nun erläutert.

---

[36] Siehe Automobil Industrie, Heft 1/2005

Bei der Just-in-Time-Versorgung der Produktion spielt das Anliefersystem eine große Rolle. Für die einzelnen Materialarten werden täglich mehrfache Anlieferungen vereinbart. Die hohen täglichen Transportleistungen werden am besten durch einen Spediteur gebündelt, welcher die Vielzahl der kleineren Mengen aus einem Aufkommensgebiet kostengünstig kombinieren kann (**Gebietsspediteur**). Die folgende Abbildung 12.4 zeigt die Bündelung in einem geografischen Raum auf, die von einem Gebietsspediteur erzielt wird.

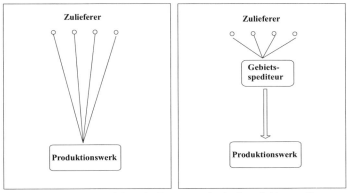

Abbildung 12.4: Bündelung der Transporte durch einen Gebietsspediteur

Die Tabelle 12.6 fasst die Vorteile, die bei Übertragung der logistischen Funktionen auf eine Gebietsspedition zum Tragen kommen, zusammen.

Gebietsspediteur	Abnehmer	Zulieferer
• stabile Pläne für Termine und Transportvolumen • enger Kontakt zwischen Abnehmern und Zulieferern • Wegoptimierung • langfristige Zusammenarbeit • sichere Zahlungseingänge • verringerte Akquisitionsaufwendungen • festgelegte Aufgabenbereiche • Übernahme von zusätzlichen Funktionen • hohe Kapazitätsauslastung	• geringe Anzahl von Spediteuren • geregelte Rückführung von Leergut • geringere Verkehrsprobleme bei Anlieferung • vereinfachter Wareneingang • automatische Datenverarbeitung • einfachere Terminsteuerung • schnellere Bereitstellung von Sonderlieferungen • Verlagerung von Routinefunktionen • geringere Transportkosten • abgegrenzte Verantwortungsbereiche • Verringerung des Logistikaufwandes	• Verringerung des Logistikaufwandes • Nähe zum Spediteur • einfachere Kostenkalkulation • einfachere Vereinbarung des Bereitstellungszeitpunktes für den Spediteur • höhere Terminpünktlichkeit • geregelte Rückführung von Leergut • Verlagerung des Transportrisikos

Tabelle 12.6: Aspekte zur Vergabe logistischer Funktionen an einen Gebietsspediteur

Oft unterhalten Spediteure nahe dem Produktionswerk **Auslieferungslager**, welche eine Versorgung der Produktion nach dem JIT-Prinzip im Pendelverkehr ermöglichen. Die Versorgungslager können dann im längeren Zeitrhythmus und in größeren Partien von den Zulieferern aufgefüllt werden. Mit der Einrichtung von Auslieferungslagern ist eine bisher wenig beachtete Schnittstellenvereinfachung in der **Eingangszone** der Werke möglich. Anstatt in der Eingangszone eine Vielzahl von LKW der einzelnen Zulieferer zu entladen und so das Risiko des Entstehens von Staus in der Entladezone zu steigern, kommen nun dort deutlich weniger Versorgungsfahrzeuge im JIT-Pendelverkehr an, da diese Fahrzeuge den Einzelbedarf bündeln und deswegen voll beladen eintreffen, während bei der Einzelbelieferung die Ladekapazität lediglich zum Teil ausgenutzt werden konnte. Z.B. trafen im Mercedes-Werk Kassel vor der JIT-Anlieferung täglich ca. 100 LKW mit durchschnittlich sechs Tonnen Ladung ein. Nach der Umstellung auf die JIT-Versorgung durch ein Lager im Nahbereich reduzierte sich diese Zahl auf täglich 20 vollbeladene LKW - eine deutliche Verringerung der Anlieferfrequenz. Die **JIT-Nahbereichsversorgung** finden wir ebenfalls im Motorenwerk von VW in Salzgitter mit drei von Spediteuren verwalteten Lagern, oder auch im BMW-Werk München. Nicht allein Auslieferungslager, sondern auch Zweigwerke von Zulieferern siedeln sich im Nahbereich an, wie z.B. im Raum Stuttgart, im Nahbereich des BMW-Werkes Regensburg (30 Zuliefererwerke) und im Nahbereich des neuen Opel-Standortes Eisenach. Neuerdings werden die Zulieferer direkt in die Montagewerke einquartiert, um dort die Module zu montieren und um sie dann ohne Zeitverzug in das Fahrzeug am Band einzubauen. So weist z.B. Audi den Zulieferern in seinem Werk in Ingolstadt farbige Zonen in der Werkshalle zu.

Mit dem **Milkrun-Konzept** nimmt der Gebietsspediteur eine systematische Erfassung der Lieferanten durch ein Tourenplanungskonzept vor (vgl. auch Kapitel 9.2).[37] Die Tourenplanung gibt eine streckenoptimierte Reihenfolge der einzelnen Anfahrpunkte bei den Lieferanten vor, wo der LKW im Sammelverkehr schrittweise beladen wird. Damit diese Koordination erfolgreich wird, müssen bestimmte Milkrun-Regeln eingehalten werden. Diese umfassen zeitliche und mengenmäßige Vorgaben. Die zeitlichen Vorgaben stellen definierte Liefertage und Zeitfenster in diesen Liefertagen zusammen, damit für den Sammel-Lkw beim Eintreffen zügig die Ware bereitsteht und der Sammel-Lkw beladen werden kann. Die mengenmäßigen Vorgaben begrenzen das maximale Ladevolumen pro Lieferant nach oben, damit der Lkw in seiner Sammeltour die Kapazität für alle definierten Sammelpunkte frei hat. Durch die Einhaltung der Milkrun-Regeln ergeben sich einfache, transparente und standardisierte Transportvorgänge. Damit ermöglicht das Milkrun-Konzept eine Verbesserung des Beschaffungsprozesses, in dem alle Beteiligten wie Kunde, Lieferant und Logistikdienstleister aufeinander abgestimmt werden. Damit versucht das Milkrun-Konzept die Schwächen des klassischen Konsolidierungsprinzips in der Sammellogistik zu überwinden, die zu ungünstigen Tourenplanungen, langen Transportdurchlaufzeiten und einer geringeren Liefertreue führten.

Ein weiterer Aspekt des Milkrun-Konzeptes besteht in der Integration des Lehrgutrückflusses in die Sammeltour. Die Abbildung 12.5 zeigt diese Integration auf. Zur Durchführung des Milkrun-Konzeptes ist von den Beteiligten aber nicht nur die Vorgabe von den Milkrun-Regeln zu fordern, sondern auch eine flexible Umplanung der Prozesse, sofern sich Verzögerungen im Sammelbetrieb einstellen.

Zur Einführung des Milkrun-Konzeptes ist zu bedenken, dass nicht alle Lieferanten für diese Art der Integration geeignet sind. Nur diejenigen, welche ein stetiges Teilladeaufkommen aufweisen. Dagegen müssen Komplettladungs-Lieferanten, Frei-Haus-Lieferanten und Kleinstmengen-Lieferanten aus den Betrachtungen ausgeschlossen werden. Zur Vereinfachung der Anlieferprozesse ist in den Verhandlungen darauf hinzuwirken, dass die Frei-Haus-Lieferanten in das System der Gebietsspediteure mit ein-

---

[37] Die Bezeichnung Milkrun ist eine Verniedlichung und kommt von der Sammeltour bei Milchbauern.

geschlossen werden. Die folgende Tabelle gibt nach Faust und Wildemann 2004 die Vorgehensweise zur Einführung des Milkrun-Konzeptes an. Die Autoren geben an, dass bei den von ihnen durchgeführten Milkrun-Projekten durchschnittliche Einsparpotentiale von 26% der betrachteten Transportkosten erzielt werden konnten.

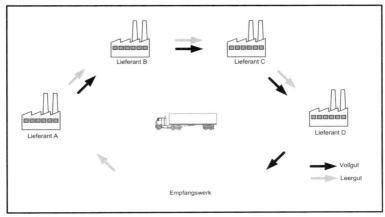

Abbildung 12.5: Das Milkrun-Prinzip

	Vorgehensweise zur Einführung von Milkruns
1	**Ermittlung der Lieferanten** mit Volumen und Gewicht im geografischen Konzentrationsfeld
2	**Selektion der potenziellen Milkrun-Lieferanten**: Herausfiltern der Komplettladungs-Lieferanten/Kleinst-Lieferanten (Maximalladewerte; Richt-Anlieferhäufigkeit; definierte Volumen- und Gewichtsgrenzwerte)
3	**Überprüfung der vorselektierten Milkrun-Lieferanten** in Abstimmung mit der Disposition hinsichtlich Milkrun-Relevanz (kein Frei-Haus-Lieferant, zukünftige Relevanz)
4	**Festlegung Milkrun-Restriktionen** (Richtwerte für Gewicht und Volumen in Abhängigkeit der Maximalladewerte bei Richt-Anlieferhäufigkeit; Definitionen des Schwankungskorridors, maximale Anzahl Milkrun-Lieferanten)
5	**Bildung von Milkrun-Optionen** unter Berücksichtigung der Milkrun-Restriktionen maximale Anzahl Milkrun-Lieferanten, Gewicht und Volumen (Gestaltungsfelder: Abholhäufigkeit, Anzahl der Milkruns)
6	**Optionen-Auswahl** (Kriterien: Anzahl der Milkruns, optimale Auslastung der Milkruns)
7	**Ausplanung der Milkruns**: Route, Soll-Zeitplan mit Zeitfenster, Volumen-Kontingente und evtl. Anpassung der Ausplanung (z.B. Nicht-Erfüllung der Zeitrestriktionen)
8	**Potenzial-Ermittlung** und Entscheidung zur Umsetzung
9	**Umsetzung**: Einladung zum Lieferanten-Workshop, Milkrun-Schedule, Lieferanten-Workshop, Versenden der Versandanweisungen, Testlauf
10	**Milkrun-Controlling**

Tabelle 12.7: Schritte bei der Einführung eines Milkrun-Projektes

Ein weiterer Entwicklungsschritt zur Koordinierung der Anlieferverkehre besteht darin, für die Abwicklung der Eingangslogistik eine verantwortliche Spedition hervorzuheben (**Lead Logistics Provider, LLP**). Das Konzept des LLP ist eine Weiterentwicklung des 4PL-Ansatzes (vgl. Kapitel 3) und ist von Bedeutung für große Produktionsunternehmen mit vielen Werksstandorten oder mit einer Vielzahl von Lieferanten, wodurch ein komplexes Lieferantennetzwerk mit zahlreichen beteiligten Logistikdienstleistern entstehen kann. Der österreichische Auftragsfertiger für Automobile, Magna Steyr, wickelt in seinem Netzwerk mit 1000 Lieferanten pro Jahr ca. 1 Mio. Transportaufträge mit 400.000 Buchungen für Ladungsträger ab (siehe Management Praxis unten).

Mit dem LLP erhält das beschaffende Unternehmen einen einzigen Ansprechpartner für die Abwicklung der Beschaffungslogistik. Damit wird es dann zur Aufgabe des LLP, die beteiligten Speditionen im Lieferantennetzwerk zu koordinieren. Diese Koordinationsaufgabe besteht in der Vereinheitlichung der Anforderungen in der Prozessabwicklung. Diese betreffen:

- zentraler Einkauf von Frachtraum über alle Werksstandorte und Empfangsstellen,
- die Qualität der Prozesse, die durch vereinbarte Kennzahlen und Frachtenbenchmarks gesichert wird,
- die Vereinheitlichung der IT-Systeme,
- Vereinheitlichung der eingesetzten Ladungsträger,
- die Koordination der Leergutrückführung und
- die Anlieferzeitfenster.

Auch werden die Preisverhandlungen der dem LLP untergeordneten Speditionen nun mit dem LLP geführt und nicht mehr direkt mit dem beschaffenden Unternehmen. Durch die vom LLP vorgenommene Vereinheitlichung der Prozesse im Beschaffungsnetzwerk wird ein hoher Rationalisierungseffekt erzielt und ein Teil der Managementaufgaben vom beschaffenden Unternehmen auf den LLP übertragen. Dadurch stellt sich für das beschaffende Unternehmen eine Entlastung in den Managementfunktionen her und zugleich eine deutliche Qualitätssteigerung der Prozesse. Im Unterschied zum 4PL-Ansatz führt der LLP einen beträchtlichen Anteil von 40 bis 80% der Speditionsaufgaben selber durch und vergibt lediglich den verbleibenden Rest an 3PL-Dienstleister. Mit dieser Dominanz des LLP in der Auftragsabwicklung gewährleistet der LLP die Aufrechterhaltung eines hohen Prozessniveaus und behält auch Kenntnisse über die Marktkonditionen in wichtigen Teilbereichen der Beschaffungslogistik. Diese Kenntnisse kann der LLP dann wirkungsvoll in den Verhandlungen mit den 3PL-Dienstleistern einsetzen.

12.8 Die strategische Beschaffung

Während im Funktionsbereich Beschaffung in den Unternehmen traditionell vielfach eine operative Ausrichtung vorherrschte, ist heute zunehmend ein Trend zu einer stärker strategischen Orientierung zu beobachten. Durch eine Koordination der weltweiten Beschaffungsanforderungen von globalen Unternehmen mit weltweit angesiedelten Produktionsstandorten sollen Kosten gesenkt und neue Marktpotentiale durch die Erschließung von innovativen Lösungen gewonnen werden, um die Wettbewerbsposition zu verbessern.

Als Beispiel soll der Beschaffungs- und Koordinationsaufwand der Robert Bosch GmbH genannt werden. Bei einem Umsatz von 35 Mrd. € im Jahre 2002 beträgt das Fremdbezugsvolumen 19,7 Mrd. €, davon 13,1 Mrd. € Produktionsmaterialien. 2.900 Mitarbeiter in 217 Einkaufsabteilungen halten Kontakt zu weltweit rund 10.000 Lieferanten (Automobilproduktion, Heft 3, 2003, S. 30).

Folgende Instrumente unterstützen die strategische Beschaffung:

- Identifizierung von Engpässen in der Versorgung mit Hilfe von Supply Chain Management Software,

- Bewertung des Risikos der Unterbrechung der Versorgung,
- langfristige Verträge,
- Trennung hochwertiger Komponenten von weniger wertvollen Vorprodukten (Rohstoffen, Halbfertigwaren und C-Teilen),
- Entwicklungspartnerschaften mit Zulieferern und Einbringung von Material- und Einkaufsstrategien in den Entwicklungsprozess,
- Analyse des Lieferantenmarktes nach der Anzahl, der Größe und der Wettbewerbsposition der Zulieferer,
- Klassifizierung von Lieferanten nach der ABC-Analyse. Die Lieferantenstruktur der Robert Bosch GmbH gliedert sich in 180 Vorzugslieferanten (A-Lieferanten), die 2% in der Anzahl, aber 47% vom Einkaufsvolumen ausmachen. Die B-Lieferanten gruppieren sich in technische Spezialisten, wichtige Lieferanten und neue Lieferanten und machen 47% in der Anzahl, aber 41% vom Einkaufsvolumen aus.

Um die strategische Ausrichtung zu verstärken, sind folgende Maßnahmen im strategischen Beschaffungsmanagement erforderlich:

- Erhöhung der Rahmenvertragsquote,
- Verbreiterung der Ausschreibungsbasis, z.B. durch einen europäischen Ausschreibungsverbund im Unternehmen und durch Bündelung der Bedarfe über alle Business Units.
- einheitliches Auftreten gegenüber den wichtigsten Lieferanten,
- Intensivieren der Verhandlungen mit bisherigen Lieferanten und Einbezug von Kostensenkungspotentialen der Erfahrungskurve der Lieferanten bei Preisverhandlungen,
- Definition von Materialgruppen sowie Neubildung und Kompetenzausweitung von global agierenden Materialgruppenteams („Lead-Buyer"), welche die Beschaffung bestimmter Materialgruppen weltweit überwachen, um Einsparpotentiale zu identifizieren und zu realisieren,
- Supply-Chain-Management-Systeme, z.B. bei Rohstoffen und Packmaterialien, die eine stärkere Lieferantenintegration ermöglichen,
- E-Procurement-Initiativen und Prozessautomatisierung zu den Lieferanten, z.B. durch elektronische Rechnungsstellung.

Eine weitere Methode der strategischen Beschaffung besteht in der Erschließung von Absatzmärkten, was vor allem bei Produkten möglich ist, die vom Staatssektor abgenommen werden. Ein hoher Anteil von Local Content in einem Land dient als Marketing-Argument für den Absatz.

Management Praxis: Integriertes Transportmanagement durch e-Logistics[38]

MAGNA STEYR Fahrzeugtechnik fertigt in Graz, Österreich für drei internationale Automobilkonzerne jährlich rund 200.000 Fahrzeuge, darunter die Mercedes-Benz E-Klasse 4matic, das Saab 9.3 Cabrio oder den neuen BMW X3. Hierbei bietet die MAGNA STEYR nicht nur die Produktion der Fahrzeuge, son-

---

[38] Alfons Dachs-Wiesinger und Kai Althoff 2004

dern auch das Management des gesamten Zuliefernetzwerkes an. Über 1.000 Lieferanten liefern direkt für die aktuellen Umfänge. 1.000.000 Transportaufträge und 400.000 Ladungsträgerbuchungen pro Jahr werden gemeinsam mit über 30 Logistikdienstleistern abgewickelt. Dies ergibt 170 LKW pro Tag, für die Transporte geplant, organisiert und abgewickelt werden müssen. Vorbereitend die Versandabwicklung, im Nachgang das Frachtencontrolling und das Ladungsträgermanagement komplettieren den Gesamtprozess. In der Automobilindustrie weisen die logistischen Teilprozesse und die IT in dieser Kette bisher eine eher funktionale Orientierung auf und bieten somit Potential zur Verbesserung der Durchgängigkeit.

Eine weitere Optimierung der Prozesse ist auch innerhalb der vielen Schnittstellen möglich. Viele Schnittstellen sind ein maßgeblicher Grund für den vorhandenen Verbesserungsbedarf. Dies betrifft sowohl die internen Prozesse als auch die Zusammenarbeit mit Dienstleistern und Lieferanten. Bei den heutigen Anforderungen durch Dynamik, Komplexität und Mengendurchsatz führt dies zu hohen Transportkosten und Abwicklungsaufwänden sowie Problemen in der Versorgungssicherheit.

Dies kennzeichnete auch die Ausgangssituation bei der MAGNA STEYR Fahrzeugtechnik. Erschwerend kommt hinzu, dass bei MAGNA STEYR als Contract Manufacturer Rechnungslegung und Kostenzuordnung für unterschiedliche Automobilhersteller zu erfolgen haben. Eine Volumensteigerung von über 100% in wenigen Monaten kam erschwerend hinzu.

Die MAGNA STEYR Fahrzeugtechnik hat sich Anfang 2003 entschlossen, den kompletten Prozess des Transportmanagements neu zu gestalten und eine durchgängige IT-Lösung einzuführen. Neben der großen Prozessveränderung bedeutete dies die Einführung einer heute in der Integrationstiefe am Markt noch nicht erhältlichen und umgesetzten IT-Lösung. Aus diesem Grund wurde ein Konsortium aus drei Unternehmen beauftragt: die 4flow AG und die inetlogistics GmbH als Softwarelieferanten sowie die Nexolab GmbH als Konsortialführer. Um Verbesserungen in den aufgezeigten Bereichen zu erzielen, wurde eine durchgängige Lösung geschaffen, die grob in die vier Teilbereiche Transportplanung, Transportsteuerung, Ladungsträgermanagement und Frachtkostenclearing eingeteilt werden kann. Alle vier Teilbereiche sind miteinander verbunden und tauschen Informationen mit Vorsystemen aus.

Die Transportplanung setzt auf der Idee auf, Lieferanten und Logistikdienstleistern Transporte und Routen dynamisch konkret vorzuschlagen und diese als Grundlage der Kontraktvereinbarung zu verstehen. In der strategischen Planung wird für ein neues Fahrzeugprojekt erstmals eine optimierte Transportstruktur geplant und somit die Kostenposition festgelegt. Schon hier erfolgt eine Unterteilung der Belieferungen in Direktbelieferung (FTL), Routen und Gebietsspediteurwesen.

In der taktischen Planung wird auf Basis der Planbedarfe eine Überplanung durchgeführt, um Bedarfsänderungen oder Konkretisierungen in ihrer Auswirkung auf die Vorziehenswürdigkeit von Transportalternativen zu bewerten. Die rollierende, operative Transportplanung wird auf Basis der Lieferabrufe aus dem Operativsystem an die Lieferanten wöchentlich durchgeführt und bietet die Möglichkeit, auf Basis möglichst konkreter Bedarfe die Transportstruktur im Bedarfsfall zu optimieren. Die Optimierungsziele werden hierbei erreicht durch Frequenzoptimierung für mögliche Full-Truck-Loads, Zusammenfassung von mehreren Teilebedarfen und/oder Lieferanten zu Transporten, Optimierung der Routen dieser Transporte in der Anfahrtsreihenfolge, nach Anlieferungszeitpunkten und in der Frequenz und Nutzung von Synergien zwischen eingehenden und ausgehenden Transporten.

Ergänzende Literatur:

Abele, E.: Handbuch globale Produktion, München 2006
Colsman, Philipp G.: Global Sourcing als eine Beschaffungsstrategie für globale Unternehmen, Köln 2000
Lasch, R. und Christian Janker: Risikoorientiertes Lieferantenmanagement, in: Vahrenkamp, Richard; Siepermann, Christoph (Hrsg.): Risikomanagement in Supply Chains, Berlin 2007, S. 111-132
Rudnitzki, J.: Die Lieferantenkooperation bei DaimlerChrysler, in: Hahn, D., Kaufmann, L. (Hrsg.): Industrielles Beschaffungsmanagement, 2.A., Wiesbaden 2002, S. 614-627

13 E-Procurement als neue Beschaffungsstrategie

Unter E-Procurement versteht man die Nutzung internetbasierter Systeme zur Vereinfachung von Beschaffungsprozessen. Dazu stehen eine ganze Reihe von Instrumenten und Marktformen zur Verfügung, die im Folgenden vorgestellt werden sollen.

13.1 Kataloge mit Festpreisen

Zentrale Bestandteile elektronischer Märkte sind überwiegend Verzeichnisse oder Kataloge, die entweder dem beschaffenden Unternehmen oder dem Lieferanten die Suche nach einem bestimmten Produkt bzw. Bedarf ermöglichen. Im Internet existiert bereits eine Vielzahl von datenbankgestützten Systemen, die solch eine Aufgabe erfüllen. Verzeichnisse und Kataloge basieren meistens auf festen, vorgegebenen Preisen. Während der Einsatz von elektronischen Marktplätzen es den Unternehmen ermöglichte, den Beschaffungsprozess weitgehend zu vereinfachen, erschwerte eine Vielzahl technologischer Lösungen den Austausch. Aus diesem Grund wurde vom Bundesverband Materialwirtschaft, Logistik und Einkauf (BME) das BMEcat-Format mit dem Ziel entwickelt, den Austausch von Produktdatenkatalogen zwischen Lieferanten und beschaffenden Organisationen zu standardisieren.

Damit mittelständische Lieferanten ihre Angebote in Katalogsysteme einspeisen können, müssen sie ihre Produktdaten standardisiert aufbereiten und über Standard-Schnittstellen verfügen. Referenzlösungen für den zwischenbetrieblichen E-Commerce von mittelständischen Lieferanten, die eine enge Integration zwischen Lieferanten und ihren Abnehmern sicherstellen, erarbeitet das Projekt E-START des Fraunhofer Instituts IAO Stuttgart und des BME. Hier soll das Potential von E-Commerce für mittelständische Lieferanten und Hersteller im B2B-Bereich erschlossen werden. Dazu werden E-Commerce-Standards ausgewählt und weiterentwickelt, sowie Methoden und Werkzeuge für die Umsetzung bereitgestellt. Die Schaffung von Referenzlösungen für den zwischenbetrieblichen E-Commerce soll die enge Integration zwischen Lieferanten und ihren Abnehmern sicherstellen.

Die zwei Referenzmodelle für Auftragsbearbeitung und Produktdatenaufbereitung versetzen mittelständische Lieferanten in die Lage, in kürzester Zeit für die Szenarien "Auftragsbearbeitung" und "Produktdatenaufbereitung" E-Business-fähig zu sein und optimierte Prozesse innerbetrieblich einrichten zu können, die in den meisten Fällen kostensparender sind als die bisherigen Prozesse. Die Veröffentlichungen sind auf der E-START-Homepage www.e-start.iao.fhg.de kostenfrei zu beziehen.

13.2 Lieferantenseitige Märkte

Für die Beschaffung von Produktionsgütern existieren eine Reihe branchenspezifischer „Trading Communities", zu denen Handelsplattformen wie PlasticsNet oder e-chemicals gehören. Dabei schließen sich oftmals Zulieferer und/oder Händler zusammen, um ein umfassendes Angebot bereitzustellen. Aus einem Produktkatalog können registrierte Einkäufer direkt eine Bestellung auslösen und durch die Zusammenarbeit mit Transportdienstleistern ist eine exakte Preiskalkulation inkl. der Versandkosten möglich. Ebenso kann eine Tracking-Funktion für die Bestellung angeboten werden und zur verbesserten Marktübersicht für die Mitarbeiter des Beschaffungsmanagements ergänzen eine Reihe von weiteren Mehrwertdienstleistungen, wie z.B. allgemeine Markt- und Produktinformationen, Diskussionsforen usw., das Angebot.

13.3 Kundenseitige Märkte

Bei kundenseitigen Märkten handelt es sich zumeist um Ausschreibungsplattformen, auf denen Unternehmen entsprechende Bedarfe potentiellen Lieferanten zugänglich machen und so den Ausschreibungsvorgang effizienter gestalten können. Ferner soll eine höhere Anzahl möglicher Lieferanten erreicht werden. Als Praxisbeispiel dient die Zulieferbörse Eurocontacts. Bei dieser Zulieferbörse können Unternehmen der Bereiche Maschinenbau, Kunststofftechnik und Sensorik Anfragen in technischer und preislicher Hinsicht potentiellen Lieferanten verfügbar machen.

13.4 Online-Auktionen

Online-Auktionen sind ein dynamischer, zeitlich fixierter Angebots-Prozess von ausgewählten, qualifizierten Lieferanten, bei dem jederzeit die Position zum besten Angebot für alle Anbieter transparent und anonym dargestellt wird. Auktionen kommen auch dann in Frage, wenn der Wert eines Gutes auf dem Markt a priori schwer bestimmbar ist, weil es sich beispielsweise um Zeichnungsteile oder Lagerrestbestände handelt, deren Wert allein in Deutschland auf jährlich fast 30 Mrd. € geschätzt wird. Gewöhnlich werden in der Praxis vier wesentliche Auktionstypen unterschieden:

- **Englische Auktion**: Die „Englische Auktion" ist nicht nur im Internet, sondern auch bei traditionellen Auktionen die normale Form der Versteigerung. Hierbei erhöht sich mit jedem Gebot der Preis des Produktes, bis der Höchstbietende den Zuschlag am Ende der Auktion erhält.
- **Holländische Auktion**: Das Prinzip der „Holländischen Auktion" ist konträr zum vorherigen. Sie wird daher auch oft „Rückwärtsauktion" genannt. Der Verkäufer setzt einen Höchstpreis für ein Produkt fest. Danach wird der Preis Schritt für Schritt verringert, bis sich ein Bieter meldet und sich bereit erklärt, zu dem zuletzt genannten Preis zu kaufen.
- **Höchstpreis- bzw. Niedrigpreisauktion**: Erfolgt wie die Englische bzw. Holländische Auktion, allerdings werden hierbei die Gebote verdeckt abgegeben.
- **Vickrey-Auktion**: Diese Form gilt als besonders „betrugssicher". Hier wird wie bei der Englischen oder Holländischen Auktion, jedoch mit verdeckten Geboten operiert. Das höchste bzw. niedrigste Gebot erhält den Zuschlag, allerdings entspricht der Kaufpreis dem zweithöchsten bzw. zweitniedrigsten Angebot.

Es liegt auf der Hand, dass bei lieferantenseitigen Auktionen Mechanismen zur Erzielung eines möglichst hohen Preises eingesetzt werden, während bei abnehmerseitigen Auktionen das Ziel in einem niedrigen Preis besteht.

Lieferantenseitige Auktionen

Bei Auktionen im Internet werden zumeist Standardprodukte bzw. Produkte aus Nullserien oder Überschussproduktionen gehandelt, und die Anbieter haben sich zumeist auf eine Branche oder bestimmte Güter festgelegt. Zum Beispiel verkaufen unter der Auktionsplattform MetalSite eine Reihe von Stahlunternehmen ihre Produkte online. Ebenso werden auch hier weiterführende Informationen, Nachrichten, Foren usw. angeboten.

Kundenseitige Auktionen

Diese Auktionen eignen sich besonders für A-Artikel, größere Dienstleistungen usw. Die Konzeption dieser Auktionen bezieht sich also vor allem auf Ausschreibungen mit einem hohen Beschaffungsvolumen. Als Beispiele in diesem Bereich dienen FreeMarkets und Portum. Durch das Versteigern sollen dabei in erster Linie die Einstandspreise der Güter reduziert und erst an zweiter Stelle der Beschaffungsprozess rationalisiert werden. In der Regel steht zwar bei diesen Systemen der Preis im Mittelpunkt der Auktionen, bei der endgültigen Entscheidung zugunsten eines Lieferanten können die Unternehmen jedoch auch qualitative Faktoren berücksichtigen. Die Wichtigkeit einer solchen Erwägung liegt darin, dass die Produkte zumeist eine strategische Relevanz besitzen. Zum Teil verstehen sich die Plattformen auch als Vermittler von langfristigen Partnerschaften. Die beiden oben genannten Auktionsplattformen weisen ein ähnliches Dienstleistungsspektrum auf, denn sie erarbeiten zusammen mit dem Einkäufer die genauen Spezifikationen der Ausschreibung und suchen potentielle Lieferanten. Nach weiteren Prüfungen (u.a. Bonität) dürfen die Lieferanten am Bietprozess teilnehmen.

13.5 Beschaffung von C-Artikeln mit Desktop Purchasing (DP)

Die Beschaffung und der Materialfluss von C-Teilen waren in der Vergangenheit von vielen Schwachstellen begleitet. C-Teile wurden als geringwertig eingestuft und daher wurde weniger Managementkapazität auf deren Verwaltung aufgewendet. So wurden zum Beispiel deren Teilestammdaten nur unvollständig gepflegt und es fehlte eine Klassifizierung von Auswirkungen, die bei Lieferproblemen auftreten können. Während für die laufende Produktion C-Teile in großen Partien beschafft werden, ist dies für die anderen C-Teile-Bereiche, wie Werkzeuge, Ersatz- und Verschleißteile und beim Bürobedarf, häufig nicht der Fall. Wenn ein Servicetechniker ein spezielles Werkzeug benötigt, wird häufig nur ein einziges Teil beschafft. Dieser geringen Beschaffungsmenge stehen aber hohe Kosten in der Beschaffungsorganisation gegenüber. Im traditionellen Beschaffungsmanagement durchläuft die Bestellung von C-Teilen den gleichen Ablauf wie die Beschaffung von wertvollen A- oder B-Teilen. Wegen der großen Anzahl von möglicherweise zu beschaffenden C-Teilen hat sich dann die unbefriedigende Situation herausgebildet, dass ein großer Teil der Manpower in der Beschaffungsorganisation auf die Beschaffung von C-Teilen gerichtet ist, während der Managementeinsatz bei der Beschaffung von wertvollen A- und B-Teilen dagegen relativ zurückbleibt. Bei Prozessanalysen wurde herausgefunden, dass die Beschaffung von einfachen Gegenständen Beschaffungskosten von 50 bis 100 € pro Bestellvorgang verursacht, die in keinem Verhältnis zum Wert der beschafften Güter stehen.

Mit der Verlagerung der Beschaffungsorganisation auf Internettechnologien ist in den letzten Jahren ein entscheidender Schritt zur Effizienzsteigerung in der Beschaffung von C-Teilen erfolgt. Kataloggestützte Bestellsysteme vereinfachen diese Bestellvorgänge in erheblichem Maße und verlagern sie weg von der Beschaffungsorganisation hin zum Bedarfsträger. Die Vielzahl der Lieferanten wird gebündelt durch Rahmenverträge mit leistungsfähigen Lieferanten für Großsortiment in den Bereichen Werkzeuge, Bürobedarf und Ersatzteile. Kataloggestützte Bestellsysteme stehen dem Bedarfsträger durch einfache Oberflächen auf dem Computer zur Verfügung. Die Bestellung kann per Mausklick erfolgen, wobei der Bedarfsträger in Katalogen nach Bestellnummern oder Volltext die Produkte auswählt. Die Automatisierung des Workflows erlaubt ein IT-gestütztes Budgetierungs- und Genehmigungsverfahren zur Kostenkontrolle. Die Abrechnung erfolgt elektronisch über ein Gutschriftverfahren in SAP R/3. Angeliefert wird direkt an den Ort des Bedarfsträgers. Dafür werden interne Lager für C-Teile aufgelöst. Diese Auflösung der Lager führt zu einer erheblichen Kostenreduktion im gesamten C-Teile-Management. Die Anlieferung erfolgt im 24-Stunden-Lieferservice und wird vom Lieferanten übernommen.

Im Gegensatz zu herkömmlichen Shop-Systemen im Internet unterstützen DP-Lösungen die Mitarbeiter eines Unternehmens als unmittelbare Bedarfsträger, die sich selbst mit Waren versorgen können, ohne dass das Beschaffungsmanagement in einen Bestellvorgang und dessen Abwicklung eingreifen muss. Warenbeschreibungen, Konditionen und andere Regelungen werden in einem elektronischen Katalog veröffentlicht. Der Zugriff auf diesen Katalog erfolgt über das Internet bzw. Intranet vom einzelnen Arbeitsplatz aus. **Desktop Purchasing-Systeme** (DPS) übernehmen häufig auch die Generierung der notwendigen Dokumente bei der Bestellabwicklung und versorgen das Beschaffungsmanagement mit Auswertungen und allen Informationen über getätigte Bestellungen. Daraus wird ersichtlich, dass DP die gesamten unternehmensinternen Beschaffungs- und Genehmigungsprozesse unterstützt. In der Literatur wird anstelle von „Desktop Purchasing" auch von „Direct Purchasing" oder „katalogorientierter Beschaffung" gesprochen.

DP ist dazu prädestiniert, jene Beschaffungsprozesse elektronisch zu unterstützen und abzubilden, die den folgenden Kriterien genügen:

- standardisierte Produkte,
- geringer materieller Wert und geringe strategische Bedeutung der Produkte,
- Produkte mit hoher und unregelmäßiger Bestellfrequenz und
- Produkte, bei denen viele Bedarfsträger im Unternehmen Beschaffungsprozesse initiieren.

In der Praxis entsprechen diesen Merkmalen vor allem C-Artikel, die oft einen erheblichen Anteil des Beschaffungsvolumens ausmachen und typische Kostentreiber sind, da der eigentliche Einstandspreis gegenüber den Kosten für Bedarfsmeldung, Bestellung, Handling und Abrechnung in den Hintergrund tritt. Als kritische Schwelle ist die Zahl von 50 Mitarbeitern in Verwaltung und Wartung anzusetzen, ab der die Einsparungen durch DP die Kosten von DP übersteigen.

Die Grundlage beim DP bildet die Idee, den Bedarfsträger im Unternehmen die benötigten Produkte selbst bestellen zu lassen, sofern sie eine bestimmte Wertgrenze nicht überschreiten. Beim angestrebten idealen Beschaffungsprozess führt der Bestellende am Bildschirm in wenigen Minuten die vollständige Bestellung durch und die Lieferung wird innerhalb einer vertraglich festgelegten Zeit zugestellt. Alle anderen Aktivitäten, einschließlich der Zahlungsabwicklung, werden ohne zusätzliche manuelle Eingriffe erledigt.

Für die Akzeptanz von DP ist eine nutzerfreundliche Aufbereitung der Artikeldaten erforderlich. Die im Katalog zur Verfügung gestellten Informationen müssen aufschlussreich, informativ, eindeutig und nutzbringend sein. Die Abbildung des zu suchenden Materials in Form eines erkennbaren Bildes oder einer Zeichnung ist für den Nutzer im Normalfall unverzichtbar. Wesentlich ist auch der Suchbegriff: Viele Artikel haben gängige Bezeichnungen oder Spitznamen, die nicht dem verwendeten Klassifikationssystem oder der exakten Herstellerbezeichnung entsprechen, aber jedem sofort in den Sinn kommen, wenn man nach diesem Artikel sucht. Beschränkt sich der vorliegende Katalog auf die exakte Bezeichnung, wird die Suche zeitaufwendig, dadurch für den Nutzer mühselig und in letzter Konsequenz frustrierend. Ergebnis: Der Nutzer greift zum vertrauten Papierkatalog und Telefonhörer und bestellt mündlich. Wenn der Katalog jedoch dem Benutzer neben hoher Anwenderfreundlichkeit zusätzliche Informationen des Lieferanten wie Datenblätter, Verarbeitungshinweise etc. oder Querverweise (Links) auf andere, für ihn nutzbringende Informationen mit einem Mausklick zur Verfügung stellt und ihm damit zeitraubende Recherchen erspart, wird die Akzeptanz des Werkzeugs "elektronischer Katalog" weiter steigen.

Management Praxis: C-Teile-Beschaffung bei Miele[39]

Das Gütersloher Unternehmen mit weltweit ca. 15.000 Mitarbeitern und einem Umsatz von rund 2,1 Mrd. Euro produziert pro Jahr mehr als 4,2 Millionen Haushaltsgeräte. Qualität, Liefertreue und Service werden groß geschrieben. Um dieser Philosophie gerecht zu werden, war die Optimierung des Bestellwesens im Einkauf ein maßgeblicher Baustein. Gestartet wurde bei Miele mit der elektronischen Bestellung der so genannten C-Güter, indirekter Betriebsgüter, die nicht in Endprodukte eingehen.

Zu den größten Warengruppen zählen mit 20% Werkzeuge, mit 17% Büromaterial, 16% Elektromaterial und 5% Hardware. Ein Schwerpunkt neben der Auswahl der für den elektronischen Beschaffungsprozess geeigneten Warengruppen war, die Lieferantenstruktur zu durchleuchten, um den Bedarf auf wenige Systemlieferanten je Warengruppe zu bündeln.

Der Bestellvorgang vor Einführung des Systems war ein insgesamt langwieriger Prozess. Zahlreiche Stellen und Abteilungen waren daran beteiligt. Der Besteller ließ seine Materialanforderung vom Vorgesetzten genehmigen und gab diese entweder direkt an den Einkauf oder ins Lager weiter. Nach Auftragsannahme von Seiten der Einkaufsabteilung erfolgte hier die Preisanfrage, die Bestellerfassung und -überwachung, der Wareneingang, die Qualitätsprüfung sowie der intern organisierte Transport hin zum Besteller.

Wenn die Auftragserteilung zum Lager ging, folgten die weiteren Schritte abhängig davon, ob die angeforderte Ware am Lager vorrätig war oder nicht. Zudem lief als ein weiterer Prozess die Rechnungsprüfung mit der Rechnungsbuchung. „Der gesamte Bestellprozess umfasste bis zu 15 einzelne Schritte. Da war es schon möglich, dass der Besteller vier bis sechs Wochen auf sein Werkzeug warten musste", erinnert sich Andreas Faroß. „Neben einer Vereinheitlichung der Lieferantenstruktur wollten wir Lagerkapa-

---

[39] Quelle: Beschaffung Aktuell 11/2001

zitäten abbauen. Die Lagerhaltung liegt heute beim Lieferanten, der im Rahmen eines 24-Stunden-Services liefert", fasst Andreas Faroß zusammen. Weitere Kernanforderungen an die E-Procurement-Lösung neben der Optimierung der Prozesse und der Lieferantenbündelung waren Einführung eines kataloggestützten Bestellsystems sowie:
- eine einfache Benutzeroberfläche,
- direkte Bestellung durch den Bedarfsträger,
- Abbau von Lagerkapazitäten,
- direkte Auslieferung zum bestellenden Nutzer,
- verursachungsgerechte Kostenverteilung,
- IT-gestütztes Budgetierungs- und Genehmigungsverfahren zur Kostenkontrolle,
- ein elektronisches Abrechnungsverfahren.

Ergänzende Literatur:

Bogaschewsky, Ronald: Elektronischer Einkauf, Gernsbach 2000
Reck, M.: C-Teile-Management, in: Arnold, D. u.a. (Hrsg.): Handbuch der Logistik, Berlin 2004
Reindl, Martin; Oberniedermaier, Gerhard: eLogistics: Logistiksysteme und -prozesse im Internetzeitalter, München u.a. 2002
Wannenwetsch, Helmut H.; Nicolai, Sascha (Hrsg.): E-Supply-Chain-Management, Wiesbaden 2002

14 Entsorgungslogistik

In diesem Kapitel werden die sich aus der Verpackungsverordnung und dem Kreislaufwirtschafts- und Abfallgesetz ergebenden logistischen Strukturen der Sammlung und Rückführung von Altstoffen und Abfällen behandelt. Die Sammelsysteme für Siedlungsabfälle, das Duale System und die Mehrwegverpackungen werden diskutiert.

14.1 Die gesetzlichen Grundlagen

Wesentliche Impulse für die Entsorgungswirtschaft gingen von der Verpackungsverordnung 1991 und dem Kreislaufwirtschafts- und Abfallgesetz[40] (KrW-/AbfG) 1996 aus. Auf diesen gesetzlichen Grundlagen sind seitdem großflächige Sammelsysteme, Umschlagseinrichtungen, Sortieranlagen, Recyclingkreisläufe und Mehrwegsysteme für verschiedene Wirtschaftszweige, verschiedene Abfallerzeuger und verschiedene Wertstoffgruppen entstanden.

Wir wenden uns zunächst den Bestimmungen der **Verpackungsverordnung** zu. Da Verpackungen nach Gebrauch bzw. Verbrauch der Produkte als Abfall anfallen, sofern sie nicht einer Wiederverwertung zugeführt werden, machten früher Verpackungsabfälle mit bis zu 50% nach dem Volumen und bis zu 30% nach dem Gewicht einen Großteil der sich türmenden Abfallberge aus. Die Konsumenten sind bezüglich Umweltaspekten der Produkte kritischer geworden. Der Druck auf Hersteller und Handel nimmt zu mit Forderungen nach funktionellen, wirtschaftlichen und umweltverträglichen Verpackungen. Verpackungen als Bestandteil des gesamten logistischen Systems haben also nicht nur ökonomische, sondern auch ökologische Bedeutung. Der Gesetzgeber hat dieser Entwicklung mit der am 21. Juni 1991 in Kraft getretenen Verpackungsverordnung (VerpackV) Rechnung getragen, die das Abfallgesetz von 1986 ergänzt. Die VerpackV regelt die Pflichten der Produzenten von Verpackungen zu deren Rücknahme und Verwertung, um der Forderung nach umweltgerechtem Verhalten in Produktion und Konsum gerecht zu werden. Die VerpackV unterscheidet in §3 drei Arten der Verpackung:

- Die **Transportverpackung**, die dazu dient, Waren auf dem Weg vom Hersteller bis zum Vertreiber vor Schäden zu bewahren oder die aus Gründen der Sicherheit des Transports verwendet wird.
- Die **Verkaufsverpackung**, die vom Endverbraucher zum Transport oder bis zum Verbrauch der Waren verwendet wird.
- Die **Umverpackungen** stellen zusätzliche Verpackungen um Verkaufsverpackungen dar und dienen neben der Werbung dazu, die Abgabe von Waren im Wege der Selbstbedienung zu ermöglichen oder den Diebstahl zu erschweren.

Dazu gesondert werden Getränkeverpackungen unterschieden.

---

[40] Gesetz zur Förderung der Kreislaufwirtschaft und Sicherung der umweltverträglichen Beseitigung von Abfällen. Dieses Gesetz setzt das Abfallgesetz von 1986 außer Kraft. Diese und die übrigen erwähnten Richtlinien, Verordnungen und Gesetze sind gesammelt in der Beck-Sammlung „Abfallrecht" von 1997.

Das Ziel der VerpackV ist die Entlastung der Deponien und Müllverbrennungsanlagen durch Vermeidung, Verminderung, Wiederverwendung und Verwertung (Recycling) gebrauchter Verpackungen. In der Verpackungsverordnung werden im Anhang folgende Wertstoffe ausdrücklich aufgeführt: Papier, Pappe, Karton, Glas, Blech, Kunststoffe und Verbundstoffe. Die Verpackungsverordnung hat das Ziel, diese Wertstoffe nach entsprechender Aufbereitung dem Wirtschaftskreislauf erneut zuzuführen.

Unnötige Verpackungsstufen (Overpacking), Schadstoffe, umweltkritische Materialien und Verbundmaterialien sollen dabei vermieden und der Materialeinsatz durch Mehrwegverpackungen, geringere Materialstärken und andere Materialarten vermindert werden. Mehrwegsysteme sollen die Wiederverwendung ermöglichen, wozu Verpackungssysteme standardisiert und Packstoffe vereinheitlicht werden müssen. Und nicht zuletzt sollen Packstoffe in stofflichen Kreisläufen durch Materialkennzeichnung, gezielte Materialauswahl und den Einsatz von Sekundärmaterialien (Recyclate) wiederverwertet werden. Die Dimension des Verpackungsproblems wird am Beispiel des Regionallagers Hungen der Handelsgruppe REWE deutlich. Dort fallen monatlich 450 t Pappe und Folie an, die aus Umverpackungen stammen. Diese werden in den belieferten Lebensmittelmärkten gesammelt und von dort nach den Vorschriften der Verpackungsverordnung an REWE zurückgeführt. Werden die 450 t zu den 1,2 Mrd. € Großhandelsumsatz des Regionallagers Hungen ins Verhältnis gesetzt, so lässt sich bei einem Lebensmittelgroßhandelsumsatz von 80 Mrd. € die gewaltige Menge allein von zurückgeführten Umverpackungen abschätzen.

Durch die Rücknahmeverpflichtung ist die konsequente Anwendung des **Verursacherprinzips** gewährleistet und damit ein Anreiz geschaffen, den Umfang der Verpackungen zu reduzieren und Mehrwegverpackungen und Mehrwegtransportbehälter einzusetzen.

Nach *§ 1 VerpackV* müssen Verpackungen nach Volumen und Gewicht auf das zum Schutz des Füllgutes und auf das zur Vermarktung unmittelbar notwendige Maß beschränkt werden. Die Verpackungen müssen so beschaffen sein, dass sie wiederbefüllt werden können, soweit dies technisch möglich und zumutbar sowie vereinbar mit den auf das Füllgut bezogenen Vorschriften ist. Sofern die Voraussetzungen für eine Wiederbefüllung nicht vorliegen, sollen Verpackungen stofflich verwertet werden.

Nach *§4 VerpackV* in Verbindung mit *§ 13 VerpackV* sind Hersteller und Vertreiber seit dem 01. Dezember 1991 verpflichtet, Transportverpackungen nach dem Gebrauch zurückzunehmen und einer erneuten Verwendung oder einer stofflichen Verwertung außerhalb der öffentlichen Entsorgung zuzuführen.

Nach *§5 VerpackV* ist der Handel seit dem 01. April 1992 verpflichtet, Umverpackungen zurückzunehmen und im räumlichen Umfeld der Verkaufsstelle Sammelbehälter aufzustellen. Hiervon ist keine Befreiung durch das Duale System Deutschland möglich.

Seit dem 01. Januar 1993 besteht nach § 6 *VerpackV* für den Handel ebenfalls eine Rücknahmeverpflichtung für gebrauchte **Verkaufsverpackungen** in oder in unmittelbarer Nähe der Verkaufsstelle. Gemeinsam mit der Industrie muss der Handel die zurückgenommenen Verpackungen einer erneuten Verwendung oder einer stofflichen Verwertung außerhalb der öffentlichen Entsorgung zuführen. Für bestimmte Verpackungen, wie Getränkeverpackungen, Waschmittel- und Dispersionsfarbenverpackungen, wird ein Zwangspfand eingeführt. Eine Befreiung der Wirtschaft von dieser direkten Rücknahme- und Pfandpflicht für Verkaufsverpackungen wurde unter der Bedingung des Aufbaus eines flächendeckenden, privatwirtschaftlich organisierten Systems, des Dualen Systems Deutschlands (siehe unten), zur Sammlung, Sortierung und Wiederverwertung von Verpackungswertstoffen mit laut VerpackV vorgegebenen Erfassungs-, Sortier- und Verwertungsquoten ermöglicht.

Die Einführung der Rücknahmepflicht für Verpackungen führt dazu, dass die Kosten für die Wiederverwertung bzw. Entsorgung des Verpackungsmülls eine neue, wesentliche Komponente der Verpackungskosten auf Herstellerebene darstellen. Diese Kosten geben einen Anreiz, den Verpackungsaufwand zu vermindern, was auch geschehen ist.

Nun soll der Inhalt des **Kreislaufwirtschaftsgesetztes** KrW-/AbfG angesprochen werden. Nach der Definition des Gesetzes sind Abfälle bewegliche Sachen, deren sich die Besitzer entledigen wollen. Unterschieden werden Abfälle zur Verwertung und Abfälle zur Beseitigung. In einem Anhang werden 16 verschiedene Abfallgruppen dargestellt und damit die Stoffgruppen der Abfallrichtlinie der EG von 1975 übernommen[41]. Die Abfälle zur Verwertung gehen in die **Kreislaufwirtschaft** ein und werden als Sekundärrohstoffe dem Prozess wieder zugeführt. Der §4 stellt eine Hierarchie von Pflichten dar, nach der es vorrangig um die Vermeidung von Abfällen geht und erst in zweiter Linie um deren Verwertung. Das Kreislaufwirtschaftsgesetz bewertet damit in der gleichen Weise die Zielhierarchie der Vermeidung, Verwertung und Entsorgung wie die Technische Anleitung Siedlungsabfall von 1993 und die Verpackungsverordnung von 1991 und folgt so den Vorgaben der Abfallrichtlinie der EG von 1975.

Eine Pflicht zur Verwertung besteht dann, wenn die Verwertung technisch und wirtschaftlich zumutbar ist und dafür auch ein Markt vorhanden ist oder geschaffen werden kann (§5, Abs. 4). In §19 enthält das Gesetz eine Verpflichtung, ein Abfallwirtschaftskonzept zu erstellen. Darin sollen vorausplanende Strategien zur Vermeidung, Verwertung und Beseitigung von Abfällen niedergelegt werden. Eine Vorausschau für die folgenden fünf Jahre soll enthalten sein; diese war zum ersten Mal zum Ende des Jahres 1999 zu erstellen. Hinzu kommt noch die Verpflichtung, jährliche Abfallbilanzen aufzustellen, die Art, Menge und Verbleib von Abfällen dokumentiert. In einem zweiten Teil regelt das Gesetz die Produktverantwortung. Derjenige übernimmt die Verantwortung, die Ziele des Kreislaufwirtschaftsgesetzes zu erfüllen, der Produkte entwickelt, herstellt, be- und verarbeitet oder vertreibt. Die Produktverantwortung enthält nach §22 Abs. 2 die folgenden konkreten Verpflichtungen:

- Die Entwicklung, Herstellung und Inverkehrbringung von Erzeugnissen ist anzustreben, die mehrfach verwendbar, technisch langlebig und nach Gebrauch umweltfreundlich zu verwerten bzw. zu beseitigen sind.

---

[41] Richtlinie 75/442/EWG des Rates über Abfälle

- Bei der Herstellung von Erzeugnissen sind vorrangig verwertbare Abfälle oder Sekundärrohstoffe einzusetzen.
- Schadstoffhaltige Erzeugnisse müssen als solche gekennzeichnet werden, um die umweltgerechte Entsorgung nach Gebrauch sicher zu stellen.
- Zur Produktverantwortung gehört auch die Rücknahme von Erzeugnissen bzw. der nach Gebrauch verbliebenen Abfälle mit dem Ziel der Wiederverwertung oder Beseitigung.
- Auf bestehende Rückgabe-, Wiederverwendungs- oder Verwertungsmöglichkeiten wie Pfandregelungen muss hingewiesen werden.

In den §§ 23 und 24 nennt das Gesetz 15 umfangreiche Bereiche, die durch Rechtsverordnungen näher zu regeln sind, u.a.:

- die Beschaffenheit der Erzeugnisse,
- die Verpackung,
- die Pflichten zur Rücknahme und Rückgabe,
- Kostenregelung für die Rücknahme und Beseitigung,
- Kennzeichnung hinsichtlich Rückgaberechte und Pfanderhebung.

14.2 Recycling von Wertstoffen

Seitdem das Abfallgesetz von 1986 die Deponierung industrieller Abfälle wesentlich einschränkt, sind die Vermeidung und der Entsorgungsweg des **Recyclings** immer wichtiger geworden. Hinzu kommt die Verknappung von Deponieraum sowie Verwertungsauflagen, die aus den Rücknahmeverpflichtungen der Verpackungsverordnung bzw. der Übernahme dieser Verpflichtungen durch die Duale System Deutschland GmbH nach § 6 der Verpackungsverordnung entstehen. Eine weitere Verschärfung ist mit dem **Kreislaufwirtschaftsgesetz** im Jahre 1996 eingetreten, das nach dem Vermeiden von Abfällen deren Verwertung an die zweite Stelle des Umgangs mit Abfall setzt. **Recycling** meint die Rückführung von Gütern als **sekundäre Rohstoffe** in den industriellen Produktionsprozess und besitzt die folgenden Aspekte:

- die Verwendung von Rückständen und Abfällen von den industriellen Produktionsprozessen,
- die Sammlung, Rückführung und Wiederverwendung von grundlegenden Rohstoffen, die sich in Abfällen befinden, wie Glas oder Papier sowie
- die Demontage industrieller Produkte nach ihrem Gebrauch, deren Zerlegung in sortenreine Reststoffgruppen und deren Rückführung in industrielle Produktionsprozesse.

Neben der Zielsetzung der Entsorgung werden nach dem KrW-/AbfG mit dem Recycling auch die Ziele der Ressourcenschonung bei wertvollen Rohstoffen sowie eine Reduzierung der Umweltbelastung bei problematischen Produktionsprozessen verfolgt. Ansätze zum Recycling und zur Energieeinsparung waren bereits in den 20er Jahren entwickelt worden. Dieses betraf insbesondere die Grundstoffindustrien in der Stahl- und Chemieindustrie. Anfallende Stoffe aus einem Produktionsprozess konnten in anderen Produktionsprozessen weiter verwendet werden. Moderne Beispiele sind etwa die Gipsgewinnung aus den Verfahren der Rauchgasentschwefelung bei Großkraftwerken. Der Gips kann in einem zweiten Produktionsschritt für die Herstellung von Gipsprodukten eingesetzt werden, wie z.B. Ausbauplatten. Die Rückführung von Metallabfällen aus der mechanischen Produktion der Teilefertigung an die Stahlwerke über Schrottmärkte ist ebenfalls ein lang etablierter Zweig in der Recyclingwirtschaft. Die Recyclingquoten, d.h. der Anteil von rückgeführten Grundstoffen an der Neuproduktion, zeigt die Tabelle 14.1 für ausgewählte Grundstoffe.

Wertstoff	Recyclingquote
Zinn	20 %
Nickel	20 %
Glas	33 %
Aluminium	33 %
Eisen	40 %
Kupfer	40 %
Blei	50 %
Papier	50 %

Tabelle 14.1: Recyclingquoten ausgewählter Wertstoffe in % (Quelle: Wicke u.a. 1992, S. 181)

Mag auf den ersten Blick das Recycling als eine einleuchtende Lösung des Abfallproblems erscheinen, so ist doch zu bedenken, dass nicht in allen Bereichen eine einfache Wiederverwendung von Sekundärrohstoffen gelingen kann. Jeder Recyclingkreislauf des Papiers verkürzt dessen Fasern und vermindert die Papierqualität. Ebenso leidet die Qualität des Glases unter der Beimischung von Recyclingglas. In diesen Fällen spricht man anstelle von Recycling auch von **Downcycling** und will damit die eintretende Verschlechterung der Qualität zum Ausdruck bringen. Das größte Problem stellt der Kunststoff dar, der im Hausmüll- und Geräteabfall nicht sortenrein auftritt und nur schwer oder gar nicht getrennt werden kann. Der an sich unerwünschte Export von großen Mengen von Kunststoffabfällen aus Deutschland zeigt die bisher nicht gelungene Schließung des Recyclingkreislaufes für Kunststoffe auf. Voraussetzung für ein Recycling von Hausmüllbestandteilen und Fertigprodukten wie Automobilen oder Fernsehern ist deren Zerlegung in sortenreine Einzelbestandteile und deren Rückführung in die industrielle Produktion. PVC aus dem Unterbodenschutz kann z.B. die Verwertung von Altautos als Schrotteinsatz in der Stahlindustrie behindern. An dieser Stelle ist die hohe Bedeutung von entsorgungsgerechten Konstruktionsprinzipien zu betonen und des weiteren anzumerken, dass nur bei Vorliegen einer Infrastruktur und einer Entsorgungslogistik Recyclingkreisläufe geschlossen werden können. Unterstützt wird die Schließung von Recyclingkreisläufen durch Abfallbörsen des VCI und des DIHT sowie die Umweltdatenbank des Umweltbundesamtes.

Sofern die Abfallstoffe nicht wieder aufbereitet werden können, müssen diese deponiert werden. Deponien werden getrennt eingerichtet für ungefährliche industrielle Abfälle (Gewerbeabfall) sowie für Sonderabfälle. Dieses sind Abfälle, deren ungeschützte Ablagerung zu Folgeproblemen der Boden- und Grundwasserverschmutzung führt. Sonderabfälle werden entweder verbrannt oder unter Tage in Salzstöcken in Stahlfässern gelagert.

Für den Aufbau von Recyclingkreisläufen unterscheidet man die **Wiederverwendung** von der **Wiederverwertung**. Die Wiederverwendung ist die erneute Benutzung eines gebrauchten Produktes (Altteils) für den gleichen Verwendungszweck wie zuvor unter Nutzung der Gestalt ohne bzw. mit eingeschränkter Veränderung einiger Teile. Die Wiederverwertung ist der wiederholte Einsatz von Altstoffen und Produktionsabfällen in einem zu dem bereits durchlaufenden Produktionsprozess gleichartigen Prozess. Durch Wiederverwertung entstehen den Ausgangsstoffen weitgehend gleichwertige Rohstoffe. Daran anknüpfend wird von der Wiederverwendung die **Weiterverwendung** unterschieden. Hierbei geht es um die erneute Benutzung eines gebrauchten Altteils für einen anderen Verwendungszweck, als es ursprünglich hergestellt wurde. Ferner wird von der Wiederverwertung die **Weiterverwertung** abgehoben. Hiermit ist der Einsatz von Altstoffen und Produktionsabfällen in einem von diesen noch nicht durchlaufenden Produktionsprozess gemeint. Durch Weiterverwertung entstehen Werkstoffe oder Produkte mit anderen Eigenschaften (Sekundärwerkstoffe) oder anderer Gestalt.

Die Recyclingkreisläufe werden danach unterschieden, ob diese auf Produktebene, Bauteilebene, Wertstoffebene, Rohstoffebene oder Energieebene vor sich gehen. Vom **Produkt-Recycling** wird gesprochen, wenn die Wieder- oder Weiterverwendung eines Produktes nach Instandsetzung, Wartung und Reinigung erfolgt. Von **Bauteilrecycling** ist die Rede, wenn die Wieder- oder Weiterverwendung eines Bauteils gegebenenfalls nach Prüfung oder Bearbeitung möglich ist. Ein **Wertstoffrecycling** liegt vor, wenn die Rückgewinnung der Wertstoffe ggf. nach physikalischer Behandlung (Zerkleinern, Schmelzen oder Granulieren) vorliegt. Ein **Rohstoffrecycling** findet dann statt, wenn die Weiter- oder Wiederverwertung als Rohstoff nach chemischer Umwandlung in die Grundstoffe z. B. nach Hydrolyse erfolgt. Ein **Energierecycling** ist die thermische Verwertung (Müllverbrennung).

Die logistischen Funktionen von Recycling-Kreisläufen werden als **Redistributionssysteme** diskutiert. Die Redistributionssysteme verbinden die Funktionen des Sammelns, Lagerns, Sortierens, Transportierens und der Verwertung oder Deponierung. Gesammelt wird der Abfall an vordefinierten Sammelpunkten, an denen zu bestimmten Zeiten oder in einem bestimmten Zeitrhythmus der Abfall abgefahren wird (vgl. Abbildung 14.1). Verbunden mit der Sammlung ist die Funktion des Sortierens, um die Sortenreinheit der verschiedenen Altstoffe oder eine grobe Trennung nach Stoffklassen herbeizuführen. Die Sortierung kann am Sammelpunkt erfolgen, so dass sortenreine Stoffe gesammelt werden, oder in der Aufarbeitungsstelle. Der Transport verbindet die Sammelstelle mit den Aufbereitungsanlagen. Der Transport kann mehrstufig geschehen, indem von Zwischenlagern in größeren Einheiten weiter transportiert wird. Die Zwischenlagerung stellt eine Pufferfunktion dar, um verschiedene Sammelrhythmen und Schwankungen im Aufkommen auszugleichen.

Die Aufbereitung kann entweder in zentralen Aufbereitungsanlagen oder auch bereits bei den Zwischenlagern vorgenommen werden. Der Aufbereitung vorgelagert ist die sortenreine Materialtrennung durch Sortierprozesse und das Abtrennen wichtiger Baugruppen durch Demontageprozesse, wobei eine grobe Demontage nach den Hauptkomponenten in der Regel ausreicht.

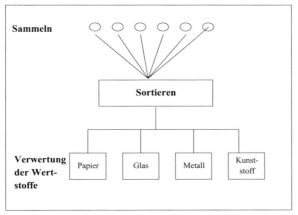

Abbildung 14.1: Redistributionssysteme

Die Sammel- und Transportfunktionen sind sehr stark vom Layout dieser Redistributionssysteme und den Sammelstrategien abhängig. Je länger die Sammelrhythmen an den Sammelpunkten sind, desto höher ist das Transportaufkommen zum Zwischenlager oder zur Aufbereitungsanlage. Wird eine flächendeckende Entsorgung über das ganze Bundesgebiet angestrebt, so bestimmen die Anzahl der Sammelpunkte das Aufkommen des Sammelgutes und die Länge der durchschnittlichen Transportstrecke. Hier ist eine Abwägung zwischen Transportaufwand und der Dichte der Sammelpunkte vorzunehmen. In den Redistributionssystemen unterscheidet man nach dem Kreislaufwirtschaftsgesetz das Prinzip des **Holsystems** von dem des **Bringsystems**. Beim Bringsystem bringen die Endverbraucher ihre gebrauchten Güter zum jeweiligen Sammelort. Dieses System ist dann sinnvoll, wenn die erforderlichen Transportwege zum Sammelort kurz sind, die Zahl der Aufkommensquellen groß ist oder die pro Quelle anfallende Menge gering ist. Ein Nachteil des Bringsystems besteht darin, dass die erzielbaren Rücklaufquoten niedriger sind als beim Holsystem, da der Entsorgungsaufwand dem Konsumenten angelastet wird. Bei Holsystemen werden nacheinander die Sammelpunkte mit einem Fahrzeug abgefahren, um das Sammelgut beim Abfallerzeuger einzusammeln. Da eine Vielzahl von Quellen anzufahren ist, entsteht hier ein hoher organisatorischer und logistischer Aufwand. In der Hausmüllentsorgung (siehe unten) treten beide Systeme häufig in Kombination auf. Während die Entsorgung von Papier, Pappe, Karton und Glas in vielen Kommunen nach dem Bringsystem organisiert ist, werden die übrigen Abfälle in der Regel nach dem Holsystem entsorgt.

Neben den auf der Grundlage der VerpackV vom Dualen System (siehe unten) geschaffenen Recycling-Kreisläufen für die Wertstoffe von Verpackungen, wie Glas, Papier, Blech und Kunststoff, fallen auch in anderen Bereichen große Mengen von Abfall an. Betrachtet man die Mengen, so stellt die Beseitigung von **Autowracks** ein großes Problem dar, da ca. 2,5 Millionen Altautos in der Bundesrepublik jährlich anfallen. Im Jahre 1996 hat der Verband der Automobilindustrie gegenüber der Bundesregierung eine freiwillige **Selbstverpflichtung** zur umweltgerechten Autoverwertung (PKW) im Rahmen des Kreislaufwirtschaftsgesetzes abgegeben. Die Selbstverpflichtung hat das Ziel, die Altautoentsorgung zu verbessern und umfasst insbesondere

- den Auf- und Ausbau eines flächendeckenden Rücknahme- und Verwertungssystems für Altautos und -teile,
- die schrittweise Reduktion von bislang nicht verwertbaren Abfällen aus der Altautoentsorgung von ehemals ca. 25 Gewichtsprozent auf weniger als 5 Gewichtsprozent bis zum Jahre 2015,
- die generelle Verpflichtung zur Rücknahme der Altautos der gegenwärtigen Marke durch die Hersteller der Automobile bzw. durch von diesen benannte Rücknahmestellen,
- die grundsätzlich kostenlose Rücknahmemöglichkeit von Fahrzeugen mindestens bis zu einem Alter von 12 Jahren beim Hersteller sowie
- die Verbesserung der Verwertungsmöglichkeiten von Teilen und Materialien durch konstruktive und produktionstechnische Maßnahmen der Autohersteller.

Zusätzlich zu den Autowracks fallen 14 Millionen Altreifen pro Jahr an, die bisher vornehmlich in der Zementindustrie verbrannt werden. Von den Mengen her sind ebenfalls der Bauschutt und der Straßenaufbruch erheblich. Hier fallen pro Jahr insgesamt 70 Millionen Tonnen an, die durch Weiterverwendung und Weiterverwertung in Recyclingkreisläufe zurückgeführt werden müssen. Der Elektronikschrott fasst die Abfallbereiche der Haushaltsgeräte, wie Waschmaschinen, Fernseher oder Leuchten zusammen. Ein besonderes Problem stellt die Entsorgung von Kühlschränken dar, da die Anwendungsbereiche für FCKW nach der FCKW-Halonen-Verbotsverordnung stark eingeschränkt werden. Ein Recyceln der Kühlschränke heißt hier die Entnahme des FCKWs aus dem Kühlkreislauf. Dies geschieht mit einer Demontagestufe, die zum Teil sehr kostenintensiv ist und bis zu 40 Prozent der Herstellkosten erreichen kann. Zum Teil stehen die Verwertungserlöse in keinem Verhältnis zu den Demontagekosten, z.B. fallen bei Leiterplatten 3,40 € pro Kilogramm Demontagekosten und Verwertungskosten an, jedoch fließen nur 0,30 € pro Kilogramm Erlöse für die gewonnenen Sekundärrohstoffe zurück. In Vorbereitung bzw. Umsetzung sind Verordnungen der Bundesregierung für die Bereiche Altpapier, Altautos, Elektronikschrott, Bauschutt, Batterien, Lösungsmittel und Mehrwegquoten.

Finanziert werden die Recyclingkreisläufe in verschiedenen Formen. Man unterscheidet den zweckgebunden Preisaufschlag beim Verkauf, wie das etwa bei den Produkten für den grünen Punkt der Fall ist. Ferner lässt sich ein Entgelt erheben bei der Rückgabe des Produktes und dessen Zuführung in einen Recyclingkreislauf. Allerdings ist diese Form der Entgelterhebung demotivierend für die Rückgabe. Ein besonderer Anreiz für den Konsumenten, gebrauchte Artikel zurückzugeben, entsteht bei einer **Pfandregelung**.

14.3 Das Duale System Deutschland

Im Jahre 1990 wurde die **Duales System Deutschland** Gesellschaft zur Abfallvermeidung und Sekundärrohstoffgewinnung mbH (DSD) gegründet. Das von der Industrie getragene Abfallsystem dient der Verwertung der von der kommunalen Müllentsorgung vorgenommenen Sammlung der Verkaufsverpackungen, wobei eine weitgehende Wiederverwertung der Materialien angestrebt ist. Die Gründung des DSD erfolgte mit dem

Ziel der Organisation der haushaltsnahen Erfassung von Verkaufsverpackungen, während die Entsorgung der übrigen Haushaltsabfälle weiter den entsorgungspflichtigen Körperschaften des öffentlichen Rechts obliegt.

Für Hersteller und Verteiler entfällt die Rücknahmepflicht für Verkaufsverpackungen, sofern sich die Unternehmen am DSD beteiligen, das diese Pflichten übernimmt und die flächendeckende und regelmäßige Abholung gebrauchter Verkaufsverpackungen beim Endverbraucher oder in dessen Nähe in ausreichender Weise und die Erfüllung der Quoten gewährleistet.

Die Sammlung der gebrauchten Verkaufsverpackungen unterscheidet sich nach den Verpackungsmaterialien Glas und Papier, die in entsprechenden Sammel- bzw. Containersystemen erfasst werden, und den aus den Materialien Weißblech, Aluminium, Kunststoffe oder Verbund hergestellten Verpackungen, die vom Verbraucher in bei den Haushaltungen stehenden Wertstoff-Tonnen bzw. Wertstoff-Säcken gesammelt werden. Kommunale oder private Entsorgungsunternehmen, mit denen die DSD entsprechende Entsorgungsverträge abgeschlossen hat, übernehmen in den Kommunen und Kreisen die Einsammlung und anschließende manuelle oder technische Sortierung der erfassten Verpackungsabfälle, die dann Rohstoffindustrien für die Rückführung in den Rohstoffkreislauf zugeführt werden. Die beteiligten Industrien haben sich durch Abgabe sogenannter Abnahme- und Verwertungsgarantien gegenüber dem DSD zur Verwertung der rückgeführten separierten Verpackungen nach Maßgabe der VerpackV verpflichtet. Der Technische Überwachungsverein (TÜV) überprüft als Kontrollorgan die Sortierung und Verwertung der Verpackungsmaterialien, er kontrolliert die Wertstoffströme und beurteilt die Recyclinganlagen.

Garantiegeber für die stoffliche Verwertung der Wertstoffe sind die folgenden:

- **Aluminium:** DAVR Deutsche Aluminium Verpackung Recycling GmbH, Düsseldorf,
- **Weißblech:** Thyssen Stahl AG, Duisburg, Hasselstein AG, Neuwied, Hirschstahl AG, Dortmund,
- **Kunststoff:** Deutsche Gesellschaft für Kunststoffrecycling (KR), Köln,
- **Verbundstoffe:** Rekarton Gesellschaft für Wertstoffgewinnung aus Getränkekartons mbH, Wiesbaden,
- **Glas:** Gesellschaft für Glasrecycling und Abfallvermeidung, Ravensburg,
- **Papier:** Vereinigung für Wertstoffrecycling mbH, Köln, Gesellschaft für Papierrecycling, Bonn, Interserio AG, Köln.

Die in das Duale System einbezogenen Verpackungen sind mit einem 'Grünen Punkt' zu kennzeichnen, der nur gegen ein Nutzungsentgelt auf die Verpackungen gedruckt werden darf. Voraussetzung für einen entsprechenden Vertragsabschluss des Herstellers mit der DSD ist eine Rücknahme- bzw. Verwertungsgarantie für das entsprechende Verpackungsmaterial durch die Entsorgungsunternehmen. Die Lizenzgebühren für den 'Grünen Punkt' staffeln sich nach den effektiven Sammel-, Sortier- und Aufbereitungskosten der jeweiligen Materialart.

In einer Studie haben Staudt u.a. (1997) die mit dem Dualen System Deutschland verbundene Einschränkung des Wettbewerbs untersucht. Sie finden kartellähnliche Strukturen in der Abfallwirtschaft vor, die Wettbewerb, Produktverantwortung und das Verursacherprinzip ausschalten. Die Ausschaltung des Verursacherprinzips steht aber in direktem Gegensatz zu den Zielen des Kreislaufwirtschaftsgesetztes, sodass an dieser Stelle von einem Scheitern der Umsetzung des Gesetzes gesprochen werden muss. Auf der Seite der Aufbereitung von Verpackungen ist aufgrund der planwirtschaftlichen Elemente der Verpackungsverordnung ein System mit monopolistischen Strukturen und Materialkartellen entstanden. Das Duale System ist nahezu flächendeckend eingeführt, und die vorgegebenen Quoten werden im Bundesdurchschnitt erreicht. Für diese Leistungen erhalten die Entsorger seit 1995 in ihren auf zehn Jahre gesicherten Monopolgebieten eine Art von Kopfsteuer von ca. 25,- € pro Einwohner. Zudem können sie sich für den Betrag von 0,62 € je Einwohner und Jahr das Recht zur Vermarktung der gesammelten Wertstoffe übertragen lassen, unabhängig von der Entwicklung der Erlöse. Die Verbraucher zahlen für die fragwürdigen Effekte der Verpackungsverordnung, wobei die Firmen der Entsorgungswirtschaft die Nutznießer sind.

Während das Duale System Deutschland primär Siedlungsabfälle recycelt, gehen industrielle Anwender von Verpackungen andere Wege. So wurde für Abfüller von Weißblechgebinden, die für industrielle Endabnehmer produzieren, ein Kreislaufsystem Blechverpackung - Stahl (KSP) im Jahre 1993 gegründet. Finanziert wird der Kreislauf von den Abfüllern. Die Gesellschaft betreibt 223 Annahmestellen, welche die Weißblechgebinde erfassen, lagern, kontrollieren, zu der Aufbereitungsstelle und zu den 80 Schrottaufbereitungsstellen transportieren. Nachdem der Abfüller mit der KPS einen Nutzungsvertrag abgeschlossen hat, erwirbt er das Recht, auf seinen Blechverpackungen das KPS-Symbol aufzubringen. Die Entsorgung übernimmt dann die KPS und der Abfüller ist von der Rücknahme der Verpackung befreit (Wehking 1995).

14.4 Mehrwegsysteme

Die VerpackV übt Anreize aus, den Aufwand für Verpackungen zu reduzieren und Mehrwegverpackungen und Mehrwegtransportbehälter einzusetzen. Da durch den 'Grünen Punkt' im Dualen System die Entsorgungskosten Bestandteil der Produktkalkulation werden, ergibt die betriebswirtschaftlich notwendige Reduzierung dieser Kosten auch eine Reduzierung der Verpackungen. Die Entsorgung hat somit eine ökonomische Funktion. Einsparpotentiale an Verpackungen lassen sich realisieren, wenn **Mehrwegbehälter** eingeführt werden. Man schätzt das Einsparpotential für Holzverpackungen auf 59% und Papier- und Kartonverpackungen auf 27% (Becker 1995, S. 246). **Mehrwegsysteme** bestehen aus Verpackungssystemen, die mehrfach eingesetzt werden (Mehrwegbehälter) und Rückführungslogistik-Systemen, die drei Logistikbereiche konstituieren:

- die Sammlung und Rückführung der leeren Mehrwegverpackungen,
- den Depotbetrieb und
- die Verteilung der Verpackungen an die neuen Verwender.

Mehrwegsysteme lassen sich sinnvoll im nahen und mittleren Entfernungsbereich einsetzen, da ansonsten die Kosten für die Rückführungstransporte über große Strecken zu hoch werden. Angestrebt werden deswegen auch volumenreduzierte Gebinde, wie Klapp- und Faltboxen. Diese lassen die Kosten für die Rücktransporte sinken, da sich die Volumenauslastung der LKW verbessert. Für die häufig eingesetzten Europaletten kann deren Volumen für Leertransporte allerdings nicht reduziert werden. Ein Problem besteht in der Vielzahl der verschiedenen Mehrwegtransportverpackungen, die häufig nicht standardisiert sind, sondern spezialisierten Lieferbeziehungen genügen. Die Mehrwegsysteme lassen sich klassifizieren nach der Verbreitung der Sammelpunkte. Mehrwegsysteme für den **Einzelhandel** bedeuten eine Vielzahl von Sammelpunkten, da der Handel mit ca. 100.000 Geschäften auftritt. Die Rückführung der leeren Mehrwegbehälter gestaltet sich entsprechend aufwendig. Hingegen können Mehrwegsysteme für die Industrie infolge von vergleichsweise wenigen industriellen Abnehmern konzentriert werden. Betrifft das Mehrwegsystem nur einen spezialisierten Abnehmer so liegt ein **Pendelsystem** vor. Beteiligen sich mehrere Abnehmer an dem Mehrwegsystem, so können die Mehrwegbehälter in einem **Pool-System** verwaltet werden (vgl. Abbildung 14.2). Das Poolsystem besitzt den Vorteil, dass durch gemeinsame Nutzung Skalenvorteile auftreten. Ferner sind bei mehreren Teilnehmern die durchschnittlichen Entfernungen der Leerfahrten kürzer. Andererseits erfordern Poolsysteme genaue Logistik- und Abrechnungssysteme für

- die Bereitstellung von leeren Behältern,
- die Dauer der Nutzung,
- die Rückgabe,
- die Reinigung,
- die Reparatur und
- die Sammlung der leeren Transportbehälter.

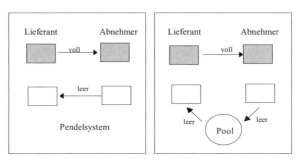

Abbildung 14.2: Mehrwegsysteme als Pendelsystem und Poolsystem

Diese Dienstleistungen werden von **Poolbetreibern** übernommen. Die Poolbetreiber organisieren den Behälterumlauf branchenspezifisch oder branchenübergreifend und stellen entsprechende Behälter auf Mietbasis oder Pfandbasis zur Verfügung. Sie tragen dafür Sorge, dass die gewünschten Behälter in ausreichender Zahl und in einwandfreiem Zustand zur Verfügung stehen und die Behälter unverzüglich nach Leerwerden beim Handel abgeholt werden. Im Rückgabeverfahren wird häufig ein gefüllter Transportbehälter gegen einen leeren eingetauscht. Damit wird zugleich die Auslastung der sonst anfallenden Leerfahrten sichergestellt.

Nach der Art der Rückführung lassen sich die Mehrwegsysteme klassifizieren in

- Tauschpool-Systeme. Diese zeichnen sich dadurch aus, dass ein voller Behälter beim Abnehmer gegen einen leeren getauscht wird. Der Lieferant nimmt auf seiner Rückfahrt einen Leerbehälter mit. Dieses Verfahren wird bei den Euro-Paletten (UIC-Paletten) angewandt.
- Mehrwegsysteme mit Rückführungslogistik, z.B. der **Milch-Mehrwegpool** der Milchwirtschaft, dem 15 Großmolkereien angehören und der Flaschen, Gläser und Kästen vereinheitlicht. Die Gebinde werden jeweils von den einzelnen Molkereien beschafft und gereinigt. Die Redistribution der Gefäße erfolgt über Vertragsspediteure, die in separaten Touren molkereibezogen einsammeln (Becker 1995, S. 263).

Von der International Fruit Container Organisation (IFCO) wird ein Pool von einigen Millionen IFCO-Obst- und Gemüsesteigen organisiert. Diese bestehen aus zusammenklappbaren Kunststoffkisten, die eine stapelfähige Verpackung von Obst und Gemüse erlauben. Sie lassen sich als Leergut zu einer 4 cm hohen Einheit zusammenklappen und werden von acht deutschen Lebensmittel-Einzelhandelsunternehmen und in sechs europäischen Ländern eingesetzt. Die IFCO-Steigen sollen eine Lebensdauer von mehr als 15 Umläufen gewährleisten. Bei einer Beschädigung werden sie zu Granulat vermahlen, das zu 100% zur Herstellung neuer Steigen verwendet wird. Bei 15 Umläufen können bis zu 70 kg Pappe oder 200 kg Holz eingespart werden.

Für Bahncontainer stellt die **Railion** einen Pool. **Chep Deutschland** betreibt einen Pool für Europaletten. Teilnehmer am Chep-Pool sind sowohl fast die ganze Markenartikelindustrie sowie 90% des deutschen Lebensmitteleinzelhandels, wo die Paletten als Display-Paletten für die Warenpräsentation eingesetzt werden können. Empfänger sind in Deutschland ca. 80.000 Outlets. Das Poolsystem von Chep, das europaweit ca. 40 Mio. Paletten umfasst, ist in Deutschland so aufgebaut, dass die Paletten in 13 Depots seinen ca. 1.100 Kunden angeboten werden. Ein Chepkunde holt dort die Paletten ab und verschickt seine Waren auf diesen. Für die Bereitstellung der Paletten zahlt der Kunde eine Mietgebühr, wobei die Mietzeit von der Abholung der Paletten aus dem Depot bis zur Übergabe an den Empfänger läuft. Chep holt beim Warenempfänger die Paletten ab und führt sie nach einer Qualitätskontrolle in den Pool zurück. Die Kosten eines Palettenumlaufs gibt Tabelle 14.2 an (Kurz 1996).

Kosten eines Palettenumlaufes pro in Umlauf gebrachter Palette bei 75% Rücklauf		Euro
Industrielager	Handling und Inspektion	0,23
Speditionslager	Handling und Inspektion	0,23
Zentrallager Handel	Handling, Wartezeit durch Tausch und Sortierung	0,33
Raumkosten	Lagerfläche für Tauschbestände	0,11
Reparaturkosten	Transporte, Wartezeiten, Reparaturen	1,00
Entsorgung	Entsorgungs- und Verschrottungsaufwendungen	0,18
Kapitalbindung	Kapitalbindungskosten und Abschreibungen	0,58
Verluste		1,92
Administration	Administration in Industrie, Spedition und Handel	0,31
Summe		**4,89**

Tabelle 14.2: Kosten eines Palettenumlaufs nach Chep

Namhafte Unternehmen der Entsorgungswirtschaft, der Industrie und des Handels haben unter Federführung der Centrale für Coorganisation (CCG) in Köln ein Mehrweg-

Transportverpackungs-System (MTS) aufgebaut. Die MTS Ökologistik GmbH betreibt einen Pool für Mehrwegtransportbehälter für die Verbrauchsgüterindustrie. Als Dienstleistungsorganisation bietet sie ihren Kunden die für deren Bedürfnisse am besten geeigneten Dienstleistungspakete. Die benutzten Mehrwegtransportverpackungen werden von der MTS in das Mehrwegsystem für Transportverpackungen zurückgeführt. Von den Poolzentren aus werden die Produzenten und Abfüller mit gereinigten und neu konditionierten Mehrwegtransportverpackungen versorgt.

Da es nicht sinnvoll und wirtschaftlich wäre, wenn jeder Poolbetreiber seine eigene Ausliefer- und Rückhollogistik betreiben würde, wurde die Mehrweg-Transport-Organisation GmbH (MTO) gegründet, die als neutrales Dienstleistungsunternehmen für die unterschiedlichen Poolbetreiber die Versorgung, Rückholung und Rekonditionierung ihrer Mehrwegtransportbehälter durchführt und branchenspezifische Behälterkreisläufe zwischen Industrie und Handel organisiert.

Wenngleich auch der Einsatz von Mehrwegverpackungen und Mehrwegtransportbehältern ein Mittel zur Reduzierung des Verpackungsmülls sein kann, so darf dies jedoch nicht unkritisch als Lösung des Verpackungsproblems gewertet werden, da auch ökonomische und ökologische Restriktionen beachtet werden müssen. Der sinnvolle Einsatz von Mehrwegsystemen setzt eine gewisse Kundenstruktur, ein flächendeckendes Entsorgungsnetz und eine große Anzahl von Umläufen voraus. Allein diese Bedingungen erfordern ein Finanzierungssystem, das die hohen Investitionen in Logistik-Kreisläufe und die Betriebskosten trägt. So kostet der Einsatz eines Kartons als Transportverpackung € 0,40, jedoch ein Umlauf eines Kartons als Mehrwegverpackung den Betrag von € 1,30. Damit erscheint ein Karton als Mehrwegverpackung nicht geeignet zu sein. Zugleich entsteht durch Recyceln aufgrund der vielen parallelen Entsorgungssysteme ein erhöhtes Verkehrsaufkommen mit der Folge der Belastung der Umwelt durch Lärm und Abgase und des Verbrauchs von Ressourcen, wie Energie und Verkehrsraum. Das Recyceln von Hausabfällen und Konsumgeräten setzt kapitalintensive Großtechnologien voraus, die zudem ökologisch an sich unerwünschte, transportintensive Sammel- und Weiterleitungsverkehre erfordern. Hier wird ein Zielkonflikt zwischen Recyceln und Verkehrsvermeidung sichtbar.

Bedingt durch die verschiedenen Kundenbedürfnisse muss eine Vielzahl an unterschiedlichen Mehrwegverpackungen ausgeliefert und abgeholt werden. Nicht standardisierte Mehrwegtransportverpackungen verhindern eine optimale Raumausnutzung. Darüber hinaus bedarf es einer hohen Volumenreduzierung der Leerverpackungen, da ansonsten Transportkapazitäten ungenutzt bleiben. Dies und die notwendige Abholung in kurzen Zeitabständen, um einen hohen Lagerbedarf zu vermeiden, führen wiederum zu einem erhöhten Verkehrsaufkommen mit den schon beschriebenen Auswirkungen. Notwendige Reinigungen, Inspektionen und evtl. Reparaturen bis hin zu Schwund bei den Verpackungen verbrauchen ebenfalls Ressourcen. Und nicht zuletzt erfordert die Verwaltung der Mehrwegverpackungen ein umfangreiches Informations- und Abrechnungssystem.

14.5 Kommunale Müllentsorgung

Die TA Siedlungsabfall regelt primär den Hausmüllbereich, aufgrund von deren Vorschriften die getrennte Mülleinsammlung, klassifiziert nach verschiedenen Wertstoffen, vorgenommen wird. Die Auflagen der TA Siedlungsabfall, der Verpackungsverordnung und des Kreislaufwirtschaftsgesetzes bedeuten für die **Hausmüllentsorgung**, dass Sammlung, Transport, Sortierung und Aufbereitung der Abfälle und Wertstoffe differenziert und aufwendig gestaltet werden muss. Die mehrstufige Einzelstoffsammlung ist jedoch mit immer längeren Transportentfernungen verbunden. Die Getrenntsammlung der verschiedenen Stoffe erfordert differenzierte Transportsysteme, die auf verschiedene Zielorte geführt werden müssen. Mit steigender Standplatz- und Behälterdichte nimmt auch der Bedarf an speziell konzipierten Fahrzeugen zu (Juds 1996, Daduna 2004). Als Konsequenz ergibt sich hieraus, dass Entfernungen und Zeitaufwand für Entsorgungstransporte drastisch zunehmen wie auch die Anzahl der durchgeführten Transporte aufgrund der unterschiedlichen Stoffströme ansteigt. Der auf 70% geschätzte Anteil der Logistikkosten in der Abfallwirtschaft bedeutet, in Planung und Umsetzung der Transport- und Sammelsysteme präzise zu kalkulieren, wie dies etwa mit einer computergestützten Disposition der Entsorgungstouren möglich wird (vgl. Kapitel 26). Nach Untersuchungen der IVU Gesellschaft für Informatik, Verkehrs- und Umweltplanung in Berlin ergeben sich durch den Einsatz von EDV-gestützten Dispositions- und Planungsinstrumenten in der Hausmüllentsorgung folgende Einsparpotentiale:

- 3 bis 5-prozentige Einsparung in der Hausmüllentsorgung. Hier bestehen die Einsparpotentiale vor allen Dingen in der Aufsuche nach räumlich geschlossenen Touren und gleichmäßiger Auslastung der Kolonnen.
- 10-prozentige Einsparung bei der Glas-, Papierentsorgung.
- Ca. 20-prozentige Einsparung in der Wechselcontainerplanung, wobei die genauen Werte von den Mengen und Größen der Fahrzeuge, der Dichte der Bedienorte und der Anzahl der zu berücksichtigen Planungsvorgaben abhängt (Juds 1996).

Die EDV-gestützte Tourenplanung in der Hausmüllentsorgung führt neben den Zielen der Zeit- und Fahrzeugminimierung auch zur Transparenz der Leistungserstellung, zu einem kontrollierten Betriebsmitteleinsatz und der Anhebung des Serviceniveaus.

Die verschiedenen Rechtsquellen, wie das Bundes-Immissionsschutzgesetz, die TA Siedlungsabfall und das Kreislaufwirtschaftsgesetz, ergeben im Feld der kommunalen Müllverbrennung ein schwer zu steuerndes Konfliktfeld. Die TA Siedlungsabfall schreibt eine thermische Entsorgung des Restmülls vor. Das Bundes-Immissionsschutzgesetz fordert hohe Grenzwerte für den Betrieb von Müllverbrennungsanlagen. Andererseits wird durch die getrennte Abfallsammlung beim Hausmüll der Anteil der brennbaren Stoffe, wie Kunststoff oder Papier, weit zurückgedrängt. Es besteht nun die paradoxe Situation, dass die mit hohen Investitionen nachgerüsteten Müllverbrennungsanlagen kein ausreichendes Material für den Verbrennungsvorgang erhalten. Um die Investitionen zu finanzieren, müssen die Gebühren parallel zum Rückgang des Müllaufkommens erhöht werden. Damit entsteht für den Bürger die paradoxe Situation, dass für ihn die getrennte Müllsammlung außerordentlich teuer wird.

Ergänzende Literatur:

Daduna, J.: Personal- und Fahrzeugeinsatzplanung in der Müllentsorgung, in: Ahr, D. u.a. (Hrsg.): Operations Research Proceedings, Berlin 2004, S. 127-132

Hansen, U.: Entsorgung und Kreislaufwirtschaft, in: Arnold, D. u.a. (Hrsg.): Handbuch der Logistik, Berlin 2004

Isermann, Heinz; Houtman, Joachim: Entsorgungslogistik, in: Isermann, Heinz (Hrsg.): Logistik - Die Gestaltung von Logistiksystemen, 2. Aufl., Landsberg/Lech: Moderne Industrie, 1998, S. 303-320.

Abschnitt IV

Transportnetzwerke der Logistik

15 Die Rolle des Staates in der Verkehrs-Infrastruktur

In der Erstellung und Überwachung von Verkehrssystemen spielt der Staat eine hervorragende Rolle. Dieses gilt für Eisenbahnnetze, Straßennetze, Kanalnetze, Flughäfen und Häfen, sowohl im Binnenland wie auch an der Küste. Sieht man vom individuellen PKW- und LKW-Verkehr ab, so wird der Verkehr auf diesen Verkehrsnetzen von staatlichen und privaten Transport-Gesellschaften vorgenommen, die als Carrier bezeichnet werden. Bei der Planung, dem Bau und dem Betrieb sowie bei der Trägerschaft tritt der Staat als Akteur auf. Für die großen Investitionsvorhaben in der Verkehrsinfrastruktur schafft der Staat das Planungsrecht, tritt als Finanzier auf und geht für private Verkehrsbetriebe in die Vorleistung, um eine Plattform für den Betrieb von Verkehren zu schaffen. Die starke Stellung des Staates in der Verkehrswirtschaft, die in dem Staatsverständnis von Preußen und in der NS-Zeit wurzelt, erklärt die dominante Rolle bei der Finanzierung und Durchführung von Infrastrukturprojekten und von Verkehren darauf. Die deutsche Verkehrswissenschaft entwickelte eine Besonderheitenlehre, die den Verkehr als staatsnahen Sektor mit Schutz vor Wettbewerb auffasste (Kummer 2006). Alternativen für privatbetriebene Infrastrukturprojekte werden erst in der jüngsten Vergangenheit unter dem Stichwort **public-privat Partnership** (PPP) in Erwägung gezogen. Das gleiche gilt für die Zulassung von privaten Carriern auf den Verkehrsnetzen, um Wettbewerb zu den Staatscarriern zu ermöglichen. Noch heute sind in Deutschland private Buslinien parallel zu Eisenbahnlinien wegen der restriktiven Bestimmungen des Personenbeförderungsgesetzes nicht erlaubt. Hinzu kommt, dass das deutsche Autobahnnetz jahrzehntelang mautfrei betrieben wurde, so dass eine finanzielle Basis für eine Betreibergesellschaft von Autobahnen, so wie in Italien oder Frankreich, in Deutschland zunächst nicht möglich war. Weiterhin sorgt der Staat durch die Gesetzgebung für die Koordinierung, die Überwachung und die Sicherheit des Betriebes auf den jeweiligen Verkehrsnetzen. Beispiele hierfür sind die Lenkzeitverordnung für die Fahrer von Lastkraftwagen und die Überwachung des Luftraumes.

Die internationalen Verkehre in den Logistiknetzwerken berühren außenpolitische Fragen der Beziehungen des Staates zu der übrigen Welt. Hier geht es auch um Subventionen für die deutsche Handelsschifffahrt und in früherer Zeit für den deutschen Flag Carrier Lufthansa, wobei auch Prestigegründe eine Rolle spielen, da beide Verkehrsträger den Staat Deutschland weltweit repräsentieren. Bei subventionierten Gütern und bei Gütern für Hilfsaktionen fordert der Staat den exklusiven Transport auf Schiffen unter deutscher Flagge. Ferner legt der Staat Importquoten, Qualitäts- und Sicherheitsstandards für die Zulassung von importierten Gütern und die Zollabwicklungsverfahren fest und spricht Verbote für den Export bestimmter Güter in bestimmte Länder aus.

Für die Gestaltung der internationalen Flugverkehre schließt der Staat bilaterale Verträge mit den Zielländern der Fluglinien ab, die aber zu unwirtschaftlichen und unpaarigen Pendelverkehren führen und Flüge in Drittländer unterbinden, womit eine weltweite, an der Nachfrage ausgerichtete Umlaufplanung der Flugzeuge nicht möglich wird. Das Recht von ausländischen Carriern, im Inland Verkehre auszuführen, wird als **Kabotage** bezeichnet. Es wird in zwischenstaatlichen Verträgen geregelt, aber im Normalfall nicht gewährt. Ein Carrier heißt ausländisch, wenn er seinen Firmensitz im Ausland hat. Man spricht von inländischer Kabotage, wenn ein ausländischer Carrier einen Transport im

Inland zwischen inländischen Quell- und Zielgebieten vornimmt. Eine ausländische Kabotage liegt vor, wenn ein Carrier mit Sitz im Land A einen Transport vom Inland in ein Land B unternimmt. Heute ist die Kabotage von Carriern mit Sitz in der EU in jedem Land der EU – mit Ausnahme von Buslinien – möglich.

Die derzeitige Rolle des Staates in der Gestaltung von Verkehrsnetzwerken wird unter den Stichworten der Privatisierung und der Deregulierung diskutiert. Die dominante Rolle des Staates in der Verkehrsinfrastruktur wird durch Privatisierungsmaßnahmen und public-privat Partnerschafts-Programme schrittweise reduziert. **Privatisierung** meint zunächst Überführung von staatlichen Infrastrukturorganisationen in Gesellschaften mit privater Rechtsform, wobei der Staat jedoch Eigentümer bleibt (Privatisierung 1. Grades). Ein Beispiel dafür ist der Übergang von der alten Bundesbahn in die Bahn AG in den 1990er Jahren. Mit einem zweiten Schritt der Privatisierung wird die Beteiligung des Staates am Eigentum der privatisierten Gesellschaften schrittweise zurückgefahren (Privatisierung 2. Grades), wobei Mehrheitsbeteiligungen über 50%, Minderheitsbeteiligungen über 25% und Anteile darunter stufenweise herbeigeführt werden. In sensiblen Bereichen, wie beim ehemaligen Flag Carrier Lufthansa, dürfen die privaten Anteilseigner jedoch nur aus Europa kommen, um einen Wettbewerb mit außereuropäischen Fluggesellschaften innerhalb von Europa auszuschließen. Auch nach amerikanischem Recht sind US-Airlines vor der Übernahme durch ausländische Kapitalgeber geschützt, um Kapazitäten für den Truppentransport vorhalten zu können.

Mit dem Begriff der **Deregulierung** ist gemeint, dass der Staat schrittweise Privilegien von Staatsgesellschaften gegenüber ihren Mitbewerbern abbaut und die entsprechenden Märkte den Mitbewerbern öffnet. Beispiele hierfür sind die Privilegien des ehemaligen Flag Carriers Lufthansa und die der Bahn AG mit privilegiertem Zugang zu dem Schienennetz bzw. zu time slots auf den Flughäfen und die Privilegien der Umschlagsgesellschaften in Flughäfen und Häfen. Die Deregulierung ist aber sehr schwer umzusetzen, da die Beschäftigten der Staatsgesellschaften starke Gewerkschaften aufgebaut und günstige Tarifverträge erkämpft haben – z.B. Pensionierung mit 55 Jahren – und dieser Politik opponieren, wie die schleppende Deregulierung in Italien und Frankreich aufzeigt. Auch ist die starke Position der Staatsgesellschaften zu beachten, die aus der großen Mitarbeiterzahl dieser Gesellschaften resultiert und aus der Monopolstellung in sensiblen Infrastrukturbereichen, die bei einem Streik zu einem hohen Druck auf die Regierung führt. Die Deregulierung der Verkehrsmärkte in den 1990er Jahren ging einher mit einer entsprechenden Deregulierung der Post, so dass durch neue Unternehmen und neue Technologien, wie zum Beispiel das Internet, die Informationssysteme, welche die Verkehrssysteme unterstützen, erweitert und in der Leistungsfähigkeit wesentlich gesteigert werden konnten.

Ergänzende Literatur:

Knorr, Andreas; Schauf, Tobias; Wohlmuth, Karl (Hrsg.): See- und Luftverkehrsmärkte im Umbruch
    Weltwirtschaftliche Strukturveränderungen auf strategischen Märkten, Münster 2004
Kummer, S.: Einführung in die Verkehrswirtschaft, Wien 2006

16 Die Systemverkehre mit dem LKW

Der Straßengüterverkehr mit Lastkraftwagen (im Folgenden LKW) besitzt im Vergleich mit anderen Verkehrsträgern in Deutschland die weitaus größte Bedeutung (vgl. Tabelle 16.1). Daher soll in diesem Kapitel der LKW-Verkehr besonders diskutiert werden.

Verkehrsträger	Gütermenge in Mrd. Tonnen	Anteil
Eisenbahnen	0,3	9,2%
Binnenschifffahrt	0,23	7%
Straßengüterverkehr deutscher Unternehmen	2,74	83,8%
Summe	3,27	100%

Tabelle 16.1: Güterverkehr in Deutschland nach Verkehrsträgern im Jahre 2005
(Quelle: BAG Jahresbericht 2005, S. 4)

Die große Bedeutung des LKW als Verkehrsträger liegt in der Tatsache begründet, dass der LKW-Verkehr insbesondere in den unteren Entfernungsbereichen des regionalen Wirtschafts- und Verteilverkehrs nach heutigem Stand nahezu unersetzbar ist. So werden 58% der mit dem LKW transportierten Tonnage in einem Umkreis von maximal 50 km befördert; auf den Fernverkehr (Transporte über Entfernungen von mindestens 151 km) entfallen hingegen nur 22% der beförderten Gütermengen (vgl. Tabelle 16.2).

Verkehrsträger	Gütermenge in Mrd. Tonnen	Anteil
Nahbereich (bis 50 km)	1,6	58%
Regionalbereich (51-150 km)	0,55	20%
Fernbereich (151 km und mehr)	0,6	22%
Summe	2,75	100%

Tabelle 16.2: Straßengüterverkehr in Deutschland nach Entfernungsbereichen im Jahre 2005
(Quelle: BAG Jahresbericht 2005, S. 4)

16.1 Rechtliche Grundlagen des Straßengüterverkehrs

Der Straßengüterverkehr unterliegt einer Reihe von gesetzlichen Vorgaben. Von besonderer Bedeutung ist das **Güterkraftverkehrsgesetz** (GüKG) von 1998, das 27 Paragraphen umfasst. In §1 Abs. 1 GüKG wird der **Güterkraftverkehr** als geschäftsmäßige oder entgeltliche Beförderung von Gütern mit Kraftfahrzeugen mit einem zulässigen Gesamtgewicht einschließlich Anhänger von mehr als 3,5 Tonnen definiert. Das Gesetz unterscheidet den gewerblichen Güterkraftverkehr vom Werkverkehr. Unter **Werkverkehr** wird nach §1 Abs. 2 GüKG die Beförderung von Gütern für eigene Zwecke eines Unternehmens verstanden. Der Werkverkehr darf nur mit unternehmenseigenen LKW und eigenen Fahrern ausgeführt werden und dient der Beschaffungs- oder der Distributionslogistik von Industrieunternehmen wie auch Handelshäusern. Der Begriff des Werkverkehrs wird dabei so eng gefasst, dass Verkehre zwischen Unternehmen eines Konzerns nicht als Werkverkehre abgewickelt werden dürfen. Damit fällt die Verkehrspolitik hinter die Steuerpolitik zurück, die schon seit 1925 den Konzern als eine wirtschaftliche Einheit betrachtete. Insbesondere darf der Werkverkehr bei der Auslieferung an Kunden auf der Rückfahrt keine Ladung für Dritte mitführen und muss daher leer zurückfahren – eine Regelung, die angesichts der Kapazitätsengpässe auf der Strasse und der Umweltdiskussion wenig sinnvoll erscheint. Die Regulierung des Werkverkehrs geht auf die Notverordnung von Reichskanzler Brüning aus dem Jahre 1931 zurück, hält aber überraschender Weise bis heute an. Güterkraftverkehr, der nicht Werkverkehr darstellt, wird als **gewerblicher Güterkraftverkehr** bezeichnet (§1 Abs. 4 GüKG).

Der **gewerbliche Güterkraftverkehr** ist nach §3 Abs. 1 GüKG **erlaubnispflichtig**. Die Erteilung der Erlaubnis ist an die Voraussetzungen der Zuverlässigkeit, fachlichen Eignung und finanziellen Leistungsfähigkeit des Unternehmers (Berufszugangsbedingungen) geknüpft (§3 Abs. 2, 3 GüKG). Die Erlaubnis ist zunächst auf fünf Jahre befristet; werden die Berufszugangsvoraussetzungen danach weiterhin erfüllt, wird die Erlaubnis zeitlich unbefristet erteilt. Der gewerbliche Straßengüterverkehr in Deutschland ist eine Branche, die gegenwärtig Umsätze in der Größenordnung von 27,5 Mrd. Euro mit einer Fahrzeugflotte von mehr als 330.000 LKW und über 420.000 Beschäftigten erzielt (Klaus 2003).

Der **Werkverkehr** ist im Gegensatz zum gewerblichen Güterkraftverkehr **erlaubnisfrei** (§9 GüKG), muss aber gemäß §15a GüKG beim Bundesamt für Güterverkehr angemeldet und dort in eine **Werkverkehrsdatei** eingetragen werden. Das **Bundesamt für Güterverkehr** ist eine selbständige Bundesbehörde im Geschäftsbereich des Bundesverkehrsministeriums. Seine Aufgaben bestehen in der Erledigung von Verwaltungsaufgaben des Bundes auf dem Gebiet des Verkehrs sowie in der Überwachung der Einhaltung der Vorschriften des GüKG und weiterer, in §11 Abs. 2 Nr. 3 GüKG genannter Rechtsvorschriften. Die relative Bedeutung von gewerblichem Güterkraftverkehr und Werkverkehr zeigt Tabelle 16.3 im Verhältnis 60% zu 40%. Im Vergleich zum Jahre 2003 hat damit der Werkverkehr 4 Prozentpunkte verloren, was die Wirkung verstärkten Outsourcings anzeigt.

Verkehrsarten	Gütermenge in Mrd. Tonnen	Anteil
Gewerblicher Güterverkehr	1,65	60%
– davon Nahbereich	0,96	
– davon Regionalbereich	0,33	
– davon Fernbereich	0,36	
Werkverkehr	1,1	40%
– davon Nahbereich	0,64	
– davon Regionalbereich	0,22	
– davon Fernbereich	0,24	
Summe	**2,75**	**100%**

Tabelle 16.3: Straßengüterverkehr in Deutschland nach Verkehrsarten
(Quelle: BAG Jahresbericht 2005, S. 4)

Bedenkt man den hohen Anteil des Werkverkehr, so sind die für die Zeit nach der Tarifaufhebung in den 90er Jahren erwarteten Zuwachsraten für den gewerblichen Straßengüterfernverkehr durch **Outsourcing** des Werkverkehrs in Industrie und Handel weitgehend ausgeblieben. Nach Angaben des Bundesamtes für Güterverkehr war nur in Einzelfällen eine Verlagerung vom Werkverkehr zum gewerblichen Güterkraftverkehr festzustellen. Eine Umfrage des Werkverkehrsverbandes hat ergeben, dass 87% der befragten Unternehmen ihre Logistik nicht aus der Hand geben wollen bzw. über Beteiligungen oder die Gründungen eigener Gesellschaften versuchen, ihren strategischen Einfluss zu behalten. Für die Fortführung ihres Werkverkehrs nennen die Unternehmen verschiedene Gründe, wie:

- Die Einschaltung einer Spedition ist zeitaufwändig. Daher senkt die ständige Verfügbarkeit der eigenen Fahrzeuge die Transaktionskosten gegenüber der Einschaltung einer Spedition.

- Die ständige Verfügbarkeit der eigenen Fahrzeuge ist von Bedeutung für die eilige Auslieferung von spät am Abend fertig gestellten Aufträgen oder für die Beschaffung von dringend benötigten Einsatzgütern.
- Die individuelle Kundenbetreuung.
- Die Kommunikation des Firmenlogos auf dem LKW.
- Die Pflege der Geschäftsbeziehung und Kundenberatung durch das eigene Fahrpersonal.

Diese Argumente zeigen die Bedeutung des Werkverkehrs für den Kontakt zum Kunden an. Umgekehrt besteht bei einer Ausgliederung der Transporte an eine Spedition die Gefahr, dass der Kundenkontakt vermindert wird und dass die Spedition Know-how in einem speziellen Geschäftsfeld erhält und somit dem Kunden andere Lieferanten anbieten könnte. Die Ausgliederung des Werkverkehrs an die Speditionen scheitert vielfach an den Forderungen der Verlader, auch ihren Fuhrpark und ihre Mitarbeiter zu übernehmen. Letzteres ist meist deshalb problematisch, weil im gewerblichen Verkehrsbereich das Lohnniveau niedriger, die sozialen Leistungen weniger großzügig und die Arbeitszeitregelungen ungünstiger sind als im Werkverkehr.

Zwischen den einzelnen europäischen Ländern bestehen zum Teil große Unterschiede hinsichtlich

- der steuerlichen Belastung von LKW,
- der Vorschriften zu den Lenkzeiten der Fahrer sowie
- der technischen Vorschriften zur Sicherheit der LKW.

Daraus resultieren starke Wettbewerbsverzerrungen im europäischen Straßengüterverkehr. Abbildung 16.1 stellt beispielhaft die Unterschiede in der steuerlichen Belastung eines LKW von 40 t in den verschiedenen Ländern dar.

Die Unternehmen des deutschen Straßengüterverkehrs haben in den vergangenen 80 Jahren Pionierleistungen erbracht für die Versorgung der Bevölkerung mit frischen Lebensmitteln und für die Evolution moderner Logistikkonzepte, ohne dafür jedoch eine Anerkennung zu erfahren. Vielmehr befinden sie sich seit Jahrzehnten in einer überaus bedrängten Situation: Die Lastwagenverkehre sind seit der NS-Zeit durch die Kommunikationspolitik der Reichs- und Bundesbahn, der Verkehrspolitik des Reiches und des Bundes, in den Medien und in der Öffentlichkeit unbeliebt als Schädiger des Eisenbahnvermögens und als Verursacher von Sicherheitsrisiken, Überlastungen von Straßen und Umweltschädigungen (Vahrenkamp 2003a). Trotz einer langjährigen Debatte über die Harmonisierung der Rahmenbedingungen in der EU treffen die Unternehmen unausgewogene, unfaire Kostenbelastungen ihrer Aktivitäten durch höhere Steuern, starre Sozialvorschriften für den Einsatz ihrer Mitarbeiter und insgesamt mangelhafte politische Unterstützung in Deutschland. Das Instrument der LKW-Maut wird von der Verkehrspolitik wiederum als eine gezielte Unterstützung der Eisenbahn begriffen, wie aus den Wortbeiträgen der Sitzung des Bundesrates am 23. Mai 2003 hervorgeht (Hector 2004). Die Maut führt in den Unternehmen zu neuen Störungen ihrer Betriebsabläufe und bringt ihnen zusätzliche und wegen des Leerfahrtenanteils nicht vollständig an die

Auftraggeber aus der verladenden Wirtschaft überwälzbare Kosten und treibt die Grenzbetriebe in die Insolvenz (Otremba 2004).

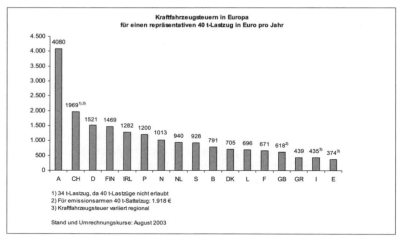

Abbildung 16.1: Unterschiede in der steuerlichen Belastung eines 40 t-Lastzuges in Europa (Quelle: Recherchen des Bundesverbandes Güterkraftverkehr, Logistik und Entsorgung (BGL))

Unter umwelt- und verkehrspolitischen Aspekten sowie im Hinblick auf die Kostenbelastung pro gefahrenem Kilometer durch die LKW-Maut kommt der **Kapazitätsauslastung** von LKW eine besondere Bedeutung zu. Die Kapazitätsauslastung kann auf verschiedene Arten gemessen werden:

- Anteil der Last- und Leerkilometer an den insgesamt zurückgelegten Kilometern,
- durchschnittliche Gewichtsauslastung bei Lastfahrten,
- durchschnittliche Gewichtsauslastung über alle Fahrten (Last- und Leerfahrten),
- Anteil der tatsächlichen an der möglichen Beförderungsleistung (in Tonnenkilometern) bei Lastfahrten,
- Anteil der tatsächlichen an der möglichen Beförderungsleistung (in Tonnenkilometern) über alle Fahrten (Last- und Leerfahrten).

Tabelle 16.4 gibt einen Überblick über die Kapazitätsauslastung deutscher LKW im Jahre 2003.

Verkehrsart	Anteil Last-km	Anteil Leer-km	Gewichtsauslastung bei Lastfahrten	Gewichtsauslastung über alle Fahrten	Auslastung Beförderungsleistung bei Lastfahrten	Auslastung Beförderungsleistung über alle Fahrten
Gewerblicher Kraftverkehr	80%	20%	66%	40%	59%	48%
Werkverkehr	72%	28%	68%	41%	63%	45%
Nahverkehr	56%	44%	71%	39%	69%	38%
Regionalverkehr	64%	36%	64%	39%	64%	40%
Fernverkehr	88%	12%	59%	49%	58%	51%
Gesamt	78%	22%	67%	41%	60%	47%

Tabelle 16.4: Kapazitätsauslastung deutscher LKW im Jahre 2003 (Quelle: Statistische Mitteilungen des Kraftfahrt-Bundesamtes und des Bundesamtes für Güterverkehr 2003, Reihe 8: Kraftverkehr)

Dabei wird vor allem der geringe Anteil an Leerfahrten im gewerblichen Fernverkehr deutlich. Dieses liegt an der hervorragenden Optimierung der Netzwerke der Systemverkehre. Der höhere Anteil an Leerkilometern beim Werkverkehr kommt dadurch zustande, dass ihm die Einwerbung und Aufnahme von Fracht auf dem freien Markt nicht gestattet ist, so dass die Rückfahrten zum großen Teil als Leerfahrten durchgeführt werden müssen. Die leeren Rückfahrten führen zu erhöhten Kosten und volkswirtschaftlich wie ökologisch unerwünschten Belastungen. Das Verbot der Aufnahme von Fracht bei Rückfahrten ergibt sich implizit aus §1 GüKG, wonach die Aufnahme fremder Fracht (erlaubnispflichtigen) gewerblichen Güterverkehr und dadurch eben keinen Werkverkehr darstellt. Diese Einschränkung der Gewerbefreiheit ist ein Relikt aus der NS-Gesetzgebung zum Güterverkehr, die erst mit der Neufassung des GüKG im Jahre 1998 weitgehend beseitigt worden war. Einer weiteren Erhöhung der gewichtsmäßigen Auslastung der Fahrzeuge steht die Tatsache im Wege, dass vielfach nicht das gewichtsmäßige Ladevermögen, sondern die Volumenkapazität der Fahrzeuge den Engpass darstellt.

- Wie viele tagesaktuelle Angebote hält die Fracht- und Laderaumbörse für die Kunden bereit?
- Stehen die Angebote in Echtzeit zur Verfügung?
- Wie viele vertraglich gebundene Kunden gibt es? Wie viele Nutzer arbeiten tatsächlich mit dem System? Wie haben sich diese Zahlen in den vergangenen Jahren entwickelt?
- Wie weit ist die Fracht- und Laderaumbörse in Europa verbreitet?
- Wie sieht die Gebührenstruktur aus? Fallen für Ansicht und Eintrag der Angebote Gebühren an, und wenn ja, wie hoch sind sie? Ist unabhängig von der tatsächlichen Nutzung ein monatliches Fixum fällig?
- Werden die Teilnehmer einer Bonitätsprüfung mit zusätzlichem Check-up vor Ort unterzogen?
- Wird ein Reklamations- und Inkassoservice angeboten?
- Gibt es einen kostenlosen Help-desk-Service und eine individuelle Betreuung vor Ort?
- Stehen Kundenbetreuungs- und technische Support-Hotline in der Muttersprache zur Verfügung?
- Welche technischen Zugangsvoraussetzungen sind notwendig? Muss eine Software lokal installiert werden oder sind Upgrades und Updates sofort online für alle verfügbar?
- Fallen bei der Installation Gebühren an?
- Wird ein kostenloser Test vor Vertragsabschluss angeboten?
- Ist die Software in mehreren Sprachen – inklusive der eigenen Muttersprache – verfügbar?
- Ist das System sicher?
- Bietet die Frachtbörse Extra-Services wie den Direkt-Versand von Faxen und SMS oder Kalkulationshilfen wie einen LKW-Routenplaner an?
- Zeigt das System im Angebot automatisch die Distanz in Kilometern an?
- Kann man seinen Partnern – auch wenn sie die Frachtbörse selbst nicht nutzen – Angebote zukommen lassen?
- Kann eine interne Börse, das heißt eine geschlossene Benutzer-Gruppe innerhalb des Systems, eingerichtet werden? Dürfen hier neben den eigenen Niederlassungen auch Geschäftspartner integriert werden?
- Ist der Betreiber der Frachtenbörse neutral oder wirtschaftlich mit Transportunternehmen verflochten? Wie ist sein Renommee?

Abbildung 16.2: Checkliste zur Auswahl einer geeigneten Fracht- und Laderaumbörse
(in Anlehnung an Thiermann 2004)

Ein wirksames Instrument zur Verbesserung der Auslastung im gewerblichen Güterkraftverkehr ist die Nutzung **elektronischer Fracht- und Laderaumbörsen**. Dabei handelt es sich um eine Art virtuelles Schwarzes Brett, auf dem Angebot und Nachfrage an Laderaum und Fracht zusammengeführt werden. Das Ziel besteht darin, alle LKW der teilnehmenden Spediteure und Frachtführer optimal auszulasten und allen Frachten einen Transport für die benötigte Relation zuzuordnen (Thiermann 2004). Für die Nutzung von Fracht- und Laderaumbörsen fallen Nutzungsentgelte in Form einer monatlichen Grundgebühr und/oder Gebühren pro angesehenem bzw. eingegebenem Angebot an. Einige Anbieter bieten potentiellen Neukunden eine kostenlose Testphase an, in der der Spediteur oder Frachtführer überprüfen kann, ob sich die Auslastung seiner Fahrzeuge durch den Einsatz des jeweiligen Systems wirklich verbessert, bevor er eine vertragliche Bindung mit einem Börsenbetreiber eingeht. Abbildung 16.2 enthält eine Checkliste zur Auswahl einer geeigneten Fracht- und Laderaumbörse.

16.2 Der Speditionssammelgutverkehr

16.2.1 Sendungsstrukturen im Straßengüterverkehr

Auf den Gütertransportmärkten des Straßengüterverkehrs werden **Ladungsverkehre** von **Sammelgutverkehren** unterschieden. Als **Ladungsverkehr** bezeichnet man den Versand einer größeren Gütermenge eines Versenders, die als geschlossene Ladung mit einem Frachtbrief aufgegeben wird und das Transportmittel vollständig (**Komplettladung**) oder überwiegend (**Teilladung**) auslastet. Unter einer **Sammelladung** versteht man die Zusammenfassung von mehreren kleineren Sendungen verschiedener Versender zu einer Ladung. Eine **Sendung** umfasst die Menge aller Güter, die ein Auftraggeber (Versender) in einem Speditionsauftrag zur Ablieferung an einen Empfänger aufgibt. Innerhalb des Speditionssammelgutverkehrs unterscheidet man das **Kleingut** mit einer Gewichtsobergrenze von etwa 30 kg vom **Stückgut** mit einem Gewicht von bis zu zwei Tonnen. Das in Abbildung 16.3 dargestellte Portfolio hebt die Unterschiede zwischen den beiden Marktsegmenten Stückgut und Kleingut hervor. Während beim Stückgut die Zahl der Sendungen niedrig ist, dafür aber das einzelne Sendungsgewicht hoch, verhält es sich beim Kleingut genau umgekehrt. Das Sendungsvolumen ist groß, während das Gewicht pro Sendung relativ niedrig ist.

Abbildung 16.3: Unterschiedliche Positionierung von Stückgut- und Kleingutmärkten

Die Stärke der Speditionen liegt vor allem in der Organisation von Teiladungs- und Sammelgutverkehren; auf dem Gebiet der Komplettladungsverkehre hingegen können sie gegenüber den Frachtführern nur durch das Angebot zusätzlicher Dienstleistungen Wettbewerbsvorteile erlangen (vgl. Tabelle 16.5).

	Komplettladungsverkehr	Teiladungs-/Sammelgutverkehr
Speditionen	o	++
Frachtführer	+	–

Tabelle 16.5: Stärken und Schwächen von Speditionen und Frachtführern

Im Kleingutmarkt sind **Pakete** vorherrschend. Seit der Freigabe der Preise für den Sammelgutverkehr im Jahre 1975 haben sich auf dem Markt für Pakete spezielle **Paketdienste** etabliert. Diese werden ausführlich in Kapitel 9 diskutiert. Die Tabelle 16.6 zeigt die wichtigsten Anbieter auf dem gewerblichen Kleingutmarkt an, der zurzeit ein Gütervolumen von rund 40 Mio. Tonnen pro Jahr und ein Umsatzvolumen von ca. 20 Mrd. Euro umfasst (vgl. Lorenz 2003, S. 71).

Anbieter	Gütervolumen pro Jahr
Spediteursammelgutverkehr	30 Mio. Tonnen
Paketdienstleister	10 Mio. Tonnen

Tabelle 16.6: Der Kleingutmarkt 2002
(Quelle: Lorenz 2003, S. 71 und S. 556)

Nach der Studie von Klaus (2003) betrug der Umsatz im nationalen Stückgutverkehr im Jahre 2002 ca. 5 Mrd. €, davon 4 Mrd. € im Speditionssammelgutverkehr und 1 Mrd.€ im Werkverkehr.

16.2.2 Die Transportkette im Speditionssammelgutverkehr

Die Abbildung 16.4 zeigt den **Verlauf der Transportkette im Speditionssammelgutverkehr** und bildet diese auf der Zeitachse ab. Im Nahverkehr werden vom Versender am Nachmittag die Sendungen abgeholt. Sie gelangen dann gegen 19 Uhr in ein Umschlagdepot einer Versandspedition. Die Sendungen werden dort nach Zielrelationen umsortiert und im Fernverkehr zum Empfangsspediteur der Zielrelation gebracht.

Dort treffen sie gegen sechs Uhr morgens ein. Im Umschlagdepot werden die Sendungen an die Empfänger umsortiert und im Nahverkehr an die Empfänger ausgeliefert. Dort treffen sie gegen zehn Uhr morgens ein. Zwischen der Versandspedition und der Empfangsspedition wird der **Fernverkehr** von einem Transportunternehmen realisiert. Der Auftrag hierzu wird von der Versandspedition gegeben. Aber auch die Nahverkehre beim Sammeln und beim Verteilen werden von Transportunternehmern ausgeführt. Den Sammelauftrag erteilt die Versandspedition, den Verteilauftrag die Empfangsspedition. Den Anstoß zum Vollzug des Speditionszyklus' geht von dem Vertrag aus, den der Versender mit der Versandspedition schließt.

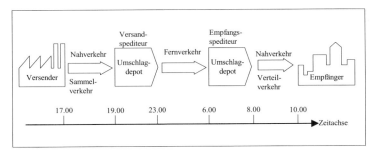

Abbildung 16.4: Die Umschlagspunkte im Sammelgutverkehr

Die Auftrags- und Güterflüsse des Speditionszyklus' im Sammelgutverkehr zeigt die Abbildung 16.5 auf. Problematisch an diesem Speditionszyklus ist zum einen die Vielzahl der beteiligten Stellen, die den Transport und die Verträge abwickeln. Unmittelbar ersichtlich ist hieran das **Schnittstellenproblem**. Die Güter und Informationen durchlaufen eine Vielzahl von Stellen. Damit der Versand von Sammelgut effizient in 17 Stunden abgewickelt werden kann, müssen die Schnittstellen geglättet und durch integrierte Informationssysteme unterstützt werden. Die Paketdienste erzielen ihre Stärke dadurch, dass sie die gesamten Leistungen aus einer Hand anbieten (vgl. Kapitel 9). Dadurch entfällt eine Vielzahl von Schnittstellen. Die Sammel- und Verteilverkehre sowie die Umschlagdepots und die Fernrelation werden von einem Unternehmen betrieben. Man bezeichnet daher die Paketdienste auch als (**System-**) **Integratoren**.

Ein weiteres Problem besteht darin, dass zwischen dem Empfänger und dem ausliefernden Transportunternehmen kein Vertragsverhältnis besteht. Vielmehr ist das ausliefernde Transportunternehmen vertraglich nur mit der Empfangsspedition verbunden. Die mangelnde Koordination zwischen Auslieferung und Empfänger kann etwa zu langen Wartezeiten an der Entladerampe beim Empfänger führen. Ein Versuch, das hier auftretende Koordinationsproblem zu beheben, wird mit den Konzepten der Citylogistik und des Efficient Consumer Response verfolgt (vgl. Kapitel 22 und 24).

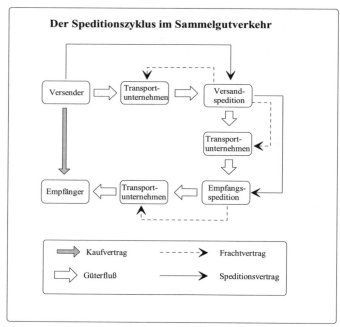

Abbildung 16.5: Speditionszyklus im Sammelgutverkehr

16.2.3 Kostenstrukturen im Speditionssammelgutverkehr

Wir wollen an dieser Stelle die Distributionssysteme für Sammelgutspeditionen anhand der Abbildung 16.6 in einem Modell von zwei Umschlagdepots (Lagerhäusern) diskutieren.

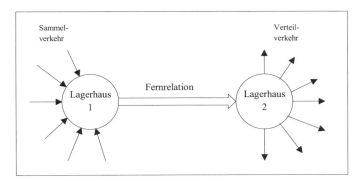

Abbildung 16.6: Verkehrsstruktur beim Sammelgut

Während die Fernrelation relativ effizient hergestellt werden kann, fällt in diesem System der größte Aufwand beim Umschlag in den Lagerhäusern, beim Einsammeln und Verteilen an. Beim Verteilen ist der Kontakt mit den Endkunden herzustellen, der mit hohen Transaktionskosten wegen vieler Detailverhandlungen über Ort, Menge, Zeit, Inkasso und Ladehilfen verbunden ist. Bei einem Sammelguttransport über 300 km entfallen 30% der Kosten auf die Fernrelation und 70% auf das Sammeln, Verteilen und Umschlagen. Da die Versender zumeist mehrere Sendungen, insbesondere bei Paketen, aufgeben, entstehen im Sammelverkehr geringere Kosten als im Verteilverkehr, bei dem die Sendungen individuell ausgeliefert werden müssen. Bei Paketdiensten fallen sogar 50% der Distributionskosten beim Verteilen an, wodurch ein starker Anreiz entsteht, durch Konzepte wie der Citylogistik die Zustellung zu bündeln (siehe Kapitel 24). Die Liberalisierung der Verkehrsmärkte führte infolge des einsetzenden Wettbewerbs zu einer kritischen Beurteilung der hohen Kosten in Sammel- und Verteilverkehren und zu Überlegungen, mit Rationalisierungsmaßnahmen diese Kosten zu senken. Vorgeschlagen werden ein durch Bordcomputer unterstütztes Fuhrparkmanagement (siehe unten) und die bessere Nutzung der Fahrzeugkapazität durch eine computergestützte Tourenplanung (vgl. Kapitel 26).

16.2.4 Netzwerktypen im Sammelgutverkehr

Die Stückgutverkehre werden in einem Depot-Netzwerk vernetzt oder in einem Hub-and-Spoke-Netzwerk gefahren. Im **Depot-Netzwerk** (Transshipment-Netzwerk) erschließt jeweils ein Depot eine Region mit Sammel- und Verteilverkehren. Diese Netzwerkstruktur weist folgenden Zeitrhythmus auf: Von unterschiedlichen Lieferpunkten der Region gehen Sendungen in die Depots am späten Nachmittag ein. Im Depot erfolgt die Sortierung und Bündelung nach Empfangsdepots, sowie die Beladung auf neue

Fahrzeuge für die Relationen zu den Empfangsdepots. Die Fahrzeuge fahren abends ab und erreichen am Morgen des **Folgetages** das Empfangsdepot (vgl. Abbildung 16.7). Dort werden die Fahrzeuge entladen und zu Auslieferertouren zusammengestellt. Kleintransporter bringen bis zum Nachmittag die Sendungen zu den Empfängern. Als Konsequenz daraus reduziert sich die Anzahl der Verbindungen zwischen den einzelnen Versand- und Empfangspunkten. Für diesen Netzwerktyp sind hohe Sendungszahlen erforderlich, um die mit der Umschlag- und Bündelungsfunktion des Depots verbundenen Optimierungsmöglichkeiten zu nutzen. Für die Abdeckung des deutschen Wirtschaftsraumes werden ca. 30 bis 40 Depots benötigt. Diese Anzahl ist typisch für alle in Deutschland tätigen Stückgutdienstleister.

Das Depot-Netzwerk weist bestimmte Schwächen auf. In jeder Nacht müssen von jedem Umschlagdepot einer Spedition zu allen übrigen Umschlagdepots Verkehrsverbindungen aufgebaut werden. Die Zahl dieser Verbindungen kann rasch wachsen, wenn man bedenkt, dass bei N Umschlagdepots $N^2 - N$ Verbindungen herzustellen sind. Bei 10 regionalen Umschlagdepots ergeben sich bereits 90 Relationen, die mit mindestens einem LKW bedient werden müssen. Der Investitionsbedarf liegt dann bei einer LKW-Flotte von mindestens 90 Fahrzeugen.[1] Hinzu kommt noch eine schwankende Auslastung der einzelnen Relationen. Auf manchen Relationen werden nur niedrige Mengen nachgefragt. Auch aus der Sicht des Umschlags in den Umschlagdepots ist das Depot-Netzwerk insofern aufwendig, als in jedem Umschlagdepot nach Zielen sortiert werden muss.

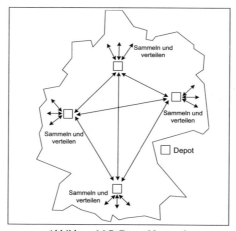

Abbildung 16.7: Depot-Netzwerk

Die hier dargestellten Nachteile des Depot-Netzwerks werden durch das **Hub-and-Spoke-Netzwerk** vermieden (vgl. Abbildung 16.8). In diesem Netzwerk werden die Sendungen aus den Regionallagerhäusern in der Nacht in ein zentrales Umschlagdepot, das auch als Nabe oder Hub bezeichnet wird, eingeliefert, dort nach Zielen umsortiert und dann sternförmig in die regionalen Umschlagdepots (Speichen) befördert. Infolge dieser Organisation wird nur an einem zentralen Ort in einem Arbeitsgang sortiert.

---

[1] Wir schließen aus, dass ein LKW mehrere Umschlagdepots beliefert.

Die Stückgutspeditionen hatten diesen Netzwerktyp in den 90er Jahren von den Paket- und Expressdienstleistern übernommen (vgl. Kapitel 9). Dieser Netzwerktyp erinnert stark an ein Wagenrad mit einer zentralen Nabe und mehreren Speichen. Verwendet wird daher auch der deutsche Begriff Nabe-Speiche-Netzwerk. Das besondere der Hub-and-Spoke-Netzwerke ist, dass die minimal mögliche Anzahl von Transportverbindungen verwendet wird, um alle Depotstandorte miteinander zu verbinden. Tatsächlich werden aber in der Stückgutdistribution die Hub-and-Spoke-Netzwerke nicht unabhängig von dem Depot-Netzwerktyp betrieben. Vielmehr werden beide Netzwerktypen, Depot und Hub-and-Spoke, kombiniert. Bei dieser Kombination werden die Sendungen von aufkommensstarken Relationen mit Direktverkehren im Depot-Netzwerk gefahren, während Sendungen in aufkommensschwachen Relationen über den Hub konzentriert werden.

Der Zeitrhythmus bei Hub-and-Spoke-Netzwerken ist ähnlich wie der von den Depot-Netzwerken. Anstelle der Zieldestination besitzen die von den Depots am Abend abgehenden LKW jedoch die Destination des Hubs. Dort treffen sie gegen Mitternacht ein, werden entladen, und die Sendungen werden auf Zieldestinationen sortiert. Der Sortiervorgang ist um 2 Uhr nachts abgeschlossen, so dass dann die Sendungen auf die LKW verladen werden können und diese ihre Zieldestinationen ansteuern können. Die LKW erreichen dann am frühen Morgen ihre Zieldestinationen.

Für die geographische Lage des Hubs spielt eine Zentrallage innerhalb von Deutschland eine große Rolle, da von diesem Punkt aus alle Depots in der ungefähr gleichen Maximalentfernung erreicht werden können. Der Stückgutdienstleister Schenker hat deswegen seinen Stückguthub nach Friedewald bei Bad Hersfeld gelegt.

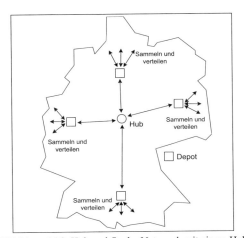

Abbildung 16.8: Hub-and-Spoke-Netzwerk mit einem Hub

Das Hub-and-Spoke-Netzwerk wird in Deutschland vielfach ergänzt durch regionale Sub-Hubs (vgl. Abbildung 16.9). In aufkommensstarken Gebieten wie dem Ruhrgebiet oder dem süddeutschen Wirtschaftsraum werden die Sendungen mit der gleichen Zielregion in regionalen Hubs vorsortiert und nicht mehr über den Zentralhub geführt. Dadurch entstehen eine Entlastung der Verkehre zu dem Zentralhub und eine Reduktion der Transportvorgänge. Da die **LKW-Maut** die Transporte verteuert, werden nun vermehrt regionale Hubs eingerichtet, um die gefahrenen Kilometer zu reduzieren.

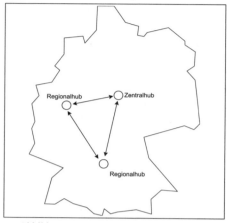

Abbildung 16.9: Netzwerk mit Regionalhubs

Die Sammelgutspediteure bieten heute als Standardprodukt einen 24-Stunden-Service zwischen den Ballungszentren an und einen 48-Stunden-Service zu den sogenannten Nebenplätzen. Sie sind damit in weiten Bereichen mit den Paketdiensten wettbewerbsfähig geworden. Die Verbesserung der Laufzeiten im Speditions- und Sammelgutverkehr wurde durch den Ausbau der Dienste als **Systemverkehre** erreicht, die täglich nach einem genau vorgegebenen Ablaufplan unabhängig von der jeweiligen Auslastung abgewickelt werden. Die Speditionen haben die Abläufe und IT-Prozesse im Depot-Netzwerk stark standardisiert. Ihnen ist es damit möglich, Kostensenkungspotentiale des Netzwerkeffekts (vgl. Kapitel 1) zu erschließen. Im Netzwerk werden die Sammlung und die Verteilung, der Umschlag an den Terminals und der Hauptlauf zwischen den Umschlagsanlagen zeitgenau aufeinander abgestimmt, was durch den Einsatz von modernen Informationssystemen unterstützt wird. Mit der Identifikation der Sendungseinheiten durch Barcodes entlang der Transportkette gelingt es, dass die **Sendungsdaten** den Gütern vorauseilen und die Sendungseinheiten über alle Stationen hinweg verfolgt werden können. Die Gründung von zentralen Umschlagsknoten und leistungsfähigen Computernetzwerken zur Sendungsverfolgung standardisieren die Prozesse erheblich und führen so über Netzwerkeffekte zu niedrigen **Markteintrittsbarrieren** für mittelständische Neugründungen auf dem Gebiet des Sammelgutes. Ein Beispiel bildet die Kooperation Online-Systemlogistik, der 60 Unternehmen angehören, die zusammen ein Netzwerk der Abbildung 16.10 aufgebaut haben.

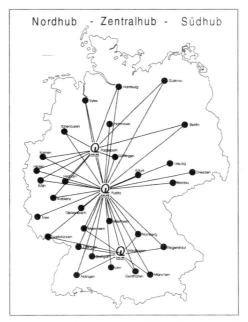

Abbildung 16.10: Netzwerk von Online-Systemlogistik

16.3 Fuhrparkmanagement

Aus Sicht der **Verlader** (Produktions- und Handelsunternehmen) dient der Fuhrpark dazu, im Werkverkehr ein Distributionssystem aufzubauen und das eigentliche Produkt des Unternehmens zu vermarkten. Argumente für den Werkverkehr sind oben unter 16.1 dargestellt worden.

Aus Sicht der **Spediteure** dient der Fuhrpark dazu, im Wege des Selbsteintritts die Transportdurchführung ganz oder teilweise mit eigenen Fahrzeugen zu übernehmen. Die Vorteile der eigenen Flotte liegen zum einen in der besseren operativen Kontrolle, die die Erbringung der Dienstleistung nach eigenen Standards ermöglicht und damit eine gleichbleibende Qualität sowie kurze Reaktionszeiten sicherstellt. Die jeweiligen Ansprechpartner sind im eigenen Haus und damit auf kurzen Wegen erreichbar. Zum anderen kann die Ausstattung der Fahrzeuge besser an die spezifischen Bedürfnisse der Kunden angepasst werden. Nachteilig können sich dagegen der hohe Kapitalbedarf für Fahrzeuge und EDV sowie der hohe Personalaufwand für die Fahrer und für Führungspersonal auswirken.

Die Alternative zum eigenen Fuhrpark stellt die komplette Fremdvergabe des Fuhrparks dar, oder es werden einzelne Dienst-/Serviceleistungen von außen angefordert. Diese Dienste können dann über feste monatliche Raten abgerechnet werden. Von Vorteil sind bei dieser Lösung der geringere Verwaltungsaufwand oder die geringere Kapitalbindung bei einem Fremdfuhrpark. Durch ein folglich kleineres Management ist dieses bei Umstrukturierungen im Unternehmen reaktionsfähiger. Ebenso fallen durch die Ausgliederung des Fachwissens weniger Personalkosten an. Als ungünstig kann sich jedoch die Abhängigkeit vom Fremdleister erweisen. Bei der Vergabe von Teilaufgaben müssen die jeweiligen Schnittstellen miteinander abgestimmt sein.

Bei einem Outsourcing werden der Fuhrpark und die gesamte Verwaltung von einem Dienstleistungsanbieter geordert. Dabei handelt es sich um sogenannte komplette Logistik-Lösungen. Servicepakete werden auf den jeweiligen Kunden zugeschnitten, bei denen die Spezifikation des jeweiligen Unternehmens berücksichtigt wird. Eine Abhängigkeit vom Servicegeber wird durch ein übliches Marktverhältnis zwischen Anbieter und Nachfrager vermieden, bei dem jede erhaltene Leistung einzeln in eine Gesamtrechnung eingeht.

Dem Unternehmen entsteht keine Kapitalbindung für einen Fuhrpark, und es kann am Markt zwischen mehreren Servicepaketen wählen. Die Fuhrparkverwaltung wird dadurch optimiert, da die einzelnen Leistungen feste Preisgrundlagen haben und somit den Anbieter selbst zu Kostenbewusstsein zwingen. Eine Kostenkontrolle wird durch eine monatliche Ist-Abrechnung ermöglicht, bei der das Unternehmen die Ausmaße seiner erhaltenen Leistungen überschauen und je nach Notwendigkeit Umschichtungen oder Kürzungen veranlassen kann. Die eigenen Verwaltungskosten beschränken sich auf die Finanzbuchhaltung, welche die Abrechnungen verbuchen muss.

Ziel eines **Fuhrparkmanagements** ist es, den Fuhrpark in Bezug auf seine Kosten und Leistungen zu verbessern. Leistungen werden verbessert, indem auf einen zweckmäßigen Einsatz der Fahrzeuge je nach Fuhrparkart und Unternehmensart geachtet wird. Kostenbewusstsein muss in sämtlichen Funktionen des Fuhrparkmanagements praktiziert werden. Das Fuhrparkmanagement spielt eine bedeutende Rolle in der Logistikkette eines Unternehmens. Von der Art und dem Einsatz des Fuhrparks sind die Merkmale Zeit und Qualität der Logistikkette abhängig. Sein Management ist für eine optimale Unterstützung der Logistik verantwortlich, und hier getroffene Entscheidungen haben großen Einfluss auf Lieferservice und Logistikkosten eines Unternehmens. Das Fuhrparkmanagement gliedert sich in die Funktionen:

- Fahrzeugbeschaffung und -finanzierung,
- Fahrzeugeinsatz,
- Wartung und Reparatur sowie
- Kostenkontrolle und -steuerung,

welche je nach Art des Fuhrparks unterschiedliche Ausprägungen erfahren.
Die Unterschiedlichkeit der Funktionen stellt hohe Anforderungen an die Mitarbeiter des Managements. Hier ist Expertenwissen für alle Teilgebiete gefordert, in Finanzierung, Versicherung, Einkauf, technischem Sachverstand und der Logistik. Da dies nicht bei einer Person konzentriert sein kann, wird ein Team aus Spezialisten der jeweiligen Bereiche zusammengestellt. Organisatorisch kann das Fuhrparkmanagement in der Logistik, im Einkauf und im Technischen Service angegliedert werden.

Bei der Fahrzeugbeschaffung und -finanzierung stehen die Alternativen Kauf, Leasing und Miete zur Auswahl. Im Hinblick auf die Senkung der Kapitalbindung stellt vor allem das Leasing eine gute Alternative zum Kauf dar. Der Abschluss eines Full-Service-Leasing-Vertrages erlaubt eine optimale Wartung der Fahrzeuge, wodurch Ausfälle bereits im Vorfeld vermieden werden können. Des Weiteren bietet das Leasing Vorteile bei der Veräußerung der gebrauchten Fahrzeuge, so dass diese alle drei bis vier Jahre ausgetauscht werden können (vgl. Böcker 2004). Abbildung 16.11 gibt einen Überblick über die Anschaffungs- und Betriebskosten eines LKW mit einem zulässigen Gesamtgewicht von 26 Tonnen.

Der Einsatz von elektronischer Datenverarbeitung und Bordcomputern (siehe unten) dient sämtlichen Funktionen des Fuhrparkmanagements und erlaubt eine mobile Kommunikation, ein schnelleres Datenhandling und eine exaktere Kontrolle von Kosten und Leistungen.

Ausgangsadaten		
[1] Anschaffungspreis netto (inkl. 1 Satz Reifen) [Euro]	100.000	
[2] Restwert nach Ablauf der Nutzungsdauer [Euro]	0	
[3] Ersatzpreis Reifen [Euro]	4.000	
[4] Wartungs- und Reparaturkosten pro Jahr [Euro/Jahr]	10.250	
[5] Kraftstoffverbrauch [l/100 km]	30,00	
[6] Kraftstoffpreis [Euro/l]	0,85	
[7] Einsatztage pro Jahr	240	
[8] Nutzungsdauer [Jahre]	5	
[9] Jahreslaufleistung [km/Jahr]	120.000	
[10] Reifenlaufleistung [km]	140.000	
[11] Leistungsabschreibung [%]	70	
[12] Zeitabschreibung [%]	30	
[13] Kalk. Zinssatz [%]	7,5	
Variable Kosten		
[14] Leistungsabschreibung [Euro/100 km]	11,20	= ([1]-[2]-[3])*[11]/[8]/[9]*100
[15] Kraftstoffkosten [Euro/100 km]	25,50	= [5]*[6]
[16] Schmierstoffkosten [Euro/100 km]	0,75	gegeben
[17] Reifenkosten [Euro/100 km]	2,86	= [3]/[10]*100
[18] Wartungs- und Reparaturkosten pro Jahr [Euro/100 km]	8,54	= [4]/[9]*100
[19] Summe variable Kosten [Euro/100 km]	48,85	= [14]+[15]+[16]+[17]+[18]
Fixe Kosten		
[20] Zeitabschreibung [Euro/Jahr]	5.760	= ([1]-[2]-[3])*[12]/[8]
[21] Kapitalbindung [Euro/Jahr]	3.600	= ([1]-[2]-[3])/2*[13]
[22] Steuern [Euro/Jahr]	650	gem. Konditionen für deutschen Markt
[23] Haftpflichtversicherung [Euro/Jahr]	7.000	gem. Konditionen für deutschen Markt
[24] Kasko-Versicherung [Euro/Jahr]	3.200	gem. Konditionen für deutschen Markt
[25] Sonstige Fixkosten [Euro/Jahr]	800	gegeben
[26] Summe fixe Kosten [Euro/Jahr]	21.010	= [20]+[21]+[22]+[23]+[24]+[25]
Zusammenfassung		
[27] Fixe Kosten [Euro/Tag]	87,54	= [26]/[7]
[28] Fixe Kosten [Euro/100 km]	17,51	= [26]/[9]*100
[29] Variable Kosten [Euro/100 km]	48,85	= [19]
[30] Fixe und variable Kosten [Euro/100 km]	66,36	= [28]+[29]
[31] Fahrzeugkosten pro Jahr [Euro]	79.629	= [19]*[9]/100+[26]
[32] Fahrzeugkosten Nutzungsdauer [Euro]	418.143	= [31]*[8] + Aufrunden([8]*[9]/[10]) * [3]

Abbildung 16.11: Direkte Kosten eines LKW (in Anlehnung an Grause 2003)

In der Logistik ist Zeit der wohl wichtigste Faktor. Deshalb ist eine ständige Überwachung der Logistikkette eine unverzichtbare Aufgabe, gerade im Fuhrparkmanagement. Mobile Kommunikation in Verbindung mit Computervernetzung macht eine zeitliche Kontrolle der einzelnen Logistikkettenabschnitte möglich. Dies lässt ein schnelles Eingreifen bei kurzfristigen Änderungen oder Problemen zu und führt so zur Zeitreduzierung bei Entscheidungsprozessen und insgesamt zu höherer Flexibilität im Fuhrpark.

Ein wesentlicher Einsatzort für die EDV ist die Kostenkontrolle des Fuhrparks. Sämtliche technischen Kostenverursacher der Fahrzeuge können ermittelt und festgehalten werden, und zwar jederzeit. Die Auswertung der Daten ermöglicht nun das Erkennen von Problembereichen im Fahrzeugeinsatz und die Steuerung zu einem kostenbewussten Einsatz.

Für ein Fuhrparkmanagement bedeutet der Ausbau des EDV-Einsatzes:

- ein völlig flexibles Fuhrpark-System durch ständige Kommunikation und Überwachung mit der Folge schnellerer Problemlösungen und Einarbeitung von Alternativen,
- eine flexiblere Planung, die unanfälliger gegen äußere Einflüsse wird,
- eine größere Kostentransparenz mit mehr Steuerungsmöglichkeiten,
- eine bessere Fahrzeugnutzung durch Ermittlung der Fahrzeugdaten und anschließender optimaler Verwendung der Fahrzeuge für die entsprechende Aufgabe und
- die Arbeitserweiterung der Transportlogistik von reinem Transport zu einem kompletten Dienstleistungsanbieter.

Generell sind sämtliche Einsätze der Fahrzeuge bedarfsgesteuert, denn sie dienen der Erfüllung der gestellten Aufgabe. In einer Einsatzplanung sind diese einzelnen Bedarfe unter wirtschaftlichem Aspekt so zu koordinieren, dass die richtigen Fahrzeuge mit geringsten Kosten die volle Leistung bringen. Das bedeutet:

- das geeignete Fahrzeug für die Aufgabe,
- die Kapazität der einzelnen Fahrzeuge und des gesamten Fuhrparks auslasten,
- optimale Touren planen, Leerfahrten und überflüssige Kilometer vermeiden (vgl. Kapitel 26).

Bei der Wahrnehmung der Fahrzeugwartung und der fälligen Reparaturleistungen hat das Management zunächst eine Make-or-buy-Entscheidung zu fällen. Soll das Unternehmen eine eigene Werkstatt mit geschultem Personal errichten oder werden die Leistungen von einer fremden Werkstatt oder dem Fahrzeughersteller bezogen? Bei letzterer Alternative werden dann bereits Wartungsverträge beim Kauf der Fahrzeuge mit dem Hersteller abgeschlossen. Sie ermöglichen ein stabiles Kostenniveau und sichern eine gleichmäßige Qualität bei der Fahrzeugpflege. Kulanzverträge in den ersten Monaten sind ein zusätzliches Mittel, dem Unternehmen Kosten zu ersparen. Aufgrund der vertraglichen Vereinbarungen entstehen Regressmöglichkeiten und damit eine zusätzliche Qualitätssicherung. Diese Beziehung zwischen Fahrzeughersteller und Unternehmen hilft wiederum bei der Feststellung des besten Wiederverkaufszeitpunktes.

Entscheidet sich das Unternehmen für die Einrichtung einer eigenen Werkstatt, so sollten die Voraussetzungen für einen kostengünstigen und qualitativ hochwertigen Betrieb gewährleistet sein. Die Größe und Art der Werkstatt können auf den eigenen Bedarf an Leistungen beschränkt werden, um die schon vorhandene Kapitalbindung der technischen Einrichtung nicht noch zusätzlich zu erhöhen. Der Wartungs- und Reparaturbedarf sollte jedoch so groß sein, dass die eigene Werkstatt eine möglichst hohe Kapazitätsauslastung erfährt. Nur so können die Kostensätze niedrig gehalten werden und es kann ein positiver Return on Invest erfolgen. Ist diese Auslastung nicht gegeben, ist eine Erweiterung auf Leistungen für externe Kunden in Betracht zu ziehen.

Die eigene Werkstatt bestimmt ebenfalls das eigene Qualitätsniveau und die Flexibilität in der Planung von Werkstattaufenthalten. Reparaturen können je nach eigenen Ansprüchen unterschiedliche Dringlichkeitsstufen erhalten, die Dauer und Anzahl der Werkstattaufenthalte können mit der Fahrzeugeinsatzplanung abgestimmt und so minimiert werden.

Die Typenvielfalt des Fuhrparks stellt ein weiteres Problem der Vorhaltung einer eigenen Werkstatt dar. Sie erfordert für verschiedene Fahrzeuge ein geschultes Personal, d.h. entweder mehr Personal für mehr Fahrzeuge oder die Ausbildung der vorhandenen Mitarbeiter für mehr Fahrzeugarten. Hinzu kommt eventuell eine technische Aufrüstung für verschiedene Fahrzeuge. Die Kosten für Personal und das einzusetzende Kapital sind zu berücksichtigen und mit der Alternative der Fremdwerkstatt zu vergleichen. Das Ziel des Wartungsmanagements ist das eines wartungsfreundlichen und reparaturarmen Fuhrparks. In dieser Hinsicht kann ein Vorteil der Eigenwerkstatt sein, dass sie besser zur Vorbeugung gegen Reparaturen wirken kann. Technische Unterstützung kommt wieder von Seiten der EDV, wenn Diagnoserechner und Bordrechner der Fahrzeuge miteinander verbunden sind, die den Lebenslauf des jeweiligen Fahrzeugs ermitteln und Reparaturgründe sofort erkennen lassen. Dank der Computerauswertungen wird die Einsatzplanung über negative äußere Einflüsse wie schlechte Streckenverhältnisse, ungünstige Ladeverhältnisse und unzureichende Fahrzeugeigenschaften informiert, die sie in ihre Planungen einbeziehen sollte. Außerdem können die Fahrer im schonenden Umgang mit den Fahrzeugen und der Fahrweise geschult werden.

Das Fuhrparkmanagement kann mit Hilfe seiner Informationsinstrumente den wirtschaftlichen Einsatz der Fahrzeuge und eine dauerhafte Verbesserung des Kostenniveaus anstreben. Beim Einsatz der Technologieunterstützung per Computer sind hier wiederum die Investitionen gegen den Nutzen und die Notwendigkeit eines derart ausgeprägten Kostenmanagements zu setzen. Kapitaleinsatz und Verwaltungskosten sind nur zu rechtfertigen, wenn es das Ausmaß des Managements erfordert und eine konsequente Anwendung der technischen Möglichkeiten vorgenommen wird.

Die ursprüngliche Motivation für die Einführung von **Bordcomputern** im LKW war die Untersuchung von Schwachstellen in der **Prozesskette** der Ausführung von Touren in Distributionssystemen. Schwachpunkte lassen sich hierbei wie folgt identifizieren: Der Fahrer hat eine große Menge an **Dokumenten** zu verwalten, Tourenlisten, Kundenlisten, Lieferscheine, Fahrtenschreiber, Fahrtberichte, Quittungen sowie Inkassovorgänge. Hierdurch entsteht tendenziell eine Überlastung des Fahrers mit dem Dokumentenhandling, was zu einem unreflektierten statt zu einem bewussten Gebrauch verleitet.

In einem weiteren Schritt in der Prozesskette enden die LKW-Touren auf einem der Betriebshöfe. Hier hat der Fahrer die Ergebnisse seiner Tour für die **Auswertung** zu übergeben: Fahrtberichte, Fahrtenschreiberscheiben, Listen mit ausgeführten und nicht ausführbaren Aufträgen, Storno, Rücknahmen, Barkasse. Die Auswertung der Tourendokumente geschieht dann im Rechnungswesen, in der Fakturierung und in der Fahrerabrechnung. Die Korrektur oder Weiterverarbeitung nicht ausgeführter Aufträge, die Kundendatenverwaltung und die Rechnungsschreibung sind vorzunehmen und nicht zuletzt sind Grundlohn, Leistungsprämien sowie Spesen der Fahrer zu ermitteln und entsprechend zu verbuchen. Schwachpunkte beim Auswertungsschritt sind die manuellen Übergaben und eine Vielzahl von Dokumenten, die manuell, d.h. ohne Computerunterstützung ausgewertet und somit gelesen und für eine weitere computergestützte Verarbeitung eingegeben werden müssen.

Zu den genannten Schwachstellen auf der operativen Ebene der Prozesskette treten noch weitere Schwachpunkte auf der strategischen Ebene auf. Als Hauptkritikpunkt ist hierbei anzuführen, dass konkrete Alternativplanungen weitgehend unterlassen werden. Eine einmal als praktikabel ermittelte Tourzusammenstellung wird zumeist nicht auf weitere Verbesserungsmöglichkeiten untersucht oder gar mit Alternativlösungen verglichen. Ebenso findet keine Selbstkostenberechnung statt. Die Zusammensetzung des Fuhrparks und die Bildung der Touren unterliegen keiner strategischen Planung.

Wir wollen im Folgenden aufzeigen, wie der Einsatz von Bordcomputern die Schwächen in der Prozesskette mindern kann, um auf diese Weise die Wettbewerbsposition zu stärken.

Beim **Bordcomputer** handelt es sich um eine zusätzliche Computereinheit im LKW, die bei Neufahrzeugen werkseitig eingebaut oder in bereits existierenden Fahrzeugen nachgerüstet werden kann. Mittels verschiedener Sensoren werden fahrzeugspezifische **Daten**, wie z.B. Drehzahlen, Treibstoffverbrauch, Brems- und Beschleunigungsvorgänge, ermittelt und dem Fahrer zusammen mit allgemeinen Daten über die zu fahrende Tour zur Verfügung gestellt. Die geplante Tour im Soll-Zustand wird dem Fahrer über ein Datenmodul vom Disponenten übermittelt, der das Datenmodul in den Bordcomputer seines LKW einsetzt. Von dort aus erhält der Fahrer über ein **Display** Informationen über die jeweils nächsten anzufahrenden Kunden wie z.B. Informationen über die Lademenge, Fahrtkilometer, Adresse. Wesentliche Elemente des Fahrtberichtes kann der Fahrer über seine Tastatur in den Bordcomputer eingeben und damit umgehend den Bericht aktuell ergänzen. Hierzu zählen verschiedene Arten von Standzeiten, die Meldung der Ankunft beim jeweiligen Kunden, Lade- und Inkassoarten usw. Am Ende der Tour kann der Fahrer sein Datenmodul an die Auswertung (Rechnungswesen, Fakturierung und Spesenabrechnung) übergeben. Hierdurch entfällt das Papierhandling bei der Auswertung des Fahrtberichtes und der Fahrtenschreiber, was einen wesentlichen Rationalisierungsschritt ausmacht.

Folgende Möglichkeiten ergeben sich mit der Installation von Bordcomputern:

- Erfassen von verschiedenen Zeitanteilen, wie Warten auf dem Hof, Warten beim Kunden, Lenkzeiten und Ruhezeiten,
- Erfassen von Laufkilometern und Tempo,
- Erfassen von Drehzahlen und Bremsverhalten,
- Erfassen von Daten für Durchschnittsgeschwindigkeiten auf einzelnen Straßenabschnitten,
- Erzeugung einer Datenbasis für computergestützte Disposition von Fuhrparkinformationssystemen und für die Selbstkostenkalkulation sowohl der gesamten Touren wie auch bei einzelnen Kunden und Ladungsarten.

Betriebswirtschaftliche Vorteile eines Bordcomputereinsatzes sind:

- wirtschaftliche Drehzahlen und wirtschaftliches Tempo,
- verbessertes Bremsverhalten, geringere Motorbelastung und geringerer Kraftstoffverbrauch durch Fahrhinweise,
- weniger Laufkilometer durch verbesserte Touren,
- Rationalisierung der Fahrerabrechnung mit Spesen und Überstunden etc.,
- Reduktion von Stand- und Wartezeiten.

Dem letzten Punkt ist besondere Bedeutung beizumessen. Bei der Analyse der einzelnen Touren lassen sich die Kunden mit sehr hohen Wartezeiten identifizieren. Hierdurch ergeben sich Ansatzpunkte, durch gezielte Verhandlungen mit den Kunden Zeitfenster so zu verschieben, dass Wartezeiten reduziert werden können. Der Einsatz von Bordcomputern wird in den USA vornehmlich zur Kontrolle der wirtschaftlichen Drehzahlen und der Höchstgeschwindigkeiten verwendet. Da die mittleren Entfernungen in den USA groß sind, ist die Konzentration auf Kosteneinsparpotentiale verständlich, die mit der effizienten Motornutzung zu erzielen sind. Bei den kürzeren Entfernungen in Deutschland überwiegen dagegen Potentiale, die aus der Reduktion der Standzeiten resultieren. Insofern ist die Datenauswertung auf diese Bereiche zu konzentrieren.

Durch die Integration von **Telematikanwendungen** geht die heutige Funktionalität von Bordcomputern weit über die Handhabung von Dokumenten und die Aufzeichnung von Fahrtinformationen hinaus:

- Durch die Möglichkeit der GPS-Ortung ist der Disponent jederzeit über den aktuellen Aufenthaltsort der Fahrzeuge informiert und kann sofort reagieren, wenn ein Transport anders verläuft als geplant oder ein neuer Kundenauftrag hereinkommt. GPS (Global Positioning System) ist ein satellitengestütztes System der globalen Ortsbestimmung, das den augenblicklichen Standort eines LKW mit einer Genauigkeit von weniger als 100 Metern rückmeldet. Diese Möglichkeit der Fahrzeugüberwachung stellt gleichzeitig einen wirksamen Schutz gegen den Diebstahl von LKW dar. Neben der GPS-Ortung ist ebenfalls eine Ortung über die Funknetze der Mobilfunkbetreiber möglich.
- Integrierte Navigationssysteme berechnen auf Basis der übermittelten Auftragsdaten und unter Berücksichtigung der aktuellen Verkehrslage die optimale Route und erleichtern dem Fahrer mittels sprachlicher und visueller Hinweise das Auffinden der Zieladressen.
- Die Datenkommunikation über Mobilfunknetze ermöglicht die Übertragung von Sendungsdaten in Echtzeit und damit in Verbindung mit dem vorgenannten Punkt eine online-optimierte Tourenplanung.
- Über die Internet-Technologie lassen sich die heterogenen Softwaresysteme verschiedener Unternehmen integrieren, was insbesondere die Kommunikation einer Spedition mit den eingesetzten Frachtführern erleichtert. Auf diese Weise sind sowohl Dienstleister als auch Versender jederzeit über den aktuellen Auftragsstatus informiert.

Das **Leistungsspektrum von Truck-Telematik-Systemen** lässt sich in vier Stufen unterteilen (vgl. Lutz 2004):

1. Stufe: reine Fahrzeugüberwachung
2. Stufe: erweitertes technisches Fuhrparkmanagement
3. Stufe: elektronisches Auftragsmanagement
4. Stufe: Online-Transportsteuerung

Tabelle 16.7 gibt einen Überblick über Anbieter und Funktionalitäten von Truck-Telematik-Lösungen.

Eine sehr preiswerte Möglichkeit der Flottensteuerung besteht in der passiven Ortung der Fahrzeuge per Handy. Die GSM-Technologie erlaubt (bei eingeschaltetem Handy) die Verfolgung der Aufenthaltsorte der Fahrzeuge über das Internet. Per SMS (Short Message System) können dem Fahrer Auftragsänderungen oder neue Aufträge übermittelt werden (vgl. Bennühr 2004a).

Anbieter	Anwendungsfelder							Hardwareausstattung				
	Fahrzeug-/Fahrerdaten	Sendungsverfolgung	Auftragsabwicklung	Tourenplanung	Fahrzeugortung	Navigation	Schnittstellen zu Speditions-Software	Bord-Computer	Handheld	GSM-Endgerät	Barcode-Scanner	Drucker	freie Texteingabe
AVIS Advanced InfoData Systems GmbH	x	x	x	x	x	x	x	x	x	x	s		
AxIT AG	x	x					x			s	s		
Corbitconnect AG				x				s					
DaimlerChrysler Services FleetBoard GmbH	x/x	x	x	x	x		x	x		s			x
Datafactory AG	x/–	x	x	x	x	D/O	x	x	x	x		x	x
Dr. Malek Software GmbH		x	x	x	x		x	s	s	s	s	s	s
EURO-LOG AG		x	x		s		x	s	s	s	s	x	x
Euro Telematik AG	x/x	x	x	x	x	D/O	x		x	x	x	x	
gedas deutschland GmbH	x/–	x	x		x	s	x	s	s	s	s	s	
IVU Traffic Technologies AG				x	x		x						
LH Comlog S/A	x/x	x	x	x	x	s	x	x	s				
LKWtouren GmbH	x/x	x	x	s	x	D/O	x	s	s	s	s	s	s
Minorplanet Systems GmbH	x/x	x			x			x					
MOBIWORX Telematik e.K.	x/x		x		x	D/O		x	x/s	x	s	s	x
OHB Teledata GmbH	x/x	x	x	x	x	D/O	x	x		s	x	x	x
PPS / EDV GmbH		x	x			D/O							
proTime GmbH	x/–	x	x	x				x		x	s	s	s
PTV Planung Transport Verkehr AG	x/x	x	x	x	x	D/O	x		s	s	s	s	s
QUALCOMM Wireless Business Solutions Europe GmbH	x/x	x	x				x	x			s	s	x
SALT Mobile Systems GmbH	x/–	x	x	x	x	D/O	x	x	x	x	s	s	x
Siemens VDO Trading GmbH	x/x	x	x	x	x	D/O	x	x	x	x	x	x	x
Soloplan GmbH	x/x	x	x	x	x	x	s						
Systemics Elektronik GmbH	x/x		x				x	x					
Timtec Teldatrans GmbH	x/x	x	x	x	x	s	x	s	s	s	s	s	x
Totnios InfoData Systems	x/x	x		x			x						
transdata Soft- und Hardware GmbH	x/x	x	x				x	s	s	s	s		
Transflow AG	x/x	x	x	x	x	s	x	s	s	s	s	s	s
transportdata AG	x/x	x	x	x			x	x		s			
TRUCK24AG	x/x	x	s	x	s	D/O	x	x	x				x
w3logistics AG		x	x		x		x		x	x	x	s	x
Zebraxx AG Europe	x	x				x		x					
X = Funktionalität verfügbar													
D = dynamische Navigation	S = nur Schnittstelle												
O = Navigation inkl. Ortung	– = Funktionalität nicht verfügbar												

Tabelle 16.7: Anbieter und Funktionalitäten von Truck-Telematik-Lösungen (Quelle: Bennühr 2004b)

Management Praxis: Frachtenbörsen: Von der Börse in die Tasche[42]

Speditionen und Transporteure müssen sich spezialisieren, um eine Nische auf einem hart umkämpften Markt zu besetzen; Spezialverkehre nehmen zu. Nach Angaben von Teleroute hat sich etwa der Bestand

---

[42] Quelle: Timmermann 2004

an Kühlfahrzeugen deutlich erhöht; mittlerweile sei jeder zehnte LKW „temperaturgeführt". Frachtbörsen sollen Ladung und Spediteur zusammenbringen, um Kosten zu sparen.

Heute werden auch immer öfter hochwertige Güter wie Fernseher oder DVD-Player mit Kühlfahrzeugen transportiert. Auch beim Kühllogistiker Thermotraffic spielt der Transport von High-Tech-Produkten inzwischen eine immer größere Rolle, auch wenn nach wie vor der überwiegende Teil der Transporte mit Fleisch- und Wurstwaren von der Zentrale in Versmold aus auf die Reise geht. Das Unternehmen hat sich auf den Transport und die Einfuhr- und Ausfuhrabfertigung von temperaturgeführten Food- und Non-Food-Gütern spezialisiert. Um kosteneffizienter zu sein, arbeitet das Unternehmen mit der Teleroute-Online-Frachtenbörse Thermotraffic zusammen, in der die passende Kühlgutladung gefunden werden kann, um so entsprechend Ladekapazitäten zu nutzen.

Um die Logistikabläufe ohne große Reibungsverluste und Leerfahrten zu bewältigen, arbeitet Thermotraffic mit der Frachtenbörse Teleroute zusammen, mit der das Unternehmen nach eigenen Angaben positive Erfahrungen gemacht hat. Timmermann weiß, dass für eine optimale Auslastung der Fahrzeuge besonders im internationalen Langstreckenverkehr Ladungsergänzung notwendig ist. Deshalb sei eine Kooperation mit einer Frachtenbörse wichtig. Bereits 1993 habe sich Thermotraffic für Teleroute entschieden – und zwar aus mehreren Gründen: „Erstens brauchen wir eine Frachtenbörse, die online arbeitet – denn Zeit ist Geld für uns", erläutert Timmermann. Zweitens habe das Unternehmen einen Anbieter gesucht, der auf internationaler Ebene stark sei, da Thermotraffic Geschäftspartner in der gesamten EU und Osteuropa habe. Außerdem sei die Frachtenbörse einfach zu bedienen, „wir mussten keine Extra-Software installieren". Seit August 2003 sei die Abwicklung noch besser, da die Internet-Frachtenbörse einen ihrer inhaltlichen Schwerpunkte auf temperaturgeführte Transporte lege. Die speziell auf die Anforderungen von Thermologistikunternehmen und -spediteuren zugeschnittene „Frigo Campaign", die vom 1. Oktober bis zum 30. November 2003 lief, sollte Transportunternehmen mit klimatisierten Fahrzeugen oder Tiefkühl-LKW möglichst schnell mit Speditionen zusammenbringen, die sich auf den Transport von Lebensmitteln, hochwertigen Waren, Kunststoffprodukten oder Pharmaerzeugnissen spezialisiert haben. Die Kampagne habe sich gelohnt, sagt Andrea Keil, Marketing und Communication Managerin Teleroute Central Europe: „Wir konnten die Suche im temperaturgeführten Segment um 50 Prozent steigern."

„Der Vorteil für uns liegt auf der Hand, wir können jetzt gezielter nach Ladungen im temperaturgeführten Bereich suchen und unsere Ladungen besser und gezielter verkaufen", erklärt Timmermann. Er nennt auch ein Beispiel: Ein Thermotraffic-Disponent hat einen Frachtauftrag für die Strecke Bremen-Madrid übernommen und ist nun auf der Suche nach einer passenden Rückladung. Nach Eingabe der nötigen Suchkriterien (Abfahrts- und Ankunftsort, Minimal- und Maximalgewicht sowie Ladedatum) filtert ein Berechnungssystem aus täglich über 56.000 Angeboten die relevanten heraus. Gibt es keinen passgenauen Treffer – im Beispielfall also keine Rückladung für die komplette Strecke Madrid-Norddeutschland, bietet das System alternative Teilladungen entlang der Fahrtroute an.

Ergänzende Literatur:

Dischinger, A. u.a.: Speditionsbetriebslehre, 4.A., Darmstadt 2003
Isermann, H.: Märkte des Straßengüterverkehrs, in: Arnold, D. u.a. (Hrsg.): Handbuch der Logistik, Berlin 2004
Lorenz, W.: Leitfaden für Spediteure und Logistiker in Ausbildung und Beruf, Band 1, 19.A., Hamburg 2003 und Band 2, 14.A., Hamburg 2002
Kummer, S.: Management von Transport- und Lagerrisiken in Supply Chains, in: Vahrenkamp, Richard; Siepermann, Christoph (Hrsg.): Risikomanagement in Supply Chains, Berlin 2007, S. 255-272
Otremba, M.: Internationale Wettbewerbsfähigkeit im Straßengüterverkehr. Eine Untersuchung zur künftigen Wettbewerbsposition deutscher Straßengüterverkehrsunternehmen nach der EU-Osterweiterung, Edition Logistik, Band 5, Deutscher Verkehrsverlag: Hamburg: 2004
Siek, K, E. Erkens, H. Kopfer: Anforderungen an Systeme zur Fahrzeugkommunikation im Straßengüterverkehr, in: Logistik Management, Jahrgang 5, Heft 2/2003, S. 37-48

17 Die Rolle der Luftfracht in der internationalen Logistik

Im Folgenden soll die Bedeutung der Luftfracht im Rahmen internationaler Logistikketten aufgezeigt werden, wobei der Schwerpunkt der Betrachtungen auf dem interkontinentalen Warentransport liegt. Dabei wird zwischen klassischer Luftfracht und Expressfracht unterschieden[43]. Die Charakteristika, Potentiale und die Entwicklung beider Segmente des Luftfrachtmarktes werden detailliert erläutert. Ein Laufzeitvergleich soll die Überlegenheit der Expressfracht gegenüber der klassischen Luftfracht aufzeigen, die aufgrund zahlreicher Schnittstellen vergleichsweise lange Laufzeiten aufweist. Insbesondere das Wachstum auf dem Gebiet der Expressfracht rechtfertigt hier die These von einer Industrialisierung der Luftfracht, die anhand der folgenden Ausführungen nachvollzogen werden soll.

Der Luftverkehr spielt sich in einem weitgesteckten institutionellen und rechtlichen Rahmen ab. Im nationalen Recht spielt das Luftverkehrsgesetz in der Fassung von 1999 eine Rolle und die zugehörige Verordnungen, wie die Luftverkehrsordnung in der Fassung von 2006. Auf der EU-Ebene ist die Verordnung EBG 2408/92 von Bedeutung, die den EU-Fluggesellschaften im innereuropäischen Verkehr den Zugang ermöglicht und so in der EU einen einheitlichen Markt schafft. Mit der European Civil Aviation Conference (ECAC) wurde eine Organisation gegründet, welche den Zivilflugverkehr in Europa koordiniert. Innerhalb der EU wird mit der Organisation Eurocontrol der Luftfahrt gesichert. Im internationalen Bereich spielen die Abkommen von Chicago und Warschau eine Rolle zur Organisation der zivilen Luftfahrt. Mit der International Civil Aviation Organisation (ICAO) wurde eine Organisation geschaffen, welche die internationale zivile Luftfahrt koordiniert. Die International Air Transport Association (IATA) ist eine Dachorganisation der Fluggesellschaften, die Linienverkehre durchführen. Die internationalen Verkehrsflughäfen werden von der Airport Council International (ACI) vertreten. Ihr Pendant findet sie in Deutschland von der Arbeitsgemeinschaft Deutscher Verkehrsflughäfen (ADV). Die genannten Organisationen sind auch wichtige Herausgeber von statistischem Material. Die Flugverkehre aus Deutschland nach Zielen außerhalb der EU werden in bilateralen, zwischenstaatlichen Verträgen geregelt, welche u.a. auch eine Höchstzahl von Flügen festlegen. In diesen Verträgen wird die Kabotage zumeist ausgeschlossen.

17.1 Begriff und Kennzeichen der Luftfracht

Als **Luftfrachtmarkt** bezeichnet man den Markt, dessen angebotene und nachgefragte Dienstleistungsprodukte den nationalen und internationalen Warentransport unter Nutzung der Verkehrsmittel Flugzeug, Luftschiff und Hubschrauber umfassen. Im Folgenden sollen die Verkehrsmittel Luftschiff und Hubschrauber nicht weiter betrachtet werden. Zum Luftfrachtmarkt zählen ferner Transporte, die mit bodengebundenem Verkehr unter Anrechnung von IATA-Tarifen durchgeführt werden. Vergleicht man den Luftfrachtmarkt mit anderen durch Bahn-, LKW- oder Schiffstransport definierten Verkehrsmärkten, so stellt man fest, dass sich der Luftfrachtmarkt infolge seiner spezifi-

---

[43] Da das Merkmal der klassischen Luftfracht deren geringe Standardisierung ist, soll sie hier nicht als Standard-Luftfracht bezeichnet werden, wie in der Literatur zuweilen üblich.

schen Eigenschaften grundlegend von diesen unterscheidet. In erster Linie ist er charakterisiert durch kurze Beförderungszeiten auf weiten Distanzen, durch vergleichsweise geringe Beförderungskapazitäten, hohe Transportkosten und eine geringe Netzdichte. Infolge dieser kennzeichnenden Eigenschaften werden primär wertvolle und/oder zeitkritische Güter als Luftfracht befördert.

Neben den oben genannten Merkmalen weist die Produktion von Luftverkehrsleistungen folgende spezifische Merkmale auf:

- **Zersplitterung** der Anbieter. Nahezu jeder Staat der Erde unterhält eine Staatsairline (Flagcarrier), um seine Souveränität zu unterstreichen (Dienel 1998). Dieses führt zu einem breiten Angebot von Airlines mit meist bloß kleiner Kapazität auf dem Luftfrachtmarkt. In der Europäischen Union kommt die Privatisierung und Konzentration der Flagcarrier auf wenige große Firmen nur langsam voran. Die Belgische Airline Sabrena ist vom Markt verschwunden. Die holländische KLM hat mit Air France fusioniert, die noch mehrheitlich im Staatsbesitz ist. In der EU sind die großen Airlines, wie die Lufthansa, Air France-KLM, Iberia und British Airways nicht mehr in Staatsbesitz.
- **Staatliche Subventionen:** Viele Staaten subventionieren ihre nationalen Carrier, da sie ihr Zeichen der staatlichen Eigenständigkeit erhalten sehen wollen. Sowohl offene als auch verdeckte Subventionen sind in der Mehrzahl der Staaten üblich, was besonders im Gefolge des 11. Septembers 2001 in Europa deutlich wurde. Die Zuwendungen für die Linien Swiss Air und Alitalia im Jahre 2004 unterstreichen dies. Auch sind in den USA die unter Konkurrenzschutz (US-Chapter 11) stehenden Airlines zu beachten. Die Folgen der staatlichen Subventionen sind die Verzerrung des Leistungswettbewerbs, die Verhinderung ökonomisch erforderlicher Marktausscheidungen und die Entstehung weltweiter Überkapazitäten. So erreichten die in der IATA zusammengeschlossenen Airlines im Jahre 2001 nur eine Kapazitätsauslastung (weight load factor) von 67,8% für Nurfrachtflugzeuge (IATA 2002, S. 17).
- **Bilaterale Luftverkehrsabkommen:** Staatliche Vorschriften und Verkehrsrechte im internationalen Verkehr führen zu einem beschränkten Marktzutritt. Die Luftverkehrsabkommen bestehen bloß bilateral zwischen je zwei Staaten. Dies führt zu unwirtschaftlichen Pendelverkehren, die zumeist auf den beiden Relationen ungleichmäßig ausgelastet sind („unpaariger Verkehr"). Eine Verbesserung der Kapazitätsauslastung durch Flüge mit einem Zwischenstopp in Drittländern kann wegen der bilateralen Abkommen nicht erreicht werden. Das ab 2008 gültige Abkommen zwischen der EU und der USA ist ein erster Schritt zur Überwindung von bilateralen Verträgen.
- **Beschränkter Marktzutritt:** Obwohl die Luftverkehrsmärkte in den USA und der EU bereits teilweise liberalisiert sind, existieren weiterhin Marktzutrittsschranken, wie die Landerechte von Drittländern, nationale Einschränkungen in der Eigentümerstruktur der Airlines[44] und Vorrechte der (ehemaligen) Flagcarrier

---

[44] Die Lufthansa ist nach dem Luftverkehrsnachweissicherungsgesetz verpflichtet, alle drei Monate eine nach Nationalitäten gegliederte Eigentümerstruktur zu veröffentlichen, um so den in bilateralen Luftverkehrsabkommen und in EG-Richtlinien geforderten Nachweis zu führen, dass das Unternehmen unter deutscher bzw. europäischer Kontrolle steht.

bei der Vergabe von Start- und Landerechten (Slots) und bei der Einrichtung von Abfertigungsstationen auf den Flughäfen. So hält die British Airways 46% der time-slots auf dem Flughafen London-Heathrow.

In der IATA-Statistik wird bei der beförderten Fracht unterschieden in domestic Verkehre und grenzüberschreitende, internationale Verkehre. Während in Europa wegen der vergleichsweise kurzen inländischen Entfernungen die domestic Verkehre nur für periphere Quell- oder Zielgebiete eine Rolle spielen, besitzen sie in den Ländern mit großer Ausdehnung, wie den USA, Russland, China, Indien, Brasilien und Australien, eine hohe Bedeutung. So beträgt der Verkehr innerhalb von Nordamerika den fünffachen Umfang vom Verkehr in Europa (vgl. Abbildung 17.5), der in Europa überdies zum überwiegenden Teil als Luftfracht per LKW gefahren wird (Conway 2003). In den USA wird der domestic Verkehr vor allem durch die Netzwerke der Paketdienstleister (UPS, FedEx) betrieben. Daher steht der Flughafen Memphis von FedEx an der Spitze der Frachtflughäfen weltweit, vgl. Abbildung 17.10. Nach den IATA-Statistiken beträgt das Verhältnis von international geflogener Fracht zu domestic geflogener Fracht ungefähr 60:40, gemessen in beförderten Tonnen (**Verkehrsaufkommen**). In den IATA-Statistiken werden Fracht und Postsendungen getrennt. Der Anteil der Postsendungen an den internationalen Frachtverkehren beträgt ungefähr 1%, gemessen in beförderten Tonnen. Weitere wichtige Größen in den IATA-Statistiken, welche die **Verkehrsleistung** messen, sind die angebotenen und die transportierten Tonnen-Kilometer an Fracht (F-TKO und F-TKT) oder an Fracht und Postsendungen (FP-TKO und FP-TKT) sowie die insgesamt angebotenen und die transportierten Tonnen-Kilometer, einschließlich des Gewichts von Passagieren und Gepäck (TKO und TKT). Aus dem Verhältnis von angebotenen zu bezahlten Tonnen-Kilometern wird der Nutzladefaktor als Prozentsatz bestimmt (IATA 2001, S. 207). Zur Beurteilung der wirtschaftlichen Lage der Airlines sind die Daten zur Kapazitätsauslastung (Nutzladefaktor) und zum Ertrag (Yield) von Bedeutung. Als Yield wird der Durchschnittserlös pro verkaufter Leistungseinheit bezeichnet. Die Leistungseinheiten können sich dabei beziehen auf das Gewicht (tatsächliches Gewicht oder frachtpflichtiges Gewicht) oder auch auf die angebotenen Tonnenkilometer (TKO) oder die transportierten Tonnenkilometer (TKT). In den Analysen von MergeGlobal werden zudem interkontinentale Flüge von Flügen in einer Region (in einem Kontinent oder in einem Liefergebiet wie Asien-Pacific) unterschieden (Clancy und Hoppin 2004). Das Luftfrachtaufkommen der Carrier ist von den Frachtstatistiken der Flughäfen zu unterscheiden. Dort werden die luftseitig eintreffende und die luftseitig ausgehende Fracht und Post erfasst, so dass Transitfracht doppelt gezählt wird. Auch werden Zu- und Abgang von Road-Feeder Fracht (siehe unten) als Luftfracht gezählt und so als Transitfracht doppelt erfasst.

Die Luftfracht wird – neben Charterverkehren – vornehmlich in den von den Airlines aufgebauten weltweiten **Netzwerken** von geplanten Linienflügen transportiert. Durch den Zusammenschluss von Airlines zu Allianzen können die Kapazitäten der einzelnen Linien kombiniert und so die Erreichbarkeit gesteigert und das Netzwerk enger geknüpft werden. So hat z.B. Lufthansa Cargo mit Singapore Airlines Cargo, Japan Airline Cargo und SAS Cargo die Allianz **WOW** gegründet. WOW erreicht mit 43 Frachtern und 760 Passagierflugzeugen 523 Zielflughäfen weltweit mit einem einheitlichen Konzept:

- ein Vertrags- und Ansprechpartner über die gesamte Beförderungsstrecke,
- lückenlose Informationen zum Frachtsendungsstatus,
- gleiche Qualitätsstandards bei allen vier Partnern.

Entsprechend führt Air France Cargo die Allianz **SkyTeam** Cargo mit AeroMexico Cargo, Alitalia, CSA, Delta und Korean Air. Von den Luftfrachtspediteuren wird allerdings an den Allianzen kritisiert, dass ihnen noch ein einheitlicher Auftritt fehle und stattdessen nach wie vor die einzelnen Carrier die Ansprechpartner seien (Karp 2004A).

Man kann den Luftverkehr unter dem Aspekt der eingesetzten Flugzeugtypen unterscheiden, wobei die Wahl des Flugzeugtyps von dem jeweiligen Transportgut abhängig ist. Die Luftverkehrsgesellschaften, bei denen der Transport von Passagieren im Vordergrund steht, nehmen in den Passagierflugzeugen zusätzliche Fracht als Beiladung mit. Die Fracht wird dabei, zusammen mit dem Gepäck der Passagiere, im Unterflurfrachtraum (Lower Deck) befördert, während die Passagiere im Hauptdeck (Main Deck) befördert werden. Die Luftfracht ist damit ein **Kuppelprodukt** des Passagiertransports.

Etwas ungenau wird das Lower Deck auch Belly („Bauch") genannt. Da die Fracht im „Bauch" (Belly) der Flugzeuge befördert wird, nennt man diese Art von Flugzeugtyp auch **Belly-Flugzeug**, und dementsprechend werden die Luftverkehrsgesellschaften, die nur über Belly-Flugzeuge verfügen, Belly-Carrier genannt. Die Ladekapazität der Belly-Flugzeuge liegt, je nach Flugzeugtyp und unterstelltem 100%-igen Sitzladefaktor bei entsprechender Gepäckmitnahme, zwischen 1t und 15t auf einer B747-400 mit einem Laderaum von 72 m^3. Der Nachteil von Belly-Flugzeugen besteht darin, dass gefährliche Güter oder sperrige Güter nicht im Lower Deck transportiert werden können. Mit Hilfe der Belly-Frachtkapazität kann das Kapazitätsangebot der Carrier das dichte Netzwerk der Passagierverbindungen im Linienverkehr von Airline-Allianzen nutzen. Damit sind auch Destinationen mit einem schwachen Verkehrsaufkommen für Luftfracht erreichbar, wofür sonst ein Charterflug eingesetzt werden müsste. Allein für Destinationen mit einem hohen Aufkommen an Luftfracht können Nurfrachtflugzeuge wirtschaftlich im Linienverkehr eingesetzt werden.

Nurfrachtflugzeuge werden ausschließlich von Fluggesellschaften genutzt, die in der Luftfracht ein eigenes Geschäftsfeld sehen (z.B. LH Cargo). Die Zuladungsmenge von Nurfrachtflugzeugen beträgt 15t bei einer Boeing B737, 122t bei einer Boeing B747 und 250t bei einer Antonov AN225. Aufgrund von Volumenbegrenzungen werden diese Zulademengen in der Praxis jedoch nicht immer erreicht. Die folgende Tabelle 17.1 gibt die vier Größenklassen an, nach denen Frachtmaschinen nach Angaben von Boeing eingeteilt werden, und zeigt einige Flugzeugtypen in den Klassen auf.

small unter 30 t	Medium standard body 30 bis 50 t	Medium wide body 40 bis 65t	Large mehr als 65 t
Boeing 727	Boeing 757	Boeing 767	Boeing 747
Boeing 737	Boeing 707	A300/A310	MD-11
DC-9/MD80	DC-8	DC-10-10	DC-10-30
BAe 146		L-1011	A380
			AN 225

Tabelle 17.1: Einteilung von Frachtmaschinen in vier Größenklassen

Über die Verteilung der weltweit geflogenen Fracht auf Belly-Flugzeuge und auf Nurfrachtflugzeuge liegen Statistiken der IATA für das Jahr 2002 vor (IATA 2003, S.25f), die in Verbindung mit den Daten der Tabelle 17.4 zu folgender Tabelle 17.2 führt:

	Domestic	International
Gesamtfracht in Mio. t	12,6	18,8
Davon in Nurfrachtern in Mio. t	7,8	9,7
Anteil der Nurfrachter in % von Gesamt	62	52

Tabelle 17.2: Anteil der Nurfrachter im Jahre 2002

Aus dieser Tabelle geht hervor, dass der Einsatz von Nurfrachtern im Domestic-Verkehr zu 62% der beförderten Tonnage geschieht und im internationalen Verkehr bloß zu 52%.

Aufgrund der IATA-Statistiken kann für einzelne Fluggesellschaften die Verteilung der genutzten Kapazität dargestellt werden. Z.B. die LH Cargo beförderte im Jahre 2001 die Menge von 1.058 Mio. Tonnen Fracht, davon 55,7% auf Nurfrachtflugzeugen und 44,3% auf Belly-Flugzeugen (IATA 2002, S. 109). Die folgende Tabelle 17.3 zeigt die Zusammensetzung der weltweiten Nurfrachtmaschinen weltweit und im interkontinentalen Verkehr auf.

Ladekapazität in Tonnen	Anzahl Frachtmaschinen weltweit	Davon Anzahl Frachtmaschinen weltweit im interkontinentalen Verkehr
> 80	287	268
60-80	232	96
40-60	487	487
25-40	153	27

Tabelle 17.3: Anzahl der Frachtmaschinen weltweit nach Ladekapazität und Einsatzart (Quelle: Clancy und Hoppin 2004)

Einen geringen Anteil an den weltweit angebotenen Frachtkapazitäten haben **Combi-Flugzeuge**, die ihre Fracht nicht nur im Lower Deck, sondern auch in einem abgeteilten Frachtraum im hinteren Teil des Main Decks transportieren. Des Weiteren bietet die Boing B737 QC („Quick Change") die Möglichkeit, ihren Innenraum innerhalb von ca. 45 Minuten von der Passagierversion zur Frachtversion umzurüsten, indem man die Bestuhlung entfernt.

Die Frage, ob der Lufttransport als Belly-Fracht oder in Frachtermaschinen kostengünstiger ist, wird kontrovers beurteilt. So hält das auf Luftfracht spezialisierte Beratungsunternehmen MergeGlobal Frachtermaschinen für die teurere Lösung (Clancy und Hoppin 2004). Dafür spricht, dass im Passagierbereich Überkapazitäten vorherrschen und daher auch Preisnachlässe im Belly-Bereich nahe liegen. Auch kann das Kuppelprodukt Belly-Fracht mit einem Teilkostenansatz kalkuliert werden. Sollte die These, dass Frachtermaschinen für die teurere Lösung darstellen, zutreffen, so lässt sich die Existenz von Frachterlinien nur mit folgenden Argumenten erklären:

- Das Kapazitätsangebot an Belly-Fracht auf bestimmten Linien reicht nicht aus
- Mit reinen Frachtlinien ist eine Entkoppelung der Luftfracht von den Flugplänen der Passagier-Carrier und eine getrennte Gestaltung und Optimierung der Frachtlogistik möglich. Hiervon machen z.B. die Paketdienstleister UPS und FedEx mit

eigenen Frachterflotten Gebrauch. Hingegen ist der Zeitrhythmus der Belly-Fracht an die Flugpläne der Passagier-Carrier gebunden. So entsteht am Flughafen Frankfurt vormittags eine Welle von Abflügen in Richtung Nordamerika und am Abend eine in Richtung Asien.

Die IATA-Statistik zum Luftfrachtverkehr (IATA 2001) spiegelt nur das Luftfrachtaufkommen der IATA-Carrier wider. Gesellschaften, die mit gecharterten Frachtflugzeugen maßgeschneiderte Spezialangebote für die Luftfracht erbringen – wie etwa einzelne Flüge mit voller Auslastung für Großversender[45] - werden nicht erfasst.

17.2 Die Rolle der Luftfracht in der Weltwirtschaft

Wie die Abbildung 17.1 ausweist, lag seit 1961 im langfristigen Mittel die Wachstumsrate des interkontinentalen Handels (gemessen am Wert) erkennbar über der Wachstumsrate des weltweiten Bruttoinlandproduktes (GDP) in konstanten Dollars. Daher nahm das Verhältnis des interkontinentalen Handels zum GDP in den vergangenen 40 Jahren nahezu konstant zu.

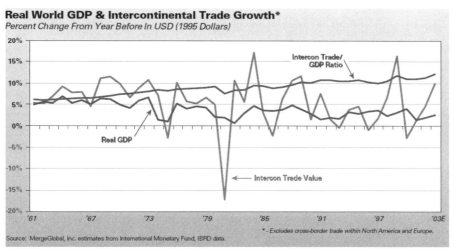

Abbildung 17.1: Weltweites GDP und interkontinentaler Handel (Clancy und Hoppin 2004)

Zu einem großen Teil kann diese Entwicklung des Welthandels mit den wachsenden Exporten Asiens erklärt werden, mit denen sich dieser Kontinent zu einem Zentrum der Konsumgüterproduktion entwickelt hat. Die in Abbildung 17.1 dokumentierte Globalisierung der Märkte ist ein ausschlaggebender Faktor für die zunehmende Bedeutung der Luftfracht in den Logistikkonzepten international tätiger Unternehmen. Vor allem bei der Fertigstellung von Endprodukten sind heute oft große Distanzen zu überbrücken, bei denen unterschiedliche Anforderungen an die eingesetzten Transportmittel, abhängig von der Dringlichkeit und Hochwertigkeit des jeweiligen Gutes, bestehen. Zusätzlich führte der durch die Deregulierung herbeigeführte verstärkte Wettbewerb zum Sinken

---

[45] „wet leasing" einschließlich Besatzung, Versicherung, Wartung.

der Luftfrachtpreise, wodurch das Wachstum des Luftfrachtmarktes einen starken Impuls erhielt. (Beyen und Herbert 1991). Die IATA-Frachtrate für eine Sendung unter 45 kg von Frankfurt/Main nach New York fiel von 15,01 DM/kg (entsprechend 7,7 €/kg) im Jahre 1985 auf 5,91 DM/kg (entsprechend 3,03 €/kg) im Jahre 1999 (Bundesministerium 2000, S. 257).

Die Vorteile der Luftfracht gegenüber anderen Verkehrsträgern aus der Sicht der verladenden Unternehmen sind:

- die kurzen Transportzeiten,
- die große Pünktlichkeit von Luftfrachtsendungen,
- die wegen der geringen Transportbeanspruchung und der schonenden Transportdurchführung niedrigen Kosten für die Transportverpackung,
- die aufgrund der geringen Transportrisiken relativ niedrigen Versicherungsprämien,
- die wegen der kurzen Transportzeiten geringen Kapitalbindungskosten,
- die Möglichkeit der kurzfristigen Beschaffung von Gütern aufgrund der schnellen Luftfrachttransporte.

Wenn man die Kunden des Luftfrachtmarktes betrachtet, ist eine Unterteilung in Kunden, welche die Luftfracht bloß als eine Notlösung bei Produktionsstörungen, Lieferengpässen und Reparaturfällen nutzen, und in Kunden, die Luftfracht als maßgeblichen Bestandteil ihrer Strategien in der Distributionslogistik nutzen, möglich (Stönner 1996). Die wachsende globale Arbeitsteilung führt zur Integration der Luftfracht in die Supply Chain der Unternehmen. Um eine weltumspannende Supply Chain aufzubauen, fordern die verladenden Unternehmen ein weltweites Luftfrachtnetz, damit alle Regionen der Erde mit einer weltweiten maßgeschneiderten Transportlösung gut erreicht werden können (Kraus 1998).

In der Regel müssen Luftfrachtkunden auf Änderungen des Absatzmarktes schnell reagieren. Gerade bei High-Tech-Produkten aus dem Kommunikations- und EDV-Bereich verkürzen sich die Produktlebenszyklen enorm, so dass in diesen Branchen das Hauptgeschäft innerhalb der ersten 6 Monate der Lebensdauer gemacht wird. Insbesondere zählen hierzu Handys mit ca. 1½ Jahren, PCs mit ca. 2 Jahren und Drucker mit manchmal nur einem Jahr Lebensdauer. Da bei diesen und anderen Produkten die schnelle Marktdurchdringung einen wesentlichen Teil des Markterfolges ausmacht, spielen kurze Transportzeiten zunehmend eine größere Rolle für den wirtschaftlichen Erfolg der Produkte. Das gilt besonders für Bekleidungsartikel, die kurze Produktlebenszyklen haben. Um den Ansprüchen der Modebranche gerecht zu werden, hat die Lufthansa Cargo beispielsweise eine eigene spezialisierte Servicekette zwischen den Produktionsstätten in Asien und den Märkten in den USA und Europa aufgebaut (Clancy und Hoppin 2001).

Die sinkenden Produktlebenszyklen sind auch der Grund für die sinkenden Entwicklungszeiten. Dies gilt nicht nur für Produkte aus den eben genannten Branchen, sondern auch für Produkte aus anderen Bereichen wie z.B. der Automobilbranche. Die Luftfracht wird daher in einigen Branchen wegen der kurzen Entwicklungszeiten und der Globalisierung der Produktionsstätten und Märkte zum Transport von Mustern, Prototypen und Testprodukten eingesetzt. Somit wird, aufgrund ihrer Schnelligkeit, die Nutzung der Luftfracht zukünftig für viele Branchen unumgänglich. Die Auslagerung der Produktion von Teilen und vormontierten Komponenten in Niedriglohnländer macht es erforderlich, dass Halbfertigprodukte von einem Kontinent zum anderen transportiert werden müssen. Zudem treten in den letzten Jahren die Fälle zur Auslagerung von kompletten Fertigungen immer häufiger auf.

In der folgenden Tabelle 17.4 wird das rapide Wachstum der weltweit beförderten Tonnage (ausschließlich Postsendungen) in der Luftfracht (domestic und international) des Linienverkehrs der Jahre 1986 bis 2003 und die damit verbundene einhergehende Unterstützung des steigenden Welthandels deutlich.

Jahr	Tonnage in Mio. t domestic und international	Tonnage in Mio. t international
1986	9,1	5,1
1991	14,2	8,2
1995	21,5	12,5
2000	29,6	17,9
2001	28,8	18,0
2002	31,4	18,8
2003	34,5	20,2

Tabelle 17.4: Beförderte Tonnage in der Luftfracht
(Lufthansa 1994, S. 73, Lufthansa 2001, S. 81, ICAO)

Für die Kategorie domestic verläuft der Anstieg von 9,1 Mio. t im Jahre 1986 auf 34,5 Mio. t im Jahre 2003 und entspricht damit einer durchschnittlichen Wachstumsrate von 8,7% p.a. Für die Kategorie international erhalten wir in diesem Zeitraum sogar eine durchschnittliche Wachstumsrate von 9,0% p.a., die das Luftfrachtsegment als einen ausgesprochenen Wachstumsmarkt in der Logistikindustrie ausweist. Die Boeing Company prognostizierte im Jahre 2001 für den Luftfrachtmarkt bis ins Jahr 2019 ein durchschnittliches Wachstum von 6,4% p.a.[46] Die Bedeutung der Luftfracht für den Welthandel wird auch daran erkennbar, dass sie zwar von der Tonnage her weniger als 1% des Welthandels ausmacht, aber vom Warenwert her 40%[47]. Die Menge von 12 Mio. Tonnen im interkontinentalen Verkehr im Jahre 2003, die sich ergibt, wenn man den Anteil von 43% der Gesamttonnage für den interkontinentalen Verkehr ansetzt (vgl. Abbildung 17.5), wird überraschenderweise von der niedrig erscheinenden Zahl von weniger als 1.000 Frachtmaschinen und mit Bellyfracht befördert, wie die Tabelle 17.3 ausweist.

In der Literatur wird häufig die These vertreten, dass die internationale Luftfracht den Tendenzen im Welthandel sehr **volatil** folgt. Die Asienkrise 1998 brachte einen Einbruch und umgekehrt die Hochkonjunktur im Jahre 2000 einen starken Zuwachs, so dass dieses Jahr als Ausnahme gilt. In den Jahren 2001 und 2002 trat jeweils ein Rückgang im Frachtverkehr zwischen den USA und Europa ein, der sich auf 15% gegenüber 2000 summiert[48]. Die Gründe hierfür waren nach Einschätzung des Analyseinstituts Aviainform die nachlassende Konjunktur in den USA, der gestiegene Kurs des Euro im Verhältnis zum Dollar und die Krise nach dem Anschlag vom 11. September 2001. Ins-

---

[46] http://www.boeing.com/commercial/cargo/exec_summary.
[47] Angaben nach IATA-Jahresbericht 2004, S. 15.
[48] Air Cargo World April 2003, S.8.

gesamt wies aber die internationale Luftfracht nach Tabelle 17.4 Wachstum trotz der Krise im Jahre 2001 auf.

Die weltweit beförderte Luftfrachtmenge in 1.000 Tonnen pro Tag in den Jahren 1995 bis 2002 gibt Abbildung 17.2 wieder, die ebenfalls einen nahezu kontinuierlichen Anstieg von 65 Tsd. Tonnen pro Tag im Jahre 1995 auf 85 Tsd. Tonnen im Jahre 2002 darstellt. Diese Daten sind konsistent mit Tabelle 17.4, wo für das Jahr 2002 die Tonnage von 31,4 Mio. Tonnen angegeben und erzielt wird, wenn man 85 Tsd. mit 365 Tagen multipliziert.

Die Tabelle 17.5 gibt die Entwicklung der Luftfrachtsendungen aus der Bundesrepublik Deutschland für die Jahre 1996 bis 2003 wieder. Nach dem Einbruch im Jahre 2001 stabilisierte sich die Wachstumsrate auf niedrigerem Niveau.

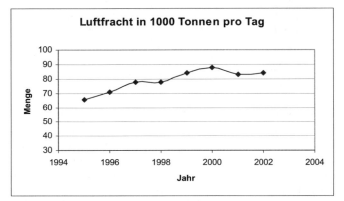

Abbildung 17.2: Weltweit beförderte Luftfrachtmenge in 1.000 Tonnen pro Tag
(Clancy und Hoppin 2001A, 2003)

Im Jahre 2001 betrug der Anteil der Luftfracht am Import nach Deutschland nach der Tonnage 0,1%, aber nach dem Wert 11,3% (Bundesministerium 2003). Geschätzt wird, dass in Deutschland die Wachstumsrate der Nachfrage nach Transportleistungen in der Luftfracht um den Faktor 2,8 über der Wachstumsrate des Bruttosozialprodukts liegt (Ahnert 2001, S. 107).

Jahr	Tonnage in 1.000 t	Zuwachs in %
1996	903	5,0
1997	992	9,8
1998	946	-4,6
1999	996	5,4
2000	1.114	11,8
2001	1.080	-3,1
2002	1.122	3,7
2003	1.155	2,9
2004	1.319	14,2
2005	1.412	7,1
2006	1.552	9,9

Tabelle 17.5: Luftfrachtsendungen aus der Bundesrepublik Deutschland
(Nach Lufthansa 2001, S. 62, Statistisches Bundesamt)

Das folgende Diagramm zeigt die über Luftfracht erfolgten Austauschbeziehungen zwischen den wichtigsten Liefergebieten der Welt im Jahre 2004 in Mrd. F-TKT. In diesem Jahr betrug die Transportleistung in der ganzen Welt 158,6 Mrd. F-TKT. Auffallend sind die hohen Transportleistungen in den Ost-West-Relationen, während die Nord-Süd-Relationen eine geringe Rolle spielen. Auch wird die starke Stellung von Nordamerika deutlich. 75,2 Mrd. F-TKT, entsprechend 47,6% der weltweiten Transportleistung, stammen aus Relationen von und nach Nordamerika. Ebenso ist Nordamerika bei Transportleistungen innerhalb der Regionen führend. Mit 23,5 Mrd. F-TKT sind die Transportleistungen in Nordamerika am höchsten. Demgegenüber sind sie in Europa mit 1,3 Mrd. F-TKT sehr niedrig.

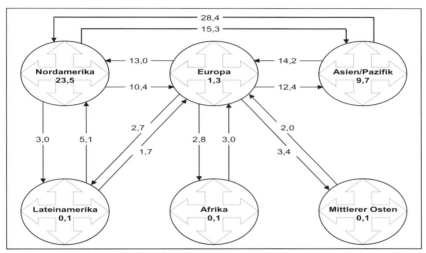

Abbildung 17.3: Transportleistung in der Luftfracht zwischen Liefergebieten im Jahre 2004 in Mrd. F-TKT. Die Zahlenangaben in den Kreisen bedeuten Transporte innerhalb eines Gebiets
(Quelle: Clancy und Hoppin 2005)

In dieser weltweiten Verflechtung von Verkehrsregionen werden zwei Drittel der Verkehrsleistung, die von Frachtmaschinen erbracht wird, der Kategorie large (vgl. Tabelle 17.1 oben) zugeordnet. Die folgende Abbildung 17.4 gibt dazu eine Übersicht des Jahres 2001 mit 155 Mrd. F-TKO als Basis (100%).

Die Abbildung 17.3 mit den Daten in Mrd. F-TKT wird ergänzt von Abbildung 17.5, welche die Verflechtung der Liefergebiete in 1.000 Tonnen pro Tag für das Jahr 2002 angibt mit einer Gesamtmenge von 85.615 Tonnen pro Tag. Im Unterschied zur Messung in F-TKT von Abbildung 17.3, wo sich die großen Entfernungen zwischen Asien und den USA niederschlagen, wird hier deutlich, dass die zwischen den Liefergebieten der Triade Asien, Europa, Nordamerika ausgetauschten Mengen mit ca. 8.000 Tonnen pro Relation weitgehend ausgeglichen sind. Ferner geht aus der Abbildung 17.5 hervor, dass 43% der weltweit beförderten Menge im interkontinentalen Verkehr befördert wird, so dass überraschenderweise weniger als 50% der Luftfracht interkontinental befördert wird.

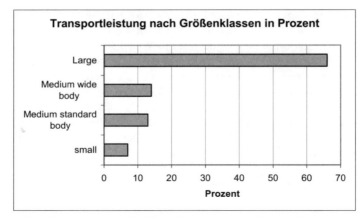

Abbildung 17.4: Verteilung der von Frachtmaschinen angebotenen Transportleistung im Jahre 2001 (nach Boeing Air Cargo Forecast 2001)

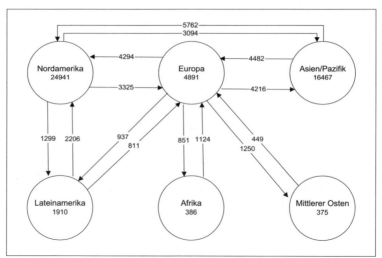

Abbildung 17.5: Lieferverflechtung in Tonnen pro Tag für das Jahr 2002. Die Zahlenangaben in den Kreisen bedeuten Transporte innerhalb eines Gebiets (Quelle: Clancy und Hoppin 2003)

Die folgende Tabelle 17.6 zeigt die Luftfracht nach Lieferrelationen und Produktgruppen im Jahre 2003 in Prozent auf, wobei die Transportleistung der entsprechenden Relation von Abbildung 17.3 die Basis (100%) darstellt. Deutlich wird, dass für die Welt insgesamt Maschinen an der Spitze der Produktgruppen stehen. Für Exporte von Asien sind Lieferungen von Mobiltelefonen, Computern und Bekleidung von hoher Bedeutung (Conway 2004). Auf der Relation von Lateinamerika nach Nordamerika dominieren die verderblichen Güter (Früchte, Gemüse, Blumen und Fische). Auffallend ist auch der hohe Anteil der Kategorie „Andere Produkte".

	AP → NA	NA → AP	AP → EU	EU → AP	EU → NA	NA → EU	LA → NA	NA → LA	Intra-AP	Intra-EU	Intra-NA	Welt gesamt
Bekleidung	18	1	12	1	5	1	6	3	5	3	1	7
Computer	17	7	16	3	3	5	1	11	24	4	8	9
Verderbliche Güter	2	8	4	11	6	11	52	3	10	21	2	11
Zwischenprodukte	6	22	7	21	13	20	3	15	11	21	17	13
Maschinen	14	17	14	22	24	20	5	21	16	12	20	17
Andere Produkte	43	43	47	42	50	43	34	47	35	40	52	43

Tabelle 17.6: Luftfracht nach Lieferrelationen und Produktgruppen im Jahre 2003 in Prozent
AP: Asien-Pacific, NA: Nordamerika, EU: Europa, LA: Lateinamerika
(Quelle: Clancy und Hoppin 2004, S. 28)

17.3 Hubs als Konzentratoren in der Luftfracht

In den Netzwerken der Luftfracht spielt der Umschlag auf sog. Hubs eine zentrale Rolle. Anschaulich kann man sich einen Hub als einen Ort der Konzentration von Passagieren oder Fracht vorstellen. Die folgende Abbildung zeigt den Hub Frankfurt mit dessen Flugverbindungen in Europa auf, die eine Konzentration des Umschlags in Frankfurt ermöglichen.

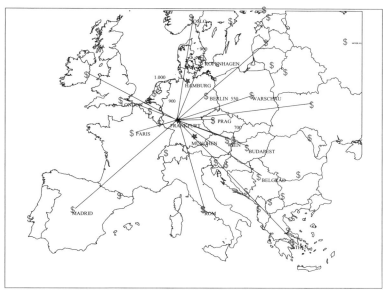

Abbildung 17.6: Der Hub Frankfurt in Europa

Um die Konzentrationswirkung eines Hubs aufzuzeigen, sollen im Folgenden einige grundlegende Begriffe für die Analyse von huborientierten Transportnetzen vorgestellt und deren Vorteilhaftigkeit in verschiedener Hinsicht diskutiert werden. Die grundlegende Funktion von Hub-Netzwerken ergibt sich aus der Konzentrationswirkung in Verbindung mit der Multiplikatorwirkung von Verkehren. Wir machen dies durch Abbildung 17.7 deutlich.

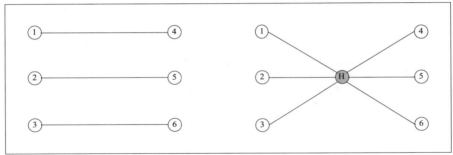

Abbildung 17.7: Multiplikatorwirkung und Konzentrationswirkung von einem Hub H

Wenn eine Airline unter 6 Städten drei Verbindungen unter drei Städtepaaren ermöglicht und dafür 3 Flugzeuge einsetzt (Abbildung 17.7 links) und so unter Einrechnung von Rückflügen insgesamt 6 Relationen bedient, so kann sie durch Einführung eines Hubs H, wo Passagiere umsteigen oder Fracht umgeladen wird, mit 6 Flugzeugen 30 Städtepaare verbinden: Stadt i mit allen Städten j für i≠j, also pro Stadt i 5 Relationen, d.h. insgesamt 6*5=30 Relationen. Wenn der Hub in einer weiteren Stadt 7 liegt, was häufig der Fall ist, kommen noch 12 weitere Relationen hinzu. Die Relation Stadt i zum Hub H wird auch als Speiche bezeichnet und der Hub H als Nabe. Man spricht dann von **Nabe-Speiche-Systemen** (Hub and Spoke im Englischen).

Um eine Hub-Konfiguration von Abbildung 17.7 (rechts) aufzubauen und Umsteigen und Umladen am Hub zu ermöglichen, ist eine zeitliche Abstimmung der Flüge erforderlich. Die Abflugzeiten in den Städten 1-6 sind so zu staffeln, dass die Flugzeuge gleichzeitig im Hub eintreffen, so z.B. um 10:00 Uhr. Wenn man für Umsteigen und Umladen am Hub eine Stunde kalkuliert, können die Flugzeuge ab 11.00 Uhr gestaffelt zu den Städten 1-6 zurückfliegen. In der zweiten Tageshälfte können die entgegengesetzten Relationen angeflogen werden. Auf diese Weise können mit 6 Flugzeugen 30+12 Relationen bedient werden.

Ein Hub ermöglicht damit die Herstellung einer wesentlich größeren Zahl von Relationen als im Direktverkehr, ohne dass die Zahl der eingesetzten Flugzeuge genauso stark steigt. Man spricht von der **Multiplikatorwirkung** von Hubsystemen. Ein weiterer Aspekt ist die **Konzentration** von Verkehren. Während bei Direktverkehren von i nach j nur das Aufkommen auf dieser Relation geflogen werden kann, konzentriert ein Flug von Stadt i zum Hub alle Passagiere (oder Frachtmengen), die von i nach j wollen, i≠j. Die Konzentration von Verkehren wird auch als Economies of Densities bezeichnet. Die Konzentration wird vor allem bei transkontinentalen Fernverkehren deutlich, die zwischen zwei Hubs, etwa Frankfurt und Chicago, vor sich gehen. Liegt solch eine Konfiguration von zwei Hubs vor, so wird der Teil der Sendungen, die ins Zielgebiet eines anderen Hubs gebracht werden sollen, zusammen gefasst, über eine Fernrelation zu diesem Hub gebracht und dort distribuiert (vgl. Abbildung 17.8). Hub-Systeme werden von einzelnen Carrier für ihre Relationen an bestimmten Flughäfen aufgebaut. Abbildung 17.9 zeigt dafür das Beispiel der Lufthansa mit den beiden Hubs Frankfurt und Hong Kong (Mayrhuber 2002).

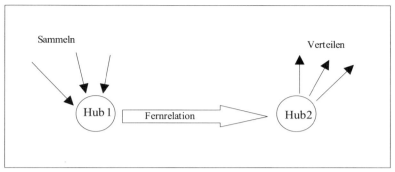

Abbildung 17.8: Netzlayout mit zwei Hubs

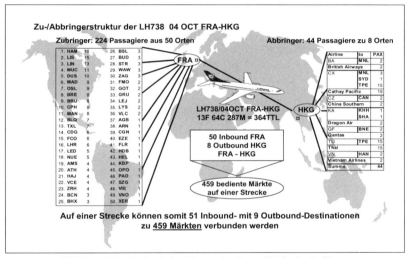

Abbildung 17.9: Luftverkehrs-Netzwerk mit zwei Hubs der Lufthansa

Die Flagcarrier in Europa besitzen ihre Hubs in den Hauptstädten oder in Ballungsräumen mit hoher Bevölkerungszahl:

- der Flughafen Charles de Gaulle bei Paris der Air France-KLM (früher Air France),
- der Flughafen Heathrow bei London der British Airways,
- der Flughafen Frankfurt der Lufthansa,
- der Flughafen Amsterdam der Air France-KLM, (früher KLM).

Diese Hubs sind nach Abbildung 17.10 unter den 20 größten weltweit, gemessen am Frachtaufkommen. Ein weiterer wichtiger Fracht-Flughafen in Europa ist Luxemburg, wo der auf Charterverkehre spezialisierte Carrier Cargolux operiert. Der Flughafen stand im Jahr 2005 auf Platz 26 weltweit. Da die Flagcarrier vor der Deregulierung des Luftverkehrs an ihren Hubs eine Vielzahl von Sonderrechten eingeräumt bekamen, wie günstige Lande- und Abflugzeiten (Slots), eigene Abfertigungssysteme, Wartungskapazitäten und Stellflächen, ist der Wettbewerb an den Hubs stark eingeschränkt. Von

Mayer (2001) werden die betriebswirtschaftlichen Vorteile von Hub-Systemen wie folgt systematisiert:

Vorteil	Wirkung
Multiplikatoreffekte	Mit n Verbindungen zum Hub können n(n+1)/2 Städtepaare verbunden werden
Economies of Densities	Kostendegression aufgrund der Verkehrsverdichtung auf den Speichen und auf den Fernrelationen (höherer Sitzladefaktor bei Passagiertransport)
Economies of Scope	Kostendegression aufgrund von Verbundproduktion
Economies of Scale	Kostendegression durch Einsatz großer Flugzeuge auf den Speichen und auf den Fernrelationen
Online-Verbindungen	Kundenbindung an einen Carrier durch kürzere Reisezeit
Höhere Flugfrequenzen	Steigerung der Nachfrage
Hub- und Routendominanz	Wettbewerbsvorteile durch Markteintrittsbarrieren
Hub-Prämie	Durchsetzung von höheren Preisen

Tabelle 17.7: Vorteile von Hub-Systemen (Quelle: Mayer 2001)

Mit Online-Verbindungen ist gemeint, dass der Fluggast am Hub in ein Flugzeug des gleichen Carriers umsteigen kann. Da die Carrier ihre Hub-Systeme zeitlich optimieren, führt ein Wechsel des Carriers am Hub zu längeren Reisezeiten. Eine höhere Flugfrequenz erschließt ein größeres Kundenpotential, da der Verkehr von alternativen Beförderungsarten abgezogen wird. Die Hub- und Routendominanz ist Ausdruck der starken Stellung der nationalen Carrier an „ihren" Hubs und wirkt als eine Markteintrittsbarriere. Infolge der Vielzahl der angebotenen Relationen am Hub steigt dessen Attraktivität für Reisende, wodurch höhere Preise durchsetzbar werden.

Die hier diskutierten Hubs sind zumeist Passagierhubs. Zugleich kann aber die Luftfracht als Beifracht an dem großen Streckenangebot der Passagierflugzeug-Carrier an den Hubs teilhaben. Die nationalen Carrier haben zudem eigene Luftfrachtterminals an ihren Hubs aufgebaut, von wo sie Bellyfracht und Frachterverkehr abwickeln. Zusätzlich werden an diesen Hubs aber auch die Frachterverkehre von anderen Carriern geflogen. Von den Passagierhubs werden reine **Frachthubs** unterschieden, von denen es weltweit aber nur wenige Beispiele gibt, wie den Paketumschlag von FedEx in Memphis (im Jahre 2003 auf Platz 1 des Frachtumschlages weltweit – vgl. Abbildung 17.10) und Anchorage in Alaska (Platz 4).

Im Umschlag der Luftfracht hat in den vergangenen Jahren eine starke Konzentration auf wenige große Luftfrachtspeditionen und wenige Hubs stattgefunden. Die Hub-Flughäfen haben in starkem Maße die Abfertigung von Luftfracht auf Kosten der nachgeordneten Regionalflughäfen an sich gezogen. So ist das Aufkommen von Luftfracht am Flughafen Hannover im Zeitraum 1998 bis 2003 von 10.000 Tonnen pro Jahr auf 5.000 Tonnen pro Jahr gesunken. An den Hubs haben die führenden Luftfrachtspeditionen eigene Abfertigungsstationen eingerichtet und diese zu eigenen LKW-Hubs ausgebaut. Damit haben sie einen bedeutenden Rationalisierungseffekt in der Transportkette erzielt. Am Hub Frankfurt erzielen die Top 5 der Luftfrachtspediteure 58% des Frachtaufkommens. Hinzu kommen noch 16% der drei Speditionsallianzen Challenge, Future und Iglu. Die speditionseigenen LKW-Hubs auf den Flughäfen sind Teil einer neuen Hub-Strategie der globalen Luftfrachtspediteure (Frye und Steiger 2004):

- Statt der Bedienung vieler mittlerer und kleiner Flughäfen erfolgt in Europa eine Konzentration auf ausgewählte Hubs.

- Langfristige Hubverträge werden nur an strategisch wichtigen Standorten abgeschlossen.
- Das Sammeln und Verteilen der Fracht erfolgt zunehmend mit den LKW-Systemverkehren der Luftfrachtspediteure statt in den Road-Feeder-Netzen der Luftverkehrsgesellschaften.
- Die Konzentration der Abwicklung auf wenige Hubs dient der Steigerung der Prozessqualität und der Verkürzung der Umschlagszeiten.

Auch weltweit hat die Konzentration der Luftfrachtabfertigung auf wenige Flughäfen zugenommen. Von den 500 Flughäfen, die ein Luftfrachtaufkommen melden, hat sich nach Angaben von ACI in den Jahren von 1990 bis 2005 der Median von 25 auf 19 verschoben. Dies bedeutet, dass sich weltweit 50% des Luftfrachtaufkommens auf lediglich 19 Flughäfen konzentriert. Die folgende Tabelle zeigt die umgeschlagene Fracht (Aus- und Einladung plus Post) im Jahre 2005 der 20 führenden Frachtflughäfen weltweit.

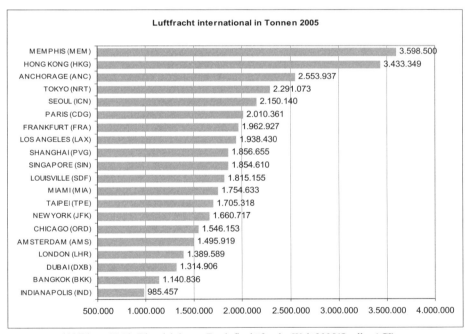

Abbildung 17.10: Die wichtigsten Frachtflughäfen der Welt 2005 (Quelle: ACI)

Im Markt für Luftfrachtleistungen sollen im Folgenden die Segmente

- klassische Luftfracht und
- Expressfracht

unterschieden werden.

17.4 Die Carrier-Spediteur-Kooperation in der klassischen Luftfracht

Das wesentliche Kennzeichen der klassischen Luftfracht besteht darin, dass die Transportleistung in Kooperation von Fluggesellschaft (Carrier) und Luftfrachtspediteur erbracht wird, wobei der Carrier meist in der IATA organisiert ist. Die Spedition fungiert am Markt als Verkäufer von Luftfrachtkapazität für den Carrier. Sie trägt aber nicht das Risiko des Weiterverkaufs von Luftfrachtleistungen, d.h. der Spediteur kann Frachtraum bei den Fluggesellschaften buchen, ist aber nicht verpflichtet, diesen auch zu nutzen. So kommt es dazu, dass Speditionen Frachtraum bei vielen Airlines buchen, aber nur bei einer Airline den Frachtraum tatsächlich nutzen. Der Carrier besorgt den Lufttransport von Flughafen A zu Flughafen B, während die Luftfrachtspedition die Organisation des Vor- und Nachlaufs übernimmt und so die vom Verlader gewünschte Haus-zu-Haus-Lieferung konstituiert. Für die Vermarktung ihres Transportraums sind die Carrier von den Luftfrachtspeditionen abhängig. Zwar besteht der Wunsch der Carrier nach einer vertikalen Integration und einer Direktvermarktung ihrer Leistungen. Dies ist aber bisher nur bei einigen großen Verladern gelungen. Der Versuch von Lufthansa Cargo, an den Luftfrachtspeditionen vorbei ein eigenes Vertriebsnetz aufzubauen, ist jedoch gescheitert. Die Konflikte zwischen Carriern und Spediteuren beziehen sich auf die Höhe der Provisionen, den Zugang zum Sammelladungsgeschäft sowie auf die Einbeziehung von IATA-unabhängigen Carriern (Ihde 2001). Der Wunsch der Carrier nach mehr Direktvermarktung wird dadurch erklärt, dass die Carrier in Leistungssegmente mit hoher Rendite vorstoßen möchten. Sie tragen zwar den größten Teil der Investitionen und des Risikos in der Lieferkette von Haus zu Haus, ihre Rendite aber ist im Unterschied zu denen von Speditionen und IT-Dienstleistern äußerst mager. Die folgenden Abbildungen geben hierzu die Verteilung der Anteile in der Lieferkette an.

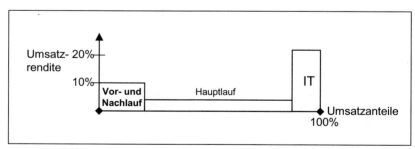

Abbildung 17.11: Zeitanteile und Investitionen in der Lieferkette von Haus zu Haus (nach Kraus 2001)

Abbildung 17.12: Umsatz und Renditen in der Lieferkette von Haus zu Haus (nach Kraus 2001)

Der Anteil der auf die Carrier entfallenden Investitionen beträgt dabei 60-80%, während auf die Speditionen insgesamt nur 20-40% entfallen (vgl. Abbildung 17.11). Dagegen liegt die Umsatzrendite der Carrier (Hauptlauf) bei ca. 3%[49] und die der Speditionen bei 10%. Die höchste Umsatzrendite erzielen die IT-Dienstleister mit ca. 20% (vgl. Abbildung 17.12). Abbildung 17.11 zeigt zusätzlich die zeitliche Verteilung zwischen Vor-, Haupt- und Nachlauf. Hier wird deutlich, dass im Nachlauf mit einem Anteil von 57% noch große Potentiale zur Beschleunigung liegen.

Die Geschäftsfelder des Wettbewerbs zwischen Luftfracht-Speditionen und Carriern werden in folgendem Portfolio systematisiert (vgl. Abbildung 17.13).

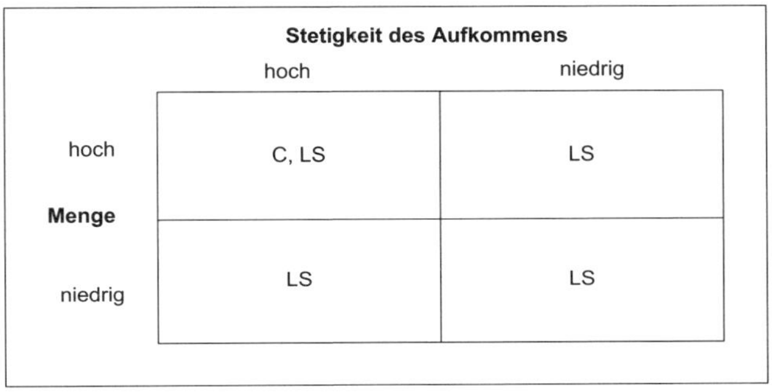

	Stetigkeit des Aufkommens	
Menge	hoch	niedrig
hoch	C, LS	LS
niedrig	LS	LS

Abbildung 17.13: Geschäftsfelder von Carriern (C) und Luftfracht-Speditionen (LS)

In den von der Abbildung aufgewiesenen vier Geschäftsfeldern können Carrier nur bei Großkunden erfolgreich Aufträge akquirieren, die ein großes, kontinuierliches Aufkommen an Luftfracht aufweisen. Für diese Kundengruppe können die Carrier maßgeschneiderte Angebote entwickeln. Für die übrigen Geschäftsfelder sind die Geschäftsmodelle der Luftfracht-Speditionen überlegen, die kleinere oder diskontinuierliche Aufkommen für bestimmte Destinationen konsolidieren können. Um die Konfliktfelder mit den Speditionen zu mildern, hat Lufthansa Cargo spezielle Programme zur Bindung der Luftfrachtspeditionen entwickelt. Die Zersplitterung des Aufkommens auf eine Vielzahl von Speditionen wird daran deutlich, dass Lufthansa Cargo bloß 40% ihres Aufkommens mit ihren acht größten Luftfrachtspeditionen macht (Putzner 2003).

Für die Zuführung der Luftfracht zu den Flughäfen haben sich zwei verschiedene Systeme entwickelt: Einmal das Airline-Trucking und zum zweiten das Spediteurs-Trucking. Das **Airline-Trucking**, das auch als Roadfeeder-System (RFS) oder **Luftfracht-Ersatzverkehr** bezeichnet wird, wird von einem LKW-Spediteur zwischen zwei Flughäfen im Auftrag einer Airline durchgeführt und mit einem Luftfrachtbrief als Lufttransportauftrag belegt. Damit können Airlines Luftfrachtsendungen an kleineren Flughäfen entgegennehmen und sie per LKW zu einem größeren Flughafen (Hub) transportieren lassen, um sie dort als größere Ladung für das Flugzeug zu konsolidieren.

---

[49] Die IATA gibt für die Jahre 1970-2003 eine durchschnittliche Rendite der Carrier von weniger als 3% an, wobei die Volatilität aber sehr groß ist und von +7% im Jahre 1993 bis −5% im Jahre 2001 reicht (IATA-Jahresbericht 2004, S 4).

Bei Transportketten im interkontinentalen Verkehr wird das Airline-Trucking nicht allein für den Vorlauf, sondern auch für den Nachlauf angewendet. Kann eine Airline direkt bei einem Großkunden Aufträge akquirieren, so gestaltet sich die Transportkette noch komplexer, da für das Airline-Trucking zunächst ein LKW-Vorlauf vom Verlader zum nächstgelegenen Flughafen erforderlich ist, bei dem das Airline-Trucking starten kann. Ebenso ist ein LKW-Nachlauf vom letzten Flughafen im Zielland zum Empfänger notwendig. Die Abbildung 17.14 stellt die gesamte Prozesskette dar und zeigt die Vielzahl der Schnittstellen in der klassischen Luftfracht beim Airline-Trucking auf.

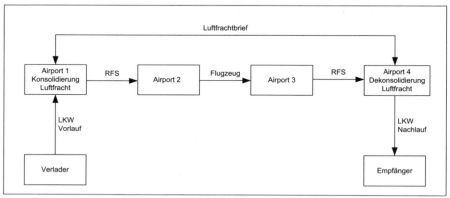

Abbildung 17.14: Transportkette im interkontinentalen Luftfracht-Verkehr

Beim **Spediteur-Trucking** wird die Luftfracht vom Verlader per LKW zum Flughafen des Abfluges transportiert. Hier besitzt der Luftfrachtspediteur die Auswahlmöglichkeit, verschiedene Hubs in Europa anzufahren und die Luftfrachtraten der jeweiligen Carrier mit den Kosten des LKW-Transports in Beziehung zu setzen. Auch kann der Spediteur an Konsolidierungspunkten der Airlines anliefern, wie zum Beispiel dem Flughafen Hahn im Hunsrück als Konsolidierungspunkt der Air France für Lufttransporte ab Paris. Da die Frachtraten der Carrier stark degressiv aufgebaut sind, kann der Luftfrachtspediteur verschiedene Sendungen, die auf der gleichen Airport-Relation und dem gleichen Time-Slot liegen (gleiche Flugnummer), zu einem Luftfrachtauftrag konsolidieren. Darüber hinaus werden dem Spediteur noch bessere Raten eingeräumt, wenn er eine komplett aufgebaute Luftfrachtpalette (ULD) für eine Flugnummer am Frachtterminal der Airline übergibt.

Am Flughafen betreiben die jeweiligen nationalen Carrier an ihren Hubs eigene Frachtterminals, in denen sie die Fracht für die jeweiligen Flugnummern auf Luftfrachtpaletten aufbauen und in die Flugzeuge verladen. Kleinere Fluggesellschaften nehmen für diese Aufgaben die Dienste von Handling-Agenten am Flughafen in Anspruch.

Der Durchsatz in dieser Prozesskette hängt von verschiedenen Faktoren ab, die Frye 2003 in einem Modell zusammengestellt hat. Neuerdings kommen Sicherheitsüberprüfungen der Luftfracht als Zusatzaufgabe zu der Abfertigung am Luftfrachtterminal hinzu. Von den USA wird angestrebt, für Importe in die USA jede Luftfrachtsendung einzeln mit Hilfe der Röntgentechnologie kontrollieren zu lassen. Dies kann zu einer Verzögerung der Prozesskette um einen zusätzlichen Tag führen.

Die Produktion von klassischen Luftfrachtleistungen ist bisher relativ wenig standardisiert und von vielen Ad-hoc-Entscheidungen abhängig. Teilweise arbeiten Spediteure mit bis zu 200 Airlines zusammen und umgekehrt Airlines mit bis zu 600 Spediteuren. Es kommt zu vielfältigen und unterschiedlichen Schnittstellen, die einen transparenten und durchgängigen Informationsfluss nur sehr schwer ermöglichen und komplexe Transportflüsse entstehen lassen (Gottlieb 2000). Während sonst in der gesamten Logistikindustrie der Materialfluss über Barcodes gesteuert und durchgängig kontrolliert wird, ist dies in der klassischen Luftfracht nicht der Fall, woran man ebenfalls den geringen Grad an Standardisierung erkennen kann.

Die Nutzung des Internets durch Luftfrachtspediteure ist noch gering, wie eine Umfrage der IATA unter 2.250 Spediteuren in 21 Ländern im Jahre 2000 aufwies. So nahmen nur 19% der Befragten eine Reservierung über das Internet vor. Die folgende Abbildung 17.15 zeigt Ergebnisse der Umfrage auf.

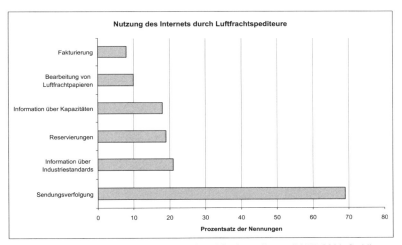

Abbildung 17.15: Internetnutzung durch Luftfrachtspediteure (IATA 2001, S. 44)

Infolge der geringen Internetnutzung besteht für die Luftfrachtspeditionen nur die Möglichkeit, per Telefon oder Fax Frachtraum zu buchen oder Auskunft über den Verbleib der Sendungen zu erhalten, da die Airlines „Insellösungen" und eigenständige Systeme benutzen und der eigentliche Lufttransport eine "black box" darstellt. Die fehlende Transparenz des Marktes führt zu deutlich erhöhten Transaktionskosten. So muss der Spediteur beispielsweise vor der Buchung von Frachtraum per Telefon die Preise sowie aktuelle Flugpläne und Routen erfragen. Somit kann der Spediteur nur mit kostenintensivem Personal- und Zeitaufwand die Transparenz verbessern.

Der Verlader hat den Nachteil, dass sich für ihn die Planbarkeit seiner Transporte erschwert, sowohl im Ausgang wie auch im Eingang. Er hat keinen Einfluss auf die Auswahl der Airline und ist unterschiedlichen Serviceleistungen und Transportlaufzeiten seiner Sendungen ausgesetzt. Dies kann für den Verlader bedeuten, dass der Transport von Sendungen über wechselnde Hubs stattfindet und es somit zu unterschiedlichen Ankunftszeiten der Sendungen kommt.

Folgende Probleme an den Schnittstellen der Transportkette können identifiziert werden:

- kurzfristige Änderung der Kundenwünsche durch interne Terminverschiebungen,
- Änderung der Sendungsgröße, d. h. die Verpackungsausmaße entsprechen nicht der Avisierung,
- unzureichender Frachtraum durch saisonale Schwankungen,
- saisonaler Flugplan, d. h. einzelne Regionen werden nur zu bestimmten Zeiträumen angeflogen,
- Luftfracht muss teilweise über längere Distanzen per LKW befördert werden, da die betreffenden Airlines keine Start- und Landerechte für bestimmte Flughäfen besitzen,
- Airlines nehmen kurzfristige Flugumbuchungen vor, die zur Folge haben können, dass Sendungen mit dem gleichen Bestimmungsort über verschiedene Hubs der Airlines laufen und somit unterschiedliche Laufzeiten aufweisen,
- lange Wartezeiten beim Zoll des Empfangsflughafens, dessen Selbstverständnis der Abwehr von Importen in Konflikt mit dem Aufbau internationaler Supply Chains steht,
- unzureichende Organisation des Nachlaufs, für den die ausführende Airline aufgrund der strikten Arbeitsteilung zwischen Airline und Spedition kein primäres Interesse besitzt (Maruhn 2002).

Die hier dargestellten Störfaktoren an den Schnittstellen erhöhen die Transportzeit in der klassischen Luftfracht und machen den Transport sogar teilweise unmöglich, da eine unzureichende Informationsversorgung aufgrund nicht integrierter Informationssysteme ein frühzeitiges Erkennen von Problemen verhindert. Dies hat zur Folge, dass die Servicequalität sinkt und Logistikkosten und Transportzeiten steigen. Somit können die oben beschriebenen Kundenanforderungen an eine integrierte Supply Chain nur unzureichend erfüllt werden (Helldorf 2000).

Die Vielzahl der Schnittstellen in der klassischen Luftfracht lassen diese für Transporte innerhalb von Europa gegenüber dem LKW wegen der gut ausgebauten Autobahn-Infrastruktur zeitlich nicht wettbewerbsfähig werden. Daher spielt die klassische Luftfracht innerhalb von Europa als geflogene Fracht nur eine geringe Rolle und wird im Wesentlichen nur für Sendungen aus der oder in die Peripherie genutzt. Wenn Luftfracht innerhalb Europas eine wichtige Rolle spielt, dann als **Expressfracht** (vgl. Abschnitt 17.7). Die Deregulierung des europäischen Luftraums in den 90er Jahren hat sich auf die Angebotsstruktur des Luftfrachtmarkts nachhaltig ausgewirkt. Innerhalb Europas wurde der LKW-Transport ausgeweitet, der zu Absaugeffekten zwischen den nur wenige LKW-Fahrtstunden von einander entfernt liegenden internationalen Großflughäfen führte (Conway 2003). Die Zubringer-LKW-Verkehre zu den Hauptflughäfen der nationalen Carrier, wie Frankfurt für LH Cargo oder Paris für Air France Cargo, werden häufig als **Luftfrachtersatzverkehre** durchgeführt. Wenn ein Frachtführer einen LKW im Auftrag des Carriers fährt, dann wird der LKW-Verkehr als Luftfrachtersatzverkehr bezeichnet. Am Flughafen Stuttgart wurde im Jahre 2000 70% der ausgehenden Tonnage als Luftfrachtersatzverkehr gefahren (Veit 2001). Methodisch ist zu beachten, dass in der Luftfrachtstatistik der Luftfrachtersatzverkehr nicht immer gesondert ausgewiesen wird, so dass die in Tonnen ausgewiesene Luftfracht nicht der geflogenen Menge entsprechen muss. Das gut ausgebaute Autobahnnetz in den USA führte bei steigenden Preisen für Luftfracht seit dem Jahre 2000 dazu, dass verstärkt die Sendungen wie in Europa getruckt werden (Karp 2004).

Unterschiedlichen Prozessketten ergeben sich, je nachdem, ob Spediteure die Ware im Flughafen einliefern, ob Luftfrachtspediteure dieses übernehmen und damit zugleich den Umschlag am Flughafen verantworten oder ob Integratoren die Kette bestimmen. Die Rolle der Integratoren wird unten unter dem Abschnitt Expressfracht ausführlich behandelt. Die Geschäftsmodelle im Luftfrachtmarkt mit einem unterschiedlichen Integrationsgrad in der Abwicklung zeigt die Abbildung 17.16 auf.

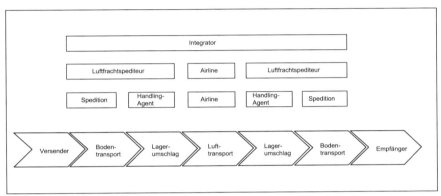

Abbildung 17.16: Geschäftsmodelle im Luftfrachtmarkt mit unterschiedlichem Integrationsgrad

Die folgende Tabelle 17.8 zeigt die Top20 der Luftfrachtspeditionen in Deutschland mit ihren Umsätzen im Jahre 2005 auf (DVZ vom 2.9.2006). Die Prozentangaben des Umsatzes beziehen sich auf den Gesamtumsatz der 188 von der DVZ erfassten Luftfrachtspeditionen in Deutschland, der sich auf die beachtliche Zahl von 937 Mio. € belief. An der Tabelle wird die Zersplitterung auf dem Markt der Luftfrachtspeditionen deutlich. So können die Top20 nur 53% des Gesamtmarktes abdecken.

Die klassische Luftfracht weist verschiedene Spezialsegmente auf, wie den Transport von

- lebenden Tieren,
- gekühlter Ware (Lebensmittel, Medikamente),
- verderblicher Ware (Früchte, Blumen, Gemüse),
- besonders wertvoller Ware (Geld, Edelsteine, Gold) sowie
- überdimensionaler Fracht,

die hier aber nicht näher behandelt werden sollen.

Rang	Unternehmen	Umsatz in Mio. €	in % vom Gesamtumsatz
1	DHL & Exel	134.848.057	14,39
2	Kühne + Nagel	116.704.815	26,84
3	Dachser	29.581.561	29,99
4	K. H. Dietrich	28.914.821	33,08
5	ABX Logistics	20.049.856	35,22
6	Geologistics	17.513.734	37,09
7	Easy Express Air Systems	17.042.648	38,90
8	Geis SDV	16.506.824	40,66
9	Hellmann Worldwide Logistics	15.481.792	42,32
10	J. H. Bachmann	14.579.960	43,87
11	Hartrodt	12.377.674	45,19
12	EGL Eagle Global	12.252.111	46,50
13	Expeditors International	12.090.917	47,79
14	Birkart Globistics	10.412.751	48,90
15	Atege	9.180.073	49,88
16	Kintetsu World Express	8.441.239	50,78
17	Emo-Trans	8.054.025	51,64
18	Gebrüder Hirdes	6.872.599	52,37
19	JAS Forwarding	6.546.928	53,07
20	IGLU	5.020.449	53,61

Tabelle 17.8: Top 20 der Luftfrachtspediteure in Deutschland (Stand 2005)

17.5 Die Laufzeiten in der klassischen Luftfracht

Für eine Integration der Luftfracht in die internationale Logistik sind weniger die Flugzeiten zwischen zwei Airports als vielmehr die Laufzeiten von Haus-zu-Haus entscheidend, die aber in der klassischen Luftfracht unbefriedigend sind. In der Literatur wird seit 1972 von einem nahezu konstanten Durchschnittswert von 6 Tagen gesprochen, die eine Sendung von Haus-zu-Haus in der klassischen Luftfracht unterwegs ist (Schaaf 2001, Bridges 2000). Selbst der CEO von LH Cargo weist auf diesen Wert hin (Jansen 2001). Hier ist aber zu beachten, dass die Methoden und empirischen Daten zur Ermittlung dieses Durchschnittswertes nicht bekannt sind, so dass dieser Wert zweifelhaft erscheint. Allerdings sind Verzögerungen durch den Zoll ein Hauptfaktor für lange Laufzeiten.

Der Durchschnittswert von 6 Tagen ist zumindest für Exporte aus Europa zu hoch, da von der Tonnage, die aus oder nach Europa transkontinental versandt wird, 77% auf den Relationen Nordamerika oder Asien geflogen wird (IATA 2001, S. 16). Für diese Relationen bestehen aber optimierte Ketten. Sendungen für den Großraum New York weisen lediglich Laufzeiten von 2 bis 3 Tagen auf. Wird eine Sendung in Deutschland am Freitagnachmittag bei einem Luftfrachtspediteur eingeliefert, so kann sie am Montagmorgen im Großraum New York zugestellt werden, wie der Verfasser in einer Fallstudie bei dem Versender Sennheiser electronic in Wedemark feststellen konnte. Bei Lieferungen in die USA spielt die Vorverzollung am Versandflughafen, die von Customs Brokern vorgenommen wird, für die Verkürzung der Laufzeit eine wichtige Rolle. Bei Textilexporten von Europa in die USA werden die kurzen Laufzeiten jedoch nicht erzielt, da der US-Zoll die Waren gründlich prüft, um eine Herkunft der Ware aus Asien auszuschließen. Haus-zu-Haus-Laufzeiten von Deutschland nach Hong Kong oder Taiwan betragen 72 bis 96 Stunden, wie der Verfasser in einer Fallstudie bei dem Versender Bayer AG erheben konnte. Importe am Flughafen Shanghai werden aber durch den Zoll um 24 Stunden zusätzlich verzögert.

17.6 Informationsplattformen in der Luftfracht

Um die aufgewiesenen Mängel in der Prozesskette der klassischen Luftfracht zu überwinden, können durchgehende Informationssysteme mehr Transparenz über Angebot und Nachfrage auf dem Luftfrachtmarkt und über den Statuts der einzelnen Sendungen geben. Zu diesem Zweck wurden mehrere Informationsplattformen gegründet, welche die verschiedenen IT-Systeme der in der Lieferkette kooperierenden Akteure, wie

- der Carrier,
- der Luftfrachtspediteure,
- des Zolls,
- der Handlingsagenten und
- der Flughäfen

integrieren. Ein Beispiel dafür ist die Plattform **Traxon**, an die 80 Carrier und 8.000 Luftfrachtspeditionen angeschlossen sind. An Traxon Worldwide ist Lufthansa Cargo mit 25% beteiligt. Aufgrund von verschärften Sicherheitsbestimmungen müssen Begleitdokumente von Luftfrachtsendungen, wie Luftfrachtbriefe und Konsolidierungslisten, vier Stunden vor Ankunft am Zielflughafen in den USA dem US-Zoll übermittelt werde. Über Traxon können diese Begleitdokumente an das Informationssystem des US-Zolls (Air Automated Manifest System) übermittelt werden.

Ein weiteres Beispiel einer IT-Plattform ist **Global Freight Exchange** (GF-X), das einen virtuellen Marktplatz für die Luftfrachtbranche darstellt und 1998 von verschiedenen Airlines und Spediteuren gegründet wurde (Godard 2001). An GF-X ist Lufthansa Cargo mit 18% beteiligt. Schwerpunkt von GF-X ist die elektronische Einbindung der Luftfrachtunternehmen und Logistikdienstleister durch Anbindung ihrer ERP-Systeme. So sind beispielsweise die operativen Flugpläne, die Kapazitätskontrollsysteme und elektronischen Buchungssysteme der Airlines an GF-X angebunden. Dies setzt ein hohes Maß an Vertrauen der Teilnehmer in GF-X voraus. GF-X betont in diesem Zusammenhang seine Neutralität und versichert, dass vertrauliche Daten nicht in die Hand der als Gesellschafter auftretenden Wettbewerber gelangen.

Um eine erhöhte Transparenz und Effizienz zu schaffen, bietet GF-X neben dem elektronischen Dokumentenmanagement Transaktionsunterstützung in allen Phasen des Kaufprozesses. Zusätzlich zum Spot oder Quote Market, der den Nutzern einen Überblick über Produkte und Preise der Airline verschafft, gibt es noch die Möglichkeit, über einen sog. Reverse Market Ad-hoc-Geschäfte abzuschließen. Dies geschieht im Rahmen von Einzelverhandlungen zwischen den Teilnehmern. Der Vorteil für die Spediteure besteht in einer vereinfachten Suche ohne aufwendige Telefonate nach der richtigen Airline, die für ihn die jeweils besten Konditionen bietet (Klophaus 2001). Folgende Leistungsmerkmale von GF-X lassen sich herausstellen:

- Electronic Scheduling and Routing ermöglicht Speditionen, online Flugpläne der Airlines zu vergleichen.

- Intelligente Suche, d. h. Suche nach vordefinierten Kriterien durch den Nutzer, wie z.B. Suche nach Abgangsflughafen, Zielort, Art der Güter oder nach dem günstigsten Preis.

An der Plattform GF-X nehmen folgende Carrier teil:

Global Freight Exchange	
AA Cargo	Iberia Cargo
Air France	KLM Cargo
British Airways World Cargo	Lufthansa Cargo
Cargolux	South African Cargo
Continental Airlines Cargo	Swiss World Cargo
Emirates Sky Cargo	TAP Cargo

Tabelle 17.9: Teilnehmende Carrier an GF-X

Neben GF-X sind weitere Internetportale zur Luftfracht entstanden. Die asiatischen Airlines haben **Air Cargo Exchange** gegründet, mit Cathay Pacific, Japan Airlines, Quantas und Singapore Airlines als Teilnehmern. Hier sind Konflikte mit der Fracht-Allianz WOW erkennbar, da Japan Airlines und Singapore Airlines ebenfalls der WOW angehören, wodurch die WOW-Partner in unterschiedlichen Frachtportalen operieren, wie Lufthansa Cargo im Portal GF-X. Von den nordamerikanischen Carriern wurde das Portal **Cargo Portal Services** gegründet, mit United Airlines Cargo, Northwest Airlines, Air Canada Cargo, Austrian Cargo und KLM Cargo.

17.7 Expressfracht und die Rolle der Integratoren

Eine Konkurrenz für die Partnerschaft von Luftverkehrsgesellschaften und Spediteuren stellen die Anbieter von Expressfracht (Integratoren) dar. Sie bieten Haus-zu-Haus-Dienstleistungen aus einer Hand und kürzere Laufzeiten an. Die Systeme der Expressfracht sind weitgehend getrennt von der Passage. Die Integratoren wie FedEx und UPS sind Beispiele für Unternehmen, die reine Frachtsysteme aufgebaut haben und unabhängig von der Passage sind. Bisher halten die Passage-Airlines noch an dem Konzept fest, Passage und Fracht in einem Gerät zu kombinieren. Damit verbunden ist aber zugleich – wie bei der Eisenbahn – das Prinzip der Vorrangigkeit der Passage vor der Fracht, was auch einen Teil der unbefriedigenden Laufzeiten in der klassischen Luftfracht erklärt. Die Belly-Fracht stellt zusätzlich einen Deckungsbeitrag für Passagegeräte dar und subventioniert damit die Passage. Von daher ist die Passage auf die Belly-Fracht angewiesen (vgl. Clancy und Hoppin 2001). Das Umgekehrte gilt jedoch nicht. Reine Frachtsysteme können unabhängig von der Passage aufgebaut werden, wie das Beispiel der Integratoren zeigt. So wie sich vor 20 Jahren die Paketdienste aus der Stückgutdistribution bei den landgebundenen Frachttransporten herausgebildet und durch diese Herauslösung erstmals industrielle Abläufe ermöglicht haben, wird auch die Herauslösung der Fracht aus der Passage zur Industrialisierung der Luftfracht führen.

Die Integratoren traten Anfang der achtziger Jahre auf dem Luftfrachtmarkt auf und prägten diesen nachhaltig. Zu den bedeutendsten Integratoren zählen die US-amerikanischen Unternehmen FedEx (Federal Express), DHL (Delsey Hillborn Lynn) – jetzt von der Deutschen Post aufgekauft – und UPS (United Parcel Service) sowie das australische Unternehmen TNT (Thomas Nationwide Transport). Das Kerngeschäft dieser Unternehmen ist der Haus-zu-Haus-Verkehr von Dokumenten und Paketen bis zu einer Gewichtsgrenze von ca. 30 kg.

Die angebotene Dienstleistung der Integratoren wird unter den Begriffen Kurier-, Express und Paketdienste (KEP-Dienste) zusammengefasst (vgl. Kapitel 9). Die Integratoren zeichnen sich durch eine einheitliche Organisation aus. Sie verfügen über eine eigene Fahrzeug- und Flugzeugflotte, eine durchgehende IT-Basis und bieten standardisierte Luftfrachtprodukte in Verbindung mit einem eigenen weltweiten Streckennetz an. Das ermöglicht ihnen bei Auftragsannahme, Abholung, Weiterleitung, Sortierung, Verzollung und Auslieferung den gleichen Standard zu erreichen. So besitzt beispielsweise der Integrator DHL 250 eigene Flugzeuge, 18.576 Fahrzeuge, 33 Hubs und Sub-Hubs und 90.000 Bestimmungsorte in 228 Ländern. Der Integrator Federal Express weist eine Flotte von 643 Flugzeugen auf und steht damit, gemessen an der Größe der Flotte, auf Platz 2 weltweit (IATA 2002, S. 53). Welche großen Systeme von den Integratoren aufgebaut worden sind, lässt sich daran aufweisen, dass der Zentral-Hub von UPS in Memphis mit einem Umschlag von 2,49 Mio. Tonnen im Jahre 2000 gemessen an der Fracht-Tonnage weltweit auf Platz eins aller Flughäfen steht (IATA 2001, S. 40).

Die Bedeutung der Integratoren wird auch an folgenden zwei Punkten deutlich: Im Jahre 2003 stehen unter den weltweit 10 größten Fluggesellschaften, gemessen anhand des Frachtaufkommens, auf den Plätzen 2 und 7 Integratoren (vgl. Tabelle 17.10). Die beiden Integratoren UPS und FedEx stehen auf den Plätzen eins und zwei der weltweit größten Logistikdienstleister (Klaus 2003).

	Fluggesellschaft	Beförderte Fracht in 1000 Tonnen
1.	Korean	1.480
2.	FedEx	1.398
3.	China Airlines	1.078
4.	SIA	1.044
5.	Lufthansa	990
6.	Cathay Pacific	875
7.	UPS	872
8.	EVA Airways	735
9.	Air France	680
10.	United Airlines	641

Tabelle 17.10: Die weltweit 10 größten Carrier nach beförderten Fracht-Tonnen im internationalen Verkehr im Jahre 2003 (nach Lufthansa)

Die Leistungserstellung der Integratoren erfolgt durch Sammlung und Verteilung der Güter am Tag, Vorverzollung und Durchführung der Transporthauptläufe in der Nacht. Sie wickeln die Hauptläufe über Hubs ab, die mit scannergestützten Sortieranlagen einen Umschlag in kürzester Zeit ermöglichen (vgl. Management Praxis). An den wichtigsten Flughäfen konnten die Integratoren ihre Laufzeiten verbessern, indem sie in Kooperation mit den jeweiligen Zollverwaltungen eigene Abfertigungsstellen für den Zoll eingerichtet haben.

Der Leistungsschwerpunkt der Integratoren, die über eigene Frachtflugzeuge und eigene weltweite Flugnetze verfügen, wird durch die einheitliche Organisation und das Handling der Sendungen in einem reibungsarm abgestimmten Netz gebildet. Es ist den Integratoren gelungen, den Vor- und Nachlauf zu optimieren, die Abhol- und Lieferzeiten den Bedürfnissen der Kunden anzupassen und die Flüge in ihre Zeitkette zu integrieren.

Sie haben so auf den sich in der Wirtschaft vollziehenden Strukturwandel reagiert, der gekennzeichnet ist durch Güterstruktur- und Logistikeffekte, die eine starke Zunahme von hochwertigen und eilbedürftigen Kleinsendungen bewirken. Ferner haben sie im Gegensatz zur Carrier/Spediteur-Kooperation schon früh Kundenorientierung und Full-Service zum Ausgangspunkt für ihre Dienstleistungsangebote gemacht. Entscheidend für den Erfolg der Integratoren war auch das Marketing-Konzept von einfachen und transparenten Preissystemen, welche die Abrechnung der einzelnen Leistungen in der Transportkette zu einem Preis zusammenfassten. Dadurch konnten die Integratoren den Ansprüchen der Verlader gerecht werden und einen Marktanteil an der internationalen Luftfracht im Jahre 2000 von 9% der Tonnage erringen (Jansen 2001). Allerdings ist die Leistungserstellung der Integratoren kaum flexibel. Sie haben ein Netz mit festen Flugplänen, und ihre Produkte sind hochgradig standardisiert. Die Luftfrachtspeditionen sind in der Leistungserstellung den Integratoren in den Fällen überlegen, wo es um Flexibilität und um maßgeschneiderte Lösungen für den Haus-zu-Haus-Transport geht. Auch bieten sie logistische Zusatzleistungen an, wie Lagerhaussysteme und Mehrwertdienste.

Die erwartete Wachstumsrate der Expressfracht (in Tonnen) bleibt in den nächsten Jahren mit 17% p.a. fast dreimal so groß wie die von Boeing prognostizierte Rate des Gesamtmarktes von 6,4% (Jansen 2001). Wegen dieses damit sichtbar werdenden hohen Marktpotentials der Expressfracht versuchen viele Carrier, an diesen Markt angepasste Produkte anzubieten. So hat die LH Cargo in den vergangenen Jahren Produkte mit Laufzeitgarantien zwischen Flughäfen entwickelt, sogenannte time-definite Services (Jansen 2001), und bietet Großkunden der Telekommunikationsindustrie maßgeschneiderte Lösungen für die gesamte Transportkette an (Siegmund 2001b, Wenz 2001).

In der folgenden Tabelle 17.11 werden die Laufzeiten von Haus zu Haus für Pakete von Frankfurt beispielhaft zu den beiden Interkontzielen New York und Hong Kong, die vom Verfasser im Jahre 2000 bei vier Integratoren erhoben wurden, zusammengestellt, wobei der Laufzeitunterschied zur klassischen Luftfracht deutlich wird.

Integrator	Laufzeit nach New York	Laufzeit nach Hong Kong
Fed Ex	über Nacht, bis 12 Uhr mittags	3 Tage
UPS	1 Tag	3 Tage
TNT	1-3 Tage	2-4 Tage
DHL	1-2 Tage	3-4 Tage

Tabelle 17.11: Laufzeiten von Frankfurt aus von Haus zu Haus

17.8 Sea-Air-Verkehre

Vergleicht man den Luftverkehr mit dem Seeverkehr, so stellt man sofort fest, dass der wesentliche Unterschied der beiden Verkehrsarten in der zeitlichen Dauer des Transports liegt. Die durchschnittliche Beförderungsdauer einer Sendung von Deutschland nach Japan per Schiff dauert etwa einen Monat und per Flugzeug einschließlich Vor- und Nachlauf nur drei bis vier Tage. Diese Differenz wirkt sich besonders auf die Kapitalbindungskosten bei hochwertigen Gütern aus.

Vergleicht man die See- und Luftfracht, so ergibt sich, dass die reinen Frachtkosten bei der Luftfracht 7- bis 10-mal höher liegen als bei der Seefracht (Clancy und Hoppin 2001). Bezieht man jedoch sämtliche Distributions- und Kapitalkosten in die Vergleichsrechnung ein, so relativiert sich dieser Transportkostenvergleich. Dabei liegen im Seeverkehr die Kosten für Exportverpackung sowie die Versicherungs- und Transitbestandskosten (wertabhängige Lieferkosten) wesentlich höher als im Luftverkehr. Es ist im Seeverkehr heute häufig noch üblich, dass die Frachtkostenhöhe in bestimmten Fällen vom Wert der Ware abhängig ist. Selbst in den Fällen, in denen der Schiffstransport preisgünstiger ist, erweist sich die Integration der Schiffstransporte in die transkontinentalen Supply Chains aufgrund der langen Transportdauer dann als problematisch, wenn – wie in der Automobilindustrie häufig der Fall – kleine Konstruktionsänderungen von Teilen oder Komponenten weltweit zwischen den Orten der Produktion und den Montagewerken abgestimmt werden sollen. Ein schneller Austausch von Prototypen per Luftfracht zur Sicherstellung der Kompatibilität der Änderungen ist vor dem Fertigungsanlauf erforderlich.

Im **Sea-Air-Verkehr** werden Schiff und Flugzeug kombiniert, wobei der Hauptlauf sowohl vom Flugzeug als auch vom Schiff übernommen werden kann. Entscheidende Kriterien sind dabei die Kosten und der Zeitfaktor. So ist ein Transport allein mit dem Verkehrsmittel Flugzeug 7- bis 10-mal so teuer wie ein Schiffstransport, während ein Transport mit dem Schiff sehr zeitaufwendig ist. Wenn diese Nachteile für den Verlader nicht akzeptabel sind, bietet sich eine Kombination beider Verkehrsmittel an. So könnte z.B. beim Transport von Japan nach New York die Hauptrelation aufgeteilt werden, indem der Transport von Japan nach Vancouver per Schiff und von Vancouver nach New York per Flugzeug durchgeführt wird. Dadurch werden sowohl Kosten als auch zeitlicher Aufwand reduziert (Grandjot 1998, S. 126). Allerdings ist ein Umpacken der Ware vom See-Container auf Unit Load Devices erforderlich. Der Umschlag von Sea-Air-Verkehren von Asien nach Europa erfolgt in Dubai, von wo aus geflogen wird. Das Angebot an Flugkapazität resultiert aus dem unpaarigen Verkehr von Europa in die Emirate (Wörnlein 1997). Auch ist die Sea-Air-Verbindung von Hong Kong nach Europa bekannt geworden. Infolge der Überlastung des Flughafens Hong Kong weicht man mit dem Schiff auf den nahe gelegenen Flughafen Seoul aus. Der Schiffstransport erfordert einschließlich Umschlag einen Tag.

Nachdem der Sea-Air-Verkehr in den 60er Jahren nur eine Notlösung darstellte, hat er sich heute als eine eigene Transportart etabliert, deren Erfolg von verschiedenen Komponenten abhängig ist. Vor allem die Einführung des Just-in-Time-Konzeptes wirkte sich positiv auf die Entwicklung des Sea-Air-Verkehrs aus, da dabei häufig kleinere Mengen bestellt und transportiert werden und der Transport per Schiff bereits als Zwischenlagerzeit eingeplant werden kann.

Weitere Einflussfaktoren für die Entwicklung der Sea-Air-Verkehre sind die Luftfrachttarife und die Ölpreise. Bei sinkenden Luftfrachttarifen sind mehr Verlader bereit, ihre Sendungen per Luftfracht zu verschicken, und folglich nimmt der Sea-Air-Verkehr ab. Bei steigenden Ölpreisen hingegen drosseln die Reeder aus Einsparungsgründen die Geschwindigkeit ihrer Schiffe, und somit steigen die Sea-Air-Verkehre, da der Zeitverlust beim reinen Schiffstransport zu groß wird (Clancy and Hoppin 2001).

Ein Beispiel für den Einsatz der beschriebenen Transportarten unter Berücksichtigung der genannten Entscheidungskriterien ist die Logistik des Otto Versands. Dieser lässt wegen der Kostenvorteile die von ihm vertriebenen Modeartikel in Südchina herstellen. Von dort werden diese dann über Hong Kong in den Westen verschickt, wobei die saisonale Grundausstattung auf die rund 25-tägige Seereise geschickt wird, während Nachorders (meist mögliche Verkaufsrenner) über die mit 17 Tagen wesentlich schnellere Sea-Air-Kette verschickt werden. Hierbei reist die Fracht zunächst bis nach Dubai per Schiff und wird von dort aus mit dem Flugzeug in den Westen geflogen. Die Produkte, die während der Saison besonders gut laufen, sog. „Repeatorders", werden aus Zeitgründen ausschließlich per Luftfracht verschickt.

17.9 Airportlogistikzentren

Die herausragende Rolle, welche die Luftfracht in der internationalen Logistik einnimmt, führt zu einer Ansiedlung von Airportlogistikzentren in der Nähe wichtiger Flughäfen. Dort ist es möglich, Distributionszentren und Zusatzleistungen für Verpackung, Vormontage, länderspezifische Konfiguration oder sonstige Value Added Services zu implementieren. Bei den Distributionszentren werden unterschieden:

- Distributionszentren, die Waren regional oder länderübergreifend verteilen und über den Luftweg versorgt werden. Hier liegt der Schwerpunkt auf der Inbound-Logistik.
- Distributionszentren, die für die weltweite Ersatzteilversorgung eingesetzt werden. Hier liegt der Schwerpunkt auf der Outbound-Logistik.

Schnelle Laufzeiten werden nicht allein durch die Nähe der Distributionszentren zum Flughafen gewährleistet, sondern auch durch einen optimierten Materialfluss zum und im Flughafen, wobei z.B. automatisierte Systeme für den Durchlauf der Unit Load Devices (ULD) zum Einsatz kommen (Holler 2002, Claussen 2001). Für die Outbound-Logistik ist eine Zuführung der Ware auf vorgepackten ULDs aus den Distributionszentren notwendig.

Als Beispiel für optimierte Abläufe kann das Cargo Center auf dem Flughafen Kuala Lumpur International genannt werden. Dort werden jährlich ca. 325.000 Tonnen Fracht im Ein- und Ausgang abgewickelt. Die Zeit, die eine Sendung im Cargo Center verbringt, liegt dabei im Durchschnitt zwischen sechs und zwölf Stunden. Diese relativ kurze Verweildauer der Sendungen wird durch eine umfassende IT-Unterstützung aller Prozesse erreicht. Je nach Anforderung wird mit dem Flughafensystem, den Airline-Systemen oder den Systemen der Spediteure kommuniziert. Auf der Ebene der Lagerung und Disposition kommen Warehouse-Management-Systeme zum Einsatz. Mit diesen Systemen können ULD-Daten, Flugmanagement, die Einlagerung und Bereitstellung von Sendungen sowie die Zeitfenstervergabe an LKW zum Be- oder Entladen an ausgewählten Toren erledigt werden. Von Gediehn (2001) wird das automatisierte Cargo Terminal der United Airlines in Los Angeles beschrieben. Eine weitere Lösung zur Beschleunigung der Abläufe bieten reine Frachtflughäfen (Cargo Airports), die einen 24-Stunden-Betrieb und eine Entkopplung von der Passage ermöglichen. Als einen

Standort für die weltweite Distribution von Ersatzteilen hat sich der Flughafen Anchorage in Nord-West-Alaska herauskristallisiert, der weniger als 9 Flugstunden von wichtigen Flughäfen der Triade entfernt liegt (Schaaf 2001). Mit 1.884 Mio. t Fracht stand Anchorage im Jahre 2000 auf Platz 5 der in Luftfracht-Tonnen gemessenen größten Flughäfen der Welt (IATA 2001, S. 40).

Management Praxis: Roche setzt im USA-Verkehr auf Air France Cargo[50]

Seit Mitte November 2002 nutzt die zum Basler Pharmariesen gehörende Roche Diagnostics in Mannheim für ihre USA-Verkehre die Frachtkapazität von Air France Cargo. Hauptgrund dafür ist das Produkt „Cohesion", das zugeschnitten ist auf die speziellen Beförderungsbedürfnisse von Großkunden wie Roche.

„Für unsere temperatursensiblen diagnostischen Produkte brauchten wir passgenaue Transportlösungen von Tür zu Tür", beschreibt Schneider das Anforderungsprofil. Weshalb die Roche-Manager vor drei Jahren mit Produktchef Dirk Rabanus von Air France Cargo Deutschland und dessen Verkaufskollegen Jan Rudel sowie mit Werner Legleiter, Luftfrachtchef von Schenker in Mannheim, ins Gespräch kamen.
Als Ergebnis einigte man sich auf trilateraler Basis auf eine einjährige Testphase für Sendungen von Mannheim nach Indianapolis, der Roche-Zentrale für Nordamerika. In dieser Zeit sollte ermittelt werden, ob Air France Cargo im Verbund mit Schenker die zugesagte und von Roche geforderte Performance bei dieser fast täglich stattfindenden Transportkette dauerhaft bringt. Im Falle von Roche Diagnostics geht es um jährlich bis zu 1000 t, „die wir im Zusammenspiel mit Air France Cargo vom Herstellerwerk Mannheim nach Indianapolis befördern", sagt Schenker-Manager Legleiter.

Im Jahre 2003 wurde die Kooperation auf eine dauerhafte Grundlage gestellt und ein „Cohesions-Vertrag" von Roche Diagnostics, Schenker und Air France Cargo unterzeichnet. Diesen hat das Trio inzwischen verlängert, mit einer Laufzeit bis zum 31. März 2005. „Cohesion" ist neben „Equation", „Variation" und „Dimension" eines von vier Kernprodukten der Frachtallianz SkyTeam Cargo, bei dem Verlader, Versender und eine der SkyTeam-Airlines eine längerfristige Transportkooperation vereinbaren. Diese Sendungen genießen Priorität bei der Buchung von Frachtkapazität, weshalb Roche-Manager Edling im übertragenen Sinne von „VIP-Shipments" spricht.

Darüber hinaus werden von Mannheim aus Kunden in 150 Ländern bedient, wobei alles, was nicht in Europa bleibt, per Luftfracht befördert wird. „Die Produkte haben nur eine begrenzte Haltbarkeit, weshalb wir auf schnelle und zuverlässige Transporte angewiesen sind", beschreibt Roche-Logistiker Schneider die Aufgabe. Seefracht kommt für sein Unternehmen daher prinzipiell nicht in Betracht.

Mittlerweile hat sich der Pharmaproduzent von vielen Spediteuren getrennt, mit denen er früher zusammengearbeitet hat. Neben einigen Spezialisten für Sonderaufgaben sind es mit Schenker und Kühne + Nagel nur noch zwei Logistiker, die den globalen Versand der Roche-Produkte koordinieren. In punkto Luftfrachtgesellschaften konzentriert sich Roche, je nach Kontinent und Route, auf die Zusammenarbeit mit Air France Cargo, KLM und Lufthansa Cargo. Dabei zeichnet sich ab, dass Air France gute Chancen auf weitere Kontingente hat, „weil die Gesellschaft mit ihrem Produkt Cohesion genau unsere Beförderungsbedürfnisse erfüllt", sagt Schneider.

Ergänzende Literatur:

Aberle, Gerd (2000): Transportwirtschaft, 3. Aufl., München 2000
Grandjot, H.-H. (1998): Leitfaden Luftfracht, München 1998
Ihde, Gösta B. (2001): Transport, Verkehr, Logistik, 3. Aufl., München 2001

---

[50] DVZ vom 31.8.2004

18 Eisenbahnlogistik

18.1 Die Privatisierung der Bahn

In den 90er Jahren wurde die Deutsche Bundesbahn von einem Unternehmen, das sich im Bundesbesitz befand, behördenähnlichen Charakter trug und Defizite im Milliardenbereich pro Jahr erwirtschaftete, zu einem modernen Dienstleistungsunternehmen umgeformt. Dazu gehörte die Umwandlung in eine private Rechtsform und die Aufteilung in die Bereiche Netz, Personen- und Güterverkehr. Der Unternehmensbereich Güterverkehr firmierte bis zum Jahre 2004 unter der Bezeichnung DB Cargo. Danach wurde der Unternehmensteil von DB Cargo, der den Zugbetrieb verantwortet, als Railion umfirmiert, während die eigentlichen logistischen Dienstleistungen auf diesem Schienennetz nun von der Bahntochter Stinnes AG angeboten werden. Diese gesamte Unternehmenskonstruktion wird durch die Holding Bahn AG zusammengehalten. Die Ziele der Umformung der klassischen alten Bundesbahn in ein modernes Dienstleistungsunternehmen mit verschiedenen Unternehmensbereichen bestanden darin, die dauerhafte Abdeckung von Defiziten im Milliardenbereich aus dem Bundeshaushalt zu beenden und das Unternehmen in die Gewinnzone zu führen, aber auch darin, das Streckennetz für private Anbieter zu öffnen. Als Folge dieser Politik haben sich nun zahlreiche Privatbahnen auf diesem Netz etabliert, die zum Teil von großen Produktionsunternehmen betrieben werden, wie zum Beispiel von der BASF das Bahnunternehmen Rail4Chem oder die BalticLine von Kali+Salz. Nach einer Marktstudie der Deutschen Logistikzeitung boten im Jahre 2004 25 Privatbahnen Leistungen an Dritte an. Der dominierende Anbieter ist aber noch Railion. So wurden im Jahre 2001 278 Millionen Tonnen von der Railion befördert gegenüber 46 Millionen Tonnen von Privaten. Allerdings ist die Zahl der Privatbahnen, die nicht als Hafen- oder Hüttenbahn auf dem Werksgelände fahren sondern im öffentlichen Verkehr, nur schwer ermittelbar, da die Abgrenzung zu privaten Carriern, die als „Operateure" Züge anmieten, schwierig ist. Wenn im Folgenden von der „Bahn" gesprochen wird, ist damit das Transportsystem gemeint und nicht ein spezielles Bahnunternehmen.

18.2 Die Bahn im Wettbewerb mit anderen Verkehrsträgern

Die Bahn befindet sich als Anbieter von Leistungen für den Güterverkehr in einem Wettbewerbsverhältnis zu anderen Verkehrsträgern. Hier sind die Binnenschifffahrt, der LKW-Verkehr, der Rohrleitungstransport und der Luftverkehr zu nennen. In der Tabelle 18.1 ist die Entwicklung des Verkehrsaufkommens dieser Verkehrsträger in den Jahren 1991 bis 2005 zusammengestellt. Seit dem Jahre 1991 hat die Bahn an andere Verkehrsträger Marktanteile verloren. Er fiel von 10,9% auf 7,9% im Jahre 2005. Auch absolut fiel die beförderte Tonnage von 415,5 Mio. t im Jahre 1991 auf 317,2 Mio. t im Jahre 2005 (einschließlich Privatbahnen). Das von der Verkehrspolitik seit den 60er Jahren des 20. Jahrhunderts immer wieder neu formulierte Ziel, Güter vom Straßengüterfernverkehr auf die Schiene zu verlagern, muss daher als nicht erreichbar angesehen werden.

Jahr	Gesamt	Eisenbahn	Binnen-schifffahrt	Seeverkehr	Luftverkehr	Straßen-verkehr	Rohr-leitungen
1991	3.794.731	415.500	229.967	149.729	1.544	2.9187.00	79.291
1995	4.208.203	333.100	237.884	201.029	1.992	3.347.000	87.198
2000	4.125.842	309.380	242.223	238.254	2.387	3.244.200	89.398
2005	3.991.055	317.294	236.765	280.972	3.036	3.057.500	95.488

Tabelle 18.1: Güterverkehr in der BRD nach Verkehrsträgern in 1000t
(Quelle: Statistisches Bundesamt, Fachserie 8, Reihe 1.2, Verkehr im Überblick 2005)

Um den Güterverkehr profitabel zu machen, wurde von DB Cargo im Jahre 2000 das Sanierungsprogramm MoraC (Marktorientiertes Angebot Cargo) initiiert. Damit gibt die DB Cargo die verlustbringenden Einzelwagentransporte auf und konzentriert sich in erster Linie auf 319 Großkunden, die ihr 85% des Verkehrsaufkommens brachten und zusätzlich noch auf 500 mittelgroße Kunden, die 10% des Verkehrsaufkommens ausmachten. Damit zog sich die DB Cargo weiträumig aus der Fläche zurück und gab rund 650 Güterverkehrsstellen, wie kleine Bahnhöfe und Industrieanschlüsse, auf.

Seit den vergangenen 40 Jahren ist dieser Rückzug der Bahn aus der Fläche zu beobachten. Früher unterhielt die Bahn in der Bundesrepublik Deutschland 4.000 Bahnhöfe, an denen Stückgut umgeschlagen werden konnte. Durch die große Zahl dieser Stückgutbahnhöfe war die Bedienung der Fläche weitgehend sichergestellt. Das Stückgut konnte mit den Standard-Aluminiumbehältern (Collicos, vgl. Kapitel 20) effizient umgeschlagen werden. Die Laufzeit im System bis zur Ankunft auf einem der 4.000 Stückgut-Bahnhöfe betrug 24 Stunden und entsprach damit weitgehend auch heutigen Vorstellungen von Schnelligkeit. Bevor sie auf LKW-Spediteure überwechselten, haben viele Versender, wie z.B. Ersatzteildistributeure der Autoindustrie, das dichte Netz der Stückgutbahnhöfe genutzt, um auch die eilige Versorgung mit Gütern in der Fläche sicherzustellen. Dieses System der Stückgutversorgung ist heute durch die Systemverkehre der großen LKW-Stückgutspeditionen vollständig ersetzt worden (vgl. Kapitel 16).

Wie die Tabelle 18.1 zeigt, ging das Verkehrsaufkommen der Bahn seit 1991 zurück, während der LKW-Verkehr zunahm. Die Gründe hierfür sind darin zu suchen, dass Fertigwaren besonders LKW-affin sind, da diese mit dem LKW flexibel, ohne Umschlag und mit geringem Zeitaufwand vom Werk bzw. von einem Distributionsknoten zu den Kunden verteilt werden können. Das gilt auch für Fertigwaren im Bereich der Beschaffungslogistik der großen Industrieunternehmen (vgl. Kapitel 12). Hingegen verbleibt der Bahn der Güterteil der Grundstoffindustrie wie Baumaterial, Stahl, Heizöl und landwirtschaftliche Produkte. Bei diesen Güterarten ist aber keine Steigerung des Volumens zu erkennen. Damit geht der Güterstruktureffekt zu Lasten der Bahn.

Die besonderen Systemstärken der Bahn liegen in Ganzzugeinheiten und im Kombiverkehr auf ausgewählten Relationen (siehe unten). Das Angebot von Ganzzügen ist allerdings für die Distributionslogistik in vielen Fällen zu unflexibel, da es sich bei dieser um die Versendung von kleineren Partien in weit gestreute Destinationen handelt. Diese Aufgabe ist besser vom LKW zu erfüllen. So wurde auch das für Stückgut typische Produkt der Bahn AG, der Intercargo Verkehr, in den 90er Jahren aufgegeben.

18.3 Die mangelnde Kundenorientierung von Railion

Ein Grund für das schlechte Abschneiden der Railion, der Nachfolgeorganisation von DB Cargo, auf dem Sektor des Güterverkehrs ist die mangelnde Orientierung am Kundennutzen. Nach einer Umfrage der Deutschen Logistikzeitung werden von den Spediteuren folgende Punkte am Leistungsangebot von Railion bemängelt:

- **Transportdauer:** Viele Befragten bemängelten die lange Transportdauer im Vergleich zum LKW.
- **Preise:** DB Cargo hatte im Jahre 2003 die Preise so weit erhöht, dass viele Bahnnutzer auf den LKW übergegangen sind.
- **Haftung und Beschädigung:** Bemängelt werden zu hohe Schadensquoten beim Bahntransport und zu schlechte Haftungsbedingungen auch für indirekte Schäden, so zum Beispiel Wartezeiten für Trucking-Fahrzeuge bei Verspätungen oder bei Fehlleitung der Abholung an andere Terminals.

Das Problem der langen Transportzeiten ist für Railion nur schwer lösbar, da die Hauptstreckenverbindungen zwischen den Wirtschaftszentren in Deutschland an vielen Stellen überlastet sind, so zum Beispiel die Verbindung Frankfurt-Basel. Ferner kommt hinzu, dass auf dem Netz der DB Netz AG die Personenzüge und hier insbesondere die Nahverkehrszüge Vorrang vor dem Güterverkehr besitzen. Da aber keine eigenen für den Güterverkehr reservierten Strecken in den Ballungsgebieten existieren, kommt es hier im Berufsverkehr zu hohen Wartezeiten für die Güterzüge. Der Neubau von Bypass-Strecken für den Güterverkehr verursacht aber prohibitive Kosten für die Netz AG, so dass dieser unterbleibt und mit den Engpässen gelebt werden muss.

Wenn in der Vertriebslogistik die Entscheidung zwischen Versand mit Railion und dem LKW-Versand gefällt werden soll, so wird häufig die letztere Versandform gewählt. Die Gründe für dieses Entscheidungsverhalten liegen darin, dass der Versand mit Railion ein spezielles eisenbahntechnisches Know-how erfordert, das in den Versandabteilungen häufig nicht mehr vorhanden ist. Deswegen wählt man den einfacheren Weg mit dem LKW. Das spezielle versandtechnische Know-how für den Eisenbahntransport ist in der hohen Komplexität des Transportangebotes von Railion und den gestuften Preissystemen zu sehen. Railion bietet insgesamt 15 verschiedene Güterwagengattungen an und in jeder Gattung noch diverse Typen. So werden 8 verschiedene gedeckte Güterwagen in der Güterwagengattung "gedeckt" angeführt. Innerhalb der gedeckten Güterwagen gibt es dann noch verschiedene Klassen an Tragkraft in Tonnen. Die Produktmerkmale für den Einzelwagenvertrieb werden zusätzlich noch unterschieden in die Angebote "Classic", "Quality" und "Prime". Insgesamt erhält man ein komplexes Auswahlfeld von ca. 1.000 Alternativen. Analog verhält sich das Angebot bei den Ganzzügen, wobei die Produktmerkmale im Binnenverkehr in "Plan-Train", "Vario-Train" und "Flex-Train" gestuft werden, die sich in verschiedenen Bestellfristen unterscheiden.

18.4 Die Zersplitterung der Bahnen im geeinten Europa

Ein weiteres Problem für den Güterverkehr mit der Bahn stellt die europäische Einigung dar. Bisher sind die Bahngesellschaften in Europa ausgeprägt nationale Gesellschaften im Besitz der jeweiligen Staaten, was eine europaweite Umlaufplanung von Güterwagen und Lokomotiven verhindert. Als ein Hindernis für die Planung von grenzüberschreitenden Verkehren ergibt sich, dass jede Bahn ihr **Preissystem** separat gestaltet. Die anfallenden Nebengebühren sind intransparent, und über Haftung, Vertragslaufzeiten und Zahlungsbedingungen gibt es unterschiedliche Auffassungen. Der Markt für **Bahntechnik** in Europa ist sehr stark in die einzelnen Länder zersplittert, mit der Folge von unwirtschaftlich kleinen Fertigungslosen. In der Bahntechnik liegen europaweit 11 Stromsysteme und 15 verschiedene Betriebsleitsysteme vor. Die folgende Abbildung zeigt die geographische Verteilung der Bahnstromsysteme in der EU25 auf.[51] Man beachte jeweils zwei Systeme in Frankreich und England.

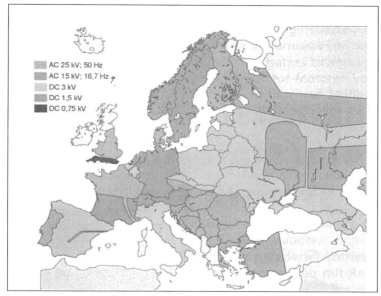

Abbildung 18.1: Bahnstromsysteme in der EU25

Zur Zersplitterung der europäischen Bahnen tragen darüber hinaus nationale Regelwerke für den Betrieb der jeweiligen Bahnen und die nationale Sprache für die Kommunikation im Bahnbetrieb bei – während im Luftverkehr längst Englisch gesprochen wird. Auch sind die zulässigen Achslasten in den nationalen Netzen unterschiedlich, sodass Güterwaggons nicht wirtschaftlich ausgelastet werden können. Die Zersplitterung macht einen Wechsel von Lokomotiven und Betriebspersonal an den jeweiligen Grenzen erforderlich mit der Folge von langen Aufenthalten. Die Verbindungen über die Alpen zeigen die Schwachstellen dieser Zersplitterung auf. Da an den Grenzen die neuen Lokomotiven und Besatzungen häufig nicht rechtzeitig bereitstehen, haben 50% der grenzüberschreitenden Güterzüge über die Alpen Verspätungen von über 30 Minuten. Ähnliche Daten weist eine Untersuchung der UIRR über den grenzüberschreitenden Verkehr in Europa aus. Obgleich die Schienen-Verbindungen über die Alpen besondere Engpässe im europäischen Bahnnetz darstellen, können sie aber nicht effizient genutzt werden, da wegen des Fehlens einer automatischen Kupplung in Europa keine extralan-

---

[51] Aus: Elektrische Bahnen, Heft 6, 2003, S. 262

gen Güterzüge eingesetzt werden können, während in den USA bereits seit 100 Jahren von den Vorteilen der automatischen Kupplung Gebrauch gemacht werden kann.

Von der Europäischen Kommission wird ein European Train Control System vorgeschlagen, das den freizügigen Einsatz von Lokomotiven in Europa ermöglichen soll (Hürlimann 2006). In Europa müsste hierfür das Kernnetz von 75.000 Kilometern mit dem radiobasierten System ausgestattet werden mit einem Aufwand von 6 Mrd. Euro pro Jahr über einen Zeitraum von 20 Jahren. Vor diesen Zusatzausgaben scheuen aber die europäischen Bahngesellschaften zurück, da sie davon keinen direkten Nutzen haben. Insgesamt ergibt sich damit das Bild, dass in Europa die Bahnen in einer nationalen Falle sitzen und schwer zu einem europäischen Netzwerk zusammenwachsen können.

In Europa steigt aber das Güterverkehrsaufkommen – bedingt durch den europäischen Binnenmarkt und den Beitritt von mittel- und osteuropäischen Ländern zur EU – erheblich an. Die Hauptverkehrsachsen von Kopenhagen bis Lissabon und von Glasgow bis Athen sind heute schon teilweise überlastet. Das Transportaufkommen auf den wichtigsten europäischen Strecken stößt an die Kapazitätsgrenzen. In dieser Situation könnte ein leistungsfähiger Güterverkehr der Bahnen die dringend erforderliche Entlastung der Straße herbeiführen. Gelingt es aber dem Bahntransport trotz hoher Investitionen der Staaten der EU nicht, sich in den nächsten 5 bis 10 Jahren auf dem europäischen Markt durchzusetzen, so droht aus der Sicht der Europäischen Kommission dem Gütertransport mit der Bahn ein Fall in die Bedeutungslosigkeit.

Ein weiteres Problem für die Eisenbahngesellschaften besteht in dem langsamen technologischen Fortschritt der Bahntechnik, die mit der negativen Netzwerk-Externalität erklärt werden können. Während bei den LKW-gestützten Transportsystemen der technische Fortschritt schrittweise in jedem Jahr bei den neu zugelassenen LKW inkorporiert werden kann, ist dies in der Bahntechnik nicht der Fall. Wenn zu neuen Systemen übergegangen wird, muss für das gesamte Netz eine einmalige Investition getätigt werden, die sehr hoch ist. So verfügt die Railion AG über 130.000 Güterwagen. Diese mit neuen Technologien leistungsfähiger zu machen, erfordert eine entsprechend hohe Investition. Die Umrüstung auf lärmarme und schienenschonende Bremsen würde allein die Summe von 5 Mrd. € kosten und unterbleibt daher. Auch konnte Railion erst 13.000 Güterwagen des Gesamtbestandes von 130.000 Güterwagen mit dem GPS-System ausstatten, um eine europaweite Ortung der einzelnen Wagen zu ermöglichen. Diese Technologie ist Voraussetzung für Tracking-and-Tracing-Dienstleistungen, wie sie die Paketdienste schon seit 15 Jahren den Kunden anbieten. Die langen Innovationszyklen machen auch die Investitionsentscheidungen prekär, wie die Diskussion um die 20 Jahre währende Erneuerung des European Train Control Systems deutlich macht. Angesichts der schnellen Fortschritte in der Telekommunikation und Mikroelektronik sind Innovationszyklen von 20 Jahren in der Bahntechnik eine zu lange Frist. Würde man im Jahre 2008 mit dem Investitionsvorhaben starten, so wäre es im Jahre 2028 abgeschlossen. Damit wäre dann im Jahre 2028 ein um 20 Jahre rückständiger Technologiestandard des Jahres 2008 verwirklicht. In der Innovationspolitik erleidet die Bahn damit eine negative **Netzwerk-Externalität** (vgl. Kapitel 1).

18.5 Der Kombiverkehr mit der Bahn

Als **Kombinierter Verkehr** (KV) wird in der Logistik der Transport von Gütern auf Ladungsträgern von einem Quellgebiet in ein Zielgebiet verstanden, bei dem die Ladungsträger im Verlauf des Transportes den Verkehrsträger wechseln, die transportierten Güter aber im Ladungsträger verbleiben. Auf diese Weise wird eine Rationalisierung des Güterumschlags in der Transportkette erzielt, die erstmals im Hafenumschlag in den 60er Jahren angewandt wurde (vgl. Kapitel 19). Als Ladungsträger seien hier ein ISO-Container, eine Wechselbrücke oder ein Sattelauflieger verstanden. Rein formal lassen sich verschiedene Kombinationen zwischen den Verkehrsträgern darstellen, so die Kombination Schiff/Bahn, Bahn/LKW und Schiff/LKW. Auch kann das Flugzeug einbezogen werden. In der Praxis haben sich jedoch für den Kombinierten Verkehr die Transporte mit dem Binnenschiff bzw. der Bahn auf langen Entfernungen („Hauptlauf") und Vor- und Nachläufe mit dem LKW als besonders relevant herausgebildet. An dieser Stelle soll der Kombinierte Verkehr mit der Bahn für den Hauptlauf betrachtet werden.

Im Kombinierten Verkehr werden die Systemstärken von LKW und Bahn kombiniert. Die Sammel- und Verteilverkehre in der Fläche werden mit dem LKW vorgenommen, während große Distanzen als Hauptlauf mit Güterzügen überwunden werden. In den als KV-Terminals bezeichneten Umschlagterminals wird der Wechsel LKW/Bahn vorgenommen. Die Abbildung 18.2 verdeutlicht diesen Zusammenhang.

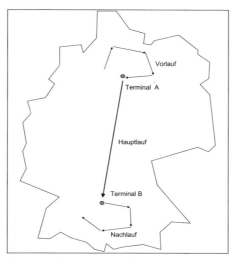

Abbildung 18.2: Prinzip des Kombinierten Verkehrs

Bei den abgewickelten Transporten sind

- Containerverkehre (Ladungsträger ist der Container) und
- Huckepackverkehre, bei dem ein kompletter LKW oder ein eigenständiger LKW-Teil, wie ein Sattelauflieger oder eine Wechselbrücke, auf einen Eisenbahn-Waggon aufgestellt wird,

zu unterscheiden.

Der Umschlag der Container, LKW und LKW-Auflieger findet an KV-Terminals statt. Je nach Ladetechnik werden folgende Kombisendungen unterschieden:

- **Begleiteter kombinierter Verkehr, Technik A**: Ein Lastzug oder Sattelzug bis 40 t Gesamtgewicht wird durch Auffahren auf einen sehr niedrigen Spezialwaggon verladen. Die LKW-Fahrer reisen in einem Liegewaggon mit. Diese Technik wird auch als rollende Landstraße bezeichnet (Ro-La-Verkehr).
- **Unbegleiteter kombinierter Verkehr, Technik B**: Ein Sattelauflieger bis 33 t Gesamtgewicht wird von einem Kran verladen.
- **Unbegleiteter kombinierter Verkehr, Technik C**: Zwei Wechselbrücken oder Container zu je 16 t und bis 15,65 m Gesamtlänge oder ein Wechselbehälter oder Container bis 33 t werden von einem Kran auf einen Waggon verladen.

Auf innerdeutschen Strecken gibt es nur den unbegleiteten Kombinierten Verkehr. Die Technik B wird selten angewandt, da über 90% der Sattelauflieger nicht kranbar sind.

Die folgende Abbildung 18.3 zeigt die Verteilung von KV-Terminals auf, die von der DUSS – der Deutschen Umschlagsgesellschaft Schiene-Straße – betrieben werden. Im Jahre 2003 hat die DUSS die Terminals der DB Netz AG übernommen und dafür der DB Netz AG 75% ihrer Anteile überlassen. Daneben bestehen noch weitere, von Kommunen oder Privatunternehmen betriebene KV-Terminals in Güterverkehrszentren, wie das Terminal in Kassel (vgl. Kapitel 24).

Abbildung 18.3: Die Terminals der DUSS

Der doppelte Umschlagsaufwand bei Vor- und Nachlauf führt im Kombinierten Verkehr zu großen Umschlagskosten und langen Wartezeiten, weswegen der Kombinierte Verkehr für kurze Strecken unwirtschaftlich ist. Als untere Grenze für eine wirtschaftliche Abwicklung des Kombinierten Verkehrs wird in der Literatur die Entfernung von 300 km im Hauptlauf genannt. Für Verkehre mit den Häfen als Quell- oder Zielgebiet („Hinterlandverkehre") entfällt am Hafen der Vor- oder Nachlauf mit dem LKW, weswegen diese Form des Kombinierten Verkehrs besonders wirtschaftlich und zeitsparend ist. Die Abbildung 18.4 verdeutlicht diesen Zusammenhang. Die Hinterlandverkehre sind Teil einer Transportkette, welche als Sonderfall gleich drei Verkehrsträger kombiniert: Das Seeschiff, die Bahn (bzw. das Binnenschiff) und den LKW.

Die Transportmengen des Kombinierten Verkehrs werden in verschiedenen Maßen gemessen, so dass statistische Angaben nicht unmittelbar vergleichbar sind. Man verwendet Tonnen, Stückzahlen, TEU, Sendungen oder Ladeeinheiten. In TEU werden die Verkehre mit ISO-Containern gemessen, die als Hinterlandverkehre die Seehäfen bedienen; im internationalen Seeverkehr werden die ISO-Container eingesetzt, die eine Länge von 20 Fuß oder 40 Fuß aufweisen (vgl. Kapitel 19). Ein TEU ist eine "twenty foot equivalent unit" und rechnet einen 40-Fuß-Container auf 2 TEU um. Eine Sendung entspricht der Ladung eines LKW-Zuges von zwei mal sieben Metern oder eines Aufliegers von 13 Metern. Eine Ladeeinheit ist entweder ein 20-Fuß-Container oder eine Wechselbrücke von 7 Metern. Man rechnet nach Angaben der UIRR, dass eine Sendung ca. 1,6 Ladeeinheiten oder 2,3 TEU entspricht.

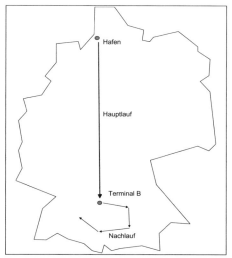

Abbildung 18.4: Prinzip des Hinterlandverkehrs

Die Entwicklung des Kombinierten Verkehrs muss auch als ein Marketingkonzept der Bahn begriffen werden, die schwindende Bedeutung des Güterverkehrs gegenüber dem LKW aufzuhalten. Mit Hilfe der Politik hatte es die Bahn verstanden, seit der Notverordnung von Kanzler Brüning aus dem Jahre 1931 eine lang anhaltende Serie von massiven gesetzlichen Einschränkungen des LKW-Verkehrs durchzusetzen. Hier ist besonders die auf 17.000 Einheiten reduzierte Anzahl von Konzessionen für den LKW-Fernverkehr zu nennen. Diese Einschränkungen wurden erst im Jahre 1998 durch die Neufassung des Güterkraftverkehrs-Gesetzes beseitigt (vgl. Kapitel 16) und damit eine Konformität mit den Wettbewerbsregeln der Europäischen Union hergestellt.

Die Politik hatte seit den 60er Jahren mit großen Subventionen den Kombinierten Verkehr gefördert. So flossen nach dem Bundesschienen-Wegeausbau-Gesetz noch in den

90er Jahren 280 Millionen Euro in den Ausbau der Umschlagterminals der Bahn AG. Nach der Förderrichtlinie Kombinierter Verkehr fließen weiterhin Bundesmittel in den Bau von Terminals, die von Privatunternehmen oder Kommunen betrieben werden. Seit den 60er Jahren gibt es eine Steuerbefreiung von der Kfz-Steuer für LKW, die an der rollenden Landstraße und an dem vor- und nachlaufenden Kombiverkehr teilnehmen. Zu Beginn der 90er Jahre wurde das Potential des Kombinierten Verkehrs im Bundesverkehrswegeplan trotz der seit 1960 sinkenden Marktanteile der Bahn und trotz bekannter Qualitätsmängel in der Leistungserstellung weit überschätzt, um in einer Marketingaktion der Bahn ein hohes Ansehen in der Öffentlichkeit zu verschaffen. Man ging davon aus, dass 90 bis 110 Millionen Tonnen bis zum Jahre 2010 erreicht würden und plante eine Vielzahl von Umschlagterminals in Deutschland. Nach dieser Phase der Euphorie ist nun Ernüchterung eingekehrt und man rechnet mit einem Potential von 54 Mio. Tonnen bis 2010 (einschließlich Binnen- und Seeschifffahrt).

Die Förderung des Kombinierten Verkehrs hält bis heute an; im Koalitionsvertrag der Bundesregierung aus dem Jahr 2002 hieß es: „Der Kombinierte Verkehr wird gezielt gefördert". Dennoch hat die Marketingstrategie des Kombinierten Verkehrs sich nicht so weit durchsetzen können, dass ein relevanter Teil des Güterverkehrs von der Straße auf die Schiene verlagert worden ist. Nach Angaben von Reim (2004) wurden 33,5 Mio. Tonnen im Kombinierten Verkehr mit der Bahn AG im Jahre 2003 befördert[52]. Dies macht gerade 5% der Beförderungsmenge im Straßengüterfernverkehr aus. Betrachtet man die seit den 60er Jahren anhaltende Förderung des Konzeptes des Kombinierten Verkehrs durch den Bund, so muss die Erwartung der Politik, einen nennenswerten Anteil des Straßengüterfernverkehrs auf den Kombinierten Verkehr zu verlagern, als „ewige Hoffnung" (Zeller 1997) der Verkehrspolitik bezeichnet werden.

Das Potential der Verkehrsverlagerung auf den Kombinierten Verkehr ist auch dadurch begrenzt, dass die Anpassung an den Wunsch der Verlader nach Schnelligkeit nicht gelingt, wie eine Studie des Bundesministeriums für Verkehr aus dem Jahre 2001 aufweist. Besonders gravierende Mängel sind unzureichende Abfertigungszeiten infolge technischer und kapazitiver Engpässe in den Umschlagterminals und Geschwindigkeiten im Zuglauf. Wegen Überlastung oder ablauforganisatorischer Probleme kommt es teilweise zu erheblichen Wartezeiten bei der Abwicklung. Darüber hinaus sind für die Nutzung des Kombinierten Verkehrs das Angebot an Fahrhäufigkeit und die damit verbundenen Ladeschluss- und Bereitstellungszeiten von großer Bedeutung. Hier besteht ein erheblicher Verbesserungsbedarf, die Nachteile des Kombinierten Verkehrs bei der Transportzeit gegenüber der Straße zu verringern oder teilweise auszugleichen. Untersuchungen der Studiengesellschaft für Kombinierten Verkehr haben eine im Durchschnitt 20 bis 30% längere Transportzeit im Vergleich zum LKW ergeben. Dies ist angesichts des hohen Stellenwertes des Faktors Zeit in der Transportkette ohne Zweifel ein gravierender Wettbewerbsnachteil des Kombinierten Verkehrs, dessen Beseitigung

---

[52] Erst seit dem Jahre 2004 werden vom Statistischen Bundesamt Daten zum Kombinierten Verkehr von Privatbahnen gesammelt, so dass die Zahl von 33,5 Mio. Tonnen die im Eisenbahnverkehr transportierte Menge unterschätzt. Trotz der von der Politik zugemessenen hohen Bedeutung des Kombinierten Verkehrs existieren darüber überraschenderweise keine Daten in der amtlichen Statistik zum Güterverkehr.

in erster Linie über eine Reduzierung der Standzeiten der Züge auf der Strecke sowie der Terminalzeiten herbeigeführt werden muss.

Ein weiteres Problem im Kombinierten Verkehr liegt in der mangelnden Normung. Die für die Hinterlandverkehre verwendeten ISO-Container lassen sich nicht ohne erhebliche Volumenverluste mit den Europaletten beladen (vgl. Kapitel 20). Der Vorteil der Stapelbarkeit von ISO-Containern an Umschlagstellen geht allerdings bei Wechselbrücken verloren. Für die im innerdeutschen und innereuropäischen Kombiverkehr verwendeten Wechselbrücken müsste daher eine stapelbare Version gefunden werden.

In Europa haben sich eine ganze Reihe von Betriebsgesellschaften („Operateure") für den Kombinierten Verkehr herausgebildet, die in dem Dachverband UIRR zusammengeschlossen sind. In Deutschland operieren u. a. die Unternehmen Transfracht, Polzug, Kombiverkehr und Hupac. Diese Operateure setzen für den Betrieb des Kombinierten Verkehrs Ganzzüge ein, die als geschlossene Einheiten vom Quellbahnhof zum Zielbahnhof im Pendelverkehr fahren und so unwirtschaftliche Rangierverkehre vermeiden. Damit spielen Einzelwagenverkehre nur eine geringe Rolle. Die folgende Tabelle 18.2 gibt die Umsätze und Transportmengen der Gesellschaften für das Jahr 2003 an.

Gesellschaft	Umsatz in Mio. €	Transportmenge in 1000 TEU
Hupac	192	563
Kombiverkehr	298	2201
Polzug	keine Angabe	72
Transfracht	170	660

Tabelle 18.2: Umsätze und Transportmengen der Betriebsgesellschaften für den Kombinierten Verkehr

Das Unternehmen **Transfracht** ist ein Gemeinschaftsunternehmen der Hamburger Hafen- und Lagerhaus AG und der Stinnes AG und betreibt Hinterlandverkehre für die beiden Häfen Bremen und Hamburg. Diese Verkehre werden über den Eisenbahnknoten Maschen, südlich von Hamburg, gesteuert und erreichen mit Ganzzügen 15 Terminals in ganz Deutschland. Die folgende Karte von Abbildung 18.5 zeigt die von Transfracht bedienten Terminals auf. Erkennbar ist, dass die Ganzzüge von Transfracht vor allem Ziele in Süddeutschland haben und damit eine Entfernung von mehr als 500 km zurücklegen.

Das Unternehmen **Polzug** ist ein Gemeinschaftsunternehmen der Hamburger Hafen- und Lagerhaus AG, der Stinnes AG und der Polnischen Staatsbahnen und betreibt mit sechs Zügen pro Tag und Richtung Kombiverkehre zwischen den norddeutschen Häfen und sieben Terminals in Polen.

Das Unternehmen **Kombiverkehr** unterhält ein innerdeutsches Netz von Ganzzügen, das die wichtigen Wirtschaftszentren über Nacht verbindet und als 2000+ bezeichnet wird. Die Abbildung 18.6 zeigt dieses Netz.

Abbildung 18.5: Terminals von Transfracht

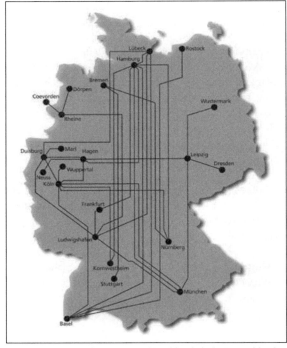

Abbildung 18.6: Das Netz von Kombiverkehr in Deutschland

Die Terminals mit dem stärksten Aufkommen in Ladungseinheiten der Kombiverkehr Deutschland AG sind im Jahre 2003:

- Hamburg-Waltershof mit 260.000 Ladungseinheiten,
- Köln-Eifeltor mit 250.000 Ladungseinheiten,
- München-Riem mit 240.000 Ladungseinheiten,
- Ludwigshafen mit 165.000 Ladungseinheiten,
- Hamburg-Billwerder mit 130.000 Ladungseinheiten sowie
- Nürnberg mit 115.000 Ladungseinheiten.

Die internationalen Relationen des Operateurs Kombiverkehr werden in Abbildung 18.7 dargestellt. Hier dominieren die Relationen von Deutschland nach Norditalien.

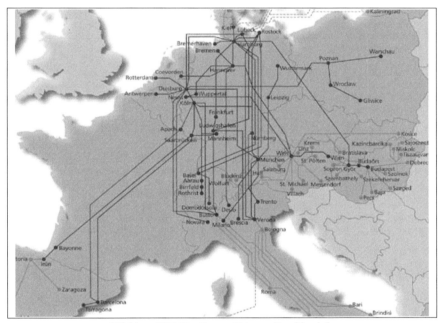

Abbildung 18.7: Das Europa-Netz von Kombiverkehr

Sieht man von der Relation Deutschland-Italien ab, so bleibt der internationale Kombinierte Verkehr von Deutschland aus in andere Länder relativ bedeutungslos. Der Operateur Kombiverkehr gibt für das Jahr 2003 die Zahl von 328.000 Sendungen nach Italien an und nur 30.300 nach Westeuropa, wo aber die wichtigsten Handelspartner der Bundesrepublik Deutschland liegen. Auf der Relation nach Italien bestehen besondere Engpässe und rechtliche Restriktionen für den Straßengüterverkehr in der Alpenquerung, so z.B. die (auslaufenden) Ökopunkte in Österreich und Gewichtsbegrenzungen in der Schweiz. Daher existieren innerhalb dieser Verbindung für die Nutzung des Kombinierten Verkehrs besondere Anreize. Zwischen Deutschland und Italien laufen ca. 20% des Warenverkehrs kombiniert über die Schiene. Auf einzelnen Strecken, wie beispielsweise zwischen Köln und Mailand, sind es sogar bis zu 40%. Von den internationalen Verkehren von Kombiverkehr waren im Jahre 2003 191.540 Sendungen begleitet und 601.820 Sendungen unbegleitet.

Management Praxis: Hupac – Per Shuttle über die Alpen[53]

Das Schweizer Unternehmen **Hupac** mit Sitz in Chiasso betreibt eine Vielzahl von Shuttle-Zügen zwischen Terminals am Rhein in Deutschland und Norditalien. Hupac hatte mit ihrem Shuttle-Konzept 1989 auf der Relation Köln-Busto Arsizio (Mailand) über die Schweiz begonnen. Mit sechs Shuttle-Zügen pro Tag gehörte sie Mitte der 90er Jahre zu den am stärksten frequentierten Verbindungen. Seit der Einführung des Systems wurde der Anteil der Shuttle-Züge auf über 80% des gesamten Hupac-Verkehrs gesteigert. Auf den jeweiligen Relationen setzt die Hupac feste Wagenkombinationen mit einer gleich bleibenden Anzahl von Wagen ein. Nur aus technischen Gründen werden einzelne Wagen ausgewechselt. In ihrer Bauart und ihren Lademöglichkeiten sind sie mit Ladeeinheitstypen kompatibel. Die Züge verkehren fahrplanmäßig mindestens fünfmal pro Woche in beiden Richtungen und pendeln immer nur zwischen den gleichen zwei Terminals hin und her. Sie werden weder am Abgangsort noch unterwegs oder am Ankunftsort rangiert. Die Hupac kauft von den nationalen Bahnen Zugleistungen ein und übernimmt das volle Auslastungsrisiko. Bahnfrachtbriefe werden nicht pro Ladeeinheit oder Wagen, sondern für den gesamten Zug ausgestellt.

Für den Transport von Containern, Wechselbehältern, Sattelaufliegern und kompletten LKW-Zügen werden im unbegleiteten Verkehr 64 Züge und im begleiteten Verkehr acht pro Tag eingesetzt. Das Hub-Terminal von Busto Arsizio mit über 30 Shuttlezügen pro Tag ist das Kernstück des Systems, um schnelle und regelmäßige Verbindungen zwischen den wichtigsten Wirtschaftsgebieten nördlich und südlich der Alpen herzustellen. Hupac besitzt über 2.700 Waggons für den Transport der Ladeeinheiten und verlädt pro Jahr rund 360.000 Sendungen im europäischen Kombinierten Verkehr.

Hupac erwartet Unterstützung der beteiligten Länder, insbesondere der Schweiz. Neben dem raschen Umsetzen der geplanten Bauprojekte sollen vor allem die Produktivität und die Qualität der Bahngesellschaften verbessert werden. In einem ersten Schritt haben Hupac, die BLS Lötschbergbahn AG und die SBB Cargo AG am 04. April 2001 die RAlpin AG gegründet. Diese Gesellschaft soll die Umsetzung der Schweizer Verkehrspolitik erleichtern. Insbesondere der Ro-La-Verkehr soll gefördert werden. So wird seit 2001 eine Verbindung zwischen Freiburg im Breisgau und Novara angeboten. Seit September 2001 werden nun auf dieser Strecke täglich neun Verbindungen mit jeweils 19 Stellplätzen angeboten.

Ergänzende Literatur:

Bericht des Bundesministeriums für Verkehr, Bau- und Wohnungswesen zum Kombinierten Verkehr, Berlin Juli 2001
Burri, Monika, Kilian T. Elsasser, David Gugerli (Hrsg.): Die Internationalität der Eisenbahn 1850-1970, Zürich 2003
Dienel, Hans-Liudger (Hrsg.): Unconnected Networks – European Intermodal Traffic Junctions 1800 - 2000, Frankfurt 2004
Reim, U.: Kombinierter Verkehr 2002, in: Wirtschaft und Statistik, Heft 1/2004, S. 63-73
Sack, Detlev: Lokale Netzwerke im Stress: Güterverkehrszentren zwischen kombiniertem Verkehr und Standortkonkurrenz , Berlin, Ed. Sigma, 2002
Vahrenkamp, R.: Rivalry and Regulation - The German Cargo Transport Policy 1920-2000, Paper presented at the First International Conference on the History of Transport, Traffic and Mobility (T2M), Thursday 6 – Sunday 9 November 2003, Eindhoven Technical University, The Netherlands
Zeller, T.: Kombinierter Verkehr – die ewige Zukunftshoffnung, in: Harry Niemann und Armin Hermann (Ed.): 100 Jahre LKW, Stuttgart 1997, S. 379-394

---

[53] Informationsmaterial von Hupac

19 Die Schiffsverkehre in der internationalen Logistik

19.1 Einleitung

Ziel dieses Kapitels ist es, einen Blick auf die moderne Handelsschifffahrt zu werfen und ihre Bedeutung für den internationalen Handel zu verdeutlichen. In Abschnitt 18.2 wird ein Überblick über wichtige Schiffstypen und Begriffe der modernen Seefahrt gegeben. Abschnitt 19.3 behandelt die Rolle der Seefahrt im internationalen Handel. Die wichtigsten Trends in der internationalen Schifffahrt (Ausflaggung, globalisierter Arbeitsmarkt für Seeleute und Containerisierung) werden in Abschnitt 19.4 behandelt. In Abschnitt 19.5 werden die Entwicklungen und der Strukturwandel in der Hafenwirtschaft thematisiert. Zuletzt wird in Abschnitt 19.6 noch die Frage nach den ökonomischen Grenzen der Größensteigerungen bei Schiffen aufgeworfen.

19.2 Schiffstypen und wichtige Begriffe der modernen Schifffahrt

Zum Verständnis der Rolle der modernen Schifffahrt ist es unerlässlich, einige moderne Schiffstypen und wichtige Begriffe zu erläutern.

Bulkcarrier:
Bulkcarrier sind Massengutschiffe für trockene Ladungen. Dabei werden verschiedene Größen unterschieden: ‚mini bulker' haben bis zu 12.000 t dw (tons deadweight = Gesamttragfähigkeit eines Schiffes einschließlich Betriebslasten), ‚handy size-Schiffe' etwa 20.000 bis 45.000 t dw, und ‚Panmax-Schiffe' etwa 50.000 bis 80.000 t dw. Sie sind die größten Bulkcarrier, die noch den Panama-Kanal durchfahren können. ‚Cape size-Schiffe' sind die größten Bulkcarrier und sind so groß, dass sie um ‚cape horn' herumfahren müssen (etwa 120.000 bis 175.000 t dw).

Tankschiffe:
Tankschiffe sind Massengutschiffe für flüssige Ladungen, insbesondere für Rohöl und Ölprodukte. Auch hier gibt es verschiedene Größenklassen: ‚handy size-tanker' haben etwa 20.000 bis 45.000 t dw, die Klasse der ‚Aframax-Tanker' entspricht der ‚Panmax'-Obergrenze (ca. 80.000 t dw), die ‚Suezmax-Tanker' haben etwa 120.000 bis 150.000 t dw und sind die größten Tanker, die noch durch den Suezkanal fahren können, ‚very large crude carrier'(VLCC) sind Rohöltanker von etwa 175.000 bis 300.000 t dw und müssen schon ums Kap der Guten Hoffnungen fahren, was auch auf die ‚ultra large crude carrier'(ULCC) mit über 300.000 t dw zutrifft.

Kombinierte Schiffe:
Kombinierte Schiffe können sowohl flüssige als auch trockene Ladung aufnehmen. Im Englischen werden sie als ‚combined carrier'(CC) oder auch ‚obo-carrier'(ore-bulk-oil) bezeichnet.

Container Schiffe:
Container Schiffe sind spezielle Schiffe, die dafür ausgelegt sind, normierte Container zu laden. Je nach Container können darin verschiedene Ladungen transportiert werden. So gibt es bspw. Container für Schüttladungen, für Flüssigladungen oder für Kühlla-

dungen. Der Standardcontainer ist die ‚Twenty Foot Equivalent Unit' (TEU). Die Größe eines Containerschiffs wird üblicherweise in TEU angegeben. Abschnitt 19.4.3 befasst sich näher mit der Containertechnologie.

Ro/Ro-Schiffe:
Roll-on/Roll-off Schiffe sind Schiffe, bei denen die Ladung nicht mit Kränen an Bord gehievt wird (Lift-on/Lift-off), sondern über Rampen an Bord gerollt (Roll-on) und auch wieder runtergerollt (Roll-off) werden kann. Vor allem Autofrachter und Fähren fallen unter die Kategorie der Ro/Ro-Schiffe.

Linien-Schifffahrt:
Bei der Linien-Schifffahrt gibt es feste Fahrpläne und die Schiffe fahren auf festen Routen.

Charterfahrt:
Bei der Charterfahrt fahren Schiffe ohne festen Fahrplan auf wechselnden Routen.

Hub and spoke-System:
Liniensystem, das aus Hauptlinien (sog. ‚trunk-lines') und Nebenlinien (sog. 'feeder-lines') besteht. Die Hauptlinien verlaufen zwischen großen Häfen (den ‚hubs'), die mit kleineren Häfen durch feeder-lines (den ‚spokes') verbunden sind. Sogenannte Feeder-Schiffe fungieren dabei als Zubringer und Verteiler. Das sind meist Schiffe mittlerer Größe (ca. 1000 TEU).

19.3 Die Rolle der Schifffahrt im internationalen Handel

Internationaler Handel setzt Schifffahrt voraus, da die Transportkapazitäten von Flugzeug, Eisenbahn und LKW gegenüber denen von Schiffen so gering sind, dass sich der Transport über weite Entfernungen nur für Güter mit genügend hohem Wert lohnt. Ein LKW kann maximal ca. 50 t transportieren, ein Flugzeug ca. 150 t und ein Güterzug ca. 800 t. Dagegen kann ein Bulkcarrier (Massengutschiff für Trockenladungen) bis 80.000 t und ein Tankschiff bis 300.000 t befördern. Güter mit geringem Wert werden daher über weite Strecken fast ausschließlich mit Schiffen transportiert. Hierunter fallen vor allem Rohöl, Ölprodukte, Eisenerz, Kohle und Getreide. Die Transportmengen dieser Güter von 1970 bis 1999 lassen sich aus Tabelle 19.1 entnehmen.

Seit 1945 sind viele neue Rohstoffquellen erschlossen worden:

- Eisenerz: Liberia, Venezuela, Brasilien, Südafrika, Australien;
- Steinkohle: USA, Australien, Indien, Indonesien, Kolumbien, Südafrika;
- Bauxit: Westafrika, Jamaika, Australien;
- Rohöl: Arabischer Golf, Nordsee, Alaska, Westafrika, Indonesien, Ostküste Mexikos.

Jahr	Gesamt	Rohöl	Ölprodukte	Eisenerz	Kohle	Getreide	Anderes
1970	2481	995	245	247	101	89	804
1980	3606	1320	276	314	188	198	1310
1985	3293	871	288	321	272	181	1360
1990	3077	1190	336	347	342	192	1570
1995	4687	1415	381	402	423	196	1870
1996	4859	1466	404	391	435	193	1970
1997	5107	1534	410	430	460	203	2070
1998	5070	1550	402	420	465	190	2050
1999	5169	1550	415	411	482	220	2091
2000	5434	1608	419	454	523	230	2119
2001	5513	1592	425	452	565	234	2165
2002	5549	1565	422	475	575	220	2292
2003	5690	1585	428	490	600	227	2360
2004	5833	1600	432	500	620	235	2446

Tabelle 19.1: Weltseeverkehr von 1970 bis 2004 (Angaben in Mill. Tonnen, 2002-2004 geschätzt) (Quelle: Böhme 2003, S. 68)

Die weltweite Nutzung dieser Rohstoffquellen ist nur durch den Seehandel möglich geworden. Die durchschnittliche Transportreichweite für alle Güter per Schiff betrug 2002 ca. 4200 Seemeilen. Von 1990 bis 2002 wurden Ölladungen durchschnittlich über eine Strecke von ca. 5000 Seemeilen befördert. Eisenerz und Getreide werden meist über deutlich weitere Entfernungen transportiert. So ist die Entfernung von den wichtigen Getreidehäfen Buenos Aires und Rosario nach Rotterdam 6325 bzw. 6600 Seemeilen (vgl. Böhme 2000, S. 16-17; Böhme 2003, S. 3). Die Kosten für Seetransporte sind mit der Ausweitung des Netzes fester internationaler Handelsbeziehungen gesunken. Von 1830 bis 1914 verbilligten sich Seefrachten um rund 1/3, von 1920 bis 1990 sanken sie sogar um 2/3. Dies ist vor allem auf die Herausbildung internationaler Konkurrenz auf dem Markt für Seetransporte zurückzuführen (vgl. Gerstenberger 2002, S. 10-12).

Voraussetzung für eine internationale Konkurrenz im Seehandel ist „Die Freiheit der Meere". Vor 1849 wurde von den seefahrenden Nationen eine Politik der „geschlossenen Meere" betrieben, d.h. man war bestrebt, die Territorialhoheit über bestimmte Gebiete auch auf die Meere auszudehnen. So hat England 1651 die sogenannten Navigationsgesetze verabschiedet, welche u.a. festlegten, dass Güter, die aus den englischen Kolonien stammten, auch nur von Schiffen englischer Eigner transportiert werden durften. 1849 wurden diese Gesetze wieder abgeschafft und die Meere galten jetzt als frei. Schiffe unter der Flagge eines souveränen Staats konnten jetzt ungehindert die Meere befahren und Handel treiben. Dies war der Anfang des modernen Seehandels.

Besonders interessant für das Verständnis des modernen Seehandels ist die Zeit nach dem 2. Weltkrieg. Im 2. Weltkrieg wurde ein Großteil der Welthandelsflotte versenkt, so dass in den ersten Nachkriegsjahren ein Mangel an Schiffen bestand. Nur in den USA herrschte ein Überangebot, da die Regierung die für die Versorgung von Europa gebauten Schiffe der Liberty-Klasse privatisierte. Mit der guten Nachkriegskonjunktur wuchs weltweit die Nachfrage nach Schiffen so dramatisch, dass die Werften ihre Kapazitäten ständig erweitern mussten. Es wurden immer größere und schnellere Schiffe geordert. Ende der vierziger Jahre wurden jährlich 500 Millionen Tonnen per Schiff transportiert, Ende der siebziger Jahre waren es schon 2500 Millionen Tonnen. 1973 ging weltweit die gute Nachkriegskonjunktur zu Ende. Der Schifffahrt machte insbesondere der stark gestiegene Ölpreis und der Zusammenbruch des vorherrschenden Weltwährungssystems (Bretton Woods) zu schaffen. Die Folge waren hohe Überkapazitäten an Schiffstonnage. Durch die damit verbundene Intensivierung des Wettbewerbs wurden die Frachtraten stark gedrückt. Der Markt für Seetransporte differenzierte sich immer weiter aus. Mehr und mehr Spezialschiffe für besondere Frachten oder Frachtgebiete wurden gebaut.

Die Konkurrenz wurde mit dem Einstieg von Newcomern aus den Entwicklungsländern verschärft. Durch die niedrigen Schiffspreise waren die Markteintrittsbarrieren für ärmere Länder gesunken. Vor allem mit der Möglichkeit, sehr billige Mannschaften anheuern zu können, waren sie in der Lage, sich gegen die traditionellen Seefahrtsstaaten zu behaupten. Um der 'mörderischen Konkurrenz' zu begegnen, wurden in den Industrieländern Konferenzen gegründet. Die Mitglieder treffen z.B. Absprachen über Abfahrtsfrequenzen im Linienverkehr oder schließen Pool-Vereinbarungen über die Marktanteile der Reeder ab. Schiffskonferenzen unter US-Führung waren schon immer für Neueinsteiger offen, in Europa handelt es sich dagegen meist um geschlossene 'Clubs', in denen nicht jeder aufgenommen wird. Die Vorteile der Absprachen auf einer Konferenz kommen natürlich nur den Mitgliedern (Insidern) zugute. Die Outsider haben das Nachsehen. Da es den Outsidern (insbesondere den ostasiatischen Reedereien) jedoch gelang, sich trotzdem zu behaupten, verloren die Konferenzen aber zunehmend an Bedeutung. Ein weiterer wichtiger Schritt war die Einführung der Containertechnologie Mitte der siebziger Jahre (vgl. dazu Abschnitt 19.4.3). Die Umstellung erforderte immense Investitionen in neue Schiffe und in die Hafeninfrastruktur. Um die benötigten Mittel aufzutreiben, wurden vermehrt Konsortien gebildet. In den neunziger Jahren wurden diese Konsortien zunehmend durch 'global strategic alliances' abgelöst, deren Wettbewerbsstrategien sich nicht mehr auf einzelne Fahrgebiete beschränken, sondern weltweiten Service anbieten (vgl. hierzu Abschnitt 19.5).

19.4 Trends in der internationalen Schifffahrt

Nach dem kurzen geschichtlichen Überblick sollen nun die wichtigsten Trends in der internationalen Schifffahrt dargestellt werden.

19.4.1 Ausflaggung

Unter Ausflaggung ist die Gründung von Tochterunternehmen in sogenannten Flaggenstaaten zu verstehen. Flaggenstaaten bieten vergleichsweise niedrige Gebühren bei der Eintragung in das Schiffsregister, niedrige oder gar keine Besteuerung der Einnahmen und die Möglichkeit, sehr billige Mannschaften aus dem jeweiligen Land anzuheuern. Beispiele sind Panama, Liberia, Honduras oder Malta. Voraussetzung für diese Praktik ist die schon geschilderte Freiheit des Meeres, die es jedem souveränen Staat erlaubt, unter seiner Flagge Schiffe fahren zu lassen (vgl. Gerstenberger 2002, S. 23-25).

Noch Mitte der siebziger Jahre genossen Reeder, die ausflaggten, einen eher schlechten Ruf. Dies änderte sich mit dem Ende der guten Nachkriegskonjunktur und mit dem erfolgreichen Auftreten von Newcomern aus den Entwicklungsländern. Diese konnten mit geringen Kosten ihre Schiffe betreiben, da sie sehr billige Mannschaften anheuern konnten und kaum Steuern zahlen mussten. Um diesen Wettbewerbsnachteil auszugleichen, flaggten immer mehr Reeder aus den Industriestaaten ihre Schiffe aus. Der Anteil der ausgeflaggten Schiffe stieg Anfang der achtziger Jahre dramatisch. Da im Laufe der achtziger Jahre Ausflaggungen weiter zunahmen, wurde von den Regierungen der Industrieländer befürchtet, dass ihre Flotten auf regierungseigene Schiffe reduziert werden würden und somit in Krisenzeiten auf keine eigene Handelsflotte zurückgegriffen werden könnte. Daher entschlossen sich einige Staaten, den Schiffsbetreibern ähnliche Vorteile zu bieten wie die Flaggenstaaten. So wurde in der BRD 1989 ein internationales Schiffsregister eingeführt, das den Vorteil bietet, die Heuer ausländischer Besatzungsmitglieder mit den Gewerkschaften des Heimatlandes oder direkt mit den Besatzungsmitgliedern auszuhandeln. Diese Heuern liegen natürlich weit unter denen der deutschen Kollegen. Damit war der Grundsatz aufgegeben, dass auf einem Schiff (ausschließlich) das Recht des jeweiligen Staates herrscht, unter dessen Flagge es fährt. Es ist heute nicht ungewöhnlich, wenn auf einem Schiff unter deutscher Flagge drei oder vier verschiedene Arbeitsrechtssysteme gelten (vgl. Gerstenberger 2002, S. 25-27).

Trotz dieser Maßnahmen hält der Trend zur Ausflaggung weiter an, da die Flaggenstaaten oft größere Vorteile bieten können als die Industrieländer. Ein paar Zahlen sollen den anhaltenden Trend zur Ausflaggung verdeutlichen: 1998 waren 51,3% der Bruttotonnage der Welt in einem Flaggenstaat registriert (vgl. Alderton/Winchester 2002, S. 183). 1999 umfasste die Flotte Panamas ca. 20% der Welthandelsflotte, die Flotte Liberias ca. 10%, die Flotte der Bahamas ca. 5,4% und die Flotte Maltas 5,2% (vgl. Gerstenberger 2002, S. 30).

19.4.2 Globaler Arbeitsmarkt

Der Grundsatz, dass auf einem Schiff das Recht des Staates herrscht, unter dessen Flagge es fährt, wurde, wie im vorigen Abschnitt dargestellt, aufgegeben. Dies bedeutet für die Seeleute, dass viele von ihnen faktisch in einer Art Niemandsland leben und arbeiten. Die Arbeitsverhältnisse an Bord werden von vielen Flaggenstaaten nicht kontrolliert. Teilweise sind sie dazu gar nicht in der Lage, z.B. müsste dann Panama ca. 20% der Welthandelsflotte überprüfen. Teilweise wird aber sogar mit dem Fehlen derartiger Kontrollen mehr oder weniger offen geworben (vgl. Gerstenberger 2002, S. 29-30).

Die Arbeitskonditionen für die Seeleute werden normalerweise zwischen den Reedereien und den Gewerkschaften oder Regierungsinstanzen ihres Heimatlandes ausgehandelt. Viele Seeleute aus den Entwicklungsländern sind aber mangels Gewerkschaften oder Interesse ihres Heimatlandes darauf angewiesen, dass die Internationale Transportarbeiter Gewerkschaft (ITF) Tarifverträge nach ihren Mindeststandards mit den Reedereien aushandelt und deren Einhaltung auch kontrolliert. Zur Durchsetzung und Kontrolle der ITF-Vereinbarungen stehen ca. 150 ITF-Inspektoren der Sondersektion Seefahrt in den Häfen der über 200 Mitgliedsländer zur Verfügung. Für eine wirklich effektive Arbeit sind dies aber viel zu wenige. Trotzdem haben die ITF-Inspektoren einige Macht. Durch die Kontrolle eines Schiffs entstehen zeitliche Verzögerungen, die die Reedereien teuer zu stehen kommen können. Lukrative zeitkritische Aufträge werden von Unternehmen oft nur an Reedereien vergeben, die die 'Blue Card' der ITF vorweisen können, eine Bestätigung, dass auf den Schiffen der Reederei Verträge gelten, die den ITF-

Mindeststandards entsprechen (vgl. Blanke 2002, S. 90-92 und Gerstenberger 2002, S. 30, 31).

Weltweit stehen den Reedereien Seeleute zur Verfügung, wobei das Angebot die Nachfrage bei weitem übertrifft. Der anhaltende Trend zur Ausflaggung hat zur Folge, dass auf dem Arbeitsmarkt für Seeleute der Preis fast ungehindert regiert. Ein Beispiel soll dies verdeutlichen: 1988 waren ca. 50.000 Koreaner auf Schiffen japanischer Eigner beschäftigt (Die Hälfte dieser Schiffe fuhr unter der Flagge Panamas). Nur 6 Jahre später (1994) forderten koreanische Schiffseigner von ihrer Regierung, dass sie chinesische Seeleute einstellen dürften, denn diese würden nur die Hälfte der koreanischen Seeleute kosten. Wiederum 6 Jahre später (2000) kamen 20% aller Seeleute der Welt aus den Philippinen (vgl. Gerstenberger 2002, S. 30).

19.4.3 Containerisierung

Mitte der sechziger Jahre begann die rasante Einführung der Containertechnologie. 1973 waren schon alle bedeutenden Industriestaaten im Containerverkehr eingebunden. Die Containerisierung hatte große Auswirkungen auf den internationalen Schiffsverkehr. Anstatt die zu transportierenden Güter direkt im Schiffsraum zu stauen, werden diese vorher in genormte Container verpackt. Die Beladung der Containerschiffe mit den Containern kann weitestgehend mechanisiert werden. Das manuelle Stauen durch qualifizierte Hafenarbeiter oder Seeleute ist damit weitgehend überflüssig. Die Containerisierung bewirkte einen Übergang von einem arbeitsintensiven zu einem kapitalintensiven Transportsystem. Der Beladungsprozess kann so verstetigt und beschleunigt werden.

Die Einführung der Containertechnologie erforderte immense Investitionen in neue Schiffe und die Hafeninfrastruktur. Dies hatte weitreichende Folgen für die Entwicklung und Struktur der Hafenwirtschaft. In Abschnitt 19.5 wird diese Thematik eingehend betrachtet. Wie bereits erwähnt, ist der Standard-Container die 'Twenty Foot Equivalent Unit' (TEU). In TEU wird auch die Größe eines Containerschiffs angegeben. Mittlerweile gibt es aber viele Container, die von dieser Norm abweichen. Dieser Umstand erschwert die Ladeplanung erheblich. In den verschiedenen Containern können ganz unterschiedliche Frachten transportiert werden. So machen es Kühlcontainer möglich, Güter auf Containerschiffen zu transportieren, die sonst mit einem Kühlschiff hätten befördert werden müssen. Die Container werden aber nicht nur auf Schiffen benutzt, sondern können auch auf LKW und Bahnwaggons geladen werden. Dies macht eine durchgängige Haus-zu-Haus-Belieferung eines Containers möglich. Mehrmaliges Umpacken und Stauen an den Schnittstellen wird so überflüssig.

Containertransporte über Straße, Schiene und See werden oft von ein und demselben Unternehmen geplant und durchgeführt. Die Planung der gesamten Transportkette ist eine komplexe Aufgabe, wofür von den Unternehmen auch qualifiziertes Personal bereitgestellt wird. Allerdings werden die Besonderheiten beim Transport auf See oftmals vernachlässigt. Die Planer haben nur selten eine Ausbildung in maritimer Ladeplanung. Meist werden sie nur mit der Software zur Ladeplanerstellung vertraut gemacht. Von den Besatzungsmitgliedern an Bord der Containerschiffe wird oft bemängelt, dass die Planungsbüros nicht in der Lage seien, ordentliche Ladedokumente zu erstellen und diese pünktlich an Bord zu geben. Es sei vielmehr die Regel, dass nur einigermaßen korrekte Ladepläne kurz vor dem Ende der Ladearbeiten an Bord kämen (vgl. Welke 2002, S. 137, 138). Trotzdem sind die Zuwachsraten für den Containerverkehr beträchtlich. In den neunziger Jahren wuchs der Containerumschlag durchschnittlich um 7% p.a.. Im weltweiten Stückgutverkehr wird mittlerweile mehr als 60% in Containern transportiert, auf den Hauptrouten sind es teilweise auch mehr als 80% (vgl. Dombois/Heseler 2002, S. 117). Abbildung 19.1 zeigt, dass sich die Tonnage der Containerflotte weltweit innerhalb nur eines Jahrzehnts verdreifacht hat.

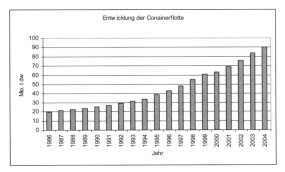

Abbildung 19.1: Entwicklung der Containerflotte 1986-2004
(Quelle: Institut für Seeverkehrswirtschaft und Logistik (ISL) Bremen)

Der weltweite Containerumschlag hat sich innerhalb von 15 Jahren mehr als vervierfacht (vgl. Abbildung 19.2).

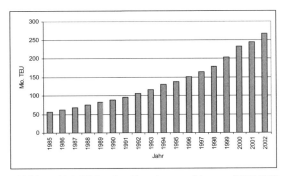

Abbildung 19.2: Weltweiter Containerumschlag von 1985-2002
(Quelle: Zachcial 2002, S. 45; ISL 2004, S. 64)

Abbildung 19.3 zeigt den Containerumschlag in den weltgrößten Containerhäfen im Jahre 2003.

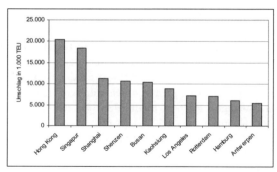

Abbildung 19.3: Containerumschlag in den weltgrößten Containerhäfen im Jahre 2003
(Quelle: Port of Rotterdam: Port Statistics 2003)

Tabelle 19.2 zeigt eine Prognose des Containerhafenumschlags von 2001 bis 2015, unterteilt nach Weltregionen. Sie sagt (in Abhängigkeit vom Weltwirtschaftswachstum) eine Zunahme des weltweiten Containerumschlags um 74-92% bis zum Jahre 2010 und um weitere 25-32% bis 2015 voraus.

Weltregion	2001	2010	2015
Ostasien	111	205-226	255-295
Amerika	50	79-88	97-116
Europa/Mittelmeer	57	93-101	114-129
Sonstige	26	46-54	61-79
Summe	244	423-468	527-620

Tabelle 19.2: Vorausschätzung des Containerhafenumschlags nach Weltregionen (Angaben in Mio. TEU)
(Quelle: World Containerport Outlook to 2015, S. 45)

Wie die Studie von Levinson (2006) zeigt, wurde durch die Containerisierung des Welthandels vor allem der Handel mit Zwischenprodukten verstärkt und so die Basis für die Globalisierung der Produktion gelegt. Damit könnte das Distanztheorem des internationalen Handels, nach dem die Stärke von Handelsströmen und die Transportdistanzen negativ korreliert sind (Lindemann 1966, S. 29), außer Kraft gesetzt werden.

19.5 Entwicklung und Strukturwandel in der Hafenwirtschaft

Seit den siebziger Jahren haben die Häfen weltweit einen tiefgreifenden Transformationsprozess durchlaufen. Dieser Prozess umfasste sowohl technisch-organisatorische Veränderungen, die vor allem mit der Containerisierung zusammenhingen, als auch Änderungen der Eigentumsverhältnisse und Managementfunktionen. Die Seehäfen profitieren vom weltweit wachsenden Seeverkehr. Allerdings nimmt auch der Wettbewerb zwischen den Seehäfen deutlich zu. Die Informationstechnologie, die weltweite Vernetzung der Unternehmen und die wachsende Integration der Transportketten ermöglichen es den Reedereien, binnen kürzester Zeit ihre Anlaufhäfen zu wechseln. Damit sinkt die Standortbindung der Hafenunternehmen und das Risiko, Kunden an andere Häfen zu verlieren, steigt.

Seit den neunziger Jahren verändern Kartelle und Fusionen zunehmend die Marktsituation und tragen zur Intensivierung des Wettbewerbs bei. Der Prozess der Konsolidierung und Konzentration bei den Reedern begann mit einer Reihe von sog. 'slot sharing agreements', bei denen die Reeder sich gegenseitig ihre Stellplätze in den Häfen vermieten, um so ihre Flexibilität zu erhöhen. Daraus entstanden später oftmals Allianzen und Fusionen, die zusammen Schiffe, Terminals und Container effizienter nutzen und Feeder-Services gemeinsam bedienen können. (Unter Feeder-Services sind Zubringer- und Verteilerdienste zu verstehen, die Ladungen von den Hauptlinien zu den kleineren Endhäfen bringen.) So schlossen sich im Jahre 1991 Maersk und Sealand zu einer globalen Allianz zusammen. 1999 kaufte Maersk dann die Transportdivision von Sealand und es entstand die weltweit größte Containerreederei Maersk-Sealand. Ende 2001 betrieb die Reederei mehr als 300 Schiffe mit einer Kapazität von 728.000 TEU. Das ist doppelt so viel, wie die zweitgrößte Reederei P&O Nedlloyd (P&O und Nedlloyd fusionierten im Jahre 1996) aufweisen kann. 1980 kontrollierten die 20 größten Containerlinien gerade einmal 26% der Kapazitäten in der Containerschifffahrt, 1992 waren es schon 41,6%, 1999 54% und im Jahr 2001 ca. 60% (vgl. Dombois/Heseler 2002, S. 117-119). Durch diesen Konzentrationsprozess stieg der Einfluss der Reedereien innerhalb der Logistikkette. Als Antwort auf die steigende Marktmacht der Reedereien expandierten private Hafenkonzerne und bildeten sog. 'Global Stevedores'. Das sind global operierende Unternehmen, die ein Netzwerk von Häfen in den strategisch wichtigen Standorten haben und nicht mehr nur an einen Standort gebunden sind. Dies schaffte ein gewisses Gegengewicht gegenüber den großen Reedereien. Auch durch die großen Investitionen, die die Containerisierung verlangte, waren die Hafenkonzerne gezwungen, sich zu vergrößern und zusammenzuarbeiten. Beispielsweise gründeten die BLG in Bremen und Eurokai in Hamburg die gemeinsame Tochter Eurogate. Diese baut ein Netz von Terminals in den wichtigen europäischen Häfen und geht sogar Allianzen mit den Reedereien ein. Die Häfen und Hafenunternehmen können sich im Zuge der zunehmenden Integration der Transportkette nicht mehr nur auf den physischen Umschlag der Güter im Hafen beschränken. Vielmehr zielen die Allianzen und Fusionen darauf ab, logistische Dienstleister zu werden und damit gegenüber Reedereien und Speditionen konkurrenzfähig zu bleiben. Tabelle 19.3 zeigt die 20 größten Containerreedereien im Jahr 2002.

Rang	Reederei	TEU	Schiffe
1	Maersk-Sealand	728.810	304
2	P&O Nedlloyd	383.004	147
3	Evergreen	353.304	135
4	Mediterranean Shipping	306.592	156
5	Hanjin / Senator	286.249	87
6	NOL/APL	231.174	80
7	COSCO	226.988	115
8	CMA-CGM Group	180.683	90
9	NYK	176.112	86
10	CP Ships	154.299	77
11	K Line	150.916	61
12	Mitsui-OSK	149.678	62
13	Hyundai	142.866	39
14	China Shipping Group	133.258	80
15	Zim	129.502	67
16	Hapag.Lloyd	128.401	36
17	OOCL	124.947	44
18	Yang Ming Line	123.889	42
19	Hamburg-Süd	87.113	46
20	Pacific Int'l Lines	85.488	82

Tabelle 19.3: Die 20 größten Containerreedereien der Welt im Jahr 2002 (Quelle: Dombois/Heseler 2002, S. 120)

Tabelle 19.4 gibt einen Überblick über die größten Global Stevedores. Interessant ist ein Vergleich der beiden Tabellen. Viele der großen Reedereien sind auch bei den Global Stevedores aufgeführt. Dies verdeutlicht noch einmal die marktbeherrschende Stellung der Reedereien (vgl. Dombois/Heseler 2002, S.120-123 und Welke 2002, S. 136-138).

Global Stevedore	Mio. TEU	in %
Hutchinson	18,00	8,70
PSA	17,90	8,70
Maersk Sealand	12,50	6,10
Eurokai/Eurogate	6,40	3,10
P&Oports	6,20	3,00
ECT	4,70	2,30
NTL	3,70	1,80
SSA	3,60	1,70
NOL/APL	3,50	1,70
Evergreen	3,50	1,70
HHLA	3,00	1,50
DPA	2,80	1,40
CSX World Terminals	2,30	1,10
ICTSI	2,20	1,10
Ceres	2,00	1,00
Hessenatie	1,90	0,90
Nordnatie	0,90	0,40
Summe	95,10	46,20
Andere	110,90	53,90
Gesamtsumme	205,80	100,00

Tabelle 19.4: Global Stevedores sortiert nach Hafenumschlag aus dem Jahr 2000
(Quelle: Dombois/Heseler 2002, S. 121)

19.6 Technik versus Ökonomie in der Schifffahrt

Bei den Containerschiffen ist seit Mitte der neunziger Jahre ein rasches Größenwachstum zu verzeichnen. 1995 wurde das erste Containerschiff mit über 5000 TEU in Dienst gestellt. In den Jahren 1996 bis 2000 wurden 65 Containerschiffe mit 5000-6000 TEU und 34 Containerschiffe mit 6000-7000 TEU gebaut. Im Jahr 2001 waren 6 Containerschiffe mit über 7000 TEU in Auftrag gegeben (vgl. Zachcial 2002, S. 48-49 sowie Böhme 2000, S. 56). Aktuell wird über den Fortgang der Entwicklung zu immer größeren Schiffen und dessen Auswirkungen diskutiert. Im Mittelpunkt stehen dabei meist technische Fragen. Die Zunahme der Schiffsgröße bringt aber auch erhebliche ökonomische Probleme mit sich. Die Anforderungen für Häfen und Hinterlandtransport steigen. Dies führt zu einer weiteren Konzentration auf bestimmte Häfen und deren Betreiber. Die Kosten werden innerhalb der Transportkette verschoben. Die Senkung der Kosten für den Transport über See wird mit steigenden Kosten auf der Landseite erkauft. Vor allem der Ausbau und die Instandhaltung von Landverkehrswegen und die Hafeninfrastruktur fallen dabei ins Gewicht. Irgendwann ist dann der Punkt erreicht, wo die Kosteneinsparungen durch große Schiffe nicht mehr die Mehrkosten an Land decken. Weiterhin gilt es zu bedenken, dass die Be- und Entladezeiten mit der Schiffsgröße ansteigen. Einige Überlegungen gehen deshalb auch dahin, dass geringere Be- und Entladezeiten und die damit möglichen höheren Abfahrtfrequenzen in den Häfen vorteilhafter sind. Auch von politischer Seite gilt es die Entscheidung zu treffen, ob man das Größenwachstum von Schiffen regulieren will, denn das Schiffsgrößenwachstum nutzt vor allem einzelnen Schifffahrtsunternehmen. Wettbewerbsrechtliche Bedenken und makroökonomische Wohlfahrtseffekte sind hierbei die argumentative Grundlage. Auch liegen die Kosten für den Ausbau von Landverkehrswegen und Häfen zum Großteil beim Staat. Trotz dieser Überlegungen gibt es schon Entwürfe für Containerschiffe mit mehr als 15.000 TEU. Der Entwurf des ‚Malakkamax-Schiff' aus den Niederlanden sieht 18.154 TEU vor bei einem Tiefgang von 21 m und einer Breite von 60 m (vgl. Böhme 2000, S. 87). Ob solche Schiffe wirklich in nächster Zeit unsere Meere befahren, hängt also weniger von technischen Problemen bei der Konstruktion ab, sondern von den ökonomischen Überlegungen der Beteiligten.

Ergänzende Literatur:

Mattfeld, Dirk Christian: The management of transshipment terminals : decision support for terminal operations in finished vehicle supply chains, New York, Springer, 2006

Levinson, Marc: The Box – How the Shipping Container made the world smaller and the world economy bigger, Princeton/Oxford 2006

Reise, Sönke: Offshore-Containerterminals als Transshipment-Hub, in: Logistik Management, 6. Jahrgang, Ausgabe 2, 2004, S.54-67

Zachcial, M.: Märkte der Seeschifffahrt, in: Arnold, D. u.a. (Hrsg.): Handbuch der Logistik, Berlin 2004

20 Verpackungs- und Behältersysteme

In diesem Kapitel sollen die für den logistischen Güterfluss wesentlichen Elemente der Verpackungs- und Behältersysteme diskutiert werden.

20.1 Grundlegende Begriffe und Übersicht

Auf dem Weg der Güter von den Produktionsstätten zum Endverbraucher durchlaufen die Güter eine Vielzahl von Stationen im logistischen Netzwerk, in denen sie transportiert, gelagert oder umgeschlagen werden. Im Unterschied zu Rohstoffen durchlaufen Fertigwaren das Netzwerk jedoch in verpackter Form. Die Frage nach einer geeigneten Verpackung muss also geklärt werden. Ferner sind die Zusammenfassungen von Einzelpackungen zu größeren Ladungseinheiten zu diskutieren, um einen Bündelungseffekt beim Transport und Lagern zu erzielen.

Die Anforderungen an die Verpackung sind durchaus unterschiedlich und auch widersprüchlich. Je nach dem Ort im logistischen Netzwerk werden unterschiedliche Ziele hervorgehoben. Diese betreffen die Produktion, den Transport, den Umschlag bis hin zur Warenpräsentation im Einzelhandel. Bei der Verpackungsgestaltung gilt es, die an die Verpackung gestellten Anforderungen aus den verschiedenen Funktionsbereichen, die durchaus miteinander konkurrieren können, unter Kompromissfindung zu berücksichtigen. Über die jeweiligen Eigenschaften des Packguts hinaus, welche die Verpackung bestimmen, gilt es, die gesetzlichen Vorgaben bei der Verpackung zu beachten, wie das Eichgesetz, die Fertigverpackungsverordnung und die Lebensmittelkennzeichnungsverordnung. Schließlich stellt für Konsumgüter die Warenpräsentation in SB-Märkten bestimmte Anforderungen an die Verpackung, wie etwa genormte Regaltiefen. Die Anforderungen an Verpackungen lassen sich wie folgt systematisieren:

1. Bei Erzeugnissen, die flüssig oder schüttbar sind, wie Öle, Salz oder Mehl, steht die Verpackung in enger Verbindung mit Abfüllprozessen, und die **verpackungsprozessbezogenen** Anforderungen werden durch die Art des Abpackvorgangs bestimmt. Bei halbautomatischer oder automatischer Abpackung müssen Packstoff und Packmittel den durch den maschinellen Durchlauf entstehenden Erfordernissen (z.B. Standfestigkeit des Packmittels, maßliche Dimensionierung des Packmittels, Materialstärke des Packstoffes usw.) genügen, wohingegen die manuelle Abpackung keine nennenswerten Einschränkungen bedingt.
2. Die Verpackung besitzt zunächst die primäre Funktion des **Schutzes** des verpackten Gutes vor verminderter Qualität. Hier geht es um die Frischhaltung bei Lebensmitteln, um den Schutz vor Witterungseinflüssen und vor Erschütterungen und Beschädigungen beim mechanischen Umschlag.
3. Die **Lagerungs- und Bereitstellungsfunktion** der Verpackung steht im Zusammenhang mit der Bildung größerer Versandeinheiten in der Transportkette (siehe unten). Hierbei kommt es auf die Stapelfähigkeit der einzelnen Verpackungen und Versandeinheiten an. Stapelfähigkeit bedeutet, besondere Abmessungen einzuhalten und auch dem Druck großer Stapelhöhen standzuhalten.

4. Die **Transportfunktion** der Verpackung soll Einzelverpackungen in Versandeinheiten zusammenfassen sowie den Umschlag und die Beladung auf Transporteinheiten von zerbrechlichen oder sperrigen Gütern möglich machen. Die Zusammenfassung zu größeren Verpackungseinheiten soll deren Handhabung durch Umschlagseinrichtungen, wie Gabelstapler oder Kräne, möglich machen.
5. Die **Informations- und Identifikationsfunktion** der Verpackung wird heute immer wichtiger und dient dazu, den nach außen weitgehend identisch erscheinenden Packstücken eine Information über den Inhalt zu geben. Informationen in Klarschrift werden heute zunehmend maschinell lesbare Barcode-Labels beigegeben. Hierdurch ist es möglich, mit Hilfe von Infrarotscannern Packstücke eindeutig zu identifizieren und auf ihrem Weg im Logistiknetzwerk zu verfolgen. Dieses spielt insbesondere für moderne Warenverteilzentren und Paketsortiereinheiten eine große Rolle. Die Informationen über den Inhalt werden ergänzt um Hinweise über gefährliche Güter, Höchst- und Mindesttemperaturen im Transportprozess, Hinweise auf die Zerbrechlichkeit und Haltbarkeitsdaten. Die Informationsfunktion der Verpackung steht im engen Zusammenhang mit der Marketingfunktion. Die Verpackung dient dann als Informations- und Werbeträger. Für den Handel erfüllt sie besondere Funktionen der Warenpräsentation. Der Endverpackung von Konsumentenartikeln kommt im Selbstbedienungseinzelhandel eine hohe Bedeutung zu, da Verpackungen als Träger des Markennamens und des Produktpreises dienen und kritische Kunden genaue Informationen über das Produkt wünschen, um dadurch die Kaufentscheidung zu unterstützen. Die Zunahme von Einpersonenhaushalten impliziert kleine und bedarfsgerechte Mengeneinheiten. Die allgemeine Spezialisierung fördert eine Sortimentserweiterung die optisch eine bessere Warenpräsentation und einen entsprechenden Service erfordert.
6. Die **Kreislauffunktion** der Verpackung steht heute immer mehr im Vordergrund. Hierbei geht es um die Wiederverwendung der Verpackung (z.B. Pfandflaschen) oder deren umweltgerechte Entsorgung (Kapitel 14).

In der Praxis werden diese Funktionen nicht ausreichend beachtet. Nach einer Studie von Wildemann (1995, S. 54) treten bei Verpackungsprozessen folgende Probleme auf:

- ungenügende Polsterung gegen Transportschwingungen und -stöße,
- falsche Einschätzung klimatischer Bedingungen,
- ungenügende Ladungssicherung,
- mangelnde Kennzeichnung und fehlende Information auf den Verpackungen,
- Überdimensionierung von Behältern.

Die durch gesetzliche Regelungen und Einstellungs- und Verhaltensänderungen der Konsumenten immer wichtiger werdenden ökologischen Anforderungen an die Verpackung müssen von einer ganzheitlich orientierten Verpackungsplanung in der gesamten logistischen Kette berücksichtigt werden. Die ökologischen Anforderungen beinhalten:

- eine Minimierung des Materialeinsatzes,
- den verstärkten Einsatz von Mehrwegverpackungen und

- die Verwendung recyclingfähiger Produkte, die als sekundäre Rohstoffe in den industriellen Produktionsprozess zurückgeführt werden können.

Im Einzelnen heißt das, dass Rückstände und Abfälle der industriellen Produktionsprozesse verwendet und grundlegende Rohstoffe (z.B. Glas oder Papier), die sich in den Abfällen befinden, gesammelt, rückgeführt und wieder verwendet werden sollen. Industrielle Produkte sollen nach ihrem Gebrauch demontiert und in sortenreine Rohstoffgruppen zerlegt werden, die dann ebenfalls in den Produktionsprozess zurückgeführt werden können. Umweltverträgliche Stoffe sollen verwendet werden, die eine große Menge von Altstoffen enthalten, eine geringe Ressourcen- und Umweltbelastung durch Emissionen und Produktionsrückstände verursachen sowie einen geringen Energieeinsatz bei der Herstellung aufweisen sollen. Die Umweltverträglichkeit wird dabei in Ökobilanzen bzw. -Profilen beurteilt.

Die Verpackungsbegriffe werden nach der DIN-Norm 55405 wie folgt definiert:

- Ein **Packstück** ist die Zusammenfassung von Packgut und Verpackung.
- Das **Packgut** bezeichnet die zu verpackende Ware.
- Die **Verpackung** ist der Oberbegriff für die Gesamtheit der Pack- und Packhilfsmittel.
- Der **Packstoff** ist der Werkstoff, aus dem das Packmittel besteht, also z. B. Holz, Papier, Karton, Pappe, Glas, Eisen, Aluminium, Kunststoff.
- Das **Packmittel** bezeichnet das Erzeugnis aus Packstoff, das dazu bestimmt ist, das Packgut zu umschließen oder zusammen zu halten, damit es lager-, transport- bzw. verkaufsfähig wird (z. B. Kiste, Tüte, Schachtel, Flasche, Palette, Tube, Becher, Container).
- **Packhilfsmittel** sind die Hilfsmittel, die zusammen mit dem Packmittel zum Verpacken und Verschließen dienen (z. B. Klebstoff, Klebestreifen, Schnur, Nägel, Metallband, Klammer, Trockenmittel). Zu den Packhilfsmitteln zählen auch Zwischenverpackungen (Füllstoffe) zum Ausfüllen von Leerräumen in der Verpackung (z.B. Wellpappe, Holzwolle, Styroporteile, Chips, Seidenpapier).
- **Ladeeinheitensicherungsmittel** sichern gegen Verrutschen, Packstückverlust, Umwelteinflüsse, Diebstahl usw. Die wichtigsten angewandten Verfahren sind das Umreifen, das Umschrumpfen und das Stretchen.
- Die **Einwegverpackung** bezeichnet Packmittel, die zum einmaligen Gebrauch bestimmt sind.
- **Mehrwegverpackungen** hingegen stellen Packmittel dar, die im Leih- und Rückgabeverfahren benutzt werden (auch Umlaufpackmittel oder Leihverpackung genannt).

20.2 Ladeeinheiten in der Transportkette

Im breiten Spektrum der Logistikkosten waren früher die Ladungsträgerkosten und deren Folgekosten nur unzureichend berücksichtigt worden. An die Verpackung wurde nur die Anforderung des Warenschutzes gestellt. Mit dem Einzug von logistischen Betrachtungsweisen erhalten weitere Gesichtspunkte, wie die optische Verpackungsgestaltung, die Entsorgungslogistik, die technischen und organisatorischen Abläufe der Verpackungstechnik und die Bildung von Ladeeinheiten größere Bedeutung, in deren Folge eine umfassende Umstrukturierung und eine Neuformulierung der Anforderungen an die Verpackungstechnik und Ladeeinheitenbildung erforderlich wird.

Die Möglichkeit, einzelne Verpackungen zu größeren Einheiten zusammenzufassen, stellt eine wesentliche logistische Funktion der Verpackung dar. Auszuliefernde Güter werden zu größere Einheiten, die als Versandverpackungen bezeichnet werden, zusammengefasst, um den Güterfluss zu vereinfachen und dabei anfallende Kosten zu senken. Voraussetzungen hierfür sind

- eine Standardisierung der Form in Einheit und Abmessung,
- die Erleichterung des Einsatzes mechanischer Hilfsmittel bei Manipulationsvorgängen, wie Gabelstaplern und
- die Stapelfähigkeit.

Als nächst größere Kombinationsstufe werden Versandverpackungen auf Ladungsträger, wie z.B. Container, gepackt, mit denen dann Transportmittel beladen werden. Auf jeder Stufe dieser Stufenfolge von der Einzelverpackung bis zum Transportmittel entsteht die Frage, in welcher Weise die kleineren Einheiten die größeren ausfüllen, um durch die Kombination eine hohe Effizienz der Bündelungsvorgänge und ein großes Maß an Platzausnutzung zu erzielen. Diese Möglichkeiten der Abstimmung geben die Grundlage für eine systemanalytische Betrachtung und Optimierung von Verpackungs-, Behälter- und Transportsystemen ab. Mit dieser Betrachtungsweise können **Transportketten** gebildet werden, welche bestimmte Wege im Logistiknetzwerk beschreiben und Ladeeinheiten mit Transportmitteln, wie Flugzeugen, Schiff, Bahn oder LKW, verbinden.

Eine Transportkette ist definiert als eine Abfolge von Transporten, Aufenthalten bzw. Zwischenlagerungen und Umladevorgängen. Es gibt eingliedrige und mehrgliedrige Transportketten. Die Transportkette ist eingliedrig, wenn außer dem ersten Ladevorgang kein Umladen erforderlich ist. Andernfalls ist sie mehrgliedrig. Beim Umladen ohne die Auflösung von Ladeeinheiten liegt ein **kombinierter Verkehr** vor, sonst ist es nur **gebrochener Verkehr** (Michaletz 1994, S. 37-39).

Bei der Bildung logistischer Einheiten zur Konstitution von Transportketten gibt es eine Vielzahl von Möglichkeiten. Man unterscheidet die Produktions-, Lager-, Transport-, Verpackungs-, Lade-, Bestell- und Verkaufseinheiten, die im Idealfall identisch sein sollten. Hier zeigt sich, dass für alle Phasen des Güterflusses vom Liefer- zum Empfangspunkt logistische Einheiten von Bedeutung sind. Diese Einheiten sollten in Form und Abmessungen in Modulmaßen standardisiert sein. Der logistikgerechte Materialfluss und die Minimierung der Handhabungsvorgänge innerhalb einer Transportkette werden erreicht, wenn die einzelnen Einheiten identisch sind oder in größeren Ladungseinheiten modular aufeinander zu beziehen sind.

Bei der Umschlags-, Handhabungs- und Lagerungstechnik spielt der Einsatz von angepassten Ladungsträgern eine große Rolle, die durch Gewicht, Abmessung, Größe und

Stapelbarkeit kompatibel zur eingesetzten stationären Ausstattung sein müssen. Erst hierdurch ergeben sich die besonderen Rationalisierungsvorteile, Paletten, Gitterboxpaletten und Container in der Transportkette einzusetzen. Der Grundnutzen beim Einsatz derartiger Ladungsträger besteht darin, dass die Packstücke nicht einzeln umgeschlagen werden müssen, sondern dies durch den Ladungsträger gebündelt geschehen kann. Hinzu kommt noch, dass der Einsatz von Ladungsträgern die Packstücke vor Beschädigungen beim Transport und Umschlag schützt. Darüber hinaus ergeben sich folgende Vorteile beim Einsatz von standardisierten Ladungsträgern:

- Beschleunigung beim Umschlag,
- Einsatz von standardisierten Umschlagsmitteln längs der Transportkette,
- Einsatz von Standard-Stellplätzen im Lager,
- Nutzung der Transportgefäße in der Produktion für die Entnahme oder Aufnahme von Teilen.

Speziell beim Container kommt noch hinzu:

- der Schutz vor Diebstahl,
- Einsparung von Verpackung.

Nach einer Studie von Wildemann unter 67 Unternehmen gaben diese als die drei wichtigsten Kriterien für die Auswahl von Ladungsträgern an (Wildemann 1995, S. 29):

- Stapel- und Lagerfähigkeit,
- Mehrfachverwendbarkeit,
- Transportfähigkeit.

Für kleinteilige Güter aus dem Bereich Pharma oder Lebensmittel ergibt sich folgende Stufenleiter in der Transportkette: Die Einzelverpackung eines Gutes wird in einem Karton als **Versandverpackung** verpackt. Kartons sind in den genannten Bereichen die vorherrschende Form der Versandverpackung. Die Kartons werden dann schließlich auf **Ladungsträgern** gestapelt, mit denen Transportmittel beladen werden.

Wichtige Ladungsträger sind:

- Paletten,
- Gitterboxpaletten,
- Container.

Paletten und Gitterboxpaletten stellen in der Konsumgüterwirtschaft die wichtigsten Ladungsträger dar und können mit Gabelstaplern bewegt werden. Sie beziehen sich auf das **Modulmaß** 400x600 mm, das auf einem Konzept der European Packing Federation aus dem Jahre 1959 beruht und in die DIN-Norm 55510 „Verpackung, Stellflächen von Packstücken" aufgenommen wurde. Die Abmessungen der Europalette gehen auf die Gründung des europäischen Palettenpools durch den Verband der 16 europäischen Eisenbahngesellschaften (UIC) im Jahre 1960 zurück; man spricht deshalb auch von UIC-Paletten (zum Poolsystemen in Mehrwegsystemen siehe Kapitel 14). Die Euro-

Palette besitzt geprüfte Qualitätsnormen. Insbesondere werden 1500 kg Tragkraft gefordert. Die Gütegemeinschaft Paletten, als deutsches Nationalkomitee der European Pallet Association (EPAL), überprüft die Einhaltung dieser Normen bei Produktion und Reparatur.

Je besser die Modulmaße aufeinander abgestimmt werden, desto höher sind andererseits auch die Anforderungen an Maßhaltigkeit und Passgenauigkeit der Teile. Dieses ist bei den Europaletten nicht immer gegeben. Auch im Überseeverkehr erlauben die Isocontainer (siehe unten) Schwankungen der Innenmaße um 80 Millimeter und ermöglichen daher keine exakten Staupläne. Die folgende Abbildung 20.1 stellt einige Kombinationen des Modulmaßes und deren Beziehung zu den Palettenmaßen dar.

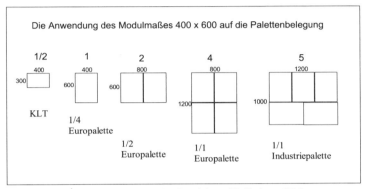

Abbildung 20.1: Das Modulmaß und deren Vielfache auf Paletten

Das Grundmodul 400x600 mm kann schrittweise 1/4, 1/2 oder 1/1 Europalette abdecken. Dieser Erweiterung nach oben steht ein kleineres Modulmaß von 300x400mm nach unten als **Kleinladungsträger** (KLT) gegenüber. Im KLT, der bis zu 50kg aufnimmt, können Kleinteile geladen werden können. Die KLT sind stapelbar, weisen eine hohe Maßgenauigkeit von 1% auf und sind nach einer Empfehlung des Verbandes der Deutschen Automobilindustrie (VDA) genormt. Sie werden daher auch als **VDA-Box** bezeichnet und spielen in der Zulieferindustrie eine große Rolle[54].

Im Unterschied zur Palette tragen die Gitterboxpaletten nicht nur die Ladung, sondern **umschließen** sie zugleich. Ein Container bietet darüber hinaus die **Schutzfunktion** seines Stahlmantels, mit der er die Ladung gegen die Umgebung abschirmt. Containerabmessungen liegen im Bereich von 6 m bis 12 m. Die Binnencontainer der Bahn sind auf die Maße der Europaletten abgestimmt, die ISO-Überseecontainer jedoch nicht. Container nehmen bis zu 30 t Ladung auf und werden mit speziellem Equipment umgeschlagen, wie **Van-Carrier** oder Krananlagen.

Die sortenreine Ladung von Transportbehältern mit Produktionseinheiten stellt den Normalfall der Transportkette dar. Jedoch erlangen erweiterte Servicekonzepte eine zunehmende Bedeutung, welche etwa im Just-in-Time Bereich oder in der Krankenhauslogistik eine kundenorientierte Beladung der Behälter vorsehen. Krankenhausarti-

---

[54] Die Box ist 28 cm hoch und wird daher auch als 6428-Box bezeichnet. Analog die 14 cm hohen Boxen.

kel für eine Station, spezialisierte Sets für Operationen oder alle Teile, die in der Just-in-Time Anlieferung für die Montage eines Produktes erforderlich sind, werden in einem Behälter zusammengefasst. Indem nur vollständige Kommissionen in dem Behälter zusammengefasst werden, entfällt aufwendiges Suchen und das Nachbestellen von Teilen.

Da die Ladungsträger auf die spezifischen Erfordernisse der Transportkette zugeschnitten sein müssen und sich zumeist in großer Zahl in Umlauf befinden, stellt die Auswahl eines geeigneten Ladungsträgers eine langfristig bindende Entscheidung dar. So befinden sich im Ersatzteillager von VW 180.000 Stück VDA-Boxen im Bereich Kleinteilelager. Andererseits stellen die hohen Investitionen in Ladungsträger auch ein Hindernis dar, wenn es um die Standardisierung von Ladungsträgern geht. So ist der ISO-Container nicht kompatibel zu den Europaletten. Da aber von beiden Systemen weltweit viele Millionen Stück im Umlauf und die Umschlagseinrichtungen darauf abgestimmt sind, ist eine Harmonisierung beider Systeme nur schwer vorstellbar.

Um den Weg in der Transportkette weiter zu verfolgen, können wir die Palettenmaße auf die Ladungsflächen von LKW und Containern beziehen. Als Beispiel nehmen wir einen Mercedes-LKW mit einem Kögel-Standard-Aufbau für die Ladefläche in den Abmessungen 6.100 x 2.480 mm. Diese Ladefläche ist kompatibel mit der Europalette, da die Breite von 2.480 mm zwei Europlatten zu je 1.200 mm Breite zulässt. Auf die Länge von 6.100 mm lassen sich dann je sechs Europaletten platzieren mit einer nahezu 100%-igen Platzausnutzung.

20.3 Palettenmanagement

Unter der Vielzahl von Palettenmaßen sind die wichtigsten Paletten:

- Die **Europalette** mit 800 x 1.200 mm, der ein **Modulmaß** von 400 x 600 mm zugrunde liegt, und
- die **Industriepalette** mit einem Maß von 1.000 x 1.200 mm.
- Die **Gitterboxpaletten** setzen ebenfalls auf dem Euromaß von 800 x 1.200 mm als Grundfläche auf und besitzen eine Höhe von 800 mm, wo ein Rahmen die Stapelfähigkeit herbeiführt.
- Die **Display-Paletten** mit dem Maß 800 x 600 mm (halbe Europaletten), die im Handel zur Warenpräsentation eingesetzt werden.

Im Jahre 1999 wurden in der Bundesrepublik Deutschland ca. 150 Millionen Paletten verwendet, 74 Mio. Paletten als Einmal-Paletten verbraucht und 47 Mio. Paletten erzeugt (Hector und Knorre 2000, S. 31).

Die aus Holz gefertigten Euro-Paletten stellen ein archaisches Relikt des Eisenbahnzeitalters in der modernen Fördertechnik dar. Aber die Preisgünstigkeit und Einfachheit haben der Euro-Palette ein Überleben ermöglicht. Infolge der Holzkonstruktion weisen sie ein gewisses Maß an Elastizität auf und können sich so besser an Unebenheiten in der Förder- und Lagertechnik anpassen als Paletten etwa aus Stahl. Da sie zum Preis von 10 € produziert werden, ist ihr Preis so niedrig, dass es sich nicht lohnt, sie individuell mit Barcodes oder Transpondern zu identifizieren. Der Schweizer Dienstleister PPAL versucht eine Innovation auf diesem Sektor durchzusetzen. Er lässt Europaletten aus Plastik, die mit einem RFID-Chip versehen sind, in China in Millionenstück produzieren und bietet diese in Europa in einem Leasingsystem an. Als Leasingkosten werden 3 € pro Stück und Monat angegeben. Mit der Identifizierung der Paletten über RDID werden die Unstimmigkeiten im Palettenkreislauf (siehe unten) ausgeräumt.

Mehrfachpaletten werden in einem Paletten-Tauschsystem unter den Partnern in der Supply Chain geführt, in dem nicht genau geklärt ist, welchem Partner welche Paletten zum jeweiligen Status gehören. Ein rechtlicher Rahmen für den Palettentausch fehlt. Die Tausch-Kette betrifft vor allem Hersteller von Konsumgütern, die über Speditionen ihre Ware an Handelshäuser ausliefern. Sie erhalten von den Handelshäusern Leerpaletten über die Speditionen zurück. Die Abbildung 20.2 zeigt den entstehenden Palettenkreislauf auf. Da die Speditionen die Leerpaletten in einer Sammelstelle zwischenlagern und die Paletten nicht individuell identifiziert sind, erhalten die Hersteller andere Paletten zurück als sie ausgeliefert haben. Die am Tausch teilnehmenden Partner müssen eigene Palettenkonten führen. Der Marken- und Konsumgüterhersteller Henkel benutzt für die Distribution seiner Produkte 26 verschiedene Ladehilfsmittel und verwaltet diese mit einem eigenen Palettenmanagementsystem[55]. In dem Kreislauf entstehen schnell Unstimmigkeiten, da die Zahl der vollen Paletten nicht mit der Zahl der zurück fließenden Leerpaletten übereinstimmen muss. Auch sind beschädigte Leerpaletten zu erkennen und deren Rücknahme zu verweigern. Im Palettenkreislauf lässt sich nicht mehr klären, wer der Verursacher von Palettenschäden ist. Die Hersteller von Konsumgütern haben besondere Probleme mit den beschädigten Leerpaletten, da sie zu teuren Ausfällen in der Lager- und Fördertechnik führen.

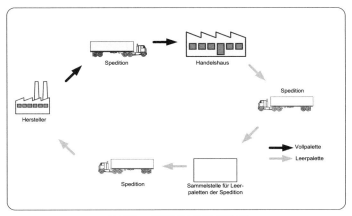

Abbildung 20.2: Palettenkreislauf

Nach Hector und Knorre (2000, S. 17) gibt es folgende Formen des Paletten-Tausches:

- "Idealtausch": die Übernahme palettierten Gutes Zug um Zug gegen Übergabe leerer Paletten durch das Verkehrsunternehmen an der Ladestelle und vorgesehe-

---

[55] Palettenmanagement – Sonderbeilage der DVZ, 7.2.2004

ne Rückgabe entsprechender Tauschpaletten durch den Empfänger an der Entladestelle.
- "Einfacher Palettentausch": Abrede, wonach das Verkehrsunternehmen, ohne dass vorher an der Ladestelle Tauschpaletten abgegeben wurden, nach Ablieferung palettierten Gutes aufgefordert, Tauschpaletten herauszugeben und diese Tauschpaletten zu sich zurücknimmt.
- "Palettentausch mit Rückführungsverpflichtung": Übergabe palettierter Ware an den Empfänger und Ablieferung der erhaltenen Tauschpaletten an der Ladestelle oder an einer sonstigen mit dem Auftraggeber vereinbarten Ablieferungsstelle.
- "Palettentausch mit Übernahme des Tauschrisikos": Übergabe palettierter Ware und Rücklieferung von Leerpaletten, zumeist innerhalb einer bestimmten Frist an eine bestimmte Ablieferungsstelle, unabhängig davon, ob der Empfänger Tauschpaletten bei der Anlieferung palettierten Gutes herausgegeben hat.
- "Überlassung von Leerpaletten (durch das Verkehrsunternehmen) vor Übernahme des Transportgutes", wobei das Verkehrsunternehmen vor Übernahme des palettierten Gutes die erforderliche Anzahl Paletten zur Verfügung stellt.

20.4 Container

Der Bezug der Palettenmaße auf Container sieht wie folgt aus: Die folgende Tabelle gibt eine Übersicht der Bahn-Binnencontainer, welche die Bahngesellschaft Railion den Verladern anbietet.

Bauart	Außenmaße			zul. Gesamt- gewicht	Eigen- gewicht	Innenmaße			Fas- sungs- raum	Lade- fläche	Lichte Türweite				Bemerkungen
											Stirnwand		Seitenwand		
	Länge	Breite	Höhe			Länge	Breite	Höhe			Breite	Höhe	Breite	Höhe	
	mm	mm	mm	kg	kg	mm	mm	mm	m³	m²	mm	mm	mm	mm	
Htg 7.277	7150	2500	2600	15000 bis 16000	ca. 3000	7028	2440	2250	38.5	17.1	2430	2200	6400	2200	Faltseidenwände, Hubschwenktüren und Stützbeine
Htt 6.254 (20')	6058	2500	2600	24000	ca. 2500	5875	2440	2402	35	14.3	2440	2317	2500	2330	Hub-Schwenktüren
Hg 6.402 (20')	6058	2500	2600	24000	ca. 2900	5905	2440	2195	33	14.4	-	-	5240	2195	Faltseitenwände
Htt 12.504 (40')	12192	2500	2600	30480	ca. 3780	12000	2440	2402	70	29.3	2440	2317	2500	2330	Hub-Schwenktüren

Erläuterungen zu den Gattungszeichen:
H = Binnencontainer; g = öffnungsfähige Seitenwand; t = Stirnwandtür;
tt = Stirn- und Seitenwandtür

Tabelle 20.1: Bahn-Binnencontainer der Railion

Gegenüber dem 20-Fuß-ISO-Container fasst z.B. der Bahn-Binnencontainer von 5,90 Metern Innenlänge 14 Europaletten und wird damit zu 93% ausgelastet. In folgender Abbildung 20.3 werden die Stapelpläne eines Bahn-Binnencontainers dargestellt.

Kapitel 20 • Verpackungs- und Behältersysteme 337

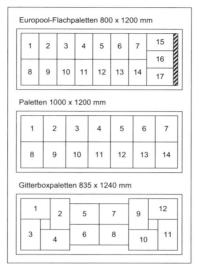

Abbildung 20.3: Stapelpläne für einen DB-Binnencontainer.

Zusätzlich zu den Containern der Bahn sind im Überseehandel die ISO-Container weit verbreitet, deren Abmessungen als 20 Fuß[56] oder 40 Fuß angesprochen werden und die durch eine Tür in der Stirnseite beladen werden. Mit diesen Containertypen waren in den 60er Jahren die ersten Übersee-Container-Verkehre unternommen worden. Im kombinierten Verkehr mit dem Schiff ermöglichen sie einen mechanisierten Umschlag und reduzierten so die teuren Liegezeiten der Schiffe im Hafen. Die Abmessungen der ISO-Container basieren auf dem amerikanischen nicht-metrischen Maßsystem und sind daher nicht kompatibel zu den Modulmaßen der europäischen Transportwirtschaft. Sie stellen ein Beispiel dafür dar, wie in der Transportkette die Transportkapazität wegen mangelnder Kompatibilität nicht vollständig genutzt werden kann. In einen 20-Fuß-ISO-Container passen 9 Industriepaletten mit einer Flächenausnutzung von 80,1% oder 11 Europaletten mit einer Flächenausnutzung von 77,3%. Die Abbildung 20.4 verdeutlicht diese Aussagen.

Die schlechte Raumausnutzung der ISO-Container durch Industrie- und Europaletten bedeutet nicht nur einen Anstieg der Transportkosten, sondern wird darüber hinaus auch zur Notwendigkeit, Ladung durch Füllstoffe zusätzlich zu sichern. Dieses ist insbesondere im Überseeverkehr erforderlich, um Schiffsneigungen auszugleichen.

---

[56] Das Maß 20 Fuß dient als Basis der statistischen Umrechnung anderer Containergrößen. Man spricht von TEU (twenty foot equivalent unit).

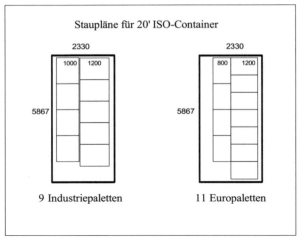

Abbildung 20.4: Staupläne für einen 20-Fuß-ISO-Container (Innen-Abmessungen in mm)

20.5 Transportbehälter als Mehrwegsysteme

Sieht man von der Einwegpalette ab, so konstituieren die Transportbehälter **Mehrwegsysteme**. Von der Verpackungsverordnung geht ein starker Druck aus, Einwegverpackungen und -behälter zu vermeiden (vgl. Kapitel 14) und stattdessen Mehrwegsysteme zu unterstützen. Diese sind wie folgt aufgebaut: Während die gefüllten Transportbehälter vom Lieferanten zum Abnehmer fließen, wandern die leeren Transportbehälter vom Abnehmer zum Lieferanten zurück. Generell entsteht dann das Problem, dass Kosten für die Leerfahrten auftreten, deren Höhe von der zurückgelegten Strecke und den Abmessungen der Transportbehälter abhängt. Angestrebt werden daher klapp- oder faltbare Transportbehälter, um zu einer Volumenreduktion zu gelangen. Für Paletten mit einem geringfügigen Wert von unter € 10, deren Volumen für eine Leerfahrt aber nicht reduziert werden kann, sind Leerfahrten über 200 km nicht mehr wirtschaftlich. Geschieht der Rückfluss der leeren Transportbehälter direkt, so stellen die Transportbehälter ein zweiseitiges Pendelsystem dar. Diese Form finden wir etwa bei spezialisierten Transportbehältern in der Just-in-Time Anlieferung, in der die Artikel für automatische Handhabungssysteme griffbereit positioniert sind. Dagegen ist bei standardisierten Transportbehältern die Einbeziehung mehrerer Abnehmer und Lieferanten möglich, welche gemeinsam die Transportbehälter nutzen. Man spricht dann auch von einem **Poolsystem** von Mehrwegbehältern (vgl. Kapitel 14).

Das Palettensystem des Verbands der chemischen Industrie entstand als Mehrwegsystem Anfang der neunziger Jahre. Diese Paletten werden als CP-Paletten bezeichnet. Mit dem CP-System wurde die Absicht verfolgt, innerhalb der chemischen Industrie die Vielzahl der verschiedenen Palettenarten auf fünf Standardpaletten und international vier weitere Standardpaletten zu reduzieren. Die internationale Koordination läuft über die Association of Plastic Manufactures mit Sitz in Brüssel.

20.6 Die Optimierung der Verpackung in der Transportkette

Um die Eigenschaften einer Transportkette mit den Methoden der Systemanalyse zu **optimieren**, können geeignete Packstoffalternativen sowie Gestaltungsgrundsätze für Verbrauchs- (Einzel-), Sammel- und Versandverpackungen mit dem PC generiert werden. Dem Benutzer obliegt dabei die Auswahl und Prüfung der Realisierbarkeit der Lösungsvorschläge.

Die Studien von Isermann (1998A) haben ergeben, wie ein PC-gestütztes Planungssystem eine logistikgerechte und regalgerechte Gestaltung der Verbraucherpackung (Verbrauchsverpackung) sowie der zugehörigen Sammel- und Versandverpackung unterstützen kann. Dabei stellte sich heraus, dass die Verpackungsplanung nicht unbedingt die Geometrie des Packstücks als gegeben hinnehmen muss, sondern dass mit einer geringfügigen maßlichen Veränderung eine bessere Nutzung von Paletten erzielt werden kann:

In Abbildung 20.5 sind die Abmessungen der Versandverpackung von 267 x 153 x 175 mm auf 266 x 154 x 175 mm verändert worden. Passten vorher 100 Versandverpackungen auf eine Palette mit den Abmessungen 1.200 x 800 x 900 mm, erhöhte sich die Anzahl nach Veränderung der Abmessungen auf 115 Versandverpackungen pro Palette.

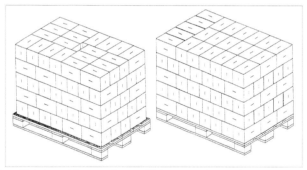

Abbildung 20.5: Auswirkungen einer maßlichen Veränderung der Versandverpackung
(Isermann 1991, S. 182)

Abbildung 20.6 zeigt die 11% bessere Nutzung des Palettenstauraums durch die Veränderung der Abmessungen eines 5-Liter-Eimers. Die Höhe des Eimers wurde von 205 mm auf 220 mm verändert, der Durchmesser unten wurde von 190 mm auf 182 mm und der Durchmesser oben von 225 mm auf 217 mm verringert. Vor den Veränderungen ließen sich 72 Eimer pro Palette, nach den Veränderungen 80 Eimer auf einer Palette stapeln.

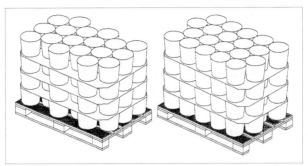

Abbildung 20.6: Veränderung der Abmessungen eines 5-Liter-Eimers (Isermann 1991, S. 183)

Die Stauraumoptimierung bezieht sich auch auf komplex geformte Bauteile der Maschinenbau- und Automobilindustrie, die mit Hilfe von CAD-Dateien in einer Verpackung oder Gitterbox optimal angeordnet werden, um somit die Verpackungsplanung zu unterstützen. Dazu wird folgende Software angeboten:
- UNIT-PackComplex: Fraunhofer Institut für Materialfluss und
- Logistik PackAssistant: MVI-SOLVE-IT GmbH München/Fraunhofer Institut für Algorithmen und Wissenschaftliches Rechnen SCAI

Mit folgender Software lässt sich die Beladung von Containern optimieren, wobei Aufträge mit unterschiedlichen Anforderungen in einem 20 Fuß Container verstaut werden:
- PUZZLE: Fraunhofer Institut für Materialfluss und Logistik
- Cube-IQ: Institut für angewandte Optimierung GmbH
- MaxLoad Pro: SimPlan AGCSS: Campus Computer Center GmbH
- LoadDesigner: LogiPlan

Ergänzende Literatur:

Wäscher, G.: Paletten- und Containerbeladung, in: Arnold, D. u.a. (Hrsg.): Handbuch der Logistik, Berlin 2004

Schrader, Kirsten und R. Vahrenkamp : Computergestützte Stauraumoptimierungsprogramme für Verpackung und Beladung, in: Logistik Heute, Heft 9, 2007

Abschnitt V

Kooperationen in der Logistik

21 Die Lieferantenintegration der Just-in-Time-Beschaffung

In diesem Kapitel werden Lieferantenintegration und Logistiksysteme der Just-in-Time-Beschaffung erörtert und diese mit dem Transaktionskostenansatz erläutert.

Neben den Paketdiensten ist das Just-in-Time-Liefermodell das älteste der modernen Logistikkonzepte und hat entscheidend dazu beigetragen, das moderne Verständnis von logistischen Prozessen und von Vorteilen der Kooperation in der Supply Chain auch über die Grenzen der Automobilindustrie hinaus zu tragen.

21.1 Das Just-in-Time-Grundmodell

Die Grundidee des Just-in-Time-Konzepts lässt sich an den Funktionsproblemen der klassischen Materialwirtschaft deutlich machen, welche die laufende Produktion mit Rohstoffen und Einzelteilen versorgt, die aus dem Lager entnommen werden. Die Lagerbildung erfolgt für die Vielzahl der für die Produktion benötigten Rohstoffe und Einzelteile. Die Höhe des Lagerbestands richtet sich nach der Intensität des Materialverbrauchs und den verschiedenen Losgrößenalgorithmen, welche Zeitpunkt und Menge der Wiederbeschaffung regeln. Die wirtschaftliche Unabhängigkeit ist die zugrunde liegende Idee, welche die klassische Materialwirtschaft steuert. Durch Vorratsbildung wird das Unternehmen zeitweise von den Turbulenzen der Umwelt unabhängig, so dass beispielsweise Schwankungen auf den Beschaffungsmärkten besser aufgefangen werden können. Zulieferer und Abnehmer verhalten sich auf den Beschaffungsmärkten als **unabhängige Spieler**, die keine Kooperation eingehen, sondern bloß zeitweise auf dem Markt zu den jeweiligen Bedingungen kontrahieren. In diesem Marktmodell von Zulieferern und Abnehmern ist die Lagerbildung nicht nur bei den Abnehmern, sondern ebenso bei den Zulieferern zu beobachten. Den Ausgangslagern der Zulieferer entsprechen Eingangslager bei den Abnehmern.

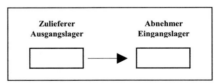

Abbildung 21.1: Lagerhaltung im Marktmodell der Beschaffungsmärkte

In diesem Modell ist die Verdoppelung der Lagerhaltung mit den dazugehörigen spiegelbildlichen Operationen unmittelbar erkennbar:

Zulieferer	Abnehmer
• Kontrolle beim Einlagern	• Kontrolle beim Einlagern
• Einlagern	• Einlagern
• Betrieb des Lagerhauses	• Betrieb des Lagerhauses
• Kommissionieren	• Kommissionieren
• Kontrolle beim Auslagern	• Kontrolle beim Auslagern

Tabelle 21.1: Lageroperationen für Zulieferer und Abnehmer

Dieser Verdoppelung der Lageroperationen steht jedoch überhaupt keine Wertschöpfung an Lagergut gegenüber. Im Gegenteil, die Verdoppelung der Lagerbildung führt auch zu einer Verdoppelung der Lagerkosten. Die Dimensionen dieses Problems lassen sich an folgenden Zahlen ermessen, welche die weltweiten Materialeinkäufe einiger Automobilhersteller in Mrd. € wiedergeben:

- DaimlerChrysler: 102,
- BMW: 21.

Ohne Verlust für die Wertschöpfung kann in der Wertschöpfungskette eine der beiden Lageroperationen gestrichen werden. Im **JIT-Grundmodell** verzichtet der Abnehmer auf eine eigene Lagerhaltung und lässt sich seinen Materialbedarf täglich oder sogar mehrmals täglich vom Zulieferer anliefern. Man sagt auch, die Beschaffung erfolge **produktionssynchron**. Um dieses zu ermöglichen, weichen die Spieler vom Marktmodell ab und gehen über Rahmenverträge eine **Kooperation** ein, die unterschiedlich gestaltet werden kann.

Die Koordination über den Markt wird in dieser Weise durch eine institutionelle Beziehung abgelöst. Dieser Übergang lässt sich theoretisch an dem Modell der **Transaktionskosten** deuten. Dieses Modell stellt den Übergang zwischen der Koordination über den Markt und der Koordination über Institutionen dar. Für die Erklärung unterschiedlicher Koordinationsmöglichkeiten spielen die Transaktionskosten eine zentrale Rolle.

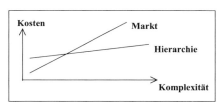

Abbildung 21.2: Koordination über Markt und Hierarchie

Je nach Ausprägung der Transaktionskosten können wir nun zwei verschiedene Strategien für die Beschaffung unterscheiden:

- die Marktstrategie und
- die Kooperationsstrategie.

Die **Marktstrategie** ist dadurch ausgezeichnet, dass sie kurzfristig Chancen nutzt. Ausgewählt werden die günstigsten Lieferanten aus den Beschaffungsmärkten. Die Lieferanten sind selber autonom, d.h. sie haben keine enge Bindung an den Abnehmer. Der Materialverbrauch kann stark schwanken, wie auch die Variantenzahl sehr groß sein kann. Eine Bevorratung erfolgt im eigenen Haus ohne Einschaltung des Lieferanten. Produktentwicklung und Steuerung der Produktion erfolgen ohne Abstimmung mit dem Lieferanten.

Die **Kooperationsstrategie** hat demgegenüber folgende Ausprägung: Auf dem Markt wird eine längerfristige Kooperation angestrebt. Mit dem Lieferanten werden Kooperation und Integration verfolgt. Die Produkte sind von einer hohen Verbrauchskontinuität gekennzeichnet. Die Produktentwicklung, die Produktionssteuerung und die Bevorratung erfolgen in Abstimmung mit dem Lieferanten, was als **Supply Chain Management** bezeichnet wird.

Wenden wir diesen Zusammenhang auf die JIT-Zulieferer an, so gelangen wir zu der These, dass die enge Kooperation zwischen Automobilwerken und Zulieferern als eine nicht-marktliche Kooperation die Transaktionskosten senkt, da auf diese Weise komplexe technologische Informationen besser abgestimmt werden können.

Das JIT-Grundmodell präsentiert allgemeine Überlegungen zur Vorteilhaftigkeit, die Lagerverdoppelung aufzuheben. Als Konkretisierungen dieses Prinzips sollen hier zwei besondere Materialflussprobleme hervorgehoben werden, an denen die Vorteilhaftigkeit des JIT-Grundmodells besonders deutlich wird:

- das Mengenproblem und
- das Sequenzproblem (JIS).

An sich ist die Idee der Just-in-Time-Beschaffung nicht neu. Für Güter, die über Versorgungsnetze bezogen werden, wie Strom oder Wasser, ist diese Beschaffungsart üblich. Dann hatte sich in den 80er Jahren die Just-in-Time-Beschaffung auf die in großen Stückzahlen produzierenden Montagewerke der Autoindustrie (OEM)[57] ausgedehnt. Für besonders sperrige Teile, wie z.B. Autositze, Armaturenbretter, Kühler oder Stoßstangen, folgte die Just-in-Time-Beschaffung aus einfachen Überlegungen bezüglich des Platzbedarfes. Unterstellt man nun eine Tagesproduktion von 1.000 PKWs, so würde ein Lager, das den Bedarf einer Woche deckt, 7.000 Einheiten benötigen. Praktische Erwägungen schließen aber die Lagerung von 7.000 Großteilen schlichtweg aus. Es ergäbe sich ein **Mengenproblem**, das nur mit sehr hohen Lagerkosten lösbar wäre. Als Alternative bleibt lediglich die produktionssynchrone Beschaffung, die bereits in den klassischen Werken der Betriebswirtschaftslehre behandelt worden ist, wie z.B. im Werk von Gutenberg (1983) über die Produktion.

Die Just-in-Time-Beschaffung resultiert jedoch nicht allein aus dem oben dargestellten Mengenproblem, etwa in der Automobilindustrie. Sie resultiert ebenfalls aus dem **Reihenfolgeproblem** bei kundenindividueller Fertigung von Automobilen. Die Varianten in der Ausstattung sind unübersehbar groß. Es ist daher kaum in der Praxis realisierbar, einen Lagervorrat für jede Kundenspezifikation zu halten. Produktionssynchrone Beschaffung heißt dann, sequenzgenau die jeweilige Ausstattungsvariante an das Montageband zur rechten Zeit zu liefern. Man spricht von **Just-In-Sequence (JIS)**. Für den Sequenzabruf, der nach der Empfehlung VDA 4916 geregelt ist, gibt es eine ganze Reihe von Beispielen: Die Lieferung von Armaturenbrettern durch VDO oder von Sitzen aus dem Bremer Recaro-Werk zum Bremer Mercedes-Werk.

In den Werken der OEM war in den vergangenen Jahren die Fertigung auf hochautomatisierte Systeme, wie z.B. Roboter und auf flexible Fertigungszellen umgestellt und die Materialströme nach dem Prinzip der Fertigungssegmentierung entflochten worden. Dieses geschah aber um den Preis eines deutlich **vermehrten Flächenbedarfs** für die

---

[57] OEM = Original Equipment Manufacturer meint Hersteller von Markenprodukten, hier von Markenautos.

Fertigung. In der sich abzeichnenden Engpasssituation von knapper Fertigungsfläche kam das Just-in-Time-Konzept gerade recht, mit der Folge, dass ein großer Teil der Eingangslager abgebaut und dafür Fläche für die Produktion bereitgestellt werden konnte. Hervorzuheben ist auch, dass mit dem Wegfall der Eingangslager ein ganzer Teil der klassischen Materialwirtschaft verschwindet. Die Vereinfachung von Steuerungsproblemen und die sinkende Kapitalbindung zeigen hier die Wirksamkeit des Lean-Production-Konzepts.

Das JIT-Grundmodell kann auch dahin abgewandelt werden, dass der Zulieferer auf sein Lager verzichtet und seine Produkte unmittelbar nach der Herstellung auf einen LKW lädt und jeden vollen LKW sofort zum Abnehmer starten lässt.

21.2 Die Reduktion der Fertigungstiefe und Outsourcing

Die Just-in-Time-Beschaffung wird häufig mit der Strategie verbunden, die Fertigungstiefe zu reduzieren. Sie ist jedoch von dieser Strategie zunächst zu unterscheiden. Als **Fertigungstiefe** wird der Anteil an der Wertschöpfung bezeichnet, der im eigenen Werk, also nicht von den Zulieferern erbracht wird. Diese ist definiert als

$$(\text{Umsatz} - \text{Materialaufwand})/\text{Umsatz}.$$

Die Ziele der Kostensenkung und Flussbeschleunigung sprechen generell für eine Reduktion der Fertigungstiefe. In der deutschen Automobilindustrie (OEM) lag diese in den 80er Jahren noch bei 37% und fiel bis zum Jahre 2001 auf 24%[58]. Vom hohen Lohnniveau der Automobilindustrie geht ein starker Anreiz aus, die Fertigungstiefe zu senken und anstelle der Eigenproduktion von Teilen, Komponenten und Modulen diese von Vorlieferanten zu beziehen. Wenn diese in Deutschland angesiedelt sind, entstehen in der Produktion Lohnkosten in der Höhe des IG-Metall-Flächentarifs, der deutlich unter den Haustarifen der Autowerke liegt. Bei Zulieferern in Niedriglohnländern sind die Lohnkosten entsprechend niedriger. Eine Verlagerung von Logistikaktivitäten, wie z.B. der Lagerhaltung, von den Autowerken auf Speditionen (siehe unten), senkt die Lohnkosten auf das niedrige Niveau der Tarife der Logistikgewerkschaft Verdi. Die Auslagerung von Produktions- und Logistikaktivitäten wird als **Outsourcing** bezeichnet. Die Abbildung 21.3 zeigt in prinzipieller Weise den Vergleich der Lohnkosten in den verschiedenen Outsourcingbereichen im Vergleich zu den OEM. Das Outsourcing vereinfacht zudem die Steuerungsprobleme in der Teilefertigung und senkt dort den Bestand. Damit werden wichtige Teile des Konzepts der schlanken Produktion realisiert. Fortgeschrittene Produktionskonzepte, wie die Fertigungssegmentierung und hochautomatisierte Systeme der flexiblen Fertigung, benötigen deutlich mehr Platz und Fläche, so dass der Flächenbedarf für die Fertigung stark ansteigt. Hieran knüpfen sich Überlegungen, wie durch Outsourcing in der Materialwirtschaft Lagerflächen zugunsten der Fertigung umgewidmet werden können. Zugleich können in den outgesourcten Lagerflächen die niedrigen Tarife der Logistikgewerkschaft Verdi genutzt werden.

---

[58] Verband der Automobilindustrie (Hrsg.): Jahresbericht Auto 2003, Frankfurt 2003, S. 30

Das Lohnkostenargument bezieht sich nicht allein auf Einzelteile im engeren Sinne, sondern ebenso auf vormontierte Baugruppen, Aggregate und Komplettsysteme, wie z.B. Bremsen, Türen, Armaturenbretter, Stoßfänger, die von Zulieferern bezogen werden. Die Beschaffung von Teilen und Komponenten erfolgt weltweit. Man spricht von einem **Global Sourcing**. Die Tabelle 21.2 veranschaulicht die Herkunftsländer von Zulieferern für den VW Golf V.

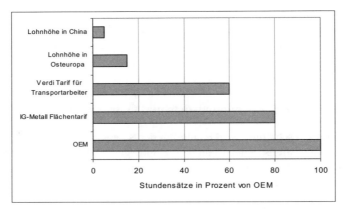

Abbildung 21.3: Lohnkostenvergleich in den verschiedenen Outsourcingbereichen im Vergleich zu den OEM

Land	Teil	Land	Teil
Frankreich/Monaco	Lager, Getriebelager Lenksäule	Belgien	Lautsprecher ABS-Aggregat
Niederlande	Türwarnleuchte CD-Wechsler Klima-Kompressor	Österreich	Ladeluftrohr Lautsprechergitter Flachsteckergehäuse
Italien/San Marino	Antenne Radzierde Dämpfungsschäume Schalter Innenleuchten	Türkei	Kühlwasserschlauch Fensterführung
		Polen	Handschuhkasten Aluräder Abdeckkappen
Großbritannien/ Nordirland	Dämpferfilter Klima-Kompressor	Tschechien	Achsdämpfer Heizgerät Scheinwerfer
Portugal	Radio, CD, Verstärker Verkleidung B,C-Säulen Kupplungsträger	Ungarn	Sicherheitsgurt Rückblickspiegel außen
Spanien	Ladeluftkühler Tankklappen Türscharniere Bowdenzug Lichtdrehschalter	Slowenien	Handbremsseil Klappenzug
		USA	Innenspiegel Abdeckklappe
		Israel	Schwerkraftventil

Tabelle 21.2: Zuliefererstruktur VW Golf V (Angaben nach Konzernlogistik Volkswagen)

Die folgende Tabelle 21.3 zeigt einen Ausschnitt von den 53 First Tier Zulieferern des Opel Astra[59]. Deutlich wird an verschiedenen Komponenten, wie Reifen oder Einspritzanlagen, dass Opel die Beschaffungsstrategie des multiplen Sourcings betreibt.

---

[59] Automobilproduktion, Heft 2, 2004, S. 19

Zulieferer	System/Komponenten	Zulieferer	System/Komponenten
Aisin	Getriebe	Brose	Fensterheber, Türschlösser, Schließsysteme
Arvin Meritor	Schiebedach	Buderus	Bremsscheiben
ATS	Leichtmetallräder	Continental	Reifen
Autoliv	Airbags	ContinentalTeves	EPS
Blaupunkt	Audio/Sound-Systeme, Informations- und Telematiksysteme	Delphi	Klimaanlage, Kühlsysteme, Stoßdämpfer, Hinterachse, Federbeine, Einspritzanlage, Motormanagement, Abgassysteme
Borbet-Gruppe	Leichtmetallräder	Denso	Lichtmaschine
Bosch	Lichtmaschinen, Einspritzanlage, Motormanagement	Dunlop	Reifen
Breed	Airbags	Eberspächer	Abgassysteme
Bridgestone	Reifen		

Tabelle 21.3: Lieferanten für den Astra

Die Chancen durch Global Sourcing ergeben sich nicht allein durch Nutzung von Kostenvorteilen, sondern ebenso durch die Präsenz an potentiellen Wachstumsmärkten und am Zugang zu neuen technologischen Entwicklungen und Know-how. Global Sourcing erhält damit eine strategische Dimension, zukünftige Absatzmärkte zu entwickeln. Es bedeutet eine besondere Herausforderung für das Supply Chain Management, da hier weit entfernte Zulieferer und lange Beschaffungswege koordiniert werden müssen. Auch entstehen **Zielkonflikte**: Lange Beschaffungswege implizieren einen relativ hohen Bestand in der Lieferkette. Werden die Kosten für den Bestand in der Lieferkette berücksichtigt, dann wird der Lufttransport wieder relativ kostengünstig, der aber wegen der hohen ökologischen Belastung eigentlich vermieden werden sollte. Die vergleichsweise hohen Transportkosten der internationalen Beschaffung führen ferner zu größeren Losen, die nicht dem Ziel der Just-in-Time-Beschaffung, kleine Lose anzuliefern, entsprechen. Beschaffungen über große Entfernungen stellen die Schnelligkeit und die Zuverlässigkeit in Frage. Zur Erhöhung der Versorgungssicherheit sind bei der internationalen Beschaffung daher Vorratsbildungen zum Risikoausgleich vorzusehen.

Wenn man die Tendenz, die Fertigungstiefe zu reduzieren, gedanklich weiterführt, so kann im Extremfall die Automobilindustrie zu einer reinen Montage- und Absatzorganisation ohne Teilefertigung werden. Ihr verblieben dann zusätzlich das Design der Modelle, die Definition, Kommunikation und Pflege der Marken, der Kundendienst und die technische Entwicklung der Modelle. Die OEM werden zu High-Tech-Markenfirmen, die den Zulieferern alle Aufgaben im Fahrzeugbau überlassen, die nicht markenprägend sind. Aus strategischen Gründen wird jedoch die Fertigung von Komponenten, mit denen die Kunden bestimmte Qualitätsmerkmale verbinden oder die eine strategische **Technologieführerschaft** begründen, nicht aus der Hand gegeben, sondern in einem unternehmenseigenen Werk gefertigt. Dies trifft etwa auf die Karosserien und die Motoren zu (vgl. Tabelle 21.5). Solche Komponenten werden als **strategisch** bezeichnet. Einen Porsche-PKW mit einem Ford-Motor würde die Kundschaft voraussichtlich kaum akzeptieren, da sie bestimmte sportliche Eigenschaften von einem Motor erwartet und zudem die Exklusivität von Porsche nicht mit dem Image des Massenherstellers Ford vermischt sehen möchte.

Neben Lohnkostenvorteilen und Steuerungsüberlegungen gibt es noch einen weiteren Grund für die Reduktion der Fertigungstiefe bei den OEM. Bei der Entwicklung, Planung und Beschaffung im eigenen Haus wird bei den internen Aushandlungsprozessen zuviel Rücksicht auf das Selbstdarstellungsbedürfnis der Kollegen genommen. Die Folgen sind "Over-Engineering" mit zu hohem Qualitätsniveau und zu hohen Fertigungskosten. Schaltet man bei der Beschaffung von Teilen stattdessen über Marktprozesse externe Partner als Zulieferer ein, werden die Aushandlungsprozesse um Kosten und Leistungen nicht durch Rücksichtnahme auf Kollegen tangiert. Das Leistungsspektrum der Teile kann auf die eigentlich intendierten Grundfunktionen beschränkt werden.

Mit der Reduktion der Fertigungstiefe ist besonders die drastische Verringerung der Anzahl der Zulieferer verbunden. Automobilwerke besitzen traditionellerweise 800 bis 2.000 verschiedene Zulieferer. Hingegen wird mit der Strategie der Reduktion der Fertigungstiefe die Zahl der Zulieferer drastisch auf 50 bis 100 beschränkt. Die Bedeutung des einzelnen Zulieferers steigt dabei an; er wird zum **Modul-** oder **Systemzulieferer**, der nicht mehr einzelne Teile, sondern ganze Aggregate oder vormontierte Teile, wie z.B. Autotüren oder komplette Armaturenbretter, liefert. Unter der Ebene der Systemlieferanten befindet sich dann die Ebene der Komponentenlieferanten und darunter die der klassischen Einzelteilzulieferer. Beginnt man die **Zuliefererkette** mit der Grundstoffindustrie, welche Bleche und Kunststoffe liefert, so erhalten wir folgende fünf Stufen einer Zuliefererpyramide:

1. Grundstoffindustrie
2. Teilehersteller
3. Komponentenhersteller
4. Systemlieferanten und
5. Automobilwerke.

Die Abbildung 21.4 veranschaulicht den Zusammenhang in einer Zuliefererpyramide.

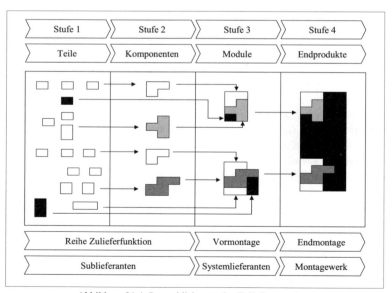

Abbildung 21.4: Pyramidisierung der Zuliefererstruktur

Das neue VW-Werk in Mosel wird nur noch von 50 Systemlieferanten beliefert. Darunter zählt auch der Zulieferer ZF mit 9,1 Mrd. € Umsatz und 53.000 Mitarbeitern im Jahre 2002 einer unter den 10 größten deutschen Zuliefererfirmen. In dessen Werk Glauchau bei Mosel werden Instrumententafeln aus 75 Einzelteilen zusammengesetzt und dem VW-Werk in Mosel im JIT-Verbund sequenzgenau zugeliefert. Als Systemlieferant greift ZF auf 23 Vorlieferanten zurück.

Wenn wir die Ziele für die JIT-Beschaffung in Automobilwerken hier noch einmal tabellarisch systematisieren, gehen wir vom vereinfachten Modell eines zweistufigen Produktionsprozesses aus: Die erste Stufe beinhaltet die Fertigung von strategischen Komponenten, in der es um die Reduktion der Fertigungstiefe geht. Auf diese Stufe folgt dann die Montage als zweite Stufe. Die Ziele der JIT-Beschaffung sind auf beiden Stufen unterschiedlich (vgl. Tabelle 21.4).

Ziele der JIT-Beschaffung im zweistufigen Modell	
Fertigung von strategischen Komponenten	**Montage**
• Lohnkostensenkung • Bestandssenkung • vereinfachte Steuerung • besseres Preis-/Leistungsverhältnis	• Volumensenkung (z.B. Stoßstangen) • Sequenzsteuerung (z.B. Sitzbezüge)

Tabelle 21.4: Ziele der JIT-Beschaffung

Wie sich die Wertschöpfungsanteile in Prozent zwischen OEM und Zulieferern bei den verschiedenen Modulen verteilen, gibt die folgende Tabelle 21.5 wieder[60].

Modul	OEM	Zulieferer
Fahrwerk	23	77
Antriebsstrang	37	63
Motor und Aggregate	50	50
Karosseriestruktur	96	4
Body (exterior)	55	45
Interior	16	84
Elektrik/Elektronik	16	84

Tabelle 21.5: Wertschöpfungsanteile in Prozent nach Modulen

Die Tabelle zeigt auf, dass bei Karosserie und Motoren der Anteil der OEM nach wie vor hoch ist. Der Konzentrationsprozess geht sowohl bei den OEM wie bei den Zulieferern weiter voran, wobei insbesondere bei den Zulieferern in den vergangenen 20 Jahren eine drastische Reduktion der Unternehmen von 30000 auf 5600 vonstatten ging. Die Tabelle 21.6 zeigt die Daten auf[61].

Jahr	Anzahl OEM weltweit	Anzahl Zulieferer weltweit
1950	50	40.000
1980	30	30.000
2000	13	5.600

Tabelle 21.6: Konzentrationsprozess

---

[60] Automobilproduktion, Heft 2/2004, Sonderausgabe Future Automotive Industry, S. 5
[61] A.a.O., S. 6

21.3 Ausgestaltung von Just-in-Time-Kooperationen

Die produktionssynchrone Beschaffung bedeutet für die Materialwirtschaft, dass keine Eingangslager mehr gehalten werden. Vielmehr werden die Einzelteile einmal pro Tag bzw. mehrmals am Tag (gemäß des Produktionsbedarfs) angeliefert. Dabei sind die angelieferten Teile bereits in speziell konstruierten Transportbehältern griffbereit, so dass sie ohne Reibungsverluste in den Produktions- und Montageprozess eingefügt werden können. Zum Teil geht die Anlieferung direkt bis an das Montageband. Demnach entfallen umständliche Umladeoperationen, wie z.B. von Containern auf Paletten, wodurch ein erhebliches Maß an Zeit eingespart werden kann.

Die produktionssynchrone Beschaffung basiert auf einer engen Kooperation zwischen Zulieferern und Abnehmern. Das traditionelle **Konkurrenzverhalten** auf dem Beschaffungsmarkt wird dabei zugunsten einer engeren Kooperation mit einem höheren Nutzen für beide Seiten überwunden, um auf diese Weise die Funktionsdefizite des Konkurrenzsystems auszugleichen. Diese Defizite lassen sich wie folgt beschreiben: Der Abnehmer wählt die Lieferanten nach dem Hauptkriterium des günstigsten Preises aus. Hohe Qualität und Null-Fehler-Quoten werden bei der Angebotsauswahl nicht vorrangig berücksichtigt. Als Folge des Konkurrenzprinzips müssen beim Wareneingang umfangreiche Kontrollen der Produktqualität vorgenommen werden. Bei den Lieferanten besteht die Unsicherheit bezüglich der Langfristigkeit der Zusammenarbeit, da die Kontrakte meistens nur über ein Jahr ohne Garantie einer Verlängerung laufen. Auch eine Kooperation zwischen Abnehmer und Lieferant - bereits im Vorfeld von Forschung und Entwicklung - unterbleibt. Der Zulieferer wird dadurch erst relativ spät bei der Angebotseinholung in die Konzeption neuer Produkte einbezogen. Insgesamt ist das Verhältnis zwischen Zulieferern und Abnehmern auf beiden Seiten von großer Unsicherheit geprägt. Dies führt zu unrealistisch niedrigen Preisen bei der Angebotsabgabe, zu hohen Fehlerquoten und zu starken Auslastungsschwankungen auf Seiten der Zulieferer. Die negativen Konsequenzen dieser mangelnden Kooperationsmöglichkeit im Konkurrenzmodell werden durch hohe Lagerbestände und hohe Kapazitätsreserven aufgefangen. Insgesamt ist das Konkurrenzmodell von hohen Transaktionskosten gekennzeichnet.

Durch **Kooperation** zwischen Hersteller und Zulieferer ergeben sich ein hoher Synergienutzen und sinkende Transaktionskosten. Dies geschieht, indem der Zulieferer in die Entwicklung neuer Teile frühzeitig einbezogen und in Rahmenverträgen die Rechte und Pflichten beider Partner abgesteckt, die Logistik, Informations- und Transportsysteme beider Unternehmen aufeinander abgestimmt werden. An den Zulieferer ergeben sich die folgenden Anforderungen:

- Der Zulieferer ist für eine Null-Fehler-Qualität der Produkte verantwortlich, da eine direkte Anlieferung keine Zeit mehr für Wareneingangskontrollen lässt.
- Die Kosten für die Qualitätssicherung steigen an.
- Die JIT-Beschaffung setzt Vereinbarungen voraus, wie Material- und Informationsflüsse zu handhaben sind.

Ist dies einmal geregelt, so kann bei einem kurzfristigen Materialbedarf eine organisatorische Vereinfachung eintreten, welche die Transaktionskosten deutlich senkt. Durch die Integration der Informations- und Transportsysteme beider Partner kann kurzfristig Material abgerufen werden, ohne dass Einkäufer eingeschaltet, Vertragskonditionen ausgehandelt und die Waren beim Eingang nach den üblichen Prozeduren kontrolliert und gelagert werden müssen. Der Abruf von Material wird durch eine Übertragung eines nach VDA standardisierten Datensatzes über ein Computernetz ausgelöst. Durch Rahmenverträge ist der Zulieferer so weit in das Geschehen eingebunden, dass er bereits frühzeitig über Absatzschwankungen informiert wird. Hierdurch kann er die eigenen Kapazitäten besser auslasten. Die Lieferabrufe nach VDA sind nach der Dauer der Vorausschau gegliedert. Mit dem Lieferabruf VDA 4905 wird dem Lieferanten eine Vorausschau auf die nächsten 6 Monate gegeben, die wöchentlich fortgeschrieben wird. Der Lieferabruf VDA 4915 ist ein Feinabruf und legt einen kurzfristigen Planungshorizont von 14 Arbeitstagen fest und wird täglich revidiert bei einer Mengentoleranz von ± 5%. Der Sequenzabruf 4916 stellt den tatsächlichen Ist-Abruf von Komponenten dar, die unmittelbar zum OEM zur Endmontage angeliefert werden. Die Steuerung der Lieferabrufe erfolgt mit dem Konzept der Fortschrittszahlen.

Die Auswahl eines Lieferanten erfolgt im Kooperationsmodell nicht mehr nach dem klassischen Prinzip des niedrigsten Angebotspreises. Vielmehr wird ein höherer Preis als der des niedrigsten Mitbieters durchaus akzeptiert. Die Partnerschaft ist dafür langfristig angelegt, und man geht von den Effekten der Erfahrungskurve aus. Dadurch können bestimmte Raten der Preissenkung für die folgenden Jahre vertraglich festgelegt werden. Für den Zulieferer besteht dann ein besonderer Anreiz, die Effekte der Erfahrungskurve intensiv zu nutzen, wenn ihm vertraglich zugesichert wird, dass alle über die vereinbarte Rate hinausgehenden Kosteneinsparungen ihm gutgeschrieben werden. Das hohe gegenseitige Vertrauen und der Know-how-Austausch mit dem JIT-Abnehmer begünstigen das technische Entwicklungspotential des Zulieferers. Der Zulieferer kann seinen Qualitätsstandard erhöhen und die eigenen Durchlaufzeiten durch den kontinuierlichen Planungs- und Produktionsablauf reduzieren. Er besitzt die Möglichkeit, die Produktentwicklung aus fertigungstechnischer Sicht mit zu beeinflussen.

Bei der JIT-Kooperation verliert der Zulieferer einen Teil seiner rechtlichen und wirtschaftlichen Selbständigkeit. Dieses ist Folge der symbiotischen Kooperation. Ein besonderer Aspekt dieses Selbständigkeitsverlustes ist der Zugriff des Abnehmers auf das Rechnungswesen des Zulieferers. Informationen über Produktionskosten stehen nicht mehr allein im Ermessen des Zulieferers, sondern werden mit dem Abnehmer geteilt. Auf dieser Basis wird ein - so jedenfalls im theoretischen Modell von JIT - fairer Preis ausgehandelt. Hier entsteht die Frage, ob bei Aufgabe der Selbständigkeit der Zulieferer nicht nach §17 und §18 des Aktiengesetzes Teil eines **Konzerns** wird. Die empirischen Untersuchungen von Nagel, Riess und Theis (1990) konnten zu dieser Frage nur wenige Fälle ausfindig machen, da nur einzelne Werke abhängig sind, nicht aber das Zuliefererunternehmen als Ganzes, das normalerweise mehrere Werke umfasst. Die folgende Tabelle 21.7 gibt die partielle Abhängigkeit von Zuliefererwerken im Raum Wolfsburg von VW an.

Firma	Standort	Lieferprogramm	Umsatzanteil mit VW (in %)	Umsatz mit gesamter Autoindustrie (in %)
Alfred Teves	Gifhorn	Bremssysteme	20	100
Bosch Elektronik	Salzgitter	Elektronische Steuergeräte	40	100
Triangel DW	Triangel	Dämmstoffe, Verkleidungen	17	100
Phönix	Schöningen	Kunststoff- und Gummiteile	10	keine Angabe
Peiner Umformtechnik	Peine	Verbindungselemente	30	keine Angabe
Casimir Kast	Peine	Kunststoffe, Türverkleidungen	90	100
Alibert Industrie GmbH	Peine	Kunststoffteile	95	100
Magna Helmstedter	Salzgitter	Press- und Stanzteile	100	keine Angabe
Lack GmbH	Helmstedt	Autoserienlacke	85	100
F. S. Fehrer	Braunschweig	Formposter, Innenverkleidungen	100	keine Angabe
Rockwell	Gifhorn	Schiebedächer	95	100
SIV GmbH	Braunschweig	Autoscheiben, Rückspiegel	85	100

Tabelle 21.7: Zuliefererverflechtung VW-Wolfsburg

Es ist erkennbar, dass nur die Firmen Magna und F.S. Fehrer zu 100% des Umsatzes von VW abhängen. Da die Zulieferer im Normalfall mehrere verschiedene Hersteller beliefern, ergäbe sich auf der Zuliefererebene ein Rationalisierungspotential, wenn gleiche Teile verschiedenen Abnehmern geliefert würden und damit die Produktionslose der Zulieferer deutlich größer werden könnten. Allerdings wird die sich ergebende Kostendegression großer Lose noch nicht wahrgenommen. Beispielsweise muss der Sitzfabrikant Recaro noch 80 verschiedene Einstellräder produzieren.

Der Abnehmer zieht Vorteile aus der JIT-Kooperation durch eine geringere Kapitalbindung in der Lagerhaltung, durch einen geringeren Handlings-Aufwand beim Wareneingang sowie einen stetigeren Produktionsfluss durch Null-Fehler-Qualität und durch eine gestiegene Qualität des Endproduktes überhaupt. Aus der Rationalisierung der Lagerhaltung ergibt sich beim Abnehmer eine Vereinfachung der Abläufe.

Der Abnehmer geht bei der JIT-Kooperation gewisse **Risiken** ein. Die Bindung an einen Zulieferer impliziert, dass kurzfristig keine Alternativen zu anderen Zulieferern möglich sind, sofern die Kooperation nicht mehr zufriedenstellend ist. Bedenkt man, dass eine Reduktion der Fertigungstiefe auch eine Kooperation auf den Gebieten von Forschung und Entwicklung bedeutet, so ergibt sich aus strategischer Sicht die Gefahr, dass spezielles Know-how an den Zulieferer übergeht und der Abnehmer seine technologische Kompetenz mehr und mehr abgibt. Aus der täglichen Anlieferung von Material ergeben sich ebenfalls Risiken. Bleibt z.B. ein LKW im Stau auf der Autobahn stecken, führt dies zu einer Unterbrechung der Produktion. Auch an überraschende Wintereinbrüche ist zu denken, welche den Verkehr zum Stillstand bringen können. Ein Teil dieser Transportrisiken kann gemildert werden, indem im Nahbereich des Abnehmerwerkes Auslieferungslager eingerichtet werden, aus denen im kurzfristigen Pendelverkehr Material abgerufen werden kann.

Für die Gestaltung der logistischen Systeme der Anlieferung in der Automobilindustrie haben die Speditionen als Logistik-Dienstleister verschiedene Modelle entwickelt. Die

Bündelung der Beschaffung durch **Gebietsspediteure** und das **Milkrun-Konzept** sind weit verbreitet (vgl. Kapitel 12).

Bei der Arbeitsteilung zwischen Zulieferern und Spediteuren fallen den Spediteuren erhöhte **Logistikfunktionen** zu. Sie sind verantwortlich für das Management des Lagers und tragen die Verantwortung für die pünktliche JIT-Anlieferung. Ferner erledigen sie in Kooperation mit dem Produktionswerk die Qualitätssicherung der eingelagerten Zuliefererteile, sofern dies nicht bereits bei den Zulieferern erfolgt ist. Bei dieser Form des Vertragslagers ist unter den drei Vertragspartnern Produktionswerk, Zulieferer und Spediteur sauber zu definieren, wie die Verantwortlichkeit im Vertragslager geregelt wird. Die Übernahme der Lagerkosten, die Definition der Zeitpunkte für die Fakturierung sowie die Verantwortung für die Bestandshöhen sind wesentliche Punkte dieser Regelungen. Übernimmt etwa der Spediteur die logistische Funktion der Bevorratung, so gehen die Teile zum Zeitpunkt der Einlagerung vollständig in seine Verantwortung über. Ein bekanntes Beispiel für dieses Konzept ist die Kooperation von BMW mit der Spedition Schenker für das Vertragslager bei München. Die vorgegebenen Zeitrhythmen der Anlieferung verändern die Kalkulationsbasis der Spedition. Ein Ausgleich von Spitzen durch eine zeitliche Verschiebung ist hier nicht möglich. Der Spediteur muss daher betriebswirtschaftlich ungünstige Spitzenkapazitäten für die JIT-Kooperation vorhalten und vermehrte Leerfahrten in Kauf nehmen.

Für die JIT-Beschaffung sind nicht alle Materialien des Beschaffungsspektrums geeignet. Im JIT-Kontext unterscheidet man die **Wertigkeit** von der **Vorhersagegenauigkeit**. Die Wertigkeit wird festgelegt durch die **ABC-Analyse**, die Vorhersagegenauigkeit durch die **XYZ-Analyse** (vgl. Kapitel 5). Stellt man die Vorhersagegenauigkeit der Wertigkeit gegenüber, so ergibt sich in der Tabelle 21.8 ein grau unterlegter Bereich, der für die JIT-Beschaffung geeignet ist.

Wertigkeit → Vorhersagegenauigkeit ↓	A	B	C
X	hoher Verbrauchswert hohe Vorhersagegenauigkeit stetiger Verbrauch	mittlerer Verbrauchswert hohe Vorhersagegenauigkeit stetiger Verbrauch	niedriger Verbrauchswert hohe Vorhersagegenauigkeit stetiger Verbrauch
Y	hoher Verbrauchswert mittlere Vorhersagegenauigkeit halbstetiger Verbrauch	mittlerer Verbrauchswert mittlere Vorhersagegenauigkeit halbstetiger Verbrauch	niedriger Verbrauchswert mittlere Vorhersagegenauigkeit halbstetiger Verbrauch
Z	hoher Verbrauchswert niedrige Vorhersagegenauigkeit stark schwankender Verbrauch	mittlerer Verbrauchswert niedrige Vorhersagegenauigkeit stark schwankender Verbrauch	niedriger Verbrauchswert niedrige Vorhersagegenauigkeit stark schwankender Verbrauch

Tabelle 21.8: Auswahlkriterien für die produktionssynchrone Beschaffung

Die Übertragung **logistischer Funktionen** auf den Spediteur bedeutet eine langfristige Bindung beider Partner. Treten Fehler und Unregelmäßigkeiten bei den logistischen Dienstleistungen auf, so können diese nur in mühsamen Verhandlungen beseitigt werden. Ein Wechsel des Spediteurs zusammen mit dem Lagerhausmanagement als Konsequenz für unzureichende Leistungen ist nur schwer möglich. Insgesamt ergibt sich eine Abhängigkeit des Werkes vom Spediteur. Auf Seiten der Zulieferer kann die Übernahme logistischer Funktionen durch Speditionen unter Marketinggesichtspunkten als problematisch gesehen werden, wenn man bedenkt, dass ein Teil des Kontaktes zum Abnehmer verloren geht.

Beispiele für die **JIT-Fernversorgung** finden wir vornehmlich bei vormontierten Modulen, die für die Endmontage im PKW vorgesehen sind. So montiert das Unternehmen Fichtel und Sachs pro Jahr 1,6 Mio. Federbeine mit eingebautem Stoßdämpfer. Im Dreischichtbetrieb setzen 120 Mitarbeiter jeden Tag 6.500 Federbeine zusammen, die täglich Just-in-Time mit zwei LKW von Schweinfurt in das belgische Ford-Werk Gent geliefert werden. Als weiteres Beispiel wird die Lieferstruktur für Achsen des weltweiten Produktionsverbundes des DaimlerChrysler Werks in Kassel dargestellt (vgl. Abbildung 21.5). Der britische Zulieferer Wagon plc zielt mit seinem Werk in Fontaine bei Belford auf die Belieferung der bis zu 250 km entfernten Werke von Renault in Batilly, DaimlerChrysler in Rastatt, Smart in Hambach und Mercedes in Sindelfingen[62].

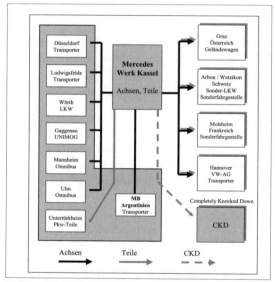

Abbildung 21.5: Die Lieferstruktur des Kasseler Mercedes Werks

Management Praxis 1: Das Standard-Auto[63]

In der Beschreibung des Konsumentenverhaltens sind die Vokabeln „Geiz" und „Aldi" in der letzten Zeit immer häufiger verwendet worden. Im Lebensmitteleinzelhandel beobachten wir eine stetige Ausweitung des Marktanteils der Discounter, wie Aldi oder Lidl. Auch auf anderen Gebieten erkennen wir den Vormarsch von Niedrigpreisangeboten, wie etwa die Non-Food Artikel bei Tchibo oder die Reiseangebote der No-Frill Airlines. Das Verbraucherverhalten wird als gespalten beschrieben: Einerseits die Suche nach Niedrigpreisartikeln, andererseits die Inanspruchnahme von Luxusartikeln.

Überträgt man diese Konzeptionen auf die Autoindustrie, so stellt sich die Frage, ob wir ein Standard-Auto brauchen, das als Aldi-Auto umschrieben werden könnte. Zweifellos ist in den Zeiten von wirtschaftlicher Unsicherheit und hoher Arbeitslosigkeit ein Bedarf an Niedrigpreislösungen auch auf dem

---

[62] Automobilproduktion, Heft 1/2004, S. 52
[63] Richard Vahrenkamp, in: Automobilwoche vom 29.3.2004, S. 8

Autosektor vorhanden. Das Thema „Aldi" könnte für die Autoindustrie dann zum Vorbild werden, da Vertrieb und die Logistik von Aldi sehr einfach aufgebaut sind. Weniger als 800 Artikel werden angeboten.

In der Autoindustrie verursachen dagegen eine große Variantenkomplexität und Steuerung der Logistiksysteme hohe Kosten. Während die Premiumhersteller die Variantenvielfalt problemlos über hohe Verkaufspreise refinanzieren können, ist die Situation bei den Volumenherstellern anders. Dennoch werden selbst bei Einstiegsmodellen eine Vielzahl von Varianten angeboten, etwa beim VW Polo 10 verschiedene Motoren.

Das Aldi-Konzept besitzt die folgenden Vorteile: Es würden Modelle mit geringer Variantenvielfalt angeboten oder sogar nur in einer einzigen Ausführung. Dann könnten erhebliche Logistik- und Steuerungskosten vermieden und die Kostensenkungspotentiale der klassischen Massenproduktion ausgenutzt werden. Ferner könnten die Autozulieferer, die bisher durch das Konzept der Lieferantenparks zu einer fragmentierten Fertigung gezwungen werden, in die Dimension großer Stückzahlen vorstoßen.

Heute werden die hohen Vertriebskosten der OEM, die bis zu 40 % Herstellkosten ausmachen, kritisch bewertet. Der Vertrieb des Aldi-Autos müsste daher kostengünstig über das Internet geschehen, wie es die No-Frill Airlines bereits vorgemacht haben. Aus der Verbraucherforschung ist bekannt, dass die aus der geringen Artikelzahl bei Aldi resultierende Übersichtlichkeit und Einfachheit der Kaufentscheidung geschätzt wird. Gegenüber dem Konfigurationsproblem, unter millionenfachen Ausstattungsvarianten beim Automobilkauf zu wählen, mit dem der Autokäufer konfrontiert ist und das nur mit Beratung bei einem teuren Händlerstützpunkt gelöst werden kann, ist der Internetvertrieb des Aldi-Autos zweifellos kostengünstig.

Die Kundenzahl der Discounter könnte zur Abschätzung des Marktpotentials für das Aldi-Auto herangezogen werden. Wie der Einkauf beim Discounter als eine Funktion der Versorgung ohne Erlebnisqualitäten betrachtet werden kann, so kann die Benutzung des Aldi-Autos als ein reines Transportmittel bezeichnet werden, das keinen Raum für ein emotionales Erlebnis zu vermittelt.

Die Artikel bei Aldi sind keine Billigware minderer Qualität. Vielmehr werden sie beschrieben als solche mit einem sehr guten Preis-Leistungsverhältnis. Für das Aldi-Auto hieße dies, dass es kein Einfachauto sein dürfte, sondern ein definiertes Niveau an Ausstattung aufweisen müsste. Welches zu wählen ist, kann mit den Mitteln der Marktforschung bestimmt werden. Unter den vielen Varianten auf dem Markt sind solche Ähnlichkeitsgruppen zu ermitteln, die ein großes Absatzvolumen versprechen.

Allerdings gefährden die OEM ihre angestammten Produktlinien, wenn dagegen ein Aldi-Auto gesetzt würde. Das Marketing spricht in diesem Zusammenhang von Kannibalisierung. Insofern befinden sich die OEM in einer von ihnen durch die Variantenvielzahl aufgebauten Falle, aus der sie nur schwer herauskommen. Wahrscheinlich ist das Aldi-Auto eine Aufgabe für außereuropäische OEM in Niedriglohnländern.

Management Praxis 2: Das neue Porsche Werk bei Leipzig[64]

Im Rahmen eines mehrstufigen Auswahlverfahrens unter 17 Standorten erhielt Leipzig den Zuschlag. Porsche benötigte nicht allein ausreichenden Platz für die Produktion des Cayenne, sondern auch für die Einfahr- und Prüfstrecke sowie eine Geländestrecke für das Fahrsicherheitstraining. Seit 1999 wurden über 200 Hektar Fläche bebaut. 127,7 Mio. € wurden investiert – unsubventioniert, wie Porsche immer wieder gerne betont. 300 Arbeitsplätze sind neu entstanden und wurden überwiegend mit regionalen Fachkräften besetzt. 70 weitere entstanden durch die Entscheidung für die Produktion des Carrera GT. Im August 2003 erfolgte hier der Produktionsstart.

Charakteristisch für die „Modulfabrik Leipzig" ist die sehr geringe Fertigungstiefe. Sie erreicht in der Modulmontage für das Modell „Cayenne" etwa 10%, in der Manufakturfertigung für den „Carrera GT" rund 25%. Gerade wegen der geringen Fertigungstiefe sind Steuerung und Prozesscontrolling extrem wichtig. Herzstück ist die Karossenabwicklung, die nach einer 40-Stunden-Vorschau ab dem Werk Bratislava erfolgt. Die Verladereihenfolge der Karosserien des Cayenne, die in Leipzig per Zug angeliefert

---

[64] Logistik Heute; 26. Jahrgang; Heft 4; April 2004, S. 32f

werden, entspricht genau der Produktionsreihenfolge, gemäß dem JIT-Prinzip. Zeitgleich liefern Systemlieferanten die Komponenten. Karosserien und Komponenten werden an den Linien für beide Modelle direkt verarbeitet – ohne Zwischenlagerung. Daher ist die Produktion komplett staplerfrei.

Ergänzende Literatur:

Corsten, H.: Produktionswirtschaft, München 2004
Thaler, K.: Lieferabrufsysteme, in: J. Bloech und K. Ihde (Hrsg.): Vahlens großes Logistik Lexikon, München 1997, S. 531f
Zäpfel, G.: Grundzüge des Produktions- und Logistikmanagements, München 2001

22 Logistik-Kooperationen zwischen Industrie und Handel: ECR und CPFR

In diesem Kapitel werden die unter den Begriffen "Efficient Consumer Response" (ECR) und "Continuous Planning, Forecasting und Replenishment" (CPFR) bekannt gewordenen logistischen Kooperationskonzepte zwischen Industrie und Handel erörtert.

22.1 Entstehung von ECR

Der Begriff der Logistik-Kooperation, der auch als Absatzpartnerschaft verstanden wird, beschreibt ein kooperatives Verhalten zwischen Hersteller und Handel mit dem Ziel, Konflikte und dadurch entstehende Ineffizienzen im Absatzkanal zu beseitigen bzw. zu vermeiden. Bekannt geworden sind Kooperationsbemühungen unter dem Stichwort **Efficient Consumer Response (ECR)** und **Quick Response Service (QRS)** zunächst in den USA. Dort hatte das Discountwarenhaus Wal-Mart im Jahre 1985 eine Vereinbarung mit dem Hersteller Procter&Gamble abgeschlossen und damit erstmals eine Kooperation zweier unabhängiger Player hergestellt.

Der Begriff Efficient Consumer Response ist auf eine Studie des amerikanischen Food Marketing Institute (FMI) zurückzuführen. Aufgrund zurückgehender Umsätze und Marktanteile wurde die Unternehmensberatung Kurt Salomon Associates mit einer Studie zur Aufdeckung der Schwachstellen und Potenziale im Distributionskanal zwischen Hersteller und Händler beauftragt. Die Unternehmensergebnisse wurden 1993 unter dem Titel "Efficient Consumer Response – Enhancing Consumer Value in the Grocery Industrie" veröffentlicht und sind als Basis der ECR-Bewegung anzusehen (vgl. Draenert 2001, S. 9). In der Studie wurde ein Einsparungspotenzial von 10,8% vom Umsatz oder 30 Mrd. US-Dollar durch Kooperation zwischen Industrie und Handel in der Lebensmittelbranche prognostiziert und mit Rationalisierungspotenzialen bei den Lagerbeständen und Durchlaufzeiten begründet, die jeweils um 40% gesenkt werden könnten (vgl. Kurt Salomon Associates 1993, S. 3-4).

Während Efficient Consumer Response also der Lebensmittelbranche entstammt und in den USA entsprechend auch als Efficient Foodservice Response bezeichnet wird (vgl. Lee/Whang 1998, S. 1), wird die Kooperation zwischen Industrie und Handel in der (amerikanischen) Textilwirtschaft unter dem Stichwort **Quick Response Service** diskutiert. Lange Durchlaufzeiten der Waren durch die Logistik-Kette (bis zu 66 Wochen) waren Auslöser für den Quick Response Service in den USA. QRS geht von einer ständigen Bevorratung von Bekleidungsartikeln auf der Herstellerseite aus. Der Handel kann die Waren jeweils kurzfristig und bedarfsgerecht abrufen. Für die Abnahme werden lediglich bestimmte Mengen je Artikel vereinbart, ohne jedoch weitere Festlegungen über Größen und Farben zu treffen. Aus den POS-Daten, die der Handel über EDI übermittelt, wird vom Hersteller ein Liefervorschlag erstellt und an den Handel weitergeleitet.

In Europa wurde die Debatte um Absatzpartnerschaften insbesondere von der Coca Cola Retail Research Group Europe angestoßen, welche in den Jahren 1992 bis 1994 europäische Unternehmen untersucht hat, vornehmlich große Lebensmittel-Einzelhändler und deren Lieferanten auf der Herstellerseite (Szymankiewicz 1994). Die Ergebnisse wurden im Jahre 1994 publiziert und kamen zu dem Schluss, dass durch Effizienzsteigerungen ca. 2,5% vom Umsatz zu Einzelhandelspreisen durch eine Verbesserung der Kooperation zwischen Hersteller und Handel eingespart werden kann, und zwar im Einzelnen

- 1,3% durch Standardisierung der Kommunikation und Optimierung des Materialflusses,
- 0,7% durch effizientere Bestandsführung, wie z. B. Continuous Replenishment und
- 0,5% durch eine effizientere Verwaltung.

Im Sommer 1994 gründeten die führenden europäischen Handelsunternehmen und Konsumgüterhersteller das "Executive Board of ECR Europe", das paritätische aus Vertretern von Handel und Herstellern verschiedener europäischer Länder besetzt ist (vgl. Tabelle 22.1). Nach Initiierung von ECR-Europe gründeten sich in den folgenden Jahren viele nationale ECR-Inititativen. In Deutschland wird der ECR-Gedanke von der Centrale für Coorganisation in Köln (CCG) institutionell getragen und vorangetrieben. Seit 2000 arbeiten die ECR-Initiativen des deutschsprachigen Wirtschaftsraumes (Deutschland, Österreich, Schweiz) in zahlreichen Projekten als ECR D-A-CH zusammen.

Handel	Konsumgüterhersteller
Albert Heijn	Carlsberg
Auchan	Cloetta Faser Makeiset
Bon Appetit Group	Coca-Cola
Carrefour	Colgate-Palmolive
Groupe Casino	Group Danone
Coop Italia	Fima Bestfoods
Delhaize Le Lion	Gilette
Finiper Hakon Gruppen	Henkel
Marks & Spencer	IGD
Metro	Johnson & Johnson
Rewe	Kraft Foods
Safeway	L'Oréal
Stores	Nestlé
Spar	Procter & Gamble
Superquinn	SCA Hygiene
Tesco	Philips Lighting
Veropoulos	Sara Lee
	Unilever

Tabelle 22.1: Mitglieder des Executive Board of ECR Europe

In Deutschland wurde die Notwendigkeit einer verbesserten Zusammenarbeit zwischen Industrie und Handel mittels ECR durch eine Studie von Zentes (1996) untermauert, in der die in Abbildung 22.1 dargestellten Konfliktfelder zwischen Herstellern und Handel identifiziert wurden.

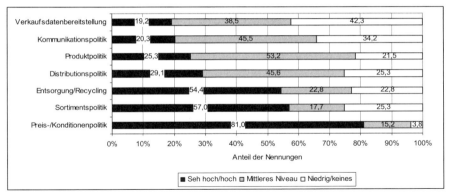

Abbildung 22.1: Konfliktpotenziale zwischen Industrie und Handel (Quelle: Zentes 1996, S. 27)

Nach einer Studie von Gleißner sprechen aus der Sicht deutscher Industrie- und Handelsunternehmen für die Initiierung von Kooperationsprojekten folgende Gründe (Auflistung in der Reihenfolge ihrer Bedeutung, vgl. Gleißner 2000, S. 218):

- Zwang zu Kosteneinsparungen,
- Stärkung der eigenen Marktposition,
- Erhöhung der Lieferbereitschaft,
- zunehmender Konkurrenzdruck,
- transparentere Gestaltung/Ablösung von Logistikrabatten,
- zunehmender Konzentrationsprozess,
- Zwang des Lieferanten/Partners/Dienstleisters,
- Teilnahme am Trend.

Im Einzelnen werden mit einer partnerschaftlichen Zusammenarbeit zwischen Industrie und Handel im Sinne von ECR folgende Ziele angestrebt (Gleißner 2000, S. 100):

- Verstärkung der Kundenorientierung und Maximierung des Kundennutzens,
- Steigerung des Lieferservice,
- Verringerung des administrativen Aufwands und Verkürzung der Auftragsdurchlaufzeiten,
- höhere Reaktionsgeschwindigkeit auf sich veränderndes Kaufverhalten durch größere Marktnähe,
- Bestandsreduzierung bei gleichzeitiger Vermeidung von Out-of-Stock-Situationen,
- nachfragegerechte, effiziente Sortimentsgestaltung und absatzfördernde Positionierung der Produkte,
- Reduzierung des Mehrfachhandlings und
- Verkürzung der Transportketten.

Die Kooperation von Herstellern und Handel umfasst nach Zentes (1996) zwei grundlegende Dimensionen:

- die Kooperation in der Logistik (Supply-side ECR, Supply Chain Management) und
- die Kooperation im Marketing (Demand-side ECR, Category Management).

Beiden Dimensionen sind verschiedene Strategien zugeordnet, von denen die wichtigsten in Tabelle 22.2 überblickartig dargestellt sind und in den nächsten beiden Abschnitten im Einzelnen erläutert werden.

Efficient Consumer Response (ECR)			
Supply-side ECR (Supply Chain Management)			Demand-side ECR
Efficient Replenishment (ER)	*Efficient Operating Standards (EOS)*	*Efficient Administration (EA)*	**(Category Management)**
• Computer Assisted Ordering (CAO) • Vendor/Buyer/Co-Managed Inventory (VMI, BMI, CMI) • Synchronized Production (SP)	• Cross Docking (CD) • Direct Store Delivery (DSD) • Efficient Unit Loads (EUL) • Roll Cage Sequencing (RCS)	• Efficient Conditions (EC))	• Efficient Store Assortment (ESA) • Efficient Promotion (EP) • Efficient Product Introduction (EPI)

Tabelle 22.2: ECR-Strategien im Überblick (in Anlehnung an Georg 2005)

22.2 Die Kooperation in der Logistik: Supply-side ECR

Die Zielsetzung der logistischen Kooperation zwischen Industrie und Handel besteht in einer Optimierung der Materialflüsse und der Standardisierung der Kommunikation im Absatzkanal. Zu diesem Zweck sieht das ECR-Konzept die folgenden drei Basisstrategien vor:

- **Efficient Replenishment** zur nachfragesynchronen Produktion und Distribution der Ware auf Basis von realen Abverkaufs- und Bestandsführungsdaten,
- **Efficient Operating Standards** zur Erhöhung der Effizienz der physischen Prozesse in der Logistikkette und
- **Efficient Administration** zur Effizienzsteigerung der administrativen Prozesse in der Logistikkette.

Die diesen Basisstrategien zugeordneten Substrategien stellen zum Teil sich gegenseitig ergänzende Strategien (z.B. Synchronized Production, Integrated Suppliers und Perpetual Inventory System), zum Teil aber auch sich einander ausschließende Alternativen (z.B. Cross-Docking und Direct Store Delivery) dar, so dass aus den zur Verfügung stehenden Strategien für jede ECR-Partnerschaft diejenige Kombination auszuwählen ist, mit der unter Berücksichtigung der unternehmensspezifischen Gegebenheiten die jeweils optimale Effizienzsteigerung erreicht werden kann.

Efficient Replenishment (ER), teilweise auch als **Continuous Replenishment Program (CRP)** bezeichnet, zielt auf eine Synchronisation der Produktion mit der Kundennachfrage ab, indem die Nachschubversorgung der Handelsfilialen (Outlets) über die tatsächlichen Verkaufsdaten am Point-of-Sale (POS) gesteuert wird und so die traditionelle, auslastungsorientierte und auf meist unzuverlässigen Prognosedaten basierende Push-Strategie durch eine nachfrageorientierte Pull-Strategie abgelöst wird. Auf diese Weise soll eine Verstetigung des Materialflusses über alle Stufen der Wertschöpfungskette, d.h. vom Lieferanten des Herstellers bis zum Endverbraucher, bei minimalen Beständen einerseits und minimalen Bestandslücken andererseits sowie minimalem Handlingsaufwand und einer minimalen Anzahl von Unterbrechungen im Warenfluss erreicht werden. Von besonderer Bedeutung ist die Vermeidung von Bestandslücken (Out-of-Stock-Situationen) in den Einzelhandelsfilialen, da diese in Bezug auf die Umsatzentwicklung und das Käuferverhalten als besonders kritisch anzusehen sind. Tabelle 22.3 gibt einen Überblick über die Bedeutung und die Auswirkungen von Bestandslücken in Deutschland.

Durchschnittliche Warenverfügbarkeit in Deutschland	96,2%
Zum Vergleich: Großbritannien	98,6%
Durchschnittliche Warenpräsenzlücken im Kernsortiment von ausgewählten deutschen Handelsunternehmen bei den Top50-Artikeln aus den Bereichen Lebensmittel und Reinigungsartikel	1,6%
Entgangener Umsatz durch Präsenzlücken	mind. 3%
Käuferverhalten bei Bestandslücken	
• Kaufverzicht	33%
• Kauf in einem anderen Geschäft	26%
• Abbruch des gesamten Einkaufs	6%
• Ausweichen auf eine andere Marke	27%
• Ausweichen auf etwas "Ähnliches"	9%

Tabelle 22.3: Bedeutung und Auswirkungen von Bestandslücken in Deutschland (vgl. Seifert 2001, S. 111-113)

Efficient Replenishment zerfällt in die Substrategien

- Computer Assisted Ordering,
- Vendor, Co- bzw. Buyer Managed Inventory und
- Synchronized Production.

Um das Ziel von Efficient Replenishment, nämlich eine Automatisierung des Warennachschubs zu erreichen, ist eine computergestützte Disposition und Bestellgenerierung Berücksichtigung von Beständen, Abverkaufsdaten und weiteren Parametern, wie vereinbarten Verkaufsförderungsmaßnahmen, effizienten Bestellvolumina (z.B. Bestellung ganzer Paletten), saisonalen Faktoren (z.B. Ferien, Feiertage, Wetter) usw. notwendig. Die diesbezügliche Teilstrategie wird als **Computer Assisted Ordering (CAO)** oder **Automated Store Ordering (ASO)** bezeichnet. Der CAO-Prozess ist in das Warenwirtschaftssystem des Handels eingebettet und verläuft in drei Stufen:

- **1. Stufe**: Erfassung der Abverkaufsdaten mit Hilfe von Scanner-Kassen am Point-of-Sale (POS),
- **2. Stufe**: Übertragung der Daten ins Zentral-/Regionallager des Handels per EDI und Verdichtung durch ein integriertes Bestellmanagementsystem.
- **3. Stufe**: Übertragung der verdichteten Daten an den Hersteller, der auf diese Weise synchron zu den Abverkäufen produzieren und seinerseits seine eigenen Zulieferer in den Prozess integrieren kann.

Durch CAO können diversen Studien zufolge die Bestellvorlaufzeiten um 80% gesenkt, der Erfüllungsgrad der Bestellungen (= Prozentsatz der tatsächlich ausgeführten Bestellungen) von 97,5% auf 99,7% gesteigert und die Lagerbestände um bis zu 30% gesenkt werden (vgl. Seifert 2001, S. 123/124).

Die Verantwortung für Disposition und Bestellgenerierung und damit für die Lagerbestände in den Handelslagern kann entweder vom Handel, vom Hersteller oder auch von beiden gemeinsam wahrgenommen werden. Folglich lassen sich drei verschiedene **Politiken der Bestandsergänzung** unterscheiden:

- Die Bestandsverantwortung liegt vollständig beim Handel, d.h. der Händler beobachtet den Abverkauf seiner Waren und trifft auf der Grundlage dieser Daten Entscheidungen über Nachbestellungen, die er (idealerweise per EDI) an den Hersteller übermittelt. Dies ist die traditionelle Vorgehensweise zur Bestandsergänzung, die als **Buyer Managed Inventory (BMI)** bezeichnet wird.
- Die Bestandsverantwortung wird vom Handel auf den Hersteller übertragen, der die Bestandsergänzung aufgrund vorhergegangener Vereinbarungen selbständig steuert. Der Handel übermittelt in regelmäßigen Abständen Abverkaufszahlen und Lagerbestandsdaten an den Hersteller, der aufgrund dieser Daten sowie unter Berücksichtigung von geplanten Verkaufsförderungsaktionen, saisonalen Einflüssen und Erfahrungswerten den zukünftigen Bedarf prognostiziert und dem Handel einen elektronischen Bestellvorschlag übermittelt. Der Händler kann den Bestellvorschlag entweder unverändert übernehmen und bestätigen oder in Kenntnis der lokalen Absatzmärkte und der Aktionen der Konkurrenten anpassen. Da die Verantwortung für den Bestand hier auf den Hersteller übergeht, wird dieser Ansatz als **Vendor Managed Inventory (VMI)** bezeichnet. Diese Art der Partnerschaft ist in den USA zwischen Discountern und Herstellern üblich, wie etwa bei der angesprochenen Kooperation zwischen Wal-Mart und Procter&Gamble. In Deutschland begegnet man dieser Ausgestaltung der Kooperation eher zurückhaltend (vgl. Behrenbeck u.a. 2003).
- Beim **Co-Managed Inventory (CMI)** wird die Bestandsverantwortung für Standardartikel (= Produkte, die ohne verkaufsfördernde Maßnahmen dauerhaft im Sortiment geführt werden) auf den Hersteller übertragen, während sie für Aktionsware (= Produkte, die für einen befristeten Zeitraum durch Nutzung von verkaufsfördernden Maßnahmen am Point of Sale zusätzlich zum Standardabsatz verkauft werden sollen) beim Handel verbleibt. Dadurch wird der besonderen Bedeutung von Verkaufsförderungsmaßnahmen für den Handel Rechnung getragen, der durch die Festsetzung von Aktionspreis, -zeitraum und eingesetzten Werbemitteln die benötigten Mengen am besten disponieren kann.

Aufgrund der spezifischen Kenntnisse des Herstellers in Bezug auf das Abverkaufsverhalten seiner Artikel und der Tatsache, dass die Handelsdisponenten mit der Disposition der hohen Zahl an gelisteten Artikeln vielfach überfordert sind, wird im Rahmen von ECR die Implementierung von VMI oder CMI empfohlen, die zu einer Verminderung von Out-of-Stock-Situationen und einer verbesserten Frische der so disponierten Artikel führen soll (vgl. Seifert 2001, S. 126).

Die mit Efficient Replenishment angestrebte Synchronisation von Produktion und Absatz in der Logistikkette kommt in der Strategie der nachfragesynchronen Produktion **(Synchronized Production – SP)** zum Ausdruck. Die Grundidee von SP besteht in der Erkenntnis, dass nachhaltige Bestandsreduzierungen in der Supply Chain nur durch ein auf die Konsumentennachfrage abgestimmtes Produktionsvolumen erreicht werden können. Voraussetzung für SP sind abverkaufssynchrone und damit tendenziell kleinere Losgrößen. Die damit ansteigenden Rüstkosten sind zur Beurteilung der Vorteilhaftigkeit von SP den Bestandskosteneinsparungen in der Supply Chain gegenüberzustellen.

Die **Efficient Operating Standards (EOS)** als zweites Strategiebündel auf der ECR Supply-side zielen auf die Realisierung eines durchgehenden Warenflusses ohne unnötigen Aufbau von Beständen in den einzelnen Distributionsstufen ab. Eine zentrale Rolle spielt dabei das **Cross-Docking (CD)**. Es sind drei Formen des Cross-Dockings zu unterscheiden (vgl. Kapitel 6):

- das Pack-Cross-Docking,
- das vorkommissionierte Cross-Docking und
- das sortenreine Cross-Docking.

Beim **Pack-Cross-Docking** werden die in der Regel auf artikelreinen Ladungsträgern eingehenden Warensendungen der verschiedenen Lieferanten in kurzer Zeit zu filialbezogenen Sendungen umsortiert und anschließend empfängerbezogen gebündelt zu den Filialen transportiert. Beim **vorkommissionierten Cross-Docking** wird die filialbezogene Kommissionierung bereits beim Hersteller durchgeführt, so dass die Sendungen ohne Vereinzelung und Umsortierung am Umschlagspunkt direkt auf die Verteilfahrzeuge umgeladen und an die Filialen ausgeliefert werden können. Voraussetzung ist dabei eine filialbezogene Bestellung durch den Handel. Beim **sortenreinen Cross-Docking** werden sortenrein angelieferte Paletten ohne Anbruch an die Filialen ausgeliefert. Diese Form des Cross-Dockings eignet sich allerdings nur für entsprechend große Abnehmer.

Alle Formen des Cross-Dockings beruhen auf der Idee, durch intensiven Informationsaustausch zwischen Herstellern, Handel und ggf. eingeschalteten Logistikdienstleistern Bestände in der Logistikkette zu vermeiden („Information ersetzt Bestände"). Dadurch wandeln sich die Zentral- und Regionallager des Handels, der Hersteller wie auch der eingebundenen Logistikdienstleister zunehmend zu reinen Umschlagsplattformen.

Alternativ zu Cross-Docking können die Waren auch unter Ausschaltung sämtlicher Handelslagerstufen und Umschlagsprozesse direkt vom Hersteller an die Einzelhandelsfilialen geliefert werden. Diese als **Direct Store Delivery (DSD)** oder Streckengeschäft bezeichnete Strategie eignet sich aufgrund der notwendigen Abnahme größerer Mengen durch die einzelnen Filialen primär für umschlagsstarke Warengruppen oder besonders empfindliche Artikel, bei denen die Umschlagsprozesse die Qualität beeinträchtigen könnten.

Eine hohe Zahl inkompatibler Transportverpackungen in Deutschland und Europa verursacht erhebliche Ineffizienzen in der Logistikkette. Beispielsweise wird der Ablauf von Cross-Docking teilweise dadurch behindert, dass an den Umschlagspunkten bis zu 50 verschiedene Transportverpackungen gehandhabt werden müssen. Hinzu kommt eine vielfach unzureichende Ausnutzung der Paletten, insbesondere der Palettenhöhe (vgl. Seifert 2001, S. 142/143). Die Strategie **Efficient Unit Loads (EUL)** strebt die einheitliche Gestaltung von Ladungseinheiten (unit loads) und Mehrweg-

Transportverpackungen zur Verbesserung des Palettenhandlings und zur besseren Auslastung von Lagerflächen und Transportraumkapazitäten an. Gegenstand der EUL-Strategie sind einheitliche Grundmaße für die Warenstapelung, einheitliche Stapelbarkeit durch eine entsprechende Randgestaltung sowie eine einheitliche Kennzeichnung. So hat die CCG Empfehlungen für die Ladehöhen von Europaletten und die Gestaltung von Transportetiketten herausgegeben (vgl. CCG 2002, Abschnitt 5).

Um in den Filialen das Einräumen der Ware in die Regale zu erleichtern, sollten die Rollcontainer, in denen die Waren bei den Filialen angeliefert werden, so beladen sein, dass die Waren vom Verkaufspersonal mit minimalem Arbeitsaufwand in den Regalen platziert werden können. Die Beladung der Rollcontainer unter Berücksichtigung des Layouts und der Regalbelegung der Filialen wird als **Roll-Cage-Sequencing (RCS)** bezeichnet. Als Restriktion sind dabei Unterschiede in Beschaffenheit und Gewicht der Waren zu berücksichtigen. So müssen leichte und empfindliche Waren zuoberst im Rollcontainer gestapelt werden, damit sie nicht von anderen Waren beschädigt werden. Dies kann zu einer Auslieferung nicht vollständig gefüllter Rollcontainer an die Filialen führen. Weitere Nachteile ergeben sich aus dem erhöhten Platzbedarf im Zentrallager oder in den Umschlagspunkten des Handels und den dadurch bedingten längeren Wegstrecken bei der Kommissionierung.

Gegenstand von **Efficient Administration (EA)** ist die Kooperation im Bereich der Geschäftsabwicklung und Verwaltung mit dem Ziel der Effizienzsteigerung der administrativen Prozesse an der Schnittstelle zwischen Industrie und Handel. In diesem Zusammenhang spielt insbesondere die effiziente Gestaltung der Konditionssysteme (**Efficient Conditioning – EC**) eine Rolle. Konditionssysteme regeln die leistungs- und finanzwirtschaftlichen Beziehungen zwischen Handel und Industrie und beinhalten die Herstellerabgabepreise, absatz- bzw. leistungsfördernde Rabattvereinbarungen, nachträgliche Rückvergütungen sowie sonstige Neben- und Zusatzleistungen. Sie werden in der Regel in sog. "Jahresgesprächen" zwischen Industrie und Handel ausgehandelt, die nicht selten zur Einführung von immer neuen Rabatten und Rückvergütungen führen. In der Praxis gibt es Konsumgüterhersteller, die mit 30 bis 40 verschiedenen Konditionsarten arbeiten (Seifert 2001, S. 128). Tabelle 22.4 gibt einen Überblick über in der Konsumgüterwirtschaft angewandte Konditionsarten. Diese Vielfalt an Konditionen führt sowohl aufseiten des Herstellers als auch aufseiten des Handels zu einem extrem hohen Aufwand bei der Rechnungserstellung und -bearbeitung. Allein der administrative Aufwand im Bereich der nachträglichen Vergütungen beträgt pro Jahr durchschnittlich 3.600 Arbeitsstunden (Seifert 2001, S. 130). Efficient Conditioning (EC) beinhaltet daher die Entwicklung von überschaubaren Konditionssystemen, die sich primär an Leistungsaspekten anstatt an Abnahmemengen orientieren (z.B. Kopplung von Rabatten an die Erfüllung von Leistungen in der Logistik und nicht an das Beschaffungsvolumen).

Ausgewählte Rabattarten und sonstige Anlässe für Konditionsspreizungen in der Konsumgüterwirtschaft	
Mengenrabatte • Einzelauftragsrabatt • Gesamt- oder Totalmengenrabatt • Bezugsmengenrabatt • Auftragsgrößenrabatt	**Honorierung von Sortimentsabnahme** • Stammsortimentsrabatt • Sortimentsboni • Vollsortimentsrabatt • Sortimentserweiterungsrabatt
Umsatzrabatte • Umsatzbonus • Jahres-, Halbjahresbonus • Rückvergütungsprämie • Umsatzsteigerungsrabatt • Treuerabatt	**Zahlungsmodalitäten** • Skonto • Barrabatt • Delcrederevergütung • Inkassorabatt • Zentralregulierungsrabatt
Verkaufsförderungsmaßnahmen • Werbekostenzuschüsse • Schaufenstermieten • Insertionsunterstützungsrabatt • Katalogzuschüsse • Werbebonus	**Vertragsverletzungen** • Nachträgliche Erhöhung des vereinbarten Rückvergütungssatzes • Unberechtigte Skontoabzüge • Unberechtigte Inkassogebühren • Unberechtigte Reklamationen
Neueröffnung von Handelsunternehmen • Neueröffnungsrabatt • Sonderzahlung bei Übernahme neuer Häuser	**Serviceleistung** • Servicekostenrabatt • Gewährleistungsrabatt
Rabatte für logistische Funktionen • Wagon- und LKW-Rabatt • Paletten- und Kartonabnahmerabatt • Zentrallagerrabatt • Direktbezugsbonus • Selbstabholerrabatt	**Nebenleistungen** • Regalpflege • Preisauszeichnung • Inventurhilfe • Beteiligung an der Geschäftseinrichtung • Investitionszuschüsse
Zeitrabatte • Frühbezugsrabatte • Messe- und Börsenrabatte • Saison- oder Vorsaisonrabatte	**Neuaufnahme von Produkten** • Listungsgelder • Neuplatzierungsrabatt • Einführungsrabatt
Verlagerung von Risiken • Deckungsbeiträge für Umsatzausfälle • Preisfallklausel(n) • Buß- und Strafgelder • Kommissionslieferungen	**Funktionsrabatte** • Großhandelsrabatt • Liefergroßhandelsrabatt • Cash-and-Carry-Rabatt • Einzelhandelsrabatt

Tabelle 22.4: Ausgewählte Konditionsarten in der Konsumgüterwirtschaft (Quelle: Seifert 2001, S. 129)

22.3 Die Kooperation im Marketing: Demand-side ECR

Grundlage der Kooperationen zwischen Industrie und Handel auf dem Gebiet des Marketings ist das **Category Management**, das Artikel mit gleichartigen Konsumeigenschaften und Logistikanforderungen zu strategischen Einheiten, den sog. Categories, zusammenfasst. Gleichzeitig wird die klassische, durch die Trennung der Betriebsfunktionen Einkauf, Marketing, Logistik, Finanzen usw. gekennzeichnete funktionale Organisationsform abgelöst durch eine produktgruppenbezogene Organisationsform, bei der ein Category Manager die Gesamtverantwortung für Einkauf, Marketing, Logistik, Finanzierung usw. einer Warengruppe trägt.

Innerhalb des Category Management werden folgende Teilstrategien unterschieden:

- Efficient Store Assortment (effiziente Sortimentsgestaltung und Positionierung),
- Efficient Product Introduction (effiziente Produktneueinführung und -weiterentwicklung) und
- Efficient Promotion (effiziente Verkaufsförderung).

Gegenstand von **Efficient Store Assortment (ESA)** ist die zwischen Industrie und Handel abgestimmte Sortimentsgestaltung mit dem Ziel, die Kundennachfrage möglichst genau zu treffen und mit der zur Verfügung stehenden Verkaufsfläche die maximale Produktivität zu erwirtschaften. Die Produkte werden den Kaufgewohnheiten und Anforderungen der Konsumenten entsprechend zu optimalen Sortimenten gruppiert, so dass durch ein Angebot genau derjenigen Artikel, die auch von den Kunden nachgefragt werden, eine maximale Flächenwertschöpfung in den Filialen erreicht wird. Ein Hilfsmittel zur Umsetzung der Strategie des Efficient Assortment ist das **Space Management**, bei dem die Auswirkungen veränderter Regalansichten und Abteilungsgestaltungen auf Kosten, Rohertrag und Umsatz einer Warengruppe mit Hilfe von computergestützten Simulationen ermittelt werden.

Das Ziel von **Efficient Promotion (EP)** besteht darin, durch eine gemeinsame Planung von Verkaufsförderungsaktionen zwischen Industrie und Handel den Warenfluss in der Logistikkette zu glätten und bis hin zur Produktion zu verstetigen. Durch eine abgestimmte Preispolitik sollen durch Sonderaktionen hervorgerufene Out-of-Stock-Situationen sowie auf zu hohe Einführungspreise von Neuprodukten zurückzuführende Überbestände vermieden und gleichzeitig über einen verbesserten Lieferservice eine erhöhte Kundenbindung erreicht werden, die wiederum in eine Umsatzsteigerung mündet. Das durch Verhandlungen über Konditionen und komplizierte Preis- und Rabattstaffeln geprägte Verhältnis zwischen Herstellern und Handel soll durch transparente Konditionen mit wenigen Bestimmungsgrößen vereinfacht und effizienter gestaltet werden. Eine wichtige Voraussetzung für eine effiziente Verkaufsförderung ist die gezielte Auswertung von POS-Informationen und deren anschließende Kombination mit Aktions- und Werbehistorien.

Gegenstand von **Efficient Product Introduction (EPI)** ist die Einbeziehung des Handels in die Produktgestaltung sowohl bei der Modifikation bestehender Produkte als auch bei der Produktneueinführung mit dem Ziel, die Konsumentenbedürfnisse besser zu berücksichtigen und auf diese Weise Flops zu vermeiden.

Bezieht man das in Kapitel 1 diskutierte Flusskonzept als grundlegendes Prinzip auf die ECR-Kooperation im Handel, so ergibt sich in Verbindung mit der EP-Strategie als eine Konsequenz aus dem Flussprinzip die Forderung, von Aktionen mit Sonderangeboten abzurücken und statt dessen die Strategie der Dauerniedrigpreise am Markt zu verfolgen, die einen gleichmäßigen Strom an Gütern durch das Logistiksystem herbeiführen kann. Sonderangebote führen stattdessen zu einem punktuellen Spitzenbedarf im Logistiksystem und widersprechen damit dem Flussprinzip. Um die unterschiedlichen Bedarfsarten auf der Einzelhandelsebene zu trennen, plädieren Gattorna u.a. (1991) für die Unterscheidung des Güterstroms in die Kategorien Basis, Welle und Woge.

Der Basisgüterstrom ist langfristig stabil und prognostizierbar und stellt die Grundversorgung des Outlets dar. Er wird überlagert von einer periodischen Wellenbewegung, welche die saisonalen Bedarfsschwankungen abbildet. Einen Spitzenbedarf bildet die Woge ab, welche aus nicht vorhersehbaren Nachfragebewegungen resultiert, die aus der Ausschöpfung bisher nicht erkannter Marktpotentiale oder aus der Darbietung von günstig erworbenen Sonderposten herrühren. Gattorna u.a. schlagen vor, für diese drei Stromarten jeweils verschiedene Schnittstellen und verschiedene Supply Chains zur Verfügung zu stellen.

22.4 Technische Rahmenbedingungen für ECR: Enabling Technologies

Voraussetzung für die Realisierung von ECR-Kooperationen ist ein intensiver, automatisierter Datenaustausch zwischen Hersteller und Handel sowie eine rationelle Datenerfassung am Point of Sale. Die vielfach als **Enabling Technologies** bezeichneten Kommunikations- und Informationstechnologien zur Erfüllung dieser Anforderungen sind

- **Electronic Data Interchange (EDI)** für den beleglosen, medienbruchfreien Datenaustausch sowie
- **Barcode- und Scanner-Systeme** zur automatischen Datenerfassung.

EDI und Barcodesysteme werden in Kapitel 4 ausführlich behandelt.

Mit dem Einsatz von **Scannerkassen** sind durch den Wegfall der manuellen Erfassung der Warenpreise folgende Vorteile verbunden:

- Beschleunigung des Kassierprozesses,
- Entfallen von Preisauszeichnungen und Preisumzeichnungen,
- Entfallen von Aktionsinventuren,
- Einsparungen von Personal durch höhere Produktivität,
- Erhöhung der Warenpräsenz,
- Verringerung von Inventurdifferenzen und
- Realisierung von Bestandssenkungen.

Eine beleglose Lieferabwicklung setzt einen permanenten Abgleich der Artikelstammdaten zwischen Herstellern und Handel voraus, um Störungen in der Versorgungskette aufgrund fehlerhafter, unvollständiger oder veralteter Artikelinformationen zu vermeiden. Zu diesem Zweck wurde von der CCG ein Portal für Artikelstammdaten entwickelt, das mittlerweile von der SINFOS-GmbH betrieben wird. Der **SINFOS-Stammdatenpool** stützt sich auf international standardisierte Inhalte, Prozessregeln und Funktionen und ermöglicht so einen multilateralen, länderübergreifenden Stammdatenabgleich. Auf diese Weise kann der bilaterale Austausch der Artikelstammdaten zwischen Herstellern und Handelsunternehmen entfallen. Der Hersteller legt seine Artikelstammdaten einmalig im SINFOS-Datenpool ab, und alle angeschlossenen Handelsunternehmen können sich automatisiert und eigenständig mit den relevanten Stammdaten versorgen. Die Hinterlegung der Stammdaten ist allerdings mit einem relativ hohen Initialaufwand verbunden, da pro Artikel etwa 30 bis 40 Merkmale erfasst werden müssen und darüber hinaus die komplette Artikelhierarchie von der Verbrauchseinheit über alle Umverpackungen bis zur Transporteinheit (Palette) einschließlich komplexer Sortimentsstrukturen wie Mischkartons oder Displays für eine sinnvolle Nutzung des elektronischen Datenaustauschs abgebildet werden muss. Langfristig können durch die wegfallenden bilateralen Absprachen jedoch große Einsparungen für Hersteller und Handel entstehen.

22.5 Implementierung von ECR-Partnerschaften

Art und Umfang von ECR-Kooperationen, die ein Industrie- oder Handelsunternehmen eingeht, hängen in entscheidendem Maße von der Grundeinstellung des Managements zu Kooperationen und dem erwarteten Nutzen aus der Kooperation unter Berücksichtigung der dadurch verursachten Kosten (z.B. Investitionen in die Enabling Technologies) ab. Vor diesem Hintergrund lassen sich drei grundsätzliche Kooperationsmodelle unterscheiden (vgl. Behrenbeck u.a. 2003):

- **Modell der umfassenden Kooperation**: Insbesondere für große Konsumgüterhersteller und Handelsketten kann es vorteilhaft sein, sich in zahlreichen Kooperationsprojekten mit vielen verschiedenen Partnern zu engagieren. Neben direkten Einsparungen aus den einzelnen Projekten erhoffen sich die Unternehmen, die diese Strategie verfolgen, vor allem langfristige Vorteile durch die Erarbeitung einer bevorzugten Stellung bei den Kooperationspartnern gegenüber Wettbewerbern (z.B. bei Produktneueinführungen).
- **Modell der selektiven Kooperation**: Kleinere Industrie- und Handelsunternehmen stoßen schnell an ihre Grenzen, wenn sie sich an zu vielen Kooperationsprojekten gleichzeitig beteiligen. Für sie bietet es sich an, sich auf wenige wichtige Projekte zu konzentrieren und diese mit hoher Priorität zu verfolgen. Der Erfolg der Kooperationsmaßnahmen ist durch ein umfassendes Controlling zu überwachen. Aber auch größere Unternehmen wenden diese Strategie an und nutzen ihre Marktmacht, um genau diejenigen Kooperationsprojekte umzusetzen, von denen sie sich den größten Nutzen versprechen.
- **Modell der Zurückhaltung gegenüber Kooperationen**: Insbesondere traditionelle familiengeführte Unternehmen neigen zu einer eher ablehnenden Haltung gegenüber Kooperationen. Eine solche Zurückhaltung kann zum einen dann sinnvoll sein, wenn das Unternehmen seine internen Prozesse noch nicht optimiert hat, denn die optimale Beherrschung der internen Prozesse ist eine zentrale Voraussetzung für das Gelingen einer Kooperation. In einer solchen Situation ist das Eingehen von Partnerschaften aufgrund der dadurch zwangsläufig zunehmenden Komplexität für die Verbesserung der eigenen Prozesse eher hinderlich. Ein anderer Grund für das Nicht-Eingehen von Kooperationen besteht in dem Wunsch, die komplette Wertschöpfungskette von der Herstellung bis in die Geschäfte hinein autonom zu steuern und zu kontrollieren, z.B. aufgrund besonderer Anforderungen an die Frische von Produkten. Die Zurückhaltung gegenüber strategischen Partnerschaften ist dabei jedoch nicht mit absoluter Verweigerung gleichzusetzen. Operative Vorteile durch eine partnerschaftliche Zusammenarbeit im Tagesgeschäft (z.B. gemeinsame Verbesserung der Auftragsabwicklung) sollten auf jeden Fall realisiert werden.

Tabelle 22.5 fasst die beschriebenen grundsätzlichen Modelle der Zusammenarbeit noch einmal zusammen.

	Umfassende Kooperation	Selektive Kooperation	Zurückhaltung gegenüber Kooperationen
Anzahl strategischer Partnerschaften	Viele	Wenige	Kaum
Anzahl konkreter Kooperationsprojekte	Viele Projekte, oft ohne klaren Fokus	Wenige Projekte mit strategischer Bedeutung	Keine größeren Kooperationsprojekte
Voraussetzung für erfolgreiche Umsetzung	Effiziente interne Logistikprozesse, guter Ruf im Supply Chain Management	Effiziente interne Logistikprozesse, evtl. Marktmacht	Keine besonderen Voraussetzungen
Eignung für ...	Große Hersteller und Händler mit hoher Investitionsbereitschaft	Hersteller und Händler aller Größen mit klaren strategischen Schwerpunkten	Hersteller und Händler mit Defiziten in den internen Logistikprozessen, Hersteller und Händler mit besonderen Geschäftsformen

Tabelle 22.5: Grundsätzliche Kooperationsmodelle (in Anlehnung an Behrenbeck u.a. 2003)

Hat sich das Management für ein Kooperationsmodell entschieden, verläuft die **Implementierung** der ECR-Partnerschaft in den in Abbildung 22.2 dargestellten Schritten.

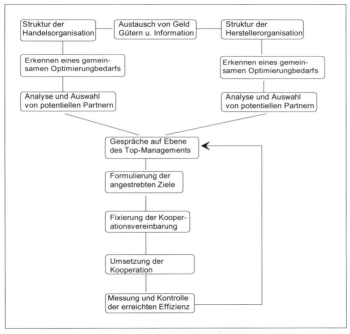

Abbildung 22.2: Modell der Kooperation bei ECR

Am Anfang eines Kooperationsprojektes steht in der Regel eine **Schwachstellenanalyse**. Die Analyse des Ist-Zustandes und die damit verbundene Aufdeckung der Ineffizienzen zwischen Hersteller und Handel können entweder alleine oder durch Einbeziehung von Beratungsunternehmen, aber auch zusammen mit dem kooperationsfähigen Unternehmen erfolgen. Das erzielte Ergebnis sollte nicht nur eine umfassende Analyse der Schnittstellenprobleme, sondern auch Daten über Kosten und Mengen der Güterdistribution der beiden Systeme beinhalten, die später zur Erstellung eines Prozesskostenmodells herangezogen werden können. Hierbei können erste Probleme aufgedeckt werden, die sich später in mögliche Kooperationsfelder umwandeln lassen.

Nach diesem Schritt erfolgt eine **Problemdefinition**, die in einer Zielformulierung mündet. Mit dem Fortschreiten des Prozesses kommt es zu einer Konkretisierung bzw. Umformulierung der Problem- und Zieldefinition. Die Ergebnisse zeigen die ersten Schwerpunkte eines Kooperationsprojektes und bilden die Basis für die Suche des richtigen Partners. Bei der Partnerwahl sind insbesondere folgende Punkte zu beachten:

- auf beiden Seiten muss das Wollen und aktive Durchsetzen vorhanden sein,
- positive bisherige Zusammenarbeit,
- gegenseitiges Vertrauen (nach innen und außen),
- Top-down-Prozess,
- EDI bzw. SEDAS (siehe Kapitel 4),
- Umsetzungserfahrungen mit Kooperationen (Hersteller/Handel/Beratung),
- Qualifikation der Mitarbeiter,
- Konfliktdenken zurückstellen,
- Bereitschaft zur Bereitstellung von Daten,
- Flexibilität in Bezug auf Abgabe ineffizienter Prozesse an kompetentere Partner,
- Implementierung von Category-Management,
- gute und stimmige Daten (Qualität),
- richtige Projekte identifizieren und starten,
- Kooperation als Vision.

Die Auswahl eines kooperationsfähigen Partners gehört zu den wichtigsten Fragestellungen eines solchen Projektes. In der Praxis werden hierfür häufig nur die Marktführer und die bereits in Reorganisationsprozessen stehenden Unternehmen angesprochen. Abbildung 22.3 zeigt wichtige Kriterien bei der Auswahl eines geeigneten Kooperationspartners aus Sicht der Praxis.

Nachdem ein kooperationsfähiger Partner gefunden wurde, erfolgen **Gespräche auf Top-Management-Ebene** zum Abgleich der grundsätzlichen Bereitschaft sowie zur Zieldefinition. Der Nutzen sollte möglichst quantifiziert werden und sich in einem bestimmten Größenrahmen bewegen. Nichtmonetäre Vorteile sind zwar wichtige Nebeneffekte, aber zur Überzeugung des Managements sind konkrete Zahlen nötig. Im Anschluss daran muss ein Konzept für das Kooperationsprojekt erstellt werden. Die Entwicklung einer Soll-Konzeption ist ebenfalls als iterativer Prozess zu verstehen, deren Zielsetzung ein realisierbares Konzept darstellt. Der Umfang des Soll-Konzeptes hängt vor allem von den technischen und organisatorischen Voraussetzungen der beteiligten Institutionen ab. So ist es durchaus denkbar, dass ein anfänglich als kooperationsfähig eingestufter Partner sich zunehmend als unfähig erweist. Um einzelne Aktivitäten im Logistikkanal zu optimieren, müssen Hersteller und Handel gemeinsam erarbeiten, wie man sich kostengünstiger organisieren kann. Grundvoraussetzung ist die Erstellung einer Schwachstellenanalyse bei beiden Partnern.

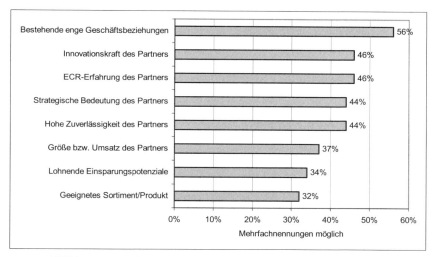

Abbildung 22.3: Wichtige Kriterien bei der Auswahl eines Kooperationspartners
(Quelle: Gleißner 2000, S. 234)

An die Auswahl der Kooperationsfelder schließen sich **Vertragsverhandlungen** an, die nicht nur den Umfang der Kooperation festlegen, sondern auch grundsätzliche Kooperationsvereinbarungen zum Gegenstand haben. Der Prozess verläuft über mehrere Verhandlungsrunden und hat je nach Kooperationsintensität umfangreiche Vereinbarungen zur Folge. Die schriftliche Fixierung ersetzt jedoch noch lange nicht die nötige Vertrauensbasis in den kooperationsfähigen Partner.

Die **Implementierung** der Kooperation erstreckt sich über einen langen Zeitraum und erfolgt meist in abgrenzbaren Teilschritten. Dabei sind insbesondere folgende Punkte zu beachten:

- Einstieg über unsensible Themen,
- Dauer der Implementierung hängt vom Umfang der Projekte, von der Komplexität des Hersteller-/Handelspartners sowie vom internen Optimierungsbedarf ab,
- Kosten sind anfänglich höher als der Nutzen, Lernen steht am Anfang im Vordergrund, Beginn eines Umdenkprozesses.

Die Implementierung stellt eine kritische Bewährungsphase des Kooperationsprojektes dar, da Anfangsschwierigkeiten von den Gegnern der Kooperation herausgestellt oder gar initiiert werden. Die wichtigsten Probleme in diesem Zusammenhang sind:

- unterschätzter Zeitbedarf,
- Daten-Volumen wurde unterschätzt,
- menschliches Verhalten der Mitarbeiter muss berücksichtigt werden,
- große interne und externe Überzeugungsarbeit,
- gewachsene Ziel-, Rollen- und Machtkonflikte sind schwer zu überwinden,
- Aufbau von Logistik-Konditionen behindert Kooperationen.

Nachdem das Kooperationsprojekt die ersten Schnittstellenprobleme optimiert hat und die anfänglichen personellen, technischen und organisatorischen Probleme überwunden sind, kann mit der Messung der gewonnenen Ergebnisse begonnen werden, die eine erste Zwischenbilanz erlauben. Es folgen nun eventuelle Steuerungsmaßnahmen, um den Reorganisationsprozess noch zu optimieren, damit eine höchstmögliche Effizienz des gesamten Logistiksystems erreicht wird. Die erzielbaren Einsparungen hängen dabei im Wesentlichen von den internen und externen Voraussetzungen der kooperierenden Unternehmen als auch von der Struktur und dem Verhalten der Kooperationsmitglieder ab.

22.6 Schwachstellen von ECR

ECR-Partnerschaften bestehen fast ausschließlich zwischen Großunternehmen, während kleine und mittlere Unternehmen nur selten an ECR-Wertschöpfungspartnerschaften teilnehmen. So haben nach einer empirischen Erhebung aus dem Jahre 2001 84,5% der Großunternehmen durchschnittlich 19 ECR-Projekte durchgeführt, aber nur 15,5% der kleinen und mittleren Unternehmen haben überhaupt ECR-Erfahrung (vgl. Borchert 2001, S. 246 ff.). Die Gründe für die Zurückhaltung von kleinen und mittleren Unternehmen gegenüber ECR-Partnerschaften sind einerseits in dem hohen Arbeitsaufwand bei der Implementierung, zu dessen Bewältigung vielfach die personellen Kapazitäten fehlen, und andererseits in den hohen informationstechnologischen Anforderungen zu sehen. Weitere Hemmnisse bei einer umfassenden Umsetzung von ECR-Kooperationen in Deutschland sind

- die Notwendigkeit des Austauschs sensibler, wettbewerbsrelevanter Daten, die theoretisch über die Kooperationspartner an Wettbewerber gelangen können,
- Probleme bei der Messung des ECR-Erfolgs (Ermittlung von Kosten und Nutzen der Kooperation) sowie der gerechten Verteilung auf die Kooperationspartner,
- die Notwendigkeit tiefgreifender organisatorischer und technologischer Veränderungen sowohl auf Hersteller- als auch auf Handelsseite, die von den Beteiligten häufig unterschätzt werden sowie
- übertriebene Erwartungen aufgrund nicht repräsentativer ECR-Erfolgsmeldungen aus den USA und Nichtbeachtung der abweichenden rechtlichen und wirtschaftlichen Rahmenbedingungen zwischen den USA und Deutschland. So ist es in den USA möglich, zahlreiche Kundendaten zu sammeln, was in Deutschland auf datenschutzrechtliche Probleme stößt. In den USA laufen über 50% des Lebensmittelumsatzes über unabhängige Großhändler, wodurch sich die Verweildauer eines Artikels in der Logistikkette erheblich verlängert und das Rationalisierungspotenzial entsprechend größer ist als in Deutschland. Schließlich stellen in Deutschland jährliche Rahmenverträge die dominierende Form der Vertragsgestaltung zwischen Handel und Industrie dar, während in den USA vorrangig Einzelgeschäfte ablaufen (vgl. Hallier 1999, S. 57).

Schließlich wurde dem Austausch von Prognosedaten für die Generierung von Bestellungen im Rahmen von BMI, VMI und CMI im ECR-Konzept lange Zeit nicht genügend Aufmerksamkeit geschenkt. Die Abstimmung von Verkaufsprognosen zwischen

Hersteller und Handel ist jedoch eine entscheidende Voraussetzung für die Realisierung einer synchronisierten Produktion und die Vermeidung von Überbeständen oder Out-of-Stock-Situationen in der Logistikkette, da Kompetenzen und Datenbestände der Kooperationspartner unterschiedlich verteilt sind: Während der Handel über detaillierte Abverkaufsdaten verfügt und Einfluss auf Warenplatzierung und Sortimentsgestaltung hat, kennt der Hersteller die Zielgruppe seiner Produkte und den Umsatzverlauf in Abhängigkeit von externen Faktoren wie Jahreszeit, Wetter usw. besser. Nur durch die Erstellung gemeinsamer Prognosen erreichen beide eine optimale Planungssicherheit. An diesem Punkt setzt das im folgenden Abschnitt vorgestellte Konzept des **Collaborative Planning, Forecasting and Replenishment (CPFR)** an.

22.7 CPFR als Weiterentwicklung von ECR

Collaborative Planning, Forecasting and Replenishment (CPFR) ist eine branchenübergreifende Initiative, die das Verhältnis zwischen Herstellern und Handelsunternehmen durch gemeinsam geführte Planungsprozesse und geteilte Informationen verbessern soll (vgl. ECR Europe 2001). Kern von CPFR ist die kooperative Planung, Prognose und Beschaffung zwischen Herstellern und Handelsunternehmen mit dem Ziel, das getrennt vorliegende Wissen zur Absatz- und Beschaffungsplanung unternehmensübergreifend zusammenzufassen und diese Wissensbasis gemeinsam kontinuierlich zu verbessern, um so eine höhere Planungssicherheit in der Lieferkette zu erreichen.

Initiiert wurde CPFR durch Handels- und Industrieunternehmen in den USA. Daraus entstand unter der Leitung von VICS (Voluntary Interindustry Commerce Standard Association) und der UCC (Uniform Code Council) im Dezember 1996 die erste CPFR-Arbeitsgruppe (vgl. O.V. 1999). Deren Aufgabe war die Analyse der Austauschprozesse von Prognosedaten zwischen Hersteller und Handel, die Erarbeitung eines entsprechenden Prozessmodells sowie die Definition der dazugehörigen Standards. 1998 wurden die Ergebnisse in den "Collaborative Planning, Forecasting and Replenishment Voluntary Guidelines" veröffentlicht, die seit Juni 2002 in einer zweiten, erweiterten Fassung als "CPFR Roadmap" vorliegen (vgl. VICS 2002a, S. 1-2).

CPFR baut auf den Prinzipien des ECR-Konzeptes auf und erweitert den ECR-Ansatz um ein umfassendes Geschäftsprozessmodell, bei dem die bisher getrennten Bereiche Planung, Prognose und Beschaffung miteinander verknüpft werden. Entsprechend gliedert sich das CPFR-Geschäftsprozessmodell in die drei Abschnitte Planung, Prognose und Beschaffung, die über aktive Prozessschritte sowie Dateninputs und -outputs eng miteinander verbunden sind. Das Geschäftsprozessmodell umfasst insgesamt neun Prozessschritte, wobei die ersten beiden Schritte der Planung, die Schritte 3-8 der Prognose und Schritt 9 der Beschaffung zugeordnet ist. Abbildung 22.4 stellt das CPFR-Geschäftsprozessmodell im Überblick dar.

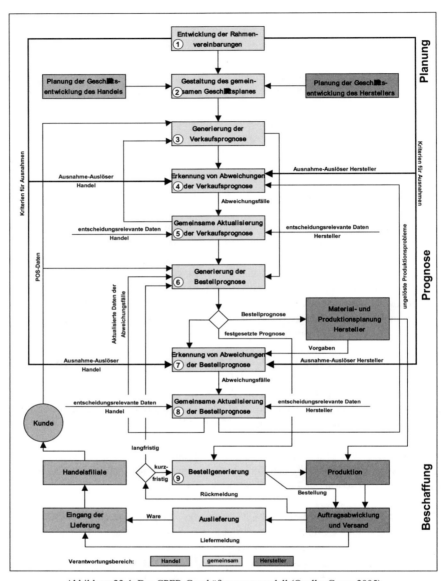

Abbildung 22.4: Das CPFR-Geschäftsprozessmodell (Quelle: Georg 2005)

Aufgrund der Erkenntnis, dass kein Geschäftsprozessmodell auf alle Anwendungen und alle Geschäftspartnerkonstellationen angewandt werden kann, wurden vier CPFR-Szenarien entwickelt, die sich darin unterscheiden, bei welchem Partner der Führungsanspruch bei der Durchführung der Schritte 3 (Erstellung der Verkaufsprognose), 6 (Erstellung der Bestellprognose) und 9 (Bestellgenerierung) liegt. In Abhängigkeit der Zuordnung der Verantwortung für die Durchführung dieser Schritte auf Hersteller oder Händler ergeben sich dann die in Tabelle 22.6 dargestellten Szenarien.

	Verkaufsprognose	Bestellprognose	Bestellgenerierung
Szenario A	Käufer/Handel	Käufer/Handel	Käufer/Handel
Szenario B	Käufer/Handel	Verkäufer/Hersteller	Verkäufer/Hersteller
Szenario C	Käufer/Handel	Käufer/Handel	Verkäufer/Versteller
Szenario D	Verkäufer/Hersteller	Verkäufer/Hersteller	Verkäufer/Hersteller

Tabelle 22.6: CPFR-Szenarien der Führungsverteilung (Quelle: Georg 2005)

Die Unterscheidung dieser Szenarien mit wechselndem Führungsanspruch stellt eine deutliche Weiterentwicklung des CPFR-Konzepts gegenüber dem ECR-Ansatz dar. Bei ECR liegt der Führungsanspruch der Generierung von Verkaufs- und Bestellprognosen entweder beim Hersteller oder beim Händler, bei CPFR werden die Prognosen von beiden gemeinsam erstellt, die Verantwortung dann aber auf einen Partner übertragen. Die Gründe für die Unterscheidung der vier Szenarien liegen zum einen darin, dass jedes Unternehmen unterschiedliche Organisationsstrukturen, Kernkompetenzen sowie Markt- und Investitionsstrategien besitzt. Zum anderen verfügen die Unternehmen über verschiedenartige Informationen, Datenquellen, Infrastrukturen und Antizipationen bezüglich der zukünftigen Marktentwicklung. Daher teilen die vier CPFR-Szenarien die Verantwortung entsprechend den Kompetenzen auf, bündeln aber zugleich das Informations- und Prozess-Know-how beider Partner.

Die neun CPFR-Prozessschritte werden nun im Einzelnen erläutert.

Schritt 1: Entwicklung der Rahmenvereinbarungen
Die zur erfolgreichen Umsetzung des CPFR-Modells notwendigen kooperativen Strukturen und Grundsatzvereinbarungen werden im ersten Schritt festgelegt. Da die CPFR-Umsetzung nur bei langfristig angelegten Geschäftsbeziehungen ökonomisch sinnvoll ist, bedarf es einer auf Vertrauen und kooperativen Strukturen basierenden Zusammenarbeit. Eine Vereinbarung mit der Definition grundsätzlicher Regelungen im Hinblick auf Investitionen, Zeitrahmen, Erwartungen, Ressourcenbereitstellung etc. ist die Grundlage aller CPFR-Projekte. Im Einzelnen sind folgende Punkte festzulegen (vgl. CCG 2002, S. 2-12; VICS 2002b, S. 6-7):

- Ziele, Inhalte, Messkriterien und Ausnahmeregelungen für CPFR,
- Szenarioauswahl des CPFR-Geschäftsprozessmodells,
- technische und organisatorische Ressourcen,
- Prognosemethode für Verkaufs- und Bestellmengen,
- Ausnahmeregelungen und Update-Frequenz für Verkaufs- und Bestellprognose,
- Integration bestehender Erfahrungen mit Kooperationsprojekten,
- Absprachen über Zeithorizont, Häufigkeit der Aktualisierung und Detaillierungsgrad der ausgetauschten Daten,
- Definition von Bestell-, Versand- und Servicepunkten sowie
- Schlichtungsmethoden und Eskalationsmechanismen.

Erst nach Definition der Rahmenvereinbarungen mit gleichzeitiger Offenlegung aller relevanten Informationen ist für alle Partner die Bereitschaft zu einer konstruktiven Kooperation erkennbar.

Schritt 2: Gestaltung des gemeinsamen Geschäftsplans
Im zweiten Schritt tauschen Hersteller und Händler die relevanten Informationen über die spezifischen Geschäftsstrategien und -pläne aus. Diese Offenlegung stellt erneut hohe Ansprüche an das Vertrauensverhältnis der Partner. Ziel ist die Erstellung eines gemeinsamen Business-Plans mit Definition der Partnerrollen, strategischen und taktischen Vorgehensweisen sowie Zielen und Aktionsplänen. Der Business-Plan bildet den Eckstein des nun folgenden Prognoseprozesses.

Schritt 3: Generierung der Verkaufsprognose
POS-Verbrauchsdaten, Aktionspläne, Bestands- sowie Stammdaten der Handelsunternehmen und Hersteller bilden die Basis der Verkaufsprognose. Bei der Generierung der Verkaufsprognose wird zum ersten Mal entsprechend den Szenarien unterschieden. Außer in Szenario D ist der Käufer/Händler für die Prognose verantwortlich. Die von einem Partner erstellte Verkaufsprognose wird an den anderen übermittelt und gemeinsam abgeglichen, bevor sie die Grundlage für die Erstellung der Bestellprognose bildet. Grundsätzlich ist die Prozessabfolge für die Erstellung der Verkaufsprognose für alle Szenarien identisch (vgl. Abbildung 22.5). Lediglich der letzte Schritt der Prognosegenerierung wird in den Szenarien A, B und C durch den Käufer/Handel, bei Szenario D hingegen durch den Verkäufer/Hersteller erstellt. Nur durch die gemeinsame Berücksichtigung der geplanten Verkäufe, Werbemaßnahmen, Neuprodukte und Aktionen sowie der in Schritt 5 definierten Ausnahmeregelungen kann eine exakte Verkaufsprognose erstellt werden.

Schritt 4: Erkennung von Abweichungen der Verkaufsprognose
In diesem Prozessschritt wird die Güte der Verkaufsprognose validiert. Falls sich eine Prognose außerhalb der in den Rahmenvereinbarungen definierten Grenzen befindet, wird diese als sog. Ausnahmesituation gekennzeichnet und in den nächsten Prozessschritt überführt.

Schritt 5: Gemeinsame Aktualisierung der Verkaufsprognose
Ziel des fünften Prozessschrittes ist die Lösung der zuvor festgestellten Ausnahmesituationen. Unter Berücksichtigung der ermittelten Daten muss durch Nachverhandlungen eine Problemlösung erzielt werden. So kann z.B. eine Zunahme von Out-of-Stock-Situationen oder die Senkung der Umschlagshäufigkeit im Handel zu einer solchen Ausnahmesituation führen. In einem alternierenden Prozess wird zwischen den Partnern so lange verhandelt, bis eine übereinstimmende Verkaufsprognose neu erstellt wird. Der Schlüssel für die Prognosegenauigkeit liegt in der flexiblen und verantwortungsvollen Partnerschaft, in der die Auswirkungen der neu erstellten Prognose exakt gemessen werden können.

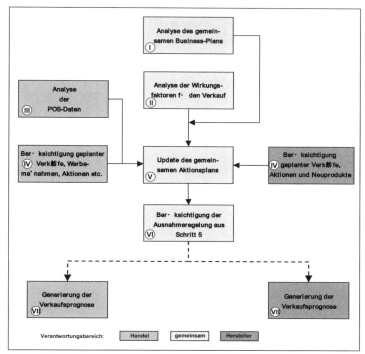

Abbildung 22.5: Erstellung der Verkaufsprognose (Quelle: Georg 2005)

Schritt 6: Generierung der Bestellprognose

Ausgehend von der Hersteller- bzw. Händler-Verkaufsprognose werden die handels- und herstellerspezifischen Informationen gesammelt und bewertet und auf dieser Basis eine Bestellprognose generiert. Je nach Szenario wird die Bestellprognose vom Handel oder Hersteller erzeugt. Bestell- und Verkaufsprognose unterscheiden sich durch die zur Prognose herangezogenen Basisdaten. Während Verkaufsprognosen primär auf POS-Abverkaufsdaten beruhen, fließen in die Bestellprognose zusätzliche Angaben wie Bestandsziele, Sicherheitsbestände, saisonale Faktoren sowie die gegenwärtigen lagernden und rollenden Bestände mit ein. Die Bestellprognose wird ähnlich der Nettobedarfsermittlung unter Abzug offener Aufträge und des Lagerbestandes sowie unter Addition der reservierten Bestände wie Aktionsreserven und des Sicherheitsbestandes generiert. Die Bestellprognose ermöglicht dem Hersteller, die Nachfrage mit den Produktionskapazitäten abzustimmen sowie die Sicherheits- und Lagerbestände sukzessive zu reduzieren. Ziel ist eine höhere Lieferzuverlässigkeit des Herstellers und eine höhere Kundenzufriedenheit beim Handel und den Konsumenten. Die notwendigen Subprozesse sind in Abbildung 22.6 für alle vier Szenarien dargestellt.

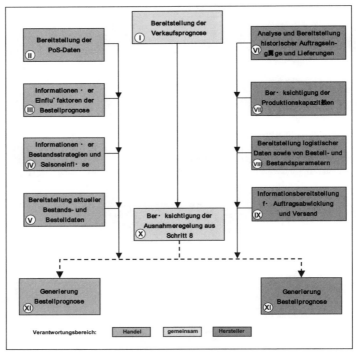

Abbildung 22.6: Generierung der Bestellprognose (Quelle: Georg 2005)

Schritt 7: Erkennung von Abweichungen der Bestellprognose
In diesem Prozessschritt wird die Güte der Bestellprognose validiert. Falls sich eine Prognose außerhalb der in den Rahmenvereinbarungen definierten Grenzen befindet, wird diese als sog. Ausnahmesituation gekennzeichnet und in den nächsten Prozessschritt überführt.

Schritt 8: Gemeinsame Aktualisierung der Bestellprognose
Die gemeinsame Aktualisierung der Bestellprognose ist mit den Prozessen aus Schritt 5 vergleichbar. Auch hier werden die zuvor festgestellten Ausnahmesituationen untersucht, neue Informationen in die Neubewertung einbezogen und eine partnerschaftliche Lösung angestrebt. Das Ziel ist eine abgestimmte und angepasste Bestellprognose.

Schritt 9: Bestellgenerierung
Der letzte Schritt des CPFR-Prozesses ist die Transformation der Bestellprognose in eine verbindliche Bestellung auf Basis der zuvor verbindlich ermittelten Prognosen. In Szenario A löst der Handel, in den Szenarien B bis D der Hersteller die verbindliche Bestellung aus. Die Verantwortungszuweisung ist dabei wiederum von den jeweiligen Kompetenzen, Unternehmensressourcen und Anwendungen abhängig. Nach der Bestellübermittlung ist der Empfang mit einer Bestellbestätigung zu quittieren. Abbildung 22.7 stellt den Prozess der Bestellgenerierung noch einmal graphisch dar.

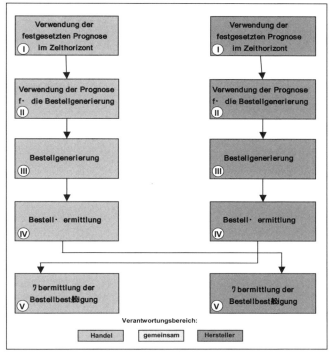

Abbildung 22.7: Bestellgenerierung (Quelle: Georg 2005)

Voraussetzung für eine erfolgreiche CPFR-Implementierung ist vor allem die Bereitschaft der Unternehmen zu einer umfassenden Kooperation mit allen Konsequenzen wie z.B. der Offenlegung vertraulicher Daten. Laut Analysen von Accenture hat der Einsatz von CPFR dann eine hohe Erfolgswahrscheinlichkeit, wenn möglichst viele der folgenden inhaltlichen Aussagen auf die Ausgangslage zutreffen (vgl. Seifert 2002, S. 57-58; Fairfield 2002, S. 210 ff.):

- Aktionen spielen eine wichtige Rolle.
- Produktneueinführungen sind häufig.
- Die Nachfrage ist schwer vorherzusagen.
- Die Durchlaufzeiten für Produktion und/oder Auffüllung der Bestände sind lang.
- Die Genauigkeit der Prognosen ist gering.
- Es existieren überdurchschnittlich hohe Bestände in der Lieferkette.
- Saisonale Schwankungen der Nachfrage sind signifikant.
- Beziehungen zwischen Industrie und Handel sind kooperativ.

Abbildung 22.8 zeigt den Verbreitungsgrad von CPFR in der Praxis. Für das Erreichen der kritischen Masse in der Anwendung von CPFR-Methoden und Techniken ergeben sich für Industrie und Handel unterschiedliche Ausgangslagen: Für die Industrie ist die kritische Masse bereits erreicht, wenn fünf bis sechs große Handelsunternehmen, für den Handel hingegen erst, wenn ca. 30 % der Industriepartner CPFR-Techniken und Methoden einsetzen (vgl. Treeck 2002, S. 4).

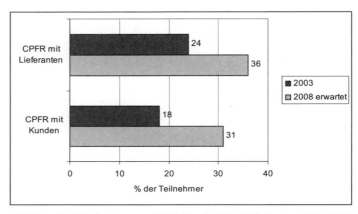

Abbildung 22.8: Verbreitung von CPFR (Quelle: ELA/A.T. Kearney 2004, S. 24)

Die derzeitige intensive Diskussion von CPFR ist vor allem auf die Veröffentlichung von CPFR-Piloterfahrungsberichten aus den USA zurückzuführen. Die 1999 publizierten Ergebnisse der ersten CPFR-Erfahrungen von Wal-Mart, Sara Lee, Nabisco und anderen ergaben Bestands- und Kostenreduzierungen von 15-25 %, Umsatzsteigerungen von 36 % und eine von 87 % auf 98 % erhöhte Warenverfügbarkeit im Einzelhandel (vgl. Rode 1999, S. 50-51). Canadian Tire Retail hat bereits mit 15 Lieferanten CPFR-Prozesse initiiert und dabei eine Reduktion der Lieferzeit um 67 % und des Lagerbestands um 10 % realisiert (vgl. Frodsham u.a. 2002, S. 197).

Vor dem Hintergrund dieser Erfolgsmeldungen findet der CPFR-Ansatz auch in Europa zunehmende Verbreitung. In einer im Jahre 2002 von Accenture und ECR Europe durchgeführten Untersuchung zum Stand und zur Entwicklung von CPFR in Europa wurden anhand von 36 untersuchten CPFR-Projekten folgende Ergebnisse ermittelt: 80 % aller befragten Unternehmen konnten im Rahmen ihrer CPFR-Pilotprojekte die Vorhersagegenauigkeit für die beobachteten Artikel um 10-26 % steigern, die Bestände um 12-28 % senken und die Regalverfügbarkeit um 2-9 % verbessern. Gleichzeitig konnten die Prognosegenauigkeit um 15 % erhöht, Bestände um 13 % verringert und eine um 7 % höhere Regalverfügbarkeit erzielt werden (vgl. O.V. 2003). Die bisher detailliertesten Erfolgsmeldungen hat Procter&Gamble über das stark aktionsgetriebene Geschäft mit Dansk Supermarket in Dänemark veröffentlicht. Beim dortigen CPFR-Projekt stieg die Prognosegenauigkeit für Verkaufsförderungsaktionen laut Procter von 83 % auf 98,5 %. Der Bestand im Distributionszentrum des Händlers konnte von 2,1 auf 1,9 Wochen gesenkt und gleichzeitig die Produktverfügbarkeit in den SB-Warenhäusern von 98,36 % auf 99,38 % erhöht werden. Bei Procter sank die Zahl der kostentreibenden Eilaufträge um 20 % (vgl. Rode/Weber 2002b). Ähnliche Ergebnisse wurden in einem Pilotprojekt zwischen Henkel und dem spanischen Handelsunternehmen Condis erzielt. Dort konnten die Lagerbestände bei Condis um 25 % und die Out-of-Stock-Rate von 6 % auf 2,5 % reduziert werden. Gleichzeitig stieg die Prognosegenauigkeit für die Produktionsplanung von 65 % auf 78 % (vgl. Ferrer u.a. 2002, Bowman 2002).

Auch in Deutschland haben mittlerweile eine signifikante Anzahl von Handelsunternehmen und Konsumgüterherstellern die Potentiale von CPFR entdeckt und erste Pilotprojekte initiiert. Vorreiter ist hier die Metro AG, die ihre gut 20 Standardkooperationen für Category Management bereits durch sieben CPFR-Pilotprojekte ergänzt hat. CPFR-Partner der Metro sind heute Procter&Gamble, Henkel, SCA, Colgate Palmolive, Kimberly Clark, Lever und Philips (vgl. Georg 2005). Als zweiter deutscher Händler sammelte dm-drogerie markt bereits CPFR-Erfahrungen. Ein erstes Pilotprojekt mit Henkel ist abgeschlossen. Mit der Übernahme der Bestandsführung durch Henkel konnte die Verfügbarkeit von Henkel-Produkten bei dm um 1 % auf über 99,5 % erhöht und die Bestandsreichweite auf 1,5 bis 2,5 Tage reduziert werden (vgl. Rode/Weber 2002b; Baumgart u.a. 2002, S. 279). Anfang Mai 2002 hat dm ein weiteres CPFR-Projekt mit Procter&Gamble gestartet – mehr dazu in der Management Praxis.

In den CPFR-Pilotprojekten haben die Lebensmitteleinzelhändler und Drogeriemarkt-Filialisten einerseits und die Konsumgüterhersteller andererseits viel über Alltag, Zwänge und Prognoseverfahren der jeweils anderen Seite gelernt. In fast allen CPFR-Pilotprojekten konnten die Produktionsplanung beim Hersteller geglättet, die Bestände auf beiden Seiten gesenkt und trotzdem die Verfügbarkeit im POS erhöht werden. Dadurch entstehen weniger Out-of-Stock-Situationen und damit weniger entgangene Umsätze bei geringerer Kapitalbindung und geringeren Kosten für die Problembekämpfung in letzter Minute. Weitere Einsparungspotentiale ergeben sich durch eine optimierte Dimensionierung und Auslastung der Produktions-, Lager- und Transportkapazitäten infolge präziserer Bedarfsvorhersagen. Allerdings mussten die Erfolge in den CPFR-Pilotprojekten durch einen extrem hohen Arbeitsaufwand auf beiden Seiten erkauft werden, der im Normalgeschäft des Lebensmitteleinzelhandels mit seinen knappen Margen kaum zu leisten ist (vgl. Rode/Weber 2002a). CPFR-Prozesse sind daher in Standardanwendungssysteme und den unternehmensinternen Workflow zu integrieren.

Management Praxis: CPFR zwischen dm-drogerie markt und Procter & Gamble[65]

Von Mitte bis Ende 2002 führten dm-drogerie markt und Procter & Gamble ein CPFR-Projekt in Deutschland durch. Auf beiden Seiten bestand bereits eine langjährige und kooperative Geschäftsbeziehung. In den Bereichen EDI nach EANCOM-Standards und Vendor Managed Inventory wurden bereits erfolgreich gemeinschaftliche Projekte umgesetzt, die als Basis für neue Kooperationsstrategien dienten.

Vorbereitung und Umfang
Zu Projektstart wurde eine Rahmen- und Kooperationsvereinbarung geschlossen. Zielsetzung des Projektes war die Gewährleistung der Produktverfügbarkeit durch Procter & Gamble, sowohl in den Verteilerzentren als auch bis in die Regale der Filialen von dm-drogerie markt, und zwar für das Basis- und das Aktionsgeschäft. Als Messkriterien wurden die Lieferfähigkeit, Prognosegenauigkeit für Basis- und Aktionsgeschäft sowie die Höhe des Restbestandes nach Aktionen in den Filialen definiert. Durch die Freischaltung des von Procter & Gamble verwendeten Syncra CPFR-Tools für dm-drogerie markt konnte für beide Unternehmen eine identische Datenbasis geschaffen werden, die erst eine gemeinsame Betrachtung und Bewertung ermöglichte. Gemeinsam wurden die prozentualen Toleranzgrenzen für die maximale Abweichung beider Prognosen voneinander definiert. Über die Anzahl der involvierten Mitarbeiter wurde leider keine Angabe gemacht.

Ausführung
Procter & Gamble und dm einigten sich darauf, ausschließlich Bestellprognosen auszutauschen. Zwar erstellt dm auch Verkaufsprognosen, diese werden jedoch nicht separat ausgetauscht, sondern fließen in die Bestellprognose mit ein. Basis für die Bestellprognose ist die EAN-Nummer der Liefereinheit und die

---

[65] Vgl. Georg 2005

Kalenderwoche des erwarteten Wareneingangs in den dm-Verteilzentren. Verantwortlich für die Dateneingabe in das Syncra CPFR-Tool und das Bearbeiten und Lösen von kritischen Ausnahmen sind auf beiden Seiten die Teammitglieder aus dem Sortimentsmanagement. Der erstmalige Austausch von Prognosen für Aktionsmengen fand dreizehn Wochen vor der Aktion sowie nach Vorliegen von neuen Informationen in unregelmäßigen Abständen statt. Im Pilotprojekt wurde sich beim Aktionsgeschäft auf einen Artikel beschränkt. Dagegen wurden alle 220 Artikel für das Basisgeschäft miteinbezogen. dm erstellt eine statistische Prognose aus SAP R/3 Retail unter Nutzung des Trendmodells. Procter & Gamble errechnet die Prognose aus dm-Lagerabgangsdaten, bereinigt um Aktionsmengen. Über die Syncra-Systemfunktionalität "Exception Reporting" werden die Prognosen beider Partner miteinander verglichen und bei Überschreiten der Toleranzgrenzen die entsprechenden Personen per Mail informiert. Die verantwortlichen Mitarbeiter müssen dann eine Einigung aushandeln. Die Aufträge für das Basisgeschäft werden entsprechend der VMI-Kooperation von Procter & Gamble erstellt. Diese basieren auf dem Austausch der täglichen Lagerbewegungsdaten durch die EANCOM-Nachricht INVRPT (Inventory Report) über das von Procter & Gamble genutzte VMI-System. Ergänzt werden die Aufträge um Aktionsmengen, die bisher von dm separat geordert werden.

Ergebnisse und Ausblick
Sowohl bei Aktionen als auch im Basisgeschäft konnten die Partner die Prognosegenauigkeit fast verdoppeln. "CPFR wird sich mit Sicherheit etablieren", lautet daher die Zukunftsprognose von Christian Schick auf Basis des erfolgreichen Pilotprojekts mit Procter & Gamble. Nach Aussage der Projektleiter Christian Schick (dm-drogerie markt) und Peter Hambuch (Procter & Gamble) wurde dank der kooperativen Prognose der Fehler zwischen Schätzung und der auf dem Abverkauf beruhenden tatsächlichen Lieferung nahezu halbiert, und zwar sowohl für das Aktions- als auch für das Basisgeschäft. Gleichzeitig stieg die Regalverfügbarkeit der Procter-Produkte in den getesteten dm-Filialen bei den Aktionen von 92 % auf 98 % und selbst beim Basisgeschäft von 97 % auf deutlich über 98 %. Bei der sog. 5-Wochen-Vorabprognose lag Procter zu Anfang 48 % und dm 47 % vom echten Lieferwert entfernt. Am Ende der Pilotperiode lag Procter 24 % und dm 28 % von der wirklichen Liefermenge entfernt. Beim Prognosedatenaustausch für das Basisgeschäft sind die beiden Unternehmen in den Dauerbetrieb übergegangen. Für Basisgeschäft und Aktionen sind die Partner sechs der neun Schritte des CPFR-Modells zusammen gegangen. Beide Partner streben jetzt nach der jeweils kritischen Masse, um CPFR auch im Geschäftsergebnis sichtbar zu machen. Nach Einschätzung von Peter Hambuch wäre sie für Procter mit seinen paneuropäischen Werken erreicht, wenn "ein paar dicke Brocken" des europäischen Handels CPFR betreiben. dm-drogerie markt spricht nach Angaben Schicks bereits mit "zwei oder drei" Industriepartnern über mögliche CPFR-Pilotprojekte.

Ergänzende Literatur:

Corsten, Daniel; Pötzl, Julian: ECR – Efficient Consumer Response: Integration von Logistikketten, München Wien 2000
Georg, Björn: CPFR und Elektronische Marktplätze – Neuausrichtung der kooperativen Beschaffung, Dissertation, Kassel 2005
Gleißner, Harald: Logistikkooperationen zwischen Industrie und Handel, Göttingen 2000
Kilimann, Jens (Hrsg.): Efficient consumer response, Stuttgart 1998
Kranke, Andre u.a.: Bausteine der ECR-Welt, ECR-Serie in 13 Teilen, in: Logistik inside, Heft 12/2003-7/2004
Otto, Andreas und Dionhauser, Andreas: Globales Tracking & Tracing, in: Müller-Hagedorn, L. / Mesch, R. (Hrsg.): Efficient Consumer Response in der Praxis – Fallstudien zu Projekten, Konzepten und Strategien, Frankfurt am Main 2006, S. 107-132
Seifert, Dirk: Efficient Consumer Response, 2.A., München/Mering 2001
v.d. Heydt, Andreas (Hrsg.): Handbuch Efficient Consumer Response, München 1999

23 Strategien des Outsourcings

23.1 Begriff und Arten des Outsourcings

Mit der Diskussion um die Optimierung der Leistungstiefe und die Konzentration auf die Kernkompetenzen eines Unternehmens rückt die Frage in den Vordergrund, ob logistische Leistungen selbst, d.h. im eigenen Unternehmen, erstellt oder auf einen darauf spezialisierten Logistikdienstleister übertragen werden sollen. Dieses Problem wird unter dem Thema Outsourcing diskutiert. Durch Vergabe von Randkompetenzen an auf diese Leistungen spezialisierte Unternehmen soll eine optimale Allokation der Ressourcen in der Logistikkette und damit eine Steigerung der Wettbewerbsfähigkeit des Unternehmens und insgesamt eine Erhöhung des Kundennutzens erreicht werden.

Der Begriff **Outsourcing** ist ein Kunstwort aus den englischen Begriffen „outside" (außerhalb, draußen), „resource" (Mittel) und „using" (gebrauchen, benutzen) und bedeutet die Übertragung von bislang unternehmensintern erbrachten Leistungen auf fremde Unternehmen, wobei diese für die Abwicklung der entsprechenden Prozesse die unternehmerische Verantwortung übernehmen (vgl. Dillerup/Foschiani 1996, S. 39). Insofern handelt es sich bei einer Outsourcing-Entscheidung um eine Variante der Make-or-Buy-Entscheidungssituation, wobei man jedoch im Allgemeinen unter einer Make-or-Buy-Entscheidung eine Entscheidung über Eigenerstellung oder Fremdbezug von Produkten versteht, während es bei Outsourcing-Entscheidungen in der Regel um die Fremdvergabe von Dienstleistungen geht. Darüber hinaus umfasst das Make-or-buy-Entscheidungsproblem sowohl die erstmalige Entscheidung über Eigenerstellung oder Fremdbezug bisher noch nicht benötigter Güter als auch Entscheidungen über die Änderung der bisherigen Praxis (Übergang von Eigenerstellung auf Fremdbezug oder umgekehrt), während es sich bei Outsourcing-Entscheidungen stets um Änderungsentscheidungen, d.h. um Entscheidungen über die Fremdvergabe bisher unternehmensintern erbrachter Leistungen handelt (vgl. Koppelmann 1996, S. 2). Der umgekehrte Fall, also die Reintegration von Leistungen in das eigene Unternehmen, wird als **Insourcing** bezeichnet.

Werden betriebliche Funktionen in Niedriglohnländer verlagert, spricht man auch von **Offshoring**. Zum Teil wird dabei nach der geographischen Entfernung der Region, in die die Erbringung der fremdzuvergebenden Dienstleistungen verlagert werden soll, zwischen Offshoring (im engeren Sinne) und **Nearshoring** unterschieden, wobei unter Nearshoring dann die Verlagerung der Leistungserbringung in geographisch nahe Regionen (aus zentraleuropäischer Sicht ins (ost-) europäische Ausland) verstanden wird, während Offshoring (im engeren Sinne) die Verlagerung in weiter entfernt liegende Regionen (insbesondere nach Asien) meint. Vielfach werden aber auch beide Varianten als Offshoring (im weiteren Sinne) bezeichnet.

Unter vertraglichen Aspekten unterscheidet man zwei **Formen des Outsourcings**: die Auslagerung, auch externes Outsourcing genannt, und die Ausgliederung oder das interne Outsourcing (vgl. Bruch 1998, S. 55-56 und Behme 1995, S. 1005). Bei der **Auslagerung** bzw. beim **externen Outsourcing** erfolgt die Funktionsübertragung auf einen rechtlich und wirtschaftlich selbständigen externen Dienstleister mit der Folge, dass das fremdvergebende Unternehmen auf die fremdvergebene Dienstleistung nur noch mittelbaren Einfluss über den Dienstleistungsvertrag hat. Bei der **Ausgliederung**, also dem **internen Outsourcing,** hingegen wird die fremdzuvergebende Leistung ebenfalls auf ein rechtlich selbständiges, kapitalmäßig jedoch verbundenes Unternehmen übertragen. Dies hat den Vorteil, dass das fremdvergebende Unternehmen durch die wirtschaftliche Abhängigkeit des Dienstleisters weiterhin Einfluss auf dessen Funktionsausübung nehmen kann.

Im Folgenden steht die Auslagerung von Logistikdienstleistungen an einen externen Logistikdienstleister im Vordergrund. Tabelle 23.1 gibt einen Überblick über das von Logistikdienstleistern angebotene Leistungsspektrum, das neben reinen Transport- und Lagerleistungen zahlreiche zusätzliche, die Kernleistungen ergänzende Leistungen umfasst. Die in der Praxis am häufigsten fremdvergebenen Logistikleistungen zeigt Abbildung 23.1. Wie aus der Abbildung ersichtlich wird, gehen die Urheber der Studie davon aus, dass das Outsourcing logistischer Funktionen in Zukunft weiter zunehmen wird.

Insgesamt liegt der Outsourcing-Grad in der Logistik (gemessen am Anteil fremdbezogener Logistikleistungsarten an der Gesamtzahl logistischer Leistungsarten im Unternehmen) einer Studie der WHU Koblenz zufolge bei ca. 25%, d.h. durchschnittlich ein Viertel aller Logistiktätigkeiten ist fremdvergeben, wobei die Bandbreite von 0% (vollständige Eigenerstellung logistischer Leistungen) bis zu einer 70%igen Fremdvergabe reicht. Dabei ist der Outsourcing-Grad in der Distributionslogistik mit durchschnittlich 34% am höchsten und in der Produktionslogistik mit 15% am geringsten; in der Beschaffungslogistik beträgt er im Durchschnitt 29% (vgl. Weber/Engelbrecht 2002a). Der geringe Anteil fremdbezogener Logistikleistungen in der Produktionslogistik ist auf die starken Verflechtungen zwischen Produktion und Produktionslogistik, die hohe Komplexität produktionslogistischer Prozesse und die Betrachtung der Produktion und der damit in Zusammenhang stehenden Abläufe als Kernkompetenz zurückzuführen. Diese Outsourcing-Hemmnisse bestehen in der Beschaffungs- und Distributionslogistik nicht oder sind weniger ausgeprägt.

Anlässe für Entscheidungen über Eigenerstellung oder Fremdbezug logistischer Leistungen sind:

- Konkrete innerbetriebliche Probleme in der Qualität der logistischen Leistungserbringung in einem oder mehreren Bereichen.
- Entscheidungssituationen vor Erweiterungsinvestitionen in die Logistikkapazitäten.
- Suche nach Kostensenkungspotentialen wegen hohen Wettbewerbs. In diesem Falle kann durch Outsourcing die Branchenarbitrage genutzt werden. Die Kosten für Prozesse der Logistik können gesenkt werden, indem sie einem Dienstleister, der Mitarbeiter niedriger entlohnt als das outsourcende Unternehmen, übergeben werden. Diese Verlagerung ist besonders von den OEM der Automobilindustrie mit den hohen Haustarifen genutzt worden (vgl. Kapitel 21).
- Bei Liquiditätsengpässen kann durch Outsourcing der Logistikaktivitäten der Kapitalbedarf gesenkt werden. Der Verkauf von Logistikimmobilien bringt liquide Mittel ein.

- Im Falle von Fusionen können die Logistikaktivitäten beider fusionierender Unternehmen gemeinsam ausgelagert werden, um Konflikte in der Entscheidung zu vermeiden, welchem der beiden Unternehmen eine gemeinsame Logistik zuzuordnen wäre.
- Eigentümerwechsel des Unternehmens. Der neue Eigentümer kann die strategische Ausrichtung des Unternehmens neu positionieren und dabei die Logistikaktivitäten in die Randbereiche einordnen.

Abbildung 23.2 gibt einen Überblick über die aus Sicht der verladenden Industrie maßgeblichen **Motive** für das Outsourcing logistischer Leistungen. Die darin zum Ausdruck kommenden Chancen des Outsourcings, aber auch die damit verbundenen Risiken werden im nächsten Abschnitt systematisch behandelt.

Kernleistungen	Transportleistungen (intern, extern)	• Transportorganisation • Transportdurchführung • Frachtraumdisposition • Tourenplanung • Materialbereitstellung • Materialentsorgung
	Lagerleistungen	• Warenannahme • Wareneingangskontrolle • Warenauszeichnung • Lagerhaltung • Lagerplanung • Lagerführung • Lagerverwaltung • Lagerbestandsoptimierung • Kommissionierung • Verpackung • Materialbereitstellung
Zusatzleistungen	Informationsleistungen	• Datengenerierung • Datenverwaltung • Datenauswertung/Statistiken • Bereitstellung von Hard- und Software
	Serviceleistungen	• Messung des Lieferservices • Beratungsleistungen • Qualitätsprüfungen • Auftragsbearbeitung • Bearbeitung von Retouren/Reklamationen • Bestellabwicklung • Schulungen • Rücknahme von Altwaren etc.
	Finanzdienstleistungen	• Zahlungsabwicklung • Inkasso • Fakturierung • Delkredere • Garantie- und Versicherungsleistungen
	Koordinationsleistungen und Leistungen im Schnittstellenbereich	• Gestaltung von Lieferantenbeziehungen • Koordination innerbetrieblicher Bereiche • Koordination von Abnehmern • Verkaufsförderung • Kundendienst/After Sales Service • Bereitstellung von Vertriebsinformationen • Merchandising • Verpackungsoptimierung • Erstellen von Verkaufsprognosen etc.

Tabelle 23.1: Leistungsspektrum von Logistikdienstleistern (Quelle: Fischer 1996, S. 229)

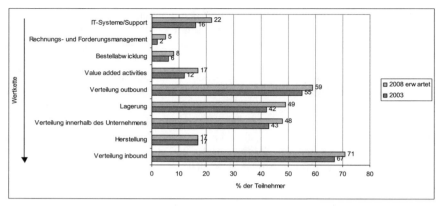

Abbildung 23.1: Angebot und Nachfrage von Logistikdienstleistungen
(Quelle: ELA/A.T. Kearney 2004, S. 27)

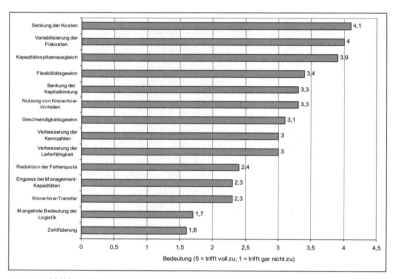

Abbildung 23.2: Motive für das Outsourcing von Logistikdienstleistungen
(Quelle: Weber/Engelbrecht 2002a, S. 39)

23.2 Chancen und Risiken des Outsourcings

Mit dem Outsourcing von Logistikdienstleistungen sind zahlreiche positive Effekte bzw. **Chancen** verbunden, die sich einteilen lassen in

- strategische Chancen,
- Leistungssteigerungen,
- Kostenvorteile und
- personelle Vorteile.

Die **strategischen Chancen** ergeben sich im Wesentlichen durch die Konzentration des Unternehmens auf seine Kernkompetenzen. Durch die Fremdvergabe von Tätigkeiten, die andere besser und/oder wirtschaftlicher durchführen können, lässt sich Verschwendung vermeiden und eine Optimierung der Ressourcenallokation in der Logistikkette erreichen. Ferner trägt Outsourcing zur Reduzierung der Komplexität der Organisationsstruktur und zu einer Vereinfachung der Abläufe bei und erschließt so Vorteile kleiner Organisationen für das eigene Unternehmen. Auf diese Weise kann das Unternehmen flexibler auf veränderte Marktbedingungen reagieren. Durch die Übertragung der unternehmerischen Verantwortung für die fremdvergebenen Leistungen auf den Dienstleister wird gleichzeitig ein Teil des unternehmerischen Risikos auf diesen übertragen.

Durch die Nutzung des Know-hows eines spezialisierten Dienstleisters lassen sich vielfach **Leistungsverbesserungen** im Hinblick auf die Qualität der Logistikleistungen realisieren. Der Dienstleister kann flexibler auf Kundenwünsche reagieren, und das eigene Unternehmen partizipiert durch die Zusammenarbeit mit dem Dienstleister implizit am technischen Fortschritt, da die eingekaufte Leistung für den Dienstleister zum Kerngeschäft gehört und dieser zur Erhaltung seiner Wettbewerbsfähigkeit mit der technischen Entwicklung Schritt halten muss. Da der Dienstleister in der Regel für mehrere Kunden tätig ist, verfügt er über ausreichende Kapazitäten, um Leistungsspitzen abzudecken.

Die Realisierung von **Kosteneinsparungen** ergibt sich aus folgenden Überlegungen: Der Dienstleister ist auf die ihm übertragenen Leistungen spezialisiert, sie stellen sein Kerngeschäft dar. Dadurch ist er in der Lage, diese Leistungen besser und wirtschaftlicher zu erbringen als das eigene Unternehmen, für das die zur Diskussion stehenden Leistungen lediglich Randaktivitäten darstellen. Auf diese Weise lassen sich „economies of skill" realisieren. Dadurch, dass der Dienstleister in der Regel für mehrere Kunden tätig ist, ergibt sich durch die Möglichkeit der Bündelung mehrerer Kundenaufträge ein Volumenzuwachs und damit die Möglichkeit zur Realisierung von Skalenerträgen („economies of scale"), die der Dienstleister unter Wettbewerbsbedingungen zumindest teilweise an seine Auftraggeber weitergeben wird. Durch die gleichzeitige Bedienung mehrerer Kunden und die breitere Vermarktung seiner Kapazitäten kann der Dienstleister darüber hinaus eine gleichmäßigere Auslastung seiner Kapazitäten erreichen und Nachfrageschwankungen eines Kunden besser kompensieren. Das fremdvergebende Unternehmen muss seine Logistikkapazitäten nicht mehr am Maximum der Schwankungen orientieren, was insbesondere bei starken saisonalen Nachfrageschwankungen zu hohen Kosten führt, und kann so Leerkosten durch Unterauslastung seiner Kapazitäten und Leistungsminderungen durch Überauslastung seiner Kapazitäten vermeiden. Weitere Kostenvorteile ergeben sich durch die Ausnutzung branchenabhängiger Lohnkostenunterschiede, der sog. Branchenarbitrage, die sich durch das verhältnismäßig niedrige Lohnniveau in der Logistikbranche im Vergleich zu anderen Branchen ergibt, so dass der Dienstleister die gleichen Leistungen allein aufgrund geringerer Personalkosten zu geringeren Kosten erbringen kann als das fremdvergebende Unternehmen. Durch den mit der Fremdvergabe einhergehenden Abbau eigener Kapazitäten und die Bezahlung des Dienstleisters entsprechend der Inanspruchnahme seiner Leistungen erfolgt eine Umwandlung fixer in variable Kosten. Während die Kosten selbst erstellter

Logistikdienstleistungen aufgrund von Zurechnungsproblemen häufig im großen Block der Gemeinkosten untergehen, können die Fremdbezugskosten anhand der Rechnungen des Dienstleisters einfach und verursachungsgerecht erfasst und zugerechnet werden. Aus ehemaligen Gemeinkosten werden so Einzelkosten. Die Umwandlung fixer in variable Kosten und von Gemeinkosten in Einzelkosten trägt erheblich zur Transparenz und Planbarkeit der Kosten bei, was wiederum das Kostenbewusstsein bei den Verantwortlichen schärft. Schließlich lassen sich durch das Outsourcing von Logistikdienstleistungen investitionsbedingte, kapazitätsbedingte und leistungsbedingte Opportunitätskosten vermeiden (vgl. Schäfer-Kunz/Tewald 1998, S. 74-76). Investitionsbedingte Opportunitätskosten entstehen durch die Bündelung knapper investiver Ressourcen in Logistikkapazitäten, da sie dadurch für rentablere Investitionen nicht zur Verfügung stehen. Kapazitätsbedingte Opportunitätskosten entstehen, wenn aufgrund fehlender Logistikkapazitäten die Nachfrage nicht vollständig befriedigt werden kann. Leistungsbedingte Opportunitätskosten schließlich entstehen durch die im Vergleich zu einem Dienstleister schlechtere Erstellung der entsprechenden Logistikleistungen. Schließlich wirken sich Outsourcing-Aktivitäten durch die damit verbundene Reduzierung der Kapitalbindung positiv auf die Liquidität aus.

Personelle Vorteile ergeben sich aus der erhöhten Flexibilität durch die geringere Bindung personeller Ressourcen, aus der Befreiung von Aufgaben der Personalbeschaffung und des Personalmanagements sowie allgemein aus der Entlastung des Managements durch die Reduktion der Unternehmenskomplexität und des unternehmerischen Risikos.

Das Outsourcing von Logistikdienstleistungen birgt jedoch auch eine Reihe von **Risiken**, die sich analog zu den Chancen des Outsourcings in folgende Gruppen einteilen lassen:

- strategische Risiken,
- leistungsbezogene Risiken,
- kostenmäßige Risiken und
- personelle Risiken.

Das wohl größte **strategische Risiko** des Outsourcings besteht darin, sich in die Abhängigkeit des externen Dienstleisters zu begeben. Diese Gefahr ist umso größer, je spezifischer die vergebene Leistung ist. Eine einmal getroffene Outsourcing-Entscheidung ist zudem durch den damit einhergehenden Kapazitätsabbau in der Regel nur sehr schwer wieder rückgängig zu machen. Weitere Probleme können sich aus der unter Umständen unterschiedlichen Unternehmenskultur der Partner sowie aus der unter Umständen notwendigen Preisgabe von Betriebsgeheimnissen an den Dienstleister ergeben, der diese Informationen für das Vordringen in die Kerngeschäfte seines Auftraggebers nutzen kann, so dass ungewollt ein neuer Wettbewerber entsteht. Nicht zu vergessen sind schließlich die verringerte Entscheidungsfreiheit und die Einschränkung der unternehmerischen Gestaltungsfreiheit durch die Funktionsübertragung auf den Dienstleister, die stets mit einer Verringerung der Einflussmöglichkeiten auf die Leistungserbringung verbunden ist. Die Risiken des Outsourcings am Beispiel des Werkverkehrs in der Beschaffungs- oder Distributionslogistik werden in Kapitel 16 dargestellt.

Leistungsbezogene Risiken ergeben sich insbesondere aus dem mit dem Kapazitätsabbau gleichzeitig verbundenen Know-how-Verlust durch Aufgabe der Selbsterstellung der Leistung. Dieser Know-how-Verlust trägt wesentlich zur angesprochenen Irreversibilität der Outsourcing-Entscheidung bei. Weitere Probleme können durch die notwendig gewordene Überwindung räumlicher Distanzen sowie aus der Störung zusammengehöriger Prozesse entstehen. Bei mangelnder oder nachlassender Qualifikation des Dienstleisters können zudem (unter Umständen erst nach einer gewissen Zeit) Qualitätsprobleme in Bezug auf die erbrachten Leistungen entstehen. Diese Gefahr besteht insbesondere dann, wenn Logistikleistungen (z.B. die Auftragsabwicklung) in Niedriglohnländer verlagert werden.

Das größte **kostenmäßige Risiko** liegt in der Unterschätzung der Transaktions- und Umstellungskosten, die durch das Outsourcing von Dienstleistungen entstehen. Ungewollte Kostensteigerungen nach der Durchführung von Outsourcing-Maßnahmen können sich weiterhin durch eine falsche Einschätzung der Kosten der Eigenerstellung und damit des Kostensenkungspotentials des Fremdbezugs aufgrund mangelnder Kostentransparenz der internen Leistungserstellung ergeben. Mangelnde interne Kosten- und Leistungstransparenz kann auch zu einer falschen Bezugsgrößenbestimmung bei der Festsetzung des Entgelts für die Dienstleistungen und dadurch bedingter Kostenerhöhungen statt Kostensenkungen führen. Zu bedenken ist ferner, dass die erwarteten Kosteneinsparungen aufgrund der in der Regel nicht sofortigen Abbaubarkeit aller Fixkosten meist erst mittel- bis langfristig vollständig realisierbar sind. Der kostenmäßige Erfolg einer Outsourcing-Maßnahme hängt daher entscheidend davon ab, inwieweit es gelingt, die durch die Fremdvergabe freigewordenen Personalkapazitäten auch tatsächlich abzubauen. Auch darf der zusätzliche Koordinationsaufwand nicht übersehen werden, der nicht zuletzt in den verringerten Möglichkeiten informeller Kommunikation begründet ist. Schließlich sind spätere Preiserhöhungen von Seiten des Dienstleisters je nach Ausgestaltung des Dienstleistungsvertrages nicht ganz auszuschließen.

Personelle Probleme entstehen insbesondere durch die Angst der Mitarbeiter vor dem Verlust ihres Arbeitsplatzes oder der Schlechterstellung bei Übernahme durch einen externen Dienstleister aufgrund des niedrigeren Lohnniveaus, der schlechteren sozialen Leistungen und der ungünstigeren Arbeitszeitregelungen im gewerblichen Verkehrsbereich. Dies kann zu erheblichen Unruhen und Widerständen des Personals gegen geplante Outsourcing-Maßnahmen führen. Auch die Schaffung neuer Schnittstellen durch die Einschaltung des Dienstleisters darf nicht unterschätzt werden.

Die so umschriebenen Chancen und Risiken des Outsourcings sind nun im Rahmen der Entscheidungsfindung unter Einbeziehung von Kosten und Leistungsniveau der Eigenerstellung sorgfältig gegeneinander abzuwägen. Aus den zur Verfügung stehenden Alternativen ist dann die wirtschaftlichste, d.h. diejenige mit dem besten Preis-Leistungsverhältnis auszuwählen. Die Methoden zur Entscheidungsunterstützung werden im übernächsten Abschnitt behandelt. Als Faustregel gilt, dass eine Fremdvergabe angesichts der damit verbundenen Risiken nur dann erfolgen sollte, wenn die Kostenvorteile der Fremdvergabe mindestens 30% betragen (vgl. Siepermann 2004, S. 174). Tendenziell wird mit zunehmendem Leistungsvolumen und zunehmender Spezifität der zur Diskussion stehenden Logistikleistungen die Eigenerstellung gegenüber dem Outsourcing an Vorteilhaftigkeit gewinnen, da mit dem Erreichen einer wirtschaftlichen Betriebsgröße Investitionen in automatisierte Lager-, Transport- und Umschlagstechniken und die Beschäftigung von hochqualifiziertem Personal für das eigene Unternehmen rentabel werden und durch die Eigenerstellung zudem die in die Fremdbezugspreise einkalkulierten Gewinne des Dienstleisters eingespart werden können, während bei kleineren Mengen die Vorteile automatisierter Techniken und hochqualifizierten Personals nur durch die Einschaltung eines externen Dienstleisters genutzt werden können. Mit zunehmender Leistungsspezifität steigen tendenziell die Abhängigkeit vom Dienstleister sowie die an diesen zu zahlende Entgelte für die Inanspruchnahme seiner Leistungen – Argumente, die bei ausreichender Betriebsgröße ebenfalls für die Eigenerstellung sprechen.

23.3 Identifikation outsourcingfähiger Leistungen

Nicht jede Logistikdienstleistung ist gleichermaßen für ein Outsourcing geeignet. Bei der Beurteilung von Leistungen im Hinblick auf deren Eignung für eine Fremdvergabe spielen folgende Faktoren eine Rolle:

- Es darf sich nicht um Kernkompetenzen des Unternehmens handeln, da das Unternehmen mit der Fremdvergabe derartiger Leistungen seine Wettbewerbsposition gefährden würde. Ein Verfahren zur Identifikation und Bewertung von Kernkompetenzen vor dem Hintergrund von Outsourcing-Entscheidungen stellen Zahn/Barth/Hertweck 1998 (S. 48-69) vor.
- Die fremdzuvergebenden Leistungen dürfen keine zu starken Interdependenzen zu anderen betrieblichen Funktionen aufweisen, da ansonsten die Gefahr besteht, zusammengehörige Prozesse auseinander zu reißen und damit unnötige Schnittstellen zu schaffen.
- Schließlich wird die Fremdvergabe von Dienstleistungen umso schwieriger, je unternehmensspezifischer die Dienstleistung ist.

Zur Identifikation von Leistungen, die für ein Outsourcing in Betracht kommen, bieten sich insbesondere Stärken-Schwächen-Analysen und Portfolio-Modelle an. Die **Stärken-Schwächen-Analyse** ist ein Instrument zur Beurteilung der Leistungsfähigkeit des eigenen Unternehmens im Vergleich zu einem externen Dienstleister. Dabei werden die Kompetenzen des Unternehmens bei der Erstellung der für die Outsourcing-Entscheidung relevanten Leistungsprozesse im Vergleich zum Dienstleister beurteilt und so die Stärken und Schwächen des Unternehmens auf dem jeweiligen Entscheidungsfeld herausgearbeitet. Beherrscht der Dienstleister die untersuchten Prozesse überwiegend oder sogar durchgehend besser als das eigene Unternehmen, sollte ein Outsourcing erwogen werden. Ein Beispiel für eine Stärken-Schwächen-Analyse zeigt Tabelle 23.2.

Leistungsprozess/Kriterium	Bewertung		
	Schlecht	Mittel	Gut
Liefersicherheit		♦	●
Lieferflexibilität/Schnelligkeit		♦ ●	
Schnelle Reaktion	♦	●	
Beschwerdemanagement	●	♦	

● Dienstleister
♦ Eigenes Unternehmen

Tabelle 23.2: Beispiel einer Stärken-Schwächen-Analyse
(in Anlehnung an Zahn/Barth/Hertweck 1998, S. 36)

Die **Portfolio-Technik** ist ein anschauliches Instrument zur Beurteilung der Position, in der sich ein Unternehmen in Bezug auf die aktuelle Entscheidungssituation gerade befindet, anhand von zwei Kriterien, wobei die Ausprägung des einen Kriteriums in der Regel vom Unternehmen beeinflussbar ist, während das andere Kriterium das Unternehmensumfeld repräsentiert und sich daher im Allgemeinen einer Beeinflussung entzieht. Auf diese Weise entsteht eine Matrix, deren Feldern Normstrategien zugeordnet sind. Ein Beispiel zur Unterstützung einer Outsourcing-Entscheidung mit Hilfe der Portfolio-Methode zeigt Abbildung 23.3.

Abbildung 23.3: Portfolio zur Beurteilung von Outsourcing-Entscheidungen

In hohem Maße unternehmensspezifische Leistungen, die vom eigenen Unternehmen mit hoher Produktivität erbracht werden können, sollten auch weiterhin selbst erbracht werden (Normstrategie "Make"). Dagegen eignen sich Leistungen, die eine geringe Spezifität aufweisen und nur mit niedriger Produktivität selbst erbracht werden können, in besonderem Maße für eine Fremdvergabe (Normstrategie "Buy"). Für die Fälle "niedrige Spezifität/hohe Produktivität" und "hohe Spezifität/niedrige Produktivität" kann keine generelle Handlungsempfehlung bezüglich "Make" oder "Buy" gegeben werden. Im ersten Fall, also im Falle der Fähigkeit, Standardleistungen, d.h. Leistungen mit niedriger Spezifität, hohe Produktivität zu erbringen, kann darüber nachgedacht werden, diese Leistungen am Markt anzubieten und so in ein neues Geschäftsfeld vorzudringen (Strategie "Sell").

23.4 Methoden zur Unterstützung von Outsourcing-Entscheidungen

Um zu einer Entscheidung über Eigenerstellung oder Fremdbezug einer Logistikleistung oder eines Bündels von Logistikleistungen zu gelangen, sind die genannten potentiellen Chancen und Risiken des Outsourcings im Hinblick auf die spezifische Entscheidungssituation des jeweiligen Unternehmens zu bewerten und gegeneinander abzuwägen. Dabei sind prinzipiell zwei Entscheidungssituationen zu unterscheiden:

- Entscheidung über Eigenerstellung oder Fremdbezug einer Leistung;
- Auswahl eines geeigneten Dienstleisters im Falle einer Entscheidung für den Fremdbezug.

Da die grundsätzliche Entscheidung über Eigenerstellung oder Fremdbezug wesentlich von der Existenz eines geeigneten Dienstleisters abhängt und nicht ohne Kenntnis und Beurteilung der Kosten und Leistungen der in Frage kommenden Outsourcing-Partner getroffen werden kann, sind diese Entscheidungssituationen jedoch in der Praxis kaum so strikt voneinander zu trennen. In beiden Fällen sind monetäre und nicht-monetäre Kriterien zu unterscheiden.

Als **monetäre Kriterien** sind Investitionskosten, Betriebskosten und Transaktionskosten zu berücksichtigen. Investitionskosten können beispielsweise entstehen, wenn für die Eigenerstellung Ersatz- oder Erweiterungsinvestitionen (z.B. Anschaffung neuer Fahrzeuge, Modernisierung oder Ausbau des Lagers) notwendig werden. Die Betriebskosten des Fremdbezugs ergeben sich unmittelbar aus den Angeboten der Dienstleister. Die Betriebskosten der Eigenerstellung sind der innerbetrieblichen Kosten- und Leistungsrechnung zu entnehmen. Hier ist darauf zu achten, dass nur solche Kosten in das Entscheidungskalkül einbezogen werden, die durch eine Fremdvergabe auch tatsächlich entfallen. Dabei ist zwischen sofort und erst längerfristig abbaubaren Kosten zu unterscheiden. Eine falsche Einschätzung der eigenen Kostensituation in Bezug auf die fremdzuvergebenden Leistungen kann zu fatalen Fehlentscheidungen führen. Schließlich müssen die mit einem Fremdbezug verbundenen Transaktionskosten in die Entscheidung einbezogen werden.

Für die Bewertung der monetären Kriterien kommen die klassischen **Verfahren der Investitionsrechnung** zum Einsatz. Man unterscheidet dabei statische und dynamische Verfahren. Zu den **statischen Verfahren** zählen die Kostenvergleichsrechnung, die Gewinnvergleichsrechnung, die Rentabilitätsvergleichsrechnung und die statische Amortisationsrechnung. Bei der Kostenvergleichsrechnung werden die Kosten der zu vergleichenden Alternativen gegenübergestellt und die Alternative mit den geringsten Kosten ausgewählt. Bei der Gewinnvergleichsrechnung werden zusätzlich zu den Kosten die durch die Entscheidungsalternativen beeinflussten Erlöse bzw. Erlösänderungen berücksichtigt und die durch die Alternativen bewirkten Gewinnänderungen miteinander verglichen. Die Rentabilitätsvergleichsrechnung vergleicht die Renditen der zur Auswahl stehenden Alternativen. Die Rendite eines Projektes ist definiert als das Verhältnis des Gewinns aus diesem Projekt zum eingesetzten Kapital und gibt Auskunft über die jährliche Verzinsung des Projektes. Die statische Amortisationsrechnung ermittelt den Zeitraum, in dem der investierte Kapitaleinsatz über die Erlöse bzw. Kosteneinsparungen wieder zurückfließt. Eine Entscheidung allein auf Basis der Amortisationsrechnung ist unzweckmäßig. In Verbindung mit den anderen Verfahren kann sie als Risikomaß für die Alternativen in dem Sinne dienen, dass ein Projekt als umso risikoloser einzustufen ist, je kürzer die Amortisationszeit ist.

Während die statischen Verfahren mit Kosten und Erlösen periodisierte Größen betrachten, liegen den **dynamischen Verfahren** Zahlungsströme in Form von Ein- und Auszahlungen zugrunde. Zu den dynamischen Verfahren zählen die Kapitalwertmethode, die Annuitätenmethode, die Interne-Zinsfuß-Methode und die dynamische Amortisationsrechnung. Bei der Kapitalwertmethode werden die durch die betrachtete Alternative verursachten Einzahlungsüberschüsse als Differenz zwischen Ein- und Auszahlungen über einen Kalkulationszins auf den Entscheidungszeitpunkt abgezinst und addiert. Der Kapitalwert ist somit die Summe der abgezinsten Einzahlungsüberschüsse. Ein Projekt ist vorteilhaft, wenn die abgezinsten Einzahlungen die abgezinsten Auszahlungen übersteigen und somit der Kapitalwert positiv ist. Die günstigste Alternative ist die mit dem höchsten Kapitalwert. Die Annuitätenmethode ermittelt die durch ein Projekt verursachten durchschnittlichen Einzahlungsüberschüsse pro Periode. Da sich die Annuität eines Projektes nur durch einen konstanten Faktor (den sog. Annuitätenfaktor) vom Kapitalwert des Projektes unterscheidet, führen Annuitäten- und Kapitalwertmethode stets zu demselben Entscheidungsergebnis. Der interne Zinsfuß eines Projektes ist definiert als der Zinssatz, bei dem der Kapitalwert gleich Null ist. Er gibt Auskunft über die jährliche Verzinsung eines Projektes. Bei der dynamischen Amortisationsrechnung wird der Zeitraum bestimmt, in dem der Kapitalwert der Investition den Wert Null erreicht. Sie dient wie die statische Amortisationsrechnung im Wesentlichen zur Beurteilung des Risikos eines Projektes und sollte nicht allein zur Beurteilung einer Alternative herangezogen werden. Die dynamischen Verfahren haben gegenüber den statischen Verfahren den Vorteil, dass sie den zeitlich unterschiedlichen Anfall der Zahlungen durch Einbeziehung eines Kalkulationszinssatzes berücksichtigen und daher dem langfristigen Charakter von Outsourcing-Entscheidungen besser gerecht werden als die statischen Verfahren.

Für die Bewertung der **nicht-monetären Kriterien** kommen insbesondere Argumentenbilanzen, Checklisten und Punktbewertungsverfahren (Scoring-Modelle, Nutzwertanalyse) in Betracht. Man bezeichnet diese Verfahren auch als **qualitative Verfahren**. In **Argumentenbilanzen** werden auf der linken Seite die Vorteile und auf der rechten Seite die Nachteile einer Alternative aufgelistet. Die zahlenmäßige Dominanz der Vor- bzw. Nachteile gibt Auskunft über die Vorteilhaftigkeit der Alternative. Als nachteilig erweist sich die fehlende Gewichtung der einzelnen Argumente. Ferner erlaubt die Argumentenbilanz nur den Vergleich von zwei Alternativen, bei denen die Vorteile der einen Alternative gleichzeitig die Nachteile der anderen Alternative darstellen und umgekehrt. Ein Vergleich von mehr als zwei Alternativen ist somit nicht unmittelbar möglich. Ein Beispiel für eine Argumentenbilanz zeigt Tabelle 23.3.

Pro	Contra
Strategie	**Strategie**
Konzentration auf Kernkompetenzen	Abhängigkeit vom externen Dienstleister
Komplexitätsreduktion	Unterschiedliche Unternehmenskultur
Vereinfachung der Abläufe	Ungewollter Know-how-Transfer
Erhöhung der Unternehmensflexibilität	Entstehung eines neuen Wettbewerbers
Risikotransfer	Verringerte Entscheidungsfreiheit
	Einschränkung der unternehmerischen Gestaltungsfreiheit
	Irreversibilität der Outsourcing-Entscheidung
Leistung	**Leistung**
Nutzung des Know-how eines spezialisierten Dienstleisters	Know-how-Verlust durch Kapazitätsabbau
Qualitätsverbesserung	Überwindung räumlicher Distanzen
Steigerung der Leistungsflexibilität	Störung zusammengehöriger Prozesse
Implizite Partizipation am technischen Fortschritt	Qualitätsrisiken
Klar definierte Leistungen und Verantwortlichkeiten	
Verfügbarkeit zusätzlicher Kapazitäten	
Kosten	**Kosten**
Economies of skill	Transaktions- und Umstellungskosten
Economies of scale	Erreichbarkeit des Kostensenkungspotenzials
Kostendegression durch Auslastungsoptimierung bzw. Vermeidung von Auslastungsschwankungen	(Tatsächliche Abbaubarkeit fixer Kosten)
Nutzung von Lohnkostenunterschieden (Branchenarbitrage)	Zusätzlicher Koordinationsaufwand
Umwandlung fixer in variable Kosten	Preiserhöhungen durch den Dienstleister
Umwandlung von Gemein- in Einzelkosten	
Verbesserte Planbarkeit und Kostentransparenz	
Schärfung des Kostenbewusstseins	
Vermeidung von Opportunitätskosten	
Erhöhung der Liquidität	
Reduzierung der Kapitalbindung	
Personal	**Personal**
Geringere Personalbindung	Widerstände des Personals
Befreiung von Aufgaben der Personalbeschaffung und des Personalmanagements	Schaffung zusätzlicher Schnittstellen
Entlastung des Managements	

Tabelle 23.3: Beispiel einer Argumentenbilanz für das Outsourcing von Logistikdienstleistungen

Checklisten stellen eine Zusammenstellung von Kriterien dar, die jeweils auf Erfüllung bzw. Nicht-Erfüllung durch die einzelnen Alternativen überprüft werden. Die Anzahl der erfüllten bzw. nicht-erfüllten Kriterien gibt Auskunft über die Vorteilhaftigkeit der einzelnen Alternativen. Eine Gewichtung der Kriterien erfolgt auch hier nicht, ebenso ist keine Abstufung hinsichtlich des Erfüllungsgrades der einzelnen Kriterien möglich. Tabelle 23.4 zeigt ein Beispiel für eine Checkliste.

Kriterien	Ja	Nein
Gehört die Logistikfunktion zur Kernleistung?		
Besteht die Gefahr der Abhängigkeit bei Outsourcing?		
Stellt die fremd zu vergebende Funktion einen wichtigen Wettbewerbsvorteil dar?		
Wird eine Leistung mit hohen Schwankungsbreiten gefordert?		
Kann der Dienstleister Auslastungsschwankungen durch mehrere Kunden kompensieren?		
Kann durch Outsourcing ein besserer Lieferservice erreicht werden?		
Ist Outsourcing wegen niedriger Lohnkosten (z.B. durch Anwendung anderer Tarifverträge) vorteilhaft?		
Bedeuten Investitionen in Eigenleistung den Verzicht auf günstigere Investitionsalternativen bzw. verbessert sich die Liquidität des eigenen Unternehmens durch Outsourcing?		

Tabelle 23.4: Beispiel einer Checkliste für das Outsourcing von Logistikdienstleistungen
(Quelle: Heptner 1998, Abb. 4)

Die Nachteile von Argumentenbilanzen und Checklisten beseitigen die **Punktbewertungsverfahren**. Hier werden die Kriterien, die zur Beurteilung der Alternativen herangezogen werden sollen, untereinander gewichtet, z.B. so, dass die Summe der Gewichte 1 oder 100 ergibt. Anschließend werden die zur Auswahl stehenden Alternativen auf die Erfüllung der einzelnen Kriterien untersucht und pro Kriterium auf einer Skala von beispielsweise 0 (Kriterium nicht erfüllt) bis 10 (Kriterium voll erfüllt) bewertet. Durch Multiplikation der vergebenen Punkte mit den Kriteriengewichten ergeben sich die Teilnutzwerte pro Kriterium und Alternative. Diese werden abschließend mit Hilfe einer geeigneten Verknüpfungsregel (z.B. Addition, Multiplikation) zu einem Gesamtnutzwert pro Alternative verknüpft, der (in Relation zu den Nutzwerten der anderen Alternativen) eine Aussage über die Vorteilhaftigkeit einer Alternative erlaubt. Die Verknüpfungsregel „Multiplikation" führt im Gegensatz zur Verknüpfungsregel „Addition" dazu, dass die Nicht-Erfüllung eines Kriteriums zum Ausschluss der entsprechenden Alternative führt, da sich für diese Alternative ein Nutzwert von 0 ergibt. Tabelle 23.5 enthält ein Beispiel für eine Nutzwertanalyse.

Kriterien	Gewicht	Eigenerstellung		Fremdbezug	
		Punkte	Teilnutzwert	Punkte	Teilnutzwert
Leistungsqualität	0,4	8	3,2	9	3,6
Lieferservice	0,3	5	1,5	8	2,4
Flexibilität	0,2	7	1,4	6	1,2
Kostentransparenz	0,1	4	0,4	10	1,0
Gesamtnutzwert			6,5		8,2

Tabelle 23.5: Beispiel einer Nutzwertanalyse (Quelle: Siepermann 2002, S. 1050)

Alle diese qualitativen Verfahren haben den Nachteil, dass die Ergebnisse sehr stark von der subjektiven Einschätzung des Bewertenden abhängen. Um diese Subjektivität etwas abzumildern, empfiehlt es sich, die Beurteilung im Team vorzunehmen. Eine Einbeziehung monetärer Kriterien in die qualitativen Verfahren ist ebenfalls möglich, führt jedoch durch die Reduktion von Geldeinheiten auf qualitative Aussagen zu einem Informationsverlust. Daher sollten die monetären und die nicht-monetären Kriterien zunächst getrennt behandelt und die Ergebnisse dieser getrennten Beurteilung der Alternativen erst dann zu einem Gesamtergebnis zusammengefügt werden. Führen monetäre und nicht-monetäre Betrachtung zu unterschiedlichen Ergebnissen, empfiehlt sich die Durchführung einer Sensitivitätsanalyse, um den Einfluss von Datenänderungen auf das Bewertungsergebnis zu ermitteln. Einen zusammenfassenden Überblick über die qualitativen Verfahren sowie deren Vor- und Nachteile gibt Tabelle 23.6.

	Argumentenbilanz	Checkliste	Punktbewertungsverfahren
Berücksichtigung mehrerer Kriterien	Ja	Ja	Ja
Gewichtung der Kriterien	Nein	Nein	Ja
Berücksichtigung des Erfüllungsgrades der Kriterien	Nein	Nein	Ja
Berücksichtigung monetärer Kriterien	Möglich	Möglich	Möglich
Vergleich mehrerer Alternativen	Nein	Ja	Ja
Bestimmbarkeit der optimalen Alternative	Nein	Ja	Ja
Möglichkeit der Sensitivitätsanalyse	Nein	Nein	Ja
Intersubjektive Nachvollziehbarkeit	Ja	Ja	Ja

Tabelle 23.6: Merkmale qualitativer Ansätze der Entscheidungsunterstützung (in Anlehnung an Nagengast 1997, S. 182)

23.5 Erfolgsfaktoren des Outsourcings

Der Erfolg von Outsourcing-Projekten hängt entscheidend von folgenden Faktoren ab (vgl. Bruch 1995, S. 204):

- Vertrauen,
- Organisation und
- Infrastrukturmanagement.

Unabdingbare Voraussetzung für eine erfolgreiche Zusammenarbeit zwischen fremdvergebendem Unternehmen und Dienstleister ist gegenseitiges **Vertrauen**. Beide Partner müssen ein Interesse an einer langfristigen Zusammenarbeit haben, und beide Partner müssen von der Partnerschaft profitieren (sog. Win-Win-Situation). Entscheidend ist weiterhin ein von Anfang an fairer und offener Umgang miteinander sowie auch zeitweilige gegenseitige Zugeständnisse als Investition in die Beziehung. Der zweite Erfolgsfaktor betrifft die **Organisation** der Zusammenarbeit mit dem Ziel, die Schnittstellen zwischen den Outsourcing-Partnern zu minimieren. Aufgaben, Kompetenzen und Verantwortlichkeiten müssen exakt festgelegt und klar abgegrenzt werden. Für das reibungslose Management ad hoc auftretender Fragen und Probleme empfiehlt sich die Benennung je eines qualifizierten Ansprechpartners auf beiden Seiten, der für die laufende Koordination der Zusammenarbeit verantwortlich ist. Aufgabe des **Infrastrukturmanagements** ist die Bereitstellung einer outsourcinggerechten Infrastruktur. Dazu gehört neben einem leistungsstarken Controlling, technischen Kommunikationsvoraussetzungen sowie Räumlichkeiten für eine möglichst große Nähe der Outsourcing-Parteien insbesondere die Schaffung eines outsourcingfreundlichen Klimas bei den Mitarbeitern. Die frühzeitige Entwicklung vorbeugender Maßnahmen gegen mögliche Widerstände des Personals stellt eine der größten und wichtigsten Herausforderungen für das Management im Rahmen der Vorbereitung von Outsourcing-Projekten dar, da ansonsten ein Scheitern des Projektes drohen kann. In diesem Zusammenhang hat es sich bewährt (vgl. Bruch 1995, S. 27),

- den Outsourcing-Partner frühzeitig bei den Mitarbeitern vorzustellen,
- den Mitarbeitern eine klare Perspektive aufzuzeigen,
- die Mitarbeiter in die Gestaltung einzubeziehen und
- die Mitarbeiter im Hinblick auf die veränderten Aufgaben zu qualifizieren.

Darüber hinaus sind der WHU-Studie zufolge die frühzeitige Bildung eines funktionsübergreifenden Outsourcing-Teams, die frühzeitige und umfassende Einbindung des Logistikdienstleisters in den Outsourcing-Prozess, ein intensiver Informationsaustausch auch sensibler Daten mit dem Logistikdienstleister sowie die Einbeziehung von Outsourcing-Experten aus anderen Unternehmensbereichen entscheidende Erfolgsfaktoren für ein Outsourcing-Projekt (vgl. Weber/Engelbrecht 2002b, S. 36).

Abbildung 23.4 fasst die Erfolgsfaktoren des Outsourcings noch einmal zusammen.

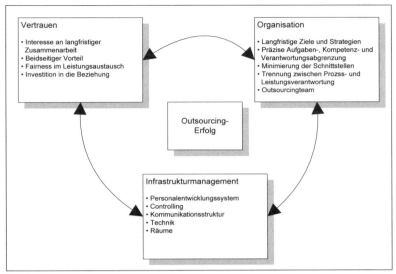

Abbildung 23.4: Erfolgsfaktoren bei Outsourcing-Prozessen (Quelle: Bruch 1995, S. 25)

Die Umsetzung einer Outsourcing-Entscheidung ist ein umfangreicher und komplexer Prozess, der ein systematisches und methodisches Vorgehen erfordert. Ein Phasenmodell dazu wird in Vahrenkamp 2005 dargestellt.

23.6 Wirkungen des Outsourcings von Logistikleistungen

Abschließend sollen die Auswirkungen einer Fremdvergabe logistischer Leistungen auf die Logistikkosten und die Qualität der Logistikleistungen als zentrale Größen einer Outsourcing-Entscheidung untersucht werden. Zu diesem Zweck werden die Ergebnisse zweier empirischer Studien vorgestellt, die zum Teil zu den gleichen, zum Teil aber auch zu unterschiedlichen Ergebnissen gekommen sind. Die eine Studie wurde von der WHU Koblenz, die anderen von der "European Logistics Association" (ELA) in Zusammenarbeit mit der Unternehmensberatung A.T. Kearney durchgeführt.

Nach der WHU-Studie sinken die Logistikkosten mit zunehmendem Outsourcing-Grad. Ein Zusammenhang zwischen dem Outsourcing-Grad und der Qualität der logistischen Leistungen konnte hingegen nicht festgestellt werden, d.h. Outsourcing führte in den befragten Unternehmen nicht zu einer verbesserten Logistik. Die Gründe für diesen fehlenden Zusammenhang können zum einen in dem bereits hohen Niveau der Logistikleistungen vor dem Outsourcing, zum anderen aber auch in der möglicherweise einseitigen Fokussierung auf Kostensenkungsziele seitens der Verlader liegen. Andererseits hat aber die Qualität der Leistungserstellung Auswirkungen auf die Logistikkosten. So konnte in der Studie gezeigt werden, dass Outsourcing-Projekte, bei denen die Leistungsverbesserung im Vordergrund stand, zu stärkeren Kosteneinsparungen geführt haben als solche, bei denen die reine Kostensenkung das Hauptmotiv war. Dieses Ergebnis zeigt, dass Qualitätsverbesserung und Kostensenkung nicht im Widerspruch zueinander stehen müssen. Vielmehr kann sich eine qualitativ hochwertige Logistik langfristig positiv auf die Kostensituation auswirken. Für die Auswahl des Logistikdienstleisters bedeutet dies, dass die langfristige Leistungsfähigkeit des Dienstleisters nicht zugunsten besonders günstiger Konditionen vernachlässigt werden sollte (vgl. Weber/ Engelbrecht 2002b).

Die von der ELA und A.T. Kearney durchgeführte Untersuchung kommt ebenfalls zu dem Ergebnis, dass sich das Outsourcing von Logistikleistungen positiv auf die Logistikkosten auswirkt. So haben nach dieser Studie Unternehmen, die mindestens drei logistische Funktionen fremdvergeben haben, einen um 0,7 Prozentpunkte niedrigeren Logistikkostenanteil am Umsatz als Unternehmen mit einem geringeren logistischen Outsourcing-Umfang. Zusätzlich konnte hier im Gegensatz zur WHU-Studie aber auch eine positive Wirkung auf die Qualität der Logistikleistungen festgestellt werden. So führte die Fremdvergabe von mindestens drei logistischen Funktionen zu um ca. 2,5 Prozentpunkte verbesserten Werten bei der Lieferzuverlässigkeit (gemessen als Anteil pünktlicher Lieferungen) und der Liefergenauigkeit (gemessen als Anteil vollständiger Lieferungen). Darüber hinaus konnte bei diesen Unternehmen auch eine deutlich geringere Reaktionszeit auf Kundenwünsche festegestellt werden (vgl. A.T. Kearney 2004, S. 32). Die Ergebnisse der Studie sind in Abbildung 23.5 noch einmal zusammengefasst.

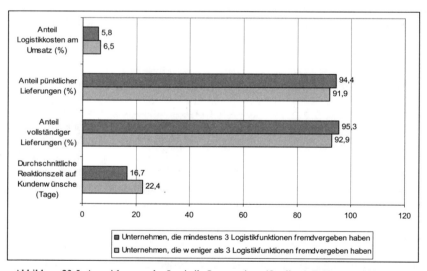

Abbildung 23.5: Auswirkungen des Logistik-Outsourcings (Quelle: A.T. Kearney 2004, S. 32)

Management Praxis: Outsourcing der Distributionslogistik bei Vesuvius Becker + Piscantor in Großalmerode[66]

Das Unternehmen wurde 1998 an die "Cookson Group" mit Sitz in London (Großbritannien) verkauft und in deren Unternehmenstochter "Vesuvius" integriert. Produziert werden von der Firma Vesuvius Becker + Piscantor hauptsächlich Schmelz-, Gieß-, Strangguss-, Warmhalte- und Behandlungstiegel, aber auch Zylindertiegel für Induktionsöfen, Spezialgefäße (Retorten), Be-/ Entgasungssysteme zur Schmelzebehandlung sowie Pyrometerschutzrohre zur Temperaturmessung von Flüssigschmelzen. Die Bereiche Warenausgangslager und Versand stellen für die Firma Vesuvius Becker + Piscantor Engpässe dar, die den Unternehmenserfolg negativ beeinflussen können.

Die Abläufe und Verrichtungen innerhalb der Distributionslogistik der Firma Vesuvius Becker + Piscantor sind im Sinne einer Flussorientierung umgestellt und zusammen mit einem Logistikdienstleister umgesetzt worden. Nach dem Verlassen der Brennöfen und dem Abkühlen werden die Produkte direkt der letzten Stufe im Fertigungsprozess entnommen und auf Holzpaletten gestellt, bevor sie auf einem Rollenband durch eine Verpackungsmaschine laufen. Diese Verpackungsmaschine umhüllt die gesamte Palette samt Versandstück mit einer Schrumpffolie, die unter kurzzeitiger Hitzeeinwirkung aushärtet und so die Produkte nicht nur vor Witterungseinflüssen schützt, sondern auch vor Verrutschen bewahrt. Die verpackten Artikel werden im Anschluss EDV-technisch erfasst und erhalten einen Aufkleber mit allen für die weitere Auftragsabwicklung relevanten Daten, die sowohl als Barcode als auch in Klarschrift aufgedruckt sind. Danach werden die versandfertigen Paletten per Gabelstapler vom Rollenband gehoben und über ebenerdige, wind- und wettergeschützte Laderampen in die bereitstehenden Wechselcontainer des Logistikdienstleisters gefahren. Diese auf einklappbaren Stützen stehenden Wechselcontainer werden von Fahrzeugen des Speditionsunternehmens in einem abgestimmten Abhol-Rhythmus gegen leere Container ausgetauscht. Die auf zwei Ebenen beladenen Container werden auf direktem Weg in das Lager des Dienstleisters nach Kassel gefahren. Beim Entladen der Container in Kassel werden alle Paletten über den mit einem Barcode versehenen Aufkleber per Scannerpistole erfasst. Ab diesem Zeitpunkt sind diese Artikel im EDV-System des Dienstleisters gespeichert und können jederzeit zurückverfolgt werden. Gabelstapler transportieren die Paletten zu freien Lagerplätzen im Regallager, wo sie auf einer der drei Ebenen abgesetzt werden, in Abhängigkeit von Gewicht und Abmessung. Die Einlagerung kann "chaotisch" erfolgen, da im EDV-System die eingescannten Auftragsdaten der Paletten den Lagerplätzen zugeordnet werden. Per Datenfernübertragung ist es für die Firma Vesuvius Becker + Piscantor jederzeit möglich, eine Inventur der Lagerbestände durchzuführen.

Ebenfalls per Datenfernübertragung erhält der Logistikdienstleister die Versandadressen der jeweiligen Kundenaufträge. Den Kundenaufträgen werden die eingelagerten Produkte zugeordnet und zum Versand bereitgestellt. Die Durchführung des Versands obliegt dem Dienstleister, der für einen effizienten Transport der Ware zum Kunden sorgt und jederzeit über den Status der Versendung Auskunft erteilen kann. Zur Schaffung eines vergleichbaren Lieferservices wären größere Investitionen auf dem Betriebsgelände der Firma Vesuvius Becker + Piscantor notwendig gewesen, die zusätzliche Flächen in Anspruch genommen hätten. Durch die Fremdvergabe des Warenausgangslagers und des Versands konnten die Engpässe in kürzerer Zeit beseitigt werden. Allerdings war, neben lagertechnischen und computertechnischen Anschaffungen an der Schnittstelle zum Logistikdienstleister, auch ein kleinerer Anbau an das Brennhaus auf dem Gelände der Firma Vesuvius Becker + Piscantor notwendig, der aber schnell und relativ kostengünstig realisiert werden konnte.

Ergänzende Literatur:

Engelbrecht, Christoph: Logistikoptimierung durch Outsourcing, Wiesbaden 2004
Schäfer-Kunz, Jan; Tewald, Claudia: Make-or-buy-Entscheidungen in der Logistik, Wiesbaden 1998
Vahrenkamp, Richard; Siepermann, Christoph (Hrsg.): Risikomanagement in Supply Chains, Berlin 2007
Zahn, Erich; Barth, Tilmann; Hertweck, Andreas: Leitfaden zum Outsourcing von unternehmensnahen Dienstleistungen, Stuttgart 1998

---

[66] Quelle: Böhning 2001

24 Parkkonzepte in der Logistik

Unter dem Begriff des Parkkonzeptes sollen in diesem Kapitel verschiedene Kooperationsmodelle in der Logistik vorgestellt werden. Die Zulieferparks sind im Kontext von Just-in-Time-Lieferungen vor 20 Jahren die ersten dieser Parkkonzepte gewesen. In den 90er Jahren wurden sehr stark Konzepte der Citylogistik und Güterverkehrszentren diskutiert und erprobt. Diese werden an dieser Stelle zum Konzept der Metropolenlogistik am Beispiel von Paris erweitert. Logistikparks im Kontext von Paketnetzwerken wurden erst in jüngerer Zeit entwickelt (Vahrenkamp 2002A).

24.1 Zulieferparks

Als Zulieferpark wird die Ansiedlung von Zulieferern auf einer Gewerbefläche verstanden, die nahe am Werk des OEM liegt. Ein Zulieferpark ist typischerweise bloß einem OEM zugeordnet; neuere Ansätze der Automotive Community gehen darüber hinaus.

Die Verlagerung von Produktionsanteilen auf Zulieferer wird in Kapitel 21 diskutiert. Seit Beginn der Outsorcingwelle in der Autoindustrie Anfang der 90er Jahre haben sich Zulieferparkmodelle mit unterschiedlichen Mustern herausgebildet. Heute zählt man mehr als 30 Zulieferparks in Europa, in denen sich Automobilzulieferer und Dienstleister auf dem Werksgelände oder vor den Toren des Automobilherstellers angesiedelt haben, um lokale Wertschöpfung wie Kommissionier- und Sequenziertätigkeiten, Vormontagen oder sonstige Logistik-Dienstleistungen zu erbringen. Und der Trend zu weiteren Parkgründungen hält an, wie die Planungen des Frisiaparks in Emden (Volkswagen) oder Konzepte für Auslandsstandorte (VW Südafrika) zeigen.

Becker und Vahrenkamp (2005) haben in einer Studie Lieferantenparks untersucht. Dabei wurden Schwachstellen identifiziert und Idealkonzepte entwickelt. Besonderes Augenmerk wurde auf die Funktionsverteilung zwischen den Parkmitgliedern und auf das Parkmanagement gelegt.

Als Beweggründe für Parkgründungen nennen die Hersteller Platzmangel in den Autofabriken aufgrund der steigenden Modell- und Teilevielfalt. Darüber hinaus spielen die Versorgungssicherheit der Zulieferteile und die Erwartung signifikanter Effizienzvorteile in der gesamten Supply Chain eine wichtige Rolle. Bei Standortentscheidungen für einen Modellanlauf stehen die deutschen Werke im Hinblick auf die Lohnkosten im konzerninternen Wettbewerb mit ausländischen Werken. Die inzwischen stark gewachsenen Strukturen eines angebundenen Zulieferparks schränken allerdings die Standortflexibilität ein und werden daher teilweise wieder in Frage gestellt. Außerdem werden bei Überkapazitäten, wie sie sich jetzt in einer konjunkturbedingten Abschwungphase abzeichnen, Vorschläge zur Reintegration von Fremdleistung (Insourcing) diskutiert, um eigene Ressourcen auszulasten.

Auf Seiten der Automobil-Lieferanten ist der Zuspruch für Zulieferparks teilweise verhalten bis ablehnend. Zum einen haben sich Zulieferer, wie Lear in Bremen, bereits im Jahre 1982 sieben Kilometer vom Mercedes-Werk mit ihrer Sitzfertigung niedergelassen und benötigen keine organisierte Parkstruktur. Auf der anderen Seite besteht hohe Unzufriedenheit, wenn durch mangelhaftes Parkmanagement die Erwartungen an eine Ansiedlung nicht erfüllt werden oder die lokal vorgehaltenen Kapazitäten nicht ausgelastet werden.

Vier Zulieferparkmodelle wurden in der Studie identifiziert:

- klassischer Zulieferpark,
- Automotive Community,
- Produktionsversorgungszentrum und
- Business Mall/Business Park.

Erkennbar wurde ein Trend zur Verantwortungsbündelung. Der OEM übergibt die gesamte Koordinationsleistung des Parks in die Verantwortung eines (Logistik-) Dienstleisters, der für die Optimierung der Inbound-Logistik verantwortlich ist. Dieses Prinzip liegt der Business Mall und dem Produktionsversorgungszentrum zugrunde.

Der **klassische Zulieferpark**, wie etwa Ford Saarlouis, das GVZ Audi Ingolstadt oder VW Bratislava (Lozorno), integriert ca. 10-15 Just-in-Sequence-Lieferanten in vermieteten Hallenflächen, meist in unmittelbarer Nachbarschaft zum Werk des OEM. Die Lieferbeziehung gilt in der Regel für die Dauer eines Modellproduktionszyklus, also ca. fünf bis sieben Jahre. Vor Ort ist der Lieferant zumeist für die sequenzgenaue Anlieferung der Teile an die Montage verantwortlich und bewerkstelligt dies mit eigenen Mitarbeitern oder organisiert dies mit externen Dienstleistern.

Typischerweise wird Exklusivlieferung mit den lokalen OEM vereinbart. Außerdem liegt das Risiko einer Unterauslastung beim Zulieferer. Die Investoren sind meist Kommunen und OEM, die eine Betreibergesellschaft für das Parkmanagement einsetzen. Der klassische Zulieferpark hat jedoch ausgedient. Das Modell des klassischen Zulieferparks wurde vielfach kopiert. Viele Realisierungen lassen hinsichtlich der Konzeption, Umsetzung und Professionalität des Parkmanagements zu wünschen übrig.

Die Ansätze für Verbesserungen liegen in einer ausgewogeneren Win-Win-Situation zwischen OEM und Zulieferer sowie der Professionalisierung des Parkmanagements, um die Synergien voll auszuschöpfen, die sich aus einer koordinierten Lieferantenkonzentration ergeben.

Als Beispiel für mangelhafte Synergierealisierung wurde der AutoLogisticsPark in Lozorno identifiziert (VW Bratislava). Dort ansässige Lieferanten sagten aus, sie könnten keinen Nutzen aus der räumlichen Konzentration ziehen. Die Mietpreise lägen auf dem Kostenniveau deutscher Großstädte. Jeder Zulieferer organisiere sich selbst, das Facility Management der durch VW beauftragten Fremdfirma beschränke sich etwa auf Pförtnerdienste. Weil werksnahe Grundstücke der katholischen Kirche nicht freigegeben wurden, liegt der Park heute in ca. 30 km Entfernung zum VW-Werk. Die einspurige Verbindungsbrücke zur Autobahn erweise sich als Planungsfehler, weil sie einen erheblichen Engpass für den Trailerverkehr zum Werk darstelle.

Diese Nachteile werden durch innovative Konzepte aufgefangen - vor allem, wenn sie intelligent geplant sind und auf den Erfahrungen anderer Parks aufbauen. Das Beispiel der **Automotive Community** in Rosslyn nahe Pretoria/Südafrika zeigt hierfür einen geeigneten Entwicklungspfad auf (www.supplierpark.co.za, Barthel et al. 2004). In einem Umfeld der vier Automobilhersteller BMW, Fiat, Ford und Nissan ist eine Ansiedlung von 20 bis 40 Zulieferern geplant. Für die volle Ausbaustufe beträgt die Gesamtfläche 1,2 Mio. m². Derzeit sind es seit Baubeginn im Jahre 2003 fünf Zulieferer, darunter Lear, Faurecia und Dräxlmaier, die ihren Betrieb vor Ort aufgenommen haben. Zu den besonderen Merkmalen zählt die offene Parkstruktur:

- Ansiedlung nicht nur von First Tiers, sondern gezielter Aufbau von Lieferanten-Netzwerken inkl. Second und Third Tiers.
- Keine Verpflichtung zur Lieferung an einen der vier ansässigen OEM.

Den Zulieferern wird die Möglichkeit geboten, die gegebene Infrastruktur und das niedrige Lohnkostenniveau für die eigene Leistungserstellung zu nutzen. Die Firma Lear beispielsweise näht in ihrer Halle kostengünstig Sitzbezüge für Mercedes in Sindelfingen.

Das Parkmanagement bietet bis zu 80 Dienstleistungen an, darunter die Bereitstellung von Video- und Konferenzräumen, von öffentlichen Transportmitteln sowie einer Kantine und IT-Services. Durch die hohe Anzahl der Parkmitglieder rechnet sich das Serviceangebot. Die Abwicklung der logistischen Dienstleistungen im Automotive Park Südafrika teilen sich insgesamt fünf verschiedene Logistik-Unternehmen.

Anders beim **Produktionsversorgungszentrum** (PVZ) am Stammwerk von VW Nutzfahrzeuge (VWN) in Hannover. Hier lenkt Firma Schenker seit 1990 als Logistikdienstleister in eigenen Hallen hinter dem Werkszaun und im Alleinauftrag von VWN das Geschehen. Für insgesamt 15 Just-in-Sequence-Lieferanten erbringt Schenker Kommissionier-, Vormontage- und Sequenzieraufgaben, die über Dienstleistungsverträge mit den Zulieferern abgerechnet werden. Nur zwei der 15 Lieferanten haben sich vor Ort angesiedelt. Dass nicht mehr Lieferanten auf die Möglichkeit der Ansiedlung eingehen, belegt die geringe Attraktivität aus Sicht der Zulieferer. Bereits seit 1990 organisiert Schenker die Logistik für die Produktion. Das neu gebaute PVZ ging im Mai 2003 in Betrieb und vereint einen Lieferantenpark und ein Logistikzentrum (siehe Logistik für Unternehmen 9/03, S. 48). Eine 300 m lange Brücke verbindet das PVZ mit dem Werk.

Beeindruckend am Modell des PVZ ist die stringente Beauftragung eines einzigen Dienstleisters mit der Organisation der gesamten externen Teileversorgung inkl. der Just-in-Sequence-Komponenten. Selbst bei der IT-Organisation wird dieses Konzept durchgängig eingehalten. Schenker agiert als zentraler IT-Dienstleister für die Lieferanten. In der Vergangenheit hat jeder Lieferant seine eigene IT-Insellösung und Infrastruktur betrieben, mit der Folge unterschiedlicher Qualitätslevels und Ansprechpartner für VW. Schenker als IT-Service-Provider stellt mit Anbindung an sein zentrales Rechenzentrum Hard- und Software, 24h-Support und eine Notorganisation zu insgesamt günstigeren Kosten bereit. Damit geht das Serviceangebot weit über das bekannte Maß einer Logistik-Dienstleistung hinaus und beinhaltet u.a.:

- Entwurf von Notfallkonzepten,
- Durchführung von Mitarbeitertrainings,
- Umsetzung innovativer Lager- und Transportkonzepte,
- Einsatz moderner IT-Systemlösungen,
- Optimierung des werksinternen Trailerverkehrs.

Das **Business Mall-Konzept** bei Opel Rüsselsheim setzt ebenfalls auf eine starke Verantwortungsübergabe an einen zentralen Dienstleister und weist den Trend in eine konsequente Umsetzung des Prinzips „Fokussierung auf Kernkompetenzen" seitens der OEM. Die Definition der Business Mall fordert eine konsequente Umsetzung der im GM-Konzern benannten Liefermethode SILS (Supply in Line Sequence) sowie die Bündelung aller logistischen Aktivitäten bis an den Verbauort (POU = Point of Use). In der Business Mall befinden sich ein Materiallager, ein Service Center für Vormontagetätigkeiten von 14 Baugruppen und das Vormontage-Center, in dem 58 Komponenten kommissioniert und sequenziert werden.

Die Business Mall befindet sich auf dem Werkgelände in einer Entfernung von ca. 500 m zur Montagelinie und wird von der Firma Ferrostaal als alleiniger Logistik- und Montagepartner betrieben. Dieser in der Planungsphase agierende Generalunternehmer hat schließlich auch die Betreiberfunktion übernommen. Bemerkenswert ist, dass derartige Logistik-Dienstleistungen bisher nicht zum Kerngeschäft des Partners Ferrostaal zählten. Dieser zentrale Dienstleister koordiniert im Auftrag von Opel die Warenströme von ca. 80 Zulieferern und 1.500 Teilen. In seiner Verantwortung liegt die gesamte Logistik innerhalb der Business Mall bis zum POU. Opel stellt die Liegenschaften auf dem Werksgelände, Ferrostaal trägt vollständig die Investitionen in den Hallen. Die Optimierung der Transportkosten übernimmt Opel in Eigenregie. Die Preise mit den Lieferanten werden hierzu auf Basis Werksabgabe verhandelt. Opel verspricht sich hierdurch ein beträchtliches Kostensenkungspotenzial und versteht die Optimierung des Transportaufkommens und der Kosten als wesentliche Aufgabe der hausinternen Logistik-Abteilung.

24.2 Güterverkehrszentren

Die Entwicklung des Güterverkehrs war in der Vergangenheit von einem starken Wachstum gekennzeichnet. Auch für die Zukunft wird von den verschiedensten Prognosen weiterhin ein kräftiges Wachstum vorhergesagt. Das rapide Wachstum des Güterverkehrs besitzt natürlich unmittelbare Folgen für die ohnehin überlastete Infrastruktur von Ballungsgebieten. Die Konzepte des Güterverkehrszentrums und der Citylogistik stellen den Versuch dar, der sich hier abzeichnenden Überlastung der Infrastruktur mit intelligenten Logistik-Lösungen zu begegnen. Einfache Wege, durch eine Angebotspolitik dem Verkehrswachstum zu entsprechen, die in der Vergangenheit beschritten wurden und durch einen linearen Ausbau der Infrastruktur gekennzeichnet waren, sind heute nicht mehr ohne weiteres ökologisch und politisch sinnvoll. Noch mehr und noch breitere Straßen in den Ballungsräumen zu bauen und in die Innenstädte zu führen, wird nicht mehr als adäquates Lösungskonzept angesehen.

Die Konzepte der Güterverkehrszentren und der Citylogistik stellen den Versuch dar, durch Verlagerung, Verminderung und Vermeidung von Verkehren zu Entlastungseffekten in der Infrastruktur zu gelangen. Diese Konzepte sind in der Fachwelt in den vergangenen Jahren intensiv diskutiert worden. Im Folgenden soll hierzu Stellung genommen werden. Zunächst wird das GVZ-Konzept erläutert.

Unter einem **Güterverkehrszentrum** (GVZ) versteht man einen Umschlagsknoten, der verschiedene Verkehrsträger, zumeist Bahn und Straße, zusammenführt. Für den Umschlag zwischen Straße und Schiene ist das GVZ mit einem Umschlagsterminal für den Kombinierten Ladungsverkehr ausgerüstet. Das GVZ bildet den Umschlagsknoten zwischen Fern- und Nahverkehr und stellt ein organisatorisches Dach zur Kooperation verschiedener Verkehrsunternehmen und für die Bereitstellung von logistischen Dienstleistungen zur Verfügung.

Von dem Begriff des Güterverkehrszentrums ist der Begriff des **Güterverteilzentrums** abzusetzen (Eckstein, 1993, S. 5). Das Güterverteilzentrum stellt lediglich einen Umschlagsknoten zwischen Fern- und Nahverkehr dar, in dem die Sendungen verschiedener Lieferanten gebündelt werden und kombiniert an wenige Großempfänger oder an viele Einzelhandelsgeschäfte in der Innenstadt ausgeliefert werden. Die Abbildung 24.1 zeigt den Bündelungseffekt auf, der von Güterverteilzentren ausgeht.

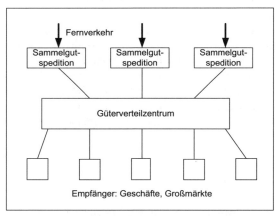

Abbildung 24.1: Bündelungseffekte durch ein Güterverteilzentrum

An der Planung und Umsetzung eines GVZ ist eine Vielzahl von Akteuren beteiligt, die neue Kooperationsformen erproben und ihre Interessen sorgfältig abstimmen müssen. Wir gehen im Folgenden auf die wichtigsten Akteure ein.

Die Planungen für Güterverkehrszentren wurden in den vergangenen Jahren vor allem von kommunalen und regionalen Körperschaften vorangetrieben. Insgesamt konnten 57 Planungsaktivitäten in Deutschland festgestellt werden (Sack 2002, S. 150).

Bei den Kommunen ist ein Wettbewerb um die Errichtung eines GVZ entstanden, das aus kommunaler Sicht ein Instrument der Wirtschaftsförderung darstellt, um logistikintensive Unternehmen anzulocken (Eckstein 1993). Entscheidend für die Realisierung der Planung ist das Verhalten der Bahn. Ohne die Beteiligung der Bahn mit einem KLV-Terminal ist die Verknüpfung von Straße und Schiene nicht effizient möglich, die für ein GVZ essentiell ist. Für ein KLV-Terminal gilt ein Vier-Gleis-Modul mit bis zu drei Kränen als Standard, dem folgendes Mengengerüst zugrunde liegt:

- 480 Wagen pro Werktag mit 770 Ladungseinheiten,
- 192.000 Ladungseinheiten pro Jahr,
- 700 m Nutzlänge der Gleise,
- 4 Ladegleise, 3 Abstellspuren und 2 Fahrspuren im Umschlagsbereich.

Über die lokalen Einzelplanungen hinaus sollen die Güterverkehrszentren nach den Vorstellungen der Bahn in einem Netz zusammen gefasst und im Fernverkehr die Güterverkehrszentren mit Ganzzügen des Kombinierten Verkehrs verbunden werden, um auf diese Weise die Systemstärken der Bahn zur Geltung zu bringen. Damit soll ein attraktives Angebot der Bahn erstellt werden mit dem Ziel, den Güterverkehr von der Straße auf die Bahn zu verlagern. Die Bahn legte im Jahre 1995 einen Masterplan mit 42 Standorten für GVZs vor. Die Entwicklung von GVZs durch die Bahn muss auch als ein Marketingkonzept der Bahn begriffen werden, die schwindende Bedeutung des Güterverkehrs von DB Cargo gegenüber dem LKW aufzuhalten.

Aus der Sicht der Speditionen und der kommunalen Wirtschaftsförderung ergeben sich gleichermaßen Rationalisierungsvorteile durch ein GVZ. Man hat von einer historisch gegebenen Siedlungsstruktur der Speditionsbetriebe im Stadtbereich auszugehen, die eine Vielzahl von Restriktionen mit sich bringt. Die Zu- und Abfahrten der Fernverkehre werden mit den damit verbundenen Nachteilen, wie Behinderung der Fernverkehre, Belastung des städtischen Straßennetzes und der Umwelt durch die Stadt geleitet. Expansionsflächen sind für die Speditionsbetriebe innerhalb der Stadt knapp oder gar nicht mehr verfügbar. Ferner entstehen Nachbarschaftskonflikte durch den Umschlag in der Nacht. Mit der Ansiedlung eines GVZ entfallen diese Restriktionen und zugleich werden wertvolle Gewerbeflächen im Stadtgebiet für die weitere Stadtentwicklung und die Ansiedlung von Unternehmen mit hoher Wertschöpfung frei. Die Abbildung 24.2 verdeutlicht diesen Zusammenhang.

Für die transportbegleitenden Dienstleistungen ergibt eine Ansiedlung im GVZ eine Reihe von Synergieeffekten. Bei diesen Dienstleistungen handelt es sich um den Lagerhausbetrieb, den Umschlag sowie um Ergänzungsdienste wie Containerpacking, Verleih, Reparatur, Disposition und Konfektionierung der Ware. Auch wird der gemeinsame Betrieb eines Gefahrgutlagers möglich. Zu nennen sind ferner Informations-, Beratungs- und Planungsdienste wie eine Frachtbörse zur Minimierung der Leerfahrten, eine Arbeitskräftevermittlung sowie Ausbildung und Schulung. Weitere Synergieeffekte treten durch die gemeinsame Nutzung von Informations- und Dispositionssystemen ein. Zu denken ist an die Disposition anhand der Voranmeldungen und der Belegungen von Gleisen, Lagern, Ladehilfsmitteln und Stellplätzen.

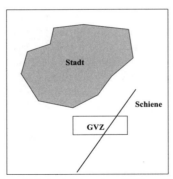

Abbildung 24.2: Ansiedlung eines GVZ am Stadtrand

Betrachtet man die Kostenstruktur von Stückgutspeditionen, so ergibt sich ein weiterer Anreiz für die Kooperation unter dem Dach eines GVZ. Infolge des Sinkens der Preise für den Gütertransport in den vergangenen 10 Jahren werden die innerstädtischen Lieferverkehre von den Spediteuren zunehmend kritischer bewertet. Nimmt man beispielhaft eine Fernrelation von 300 km im Straßengüterfernverkehr an und untersucht die zusätzlichen Kosten für den Vor- und Nachlauf, so entstehen bei dem Transport im Hauptlauf lediglich ca. 30% der Kosten für die Übermittlung einer Sendung. Dagegen sind Vor- und Nachlauf besonders kostenintensiv. Wegen Bündelungseffekten beim Versender ist der Vorlauf weniger problematisch. Bei Paketlieferungen machen die Kosten des Verteilverkehrs sogar über 50% der gesamten Lieferkosten aus, ohne entsprechend vergütet zu werden. Der größte Kostenblock entsteht also bei der Feinverteilung in Ballungsgebieten. Wenn hier Bündelungseffekte genutzt werden können, indem die Auslieferungstouren verschiedener Speditionen zusammengefasst werden, können deutliche Entlastungen von Auslieferungskosten verbucht werden. Hierdurch entsteht ein Anreiz, durch neue Kooperationskonzepte die Lieferungen in die City zu bündeln.

Im Nahverkehr übernimmt das GVZ die gebündelte Versorgung der Geschäfte in der Innenstadt (Citylogistik) und von Großmärkten im städtischen Ballungsgebiet. Auf diese Weise wird die Funktion des Distributionszentrums auch in das GVZ integriert. Durch diese Bündelungseffekte werden weniger Fahrten und Fahrzeuge für die Belieferung der Innenstadt und der Großmärkte erforderlich, wodurch Verkehre vermindert sowie Staus an den Rampen der Großmärkte abgebaut werden können. Diese Staus hatten bisher die Effizienz der Verteilverkehre stark beeinträchtigt.

Ob die GVZ-Planungen für 57 Standorte, die in den vergangenen 15 Jahren identifiziert werden konnten, realisiert werden können, ist fraglich. Insgesamt ergab sich ein Überangebot an GVZs. So findet im Berliner GVZ Großbeeren kein Umschlag statt. Auch sind die Gewerbeflächen in den GVZs deutlich teurer als in deren Nachbarschaft, so dass es Probleme gab, Unternehmen im GVZ anzusiedeln. Nach der Studie von Sack (2002, S. 155) waren bis zum Jahre 2000 lediglich 19 GVZs, die vor allem in Großstadtagglomerationen liegen, teilweise in Betrieb. Damit konnte der DB-Masterplan nicht umgesetzt werden.

24.3 Die Citylogistik

Unter dem Begriff der **Citylogistik** versteht man die gebündelten und koordinierten Ver- und Entsorgungsverkehre für Handels-, Dienstleistungs- und Produktionsbetriebe in der Stadt, insbesondere in der Innenstadt. Die Lieferverkehre von Stückgutspediteuren, Paketdiensten und der Bahn werden einem Spediteur übertragen, der die Zustellungen gebündelt vornimmt. Diese Bündelung setzt eine Sammelstelle voraus. Diese Funktion kann z. B. von einem Güterverteilzentrum übernommen werden. Die durch die Sammelstelle eintretende Bündelung ist zweifach: Zum einen werden alle Sendungen eines Liefertages an einen Empfänger zusammengefasst. Zum anderen können benachbarte Empfänger in einer Auslieferungstour kombiniert werden. Hierdurch wird eine wesentliche Verringerung der Lieferverkehre erzielt, die durch Einsatz von Tourenplanungssystemen noch verbessert werden kann (vgl. Kapitel 26). Die Citylogistik wird heute im Zusammenhang mit der Feinstaubdebatte wieder besonders aktuell.

Das Thema Citylogistik lenkt die Aufmerksamkeit auf die bisher von Stadt- und Verkehrsplanung vernachlässigten Aspekte des Wirtschaftsverkehrs, der zwischen 10% und 17% des innerstädtischen Verkehrs ausmacht. Der Wirtschaftsverkehr umfasst nicht nur die Belieferung von Geschäften in der City, sondern ebenfalls die Versorgung anderer Bedarfspunkte wie z.B. Heizöllieferungen, die Versorgung von Baustellen und Handwerkerverkehre. Wir befassen uns hier mit den Fragen des Verkehrs zur Belieferung innerstädtischer Einzelhandelsgeschäfte.

Die Versorgung innerstädtischer Geschäfte mit Waren geschieht bisher durch unabhängig voneinander auftretende Logistikdienstleister, wie Expressdienste und Speditionen, und ist von einer steten Zunahme der Lieferverkehre gekennzeichnet, die durch die Tendenz zu kleineren Sendungen, durch zu geringe oder gar keine Lagerhaltung in den einzelnen Geschäften und durch eine Konzentration von vielen Einzelhandelsgeschäften in Einkaufsgalerien verursacht wird. In der Kasseler Königs-Galerie sind etwa 40 Betriebe vorhanden. Durch Mieten von monatlich 150 € pro qm ist in Spitzenlagen eine Minimierung des Flächenbedarfs und damit der Lagerhaltung für den Einzelhandel existenznotwendig. Dies führt zu einer Just-in-Time-Versorgung des Handels mit der Konsequenz eines erhöhten Verkehrsaufkommens, die noch dadurch verstärkt wird, dass heute die Lieferanten, im Unterschied zu früheren Zeiten, kaum noch Mengenrabatte anbieten und so kein Anreiz für die Bestellung größerer Partien mehr entsteht.

Nach einer bundesweiten Umfrage des Deutschen Handelsinstituts unter Einzelhandelsgeschäften (Hallier 1993, S. 12) entfallen die Anlieferungen, gemessen in Tonnen pro Monat, auf die Branchen des Einzelhandels wie folgt: Warenhäuser 64%, elektrotechnischer Handel 13%, Lebensmittelhandel 10%, der Rest inkl. Textilhandel 13%. Die Lieferungen pro Tag verhalten sich in folgender Weise: Warenhäuser 32,5 t, elektrotechnischer Handel 6,4 t, Lebensmittelhandel 4 t, Textilhandel 0,14 t. Nach dieser Studie werden die Handelsbetriebe in der Innenstadt täglich von durchschnittlich 3,8 Fahrzeugen angefahren. Jedes Fahrzeug fährt pro Anlieferer im Schnitt 5,1 Betriebe an. Durch Abbau von Rampen und Auflagen der Kommunen für den Wirtschaftsverkehr ist die Produktivität der Auslieferverkehre in der Innenstadt in den vergangenen 15 Jahren halbiert worden; waren früher 15 bis 18 Kundenanfahrten pro Auslieferungstour möglich, so sind heute nur noch 8 bis 10 Stops möglich.

Anhand der Zahlen des Deutschen Handelsinstituts wird der hohe Anteil der Warenhäuser sichtbar. Diese verfügen über eigene Logistiksysteme und kommen daher nicht für Kooperationsvorhaben der Citylogistik in Betracht. Gleichwohl können auch die Warenhäuser in ihren Logistikorganisationen in Ballungsräumen mit vielen Filialbetrieben durch Bündelung Verkehre reduzieren, wie dies etwa bei Karstadt in Hamburg und Berlin geschehen ist. Im Großraum Hamburg werden die 17 Filialen von Karstadt täglich mit 28 LKW-Fahrten, anstelle von vormals 50, versorgt (Lippe 1993).

Interessant am Konzept der Citylogistik ist die **Bündelung** der Auslieferungstouren. Wurden bisher die Geschäfte von Auslieferungsfahrzeugen verschiedener Speditionen angefahren, so erreicht die Bündelung, dass jedes Geschäft nur noch von einem Fahrzeug eines ausliefernden Dienstleisters angefahren wird, welcher die Auslieferungen der beteiligten Speditionen in einer Tourenplanung zusammenfasst (vgl. Kapitel 26). Die folgende Abbildung 24.3 verdeutlicht diesen Zusammenhang.

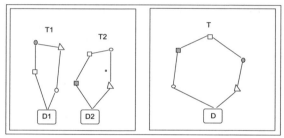

Abbildung 24.3: Bündelungseffekt der Citylogistik

In dieser Abbildung werden beispielhaft zwei Auslieferungstouren T1 und T2, die von verschiedenen Depots D1 und D2 starten und die beide drei gleiche Geschäfte anfahren, zu einer Tour T zusammengefasst. Hier findet also eine **doppelte Bündelung** statt: Einmal die Zusammenfassung von Touren und zweitens die Zusammenfassung gleicher Geschäfte. Die Anbindung der Auslieferfahrzeuge an den Logistikdienstleister kann durch elektronische Kommunikation (EDI) intensiviert werden: Durch Nutzung des **Internets** können Absender den aktuellen Stand der Auslieferung überwachen und Auslieferfahrzeuge können durch Datenfunk besser disponiert werden.

Mit Hilfe von kooperativen Konzepten der Citylogistik können nicht allein - wie oben dargestellt - die Kosten von Spediteuren bei Auslieferungsverkehren gesenkt werden. Darüber hinaus kann eine Anzahl anderer Probleme gelöst werden und ein Zusatznutzen für die Kommune und den Einzelhandel zustande kommen. Dieser Punkt soll hier im Folgenden systematisch behandelt werden:

- Die Zunahme der Lieferverkehre belastet das Verkehrssystem mit negativen Folgen wie Staugefahr, Lärm und Abgas.

- Es ergibt sich eine Überschneidung von Kundenverkehren mit den Lieferverkehren. Aus der Sicht des Einzelhandels hat der Kundenverkehr Vorrang. Der Lieferverkehr erscheint demgemäß als Störfaktor.
- Die Belieferung einzelner Geschäfte durch Logistikdienstleister, die unabhängig voneinander auftreten, führt zu folgenden Problemen: Die Geschäfte werden zu unregelmäßigen Zeiten von vielen, gering ausgelasteten Fahrzeugen angefahren. Da die Geschäfte mit ihren Lieferanten kontrahieren, nicht aber mit den Logistikdienstleistern, wird die Kooperation zwischen Geschäft und Logistikdienstleistern zur Abstimmung der Lieferungen erschwert. Die unterbleibende Koordination führt zu einer Zusammenballung der Termine am Vormittag, wobei an den Laderampen Probleme der Überlastung entstehen können. Nach der Studie des Deutschen Handelsinstituts (Hallier 1993, S. 12) sind 2/3 der Lieferfahrzeuge in der Kernzeit von 8 bis 12 Uhr unterwegs.
- Die Lieferfahrzeuge können zum Teil nicht direkt an die Laderampen der Geschäfte vorfahren. Es ergeben sich weite Anlieferungswege und Konflikte mit der Straßenverkehrsordnung, wie z.B. ordnungswidriges Halten und Parken in der zweiten Spur. Eine Abstimmung mit dem Auslieferspediteur der Citylogistik kann eine bestimmte Zufahrtsmöglichkeit reservieren.
- Lieferbeschränkungen ergeben sich durch Zeitfenster in Fußgängerzonen, durch Maßnahmen zur Verkehrsberuhigung und durch kommunale Begrenzungen der LKW-Kapazität.

Im Folgenden sollen zwei Fallstudien über Lieferverkehre in Kassel und Paris vorgestellt werden.

24.3.1 Citylogistik in Kassel

Der Fachverband Spedition und Lagerei Hessen hat in Kooperation mit dem Kasseler Einzelhandelsverband einen Modellversuch zur Citylogistik in Kassel unternommen. Dieser Versuch wurde 1994 gestartet. Vorausgegangen war eine 18 Monate während Planungsphase, in der unter der Moderation der Industrie- und Handelskammer Kassel die Speditionen und der Einzelhandelsverband Kassel ein gemeinsames Konzept erarbeitet haben. Am Modellversuch beteiligen sich ca. 300 Geschäfte in der Innenstadt und 10 Kasseler Stückgutspeditionen. Das Aufkommen stellt ca. 60-70 t pro Woche dar und wird gebündelt mit zwei Fahrzeugen einer neutralen Spedition zugestellt. Der Ablauf gestaltet sich so, dass nach einem festgelegten Fahrplan ab 6 Uhr morgens die Sendungen bei den 10 beteiligten Stückgutspeditionen abgeholt werden und dann in einem Sammelpunkt nach den Empfängern umsortiert werden. Für festgelegte Bezirke in der Innenstadt werden dann für benachbarte Geschäfte Touren zusammengestellt. Ausgeliefert wird ab 9 Uhr zum Zeitpunkt der Öffnung der Geschäfte. Die Fußgängerzone wird vorrangig beliefert, um bis 10 Uhr den kommunalen Auflagen für den begrenzten Zugang für den Wirtschaftsverkehr in der Fußgängerzone zu genügen. Aus logistischer Sicht wäre eine Belieferung vor 9 Uhr wünschenswert. Diese Absicht lässt sich jedoch beim Einzelhandel nicht durchsetzen, da für die Warenannahme das Personal fehlt. Die gesamte Zustellung ist spätestens um 17 Uhr beendet. Zu diesem Zeitpunkt erhalten die Speditionen eine Statusmeldung über die Zustellung der Sendungen.

Die Einführungsphase war geprägt von dem Problem, am Morgen den Fahrplan für die Abholung der Sendungen einzuhalten. Nach Überwindung dieser Schwierigkeiten verläuft der Modellversuch relativ glatt. Die starke Schwankung des Sendungsaufkommens allerdings verursacht Probleme. Es entstehen Schwankungen von über 100% über die fünf Tage der Woche, z. B. 8 t, 11 t, 14 t, 7 t, 16 t für eine Woche im September. Bei großen Sendungsmengen muss dann ein dritter LKW zur Auslieferung eingesetzt werden. Auch kann nicht immer das Zeitfenster bis 10 Uhr für die Fußgängerzone eingehalten werden. Der Entlastungseffekt durch gebündelte Zustellung ist daran ablesbar, dass heute 2 bis 3 Fahrzeuge das Gleiche leisten, was zuvor 20 bis 25 Fahrzeuge der 10 beteiligten Stückgutspeditionen erledigt hatten. Die Reduktion der Fahrzeugzahl um 90% geht allerdings nicht mit einer entsprechenden Kostenreduktion einher, da noch der Aufwand für die Einsammlung am Morgen anfällt. Der Erfolg des Kasseler Modellversuchs war jedoch beschränkt. Der Kosteneinspareffekt durch Bündelung war so nicht überzeugend, um den Koordinationsaufwand unter den Speditionen zu rechtfertigen. Auch haben die Geschäfte in der Innenstadt das Projekt nicht stark unterstützt, so dass der Modellversuch im Jahre 2000 eingestellt wurde.

24.3.2 Metropolenlogistik in Paris[67]

Die Stadt Paris besitzt 2 Mio. Einwohner, weist 1,7 Mio. Arbeitsstellen in 300.000 Unternehmen und Organisationen, einschließlich 59 Einzelhandelsgeschäften, auf einer Fläche von 10.000 ha auf. Zugleich ist Paris das wirtschaftliche Zentrum des Departments Ile de France mit 11 Mio. Einwohnern und einem Beitrag von 20% des BIP von Frankreich.

Im Jahr 2003 hat die Stadt Paris eine Studie über den Gütertransport in Paris in Auftrag gegeben, die von dem Beratungsunternehmen Gerardin und dem Marktforschungsinstitut Sofres durchgeführt wurde. Zur weiteren Entwicklung citylogistischer Maßnahmen benötigte die Stadt eine fundierte Datengrundlage. Daher wurden im Rahmen der Studie von Gerardin und Sofres zehn verschiedene Güterströme der Stadt Paris dargestellt und analysiert. Des Weiteren untersucht diese Studie die Beziehungen der verschiedenen Akteure untereinander und diesbezüglich auftretende Probleme. Die Studie ist als qualitativ zu betrachten, sie gibt zwar einige statistische Erhebungen wieder, die jedoch aufgrund der geringen Stichproben nicht repräsentativ sind. Sie soll eine Richtung für die strategische Positionierung der Stadt Paris bezüglich der Politik des Gütertransports angeben und Ideen für innovative Experimente zur Reduzierung des innerstädtischen Güterverkehrs anregen.

Bezüglich der Liefersituation in Paris haben die Verfasser der Studie folgende Ergebnisse herausgearbeitet: Die Lieferungen innerhalb von Paris müssen möglichst zwischen 5 Uhr und 11 Uhr bewerkstelligt werden, danach treten zu große Verkehrsstauungen auf, die die Lieferungen stark behindern. Die Staus treten vorzugsweise auf der A6, der A86 und dem *Périphérique* auf. Während es in den letzten Jahren ausgereicht hat, gegen 7 Uhr morgens mit den Auslieferungen zu beginnen, müssen diese heute schon gegen 6 Uhr geschehen. In den Sommermonaten müssen die Lieferanten sogar schon um 5 Uhr

---
[67] Nach Oettl 2004

morgens beginnen. Nachtlieferungen sind schwierig zu organisieren, da die Geschäftsführer ihre Geschäftsschlüssel ungern an die Lieferanten aushändigen.

In der vorliegenden Studie werden zahlreiche Beispiele der Logistikorganisation großer Warenhausketten in Frankreich aufgezeigt. Als Beispiel soll an dieser Stelle die Belieferung eines Einkaufszentrums der *Galeries Lafayette* (französische Einkaufszentrenkette) am *Boulevard Haussmann* ausgewählt werden: Die *Galeries Lafayette* verfügen über ein Lager auf der Île Saint-Denis (Seine-St Denis) in dem Pariser Umland, das 70.000 m² für die Waren des Standortes Haussmann bereithält. Dies bedeutet, dass zehn der Lieferfahrzeuge zwischen 7 und 21 Uhr ausschließlich diesen Standort beliefern, täglich werden ca. 40 t transportiert. Die Waren erreichen den Standort über den *Boulevard Haussmann*, einer sehr stark befahrenen Straße. Häufig müssen die Lieferanten „in zweiter Reihe" parken, da die begrenzten Lieferzonen während der Woche meist von Pkw belegt sind. An Montagen wird der meiste Verkehr gemessen, insbesondere zwischen 11 Uhr und 14 Uhr. An den Verläufen der ehemaligen Stadttore, die die Eingänge zum Zentrum bilden, kommt es vermehrt zu Staus. Die Verantwortlichen bei *Galeries Lafayette* sind bereit, alternative Lösungsmöglichkeiten einzuführen. So sollen z.B. vermehrt umweltfreundliche Fahrzeuge für ihre Lieferungen zum Einsatz kommen. Die folgende Abbildung stellt schematisch den Ablauf der meisten Lieferungen dar, die über das Lager auf der Île-Saint-Denis geleitet werden.

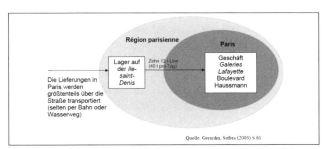

Abbildung 24.4: Organisation der Distribution bei Galeries Lafayette

Ein anderes Beispiel stellt die Distribution der größten Supermarktkette *Carrefour* dar. Diese organisiert die Belieferung und Entsorgung von 120 POS (*Point of sales*) im Zentrum von Paris. Die Lager von *Carrefour* sind größtenteils an der A86 angesiedelt.

Die Lieferung an den *Hypermarché* an der *Porte d'Auteuil* stellt keine bemerkenswert großen Anforderungen an das Distributionssystem von *Carrefour*. Dieser wird nachts zwischen 3 und 4 Uhr beliefert. Im Gegensatz dazu gestalten sich die Lieferungen an die 120 POS innerhalb von Paris als deutlich schwieriger. Diese werden ab 6 Uhr morgens versorgt. Die vorgesehenen Lieferzonen sind größtenteils durch Privatfahrzeuge belegt, die die Lieferungen stark erschweren. Somit müssen die Lieferanten in „zweiter Reihe" parken und von hier aus die Lieferungen tätigen. Die Anlieferung per Bahn im Zentrum von Paris ist trotz der Schwierigkeiten auf der Straße keine Alternative für die *Carrefour-Gruppe*. Aufgrund von Befürchtungen einer schlechteren Qualität und weiteren Verspätungen des Services stellt dies keine Lösung für *Carrefour* dar. Des Weiteren werden in der vorliegenden Studie von Gerardin und Sofres sämtliche Ansätze präsentiert, die bis 2003 von der Stadt Paris initiiert wurden. Diese wurden zum Teil bis heute tiefgehender untersucht und analysiert.

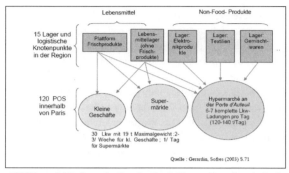

Abbildung 24.5: Organisation der Logistik von Carrefour in Paris

Eine weitere Studie, die Studie *Seine Express*, basiert wie auch die geplante Durchführung des Projektes *Seine Express* auf einer Kooperation zwischen privaten Unternehmen und Bereichen der Stadtverwaltung. Die Studie untersucht generell die Möglichkeit, die Express-Sendungen des Transportunternehmens Chronopost in Paris auf den Verkehrsträger Fluss zu verlegen. Die Verfasser der Studie erörtern in deren Rahmen die Bedingungen eines derartigen Projektes und bewerten es in qualitativer und quantitativer Hinsicht. Im Rahmen dieses Projektes werden folgende Beteiligten genannt: das Unternehmen Chronopost International als Operator, die Stadt Paris *(Mairie de Paris)* als Verwalter der Flächen, der Pariser Hafen PAP *(Port autonome de Paris)* als Verwalter der Infrastruktur, die Gruppe ADEME *(Agence de l'environnement et de la maîtrise de l'énergie)* als Vertretung des Umweltschutzes und das Unternehmen ELCIMAI als Berater für den organisatorischen Ablauf des Projektes.

Zurzeit wickelt Chornopost seine Expresslieferungen größtenteils über die Straße ab. Dies geschieht in der Regel in einem Zeitrahmen von ca. 20 Stunden zwischen der Einsammlung und der Auslieferung der Sendungen. Auf den ersten Blick erscheint die Verlagerung der Expresslieferungen auf den Fluss in Anbetracht des langsamen Tempos der Schiffe absurd. Dennoch wird hier aufgezeigt, dass eine Sendung über die Straße von der Niederlassung von Chronopost in Paris-Bercy in das Zentrum von Paris zu starken Verkehrszeiten mehr als eine Stunde dauert, über den Wasserweg jedoch lediglich eine halbe Stunde beansprucht. Eine Lieferung per Schiff soll so organisiert sein, dass die Sendungen an verschieden gelegenen Anlegestellen durch umweltfreundliche Verkehrsmittel (Lieferfahrrad oder gasbetriebener Lieferwagen) weiterverteilt werden.

24.4 Logistikparks

Als ein neues Konzept der Kundenbindung für KEP-Dienste soll hier das Konzept des Logistikparks vorgestellt werden. Dieses Konzept geht von dem Ansatz aus, die Bindung von Großkunden aus dem Bereich der Konsumgüter- und Ersatzteildistribution und des B2C-Handels über eine Ansiedlungspolitik herbeizuführen, wenn Großkunden ihre mit einer Paket-Distribution gekoppelten **Distributionszentren** in der Nähe eines

Systemknotens des KEP-Dienstleisters errichten können. Mit der Ansiedlungspolitik im Nahbereich des Systemknotens sind kurze Laufzeiten zwischen den Distributionszentren und dem Systemknoten verbunden. Dieses führt zu späten **Cut-Off-Zeiten** beim Distributionszentrum. Dadurch ist es möglich, den Annahmeschluss für Bestellungen spät in den Nachmittagsbereich bzw. frühen Abend zu verschieben, womit das Distributionszentrum gegenüber seinen eigenen Kunden seinen Lieferservice verbessern und seine Wettbewerbsfähigkeit steigern kann. Diese Vorteilhaftigkeit von Logistikparks gilt insbesondere auch für das Fulfillment von B2C-Anbietern im Sektor E-Commerce, aber auch für C-Teile-Plattformen im B2B-Segment, die allerdings sperrige Teile über einen Stückgutkanal distribuieren müssten. Das Konzept des Logistikparks ist in Analogie zu den Zulieferparks der Autoindustrie zu verstehen, bei denen es auch um den Vorteil der kurzen Wege geht. Als Logistikpark kann man eine Ansammlung von derartigen Distributionszentren auffassen, die sich im Nahbereich eines Systemknotens eines KEP-Dienstleisters ansiedeln. Damit sind sie jedoch nicht unbedingt in einem Park lokal zusammengefasst. Das Konzept des Logistikparks versteht den Park vielmehr virtuell, was die Flexibilität des Parkkonzepts deutlich erhöht. Da die Systemknoten der KEP-Dienstleister normalerweise nicht über eigene Flächen für diese Ansiedlungspolitik verfügen, muss der Weg beschritten werden, in Kooperation mit den jeweiligen lokalen Wirtschaftsförderungsgesellschaften die Grundstücke aufzufinden.

Besonders interessant ist das Konzept des Logistikparks für die Logistikregion **Nordhessen**, die zahlreiche KEP-Dienstleister, Systemverkehre und Distributionszentren, wie Libri, Dänische Bettenwelt und Amazon, längs der Autobahn A7 von Kassel bis Bad Hersfeld umfasst. Die zentrale Lage der Logistikregion Nordhessen in Deutschland führt dazu, dass die hier ansässigen KEP-Dienstleister im Vergleich zum restlichen Bundesgebiet besonders späte Cut-Off-Zeiten anbieten können. Ein auf Daten von GLS basierender Vergleich der Standorte Neuenstein/Nordhessen (Hub von GLS) und Hannover (fiktiver Hub-Standort) als Systemknoten soll diesen Sachverhalt deutlich machen. Legt man als Ankunftszeit im Empfangsdepot zur Zustellung am Eingangstag 6:30 Uhr fest und betrachtet als Zielraum München, so ergeben sich in Abhängigkeit von der Entfernung des Kundenstandortes vom Hub Neuenstein bzw. Hannover unter der Annahme einer Umladezeit im Hub von 1,25 Stunden die in Tabelle 24.1 dargestellten Cut-Off-Zeiten. Daraus ergibt sich für Neuenstein ein Produktionsfenster- und/oder Servicevorteil von 2,5 Stunden pro Tag oder 625 Stunden pro Jahr bei 250 Arbeitstagen; das sind bei einer 40-Stunden-Woche 15,6 Wochen.

Entfernung des Kunden vom Hub	Späteste Abholzeit ab Kunde		Differenz
	Neuenstein	Hannover	
25 km	22:55 Uhr	20:25 Uhr	2,5 Stunden
50 km	22:35 Uhr	20:05 Uhr	2,5 Stunden
100 km	22:15 Uhr	19:45 Uhr	2,5 Stunden

Tabelle 24.1: Cut-Off-Zeiten für die Hub-Standorte Neuenstein und Hannover mit Empfangsdepot München

Insofern ist der Standort Nordhessen für die Ansiedlung von Logistikparks besonders attraktiv, zumal Flächen und Arbeitskräfte noch nicht knapp sind, wie z.B. am Standort Unna, und die durch die landeseigenen Feiertage bestimmte Zahl der Produktionstage pro Jahr höher ist als in Süd- oder in Westdeutschland – eine Überlegung, die für die Ansiedlung der auf einen exzellenten Lieferservice angewiesenen Distributionszentren von Gewicht ist. Ein Beispiel für die Ansiedlungspolitik ist die Investition des Consumer-Electronic-Distributors NT Plus in Staufenberg in der Nachbarschaft des Paketzentrums von DHL, der infolge dieser Standortwahl den Annahmeschluss für Aufträge seiner Kunden auf 2 Uhr nachts hinausschieben kann.

Aber nicht nur die späten Cut-Off-Zeiten sprechen für den Standort Nordhessen, sondern auch die Vorteilhaftigkeit der Transportkosten für die bundesweite Distribution, die Großkunden in Preisverhandlungen mit KEP-Dienstleistern einbringen können. Wenn der Paketdienstleister eine Hubstruktur besitzt, wie German Parcel mit dem Hub in Neuenstein, so sind die Transportkosten vom Distributionszentrum zum Hub minimal gegenüber anderen Standorten in Deutschland. An Transportkosten zu bezahlen hat der Kunde nur die sternförmigen Transporte vom Hub in die Außendepots. Das gleiche gilt, wenn der Paketdienstleister Direktverkehre unter den Depots unterhält. Um die Transportkosten von Nordhessen in die übrigen Regionen von Deutschland in einen Vergleich zu stellen, sollen hier beispielhaft mit dem von der Forschungsgruppe Produktionswirtschaft und Logistik entwickelten Simulationstool Euronetz für die strategische Standortplanung die Transportkosten vom Standort Kassel mit den Standorten Dortmund, Hannover, Erfurt, Fulda und Frankfurt verglichen werden. Wir nehmen eine Belieferung der Großstädte in Deutschland mit 1 Tonne pro 1.000 Einwohner zu einem Kostensatz von 5 Cent pro Tonnen-km an. Die folgende Tabelle gibt die Kosten in Euro wieder und weist einen Transportkostenvorteil des Standortes Kassel von mehr als 5% gegenüber den anderen Standorten auf:

Standort	Transportkosten (Euro)	Abweichung vom Standort Kassel (%)
Kassel	343.520	0,0
Hannover	361.380	5,2
Dortmund	362.890	5,6
Fulda	366.090	6,6
Frankfurt/Main	376.210	9,5
Erfurt	376.350	9,6

Tabelle 24.2: Transportkosten von verschiedenen Standorten in Deutschland

Dadurch, dass eine Reihe von Paketdienstleistern in Nordhessen ihre Systemknoten besitzen, herrscht in der Region ein starker Wettbewerb unter den Paketdienstleistern, was sich ansiedlungswillige Distributionszentren zu Nutze machen können. Nach der 80-20-Regel kann als Dual-Channel-Politik der kleinere Teil des Paketvolumens über einen Mitbewerber distribuiert werden. Hierdurch wird die Verhandlungsposition der Distributionszentren gegenüber den KEP-Dienstleistern deutlich verstärkt und mehr Sicherheit für einen langfristigen Bestand der Preis- und Lieferkonditionen gegeben, was die langfristige Kalkulierbarkeit einer Standortentscheidung erhöht. Mit dem Konzept des Logistikparks führen die KEP-Dienstleister also einerseits eine neue Art der Kundenbindung herbei. Sie stellen sich damit aber auch zugleich einem besonders intensiven Wettbewerb.

Ergänzende Literatur:

Sack, Detlev: Lokale Netzwerke im Stress: Güterverkehrszentren zwischen kombiniertem Verkehr und Standortkonkurrenz, Berlin, Ed. Sigma, 2002

Abschnitt VI

Methoden des Logistikmanagements

25 Controlling von Logistiksystemen

25.1 Begriff, Aufgaben und Ziele des Logistikcontrollings

Die zunehmende Bedeutung der Logistik als Wettbewerbsfaktor macht eine gezielte Planung, Steuerung und Kontrolle der Logistikleistungen und der durch sie verursachten Kosten unerlässlich. Die mit den gestiegenen Anforderungen an die Logistik einhergehende hohe Komplexität der heutigen Logistiksysteme erhöht zudem den Koordinations- und Abstimmungsbedarf der einzelnen Teilbereiche der Logistik. Das Instrument zur Wahrnehmung dieser Aufgaben ist das **Logistikcontrolling**. Dabei handelt es sich um ein unterstützendes Subsystem der (Logistik-) Führung, dem die Unterstützung der Führungskräfte bei der Planung und Kontrolle der Güter- und Informationsflüsse sowie deren Versorgung mit allen relevanten Führungsinformationen obliegt. Als Teilsystem des Unternehmenscontrollings zielt es auf die Gewährleistung einer systematischen, geschlossenen Logistikplanung und -kontrolle ab.

Zu den Aufgaben des Logistikcontrollings im Rahmen der Planung gehört zunächst die Entwicklung und Bereitstellung geeigneter Planungsverfahren sowie deren ständige Anpassung und Weiterentwicklung. Eine weitere Aufgabe stellt die Unterstützung des Logistikmanagements bei der Formulierung von Logistikzielen für das Unternehmen sowie von geeigneten Strategien zur Zielerreichung dar. Daraus sind in einem weiteren Schritt Einzelpläne für die Logistikteilsysteme zu erstellen und zu koordinieren.

Gegenstand der **Kontrolle** ist der Abgleich von geplanten Logistikkosten mit der Istkosten-Entwicklung im Rahmen von Soll-Ist-Vergleichen, die Analyse der identifizierten Abweichungen und ihrer Ursachen sowie die Erarbeitung geeigneter Korrekturvorschläge. Auf diese Weise soll eine wirtschaftliche Leistungserstellung, d.h. die Erbringung sämtlicher Logistikleistungen zu minimalen Kosten bei gegebenem Leistungsniveau, sichergestellt werden.

Zur adäquaten Wahrnehmung der **Informationsversorgungsaufgabe** ist die Implementierung und permanente Weiterentwicklung eines Logistikinformationssystems notwendig, das nicht nur die Führungskräfte, sondern auch die Verantwortlichen vor Ort zeitnah mit den auf den individuellen Informationsbedarf der Informationsempfänger abgestimmten Informationen versorgt. Von besonderer Bedeutung ist in diesem Zusammenhang die Festlegung des Detaillierungsgrades der zur Verfügung gestellten Informationen, der in der Regel mit abnehmender Hierarchieebene ansteigt.

Obwohl bereits Anfang der 90er Jahre nach einer empirischen Erhebung von 1991 40% der Unternehmen über ein Logistikcontrolling verfügten (vgl. Nowicki 1992), ist der Umsetzungsstand des Logistikcontrollings bis heute unbefriedigend. So beurteilten in einer Umfrage aus dem Jahre 2002 nur 25% der befragten Unternehmen ihr Logistikcontrolling-System mit gut bis sehr gut, 47% hingegen mit befriedigend und 28% sogar noch schlechter (vgl. Göpfert/Neher 2002).

Die Defizite in der Umsetzung des Logistikcontrollings sind nicht zuletzt auf die Besonderheiten des Logistikcontrollings gegenüber anderen Controlling-Teilsystemen zurückzuführen, die die Erfassung logistischer Leistungen im Vergleich zu anderen betrieblichen Leistungen deutlich erschweren (vgl. Kummer 1996, S. 1122f.):

- Aus der Dienstleistungsfunktion der Logistik erwachsen erhebliche Probleme der Leistungsdefinition. Dienstleistungen lassen sich weniger eindeutig messen als Sachleistungen. Ihre Abbildung erfordert mehrere unterschiedliche Messgrößen. So sind neben Mengen-, Gewichts- und Volumeneinheiten, die auch zur Messung von Sachleistungen herangezogen werden, insbesondere Zeit- und Entfernungseinheiten sowie Kombinationen aus mehreren Messgrößen (z.B. Tonnenkilometer) relevant.
- Im Gegensatz zu Sachleistungen, deren Messung zeitlich vom Leistungserstellungsprozess entkoppelt werden kann, lassen sich Dienstleistungen aufgrund ihres immateriellen Charakters nur simultan zur Leistungserstellung messen und erfordern daher aufwendigere Meßmethoden (spezielle Messinstrumente wie z.B. Fahrtenschreiber, manuelle Aufschreibungen wie z.B. in Form von Fahrtenbüchern oder Beobachtungen), die zudem nicht immer frei von Ungenauigkeiten und Manipulationsmöglichkeiten sind. Viele zur Steuerung der Logistik notwendige Informationen werden daher bislang nicht oder nur unsystematisch erfasst.
- Die Leistungen der Logistik werden über das gesamte Unternehmen erbracht. Ihre Abbildung erfordert daher eine Vielzahl von Messpunkten. Als zentrales Problem erweist sich dabei die Abgrenzung gegenüber den anderen betrieblichen Funktionsbereichen. Als Kriterium, ob die fraglichen Leistungen der Logistik zugeordnet werden sollen oder nicht, kann der Dispositionsspielraum der Logistik bei der Erstellung der fraglichen Leistungen herangezogen werden. Eine Zuordnung zur Logistik sollte immer nur dann erfolgen, wenn ein hinreichend großer logistischer Dispositionsspielraum vorhanden ist (vgl. Siepermann 2003b, S. 1017).
- Logistikleistungen sind zum Teil sehr heterogen. So sind beispielsweise Umschlagprozesse von Gütern mit unterschiedlichen Handhabungseigenschaften (z.B. leichte vs. schwere Güter, sperrige vs. kleinvolumige Güter) vom notwendigen Ressourceneinsatz her nur sehr bedingt vergleichbar, so dass eine Differenzierung dieser Leistungsart notwendig werden kann, was wiederum die Komplexität und den Aufwand der Leistungserfassung erhöht.

25.2 Instrumente des Logistikcontrollings im Überblick

Ein leistungsfähiges Logistikcontrolling setzt den Einsatz von Controlling-Instrumenten voraus, die auf den Informationsbedarf der Logistikführungskräfte abgestimmt sind. Als **Logistikcontrolling-Instrumente** werden alle Modelle, Methoden und Hilfsmittel bezeichnet, mit denen die Planung und Kontrolle der logistischen Teilbereiche und des Materialflusses im Unternehmen sowie die entscheidungsbezogene Informationsversorgung zielbezogen unterstützt werden können. Hierzu zählen insbesondere

- die Logistikkosten- und -leistungsrechnung sowie
- logistische Kennzahlen und Kennzahlensysteme,

die in den folgenden Abschnitten dieses Kapitels näher betrachtet werden. Darüber hinaus lassen sich weitere Controlling-Instrumente wie Benchmarking, Target Costing, Wertanalyse oder Budgetierung für die Steuerung der Logistik nutzbar machen, die an dieser Stelle jedoch nicht weiter vertieft werden sollen. Die konkrete Ausgestaltung der Instrumente des Logistikcontrollings hängt wesentlich davon ab, ob ihre Anwendung in einem Industrieunternehmen oder bei einem Logistikdienstleister erfolgen soll. Im Folgenden steht die Anwendung in Industrieunternehmen im Vordergrund.

Basis und wichtigster Informationslieferant eines jeden Controllingsystems und somit auch des Logistikcontrollings ist die betriebliche Kosten- und Leistungsrechnung. Die klassische Kostenrechnung weist jedoch aufgrund ihrer primären Ausrichtung auf den Produktionsbereich bei der verursachungsgerechten Verrechnung der Logistikkosten auf die einzelnen Kostenträger wie Aufträge, Produkte oder Kunden einige Schwachstellen auf, da eine zentrale Voraussetzung für eine verursachungsgerechte Kostenverrechnung, nämlich die Erfassbarkeit eines Großteils der Kosten als (Kostenträger-) Einzelkosten, in der Logistik im Gegensatz zur Produktion in der Regel nicht gegeben ist. Logistikkosten stellen vielmehr überwiegend Gemeinkosten dar, die in der klassischen Kostenrechnung aufgrund des unterstellten fehlenden Produktbezugs dieser Kosten nur pauschal und undifferenziert auf die Kostenträger verrechnet werden. Um dennoch zu einer verursachungsgerechten Zuordnung der Logistikkosten auf die Kostenträger zu gelangen, haben sich zwei grundsätzliche Lösungsalternativen herausgebildet:

- Weber schlägt eine Verfeinerung der klassischen Kostenrechnung vor und bezeichnet diese als Logistikkosten- und -leistungsrechnung (vgl. Weber 2002b).
- Die zweite Alternative besteht in der Anwendung der speziell für die indirekten Leistungsbereiche, zu denen auch die Logistik zählt, entwickelten Prozesskostenrechnung, die ebenfalls als Form der Logistikkostenrechnung (im weiteren Sinne) angesehen werden kann.

Beide Alternativen werden in den folgenden Abschnitten im Einzelnen vorgestellt.

Die Logistikkosten- und -leistungsrechnung (im weiteren Sinne) dient zum einen der Erfassung der innerbetrieblichen Logistikleistungen und der durch sie entstehenden Kosten und zum anderen der Kalkulation der durch die einzelnen Produkte oder andere Kostenträger wie Lieferanten oder Kunden verursachten Logistikkosten. Mögliche Fragestellungen könnten somit beispielsweise sein:

- Was kostet eine Lagertransaktion?
- Welche Logistikkosten verursacht ein neuer Lieferant oder ein neuer Vertriebsweg?
- Wie hoch sind die Logistikkosten für Produkt X?

Die Ergebnisse der Logistikkosten- und -leistungsrechnung (im weiteren Sinne) bilden eine wichtige Basis zur Generierung logistischer **Kennzahlen** und **Kennzahlensysteme**. Neben den klassischen Logistikkennzahlensystemen wird in jüngster Zeit die **Balanced Scorecard** als innovatives, besonders ausgewogenes Kennzahlensystem intensiv diskutiert, dessen Einsatz sich auch für die Logistik eignet. Beiden Ansätzen ist in diesem Kapitel ein eigener Abschnitt gewidmet.

25.3 Die Logistikkosten- und -leistungsrechnung nach Weber

Zur Identifikation und Beseitigung der Schwachstellen der klassischen Kostenrechnung bei der Verrechnung von Logistikkosten ist eine genaue Analyse der Abrechnungslogik der klassischen Kostenrechnung notwendig, die in Abbildung 25.1 überblicksartig dargestellt ist. Da Logistikkosten zum überwiegenden Teil Gemeinkosten darstellen, kommt der Kostenstellenrechnung für die verursachungsgerechte Verrechnung dieser Kosten auf die Kostenträger eine zentrale Bedeutung zu. Die Erfassung der Kosten im Rahmen der Kostenstellenrechnung erfolgt im **Betriebsabrechnungsbogen** (BAB). Dabei handelt es sich um eine Tabelle, die in der Vertikalen die Kostenarten und in der Horizontalen die Kostenstellen(bereiche) ausweist (vgl. Tabelle 25.1). Hier werden diejenigen (Logistik-) Kosten, die sich nicht als Einzelkosten einem Kostenträger zuordnen lassen (Kostenträgergemeinkosten), am Ort ihres Kostenanfalls als Kostenstelleneinzelkosten erfasst. Diese Kosten werden auch als primäre Logistikkosten bezeichnet. Bei den Kostenstellen sind aus abrechnungstechnischer Sicht Vor- und Endkostenstellen zu unterscheiden. Vorkostenstellen sind solche Kostenstellen, deren Kosten im Rahmen der innerbetrieblichen Leistungsverrechnung an diejenigen (Vor- oder End-) Kostenstellen verrechnet werden, die die Leistungen der Vorkostenstellen in Anspruch nehmen. Dagegen werden die Kosten der Endkostenstellen direkt auf die Kostenträger (Produkte) weiterverrechnet. Entsprechend werden die Kosten der Vorkostenstellen gemäß der Inanspruchnahme der Leistungen der leistenden Kostenstellen durch die empfangenden Kostenstellen in einem unter Umständen mehrstufigen Verfahren auf die Endkostenstellen verrechnet. Auf diese Weise werden die primären Logistikkosten der Logistikvorkostenstellen in sekundäre Logistikkosten auf den Endkostenstellen transformiert. Um die Schnittstelle zur Kostenträgerrechnung herzustellen, werden für die Endkostenstellen Kalkulationssätze gebildet, mit denen die primären und sekundären (Logistik-) Kosten dieser Kostenstellen auf die Kostenträger verrechnet werden.

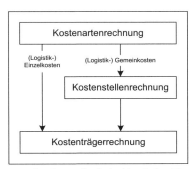

Abbildung 25.1: Abrechnungslogik der klassischen Kostenrechnung

Kostenstellen(bereiche) →	Vorkostenstellen		Endkostenstellen(bereiche)			
Kostenarten ↓	Werkstatt	Transport	Material	Fertigung	Verwaltung	Vertrieb
Löhne						
Gehälter						
Mieten						
Abschreibungen						
Zinsen						
...						
Σ Primäre Gemeinkosten						
Sekundäre Gemeinkosten						
Gemeinkostensumme						

Tabelle 25.1: Schematischer Aufbau eines Betriebsabrechnungsbogens

Die Verrechnung der (Logistik-) Kosten von den Vor- auf die Endkostenstellen und von den Endkostenstellen auf die Kostenträger erfolgt über **Bezugsgrößen**. Dabei sind zwei Arten von Bezugsgrößen zu unterscheiden: Während **direkte Bezugsgrößen** die von einer Kostenstelle erbrachten Leistungen widerspiegeln, weisen **indirekte Bezugsgrößen** keinen unmittelbaren Bezug zu den erstellten Leistungseinheiten einer Kostenstelle auf. Bei direkten Bezugsgrößen handelt es sich in der Regel um Zeitgrößen (z.B. Rüstzeit) oder Mengengrößen (z.B. gefahrene Kilometer), bei den indirekten Bezugsgrößen hingegen um Wertgrößen (z.B. Materialeinzelkosten, Fertigungslöhne, Herstellkosten). Im System der klassischen Kostenrechnung werden zwar im Rahmen der innerbetrieblichen Leistungsverrechnung überwiegend direkte Bezugsgrößen zur Kostenverrechnung herangezogen, bei der Verrechnung der Kosten der Endkostenstellen auf die Kostenträger kommen jedoch mit Ausnahme des Fertigungsbereichs, dessen Gemeinkosten häufig über Maschinenstunden auf die Kostenträger verrechnet werden, ausschließlich indirekte Bezugsgrößen zum Einsatz. Begründet wird diese Vorgehensweise mit dem unzureichenden Produktbezug der Leistungen der Kostenstellen außerhalb der Fertigung (vgl. Kilger/Pampel/Vikas 2002, S. 254-256).

Für eine Beurteilung der Verursachungsgerechtigkeit der Logistikkostenverrechnung in der klassischen Kostenrechnung ist noch die Einordnung der Logistikkostenstellen als Vor- oder Endkostenstellen von Bedeutung. Während die innerbetriebliche Logistik überwiegend durch Vorkostenstellen repräsentiert wird (z.B. innerbetrieblicher Transport, Fertigungssteuerung), stellen die lieferanten- und kundennahen Logistikkostenstellen der Beschaffungs- und Distributionslogistik in der Regel Endkostenstellen des Materialbereichs (z.B. Warenannahme, Eingangslager) bzw. des Vertriebsbereichs (z.B. Fertigfabrikatelager, Versand, Distribution) dar. Daraus ergibt sich dann folgender Abrechnungsgang der Logistikkosten, der die Schwachstellen der klassischen Kostenrechnung unmittelbar offenbar werden lässt:

- Die Kosten der innerbetrieblichen Logistik (Produktionslogistik) werden im Rahmen der innerbetrieblichen Leistungsverrechnung verursachungsgerecht über direkte Bezugsgrößen gemäß der Leistungsinanspruchnahme der empfangenden Kostenstellen auf diese verrechnet, gehen jedoch aufgrund der Klassifikation dieser Kostenstellen als Vorkostenstellen nur indirekt in die Produktkosten ein.
- Bei der Verrechnung der Logistikkosten der Endkostenstellen (Beschaffungs- und Distributionslogistik) auf die Kostenträger kommen aufgrund des unterstellten fehlenden Produktbezugs der Leistungen dieser Kostenstellen indirekte Bezugsgrößen zum Einsatz, und zwar für die Beschaffungslogistik die Materialeinzelkosten und für die Distributionslogistik die Herstellkosten. Dadurch wird ein Produkt

umso stärker mit Logistikgemeinkosten belastet, je höher dessen Materialwert und je höher dessen Herstellkosten sind. Der logistische Aufwand, den ein Produkt verursacht, hängt jedoch keineswegs von diesen Größen ab, sondern vielmehr von der individuellen Inanspruchnahme der Leistungen der Logistikendkostenstellen. So wird ein Produkt, das aus vielen geringwertigen Einzelteilen besteht, einen wesentlich höheren beschaffungslogistischen Aufwand verursachen als ein Produkt, das aus wenigen teuren Komponenten besteht. In der klassischen Zuschlagskalkulation wird das zweite Produkt jedoch aufgrund seines höheren Materialwertes mit mehr Logistikgemeinkosten belastet als das Produkt der ersten Kategorie. Das Gleiche gilt für Produktions- und Distributionslogistikkosten, wobei im Falle der Produktionslogistikkosten auch eine Kalkulation mit Maschinenstundensätzen nichts an der Problematik ändert, da auch die Fertigungszeit nicht ausschlaggebend für den produktionslogistischen Aufwand ist, den ein Produkt verursacht.

Zur Überwindung dieser Schwachstellen schlägt Weber vor, möglichst alle Logistikkostenstellen als Endkostenstellen einzurichten und die Kosten aller Logistikkostenstellen mit Hilfe **direkter Bezugsgrößen** auf die Kostenträger zu verrechnen (vgl. Weber 2002b, S. 247 ff.). Beispiele für mögliche direkte Logistikbezugsgrößen sind die Anzahl bewegter Paletten, Transportgewicht- oder -volumen, gefahrene Kilometer, Tonnenkilometer usw. Voraussetzung für eine derartige Vorgehensweise ist die Erstellung detaillierter logistischer Leistungspläne, die für jedes Produkt die über den gesamten Wertschöpfungsprozess erforderlichen logistischen Leistungen ausweisen. Dadurch ist eine verursachungsgerechte, an der Inanspruchnahme logistischer Leistungen ausgerichtete Verrechnung sowie ein direkter Ausweis der Logistikkosten in der Kostenträgerrechnung gewährleistet.

Die Vorgehensweise der Logistikkostenrechnung nach Weber soll abschließend anhand eines **Beispiels** dargestellt und mit den Ergebnissen der klassischen Kostenrechnung verglichen werden. Dabei wird vereinfachend von einer Vollkostenrechnung ausgegangen, was mit dem geringen Anteil variabler Logistikkosten und dem damit verbundenen geringen Erkenntnisgewinn einer veränderten Kostenzuordnung bei Anwendung einer Teilkostenrechnung zu rechtfertigen ist, bei der nur variable Kosten und damit nur sehr wenige Logistikkosten den Kostenträgern zugeordnet würden. Tabelle 25.2 und Tabelle 25.3 zeigen die Ausgangsdaten des Beispiels.

Kostenart/Kostenstelle	Kosten der Periode	Leistungsvolumen der Periode
Materialeinzelkosten	900.000 €	
Fertigungseinzelkosten	500.000 €	
Bestelldisposition	100.000 €	100.000 Teile
Eingangslager	200.000 €	100.000 Teile
Fertigungssteuerung	120.000 €	60.000 Arbeitsgänge
Versandlager	250.000 €	7.500 m³ Lagervolumen
Fuhrpark	125.000 €	7.500 m³ Transportvolumen
Verwaltung	150.000 €	

Tabelle 25.2: Kostenarten- und kostenstellenbezogene Ausgangsdaten

	Produkt A	Produkt B
Stückzahl	5.000	5.000
Materialeinzelkosten (€)	80,00	100,00
Fertigungseinzelkosten (€)	40,00	60,00
Anzahl Teile	15	5
Anzahl Arbeitsgänge	10	2
Volumen (m³)	1	0,5

Tabelle 25.3: Produktbezogene Ausgangsdaten

In der **klassischen Kostenrechnung** werden die Beschaffungslogistikgemeinkosten der Kostenstellen Warenannahme und Wareneingangslager als Materialgemeinkosten über die Bezugsgröße "Materialeinzelkosten", die Produktionslogistikgemeinkosten der Kostenstelle Fertigungssteuerung als Fertigungsgemeinkosten vereinfachend über die Bezugsgröße "Fertigungseinzelkosten" (alternativ könnte auch eine Verrechnung über Maschinenstunden erfolgen) und die Distributionslogistikgemeinkosten als Vertriebsgemeinkosten über die Bezugsgröße "Herstellkosten" als Summe aus Materialeinzel- und -gemeinkosten sowie Fertigungseinzel- und -gemeinkosten verrechnet. Die entsprechenden Zuschlagssätze zeigt Tabelle 25.4, das Kalkulationsergebnis ist in Tabelle 25.5 dargestellt.

Materialgemeinkostenzuschlag:

$$\frac{\text{Materialgemeinkosten}}{\text{Materialeinzelkosten}} = \frac{300.000}{900.000} = 33,3\%$$

Fertigungsgemeinkostenzuschlag:

$$\frac{\text{Fertigungsgemeinkosten}}{\text{Fertigungseinzelkosten}} = \frac{120.000}{500.000} = 24,0\%$$

Vertriebsgemeinkostenzuschlag:

$$\frac{\text{Vertriebsgemeinkosten}}{\text{Herstellkosten}} = \frac{375.000}{1.820.000} = 20,6\%$$

Verwaltungsgemeinkostenzuschlag:

$$\frac{\text{Verwaltungsgemeinkosten}}{\text{Herstellkosten}} = \frac{150.000}{1.820.000} = 8,2\%$$

Tabelle 25.4: Zuschlagssätze in der klassischen Kostenrechnung

	Produkt A	Produkt B
Materialeinzelkosten	80,00	100,00
Materialgemeinkosten	26,64	33,30
Materialkosten	**106,64**	**133,30**
Fertigungseinzelkosten	40,00	60,00
Fertigungsgemeinkosten	9,60	14,40
Fertigungskosten	**49,60**	**74,40**
Herstellkosten	**156,24**	**207,70**
Verwaltungsgemeinkosten	12,81	17,03
Vertriebsgemeinkosten	32,19	42,79
Selbstkosten	**201,24**	**267,52**

Tabelle 25.5: Kalkulation in der klassischen Kostenrechnung

In der Logistikkostenrechnung nach Weber hingegen werden die Kosten der Kostenstellen Warenannahme, Wareneingangslager, Fertigungssteuerung, Versandlager und Versanddisposition nicht mehr über Zuschlagssätze auf Wertgrößen, sondern über leistungsbezogene Verrechnungssätze (vgl. Tabelle 25.6) auf die Produkte verrechnet. Das Ergebnis zeigt Tabelle 25.7. Ein Vergleich der Ergebnisse macht deutlich, dass Produkt

A nun entsprechend seiner höheren Inanspruchnahme logistischer Leistungen auch mit höheren Logistikkosten belastet wird als Produkt B, während in der klassischen Kostenrechnung Produkt B aufgrund seiner höheren Material- und Fertigungseinzelkosten höhere Logistikkosten angelastet werden als Produkt A.

Kostenstelle	Kosten der Periode	Leistungsvolumen der Periode	Verrechnungssatz
Bestelldisposition	100.000 €	100.000 Teile	1,00 € pro Teil
Eingangslager	200.000 €	100.000 Teile	2,00 € pro Teil
Fertigungssteuerung	120.000 €	60.000 Arbeitsgänge	2,00 € pro Arbeitsgang
Versandlager	250.000 €	7.500 m³ Lagervolumen	33,33 € pro m³
Fuhrpark	125.000 €	7.500 m³ Transportvolumen	16,67 € pro m³

Tabelle 25.6: Leistungsbezogene Verrechnungssätze in der Logistikkostenrechnung nach Weber

	Produkt A	Produkt B
Materialeinzelkosten	80,00	100,00
Kosten Bestelldisposition	15,00	5,00
Kosten Eingangslager	30,00	10,00
Materialkosten	**125,00**	**115,00**
Fertigungseinzelkosten	40,00	60,00
Kosten Fertigungssteuerung	20,00	4,00
Fertigungskosten	**60,00**	**64,00**
Herstellkosten	**185,00**	**179,00**
Verwaltungsgemeinkosten	15,17	14,68
Kosten Versandlager	33,33	16,67
Kosten Fuhrpark	16,67	8,34
Selbstkosten	**250,17**	**218,69**

Tabelle 25.7: Kalkulation in der Logistikkostenrechnung nach Weber

25.4 Die Prozesskostenrechnung als Logistikkostenrechnung

Die zunehmende Automatisierung der Produktions- und Logistikprozesse, der damit einhergehende Anstieg von Planungs- und Steuerungsaufgaben sowie die zunehmende Varianten- und Teilevielfalt haben zu einer permanenten Kostenausweitung in den indirekten, die Produktion unmittelbar oder mittelbar unterstützenden Leistungsbereichen (nicht nur in der Logistik) und damit zu einem deutlichen Anstieg der fixen Gemeinkosten bei gleichzeitigem Rückgang variabler Einzelkosten geführt, so dass die Voraussetzungen der klassischen Kostenrechnung für eine verursachungsgerechte Kostenverrechnung (hoher Anteil an Einzelkosten) und eine sinnvolle Kostenplanung und -kontrolle (hoher Anteil variabler Kosten) nicht mehr gegeben sind. Vor diesem Hintergrund wurde Ende der 80er Jahre von Péter Horváth und Reinhold Mayer die Prozesskostenrechnung nach dem amerikanischen Vorbild des Activity Based Costing (ABC) als speziell auf die indirekten Leistungsbereiche zugeschnittenes Kostenrechnungssystem entwickelt und in der Folge von zahlreichen Autoren aufgegriffen und weiter verfeinert.

Die Grundidee der Prozesskostenrechnung besteht darin, die in den Kostenstellen der indirekten Leistungsbereiche ablaufenden Tätigkeiten zu analysieren und in Form von kostenstellenbezogenen Teilprozessen und kostenstellenübergreifenden Hauptprozessen zu strukturieren, um auf diese Weise eine erhöhte Kostentransparenz in den indirekten Leistungsbereichen, eine verbesserte Gemeinkostenplanung und -kontrolle sowie eine verursachungsgerechtere Gemeinkostenverrechnung auf die Produkte zu erreichen. Als Prozesse können dabei physische (z.B. Ware einlagern), administrative (z.B. Lagerzugang erfassen) oder wertmäßige Vorgänge (z.B. Verzinsung von Lagerbeständen) definiert werden. Damit folgt die Prozesskostenrechnung in besonderer Weise dem der Logistik zugrunde liegenden Materialfluss- und Kettendenken, ist in ihrer Anwendung im Gegensatz zur im vorigen Abschnitt vorgestellten Logistikkostenrechnung nach Weber jedoch nicht auf die Logistik beschränkt. Voraussetzung für diese Vorgehensweise ist das Vorhandensein überwiegend repetitiver, d.h. sich regelmäßig wiederholender Tätigkeiten mit vergleichsweise geringem Entscheidungsspielraum, wie sie für große Teile der Logistik typisch sind. Diese Voraussetzung ist umso eher gegeben, je produktionsnäher der betrachtete Bereich ist.

Die Prozesskostenrechnung geht von der Vorstellung aus, dass die für die traditionelle Kostenrechnung typische Fokussierung auf die Beschäftigung als zentrale Kosteneinflussgröße nicht ausreicht, um die Kostenentstehung in den indirekten Leistungsbereichen hinreichend genau zu erklären. Daher werden in der Prozesskostenrechnung neben der Beschäftigung vor allem die Varianten- und Teilevielfalt, die Produkt- und Prozesskomplexität sowie die Auftrags- bzw. Losgröße als weitere, für den indirekten Bereich relevante Einflussfaktoren auf die Kostenentstehung berücksichtigt. Da der überwiegende Teil der Kosten der indirekten Leistungsbereiche als kurz- bis mittelfristig beschäftigungsunabhängig anzusehen ist, ist die Prozesskostenrechnung als **Vollkostenrechnung** konzipiert, d.h. es wird keine Trennung in fixe und variable Kosten vorgenommen.

Die Prozesskostenrechnung setzt auf der klassischen Gliederung der Kostenrechnung in Kostenarten-, Kostenstellen- und Kostenträgerrechnung auf und erweitert die Kostenstellenrechnung um eine Analyse und Bewertung der dort ablaufenden Prozesse, die sich in folgenden Schritten vollzieht:

- In einem **ersten Schritt** sind die in den Kostenstellen der indirekten Bereiche ablaufenden Tätigkeiten zu analysieren und inhaltlich zusammengehörige Tätigkeiten zu **Teilprozessen** zusammenzufassen. Ein Teilprozess ist dabei definiert als eine auf die Erbringung einer bestimmten Leistung gerichtete Kette homogener Tätigkeiten einer Kostenstelle. Unter einer Tätigkeit oder einer Aktivität versteht man einen einzelnen Bearbeitungsschritt, der nicht sinnvoll weiter unterteilt werden kann. Im Hinblick auf die weiteren Schritte sind zwei Arten von Teilprozessen zu unterscheiden: **Leistungsmengeninduzierte (lmi) Teilprozesse** beinhalten überwiegend repetitive Tätigkeiten, deren Wiederholhäufigkeit vom insgesamt von der Kostenstelle zu erbringenden Leistungsvolumen abhängt. **Leistungsmengenneutrale (lmn) Teilprozesse** hingegen stellen überwiegend dispositive, planende und organisatorische Tätigkeiten dar, die unabhängig vom zu erbringenden Leistungsvolumen der Kostenstelle anfallen.
- In einem **zweiten Schritt** sind für die leistungsmengeninduzierten Teilprozesse geeignete **Maßgrößen** zu finden, die den Kosteneinflussfaktor des Prozesses widerspiegeln und somit einen Maßstab der Kostenverursachung darstellen.
- Im **dritten Schritt** sind die Ausprägungen der Maßgrößen zu bestimmen. Sie werden als **Prozessmengen** bezeichnet und geben die Anzahl der Prozessdurchführungen in der betrachteten Periode an.
- Im **vierten Schritt** sind die Kosten der Teilprozesse zu bestimmen. Die **Prozesskosten** stellen die Summe aller Kosten(arten) dar, die durch einen Teilprozess in

dem betrachteten Zeitraum verursacht werden. Da in den indirekten Leistungsbereichen die Personalkosten überwiegen, besteht die einfachste Möglichkeit der Prozesskostenermittlung darin, die Kostenstellenkosten nach den für die einzelnen Prozesse erforderlichen Personalkapazitäten auf die Prozesse zu verteilen.

- Im **fünften Schritt** werden für die lmi-Prozesse mittels Division der Prozesskosten durch die zugehörigen Prozessmengen **Prozesskostensätze** ermittelt, die die (durchschnittlichen) Kosten der einmaligen Durchführung bzw. Inanspruchnahme eines lmi-Teilprozesses angeben. Die Kosten der lmn-Prozesse können entweder proportional zu den lmi-Prozesskosten auf die lmi-Prozesse verteilt werden oder in einer kostenstellenübergreifenden Sammelposition gesammelt werden.

- Im **sechsten Schritt** werden schließlich sachlich zusammenhängende (lmi) Teilprozesse zu kostenstellenübergreifenden **Hauptprozessen** zusammengefasst (vgl. Abbildung 25.2). Ein Hauptprozess kann als Folge zusammengehöriger Teilprozesse definiert werden, die demselben Kosteneinflussfaktor unterliegen. Die Kosteneinflussfaktoren der Hauptprozesse werden durch **Kostentreiber** gemessen, die mit den Maßgrößen der in den jeweiligen Hauptprozess eingehenden Teilprozesse identisch sein können, aber nicht müssen. Während die Kosteneinflussgrößen indirekt auf das Kostenvolumen wirken, stellen die Kostentreiber (wie auch die Maßgrößen auf Teilprozessebene) direkte Maßstäbe der Kostenverursachung dar, wobei zwischen Kostentreibern (bzw. Maßgrößen) und Prozesskosten eine proportionale Beziehung unterstellt wird. Es wird davon ausgegangen, dass mit der Bildung von sieben bis zehn Hauptprozessen ca. 80% des Gemeinkostenvolumens erklärt werden können.

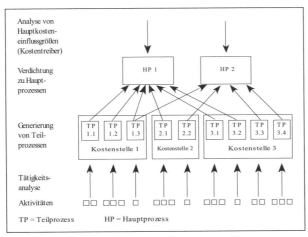

Abbildung 25.2: Verdichtung von Teilprozessen zu Hauptprozessen

Diese Vorgehensweise soll im Folgenden am **Beispiel** einer Einkaufskostenstelle erläutert werden, deren Gesamtkosten sich auf 48.000 Euro belaufen (vgl. Tabelle 25.8). Im ersten Schritt sind nun im Rahmen der Tätigkeitsanalyse die in Spalte 1 abgetragenen Teilprozesse zu ermitteln und als lmi- oder lmn-Prozesse zu qualifizieren (Spalte 2). Spalte 3 zeigt die im zweiten Schritt gewählten Maßgrößen für die lmi-Teilprozesse und Spalte 4 die in Schritt 3 festgelegten Prozessmengen. Die in Spalte 6 dargestellten Prozesskosten (Schritt 4) ergeben sich durch Verteilung der Kostenstellengesamtkosten auf

Basis der für die Durchführung der Teilprozesse notwendigen Personalkapazitäten (Spalte 5). Die Prozesskostensätze aus Spalte 7 (Schritt 5) erhält man mittels Division der Prozesskosten aus Spalte 6 durch die Prozessmengen aus Spalte 4. In Spalte 8 erfolgt die Umlage der lmn-Prozesskosten auf die lmi-Prozesse in Form eines prozentualen Aufschlags auf die lmi-Prozesskostensätze. Der Aufschlag i.H.v. 14,3% ergibt sich durch Division der lmn-Prozesskosten durch die Summe der lmi-Prozesskosten. In Spalte 9 wird der Gesamtprozesskostensatz durch Addition der Spalten 7 und 8 ermittelt. Spalte 10 zeigt schließlich die für Schritt 6 benötigte Zuordnung der Prozessmengen zu den in Tabelle 25.9 dargestellten Hauptprozessen, in die neben den hier betrachteten Teilprozessen der Kostenstelle Einkauf noch weitere Prozesse anderer Kostenstellen einfließen.

Teilprozess	Art	Maßgröße	Prozess-menge	Voll-kräfte	Prozess-kosten	Prozess-kostensatz (lmi)	Umlage lmn Kosten	Gesamt-prozess-kostensatz	Prozess-mengen an Hauptprozesse
(1)	(2)	(3)	(4)	(5)	(6)	(7)=(6):(4)	(8)=(7)·u	(9)=(7)+(8)	(10)
Rahmenverträge abschließen	lmi	Anzahl der Rahmenverträge	60	1,5	9.000	150,00	21,43	171,43	60 an HP 1
Abrufe über Rahmenverträge	lmi	Anzahl der Abrufe	400	1,0	6.000	15,00	2,14	17,14	400 an HP 1
Einzelbestellungen tätigen	lmi	Anzahl der Einzelbestellungen	200	1,5	9.000	45,00	6,43	51,43	200 an HP 2
Wareneingangsprüfung durchführen	lmi	Anzahl der Anlieferungen	600	3,0	18.000	30,00	4,29	34,29	400 an HP 1, 200 an HP 2
Abteilung leiten	lmn	—	—	1,0	6.000	—	—	—	
Summe				8,0	48.000				

$$u = \frac{6.000}{9.000+6.000+9.000+18.000} = 14{,}3\%$$

Tabelle 25.8: Teilprozesse der Kostenstelle Einkauf

Nr.	Bezeichnung	Kostentreiber	Prozess-menge	Prozess-kosten	Prozess-kostensatz
1	Material beschaffen über Rahmenverträge	Anzahl der Bestellungen	400	30.000	75,00
2	Material beschaffen über Einzelverträge	Anzahl der Bestellungen	200	20.700	103,50
3	Fertigungsauftragskommissionierung	Anzahl der Stücklistenpositionen	1.200	21.600	18,00
4	Fertigungssteuerung	Anzahl der Fertigungsoperationen	2.000	24.000	12,00
5	Auftragsabwicklung	Anzahl der Aufträge	380	43.700	115,00

Tabelle 25.9: Hauptprozesse im Beispiel

Die Bildung von Hauptprozessen stellt die Grundlage für den Aufbau einer prozessorientierten Kostenträgerrechnung sowie einer effizienten Gemeinkostenplanung und -kontrolle dar. Im Folgenden wird die **Kalkulation** betrachtet. Als Voraussetzung für eine prozessorientierte Kalkulation muss bekannt sein, in welchem Umfang ein Produkt welche Prozesse in Anspruch nimmt. Dieser Produkt-Prozess-Zusammenhang wird durch einen **Prozesskoeffizienten** hergestellt, der die von einer Produkteinheit in Anspruch genommene Prozessmenge angibt. Tabelle 25.11 enthält die Prozesskoeffizienten für zwei Produkte, die sich aus den in Tabelle 25.10 dargestellten Ausgangsdaten ergeben. Die prozessorientierte Kalkulation hat dann die in Tabelle 25.12 wiedergegebene Gestalt. Das Beispiel verdeutlicht, dass Produkt B, das aufgrund seiner höheren Komplexität die Leistungen des indirekten Leistungsbereichs stärker in Anspruch nimmt, durch die Prozesskostenrechnung auch mit höheren Gemeinkosten belastet wird.

	Produkt A	Produkt B
Materialeinzelkosten	60	80
Fertigungseinzelkosten	50	70
Anzahl Teile über Rahmenverträge	12	3
Anzahl Teile über Einzelverträge	4	1
Anzahl Fertigungsoperationen	8	4
Beschaffungslosgröße der Teile	20	20
Fertigungslosgröße	15	30
Absatzlosgröße (Auftragsgröße)	6	12

Tabelle 25.10: Ausgangsdaten für die prozessorientierte Kalkulation

	Produkt A	Produkt B
Hauptprozess 1	12 / 20 = 0,60	3 / 20 = 0,15
Hauptprozess 2	4 / 20 = 0,20	1 / 20 = 0,05
Hauptprozess 3	16 / 15 = 1,07	4 / 30 = 0,13
Hauptprozess 4	8 / 15 = 0,53	4 / 30 = 0,13
Hauptprozess 5	1 / 6 = 0,17	1 / 12 = 0,08

Tabelle 25.11: Prozesskoeffizienten im Beispiel

	Produkt A	Produkt B
Materialeinzelkosten	60,00	80,00
Kosten des Hauptprozesses 1	45,00	11,25
Kosten des Hauptprozesses 2	20,70	5,18
Summe Materialkosten	125,70	96,43
Fertigungseinzelkosten	50,00	70,00
Kosten des Hauptprozesses 3	19,20	2,40
Kosten des Hauptprozesses 4	6,40	1,60
Summe Fertigungskosten	75,60	74,00
Kosten des Hauptprozesses 5	19,17	9,58
Gesamtkosten	**220,47**	**180,01**

Tabelle 25.12: Prozessorientierte Kalkulation im Beispiel

Die Herleitung der Prozesskoeffizienten ist in der Praxis allerdings nicht so trivial, wie es in dem Beispiel vielleicht erscheinen mag. Das gilt insbesondere für die Herstellung der Produkt-Prozess-Zusammenhänge in der Beschaffungslogistik. Die prozessorientierte Kalkulation erfordert vielmehr umfassende logistische Leistungspläne, deren Erstellung einen erheblichen Aufwand verursacht. Die Prozesskostenrechnung (wie auch die Logistikkostenrechnung nach Weber) setzt damit eine umfassende und gut ausgebaute logistische Leistungserfassung voraus. Sofern die benötigten Daten nicht laufend EDV-technisch erfasst werden, kann der Aufwand den Nutzen leicht übersteigen. In diesem Fall bietet es sich an, lediglich fallweise Berechnungen im Bedarfsfall durchzuführen.

25.5 Logistikkennzahlen und -kennzahlensysteme

Kennzahlen sind quantitative Größen, die in verdichteter Form über wichtige, zahlenmäßig erfassbare betriebswirtschaftliche Sachverhalte informieren sollen. Sie dienen zur Messung der Effizienz eines Unternehmens oder einzelner Unternehmensteilbereiche und ermöglichen eine einfache und kompakte Darstellung komplexer Strukturen. Neben dieser Informationsfunktion erfüllen Kennzahlen eine Reihe weiterer Funktionen, die sich wie folgt systematisieren lassen (vgl. Göpfert 2000, S. 346):

- Operationalisierungsfunktion: Bildung von Kennzahlen zur Operationalisierung von Zielen,

- **Anregungsfunktion:** Laufende Erfassung von Kennzahlen zur Erkennung von Auffälligkeiten und Veränderungen,
- **Vorgabefunktion:** Ermittlung kritischer Kennzahlenwerte als Zielgrößen für einzelne unternehmerische Teilbereiche,
- **Steuerungsfunktion:** Verwendung von Kennzahlen zur Vereinfachung von Steuerungsprozessen,
- **Kontrollfunktion:** Laufende Erfassung von Kennzahlen zur Erkennung von Soll-Ist-Abweichungen,
- **Koordinationsfunktion:** Kennzahlen als Instrument zur Koordination dezentral geführter Logistikteilsysteme.

Ausschlaggebend für die Aussagefähigkeit von Kennzahlen ist die Qualität der zugrundeliegenden Datenbasis. Um die Vergleichbarkeit der Kennzahlenwerte im Zeitablauf zu gewährleisten, empfiehlt es sich, die Aufstellung der Kennzahlen mit Hilfe von **Kennzahlenblättern** zu standardisieren, die eine genaue Beschreibung der Kennzahl, die Berechnungsvorschrift und die heranzuziehenden Datenquellen enthalten. Um die Kennzahlen im Rahmen eines Benchmarking auch für unternehmensübergreifende Vergleiche heranziehen zu können, ist darüber hinaus eine Abstimmung der Kennzahlendefinitionen unter den Vergleichspartnern notwendig.

Der Aussagewert einer einzelnen Kennzahl ist jedoch begrenzt, da sie nur eine einzelne quantitative Information abbildet, die ohne geeignete Vergleichswerte nicht eindeutig interpretierbar ist. Um eine sinnvolle Beurteilung der aktuellen Ausprägung (des Werts) einer Kennzahl zu ermöglichen und Mehrdeutigkeiten in der Interpretation auszuschalten, sind zum einen Werte von Vorperioden und/oder Planwerte als Vergleichsmaßstab heranzuziehen. Zum anderen ist jede Kennzahl im Kontext weiterer Kennzahlen zu betrachten, die eine Analyse der Ursachen für die Entwicklung der Kennzahl im Zeitablauf oder im Vergleich zur Zielgröße ermöglichen. Eine systematische Zusammenstellung von sinnvoll aufeinander abgestimmten, sich ergänzenden und erklärenden Kennzahlen, die auf ein gemeinsames übergeordnetes Ziel ausgerichtet sind, wird **Kennzahlensystem** genannt. Im Hinblick auf die Gestaltung der Beziehungen zwischen den Kennzahlen werden Rechen- und Ordnungssysteme unterschieden. Rechensysteme sind dadurch gekennzeichnet, dass zwischen den einzelnen Kennzahlen des Kennzahlensystems mathematische Beziehungen bestehen, die die rechentechnische Verdichtung aller Kennzahlen des Systems zu einer Spitzenkennzahl erlauben. Ordnungssysteme hingegen verzichten auf eine rechentechnische Verknüpfung der Kennzahlen und nehmen eine Systematisierung nach betriebswirtschaftlichen Systemzusammenhängen vor.

Das bekannteste Rechensystem ist das bereits im Jahre 1919 entwickelte DuPont-System of Financial Control, das aus der Bilanz gewonnene Kennzahlen enthält und zum "Return On Investment" (ROI) als Spitzenkennzahl verdichtet. Ein rechentechnisches Kennzahlensystem für die Logistik wurde von Weber vorgestellt. Dabei besteht jedoch das Problem, dass Logistikkennzahlen als primär intern ausgerichtete Größen im Gegensatz zu Bilanzkennzahlen überwiegend nicht-monetäre Größen darstellen, die sich aufgrund unterschiedlicher Dimensionen nicht ohne weiteres zu einer Spitzenkennzahl verdichten lassen. Als Ausweg wählt Weber eine nutzwertanalytische Vorgehensweise, um zu seiner Spitzenkennzahl "Logistikeffizienz" zu gelangen, die sich aus der

Gegenüberstellung eines Logistikleistungswerts als Repräsentant des Outputs der Logistik und eines Logistikkostenwerts, der den zur Leistungserstellung benötigten Input widerspiegelt, ergibt. Beide werden ausgehend von den logistischen Kostenstellen und den dort ablaufenden Prozessen über eine mehrstufige Aggregation ermittelt. Die Aussagefähigkeit der so berechneten Spitzenkennzahl muss jedoch aufgrund ihres hohen Abstraktionsgrades und ihrer hohen Interpretationsbedürftigkeit angezweifelt werden. Daher handelt es sich bei den übrigen in der Literatur vorgestellten Logistikkennzahlensystemen von Pfohl/Zöllner (vgl. Pfohl/Zöllner 1991), Reichmann (vgl. Reichmann 2001, S. 436-440) und Schulte (vgl. Schulte 2005) entweder um reine Ordnungssysteme (wie bei Reichmann und Schulte) oder um kombinierte Ordnungs- und Rechensysteme (wie bei Pfohl/Zöllner).

Allen drei Ansätzen ist die kombinierte Gliederung der Logistikkennzahlen einerseits nach den Phasen des Güterflusses in Beschaffungs-, Produktions- und Distributionslogistik und andererseits nach den logistischen Funktionen (Lagerung, Transport usw.) gemeinsam. Schulte nimmt darüber hinaus die folgende Unterscheidung vor:

- **Struktur- und Rahmenkennzahlen**, die sich auf den Aufgabenumfang (Leistungsvolumen und -struktur, z.B. Transportvolumen pro Periode), die Kapazitäten des betrachteten Bereichs (Personal- und Sachmittelkapazitäten, z.B. Anzahl der Mitarbeiter in der Warenannahme, Anzahl der Fördermittel) und die Kosten (z.B. Gesamtkosten der Beschaffungs-, Produktions- und Distributionslogistik) beziehen;
- **Produktivitätskennzahlen** zur Messung der Produktivität der Mitarbeiter und der technischen Betriebseinrichtungen in Form von Mengengrößen (z.B. Anzahl abgewickelter Sendungen pro Personalstunde), Zeitgrößen (z.B. Warenannahmezeit pro eingehender Sendung) oder daraus abgeleiteter Auslastungsgrößen für die vorhandene Kapazität (z.B. Auslastungsgrad der Transportmittel);
- **Wirtschaftlichkeitskennzahlen**, die die Logistikkosten für die Erbringung einzelner Logistikleistungen pro Leistungseinheit angeben (z.B. Distributionskosten je Kundenauftrag) oder Kosten- bzw. Erlösgrößen ins Verhältnis setzen (z.B. Anteil der Auftragsabwicklungskosten am Umsatz) und so Aufschluss über die Effizienz des Mitteleinsatzes in der Logistik geben sollen;
- **Qualitätskennzahlen** in Form von Anteilswerten (z.B. Anteil verspäteter Lieferungen an der Gesamtzahl der Lieferungen) oder Zeitgrößen (z.B. durchschnittliche Lieferzeit), die den Grad der Zielerreichung bzw. die Qualität der logistischen Leistungserstellung widerspiegeln.

Tabelle 25.13 zeigt das Logistikkennzahlensystem von Schulte.

Um eine Kennzahleninflation zu vermeiden, muss jedes Unternehmen aus der Fülle möglicher und von der Wissenschaft vorgeschlagener Kennzahlen diejenigen auswählen, die für den jeweiligen Informationszweck den größten Nutzen versprechen, um daraus (ggf. unter Hinzufügung weiterer Kennzahlen, die in den von der Literatur vorgeschlagenen Kennzahlensystemen nicht enthalten sind) ein auf die individuellen Bedürfnisse zugeschnittenes Logistikkennzahlensystem zu generieren. Bei der Auswahl der Kennzahlen ist auf ein angemessenes Verhältnis zwischen dem Aussagewert und dem Erstellungsaufwand der Kennzahlen sowie auf die Beeinflussbarkeit der Zielgrößen durch die Handlungsträger bei Abweichungen zwischen Soll- und Ist-Werten zu achten. In der Literatur existieren zahlreiche Vorgehensmodelle zur Generierung eines unternehmensindividuellen Logistikkennzahlensystems. In Abbildung 25.3 ist ein Phasenschema von Weber wiedergegeben.

	Beschaffung	Materialfluss und Transport	Lager- und Kommissionierung	Produktionsplanung und -steuerung	Distribution
Struktur- und Rahmenkennzahlen	Anzahl der Einkaufsteile	Mengenmäßiges Transportvolumen	Anzahl der bevorrateten Artikel	Anzahl der zu disponierenden Materialien bzw. Teile	Anzahl der Kunden
	Materialeinkaufsvolumen	Transportaufträge pro Transport	Anzahl unterschiedlicher Verpackungseinheiten	Gesamtzahl der Auftragspapiere	Durchschnittlicher Umsatz pro Kunde
	Bestellpositionen pro Monat	Zurückgelegte Transportstrecken	Durchschnittliche Menge gelagerter Teile	Durchschnittliche Anzahl von Positionen pro Bestellung	Anzahl Auslieferungen pro Zeiteinheit
	Anzahl der Lieferanten	Anzahl der Reparaturen	Anzahl der Ein- oder Auslagerungen	Anteil der DV-erstellten Auftragspapiere	Anzahl der Lagerstufen
	Rahmenvertragsquote	Mechanisierungs-/ Automatisierungsgrad	Struktur des Auftragsaufkommens	Anzahl der Auftragseingänge	Anzahl der Lagerstandorte
	Bestellstruktur	Flächenanteil der Verkehrswege	Flächenanteil der Läger	Anzahl der listenmäßigen Positionen am Auftragseingang	Durchschnittliche Entfernung zwischen den Lagerstufen
	Lieferpositionen pro Lieferschein	Anzahl der Mitarbeiter in der Transportabteilung	Anzahl der Mitarbeiter im Lagerwesen	Anteil der Änderungen am Auftragseingang	Durchschnittliche Entfernung zwischen Lager und Kunde
	Anzahl der eintreffenden Warenlieferungen pro Periode	Anzahl Fördermittel	Sachmittelkapazitäten	Durchschnittlicher Wert einer Auftragseingangsposition	Auftragsgröße
	Gewicht eingehender Warenlieferungen	Kapazität der Fahrzeuge	Lagerkosten	Fertigungstiefe	Anteil der Distributionsmitarbeiter
	Anzahl und Gewicht der Auslieferungen	Transportkosten		Anzahl der Mitarbeiter in den einzelnen PPS-Funktionen	Kosten der Kundenauftragsabwicklung
	Anteil der Barcode-Lieferscheine			Sachmittelkapazität	Kosten des externen Transportes
	Anteil der mit der Bestellabwicklung beschäftigten Mitarbeiter			Kosten der Produktionsplanung und -steuerung	Fehlmengenkosten
	Anzahl der MA in der Warenannahme				
	Sachmittelkapazität				
	Beschaffungskosten				
	Gesamtkosten in der Warenannahme				
Produktivitätskennzahlen	Anzahl abgewickelter Sendungen pro Personalstunde	Transportzeit pro Transportauftrag	Flächennutzungsgrad	Mittlere Anzahl von Auftragseingangspositionen je Mitarbeiter	Produktivität der Versandabwicklung
	Warenannahmezeit pro eingehender Sendung	Auslastungsgrad der Transportmittel	Höhennutzungsgrad	Auftragsabwicklungszeit pro Auftrag	Produktivität der Auftragsabwicklung
	Auslastungsgrad der Entladeeinrichtung	Transportleistung	Raumnutzungsgrad	Mittlere Anzahl der Bestandskonten pro Mitarbeiter	Transportzeit je Transportauftrag
		Zurückgelegte Strecke pro Transportmittel	Kapazitätsauslastung der Lagermittel	Mittlere Anzahl der Dispositionsvorgänge je Mitarbeiter	
		Zurückgelegte Transportstrecke pro Fahrer	Anzahl der Lagerbewegungen je Mitarbeiter		
		Durchschnittliche Reparaturzeit	Kommissionierzeit je Auftrag		
Wirtschaftlichkeitskennzahlen	Warenannahmekosten je eingehender Sendung	Transportkosten je Transportauftrag	Durchschnittliche Lagerplatzkosten	Bearbeitungskosten einer Auftragseingangsposition	Durchschnittliche Kosten der Kundenauftragsabwicklung
	Beschaffungskosten je Bestellung	Durchschnittliche Transportkosten je Gewichtseinheit	Kosten pro Lagerbewegung	Kosten je Dispositionsvorgang	Anteil der Auftragsabwicklungskosten am Umsatz
	Beschaffungskosten in % des Einkaufsvolumens	Kosten je Tonnen-Kilometer	Lagerkostensatz	Bearbeitungskosten je Fertigungsauftrag	Distributionskosten je Auftrag
		Anteil der Förderkosten an den Fertigungs- oder Herstellkosten	Lagerhaltungskostensatz	Steuerungskosten je Auftrag	Versandkostenquote
		Durchschnittliche Betriebskosten eines Fördermittels	Kommissionierkosten pro Auftrag		Umschlagshäufigkeit Fertigwaren
		Durchschnittliche Wartungs- und Instandhaltungskosten eines Fördermittels pro Zeiteinheit			Transportkosten je Transportauftrag
		Kapitalbindung ruhender Bestände			Verhältnis Eigentransportkosten zu Fremdtransportkosten
Qualitätskennzahlen	Durchschnittliche Verweilzeit im Wareneingang	Servicegrad	Fehlerquote	Vorratsintensität	Durchschnittliche Lieferzeit
	Quote der Fehllieferungen	Termintreue	Ausfallgrad	Anteil Vorratsvermögen an der Bilanzsumme	Lieferbereitschaft
	Beanstandungsquote	Unfallhäufigkeit	Termintreue	Dispositionsbedingte Beanstandungs- bzw. Fehllieferungsquote	Fehllieferungsquote
	Zurückweisungsquote	Schadenshäufigkeit	Lager-/ Servicegrad	Anteil dispositionsbedingter Produktionsstörungen	Liefertreue
	Lieferverzögerungsquote		Durchschnittliche Verweildauer in Kommissionierzonen	Dispositionsbedingte Not- und Eilbestellungen	Verzugsquote
	Durchschnittliche Wiederbeschaffungszeit		Lagerverlust je Periode	Bestände ohne Bewegungen	Beanstandungsquote
			Vorratsstruktur	Dispositionsbedingte Fehlmengenkosten	Anteil der Nachlieferungen
				Durchschnittlicher Lagerbestand	
				Bestandsreichweite	
				Umschlagshäufigkeit	
				Durchschnittliche Verweildauer Kapitalbindung	
				Altersstruktur der Bestände	
				Anteil nicht mehr verwertbarer Bestände am Umsatz	

Tabelle 25.13: Das Logistikkennzahlensystem von Schulte (Quelle: Schulte 2005)

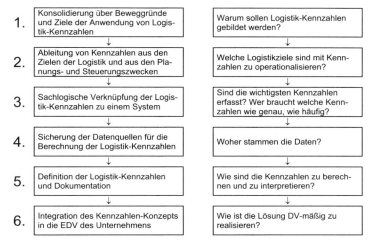

Abbildung 25.3: Vorgehensmodell zur Entwicklung eines unternehmensindividuellen Logistikkennzahlensystems (Quelle: Weber 1993, S. 226)

25.6 Die Balanced Scorecard als Logistikcontrolling-Instrument

Bei der Balanced Scorecard (BSC) handelt es sich um ein von Robert S. Kaplan und David P. Norton in den 90er Jahren entwickeltes Kennzahlensystem, das ein ausgewogenes Verhältnis zwischen

- monetären und nicht-monetären Kennzahlen,
- Spätindikatoren (Ergebnisgrößen) und Frühindikatoren (Leistungstreibern, Vorsteuergrößen),
- sach-, formal- und sozialzielorientierten Kennzahlen,
- strategisch und operativ ausgerichteten Größen sowie
- intern und extern orientierten Kennzahlen

anstrebt.

Zu diesem Zweck wird das Unternehmen aus vier Perspektiven betrachtet:

- Finanzperspektive,
- Kundenperspektive,
- Perspektive der internen Geschäftsprozesse,
- Lern- und Entwicklungsperspektive.

Die Betrachtung der vier vorgeschlagenen Perspektiven ist jedoch keineswegs zwingend. Die Perspektiven sind vielmehr branchen- und unternehmensspezifisch anzupassen, und so kann es sinnvoll sein, nur drei oder auch fünf Perspektiven einzubeziehen. Im Hinblick auf den Einsatz der BSC in der Logistik bietet es sich beispielsweise an, neben der Kundenperspektive auch eine Lieferantenperspektive einzuführen (vgl. Weber 2002b, S. 301).

Abbildung 25.4 zeigt die Grundstruktur der BSC. Die aus der Unternehmensstrategie abgeleiteten Ziele der einzelnen Perspektiven werden mit Kennzahlen hinterlegt, die zur Operationalisierung der Ziele dienen und den Zielerreichungsgrad messen. Die Unternehmensstrategie beschreibt den Weg zur Erreichung der Unternehmensvision, die den Zweck und das Selbstverständnis des Unternehmens charakterisiert und dessen Vorstellungen über die zukünftige Unternehmensentwicklung widerspiegelt. Zu jedem Ziel werden Maßnahmen definiert, mit deren Hilfe die jeweiligen Ziele erreicht werden sollen.

Während die Finanzperspektive die monetären, primär extern ausgerichteten Kennzahlen beinhaltet, werden in den drei übrigen Perspektiven nicht-monetäre, überwiegend intern ausgerichtete Kennzahlen erfasst. Die Spätindikatoren (z.B. Gesamtkosten der Logistik) geben Auskunft über das Ergebnis der Geschäftstätigkeit; die Frühindikatoren hingegen (z.B. Anteil pünktlicher Lieferungen, Retourenquote) spiegeln die gegenwärtige Unternehmenssituation wider und gewährleisten so eine frühzeitige Antizipation der Entwicklung der Spätindikatoren. Sachzielbezogene Kennzahlen beziehen sich unmittelbar auf die Anforderungen der Märkte (z.B. Termintreue), während sich formalzielorientierte Größen an den Interessen der Kapitalgeber orientieren (z.B. Gewinn). Sozialzielbezogene Kennzahlen spiegeln schließlich die Anforderungen der Mitarbeiter, der Gesellschaft und des Staates wider (z.B. Fluktuationsrate). Dabei sind sach- und sozialzielorientierte Kennzahlen in der Regel nicht-monetärer Natur, während es sich bei den formalzielorientierten Größen stets um monetäre Kennzahlen handelt. Die einzelnen Kennzahlen sind über **Ursache-Wirkungs-Beziehungen** miteinander verbunden, die die Bedeutung jedes Ziels, jeder Kennzahl und jeder Maßnahme im Hinblick auf die Strategieumsetzung deutlich machen und die Analyse der Ursachen auftretender Fehlentwicklungen erheblich erleichtern.

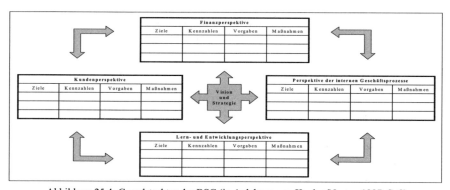

Abbildung 25.4: Grundstruktur der BSC (in Anlehnung an Kaplan/Norton 1997, S. 9)

Mit der BSC wird das Ziel verfolgt, die Unternehmensstrategie in ein geschlossenes Bündel von Leistungsmessgrößen zu transformieren und auf diese Weise die strategischen Ziele durch operativ messbare Kennzahlen zu operationalisieren. Dadurch wird die Beziehung zwischen der strategischen Ausrichtung des Unternehmens und dem operativen Tagesgeschäft transparent und der Grad der Zielerreichung objektiv messbar und nachvollziehbar. Insofern ist die BSC mehr als nur ein reines Kennzahlensystem. Als **Managementsystem** soll sie vielmehr Bindeglied zwischen Entwicklung und Umsetzung einer Strategie sein, indem sie den Handlungsträgern im Unternehmen Hilfestellung zu zielgerichtetem Handeln bietet. Ihre komprimierte Form als ein Berichtsbogen, der alle relevanten Informationen enthält, ermöglicht die Kommunikation der strategischen Ziele und den jeweiligen Stand der Zielerreichung bis auf die unterste Hierarchieebene des Unternehmens. Um eine Kennzahleninflation zu vermeiden, wird die gezielte Selektion von sechs bis acht strategisch relevanten Kennzahlen pro Perspektive vorgeschlagen. Als strategisch relevant gelten dabei solche Kennzahlen, die auf die Stärkung der Wettbewerbsposition des Unternehmens abzielen.

Die **Finanzperspektive** gibt Auskunft über die Auswirkung der Realisierung der Unternehmensstrategie auf das Unternehmensergebnis. Da die finanzielle Situation und Entwicklung eines Unternehmens essentielle Bedeutung für die Existenzsicherung und Wettbewerbsfähigkeit des Unternehmens haben, sind alle nicht-finanziellen Ziele, Kennzahlen und Maßnahmen auf die finanzielle Perspektive auszurichten. Daher müssen alle nicht-monetären Ziele und Kennzahlen einer BSC mit mindestens einem finanziellen Ziel in Form eines Kausalzusammenhangs verbunden sein. Alle Ursache-Wirkungs-Ketten münden somit in einem finanziellen Ziel, so dass durch Rückverfolgung einer Ursache-Wirkungs-Kette die Ursachen für die Entwicklung der finanziellen Kennzahlen identifiziert werden können. Andererseits weist die Entwicklung der nicht-monetären Kennzahlen frühzeitig darauf hin, wie sich die finanziellen Kennzahlen in Zukunft entwickeln werden, so dass Fehlentwicklungen rechtzeitig erkannt werden.

Gegenstand der **Kundenperspektive** sind die Erhaltung und der Ausbau der Erfolgswirksamkeit des Unternehmens am Markt, um die finanziellen Ziele zu erreichen. Ausgehend von der Identifikation der Kunden- und Marktsegmente, in denen das Unternehmen erfolgreich sein will, sind Kennzahlen und Maßnahmen zu definieren, die den Markterfolg des Unternehmens messen bzw. sicherstellen. Hier sind zwei Gruppen von Kennzahlen zu unterscheiden:

- **Grundkennzahlen** wie Marktanteil, Kundentreue, Kundenakquisition, Kundenzufriedenheit und Kundenrentabilität;
- **Leistungstreiberkennzahlen**, die die Frage beantworten, was ein Unternehmen seinen Kunden bieten muss, um einen möglichst hohen Grad an Zufriedenheit, Treue, Akquisition und Marktanteil zu erhalten.

Die Leistungstreiberkennzahlen stellen das Wertangebot hinsichtlich Produkt- und Serviceeigenschaften (Funktionalität, Qualität, Preis), Kundenbeziehungen (Qualität der Kauferfahrung, persönliche Beziehungen) sowie Image und Reputation dar, das ein Unternehmen seinen Kunden bieten will.

Die **Perspektive der internen Geschäftsprozesse** beschäftigt sich mit den Kernprozessen im Unternehmen, das sind die für die Unternehmensstrategie besonders kritischen Prozesse, die das Unternehmen besonders gut beherrschen muss, um am Markt erfolgreich zu sein. Dabei sind drei Arten von Prozessen zu unterscheiden:

- Gegenstand des **Innovationsprozesses** ist die Identifikation der potentiellen Kundenwünsche (Marktforschungsprozess) sowie die Entwicklung von Produkten

bzw. Dienstleistungen, die diesen Wünschen entsprechen (Produkt-/ Dienstleistungsentwicklungsprozess). Ebenfalls zum Innovationsprozess gehören Prozessinnovationen zur Verbesserung der Betriebsprozesse.
- Ziel des **Betriebsprozesses** ist die kosten- und zeitgünstige Produktion und Auslieferung der am Markt angebotenen Produkte und Dienstleistungen.
- Im Rahmen des **Kundendienstprozesses** werden Serviceleistungen wie Garantie- und Wartungsangebote, Behebung von Fehlern und Bearbeitung von Reklamationen erbracht, die der Erhaltung der Kundenzufriedenheit auch nach dem eigentlichen Kauf dienen.

Diese Prozesse, deren Beherrschung Voraussetzung für die Erreichung der Ziele der Kunden- und Finanzperspektive ist, werden anhand von Produktivitäts- und Qualitätskennzahlen gemessen, die die Effektivität und Effizienz der Prozesse widerspiegeln (z.B. Time-to-Market für Innovationsprozesse, Durchlaufzeit für Betriebsprozesse, Reaktionszeit auf aufgetretene Fehler für Kundendienstprozesse).

Die **Lern- und Entwicklungsperspektive** beinhaltet die Entwicklung von Zielen und Kennzahlen zur Förderung einer lernenden und wachsenden Organisation. Sie bildet damit die zur Erreichung der Ziele der drei anderen Perspektiven notwendige Infrastruktur ab. In dieser Perspektive werden

- die Mitarbeiterpotentiale,
- die Potentiale der Informationssysteme sowie
- Motivation, Initiative und Zielausrichtung der Mitarbeiter

gemessen.

Die Kernkennzahlen zur Abbildung der **Mitarbeiterpotentiale** sind die Mitarbeiterzufriedenheit, Mitarbeitertreue und Mitarbeiterproduktivität, wobei die Mitarbeiterzufriedenheit als Leistungstreiber der Treue und Produktivität wirkt. Die Bedeutung der Mitarbeiterzufriedenheit liegt in ihrer unmittelbaren Wechselwirkung zur Kundenzufriedenheit, denn die Voraussetzung für die Zufriedenstellung der Kunden ist zufriedenes Personal. Die Messung der Personalzufriedenheit kann über Mitarbeiterumfragen geschehen. Treue Mitarbeiter sind für ein Unternehmen von besonderem Wert, da sie die Organisation und die Geschäftsprozesse genau kennen und im Idealfall im Laufe der Zeit ein Gespür für die Wünsche der Kunden entwickelt haben. Die Mitarbeitertreue kann über die Fluktuationsrate gemessen werden. Die Mitarbeiterproduktivität bezieht sich auf die Abhängigkeit des Outputs von der Anzahl der Mitarbeiter und kann als Ertrag pro Mitarbeiter gemessen werden. Eine besondere Rolle spielt die Weiterbildung der Mitarbeiter. Der Grad an ausreichend qualifizierten Mitarbeitern kann mit Hilfe der strategischen Aufgabendeckungsziffer gemessen werden, die die Anzahl der für besondere strategische Aufgaben qualifizierten Mitarbeiter zum geschätzten Bedarf an solchen Mitarbeitern ins Verhältnis setzt.

Die Mitarbeiter können jedoch nur dann wirkungsvoll zur Erreichung der Unternehmensziele beitragen, wenn sie über die notwendigen Informationen über die Kunden, die internen Prozesse sowie die (finanziellen) Konsequenzen ihrer Entscheidungen verfügen. Damit sind die **Potentiale bzw. die Leistungsfähigkeit der Informationssysteme** angesprochen. Analog zur strategischen Aufgabendeckungsziffer bietet sich hier eine strategische Informationsdeckungsziffer an, die die erhältlichen Informationen (z.B. über Qualität, Zykluszeit und Kosten von Prozessen oder kundenspezifische Informationen) zum angenommenen Informationsbedarf ins Verhältnis setzt.

Die dritte Säule der Lern- und Entwicklungsperspektive stellt die **Motivation und Initiative der Mitarbeiter** dar, einen aktiven Beitrag zum Unternehmenserfolg zu leisten, denn Qualifikation und Information alleine reichen nicht aus, um die Mitarbeiterpotentiale voll zu nutzen. Eine besondere Rolle in diesem Zusammenhang spielt die Innovationsfähigkeit der Mitarbeiter und des Unternehmens insgesamt, die mit der Anzahl der Verbesserungsvorschläge pro Mitarbeiter und der Anzahl der umgesetzten Verbesserungsvorschläge (pro Mitarbeiter oder pro Periode) gemessen werden kann.

Die Lern- und Entwicklungsperspektive ist die am meisten an der Zukunft orientierte, aber gleichzeitig auch die im Vergleich zu den anderen Perspektiven am wenigsten entwickelte Perspektive, was an den vorgeschlagenen Kennzahlen deutlich wird, die hinsichtlich ihrer Mess- und Handhabbarkeit doch zum Teil erhebliche Probleme aufwerfen dürften.

Das BSC-Konzept ist nicht nur auf das Gesamtunternehmen, sondern auf alle strategierelevanten Bereiche des Unternehmens anwendbar. Auf diese Weise entsteht eine Kaskade aufeinander aufbauender und voneinander abhängiger Scorecards, die untereinander in einer logischen, aber nicht mathematischen Verknüpfung stehen. Die Ziele der untergeordneten Scorecards haben dann eine Treiberfunktion für die Ziele der jeweils übergeordneten Scorecard. Eine solche **Teilbereich-Scorecard** kann auch für die **Logistik** entwickelt werden. Aufgrund des ausgeprägten Strategiebezugs ist es jedoch nicht möglich, eine allgemeingültige Logistik-Scorecard zu entwickeln, die mit geringfügigen Anpassungen mehr oder weniger auf jedes Unternehmen übertragbar ist. Hier liegt ein wesentlicher Unterschied zu klassischen Kennzahlensystemen, die in der Regel unternehmensunabhängig konzipiert sind und durch Eliminieren, Modifizieren und Hinzufügen einzelner Kennzahlen vergleichsweise leicht an die unternehmensindividuellen Bedürfnisse angepasst werden können. Die Konzeption einer BSC ist dagegen von Anfang an ein unternehmensindividueller Prozess, der bereits bei der Festlegung der einzubeziehenden Perspektiven beginnt, deren Anpassung an die unternehmensspezifischen Bedürfnisse, wie eingangs bereits erwähnt, konzeptionell ausdrücklich vorgesehen ist.

Im Folgenden wird ein Beispiel für eine Logistik-BSC eines Industrieunternehmens gegeben. Dabei wird von folgenden strategischen Zielsetzungen ausgegangen:

- Erhöhung der Kundenzufriedenheit;
- Senkung der Logistikkosten auf das durch Benchmarking festgestellte Niveau des Best-in-Class.

Da Quellen und Senken des Material- und Warenflusses für die Logistik gleichermaßen bedeutsam sind, wird eine gesonderte Lieferantenperspektive eingeführt. Im Gegenzug wird im Sinne einer Komplexitätsreduktion auf die Einbeziehung der Lern- und Entwicklungsperspektive verzichtet, da diese im Vergleich zu den übrigen Perspektiven eher logistikunspezifisch ist.

Somit könnten die Perspektiven einer Logistik-BSC die in Tabelle 25.14 bis Tabelle 25.17 dargestellte Gestalt haben. Eine mögliche Ursache-Wirkungs-Kette zeigt Abbildung 25.5. Eine weitere Differenzierung und Verfeinerung des BSC-Einsatzes in der Logistik kann durch Aufbrechen der (Gesamt-) Logistik-BSC in separate Scorecards für Beschaffungs-, Produktions-, Distributions- und Entsorgungslogistik erreicht werden (vgl. Weber 2002b, S. 301-306). Darüber hinaus kann das BSC-Konzept über die Steuerung der Unternehmenslogistik hinaus auch für die Steuerung einer kompletten Supply Chain vom Rohstofflieferanten bis zum Endkunden eingesetzt werden. Diesbezügliche Vorschläge wurden insbesondere von Werner (vgl. Werner 2000), Stölzle (vgl. Stölzle/ Heusler/Karrer 2001) und Weber (vgl. Weber/Bacher/Groll 2002) unterbreitet.

Finanzperspektive			
Ziele	Kennzahlen	Vorgaben	Maßnahmen
Senkung der Beschaffungslogistikkosten	Kapitalbindung im Wareneingangslager	Reduktion um 5%	Realisierung einer JIT-Anlieferung für 95% der A-Teile
			Einrichtung von Konsignationslagern
	Kosten je Bestellung	Reduktion um 5%	Reduzierung der Teilevielfalt
Senkung der Produktionslogistikkosten	Kapitalbindung in Umlaufbeständen	Reduktion um 12%	Einführung der Kanban-Steuerung
	Steuerungskosten je Fertigungsauftrag	Reduktion um 10%	Verantwortungsübertragung auf die Meisterebene
Senkung der Distributionslogistikkosten	Auftragsabwicklungskosten pro Kundenauftrag	Reduktion um 20%	Verstärkter Einsatz der Internet-Technologie
	Anzahl fehlmengenbedingter Vertragsstrafen pro Jahr	= 0	Einrichtung kundennaher Regionallager

Tabelle 25.14: Finanzperspektive einer Logistik-BSC (Quelle: Siepermann 2003a, S. 323)

Kundenperspektive			
Ziele	Kennzahlen	Vorgaben	Maßnahmen
Verbesserung der Lieferungsbeschaffenheit	Beanstandungsquote	1% bei A-Kunden 2% bei B- und C-Kunden	Verbesserung der Qualitätssicherung
Erhöhung der Auskunftsfähigkeit gegenüber den Kunden	Anteil unbeantworteter Kundenanfragen zum Auftragsstatus	≤ 5%	Einrichtung eines Internet-basierten Informationssystems zur Verfolgung des Auftragsstatus

Tabelle 25.15: Kundenperspektive einer Logistik-BSC
(Quelle: Siepermann 2003a, S. 323, leicht modifiziert)

Perspektive der internen Geschäftsprozesse			
Ziele	Kennzahlen	Vorgaben	Maßnahmen
Beschleunigung der Warenannahme	Durchschnittliche Liegezeit im Wareneingang	≤ 1 Stunde	Vereinbarung fester Liefertermine mit Lieferanten
	Warenannahmezeit pro eingehender Sendung	Reduktion um 50%	Kennzeichnung der Sendungen/Lieferscheine mit Barcodes
Erhöhung des Automatisierungsgrades des innerbetrieblichen Transports	Anteil automatisch gesteuerter interner Transportprozesse am gesamten Auftragsaufkommen des innerbetrieblichen Transports	Erhöhung auf 75%	Verstärkter Einsatz fahrerloser Transportsysteme
Reduzierung von Störungen in den Prozessabläufen	Anzahl Transportunfälle pro Jahr	Reduzierung um 50%	Schulung der Mitarbeiter
	Verfügbarkeitsgrad der Regalförderzeuge in den Lagern	Steigerung auf 99,5%	Vorbeugende Instandhaltung

Tabelle 25.16: Perspektive der internen Geschäftsprozesse einer Logistik-Scorecard (Quelle: Siepermann 2003a, S. 323)

Lieferantenperspektive			
Ziele	Kennzahlen	Vorgaben	Maßnahmen
Langfristige Zusammenarbeit mit wichtigen Lieferanten	Rahmenvertragsquote	Erhöhung um 10%	Intensivierung des strategischen Einkaufs
Entwicklung von Systemlieferanten	Lieferantenzahl	Reduzierung um 20%	Durchführung gemeinsamer Workshops mit Lieferanten
			Know-how-Transfer an Lieferanten
Verbesserung der Lieferantenkommunikation	Anteil Lieferanten mit EDI-Anbindung	≥ 80%	Unterstützung der Lieferanten bei der EDI-Einführung
			Nutzung von Web-EDI

Tabelle 25.17: Lieferantenperspektive einer Logistik-Scorecard (Quelle: Siepermann 2003a, S. 324)

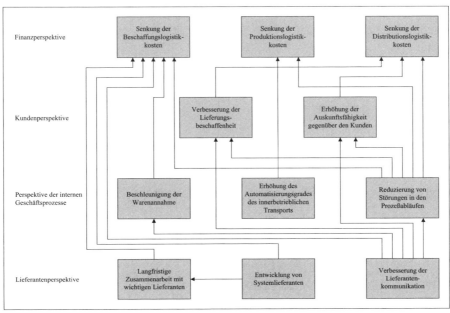

Abbildung 25.5: Ursache-Wirkungs-Kette der Logistik-Scorecard (Quelle: Siepermann 2003a, S. 324)

Obwohl der BSC-Einsatz in der Logistik und mehr noch im Supply Chain Management in der Literatur intensiv diskutiert wird, hat sich die BSC in der Praxis als Instrument des Logistikcontrollings noch nicht überall durchgesetzt. So setzen einer Studie der WHU Koblenz zufolge derzeit nur 48% der befragten Unternehmen in Deutschland die Balanced Scorecard in der Logistik ein. Die Nutzung im Rahmen des Supply Chain Management ist noch geringer. Dort setzen 8% der Unternehmen die BSC laufend sowie 11% fallweise ein, und nur 37% halten die BSC als Instrument des Supply Chain Controllings für wichtig (vgl. Weber/Bacher/Groll 2003, S. 34). Ein Grund für diese Einschätzung könnte in dem vergleichsweise hohen Implementierungsaufwand einer BSC liegen. Insbesondere die Herstellung der Ursache-Wirkungs-Zusammenhänge zwischen den einzelnen Zielen bzw. Kennzahlen erweist sich in der Praxis als schwierig, da operationale Methoden hierzu fehlen.

Management Praxis: Balanced Scorecard für die Logistik[68]

Im Center Logistik des Werkes Sindelfingen der DaimlerChrysler AG sollten vorhandene Problemfelder bezüglich der Centersteuerung durch die Einführung eines neuen Steuerungsinstruments verringert werden. Zudem sollten die existierende Prozessstruktur des Bereichs mit den Geschäftsprozessen „Produktentstehung", „Kundenauftrag" und „Materialbeschaffung" sowie die definierten strategischen Logistikziele und Ansätze des Qualitätsmanagements in das neue Tool integriert werden. Als geeignete Toolbasis wurde das Konzept der Balanced Scorecard ausgewählt und schrittweise implementiert. Dabei waren folgende Sachverhalte im Umfeld des Logistikbereichs zu berücksichtigen: Die Fahrzeuge im Werk Sindelfingen werden grundsätzlich nach Kundenaufträgen gefertigt. Die Logistik sieht sich aus diesem Grund mit der Situation konfrontiert, dass ein Fahrzeug mit identischen Ausstattungsmerkmalen nur ganz selten ein zweites Mal hergestellt wird. Mit zunehmender Variantenvielfalt (unterschiedliche Ausstattungs-, Farb- und Teilevarianten) und reduzierter Fertigungstiefe steigen die logistischen Anforderungen zur Sicherstellung der Produktionsversorgung. Mittlerweile übliche produktionssynchrone Belieferungsformen (Just-in-Time) verursachen ebenfalls einen steigenden Steuerungsaufwand.

Das Center Logistik hat innerhalb des Werkes Sindelfingen eine Koordinationsfunktion sowohl innerhalb als auch vor allem in den Schnittstellen der Kernprozesse Produktentstehung, Materialbeschaffung und Kundenauftrag wahrzunehmen. Ferner erstellt die Logistik produktionsnahe Dienstleistungen, speziell für den Beschaffungsprozess. Organisatorisch ist das Center in neun Abteilungen untergliedert. Das Aufgabenspektrum reicht, um die Unterstützung der Kernprozesse sicherstellen zu können, von der Logistikplanung, Anlauflogistik und Fabriksteuerung bis hin zur Produktionsversorgung.

Im Center Logistik wurde zunächst eine Systematik für eine durchgehende und abgestimmte Strategieumsetzung erarbeitet. Ausgehend von den Strategien der Logistik mussten strategische Ziele gefunden werden, deren Zielerreichung durch konkrete Messgrößen quantifiziert werden konnte. Ausgearbeitete Maßnahmen sollten die Zielerreichung unterstützen. Verantwortlich für die Konzeption und Implementierung der Balanced Scorecard im Logistikbereich war das Center-Controlling, das von den Führungskräften sowie dem Planungsbereich fallweise unterstützt wurde.

Das Konzept der Balanced Scorecard erforderte aufgrund der spezifischen Umfeldanforderungen des Center Logistik eine Anpassung und Weiterentwicklung des Perspektiven-Konzeptes. So wurde die Perspektive "Lernen und Entwicklung" der traditionellen BSC erweitert und in die zwei Perspektiven "Führung und Mitarbeiter" und "Innovationen, Lernen und Wissen" unterteilt. Damit wurde dem hohen Stellenwert dieser beiden Aspekte im Führungskonzept des Centers Logistik Rechnung getragen.

Nachdem die Voraussetzungen für die Einführung der Balanced Scorecard geschaffen worden waren, erfolgte ihr Aufbau in vier Schritten:

---

[68] Quelle: Galgenmüller/Gleich/Gräf 2000

- Bestimmung der strategischen Ziele,
- Auswahl der Messgrößen,
- Einigung über Zielwerte,
- Festlegung der Maßnahmen.

Im ersten Schritt erfolgte die Ableitung von strategischen Zielen aus der Logistik-Strategie. Wichtig ist, dass nur Faktoren in die BSC aufgenommen wurden, die hochgradig wettbewerbsentscheidend sind. Nicht jeder Interessengruppe steht somit zwingend zu, ihre Ziele auf der Balanced Scorecard abzubilden.

Im nächsten Schritt wurden Messgrößen zu den vom Logistikführungskreis unter Einsatz von Ursache-Wirkungs-Ketten priorisierten strategischen Zielen festgelegt. Dabei ist besonders auf die möglichst genaue Umschreibung des Ziels durch die Messgröße geachtet worden. Dies hat oft zur Folge, dass neue, seither nicht erfasste und gepflegte Kenngrößen erforderlich sind. Es darf aber keine Kennzahlenflut entstehen. Gerade hier zeigt die Balanced Scorecard einen Ausweg aus dem Überfluss an Kennzahlen, indem sie sich auf die Abbildung von maximal 20 wesentlichen und strategierelevanten Steuerungsgrößen beschränkt („Twenty is plenty") und bei deren Auswahl Hilfestellung leistet.

Zu den Messgrößen mussten in einem nächsten Schritt Zielwerte festgelegt werden, die im kommenden oder übernächsten Berichtsjahr sowie über den Zeitraum der operativen 3-Jahres-Planung erreicht werden sollten. Dabei konnte man im Center Logistik in einigen Fällen auf vorhandene Planwerte zurückgreifen, in anderen Fällen mussten die Ziele vom Führungskreis ergänzt werden. Für Zielwerte, zu deren Zielerreichung keine Erfahrungswerte existierten und daher Schwierigkeiten bei der konkreten Zielwertfestlegung auftreten konnten, wurde für das erste Jahr lediglich ein Zielkorridor festgelegt.

Alle notwendigen Informationen im Zusammenhang mit den Zielgrößen wurden in einer Tabelle dokumentiert, die für das Reporting benutzt wird. Darunter fallen die Definition der Zielgrößen, die Frequenz der Messung (monatlich oder quartalsweise), die Nennung der Messverantwortlichen sowie die Berichtsempfänger. Anschließend wurden im Center Logistik alle Maßnahmen und laufenden Projekte zur Erreichung der strategischen Ziele aufgenommen, dokumentiert und nach einem Abgleich der benötigten mit den zur Verfügung stehenden Mitarbeiter- und Anlagenressourcen in eine Rangreihenfolge gebracht. Dafür war von großer Bedeutung, wo die Maßnahmen und Projekte ihre Wirkung zur Geltung bringen. Die Ursache-Wirkungs-Ketten zwischen den strategischen Zielen können hierbei hilfreiche Informationen für eine sinnvolle strategische Auswahl von Maßnahmen und Projekten liefern. Fördern die Maßnahmen die Erreichung von Vorsteuergrößen (lead indicators), so haben sie in den meisten Fällen eine Hebelwirkung auf oft mehrere Ergebnisgrößen (lag indicators). Während eine Maßnahme, die direkt auf die Erreichung von finanziellen Zielen wirkt, möglicherweise nicht sehr strategiebezogen ist und darüber hinaus auch nur kurzfristige Wirkung zeigt, kann durch die Förderung von Vorsteuergrößen wie zum Beispiel der Mitarbeiterorientierung oder durch die Verbesserung der Prozesssicherheit eine langfristige positive Wirkung auf die Gesamtzielsetzung der Organisationseinheit aufgebaut werden. Zu jeder definierten und priorisierten Maßnahme mussten zur strategischen Zielerreichung dann noch die notwendigen Kapazitäten an Mitarbeitern und Investitionen periodendifferenziert zusammengestellt sowie ein verantwortlicher Manager benannt werden.

Die Ergebnisse der beschriebenen Umsetzungsaktivitäten führten schließlich zu der in Tabelle 25.18 veranschaulichten Logistik Balanced Scorecard für das Werk Sindelfingen der DaimlerChrysler AG. Die erfolgreiche Durchführung des Projektes zeigt, dass die Balanced Scorecard für die Logistik im Werk Sindelfingen unmittelbar geeignet ist, die Erreichung der hochgesteckten Ziele der Logistik methodisch zu unterstützen. Der Prozess der Konzepterstellung hat über Diskussionen im Kreis der Führungskräfte bereits zu einer verbesserten Verankerung und Operationalisierung der Logistik-Strategie in der Organisation geführt. Die Transparenz der Unternehmensabläufe hat sich durch das Arbeiten mit Ursache-Wirkungs-Zusammenhängen erhöht. Bei den Mitarbeitern fördert die Balanced Scorecard das unternehmerische Denken und Handeln. Sie thematisiert rechtzeitig Zielkonflikte oder Schnittstellenprobleme und liefert Ansätze zur Lösung. Mit zum Erfolg der Balanced-Scorecard-Einführung haben insbesondere die von der Bereichsführung geforderte Einbindung des Qualitätsmanagementkonzepts und des Geschäftsprozessmodells der Logistik beigetragen.

1. Finanzen		Messgrößen	
1.1	Budget einhalten	1. Gesamtbudget	(Tsd. EURO, kumuliert)
		2. Anzahl Mitarbeiter	GE
			direkte LE
			indirekte LE
		3. Personalkosten	GE
			direkte LE (kumuliert)
			indirekte LE (kumuliert)
		4. SGK (Tsd. EURO, kumuliert)	

2. Kunden/Markt			
2.1	Logistikaktivitäten auf das Kerngeschäft konzentrieren	Nebengeschäftsbudget/Kerngeschäftsbudget (%)	
2.2	Erfüllung Kundenauftragsprogramm	1. Programmerfüllung	- MPP (Soll)
			- MPP (Ist)
			- Differenz
		2. Produktionsliefertreue - Auftragserfüllung (%)	
		3. Terminverzug Fahrzeugauslieferung in (%)	

3. Prozesse			
3.1	Perlenkettengüte sicherstellen	Einhaltung Zeitfenster im IB - Tagesscheibe (%)	
			- Schichtscheibe (%)
3.2	Standardbeschaffungsketten einführen	Anteil der Beschaffungsprozesse, die in Standardbeschaffungsformen abgewickelt werden	

4. Führung und Mitarbeiter			
4.1	ULB-Führungsgrundsätze leben	Führungskräftegespräch (E4, E5)	
		ULB-Gespräch (ALB-Kreis)	
4.2	Mitarbeiterzufriedenheit steigern	Mitarbeitergespräch ("Kamingespräch")	
		MAB-Gespräch (direkt unterstellte MA)	

5. Innovationen, Lernen und Wissen			
5.1	Initiierung von KVP-Prozessen	1. Anzahl umgesetzter KVP-Prozesse	
		2. Budgeteinsparungen durch KVP-Prozesse	
		3. Anzahl Verbesserungsvorschläge	
		4. Budgeteinsparungen durch VV's (EURO, kum.)	
5.2	Innovationen	1. Anzahl Innovationen	
		2. Anzahl Kontakte mit innovativen Institutionen (Hochschulen, Forschungseinrichtungen, ...)	

Tabelle 25.18: Entwickelte Balanced Scorecard für das Center Logistik des Werkes Sindelfingen (Ausschnitt)

Ergänzende Literatur:

Delfmann, Werner; Reihlen, Markus (Hrsg.): Controlling von Logistikprozessen, Stuttgart 2003
Göpfert, Ingrid: Logistik: Führungskonzeption, 2.A., München 2005
Vahrenkamp, Richard; Siepermann, Christoph (Hrsg.): Risikomanagement in Supply Chains, Berlin 2007
Weber, Jürgen: Logistik- und Supply Chain Controlling, 5.A., Stuttgart 2002a
Weber, Jürgen: Logistikkostenrechnung, 2.A. Berlin Heidelberg u.a. 2002b

26 Tourenplanung für die letzte Meile

In diesem Kapitel werden Fragen der Tourenplanung am Beispiel der Auslieferung an eine Reihe von Kunden am Beispiel der Distributionslogistik behandelt. Man spricht in Distributionssystemen auch von der letzten Meile bis zum Outlet bzw. Endkunden. Wegen des zunehmenden Gewichts des E-Commerce ist die Tourenplanung für Paketdienste besonders aktuell. Das Problem, wie die Zustellkosten auf die Kunden verteilt werden können, wird behandelt. Die zahlreichen Varianten der Tourenplanung werden vorgestellt und Softwarepakte für diesen Planungsbereich diskutiert.

26.1 Überblick

Die Tourenplanung ist ein Teilgebiet der Distributionslogistik und der Entsorgungslogistik, wo man sich mit Problemen der Planung, Steuerung und Kontrolle von Transport- und Lagersystemen sowie von darin ablaufenden Prozessen beschäftigt. Als Tourenplanungsprobleme werden eine ganze Klasse von Problemen bezeichnet, für die – meist stellvertretend – das folgende **Auslieferungsproblem** geschildert wird:

Eine Anzahl von Kunden einer Region, deren Bedarfe und Standorte bekannt sind, soll mit einer Anzahl von Fahrzeugen mit bestimmten Kapazitäten von einem Depot (z.B. Lager) aus mit einem bestimmten Gut beliefert werden. Es gilt nun die Kunden so zu beliefern, dass unter Einhaltung aller Restriktionen (z.B. Kapazitäts- und Zeitrestriktionen) die Gesamttransportkosten minimiert werden. Die Abbildung 26.1 veranschaulicht diese Fragestellung.

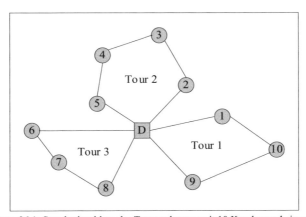

Abbildung 26.1: Standardproblem der Tourenplanung mit 10 Kunden und einem Depot

Es gibt zahlreiche Details, in denen sich Tourenplanungsprobleme voneinander unterscheiden. Zu nennen sind beispielsweise:

- **Sammelprobleme**: Statt eines Auslieferungsproblems kann auch ein Sammelproblem vorliegen; z.B. das Abholen von Rohmilch bei Landwirten und örtlichen Milchsammelstellen durch die Fahrzeuge einer Molkerei, das Abholen von Haus- oder Industriemüll sowie das Leeren von Postbriefkästen.

- **Pick-up & Delivery-Probleme**: In vielen Fällen werden während einer Tour sowohl Waren ausgeliefert als auch abgeholt; Brauereifahrzeuge beliefern z.B. die Kunden mit Getränken und nehmen gleichzeitig auch Leergut entgegen. Diese Probleme können wie reine Auslieferungsprobleme gelöst werden, wenn Volumen und Gewicht der Rückladung eines Kunden dem gelieferten Auftrag entsprechen.
- **Transport von Personen (Schulbus-Probleme)**: An Stelle des Transports von Gütern kann es sich um den Transport von Personen handeln; z.B. beim Erstellen eines Einsatzplanes für eine Flotte von Schulbussen, die in einer Region Schüler von Bushaltestellen abholen, zur Schule und wieder zurückbringen. Das Problem tritt auch bei der Tourenplanung im industriellen Werksverkehr auf. Es entspricht dem Ein- oder Mehrdepot-Auslieferungsproblem, wobei hier in erster Linie die Anzahl der eingesetzten Fahrzeuge und weniger die Fahrleistung zu minimieren ist.
- **Mehrdepot-Auslieferungsprobleme**: Bei einem Mehrdepot-Auslieferungsproblem (mit Kapazitätsrestriktionen) werden die Kunden nicht von einem einzigen, sondern von mehreren Depots mit unterschiedlichen Standorten aus beliefert. Dabei besteht keine feste Zuordnung von Kunde zu Depot, d.h. für jede Tour ist noch zusätzlich festzulegen, von welchem Depot aus sie durchgeführt werden soll. Eventuell können bestimmte Aufträge nur von bestimmten Depots ausgeliefert werden, außerdem können die Vorräte in den Depots begrenzt sein; z.B. bei der Belieferung von Baustellen mit unterschiedlichen Mengen Kies und Sand (Transportgütern), die in verschiedenen Depots gelagert werden.
- **Dynamische Tourenplanungsprobleme**: Bei dynamischen Tourenproblemen liegen zu Beginn der Planung noch nicht alle Aufträge vor. Als ein spezielles Problem tritt in der Praxis das Dial-a-Ride (= Rufbus)-Problem auf. Personen (oder Güter, insbesondere Stückgut) mit unterschiedlichen Ausgangs- und Zielorten sollen unter Restriktionen (wie zumutbare Warte- und Fahrzeiten) und unter Minimierung der insgesamt zurückzulegenden Strecke befördert werden (z.B. in Taxis).
- **Depotfreie Auslieferung**: Bei der depotfreien Auslieferung (mit Kapazitätsrestriktionen) werden die Aufträge nicht von einem Depot zu den Kundenorten, sondern zwischen den Kundenorten transportiert. Solche Probleme treten z.B. beim Stückgutverkehr von Speditionen, beim Einsatz von Lasten- und Personentaxis und beim Rufbusverkehr auf.
- **Tourenprobleme mit Kundenzeitfenstern**: Bei Tourenproblemen mit Kundenzeitfenstern müssen die Kunden innerhalb eines bestimmten Zeitintervalls bedient werden. Kundenzeitfenster werden mit Zeitintervallen $[a_i, b_i]$ bei einem Kunden i beschrieben, wobei a_i den frühestmöglichen und b_i den spätest möglichen Ankunftszeitpunkt darstellt. Ein Kunde kann auch zwei oder mehrere Zeitfenster besitzen, z.B. vormittags von 9:00-12:00 Uhr (Zeitfenster 1) und nachmittags von 15:00-18:00 Uhr (Zeitfenster 2). Diese Problemstellungen mit Kundenzeitfenstern sind in der Praxis wegen der hohen Anforderungen an den Lieferservice von großer Bedeutung (vgl. Vahrenkamp/Mattfeld 2007).
- **Tourenprobleme mit tageszeitabhängigen Fahrzeiten**: Bei Tourenproblemen in Stadt- bzw. Ballungsgebieten können die Fahrzeiten aufgrund des unterschiedlichen tageszeitabhängigen Verkehrsaufkommens (z.B. während der Rushhour)

starken Schwankungen unterliegen. Die Höhe der entstehenden einsatzabhängigen Kosten wird in diesem Fall weniger von der Entfernung als mehr von der Fahrzeit beeinflusst. Es liegt daher nahe, insbesondere bei der Betrachtung von Tourenplanung in Stadt- bzw. Ballungsgebieten tageszeitabhängige Fahrzeiten mit zu berücksichtigen (vgl. Vogt 1998).

- **Travelling-Salesman-Probleme**: Das Travelling-Salesman-Problem ist ein reines Reihenfolgeproblem, bei dem z.B. für ein Fahrzeug die kürzeste Rundreise (mit minimal zurückzulegender Strecke) durch eine vorgegebene Menge von Kundenorten gesucht wird. Dabei muss jeder Kundenort genau einmal besucht werden. Dagegen ist bei den hier betrachteten Problemen die Anzahl der benötigten Touren zunächst noch offen und geht in die Entscheidung ein. Insofern kann die Optimierung der Reihenfolge der innerhalb einer Tour zu besuchenden Knoten und damit das Travelling-Salesman-Problem als ein Unterproblem des Tourenplanungsproblems aufgefasst werden.
- **Chinese-Postman-Probleme**: Das Chinese-Postman-Problem ist ebenfalls ein reines Reihenfolgeproblem. Ein Briefträger soll zur Briefzustellung innerhalb eines Bezirkes alle Straßen mindestens einmal durchlaufen. Es wird dabei versucht, möglichst wenige Wege mehrmals zu durchlaufen, d.h. die insgesamt zurückzulegende Wegstrecke soll minimiert werden.
- **Zuordnungsoptimierung**: Bei der Zuordnungsoptimierung soll eine Menge von Aufträgen den verfügbaren Transportmitteln so zugeordnet werden, dass möglichst wenige Transportmittel eingesetzt werden, wobei die Distanzkosten keine Rolle spielen. Hat z.B. ein Großkunde ein Auftragsvolumen von mehr als einem LKW, beispielsweise beim Transport von sperrigen Gütern, so können reine Pendeltouren gebildet werden, die vom Depot nur zu dem einen Kunden und wieder zurück fahren.

Die genannten Tourenprobleme lassen sich hinsichtlich der Lösungsansätze in

- **knotenorientierte Probleme** (verallgemeinerte Travelling-Salesman-Probleme) und
- **kantenorientierte Probleme** (verallgemeinerte Briefträgerprobleme)

aufteilen. Unter dem Begriff knotenorientierte Tourenprobleme werden diejenigen Problemstellungen subsumiert, die davon ausgehen, dass die Kunden an diskreten Punkten (Orten) einer Region angesiedelt sind, während bei der kantenorientierten Tourenplanung die Kunden gleichmäßig über die zu ver- bzw. entsorgenden Straßen verteilt sind (Postverteilung, Müllabholung). Obwohl die Lösungsansätze für beide Problemstellungen gewisse Analogien aufweisen, beziehen sich die folgenden Ausführungen fast ausschließlich auf die - in der Praxis weitaus häufiger auftretende - knotenorientierte Tourenplanung.

Bei beiden Teilproblemen müssen normalerweise eine Reihe von **Restriktionen** berücksichtigt werden, wie z.B. das zulässige Gesamtgewicht der Fahrzeuge (Kapazitätsrestriktion) oder die maximale Dauer einer Tour (Zeitrestriktion).

Maßgeblich für die Reihenfolgeplanung sind die **Distanzen** zwischen den Kundenorten bzw. zwischen einem Kundenort und dem Depot. Damit sind entweder die tatsächlichen Entfernungen im Straßennetzwerk oder die euklidischen Distanzen als Luftlinie gemeint, woraus dann **Fahrzeiten** als verallgemeinerte Distanzen abgeleitet werden.

Das **Ziel** einer Tourenplanung hängt in erster Linie davon ab, zu welchem Zweck die Planung durchgeführt wird. Neben der Minimierung der Kosten wird häufig auch die Minimierung der gesamten Entfernung angestrebt. Ziel kann aber auch die Minimierung der Anzahl eingesetzter Fahrzeuge oder die Minimierung der gesamten Fahrzeit sein. Auch sind monetär nicht oder nur schwer quantifizierbare Kriterien wie die Erhöhung des Lieferservices oder eine gleichmäßige Auslastung der Fahrzeuge als Ziel vorstellbar.

Die Tourenplanung tritt in zwei unterschiedlichen Planungssituationen auf:

- **Tägliche Planung**: Aufgrund bekannter Aufträge erfolgt die Planung für einen Tag jeweils am Vortag oder am frühen Morgen des gleichen Tages. Diese Situation stellt hohe Anforderungen an die Geschwindigkeit des gesamten Planungsprozesses, insbesondere des Lösungsverfahrens. Sie ist typisch für die Auslieferung von Gütern an den Handel, da hier die Aufträge täglich wechseln.
- **Planung von Standardtouren**: Aufgrund typischer (z.B. durchschnittlicher) Auftragsprogramme erfolgt die Planung in größeren zeitlichen Abständen für einen Tag, gegebenenfalls unterschiedlich nach Wochentagen. Diese Standardtouren können, falls erforderlich, bei der täglichen Anwendung den tatsächlichen Aufträgen angepasst werden. Dieses Vorgehen ist sinnvoll bei geringer Schwankung des Auftragsprogramms oder wenn gleichbleibende Touren gewünscht sind, z.B. bei der Müllabfuhr oder im Schulbusverkehr (vgl. Fleischmann 1998, S. 212).

26.2 Grundlagen der Tourenplanung

In den nachfolgenden Ausführungen werden einige Begriffe, Definitionen und Verfahren der Tourenplanung erläutert.

Unter einem **Depot** wird der Ort verstanden, an dem die Auslieferungs- und/oder Sammelfahrten beginnen und enden. Beispiele für Depots sind Auslieferungslager, Sammellager und Fahrzeugdepots. Die zu versorgenden **Kunden** werden mit 1,...,n nummeriert, und dem Depot wird die Nummer 0 zugewiesen. Der Bedarf des Kunden i betrage b_i ME. Dem Tourenplanungsproblem liegt ein zusammenhängendes Netzwerk V = (V,E) mit der Knotenmenge V = {0,1,...,n} zugrunde, welche die Kunden und das Depot repräsentiert.

Die zulässigen Verbindungen von Kunde i nach Kunde j oder zum Depot 0 werden von der Kantenmenge E zum Ausdruck gebracht. Um Straßenpläne von Innenstädten mit Einbahnstraßen anzubilden, können die Kanten in der Menge E gerichtet sein. Wir nehmen hier ungerichtete Netzwerke an. Die Bewertung d_{ik} einer Kante (i,k) bildet die **Entfernung** von Kunde i zu Kunde k ab, die auf verschiedene Weise bestimmt werden kann. Die Entfernungen sind entweder aus fertigen Entfernungswerken, z.B. geografischen Informationssystemen, zu entnehmen oder mittels der Verbindungsstraßen- bzw. der Koordinatenmethode zu berechnen. Die **geografischen Informationssysteme** wie Map&Guide der PTV GmbH oder AutoRoute Express von Microsoft liefern zwar die Distanzen für betrachtete Streckenabschnitte, die Programme beinhalten jedoch keine offengelegte Schnittstelle, um aus anderen Anwendungen auf die Koordinaten der jeweiligen Kundenorte zurückzugreifen.

In der Literatur wird das Problem der Datenerhebung für die Tourenplanung zumeist vernachlässigt. In Deutschland stehen bisher noch keine preiswerten digitalisierten Karten für Stadtgebiete und ländliche Bezirke zur Verfügung, die eine Schnittstelle für den Export von Daten aufweisen. Gegenüber den USA besteht hier ein großer Nachholbedarf. Wie Bodin bereits 1990 gezeigt hatte, stellten die US-Bundesregierung und die US-Post Ende der 80er Jahre preiswerte Datensätze für geografische Informationssysteme (GIS) zur Verfügung, auf welche die OR-Planer mit ihren Algorithmen aufsetzen konnten.

Nun folgen einige Definitionen zu Touren und Tourenplänen.

Eine geordnete Menge von Kunden, die auf einer in einem Depot beginnenden und in einem Depot endenden Fahrt bedient werden, wird als eine **Tour** bezeichnet. So ist (0,1,2,3,0) eine mögliche Tour. Wenn angenommen wird, dass Start- und Zielort der Fahrzeuge identisch sind, handelt es sich um geschlossene Touren. Im Gegensatz dazu spricht man von offenen Touren, falls die Fahrzeuge nicht zum gleichen Depot zurückkehren. Der Bedarf des Kunden i betrage b_i Mengeneinheiten.

Eine Tour (0,1,2, ...,r,0) liefert eine **Transportmenge** $b_1 + b_2 + ... + b_r$ an die Kunden aus, besitzt die **Dauer** $t_{01} + t_{12} + ... + t_{r0}$ und die **Länge** $d(0,1) + d(1,2) +...+ d(r,0)$. Zur Berechnung der Dauer können zusätzlich die Standzeiten bei den Kunden einbezogen werden.

Damit ergeben sich zugleich zwei wichtige Restriktionen der Tourenplanung. Wir nehmen an, dass alle Lieferfahrzeuge eine gleiche Ladekapazität C besitzen. Ferner soll die Dauer einer jeden Tour durch eine festgesetzte maximale Dauer D beschränkt sein. Damit ergeben sich die beiden folgenden Restriktionen für **zulässige Touren** (0,1,2, ...,r,0):

1) **Kapazitätsrestriktion:** $b_1 + b_2 + ... + b_r \leq C$

2) **Zeitrestriktion:** $t_{01} + t_{12} + ... + t_{r0} \leq D$

Die Zeitrestriktion bildet auch die gesetzliche Beschränkung der Lenkzeiten ab. Zudem wären Touren mit einer Dauer von beispielsweise etwa 25 Stunden unrealistisch lang.

Eine Menge von Touren mit der Eigenschaft, dass jeder Kunde auf genau einer Tour bedient wird, heißt **Tourenplan**. Die **Gesamtdauer** bzw. **Gesamtlänge** eines Tourenplanes ist die Summe der Dauer bzw. Länge seiner Touren. Ein **zulässiger** Tourenplan genügt allen Restriktionen des Tourenproblems. Zulässige Tourenpläne können unter verschiedenen Zielsetzungen optimiert werden:

1. minimale Gesamtlänge,
2. minimale Gesamtdauer,
3. minimale Anzahl von Touren,
4. gleichmäßige Auslastung der Fahrzeuge.

Diese Zielsetzungen stehen wie folgt in Beziehung zum betriebswirtschaftlichen Zielsystem. Das erste Ziel, die minimalen Gesamtlänge, beeinflusst die variablen Kostenbestandteile von Auslieferungstouren. Da jeder mit einem LKW gefahrene Kilometer zu diesen Kostenbestandteilen einen Beitrag leistet, wird mit der Minimierung der gesamten Länge auch eine Minimierung der variablen Kosten vorgenommen.

Das zweite Ziel der minimalen Gesamtdauer steht in enger Beziehung zur Minimierung der gesamten Länge. Wenn im Auslieferungsgebiet keine zwei verschiedenen Straßentypen als Alternative zur Verfügung stehen, wie etwa klassische Landstraßen gegenüber einer Schnellstraße, wird sich das Ziel, die Gesamtdauer zu minimieren, kaum unterscheiden von der Zielsetzung, die Gesamtlänge zu minimieren. Stehen jedoch alternativ Schnellstraßen zur Verfügung, so kann die Optimierung nach der Gesamtdauer einen anderen Tourenplan ergeben als die Minimierung der Gesamtlänge. Die Gesamtdauer zu minimieren kann sinnvoll sein, wenn der Fahrzeugeinsatz pro Tag in zwei jeweils vierstündige Schichten, eine Vormittags- und eine Nachmittagsschicht, unterteilt ist. Dann müssen die Fahrzeuge der Vormittagsschicht möglichst frühzeitig in das Depot zurückkehren, um für die Nachmittagsschicht erneut beladen werden zu können.

Das dritte Kriterium, die minimale Anzahl von Touren als Optimierungsziel, ist für den Kapitalbedarf der Auslieferungsflotte von Bedeutung. Je geringer die Anzahl der abzufahrenden Touren ist, desto geringer ist auch die Anzahl der benötigten Lieferfahrzeuge.

Das vierte Kriterium der gleichmäßigen Auslastung der Fahrzeuge ist im klassischen betriebswirtschaftlichen Zielsystem eigentlich nicht relevant. Andererseits schafft es unter den Fahrern Spannungen und Unzufriedenheit, wenn eine Tour über einen längeren Zeitraum von Arbeitstagen deutlich kürzer ist als die restlichen Touren, da es bei der Auslieferung ja auch um Aus- und Abladevorgänge geht, die von den Fahrern auszuführen sind, die dann ebenfalls unterschiedlich ausfallen. Zur Steigerung der Fahrerzufriedenheit ist daher auch eine gleichmäßige Auslastung der Fahrzeuge anzustreben.

Mit diesen grundlegenden Begriffsdefinitionen lässt sich das **Standardproblem der Tourenplanung** wie folgt beschreiben: Innerhalb einer Periode (z.B. einem Arbeitstag) sind n Kunden von einem Depot aus zu bedienen. Die Standorte der Kunden und des Depots sind bekannt. Die kürzesten Entfernungen zwischen den Kunden sowie zwischen dem Depot und den Kunden sind ebenfalls bekannt und durch die symmetrische Distanzmatrix $D = (d(i,k))$ mit $i,k = 0,1,...,n$, die mit einem kürzeste Wege-Verfahren aus den Distanzen des Straßennetzes gewonnen wird, gegeben. Zur Bedienung der Kunden stehen (zunächst) beliebig viele gleichartige Fahrzeuge mit Ladekapazität C zur

Verfügung. Die Fahrzeuge sind an einem Depot, wo die Touren beginnen und enden, stationiert. Für die Kunden i = 1, ...,n gilt:

- Der Bedarf des Kunden i beträgt in der Periode b_i Mengeneinheiten.
- Jeder Kunde muss auf genau einer Tour bedient werden, d.h. der Bedarf eines jeden Kunden ist durch eine Bedienung zu decken und keine Teillieferungen bzw. -entsorgungen sind möglich.

Die Fahrzeuge und das sie bedienende Personal unterliegen den oben dargestellten Zeit- und Kapazitätsrestriktionen. Das Ziel der Optimierung ist ein Tourenplan mit **minimaler Gesamtlänge**.

Der Ansatz, hier das Standardproblem der Tourenplanung vorzustellen, darf nicht darüber hinwegtäuschen, dass bisher kein generisches Verfahren zur Tourenplanung entwickelt worden ist, auf das die oben unter 13.1 dargestellten Varianten des Tourenplanungsproblems aufsetzen können und mit Zusatzrestriktionen verfeinern könnten. Stattdessen sind für die genannten Varianten stets neue Spezialverfahren entwickelt worden.

Zur Lösung des Standardproblems stellen der **Sweep-Algorithmus** und das **Savings-Verfahren zwei** bekannte Verfahren zur Tourenbildung dar. Diese Verfahren werden von Vahrenkamp/Mattfeld 2007 dargestellt.

26.3 Rechnergestützte Tourenplanungssysteme

Zur effizienten Tourenplanung bzw. -optimierung wird auf dem Markt eine Reihe von EDV-Systemen angeboten. Die wichtigsten derzeit auf dem Markt angebotenen Standardsoftwarepakete sowie ihre Hersteller im deutschsprachigen Raum sind:

- Catrin der Alfa Plan Management-Software + Consulting GmbH,
- Intertour der PTV-Planung Transport Verkehr AG,
- Map & Guide der Map & Guide GmbH,
- Trampas der Dr. Städtler Transport-Consulting GmbH,
- Plantour der Firma Corbitconnect,
- PAR®CAR der Wanko Informationslogistik GmbH,
- Protour der Firma Prologos und
- Shortrec der Logiplan Logistikberatung und Vertriebs-GmbH.

Die Hersteller bieten zusätzlich zu den Standardsoftwarepaketen noch eine Vielzahl von Modulen an, z.B. zur dynamischen Tourenplanung mit Mobilkommunikation und Fahrzeugortung, zur komfortablen Datenaufbereitung und -verwaltung für die Tourenplanung, zum Kostenvergleich Werkverkehr/Spedition mit Tarifen und freien Konditionen, zur Datenerfassung im Fuhrpark per Bordcomputer etc. Die angegebenen Tourenplanungssoftwaremodule bieten Schnittstellen zu allen gängigen ERP-Systemen an, um Kunden-, Auftrags- und Sendungsdaten auszutauschen. Die Schnittstellen zu SAP sind zum Teil zertifiziert.

System	Lizenzkosten	Schulung	Wartung
Catrin	IC-Deutschland, ST-Regional: 9.500 Euro IC-Europa, ST-National 12.000 Euro ST-International 15.000 Euro Mehrplatzfähigkeit im LAN je 25 % der einfachen Nutzerlizenz Wartungsvertrag	3 Tage Anwenderschulung Schulungspaket 2.500 Euro Schulung, Beratung und Programmierung 900 Euro pro Arbeitstag	1/2 Jahr Wartungsvertrag mit telefonischer Anwenderberatung inklusive. Ein kostenpflichtiger Wartungsvertrag wird - wenn gewünscht - erst nach einem halben Jahr fällig. Dieser enthält die folgenden Leistungen: Updateservice für Software und Straßennetzdaten (ca. 2 Updates pro Jahr), Beseitigung von Softwarefehlern, telefonische Anwenderberatung. Kosten pro Jahr: 10 % der gesamten Lizenzkosten
Intertour	PTV Logisticplatform 13.000 Euro PTV Intertour ab 15.000 Euro PTV E-Cargo-Server 6.000 Euro	Beratung und Schulung 1.100 Euro	Die Wartungskosten betragen 17 % der Softwarelizenzen jährlich für Software, Datenpflege und Hotline.
Map & Guide	Basislizenz Deutschland City 659 Euro, jede weitere Lizenz 399 Euro	Basisschulung (3-5 Teilnehmer, 1 Tag) pro Person und Tag 300 Euro zzgl. MwSt. Individualschulung ab 1.020 Euro zzgl. MwSt. pro Tag (max. 8 Personen)	Updatevertrag Deutschland City 169 Euro Jede weitere Lizenz Updatevertrag 99 Euro
Trampas	Basismodul: 1. Client 15.000 Euro, 2-3 weitere Clients je 2.500 Euro ab 4 weitere Clients je 1.500 Euro Zusatzmodule: - Frachtmodul: 15.000 Euro - SAP-Schnittstelle: 5.000 Euro - Mehrdepotplanung: 2.500 Euro - Fertigungsplanung: 5.000 Euro - Telematikmodul: 5.000 Euro - Modul Entsorger: 5.000 Euro Karten nach Umfang	Basismodul: 2 Tage für den Anwender und 1-2 Tage für den Systemadministrator. Erhöhung des Schulungsaufwandes in Abhängigkeit von den eingesetzten Zusatzmodulen Preis pro Schulungstag: 1.040 Euro	10-15% der Lizenzpreise und Modifikationsaufwendungen (abhängig von den gewünschten Leistungen)
Plantour	PT SmallBiz ab 4.000 Euro PT Professional ab 15.000 Euro Plantour Enterprise ab 25.000 Euro (Alle Preise zzgl. MwSt) PLANTOUR ist ein Produkt der CORBITCONNECT Enterprise Logistics Suite. Die Suite beinhaltet darüber hinaus das Fuhrparkinformationssystem CARMANAGER und das Flottenmanagementsystem TRACKMANAGER.	Basis-Training: 650 Euro je Tag und Trainer zzgl. 150 Euro je Tag und Teilnehmer Inhouse-Training: 950 Euro je Tag und Trainer	Bei 1 Jahr Laufzeit: 17 % der Softwarelizenz Bei 3 Jahren Laufzeit: 15 % der Softwarelizenz
PRA®CAR 3000	19.900 Euro für 5 User mit automatischer Tourenoptimierung und Schnittstelle zu einem vorgelagertem System	980 Euro pro Tag	1 % der Lizenzkosten pro Monat
Protour	Erstlizenz Protour Standard ab 12.000 Euro Kopierlizenz 50 % der Erstlizenz Netzwerk/Firmenlizenz, Leasing, Miete auf Anfrage Zusätzliches Kartenmaterial ab 2.000 Euro	Schulung max. 4 Teilnehmer 1.100 Euro pro Tag Beratung 1.200 Euro pro Tag zzgl. MwSt.	Software: 18 % p.a. (regelmäßige Updates, Hotline) Kartenmaterial: 25 % p.a. Programmierung: 990 Euro pro Tag
Shortrec	Modulares System, Lizenzkosten in Abhängigkeit der Module, Anpassungen auf Anfrage	ca. 1-2 Tage 1.000 Euro je Personentag	17% der Lizenzkosten

Tabelle 26.1: Kosten der rechnergestützten Tourenplanungssysteme

Ein wesentliches Hemmnis bei der Einführung von Tourenplanungssoftware sind die hohen Kosten für Softwarelizenzen, Schulung und Wartung. In Tabelle 26.1 sind diese Kosten zusammengestellt. Die Kosten für Lizenzen für Mehrplatzsysteme, die in Speditionen erforderlich sind, sind hoch. Diesen Kosten stehen häufig nur unzureichend quantifizierbare Kostensenkungspotentiale gegenüber. Dies gilt insbesondere für zu erwartende Einsparungen durch Prozessverbesserungen. Es empfiehlt sich grundsätzlich im Vorfeld eines Investitionsentscheids, eine sorgfältige Planungsstudie durchzuführen. Damit werden Einsparungspotentiale in der Touren- und Einsatzplanung quantifizierbar. Häufig genügen auch diese Einsparungen alleine für eine befriedigende Amortisationsrechnung.

Die Tabelle 26.2 enthält Ergebnisse einer Marktstudie des Lehrstuhls Vahrenkamp. Sie zeigt eine Übersicht über die Anzahl der Installationen von Standardsoftware zur Tourenplanung in Deutschland in den Jahren 2001 und 2005. Bemerkenswert daran sind zwei Beobachtungen. Erstens ist der Kreis der Anbieter in den Jahren von 2001 bis 2005 weitgehend stabil geblieben; nur das System Pragma ist ausgeschieden. Zweitens ist die Zahl der Installationen seit 2001 deutlich gestiegen und hat sich z. T sogar verdreifacht.

Die Tatsache, dass viele der Standard-Tourenplanungssysteme den oft sehr speziellen Anforderungen der Transportwirtschaft nicht gewachsen sind, wie

- die mangelnde Berücksichtigung kurzfristiger Veränderungen der Planungsdaten, der Aufträge oder der Verkehrssituation,
- fehlende Übereinstimmung zwischen den Leistungsmerkmalen der Tourenplanungssysteme und den individuellen Anforderungen des Transportbetriebs oder
- die fehlende Integration der Bordcomputer

führen zu Anwendungslücken. Standardsoftware befindet sich daher mit der Individualprogrammierung im Wettbewerb, die weit verbreitet ist. Die Unternehmen greifen dann auf Individualprogramme zurück, wenn diese den Anwendungskontext besser abbilden können. Ein Beispiel für die Ausgestaltung von Individualsoftware liefert Meisel (2005). Unabhängig von der Verwendung von Standard- oder Individualsoftware sind noch weitere Faktoren für die Anwendungslücken von Tourenplanungssoftware verantwortlich. So ist beispielsweise die Akzeptanz der Systeme seitens der Disponenten, Fuhrparkleiter und Fahrer ein Problem. Die fehlende Nachvollziehbarkeit der automatisch generierten Touren sowie der notwendige Aufwand für die Ersterhebung der Kunden-, Auftrags- und Infrastrukturdaten werden häufig bemängelt oder als zu groß angesehen (Schneider-Rusakova 2007).

System	Installationen in Deutschland im Jahre 2001	Installationen in Deutschland im Jahre 2005
Catrin	69	ca.110
Intertour	> 700	> 800
klickTel	k.A.	-
Map & Guide	k.A.	k.A.
Trampas	40	74
Plantour	50	> 300
PRA®CAR 3000	-	105
Pragma	80	-
Protour	k.A.	k.A.
Shortrec	40	ca. 150

Tabelle 26.2: Anzahl der Installationen von rechnergestützten Tourenplanungssystemen in Deutschland

Besondere Fortschritte wurden in den letzten Jahren in der Verfügbarkeit digitalen Kartenmaterials gemacht. Zu dieser Entwicklung hat auch die Verbreitung moderner Telematiksysteme im Flottenmanagement und bei der Navigation beigetragen. Firmen wie Navigation Technologies, Teleatlas oder AND zählen zu den einschlägig bekannten Anbietern digitaler Geographie, die in unterschiedlichen Detaillierungsgraden erhältlich ist. Die Nutzung solcher Karten in Routenplanungsprogrammen wie Marco Polo Reiseplaner, Map&Guide oder reiseplanung.de ist heute bereits alltäglich geworden. Nachbesserungsbedarf besteht in der speziellen Verfeinerung im Hinblick auf den Güterverkehr. Relevante Streckeninformationen wie LKW-Sperrungen, Brückentraglasten, Durchfahrtshöhen etc. werden bei der automatischen Routenwahl noch nicht berücksichtigt. Dagegen ist die Einbindung aktueller Verkehrsinformationen bereits Standard. Die Qualität steht und fällt allerdings mit dem Angebot des entsprechenden Providers.

Die **Vorteile des Einsatzes** von rechnergestützten Tourenplanungssystemen bestehen neben der Erhöhung der Wirtschaftlichkeit (Minimierung der Transportkosten bei gegebenen Restriktionen) vor allem

- in der besseren Kosten- und Lieferservice-Transparenz,
- in der besseren Überprüfbarkeit von Subunternehmen bzw. Speditionen,
- in kürzeren Dispositionszeiten,
- im besseren Informationsfluss innerhalb des Betriebes sowie
- in der schnelleren Reaktion auf geänderte Kundenanforderungen.

26.4 Die Kalkulation der Kosten von Auslieferungstouren

Da die Leistungserbringung in Auslieferungstouren eine Verbundleistung darstellt, ist die Frage zu beantworten, in welcher Weise die Gesamtkosten einer Auslieferungstour auf die einzelnen Kunden in der Tour zu verteilen sind. Ein Rechnungsverfahren muss sowohl plausibel als auch gerecht erscheinen. Dies ist auch insofern notwendig, als bei Outsourcing-Diskussionen die Logistikpartner ihre Kostenkalkulation offen zu legen haben und für die Kunden nachvollziehbar gestalten müssen. Ferner lässt sich mit diesem Ansatz die Vorteilhaftigkeit der Aufnahme eines neuen Kunden in eine Tour in der Angebotskalkulation ermitteln und in Strategien des Dynamic-Pricing bei Engpässen umsetzen.

Anwendungen für die hier diskutierte Kostenverteilung bestehen z. B. in der Auslieferung von Stückgutspeditionen und bei der Belieferung von Lebensmittelmärkten von Regionallagern der großen Lebensmittelketten. Bei Auslieferungstouren von Paketdiensten, die im städtischen Bereich bis zu 100 Stopps umfassen können, ist wegen des Preismodells von Standardpaketen die Verteilung der Tourkosten auf die Kunden hingegen nicht von Bedeutung.

26.4.1 Die Vorstellung des Modellansatzes

Den Ausgangspunkt der Überlegungen bietet ein Differenzkostenkriterium. Hier sollen die Kosten einer Auslieferungstour betrachtet und die Fälle unterschieden werden, wie die Auslieferungskosten reduziert werden können, wenn ein Kunde i aus der Auslieferungstour ausgeschlossen wird. Diese Kostendifferenz gibt dann die **Unterschiedskosten** der Belieferung eines Kunden i an.

Diese Unterschiedskosten werden genutzt, um die Kosten einer Auslieferungstour in die **Grundkosten** und die **Zusatzkosten** zu zerlegen. Während die Grundkosten proportional nach dem Kriterium der Transportleistung auf die einzelnen Kunden der Auslieferungstour verteilt werden, sollen die Zusatzkosten proportional zu den Unterschiedskosten angerechnet werden. Diese grobe Skizze des hier vorgetragenen Ansatzes soll nun im Folgenden verfeinert und präzise definiert werden.

Im Straßennetz sind im Allgemeinen verschiedene Fahrtstrecken zwischen je zwei Kunden möglich. Wegen der hohen Bedeutung von **Geschwindigkeit** in Logistiksystemen und um eine möglichst große Auslieferungsleistung der Lastkraftwagen (im folgenden LKW) pro Tag zu erzielen, betrachten wir hier generell die Fahrtstrecke, die sich aus dem **schnellsten Weg** ergibt. Mit einem kürzesten Wegeverfahren sind die Entfernungen zwischen je zwei Kunden i und k bzw. dem Depot 0 und jedem Kunden i auf dem schnellsten Weg zu ermitteln. Die Länge des schnellsten Weges wird in Kilometern gemessen und mit d_{ik} bezeichnet. Um Mautberechnungen zu ermöglichen, werden die auf dem schnellsten Weg zwischen Kunde i und Kunde k auf der Autobahn zurückgelegten Kilometer gesondert erfasst und mit dA_{ik} bezeichnet. Für jeden Kunden i ist auf dem LKW eine Ladungsmenge L_i verstaut. Diese Menge kann entweder in Gewichtseinheiten (Kilogramm), in Volumeneinheiten (m^3) oder in Palettenstellplätzen gemessen werden.

Die Kalkulation der den einzelnen Kunden anzurechnenden Kosten vollzieht sich in drei Schritten:

- Zunächst werden die Gesamtkosten der Tour als Vollkosten bestimmt.
- Anschließend werden die Gesamtkosten in die beiden Komponenten Grund- und Zusatzkosten aufgespalten, indem die Zusatzkosten nach dem oben beschriebenen Differenzkostenkriterium ermittelt und von den Gesamtkosten abgezogen werden. Die Differenz stellt dann die Grundkosten dar.
- Schließlich werden Grund- und Zusatzkosten auf die einzelnen Kunden heruntergebrochen.

26.4.2 Die Kalkulation der Gesamtkosten

Die Kalkulation der Gesamtkosten für die Tour T geht wie folgt vor sich: Die Gesamtkosten GK bestimmen sich aus fixen Kostenbestandteilen und aus variablen. Die fixen Kosten des LKW pro Jahr werden auf einen Tagessatz und auf einen Stundensatz heruntergebrochen und zur Fahrtzeit in einer Tour in Bezug gesetzt (BME 2000). Die Dauer der Tour T vom Beginn der Tour auf dem Depot bis zum Ende der Tour auf dem Depot wird in Stunden gemessen. Diese Dauer wird als Einsatzzeit bezeichnet und mit dem Stundensatz multipliziert, der zusätzlich auch die Kosten für den Fahrer enthält.

Zu den durch die Dauer bestimmten fixen Kosten kommen dann noch die variablen entfernungsabhängigen Kosten hinzu, welche die Wartungskosten, den Verbrauch an Dieselkraftstoff und die LKW-Autobahnmautgebühren enthalten. Wir fassen die Wartungskosten und die Kosten für Dieselkraftstoff zu einem **Verbrauchssatz** pro Kilometer zusammen. Die variablen Kosten sind entfernungsabhängig und sehen unter Einbeziehung der LKW-Maut wie folgt aus:

Gefahrene Kilometer* Verbrauchssatz +
gefahrene Autobahnkilometer*LKW-Mautsatz

Damit sind die Gesamtkosten GK abhängig von einer Zeitkomponente und einer Entfernungskomponente. Falls der LKW nach Rückkehr von der Tour auf dem Depot nicht mehr für den Rest des Tages eingesetzt werden kann, weil die verbleibende Restzeit zu kurz ist, ist für die zeitabhängige Kostenkomponente ein ganzer Tagessatz anzuwenden.

26.4.3 Kalkulation der Zusatzkosten

Nun erfolgt in einem zweiten Schritt die Bestimmung der Zusatzkosten. Hierzu ist das Anrechnungsverfahren zu modifizieren, wenn ein einzelner Kunde i (oder eine Gruppe von Kunden) einen deutlichen Umweg erfordert, um beliefert zu werden. Dieser Fall tritt ein, wenn im Straßennetz ein kürzerer alternativer Weg ohne Belieferung des Kunden i gefahren werden kann. Dieses ist aber nicht in allen Fällen möglich. Wenn etwa Kunden längs einer durchgehenden Straße lokalisiert sind, so sind keine alternativen Wege möglich (vgl. Abb.1, Fall D und die Diskussion unten).

Wenn Umwege bei Belieferung eines Kunden anfallen, so induziert dieser Umweg Umwegkosten in den drei Kategorien

- gefahrene Kilometer (Umweglänge),
- Mautkosten für gefahrene Autobahn-Kilometer (Umwegmaut) und
- aufgewendete Zeit (Umwegzeit)

und ist diesen Kunden bzw. Kundengruppen gesondert zu berechnen.

a) Die Kalkulation der Umweglänge
Wir nehmen an, dass die Ausliefertour T mit den Optimierungsmethoden des Travelling Salesman bestimmt worden ist (vgl. Vahrenkamp/Mattfeld 2007). Diese Methoden sorgen dafür, dass in dem vorgegebenen Straßennetz der LKW auf einer Tour mit der minimalen Fahrtdauer auf den schnellsten Wegen unterwegs ist. Zusätzlich betrachten wir eine Tour T(i), die sich
1. aus der Tour T durch Herausnahme des Kunden i ergibt, und dann
2. mit den Optimierungsmethoden des Travelling Salesman zu bestimmen ist, da die Tour T(i) im Allgemeinen nicht durch bloßes Überspringen des Kunden i aus der Tour T hervorgeht.

Um die Umweglänge U_i über den Kunden i in einer Ausliefertour T zu bestimmen, gehen wir von der Länge der Tour T aus, die sich als Summe der in der Tour zurückgelegten Fahrt-Kilometer bestimmt und die als L(T) bezeichnet wird. Die Länge der Tour T(i) bezeichnen wir mit L(T,i).

Die **Umweglänge** U_i ergibt sich dann als Differenz der Längen der Touren T und T(i):

$U_i = L(T)-L(T,i)$.

Die Umweglängen hängen von der Topologie der Auslieferungstour ab. Wir diskutieren hier fünf verschiedene Fälle, die in der Abbildung 26.2 dargestellt sind. Teil A) beschreibt eine Tour, die im Depot beginnt und endet und nacheinander 6 Kunden C1,....,C6 besucht. Die Tour erscheint als eine nahezu regelmäßige konvexe Figur in der Ebene. Beispielhaft für die Umweglängen der einzelnen Kunden sei hier der Kunde C2 herausgegriffen. Die gestrichelte Linie stellt dann den Weg dar, der in der Tour L(T,2) genommen würde, wenn der Kunde C2 aus der Tour ausgeschlossen würde. Daten zu diesem Fall werden in dem Beispiel unten gegeben.

Während in Fall A) erst durch die Datenanalyse entschieden werden kann, welche Umwege gesondert angerechnet werden müssen, erkennt man in den Fällen B) und C) unmittelbar, welche Umwege die Belieferung eines weiter entfernt liegenden Kunden C2 bzw. einer Kundengruppe C2, C2A, C2B erfordert. Hier fallen überdurchschnittlich große Abweichungen bei der Umweglänge U_2 bei Herausnahme des Kunden C2 bzw. bei Herausnahme der Kundengruppe C2, C2A, C2B an.

Der Fall D) stellt eine linear angeordnete Auslieferungstour von vier Kunden längs einer Straße dar. In diesem Falle ergibt sich bei Herausnahme eines der Kunden C1, C2 und C3 keine Verkürzung der Fahrtstrecke, da keine alternative Route zur Verfügung steht. Folglich sind die Umweglängen für die Kunden C1, C2 und C3 gleich Null. Für den Kunden C4 beträgt die Umweglänge hingegen das Doppelte der Entfernung von C3 nach C4. Da es willkürlich erscheint, dass beim letzten Kunden eine positive Umweglänge erscheint, bei den Vorgänger-Kunden aber nicht, kann das Konzept der Umweglängen im Fall einer linearen Anordnung einer Tour als Kriterium für die Kostenanrechnung nicht angewendet werden.

Ähnlich kann es sein im Fall E), wo sowohl auf dem Hinweg als auch auf dem Rückweg eine lineare Struktur abgefahren wird, die aber auf verschiedenen Fahrstrecken liegen. In diesem Fall sind die Umwegkosten für die Kunden C1, C2, C3, C6 und C7 gleich Null. Umwegkosten für den Kunden C4 können ebenfalls gleich Null sein, wenn der Weg von C3 nach C5 nur über ein orthogonales Straßensystem der Cityblock-Metrik geführt wird. Auch hier ist die Anwendung des Konzepts der Umweglängen daher problematisch.

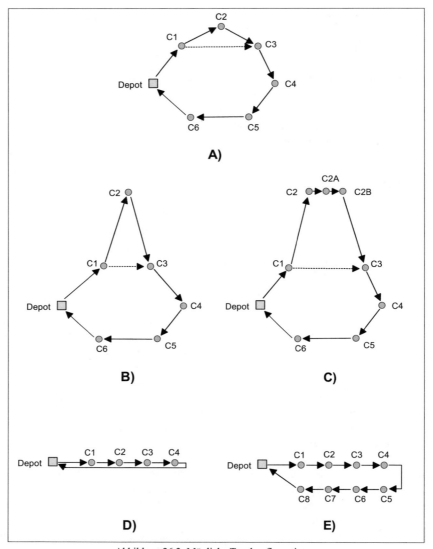

Abbildung 26.2: Mögliche Tourkonfigurationen

Damit folgt aus dieser Diskussion, dass eine sinnvolle Anwendung des Konzepts der Umweglängen nur bei solchen Touren oder Tourteilen möglich ist, bei denen sich im Falle der Herausnahme eines der Kunden eine alternative Route als schnellster Weg ergibt.

Für die Datenreihe der so bestimmten Umweglängen U_i, $i = 1,\ldots,n$, werden der Mittelwert μ und die Standardabweichung σ berechnet. Um komplizierte Sonderfälle auszuschließen, wird $n \geq 4$ angenommen. Im Folgenden sollen nur Umwege U_i berücksichtigt werden, die „besonders groß" sind, während kleinere Umwege in der Verbundleistung verbleiben und nicht gesondert angerechnet werden. In der empirischen Datenanalyse werden dabei häufig solche Werte als "besonders groß" eingestuft, die oberhalb der Grenze μ+σ liegen. Dieses soll jedoch hier nicht geschehen, da in den Mittelwert μ die großen Werte von U_i bereits eingehen und so den Wert von μ nach oben ziehen. Eine gerechte Anrechnung der Umwegkosten erfordert vielmehr, alle Umwegkosten zu erfassen, die oberhalb eines für alle geltenden Minimums liegen. Vorgeschlagen wird daher, den Wert μ - σ als Grenze anzusetzen. Um komplizierte Sonderfälle auszuschließen, werden nur Datenreihen mit σ < μ betrachtet.

Folglich wird ein Umweg einem Kunden i dann angerechnet, wenn die Umweglänge U_i > μ – σ ist. Wir setzen daher

$\hat{U}_i = 0,$ wenn $U_i \leq$ μ - σ ist und
$\hat{U}_i = U_i - \mu + \sigma$ sonst.

Die Bedeutung der Wahl von μ - σ als Grenze soll anhand des folgenden Beispiels illustriert werden: Wir betrachten eine Tour T von Abbildung 26.2, Fall A) und unterlegen die Standorte von Depot und Kunden C1,...,C6 mit den euklidischen Koordinaten von Tabelle 26.3.

Knoten-Nr.	x-Koordinate	y-Koordinate	Umweglänge U_i
0	77	57	
1	90	75	$d_{01} + d_{12} - d_{02} = 22,2 + 22,3 - 43,2 = 1,3$
2	110	85	$d_{12} + d_{23} - d_{13} = 22,3 + 18,9 - 36,0 = 5,2$
3	126	75	$d_{23} + d_{34} - d_{24} = 18,9 + 20,6 - 37,6 = 1,9$
4	134	56	$d_{34} + d_{45} - d_{35} = 20,6 + 19,2 - 34,2 = 5,6$
5	122	41	$d_{45} + d_{56} - d_{46} = 19,2 + 27,0 - 42,1 = 4,1$
6	95	40	$d_{56} + d_{60} - d_{50} = 27,0 + 24,7 - 47,8 = 3,9$

Tabelle 26.3: Daten zum Fall A) in Abbildung 26.2

Anstelle von Entfernungsmessungen in einem Straßennetz nehmen wir zur Vereinfachung euklidische Distanzen d_{ij} zwischen Knoten i und j an. Wegen der konvexen Gestalt der Tour bestimmt sich die mit den Methoden des Travelling Salesman optimierte Tour T bzw. T(i) als Rundreise auf der konvexen Hülle der Knoten (vgl. Kapitel 12). Wir nehmen zur Vereinfachung an, dass sich der schnellste Weg auf dem kürzesten Weg befindet. Wir erhalten damit die Datenreihe der Umweglängen U_i von Tabelle 26.3, welche einen Mittelwert μ = 3,7 und eine Standardabweichung σ = 1,6 aufweist. Als Schwellenwert μ - σ erhalten wir den Wert von 2,1. Danach werden die Umweglängen der Kunden C2, C4, C5 und C6 gesondert angerechnet. Bei der Wahl von μ + σ würde hingegen nur der Umweg für C4 gesondert berücksichtigt.

Während hier vorgeschlagen wird, die Grenze für die Anrechnung der Umwege mit μ - σ anzusetzen, können auch andere Werte dafür verwendet werden, die zwischen dem minimalen Umwegwert Min(U_i) und μ - σ liegen sollten. Welcher Wert in der Praxis anzuwenden ist, sollte in einer empirischen Studie ermittelt werden.

Ist nicht nur ein Kunde weiter entfernt von der restlichen Tour T(i), sondern eine ganze Gruppe von Kunden, so können die Umwegkosten auch auf die Gruppe von Kunden bezogen werden. Wenn z. B. drei Kunden i, h, m nur über einen Umweg anfahrbar sind, aber gemeinsam nahe beieinander liegen, so sind die Umweglängen zu kalkulieren als U(i,h,m) = L(T)-L(T,i,h,m) (vgl. Abbildung 26.2, Fall D für die Kunden C2, C2A,

C2B). Die Größe LT(i,h,m) ist dann die Länge der mit den Methoden des Travelling Salesman nach den Kriterien der kürzesten Fahrtzeit optimierten Tour von Kunden, wobei die Kunden i,h,m aus der Tour T herausgenommen wurden.

Diskussion: Der hier verwendete Ansatz zur Bestimmung der Größen $\hat{U}_i$ erscheint zunächst sehr schematisch. Anstelle eine stückweise lineare Funktion $f(x) = 0$ für $x \leq \mu - \sigma$ und $f(x) = x - \mu + \sigma$ für $x > \mu - \sigma$ zu verwenden, um aus den Größen U_i die Größen $\hat{U}_i$ herzuleiten, könnte man eine Funktion verwenden, die ab der Grenze $\mu - \sigma$ zunehmend steiler wird, um große Umwegkosten stärker anzurechnen, etwa einen quadratischen Verlauf. Allerdings macht die Verwendung derartiger Funktionen das Anrechnungsverfahren weniger transparent, was die Aushandlungsprozesse in der Supply Chain erschweren kann.

b) Die Kalkulation der Umwegmaut

Um die Mautkosten einzelnen Kunden anzurechnen, sind für beide Touren T und T(i) die Fahrtstrecken auf den Autobahnen besonders zu berücksichtigen:

- $LA(T)$ = gefahrene Kilometer auf der Autobahn der Tour T
- $LA(T,i)$ = gefahrene Kilometer auf der Autobahn der Tour T(i)

Als Differenz der auf der Autobahn gefahrenen Kilometer ist $UA_i = LA(T) - LA(T,i)$ anzusetzen. Für die Größen UA_i ist wie oben zu verfahren, indem der Mittelwert μA und die Standardabweichung σA bestimmt werden. Im Folgenden sollen nur Umwege UA_i berücksichtigt werden, die überdurchschnittlich groß sind, d.h. mehr als $\mu A - \sigma A$ nach oben abweichen. Wir setzen

$$\hat{U}A_i = 0, \quad \text{wenn } UA_i \leq \mu A - \sigma A \text{ ist und}$$
$$\hat{U}A_i = UA_i - \mu A + \sigma A, \quad \text{sonst}$$

c) Die Kalkulation der Umwegzeit

Mit der Annahme einer Durchschnittsgeschwindigkeit v in Kilometer pro Stunde kann aus der in Kilometern bestimmten Fahrtstrecke die Fahrtzeit in Stunden durch die Formel

$$\text{Fahrzeit} = \text{Fahrtstrecke}/v$$

hergeleitet werden. Damit sind die besonderen Fahrtzeitaufwendungen für die entfernter liegenden Kunden über die Größe $\hat{U}_i/v$ zu berücksichtigen, wobei für zusammen gefasste Kundengruppen jeweils nur ein Repräsentant für diese Menge eingeht. Standzeiten bei den Kunden werden als annähernd gleich angesehen und nicht gesondert erfasst.

26.4.4 Die Bestimmung der Grundkosten und der den Kunden anzurechnenden Kosten

Für die Bestimmung der Grundkosten sind aus den Gesamtkosten GK die drei Kostenbestandteile für die Umwegfahrten abzuziehen. Daraus entsteht die Größe GR, welche die Grundkosten darstellt und nach folgender Formel bestimmt wird:

$$GR = (\text{Einsatzzeit} - \sum \hat{U}_i /v)*\text{Stundensatz} + (L(T) - \sum \hat{U}_i)*\text{Verbrauchssatz} +$$
$$(LA(T) - \sum \hat{U}A_i)*\text{LKW-Mautsatz}$$

Mit dieser Konstruktion sind die Zeitanteile und Kilometeranteile der Kunden aus den Gesamtkosten herausgerechnet, die einen „Umweg" von der Auslieferungstour aufweisen. Nun erfolgt die Verteilung der Grundkosten auf die einzelnen Kunden in der Tour. Wenn man von einem Rechnungsverfahren fordert, dass es für die Kunden sowohl plausibel wie auch gerecht sein soll, so kann man wie folgt vorgehen. Die Kriterien gerecht und plausibel werden erfüllt, wenn die einem einzelnen Kunden i angelasteten Kosten sowohl ansteigen mit:

- der transportierten Menge L_i, wie auch mit
- der Entfernung d_{0i} des Kunden vom Depot auf dem schnellsten Weg.

Hier sollen deshalb – auch in Ermangelung anderer, den Kunden einfach zu vermittelnder Kriterien – die dem Kunden i von den Grundkosten anzurechnenden Kosten proportional zur Transportleistung, d. h. L_i*d_{0i} festgelegt werden. Für alle Kunden sind daher die Transportleistungen $TL_i = L_i*d_{0i}$ zu bestimmen und dann mit anteiligen Prozentsätzen auf die Grundkosten umzulegen. Der für den Kunden i anzurechnende Prozentsatz p_i an der Summe der einzelnen Transportleistungen, $\sum TL_i$, bestimmt sich dann als

$$p_i = TL_i / \sum TL_i.$$

Die auf den Kunden i entfallenen Kosten KG_i sind dann anzusetzen als Anteil an den Grundkosten: $KG_i = p_i*GR$.

Damit die Kostenrechnung konsistent bleibt, dürfen die so bestimmten Kosten KG_i nicht die Transportkosten einer Belieferung des Kunden i mit einer Einzelfahrt vom Depot zum Kunden i auf dem schnellsten Weg übersteigen.
Die drei oben festgelegten Kostenbestandteile für die Umwegfahrten sind dann auf die einzelnen Kunden i zu übertragen und zusammen mit dem prozentualen Anteil an den Grundkosten zu einer Kostengröße K_i zusammenzufassen. Man erhält dann die Formel für die Kosten K_i, die dem Kunden i anzurechnen sind:

$$K_i = KG_i + (\hat{U}_i /v)*\text{Stundensatz} + \hat{U}_i*\text{Verbrauchssatz} + \hat{U}A_i*\text{LKW-Mautsatz}$$

Ergänzende Literatur:

Fleischmann, B.: Tourenplanung, in: Mark Jacquemin, Eric Sucky, Richard Pibernik (Hrsg.): Quantitative Methoden der Logistik, Festschrift für Heinz Isermann, Hamburg 2006, S. 287-301

Schönberger, J., H. Kopfer: Planning the Incorporation of Logistic Service Providers to fulfill Precedence- and Time Window-Constrained Transport Requests in a Most Profitable Way, in: B. Fleischmann, A. Klose (eds.): Distribution Logistics: Advanced Solutions to Practical Problems, S. 141-158, Berlin 2004

Vahrenkamp, Richard, Dirk Mattfeld: Konfiguration von Logistiknetzwerken, Wiesbaden 2007

27 Strategische Standortplanung

In diesem Kapitel werden Fragen zur Standortplanung und zur Standortoptimierung behandelt. Anwendungsbereiche bestehen unter anderem in der Distributions- und Entsorgungslogistik.

27.1 Überblick

Der Standortbegriff in Logistiksystemen bezieht sich auf Standorte für Produktionswerke, Beschaffungslager, Distributionslager, Outlets und auf Sammelpunkte in Recycling-Kreisläufen. Fragen nach Standorten zur Ansiedlung von Produktions- und Logistikknoten werden auf verschiedenen Ebenen gestellt und deren Beantwortung hängt von einer Vielzahl von Faktoren ab, so dass das Standortproblem zu einem komplexen Entscheidungsproblem werden kann. Standorte werden gesucht:

- weltweit: in Ländern, Freihandelszonen und Kontinenten,
- landesweit: in Städten und Regionen,
- regional: in sogenannten Mikrostandorten.

Faktoren, welche zur Beantwortung von Standortfragen berücksichtigt werden, sind vielfältig und werden nach „harten" und „weichen" Faktoren unterschieden. Beispiele sind:

- politische Stabilität des betrachteten Landes,
- Wechselkursrisiken,
- Zugang zu einem Netzwerk von Forschungs- und Entwicklungsaktivitäten,
- Erschließung eines Marktzugangs,
- Größe des Inlandsmarktes,
- Verfügbarkeit von Rohstoffen,
- klimatische Bedingungen,
- Verfügbarkeit von Arbeitskräften, insbesondere von Arbeitskräften mit speziellem Know-how,
- Lohnniveau,
- Verfügbarkeit von Grundstücken und Gebäuden,
- Verkehrsinfrastruktur,
- Netzwerkeffekte durch Branchencluster und leistungsfähige Zulieferer,
- Steuern und Subventionen,
- wirtschaftsfreundliche Gesetzgebung und Verwaltungen,
- Lagegunst zum Absatzgebiet hinsichtlich Betriebskosten, Transportkosten und Serviceniveau.

Für die Distributionslogistik spielt besonders die Nähe zum **Absatzgebiet** eine Rolle. Um eine Entscheidung zu unterstützen, wird die Vielzahl von Faktoren mit einem Punktwertverfahren gewichtet (Duijvendijk 2003) oder im Diamant-Modell von Porter (1999) angeordnet. Dieses soll hier aber nicht näher diskutiert werden. Wir wollen uns vielmehr auf den Faktor der **Lagegunst** zum Absatzgebiet hinsichtlich Betriebskosten, Transportkosten und Serviceniveau von Standorten konzentrieren.

Die Frage nach Standorten in Distributionssystemen wurde zunächst im Kontext der Konsumgüterdistribution gesehen und ist in den 60er Jahren des 20. Jahrhunderts mit dem Aufkommen von Outlet-Ketten im Einzelhandel entstanden. Gefragt wird nach Standorten von Produktionswerken, Zentrallagern und Regionallagern, welche die Summe der gesamten Lager- und Transportkosten zu den Outlets minimieren. Ferner wird nach Standorten von Outlets in Wohnbezirken gefragt, welche die Nachfragepotentiale der Bevölkerung ausschöpfen und vorgegebene Entfernungen zu den Kunden nicht überschreiten. Bei Standortfragen in Siedlungsgebieten ist aber auch daran zu denken, wie weit

- **Servicepunkte**, z.B. Briefkästen, Postämter und Bankfilialen,
- **kommunale Einrichtungen**, z.B. Schulen und Kindergärten,
- **Notfalleinrichtungen**, z.B. Feuerwehren, Polizeistationen und Krankenhäuser

von den Wohnhäusern der Bevölkerung entfernt liegen.

Die Liberalisierung auf den Transportmärkten von LKW-Verkehren und von Flugzeug-Verkehren in den vergangenen 20 Jahren hat zudem die **Hub-Konfiguration** von Netzwerken für den Paketversand, für Stückgüter und für Flugpassagiere als neuere Fragestellungen entstehen lassen (vgl. Kapitel 17). In der Diskussion um Supply Chain Management spielt die **Konfiguration von Netzwerken** eine besondere Rolle, womit gemeint ist, die Standorte von Produktionswerken, Zulieferern und Lagerhäusern für Distributionssysteme festzulegen. Diese Funktionen der Konfiguration werden von allen gängigen Software-Tools zur Unterstützung von Supply Chain Management angeboten.

Als Modellierungsmöglichkeiten der Standorttheorie unterscheidet man folgende Arten von Standortmodellen:

- **Diskrete Modelle**, welche die Standorte von Kunden und Lagerhäusern als Knoten in einem Netzwerk mit Entfernungsdaten repräsentieren und ausschließlich in den Knoten des Netzwerks Standorte zulassen.
- **Kontinuierliche Modelle**, die von der euklidischen Ebene ausgehen, über die von beliebigen Punkten aus Standorte aufgesucht werden können, wie z.B. in dem berühmten Standortmodell von Alfred Weber.
- **Semidiskrete Modelle** sind Netzwerke mit euklidischen Entfernungsdaten, wo Standorte in den Knoten des Netzwerks, aber auch auf beliebigen Punkten der Kanten angesiedelt werden können.

Die Fragestellungen der Standorttheorie sollen hier in diskreten Modellen behandelt werden, wie diese durch die Verkehrssysteme, die Siedlungsstruktur und die Art der Industrieansiedlung vorgegeben sind, während die kontinuierlichen Modelle davon absehen und deswegen sehr abstrakt erscheinen. Semidiskrete Modelle sollen hier ebenfalls nicht weiter verfolgt werden, da sie von diskreten Modellen mit einer entsprechend engen Packung von Knoten beliebig genau angenähert werden können.

Aus der Vielzahl der Fragestellungen der Standorttheorie greifen wir hier das Transportmodell, das Warehouse-Location-Problem und Covering-Probleme exemplarisch heraus. Für weiterführende Diskussionen verweisen wir auf Vahrenkamp/Mattfeld (2007).

27.2 Das Transportmodell

Die Fragestellungen der Standortoptimierungen beziehen sich zum einen auf den **Mengenausgleich** bei Sammel- und Distributionssystemen. In diesem Modellansatz werden Anbieter und Nachfrager gegenübergestellt und nach günstigen Transportrelationen gefragt. Die Abbildung 27.1 verdeutlicht diesen Zusammenhang.

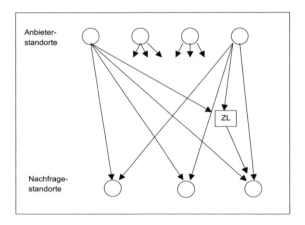

Abbildung 27.1: Netzwerk von Anbietern und Nachfragern

Die Fragen des Mengenausgleichs kommen etwa zum Tragen bei der Rückführung von Ladungsträgern, bei Leergut in der Getränkeindustrie und bei Versorgung von Outlets durch ein gegebenes System von Regionallagern. Wir nehmen hierzu an, dass die Summe der angebotenen Mengen der Summe der nachgefragten Mengen entspricht, womit ein Ausgleich von Angebot und Nachfrage unterstellt wird. Auf den Kanten des Netzwerks sind verschiedene **spezifische Transportkosten** c_{ij} gegeben, die beim Transport einer Mengeneinheit von Anbieter i zum Nachfrager j entstehen. Gefragt wird nach einer Verteilung der Transporte zwischen Anbietern und Nachfragern, welche die gesamten Transportkosten minimiert. Wie in Abbildung 27.1 ersichtlich, brauchen nicht unbedingt die Verbindungen direkt vom Anbieter zum Nachfolger zu verlaufen, sondern können auch über ein Zwischenlager (ZL) geführt werden.

Wir behandeln das folgende Beispiel, das vier Herstellungsorten vier Absatzgebiete gegenüberstellt (Tabelle 27.1). In der Randverteilung der Tabelle sind die Nachfragen der Absatzgebiete und die maximalen Angebote der Herstellorte aufgeführt. Die Summen dieser Angebots- und Nachfragemengen sind gleich. Die Tabelle enthält im Zentralbereich die Kosten pro transportierter Mengeneinheit in Euro.

Absatzorte → Herstellorte ↓	München	Hannover	Frankfurt	Köln	Angebot max.
Berlin	20	10	20	50	1.400
Nürnberg	15	20	25	30	900
Kassel	40	10	15	30	1.200
Hamburg	70	20	25	30	800
Nachfrage	1.300	750	800	1.450	4.300

Tabelle 27.1: Transportkosten im Netzwerk

Diese Fragestellung ist als das **Transportproblem der Linearen Optimierung** bekannt und kann wie folgt als ein Modell formuliert werden (Vahrenkamp/Mattfeld 2007). Wir führen die Entscheidungsvariablen x_{ij} als die Mengeneinheiten ein, die von Anbieter i zum Nachfrager j transportiert werden. Mit a_i bzw. b_k bezeichnen wir das maximale Angebot von Anbieter i bzw. den Mindestbedarf von Nachfrager k. Die Zielfunktion ist die minimale Summe der **Transportkosten** im gesamten Netzwerk:

$$\text{Min} \sum_{i,j} c_{ij} x_{ij}$$

unter den drei Restriktionsklassen:

(1) $\quad \sum_i x_{ik} \geq b_k, \quad k = 1...4 \quad$ (Erfüllen der Mindestnachfrage)

(2) $\quad \sum_k x_{ik} \leq a_i, \quad i = 1...4 \quad$ (begrenztes Angebot)

(3) $\quad x_{ik} >= 0, \quad i, k = 1...4$

Dieses Transportproblem ist mit Standardsoftware lösbar. Wir haben als Software "What's Best" von Lindo Systems herangezogen, das als Aufsatz für Excel konzipiert ist[69]. Die Tabelle 27.2 gibt die Lösung an. Die Hersteller Berlin und Nürnberg liefern jeweils 650 Mengeneinheiten an München. Berlin liefert darüber hinaus noch 750 Mengeneinheiten an Hannover. Kassel beliefert Frankfurt und Köln mit 800 und 400 Mengeneinheiten, und Hamburg versorgt Köln mit 800 Mengeneinheiten. Die Gesamtkosten belaufen sich auf 85.750 €.

Absatzorte → Herstellorte ↓	München	Hannover	Frankfurt	Köln	Summe
Berlin	650	750	0	0	
Nürnberg	650	0	0	250	
Kassel	0	0	800	400	
Hamburg	0	0	0	800	
Kosten	22.750	7.500	12.000	43.500	85.750

Tabelle 27.2: Lösung des Transportproblems (Kosten in €)

Gegen das Transportmodell lässt sich kritisch einwenden, dass eine Konstanz der Transportkostensätze angenommen wird, die unabhängig von der transportierten Menge ist. Damit sind keine für die Transportwirtschaft typischen degressiven Kostenverläufe mit dem Modell abbildbar. Aus diesem Grund lässt sich das Transportmodell nur in Situationen anwenden, in denen sich die Mengenströme in der gleichen Größenordnung befinden und nicht über mehrere Zehnerpotenzen differieren.

---

[69] Eine kostenfreie Testversion kann man beziehen unter www.Lindo.com

27.3 Das Warehouse-Location-Problem

Während das zuvor behandelte Modell den Mengenausgleich bei einer gegebenen Angebots- und Nachfragestruktur behandelt, wobei die Summe der Angebote a_i gleich der Summe der Nachfrage b_j ist, geht es im Folgenden um die grundsätzliche Frage, welche von den potentiellen Produktionsorten überhaupt eröffnet werden sollen. Diese Fragestellung wird als **Standortproblem** bezeichnet. Anstelle von Produktionsorten kann man sich auch regionale Lagerhausstandorte vorstellen. Die Modellformulierung setzt das Angebot weitaus höher als die Nachfrage und bezieht sich nicht alleine auf die Minimierung der variablen Transportkosten, sondern fügt zusätzlich noch die entstehenden **Fixkosten** in das Modell ein, die bei der Eröffnung eines Produktionsstandortes entstehen. Gefragt wird bei diesem Modellansatz nach der Summe von fixen und variablen Kosten zur Versorgung von bestimmten Absatzgebieten. Dieses Problem lässt sich als Mixed-Integer-Programming-Problem formulieren, indem der Einbezug von Fixkosten mit 0-1-Variablen formalisiert wird. Dieser Modellansatz wird auch als **Warehouse-Location-Problem** in der Literatur bezeichnet.

Wir geben hierfür das folgende Beispiel von Tabelle 27.3.

Absatzorte → Herstellorte ↓	München	Hannover	Frankfurt	Köln	Dresden	Angebot max.	Fixkosten
Berlin	20	10	20	50	20	1.800	80.000
Nürnberg	15	20	25	30	20	2.400	60.000
Kassel	40	10	15	30	40	3.200	90.000
Hamburg	70	20	25	30	50	1.200	50.000
Nachfrage	600	750	800	900	700		

Tabelle 27.3: Transportkosten und Fixkosten in € im Netzwerk

Die potentiellen Herstellorte Berlin, Nürnberg, Kassel und Hamburg stehen zur Auswahl mit einem Angebot, das die Nachfrage der Absatzgebiete deutlich übersteigt. In der letzten Spalte sind die Fixkosten aufgeführt, die monatlich für den Betrieb der Anlagen entstehen, sofern sie eröffnet werden. Ein Modellansatz als Mixed Integer Programming nimmt die Modellformulierung des Transportmodells von oben auf und fügt die Fixkosten F_i, die bei Aufnahme des Standorts i entstehen, mit einer 0-1-Variablen y_i in die Zielfunktion ein. y_i ist gleich 1, wenn Standort i aufgenommen wird und sonst gleich null:

$$\text{Min} \sum_{i,j} c_{ij} x_{ij} + \sum_i F_i y_i$$

unter den vier Restriktionsklassen:

(1) $\sum_i x_{ij} \geq b_j$, $\quad j = 1...5 \quad$ (Erfüllen der Mindestnachfrage)

(2) $\sum_j x_{ij} \leq a_i$, $\quad i = 1...4 \quad$ (begrenztes Angebot)

(3) $x_{ij} >= 0$, $\quad i = 1...4, j = 1...5$

(4) $y_i = 0 \text{ oder } y_i = 1, i = 1...4$

Eine Optimierung dieses Modells mit den vorgegebenen Daten mit Hilfe der Software "What's Best" kommt zu den in Tabelle 27.4 angegebenen Ergebnissen. Diese bedeuten, dass die Fabrikationsstandorte Berlin und Nürnberg eröffnet werden und so Fixkosten von 140.000,- € pro Monat anfallen. An den vorgesehenen Standorten Kassel und Hamburg werden dagegen keine Werke errichtet.

Absatzorte → Herstellorte ↓	München	Hannover	Frankfurt	Köln	Dresden	Summe
Berlin	0	750	800	0	0	
Nürnberg	600	0	0	900	700	
Kassel	0	0	0	0	0	
Hamburg	0	0	0	0	0	
Transportkosten	9.000	7.500	16.000	27.000	14.000	73.500
Fixkosten						140.000
Gesamtkosten						213.500

Tabelle 27.4: Lösung des Standortproblems (Kosten in €)

Das Lösungsverfahren für das Standortproblem von Werken oder Lagerhäusern löst das Mixed-Integer-Programming-Problem mit Hilfe von Branch-and-Bound Verfahren. Bei der heutigen Verfügbarkeit von Rechnerkapazität sind diese problemlos durchführbar. Vor 30 Jahren war Rechnerkapazität jedoch äußerst knapp, weswegen für derartige Fragestellungen Heuristiken entwickelt wurden. An sich sind aus den genannten Gründen diese Heuristiken heute bedeutungslos. Gleichwohl wollen wir das **Verfahren von Kuehn und Hamburger** (1963) vorstellen, da es einen didaktischen Wert hat, indem es die schrittweise Substitution von variablen Kosten durch Fixkosten in einem Modell aufzeigt. Kuehn und Hamburger nehmen eine Kostenstruktur an, die sich pro Standort (Lagerhaus) aus fixen Kosten und variablen Transportkosten zusammensetzt. Das Verfahren geht von vorab definierten potentiellen Standorten aus, die einer Analyse unterzogen werden. Dabei vergleicht das Verfahren die beste zentrale Lösung mit schrittweise verfeinerten dezentralen Lösungen, die Regionallager einbeziehen, und wählt die Konfiguration mit den geringsten Gesamtkosten aus. Dieser Ansatz stellt k Lagerstandorte L_i den m Absatzstandorten A_j gegenüber und nimmt die folgende Kostenstruktur an: Wenn Absatzort A_j alleine vom Lagerstandort L_i versorgt würde, fielen variable Kosten V_{ij} für Lagerung und Verteilung an. Zusätzlich entstehen für den Betrieb von Lagerstandort L_i Fixkosten in Höhe von F_i, die unabhängig von der Verteilungsstruktur sind, aber nur dann anfallen, wenn der Lagerstandort überhaupt benötigt wird. Das Verfahren verläuft in mehreren Schritten:

1. Schritt: Die Versorgung aller Absatzgebiete erfolgt zentral. Hierzu soll unter den möglichen Lagerstandorten ein zentraler Ort (mit Index z) ausgewählt werden, dessen Summe von fixen und variablen Kosten minimal ist.

2. Schritt: Die zentrale Lösung wird verbessert, indem versuchsweise ein zweiter Lagerstandort mit Index s eingeführt wird. Der zweite Standort verursacht variable Kosten V_{sj} für das Absatzgebiet j, d.h. wenn das Absatzgebiet j vollständig von s aus versorgt würde anstelle von z, so betragen die variablen Kosten dieser Versorgung V_{sj} anstelle von V_{zj} bei der zentralen Lösung. Liegen die variablen Kosten V_{sj} unter V_{zj}, dann beläuft sich die Einsparung auf $V_{zj} - V_{sj}$. Eine Versorgung von Absatzgebiet j durch Lager s wird aber nur dann vorgemerkt, wenn die Einsparung positiv ist. Andererseits bringt der neue Standort s Fixkosten in Höhe von F_s mit. Ein Vergleich mit der Einsparung bei den variablen Kosten zeigt, dass ein zweiter Standort nur dann vorteilhaft ist, wenn die Summe der Kosteneinsparungen bei den variablen Kosten größer ist als die entstehenden Fixkosten F_S:

$$\sum_j (V_{zj} - V_{sj}) > F_S \qquad \text{(Summiere nur über positive Kosteneinsparungen)}$$

Im Umkehrschluss können alle potentiellen Standorte s für die weitere Analyse ausgeschlossen werden, die nicht vorteilhaft sind:

$$F_S > \sum_j (V_{zj} - V_{sj}) \qquad \text{(Summiere nur über positive Kosteneinsparungen)}$$

Als neue Kostengrößen der Planung setzen wir daher die Kosteneinsparungen KE_{ij} an:

$$KE_{ij} = V_{zj} - V_{ij}, \text{ bzw. } = 0, \text{ wenn Einsparung} < 0.$$

Nun wählen wir den zweiten Lagerstandort s dort, wo die Summe der Kosteneinsparungen minus Fixkosten am größten wird.

$$Max_s \sum_j KE_{sj} - F_s$$

3. Schritt: Ist der zweite Standort gefunden, so wird gefragt, ob ein dritter Standort vorteilhaft ist usw. Die Standortwahl wird so lange erweitert, bis keine Verbesserung der Gesamtkosten mehr möglich ist. Mit jedem Schritt wird ein Standort dem System hinzugefügt. Daher rührt die Bezeichnung **ADD-Algorithmus** für dieses Verfahren.

Als Beispiel erörtern wir folgende Tabelle 27.5 mit fünf Standorten für das Lager ("von") und fünf Standorten für Abnehmer ("nach"). Dort sind die variablen und fixen Kosten der Lagerstandorte in T€ dargestellt.

nach → von ↓	Variable Kosten V_{ij}					Summe der variablen Kosten	Fixe Kosten F_i	Gesamtkosten
	1	2	3	4	5			
1	30	40	100	30	30	230	20	250
2	60	20	40	80	70	270	70	340
3	10	70	20	10	40	150	110	260
4	70	60	80	100	10	320	60	380
5	40	100	10	20	60	230	50	280

Tabelle 27.5: Kostenstruktur des Standortbeispiels

Wir wählen den Standort 1 mit minimalen totalen Kosten von 250 T€ (rechte Spalte der Tabelle). Es ergibt sich im ersten Ansatz eine Versorgung der 5 Abnehmerstandorte durch das Zentrallager 1 (Abbildung 27.2).

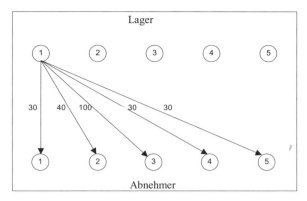

Abbildung 27.2: Die Wahl des ersten kostenminimalen Standorts

In der Abbildung tragen die Versorgungspfeile die variablen Kosten der Versorgung durch Standort 1. Unter den restlichen Standorten besitzt Standort 5 die größte Einsparung von 50 T€, wenn Abnehmer 3 und 4 von Lager 5 aus versorgt werden. Die Einsparung von 50 T€ kommt zustande durch eine Einsparung von 100 T€ an variablen Kosten und durch den Ansatz von 50 T€ Fixkosten für den Betrieb von Lager 5. Die Tabelle 27.6 zeigt die Einsparungen in T€ bei der alternativen Versorgung durch andere Standorte.

Abnehmer →	Einsparung an var. Kosten gegenüber Standort 1					Summe	Zusätzliche Fixkosten	Einsparung insgesamt
	1	2	3	4	5			
Lager 2	0	20	60	0	0	80	70	10
Lager 3	20	0	80	20	0	120	110	10
Lager 4	0	0	20	0	20	40	60	-20
Lager 5	0	0	90	10	0	100	50	50

Tabelle 27.6: Einsparung an Kosten (in T€) bei alternativer Versorgung

Die Versorgung der Abnehmer 3 und 4 durch Lager 5 zeigt die Abbildung 27.3.

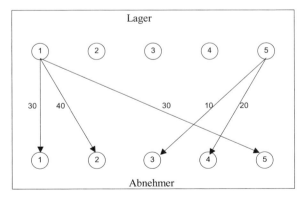

Abbildung 27.3: Aufnahme eines zweiten Standorts

Man erkennt, dass die ursprüngliche Verbindung von 1 nach 3 mit den hohen variablen Kosten von 100 T€ in dieser neuen Struktur zugunsten von Lager 5 aufgegeben wurde.

Der Versuch einer weiteren Verfeinerung scheitert. Für die folgende Analyse wird Lager 4 ausgeschlossen, da dieser Standort in Tabelle 27.6 negative Einsparungen aufweist. Zusätzliche Einsparungen an variablen Kosten durch Aufnahme der Standorte 2 oder 3 sind nicht mehr möglich. Damit ist der ADD-Algorithmus beendet.

In ihrem Artikel zur Standortwahl geben Kuehn und Hamburger folgende Daten für ein Distributionssystem in den USA an. Dabei werden sechs verschiedene Standorte mit jeweils gleichen Fixkosten behandelt. Wir stellen den Fall für 17.500 $ an (historischen) Fixkosten pro Lagerhaus dar. Die zentrale Lösung ist in Indianapolis angesiedelt mit Kosten von 1.248.688 $. Mit Aufnahme jedes zusätzlichen Lagerhauses in bestimmten Städten sinken die gesamten Kosten des Distributionssystems wie folgt:

Städte	Gesamtkosten in $
Philadelphia	1.085.120
Los Angeles	930.514
Seattle	906.429
San Francisco	901.967
Houston	900.645
Chicago	899.853

Tabelle 27.7

Wir sehen, wie mit der Aufnahme neuer Standorte die Reduktion der Gesamtkosten immer geringer wird. Damit wird ein stabiles Optimum von dem Verfahren erreicht. Als ein aktuelles Beispiel für die Standortplanung eines Zwischenlagers nach dem hier vorgestellten Verfahren von Kuehn und Hamburger soll die Standortplanung in den fünf neuen Bundesländern vorgestellt werden (Breitenstein 1992). Ein Ziegelproduzent mit einem Werk in Österreich unterzieht bei einer gegebenen Absatzstruktur in den fünf neuen Bundesländern die in Abbildung 27.4 dargestellten Standorte einer Analyse.

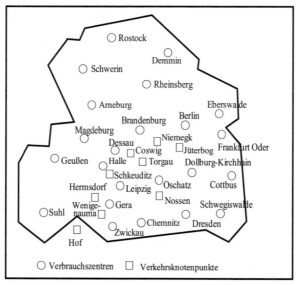

Abbildung 27.4: Standorte in den fünf neuen Bundesländern

Geprüft werden soll, ob die Auslieferung an die Kunden entweder direkt vom Werk aus oder über ein Zwischenlager erfolgen soll, dessen Standort dann zu bestimmen ist. Bei Aufnahme eines Zwischenlagers ergeben sich folgende Transport- und Umschlagskosten in € pro Tonne bei Auslieferungen mit 20-t-LKW und bei der Einrichtung des Lagers in den Standorten:

Lagerstandort	Transport- und Umschlagskosten (€/t)	Lagerstandort	Transport- und Umschlagskosten (€/t)
Arneburg	66	Jüterbog	60
Berlin	61	Leipzig	59
Brandenburg	60	Magdeburg	62
Chemnitz	61	Niemegk	58
Coswig	58	Nossen	62
Cottbus	65	Oschatz	61
Demmin	80	Rheinsberg	67
Dessau	58	Rostock	81
Dollburg-Kirchhain	61	Schkeuditz	60
Dresden	63	Schwegiswalde	69
Eberswalde	67	Schwerin	79
Frankfurt Oder	68	Suhl	65
Gera	60	Torgau	60
Geußen	64	Wenigenauma	63
Halle	58	Wittenberg	58
Hermsdorf	58	Zwickau	61
Hof	61		

Tabelle 27.8: Variable Kosten der Lagerstandorte

An der Tabelle wird erkennbar, dass das Minimum der Kosten mit 58 € in den Standorten Dessau, Wittenberg und Coswig angenommen wird. Bei der Bündelung über ein Regionallager wären Einsparungen an Transportkosten in der Größenordnung von 25.000 bis 50.000 € erzielbar, je nach Modellannahmen. Diesen Einsparungen an variablen Kosten stehen jedoch - wie weitere Berechnungen gezeigt haben - fixe Betriebskosten für das Lager gegenüber, welche die Einsparungen übersteigen. Ein Regionallager wird demnach nicht eingerichtet.

27.4 Das Covering-Location-Problem

Covering-Probleme zielen auf die Einhaltung eines vorgegebenen Service-Niveaus bei der Ansiedlung von Servicezentren bzw. Outlets ab. Dabei wird angenommen, dass die Kunden in den Knoten i des Netzwerkes angesiedelt sind und dass auch nur dort Servicezentren bzw. Outlets aufzubauen sind. Das Ziel besteht in der Versorgung („Covering") der Kunden mit einer minimalen Anzahl von Servicezentren bzw. Outlets, wobei jeder Kunde i in einer gegebenen **Maximalentfernung** (bzw. maximalen Fahrtzeit) S_i vom nächsten Servicezentrum bzw. Outlet entfernt sein soll.

Das **Covering-Location-Problem** geht von der Fragestellung aus, in welchen Orten in einem Siedlungsgebiet Outlets zu eröffnen sind, damit die Kunden i nicht mehr als eine vorgegebene Maximalentfernung S_i zum Outlet zurückzulegen haben und zugleich die Gesamtzahl der Outlets minimiert wird. Mit dem gleichen Modellansatz kann man von einer gegebenen Verteilung von Outlets in einem Liefergebiet ausgehen und fragen, wie die Outlets von **Regionallagern** beliefert werden können. Die Radien der Erreichbarkeit S_i stellen ein Maß dafür dar, mit welchem Servicegrad das Outlet i von einem Regionallager aus versorgt zu werden wünscht. Gefragt wird, in welchen Knoten Regionallager anzusiedeln sind, damit die Fahrtstrecke (bzw. Fahrtzeit) zu jedem Outlet i den Radius der Erreichbarkeit S_i nicht übersteigt und die Zahl der erforderlichen Regionallager-Standorte minimiert wird. Diese Fragestellung kann als ein Integer-Programming-Problem formuliert und zumeist auch einfach gelöst werden.

Betrachtet man das Covering-Location-Problem im Kontext der Ansiedlung von Outlets in einem Siedlungsgebiet, so wird deutlich, dass das Kriterium der maximalen Entfernung bei der Ansiedlung von Outlets nicht die Kaufkraft einer Region berücksichtigt, so dass eventuell dort ein Outlet angesiedelt werden könnte, wo nur geringe Umsätze erzielt werden. Umsatzschwache Regionen mit einem Outlet zu versorgen („abzudecken"), ist jedoch betriebswirtschaftlich nicht unbedingt sinnvoll; vielmehr ist ein Ausgleich zwischen den zusätzlichen Kosten zur Einrichtung eines Outlets und den erwarteten Umsätzen zu suchen. Dieses zur Ansiedlung von Outlets abgewandelte Covering-Problem hat das Ziel, mit einer vorgegebenen Anzahl von Outlets und vorgegebenen Service-Niveaus S_i das Marktpotential so weit wie möglich auszuschöpfen. Man spricht dann vom **Maximal-Covering-Location-Problem**.

Das Maximal-Covering-Location-Problem kann für große n und für p > 3 nur mit Branch-and-Bound Verfahren oder mit heuristischen Verfahren gelöst werden. Im Folgenden wird eine Heuristik vorgestellt, die von identischen Radien S der Erreichbarkeit ausgeht und die schrittweise die Nachfragegebiete von noch nicht versorgten Kunden bestimmt und dann jeweils das Nachfragegebiet mit der größten Nachfrage mit einem Outlet versieht.

Das Verfahren Maximal-Covering-Location ist ein Greedy-Verfahren, das unter den ausstehenden Liefergebieten jeweils dasjenige mit der größten aggregierten Liefermenge auswählt. Indem die Zahl der Liefergebiete auf p begrenzt wird, erreicht man, dass nur die Regionen mit der größten Kaufkraft versorgt werden. Die übrigen Kunden müssen dann längere Wege zurücklegen. Da die ausgewählten Liefergebiete bei jedem Durchlauf der Schleife (2) eine kleinere aggregierte Nachfragemenge aufweisen, kann man diesen Abnahmeeffekt dadurch kompensieren, dass bei jedem Durchlauf der While-Schleife der Radius der Erreichbarkeit um etwa 10% vergrößert wird.

Verfahren: Maximal-Covering-Location-Problem

1. Initialisierung
  Lege p und S fest. Jeder Knoten hat den Status „nicht versorgt".
  Setze Zähler k=0 (zählt die vergebenen Outlets)

2. Verarbeitung
  While k < p And nicht alle Knoten sind versorgt Do
    Begin
      2.1. Berechne für jeden nicht versorgten Knoten i die Nachfragegebiete
        L_i = { k ∈ V: d(i,k) ≤ S, k ist nicht versorgt }
      2.2. Wähle den Knoten i mit dem Nachfragegebiet L_i aus,
        das die größte Nachfrage Σ { D_j : j ∈ L_i } repräsentiert.
      2.3. Richte in Knoten i ein Outlet ein.
        Setze den Status der Knoten j ∈ L_i auf versorgt.
        Zähle k fort: k=k+1.
    EndWhile

3. Terminierung
k=p oder alle Knoten sind versorgt.

Wenn man die Lösungsergebnisse der Prozedur „Maximal-Covering-Location-Problem" betrachtet, so fällt eine starke Trennung der einzelnen Nachfragegebiete auf, die zuweilen recht schematisch erscheint. Um weichere Übergänge zwischen den einzelnen Liefergebieten zuzulassen, ist für die Definition der Liefergebiete N_i im Schritt 2.1 der Prozedur eine Überschneidung zwischen 5% und 20% mit Kunden vorzusehen, die bereits versorgt sind. Die Basis für die Prozentangaben ist die aggregierte Nachfragemenge des zuletzt erzeugten Liefergebietes. Ein Teil der Kunden besitzt dann die Wahl zwischen zwei oder mehr Outlets innerhalb des Erreichbarkeitsradius S. Ferner ist zu beachten, dass die Prozedur „Maximal-Covering-Location-Problem" Liefergebiete ausweist, ohne dabei darauf Rücksicht zu nehmen, ob der Standort des Outlets zentral im Liefergebiet liegt oder am Rande. Randlagen sind jedoch in Hinsicht auf die aufzuwendende Transportleistung ungünstig. Daher ist eine Nachoptimierung vorzunehmen, die innerhalb der ermittelten Liefergebiete den Standort des Outlets als Median zentralisiert.

Beispiel:
Gegeben ist die Bundesrepublik Deutschland als Liefergebiet, das als ein Netzwerk bestehend aus 83 Großstädten und den sie verbindenden Autobahnen (ersatzweise Landstraßen) repräsentiert wird. Die Nachfrage der Großstädte wird von der Tabelle 27.9 in Tonnen dargestellt. Diese wird mit 1 Tonne pro 1000 Einwohner proportional zur Bevölkerungszahl angenommen. Gefragt wird, wie die Nachfrage mit p = 7 Standorten von Regionallagern am weitesten ausgeschöpft werden kann. Zur Beantwortung dieser Frage wird das am Lehrstuhl entwickelte Softwaretool **Euronetz** eingesetzt.[70] Ein Radius der Erreichbarkeit S von 120 Minuten Fahrtzeit wird angenommen, wobei auf den Autobahnen eine Durchschnittsgeschwindigkeit von 80km/h unterstellt wird. Die errechneten Standorte werden von Tabelle 27.10 dargestellt. Man erkennt sehr gut, wie die aggregierten Mengen, die von einem Standort verteilt werden, am ersten Standort Leverkusen am größten sind und dann schrittweise abnehmen.

---

[70] Eine Demo-Version der Software kann von folgender Internet-Seite heruntergeladen werden: http://www.ibwl.uni-kassel.de/vahrenkamp/software.html

Stadt	Menge (t)	Stadt	Menge (t)	Stadt	Menge (t)
Aachen	244	Halle (Saale)	258	Neuss	149
Augsburg	255	Hamburg	1.702	Nürnberg	486
Bergisch Gladbach	106	Hamm	182	Oberhausen	222
Berlin	3.393	Hannover	516	Offenbach	116
Bielefeld	322	Heidelberg	139	Oldenburg	154
Bochum	393	Heilbronn	120	Osnabrück	165
Bonn	304	Herne	176	Paderborn	132
Bottrop	122	Hildesheim	105	Pforzheim	118
Braunschweig	247	Ingolstadt	115	Potsdam	130
Bremen	542	Kaiserslautern	100	Recklinghausen	126
Bremerhaven	124	Karlsruhe	277	Regensburg	125
Chemnitz	266	Kassel	197	Remscheid	120
Cottbus	112	Kiel	236	Reutlingen	110
Darmstadt	138	Koblenz	109	Rostock	206
Dortmund	590	Köln	963	Saarbrücken	186
Dresden	478	Krefeld	243	Salzgitter	114
Duisburg	521	Leipzig	490	Schwerin	104
Düsseldorf	568	Leverkusen	161	Siegen	111
Erfurt	202	Lübeck	214	Solingen	165
Erlangen	101	Ludwigshafen	164	Stuttgart	580
Essen	601	Magdeburg	238	Ulm	114
Frankfurt am Main	644	Mainz	186	Wiesbaden	268
Freiburg	201	Mannheim	308	Witten	104
Fürth	110	Moers	107	Wolfsburg	122
Gelsenkirchen	283	Mönchengladbach	264	Wuppertal	370
Gera	116	Mülheim/Ruhr	174	Würzburg	126
Göttingen	127	München	1.195	Zwickau	105
Hagen	206	Münster	265	**Summe**	**25.348**

Tabelle 27.9: 83 Großstädte mit Nachfragemengen

Stadt	Lager	Menge (t)	Menge (%)
Leverkusen	R1	8.271	32,6
Potsdam	R2	4.631	18,3
Hamburg	R3	4.429	17,5
Heidelberg	R4	3.655	14,4
München	R5	2.501	9,9
Dresden	R6	961	3,8
Bad Hersfeld	R7	900	3,6
Summe		**25.348**	**100%**

Tabelle 27.10: Sieben Standorte für Regionallager

Die Zuordnungen der einzelnen Großstädte zu den Regionallagern werden in Tabelle 27.11 ausgewiesen. Dort wird auch deutlich, dass einige Städte eine Überschreitung des Fahrtzeitradius von S=120 Minuten aufweisen. Diese Städte sind von keinem der sieben Regionallagerstandorte aus in 120 Minuten erreichbar; sie wurden nachträglich an das jeweils nächste Regionallager angeschlossen. Abbildung 27.5 gibt eine graphische Übersicht über die Regionallagerstandorte und die zugeordneten Städte auf der Deutschlandkarte.

Stadt	Menge (t)	Fahrtzeit in Minuten	Stadt	Menge (t)	Fahrtzeit in Minuten
R1 - Leverkusen			**R4 - Heidelberg**		
Aachen	244	54	Darmstadt	138	39
Bergisch Gladbach	106	8	Frankfurt am Main	644	63
Bielefeld	322	123	Freiburg	201	129
Bochum	393	45	Heidelberg	139	
Bonn	304	31	Heilbronn	120	52
Bottrop	122	50	Kaiserslautern	100	58
Dortmund	590	55	Karlsruhe	277	39
Duisburg	521	37	Ludwigshafen	164	25
Düsseldorf	568	17	Mainz	186	65
Essen	601	42	Mannheim	308	6
Gelsenkirchen	283	50	Offenbach	116	62
Hagen	206	59	Pforzheim	118	60
Hamm	182	77	Reutlingen	110	112
Herne	176	54	Saarbrücken	186	107
Koblenz	109	84	Stuttgart	580	91
Köln	963	15	Wiesbaden	268	68
Krefeld	243	40	**Summe**	**3.655**	
Leverkusen	161		**R5 - München**		
Moers	107	48	Augsburg	255	49
Mönchengladbach	264	41	Erlangen	101	128
Mülheim/Ruhr	174	42	Fürth	110	128
Münster	265	97	Ingolstadt	115	46
Neuss	149	28	München	1.195	
Oberhausen	222	45	Nürnberg	486	112
Recklinghausen	126	58	Regensburg	125	78
Remscheid	120	18	Ulm	114	102
Siegen	111	68	**Summe**	**2.501**	
Solingen	165	24	**R6 - Dresden**		
Witten	104	52	Chemnitz	266	60
Wuppertal	370	31	Cottbus	112	79
Summe	**8.271**		Dresden	478	
R2 - Potsdam			Zwickau	105	86
Berlin	3.393	40	**Summe**	**961**	
Halle (Saale)	258	113	**R7 - Bad Hersfeld**		
Leipzig	490	102	Erfurt	202	74
Magdeburg	238	80	Gera	116	130
Potsdam	130		Göttingen	127	83
Wolfsburg	122	133	Kassel	197	56
Summe	**4.631**		Paderborn	132	120
R3 - Hamburg			Würzburg	126	112
Braunschweig	247	140	**Summe**	**900**	
Bremen	542	75			
Bremerhaven	124	116			
Hamburg	1.702				
Hannover	516	105			
Hildesheim	105	121			
Kiel	236	97			
Lübeck	214	65			
Oldenburg	154	100			
Osnabrück	165	157			
Rostock	206	142			
Salzgitter	114	135			
Schwerin	104	104			
Summe	**4.429**				

Tabelle 27.11: Die Zuordnung der Städte zu den 7 Regionallagern

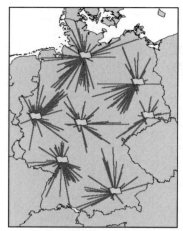

Abbildung 27.5: Die Zuordnung der Städte
zu den 7 Regionallagern auf der Deutschlandkarte

Ergänzende Literatur:

Fleischmann, B. und A. Klose (eds.): Distribution Logistics: Advanced Solutions to Practical Problems, Berlin 2004

Vahrenkamp, R, D. Mattfeld.: Konfiguration von Logistiknetzwerken, Wiesbaden 2007

Literaturverzeichnis

Abele, E.: Handbuch globale Produktion, München 2006

Agiplan: Kommissioniersysteme, Vortrag auf dem 9. Osnabrücker Logistiktag, 2001

Ahnert, Peter (2001): Integration der Luftfrachtfracht in den Flughafen, in: Luftfracht gewinnt am Boden, VDI Berichte 1634, VDI-Gesellschaft Fördertechnik, Materialfluss, Logistik (Hrsg.), Düsseldorf 2001, S. 104-134

Ahr, D. u.a. (Hrsg.): Operations Research Proceedings, Berlin 2004

Alderton, Tony/Winchester, Nik: Internationale Regulierungen und die Praxis von Flaggenstaaten: Eine globale vergleichende Analyse, übersetzt von Heide Gerstenberger, in: Gerstenberger, Heide/Welke, Ulrich (Hrsg.): Seefahrt im Zeichen der Globalisierung, Münster 2002, S. 180-196

Arnold, D.; Isermann, H.; Kuhn, A.; Tempelmeier, H. (Hrsg.): Handbuch Logistik. Berlin, 2004

Arnold, U. (2002): Global Sourcing: Strategiedimensionen und Strukturanalyse, in: Kaufmann, L./Hahn, D. (Hrsg.): Industrielles Beschaffungsmanagement, 2.A., Wiesbaden, S. 211-220.

Arnold, U.; Essig, M.: Vertikale Kooperationen in der Logistik, in: Arnold, D. u.a. (Hrsg.): Handbuch der Logistik, Berlin 2004

Aßmann, R.: Stückgutförderer in Logistiksystemen, in: Arnold, D. u.a. (Hrsg.): Handbuch der Logistik, Berlin 2004

AT-Kearney (Hrsg.): Differentiation for Performance, Ergebnisse der 5. Europäischen Logistikstudie, Deutscher Verkehrsverlag Hamburg 2004

Backhaus K.: Industriegütermarketing, München 2003, 7. Auflage

Ballestrem, Graf von, W.: Handelslogistik, in: Arnold, D. u.a. (Hrsg.): Handbuch der Logistik, Berlin 2004

Barthel, H. J. Freese und O. Lehnert: Lieferantenpark für vier Autohersteller in Südafrika entwickelt sich zur Erfolgsstory, in: Logistik für Unternehmen, Heft 9/23004, S. 16-18

Baum, H.; Henn, A.; Esser, K.; Kurte, J.: Produktivitäts- und Wachstumseffekte der Kurier-, Express- und Paketdienste für die arbeitsteilige Wirtschaft, Köln

Baumgarten, Helmut; Zadek, Hartmut: Netzwerksteuerung durch Fourth-Party-Logistics-Provider (4PL), in: Hossner, Rüdiger (Hrsg.): Jahrbuch der Logistik 2002, Düsseldorf 2002, S. 14-20

Bayles, Deborah L.: E-Commerce Logistics and Fulfillment, Prentice Hall 2001

Becker, T.: Mehrwegsysteme, in: Rinschede/Wehking, 1995, S.245-268

Becker, T. und Vahrenkamp, R.: Lieferantenparks, in : Logistik für Unternehmen, Heft 2, 2005

Behme, W.: Outsourcing, in: WISU – Das Wirtschaftsstudium, Heft 12/1995, S. 1005

Behrenbeck, Klaus u.a.: Wie Handel und Hersteller besser kooperieren, in: Harvard Business Manager, Heft 9/2003, S. 39-47

Bennühr, Sven: Kleine Ortungslösung, in: DVZ – Deutsche Logistik Zeitung, Nr. 39 vom 3.4.2004a, Sonderbeilage Fuhrparkmanagement, S. 10

Bericht des Bundesministeriums für Verkehr, Bau- und Wohnungswesen zum Kombinierten Verkehr, Berlin Juli 2001

Beyen, R. K.; Herbert, J. (1991): Deregulierung des Amerikanischen und EG-Europäischen Luftverkehrs: Theoretische Grundlagen und Analysen der Verkehrspolitischen Umsetzung, in: Aberle, G. (Hrsg.): Gießener Studien zur Transportwirtschaft und Kommunikation, Universität Gießen, Darmstadt 1991

Billington, C.: Supply Chain Management, in: OR/MS today, April 1994, S. 20-29

Blanke, Michael: Globalisierung ohne Ende, in: Gerstenberger, Heide/Welke, Ulrich (Hrsg.): Seefahrt im Zeichen der Globalisierung, Münster 2002, S. 90-92

Bleymüller, J. u.a. (Hrsg.): Statistik für Wirtschaftswissenschaftler, 14. Aufl., München 2004

BME - Bundesverband Materialwirtschaft, Einkauf und Logistik (Hrsg.): Fuhrparkmanagement, Huss Verlag, München 2000

Böcker, Thorsten: Die richtige Balance, in: DVZ – Deutsche Logistik Zeitung, Nr. 39 vom 3.4.2004, Sonderbeilage Fuhrparkmanagement, S. 1-2

Bogaschewsky, Ronald (Hrsg.): Integrated Supply Management, München Neuwied Köln 2003

Bogaschewsky, Ronald: Elektronischer Einkauf, Gernsbach 2000

Böhme, Hans: Weltseeverkehr: Mit Zuversicht in das neue Jahrtausend, Kieler Diskussionsbeiträge Nr. 364/365, Institut für Weltwirtschaft, Kiel 2000

Böhme, Hans: Weltseeverkehr: Ein neuer Boom kam aus dem Fernen Osten, Deutsche Verkehrswissenschaftliche Gesellschaft e.V. (DVWG), Bezirksvereinigung Schleswig-Holstein, Kiel 2003

Böhning, Andreas: Outsourcing von Distributionslogistik am Beispiel eines mittelständischen Produktionsunternehmens, Diplomarbeit, Kassel 2001

Borchert, S.: Führung von Distributionsnetzwerken – Eine Konzeption der Systemführung von Unternehmensnetzwerken zur erfolgreichen Realisation von ECR-Kooperationen, in: Ahlert, D. u.a. (Hrsg.): Unternehmenskooperationen und Netzwerkmanagement, Wiesbaden 2001

Bousonville , T.: Tourenplanung für die Siedlungsabfallentsorgung. Modelle, Methoden und Lösungen zur Optimierung, Deutscher Universitäts-Verlag, Wiesbaden 2002

Bowman, R. J.: European Grocery Supplier shows how CPFR really works, http://www.supplychainbrain.com/archives/12.02.henkel.htm?adcode=5, 2002, abgefragt am 21.2.2004

Braßler, A. und Corsten H. (Hrsg.): Entwicklungen im Produktionsmanagement, München 2004,

Breitenstein, C.: Standortplanung von Auslieferungslagern eines Ziegelherstellers, Diplomarbeit, Universität Göttingen 1992

Bretzke, W.-R.: Optionen für die strategische Neuorientierung von Speditionen im europäischen Binnenmarkt, in: H.-J. Frank und N. Walter (Hrsg.): Strategien gegen den Verkehrsinfarkt, Stuttgart 1993A, S. 127-154

Bretzke, W.-R.: Zwischenbetriebliche Logistik, in: W. Kern u.a. (Hrsg.): Handwörterbuch Produktionswirtschaft, Stuttgart 1996, Sp. 1110-1118

Bretzke, Wolf-Rüdiger: Supply Chain Management: Wege aus einer logistischen Utopie, in: Logistik Management, Heft 2/2005, S. 21-30

Bridges, Geoff (2000): Air Cargo in the 21st Century, Air Cargo World Online 2000

Bruch, Heike: Erfolgsfaktoren und Hindernisse für Outsourcing, in: IO Management Zeitschrift, Heft 7-8/1995, S. 25-27

Bruch, Heike: Outsourcing: Konzepte und Strategien, Chancen und Risiken, Wiesbaden 1998

Bruckmann,G.: Konzentrationsmessung, in: J. Bleymüller u.a. (Hrsg.): Statistik für Wirtschaftswissenschaftler, 14. Aufl., München 2004

Bundesamt für Güterverkehr (BAG): Jahresbericht 2003, Köln 2003

Burri, Monika, Kilian T. Elsasser, David Gugerli (Hrsg.): Die Internationalität der Eisenbahn 1850-1970, Zürich 2003

Camuffo, A.: Romano, P.; Vinelli, A. (2001): Back To The Future: Benetton Transforms Its Global Network, in: MIT Sloan Management Review, S. 46-52.

Cateora, P.R., Graham, J. L.: International Marketing McGraw-Hill: New York, 11. Auflage, 2002

CCG: Handbuch ECR Supply Side – Der Weg zum erfolgreichen Supply Chain Management, Köln 2002

Cecchini, P.: Europa 1992, Baden Baden 1988

Centrale für Coorganisation (CCG): Handbuch ECR-Supply Side, Band 1 und 2, Köln 2002

Chopra, S. und Peter Meindl: Supply Chain Management, 3. Auflage, New Jersey, 2007

Christopher, M.: Logistics and Supply Chain Management, 3. Auflage London 2005

Clancy und Hoppin: World Air Cargo Forecast, in: Air Cargo World, May 2001A

Clancy und Hoppin (2001): The Mergeglobal 2001 World Air Freight Forecast, in: Air Cargo World Online 2001 (Im Web unter: Www.Aircargoworld.Com/Archive)

Clancy und Hoppin: World Air Cargo Forecast, in: Air Cargo World, May 2003

Clancy und Hoppin: World Air Cargo Forecast, in: Air Cargo World, May 2004

Clancy und Hoppin: World Air Cargo Forecast, in: Air Cargo World, May 2005

Clarke, G.; Wright, J.W.: Scheduling vehicles from a central delivery depot to a number of delivery points, Operations Research Quarterly 12 (1964), S. 568-581

Claussen, Uwe (2001): Frachtleistungen der Zukunft, in: Luftfracht gewinnt am Boden, VDI Berichte 1634, VDI-Gesellschaft Fördertechnik, Materialfluss, Logistik (Hrsg.), Düsseldorf 2001, S. 9-32

Colsman, Ph. G. (2000): Global Sourcing als eine Beschaffungsstrategie für Globale Unternehmen, Köln.

Conway, P.: Ringing in Changes, in: Air Cargo World, April 2004, S. 19-22

Cooper, M., Lambert, D., Pagh, J.: Supply Chain Management, in: International Journal of Logistics Management, 8, 1997, Heft 1, S. 1-14

Corsten, Daniel; Pötzl, Julian: ECR – Efficient Consumer Response: Integration von Logistikketten, München Wien, 2000

Corsten, H.: Produktionswirtschaft, München 2004

Dachs-Wiesinger, A., K. Althoff: Integriertes Transportmanagement durch E-Logistics, in: 21. Deutscher Logistik Kongreß Berlin 2004, Deutscher Verkehrs-Verlag, Hamburg 2004, S. 102-109

Daduna, J.: Personal- und Fahrzeugeinsatzplanung in der Müllentsorgung, in: Ahr 2004, S. 127-132

Delfmann, Werner; Reihlen, Markus (Hrsg.): Controlling von Logistikprozessen, Stuttgart 2003

Dienel, Hans-Liudger: Flying the flag : European commercial air transport since 1945, London [u.a.] : Palgrave Macmillan, 1998

Dienel, Hans-Liudger: Unconnected Networks – European Intermodal Traffic Junctions 1800 - 2000, Frankfurt 2004

Dillerup, R.; Foschiani, S.: Outsourcing-Umfrage: Bloße Sparmaßnahme oder strategische Option?, in: Beschaffung aktuell, Heft 1/1996, S. 39-41

Dischinger, A. u.a: Speditionsbetriebslehre, 4.A., Darmstadt 2003
Dombois, Rainer/Heseler, Heiner: Globalisierung, Privatisierung und Arbeitsbeziehungen in deutschen und britischen Seehäfen, in: Gerstenberger, Heide/Welke, Ulrich (Hrsg.): Seefahrt im Zeichen der Globalisierung, Münster 2002, S. 116-135
Domschke, W. und Drexl, A: Logistik: 2. Rundreisen und Touren, 4. Auflage, Oldenbourg, München Wien 1997
Draenert, P.: Kooperative Absatzplanung: Einführungsstrategie für den Prognosedatenaustausch, Wiesbaden 2001
Duijvendijk, van P.T. u.a.: EU Enlargement - European Distribution Centres on the move? - Implications for European distribution structures resulting from the 2004 EU Enlargement, Studie Cap Gemini, Ernst und Ernst & Young, Utrecht, 2003
Eberhardt, S.: Ersatzteillogistik, in: Arnold, D. u.a. (Hrsg.): Handbuch der Logistik, Berlin 2004
Eckstein, W.: Ziele, Planungen und Probleme bei der Realisierung von Güterverkehrszentren, in: RKW-Handwörterbuch Transport, 11. Lieferung 1993. Verzeichnis-Nr. 4210, S. 1-37.
ECR Europe: Collaborative Planning, Forecasting and Replenishment, http://www.ecrnet.org, 2001, abgefragt am 25.9.2003
ELA European Logistics Association, A.T. Kearney Management Consultants: Differentiation for Performance – Excellence in Logistics 2004, Hamburg 2004
Engelbrecht, Christoph: Logistikoptimierung durch Outsourcing, Wiesbaden 2004
Ernst, E.: Crossdocking, in: Logistik inside, Heft 2, 2004, S.48-52
Euro-Handelsinstitut 2004 (Hrsg.): Handel aktuell 2004, Köln 2004
Fairfield, D. K.: Fünf Fehlannahmen über CPFR, in: Seifert, D. (Hrsg.): Collaborative Planning, Forecasting and Replenishment – Ein neues Konzept für state-of-the-art Supply Chain Management, Bonn 2002, S. 205-224
Ferrer, J. u.a.: European CPFR Insights, Vortrag im Rahmen des 3. Europäischen ECR-Tages am 23.4.2002 in Barcelona, Barcelona 2002
Fischer, E.: Outsourcing von Logistik – Reduzierung der Logistiktiefe zum Aufbau von Kompetenzen, in: Schuh, G.; Weber, H.; Kajüter, P. (Hrsg.): Logistikmanagement, Stuttgart 1996, S. 227-239
Fischer, Marshall, L.: What is the right Supply Chain for your product, in: Harward Business Revue, March/April 1997, S. 83-93
Fleischmann, B.: Tourenplanung, in: Mark Jacquemin, Eric Sucky, Richard Pibernik (Hrsg.): Quantitative Methoden der Logistik, Festschrift für Heinz Isermann, Hamburg 2006, S. 287-301
Fleischmann, B. und A. Klose (eds.): Distribution Logistics: Advanced Solutions to Practical Problems, Berlin 2004
Florenz, P.: Konzept des vertikalen Marketings am Beispiel der deutschen Automobilwirtschaft, Köln 1991
Frodsham, G. S. u.a.: CPFR bei Canadian Tire und GNX, in: Seifert, D. (Hrsg.): Collaborative Planning, Forecasting and Replenishment – Ein neues Konzept für state-of-the-art Supply Chain Management, Bonn 2002, S. 187-204
Frye, H.: Flächenbezogene Optimierung von Luftfrachtterminals. Dissertation, Universität Dortmund, Fakultät Maschinenbau, Verlag Praxiswissen, Dortmund, 2003.
Frye, H. und Steiger, D.: Konzentration auf Rhein-Main: Gewinner und Verlierer, in: Deutsche Logistik Zeitung vom 11.9. 2004, Sonderbeilage Luftfracht, S. 6.
Furmans, K.: Bedientheoretische Modellierung logistischer Systeme, in: Arnold, D. u.a. (Hrsg.): Handbuch der Logistik, Berlin 2004
Galgenmüller, Frank; Gleich, Ronald; Gräf, Jens: Balanced Scorecard für die Logistik, in: is report, Heft 4/2000, S. 24-27
Gareis, K.: Supply Chain Cockpit – Steuerung der Performance im After Sales Bereich der Bosch Rexroth AG, in: 21. Deutscher Logistik Kongreß Berlin 2004, Deutscher Verkehrs-Verlag, Hamburg 2004, S. 169-175
Gattorna, J. L., Chorn, N. H., Day, A.: Pathways to Customers: Reducing Complexity in the Logistics Pipeline in: International Journal of Physical Distribution Vol.21, 1991, Heft 8, S. 5 - 11
Gattona, J. L. (Hrsg.) (2000): Strategic Supply Chain Alignment, London
Gediehn, Alexander (2001): integrierte Logistikzentren zur Luftfrachtabfertigung, in: Luftfracht gewinnt am Boden, VDI Berichte 1634, VDI-Gesellschaft Fördertechnik, Materialfluss, Logistik (Hrsg.), Düsseldorf 2001, S. 67-81
Geitz, H.: Innovative Kommissioniersysteme für die Distribution, in: Jahrbuch der VDI Gesellschaft Fördertechnik, Materialfluss, Logistik, Düsseldorf 1993, S. 255-283
Georg, Björn: CPFR und Elektronische Marktplätze – Neuausrichtung der kooperativen Beschaffung, Dissertation, Kassel 2005
Gerardin und Sofres, Mission d'assistance pour la description et l'analyse des filières de distribution de marchandises irriguant Paris, Rapport final, Paris 2003

Gerstenberger, Heide: Ein globalisiertes Gewerbe, in: Gerstenberger, Heide/Welke, Ulrich (Hrsg.): Seefahrt im Zeichen der Globalisierung, Münster 2002, S. 10-42

Gibbon, P./Thompsen, L. (2002): Scandinavian Clothing Retailers' Global Sourcing Patterns And Practices, Copenhagen, Center For Development Research, Working Paper 02.14.

Gillett, B.; Miller, L.: A heuristic algorithm for the vehicle dispatching problem, in: Operations Research Quarterly 22 (1974), S. 340-349

Gleißner, Harald: Logistikkooperationen zwischen Industrie und Handel, Diss. Universität Kassel 2000, Göttingen 2000

Gnirke, K.: Internationales Logistikmanagement, Wiesbaden 1998

Godard, Jean (2001): Implementing A Gobal E-Commerce Solution For The Air Freight industry, Vortrag Auf Dem 12. internationalen Luftfrachttag in Frankfurt, 11.10.2001

Göpfert, Ingrid: Logistik: Führungskonzeption, München 2000

Göpfert, Ingrid; Grünert, Marc: Logistiknetze der Zukunft. Das neue Hersteller-Zulieferer-Verhältnis in der Automobilindustrie, in: Göpfert, Ingrid (Hrsg.): Logistik der Zukunft – Logistics fort he Future, 4. Aufl., Wiesbaden 2006, S. 127-166

Göpfert, Ingrid; Neher, Axel: Supply Chain Controlling: Wissenschaftliche Konzeptionen und praktische Umsetzungen, in: Logistik Management, Heft 3/2002, S. 34-44

Gottlieb, Bill (2000): Allianzen zwischen Airlines und Spediteuren Gehört die Zukunft, in: DVZ Nr. 114 vom 23. Sept. 2000, S. 14

Grandjot, H.-H. (1998): Leitfaden Luftfracht, München 1998

Grause, Frank: Günstige Bilanz, in: Eurocargo, Heft 11/2003, S. 19

Gudehus, T.: Kommissioniersysteme, in: Arnold, D. u.a. (Hrsg.): Handbuch der Logistik, Berlin 2004

Günther, H.-O., H. Tempelmeier: Produktion und Logistik, 7. Auflage, Berlin 2007

Günther, Hans-Otto; Mattfeld, Dirk; Suhl, Leena (Hrsg.): Management logistischer Netzwerke, Heidelberg 2007

Gutenberg, E.: Grundlagen der Betriebswirtschaftlehre, Band 1, Die Produktion, Berlin, 24. Aufl. 1983

Habel, D.: Automation oder optimierte manuelle Kommissionierung?; in: 21. Deutscher Logistikkongress Berlin, S. 346-355, Deutscher Verkehrsverlag, Hamburg, 2004

Hallier, B.: Probleme der innerstädtischen Distribution, in: Distribution, Heft 9/1993, S. 12-16

Hallier, B.: Wird ECR zum Club der Großen?, in: v.d. Heydt, Andreas (Hrsg.): Handbuch Efficient Consumer Response, München 1999, S. 55-61

Hansen, Hans Robert; Neumann, Gustaf: Wirtschaftsinformatik I, 8. Auflage, Stuttgart 2001

Hansen, U.: Entsorgung und Kreislaufwirtschaft in: Arnold, D. u.a. (Hrsg.): Handbuch der Logistik, Berlin 2004

Hector, B. und J. Knorre: Paletten-Handbuch, Hamburg 2000

Hector, D. (Hrsg.): Handbuch zur Maut, Hamburg, Verkehrsverlag 2004

Helldorf, Wolf-Dietrich von (2000): Air Cargo As An integral Link in The Supply Of Materials To industrial Companies, in: Logistik Forum Duisburg (Statements) 2000, Abschnitt: E1

Henning, M.: Kooperationsmöglichkeiten zwischen Industrie und Handel im Bereich der Logistik, Diplomarbeit, Univ. Kassel 1995

Heptner, Klaus: Outsourcing logistischer Dienstleistungen, in: Gestaltung logistischer Kooperationen, Euroforum Konferenz am 28. und 29.4.1998, Düsseldorf 1998

Heydt, V.D., Andreas (Hrsg.): Handbuch Efficient Consumer Response, München 1999

Hillemeyer, J.: Logistiker leiden unter Strukturwandel, in: Lebensmittelzeitung, Nr. 52, 28.12.2001, S. 19

Holler, Klaus (2002): Qualitätsprojekt "Best in Hub" beim LH Cargo Center, Vortrag auf dem 5. Kasseler Logistikforum am 14. März 2002, in: Vahrenkamp, Richard (Hrsg.): Qualitätsmanagement in der Supply Chain, Ergebnisse des 5. Kasseler Logistikforums, Kassel 2002

Hürlimann, Gisela: The "Techno-Sociology of Risks": railway safety, automation and high speed and the perception of public security and social risks, 1960s to 2000, Vortrag auf 4th International Conference on the History of Transport, Traffic and Mobility (T2M), Paris and Marne-la Vallée, 28th September-1st October 2006

IATA (Hrsg.): Air Cargo Annual, Montreal 2001

IATA (Hrsg.): World Air Transport Statistics, Montreal 2002

Ihde, Gösta B.: Ersatzteillogistik, 3.A., München 1999

Ihde, G.; Kloster, T.: Netzeffekte in Logistiksystemen, in: Logistik-Management, Jahrgang 3, Heft 2, 2001, S. 25-34

Ihde, Gösta B. (2001): Transport, Verkehr, Logistik, 3. Aufl., München 2001

Inderfurth, K. Jensen, T.: Lagerbestandsmanagement, in: D. Arnold u.a. (Hrsg.): Handbuch der Logistik, Berlin 2004, S. A 3-62

Institut der Deutschen Wirtschaft (1997): Internationalisierung des Einkaufs, Köln.

Institut für Seeverkehrswirtschaft und Logistik (ISL): Shipping Statistics and Market Review (SSMR), Heft 6/2004

Irrgang, W.: Vertikales Marketing im Wandel, München 1993
Irrgang, R.: Das Logistikzentrum Libri in Bad Hersfeld, in: Logistik Heute, Heft 5, 2001, S. 24-26
Isermann, H. (Hrsg.): Sonderheft Verpackungslogistik, OR-Spektrum 1991, Heft 4
Isermann, Heinz: Stauraumplanung, in: Isermann, Heinz (Hrsg.): Logistik - Die Gestaltung von Logistiksystemen. 2. Aufl. Landsberg/Lech: Moderne Industrie, 1998A, S. 245-286.
Isermann, Heinz; Houtman, Joachim: Entsorgungslogistik, in: Isermann, Heinz (Hrsg.): Logistik - Die Gestaltung von Logistiksystemen. 2. Aufl. Landsberg/Lech: Moderne Industrie, 1998, S. 303-320.
Isermann, Heinz (Hrsg.): Logistik - Die Gestaltung von Logistiksystemen. 2. Aufl. Landsberg/Lech: Moderne Industrie, 1998Isermann, H. u.a. (Hrsg.): Handbuch Logistik, Berlin, 2004
Isermann, H.: Märkte des Straßengüterverkehrs, in: Arnold, D. u.a. (Hrsg.): Handbuch der Logistik, Berlin 2004
Jacquemin, Mark, Eric Sucky, Richard Pibernik (Hrsg.): Quantitative Methoden der Logistik, Festschrift für Heinz Isermann, Hamburg 2006
Jansen, Jean (2001): Time Definite Revolution in The Airfreight industry, Vortrag auf dem 12. internationalen Luftfrachttag in Frankfurt, 11.10.2001
Jansen, Rolf; Mannel, André: RFID-Technologie: Wer soll das bezahlen? Wer hat so viel Geld?, in: Beschaffung aktuell, Heft 10/2004, S. 42-44
Juds, Cornelia: EDV-gestützte Auftragsabwicklung und Tourenplanung in der Entsorgungswirtschaft, IVU Berlin, 1996
Jünemann, R.: Materialfluß und Logistik, Berlin 1989
Kaplan, Robert S.; Norton, David P.: Balanced Scorecard, Stuttgart 1997
Karp, A.: Airlines Pairing off, in: Air Cargo World, Jan. 2004A, S. 20-24
Karp, A.: Expedited Freight's Ground Game, Air Cargo World Online 2004
Katz, M. and C. Shapiro: Network Externalities, Competition and Compatibility, in: American Economic Review, Vol. 75, 1985, S. 424-440
Kaufmann, L./Hahn, D. (Hrsg.): Industrielles Beschaffungsmanagement, 2.A., Wiesbaden 2002
Kelton, W.D. et al.: Simulation with Arena, Boston 2002
Kerkhoff, Gerd: Zukunftschance Global Sourcing. China, Indien, Osteuropa-Ertragspotentiale der internationalen Beschaffung nutzen, Weinheim 2005
Kilger, Wolfgang; Pampel, Jochen; Vikas, Kurt: Flexible Plankostenrechnung und Deckungsbeitragsrechnung, 11.A., Wiesbaden 2002
Kilimann, Jens (Hrsg.): Efficient Consumer Response, Stuttgart 1998
Kirsch, W., I. Bamberger, E. Gabele, H. Klein: Betriebswirtschaftliche Logistik, Wiesbaden 1973
Klaus, P.: Jenseits der Funktionslogistik: Der Prozeßansatz, in: Isermann 1998, S. 331-348
Klaus, P.: Nabe-Speiche-Verkehrssysteme, GVB-Schriftenreihe, Band 17, Frankfurt 1988
Klaus, P.: Top 100 der Logistik, Hamburg 2003
Klein, N. (2001): No Logo, München.
Klophaus, Richard: Elektronische Marktplätze für die Luftfrachtbranche, in: Internationales Verkehrswesen 2001; Heft 6, S. 304-306
Klose, A., M. Speranza und L. Van Wassenhove (Hrsg.): Quantitative Approaches to Distribution Logistics and Supply Chain Management, Berlin 2002
Knorr, Andreas; Schauf, Tobias; Wohlmuth, Karl (Hrsg.): See- und Luftverkehrsmärkte im Umbruch Weltwirtschaftliche Strukturveränderungen auf strategischen Märkten, Münster 2004
Köhler, W.: Standort- und Lageroptimierung bei einem IT-Distributor, Vortrag auf dem 9. Osnabrücker Logistiktag, 2001
Kopfer, H. und Jörn Schönberger: adaptive Optimierung: Selbststeuernde Anpassung einer operativen Transportkostenoptimierung an strategische Qualitätsziele, in: Jacquemin, Mark, Eric Sucky, Richard Pibernik (Hrsg.): Quantitative Methoden der Logistik und des Supply Chain Managment : Festschrift für Heinz Isermann, Hamburg 2006, S. 321-338
Koppelmann, Udo (Hrsg.): Outsourcing, Stuttgart 1996
Kotzab, H.: Neue Konzepte der Distributionslogistik von Handelsunternehmen, Wiesbaden 1997
Kotzab, H.: Miniaturisierung der Produkte und ausgereiftes Logistikmanagement reduzieren das Transportvolumen, in: Wirtschaftspolitische Blätter 1/2003
Kotzab, H.: Kritische Erörterung des Collaborative Planning, Forecasting and Replenishment-Ansatzes aus der Sicht des Supply Chain Controlling, in: Stölzle, Wolfgang/Andreas Otto (Hrsg.): Supply Chain Controlling in Theorie und Praxis. Aktuelle Konzepte und Unternehmensbeispiele, Wiesbaden, 2003
Kraftfahrt-Bundesamt; Bundesamt für Güterverkehr: Statistische Mitteilungen, Reihe 8: Kraftverkehr, Dezember 2003
Kranke, Andre u.a.: Bausteine der ECR-Welt, ECR-Serie in 13 Teilen, in: Logistik inside, Heft 12/2003-7/2004

Kraus, A. (1998): Luftfracht aus Verlader-Sicht - Erwartungen an Dienstleister steigen, konsequente Kundenorientierung führt zum Erfolg, in: DVZ Nr. 51, 2.Mai 1998, S. 31

Kraus, Michael (2001): Paradigmawechsel in der Luftfracht, Vortrag 6. Airport Logistik Tagung , Stuttgart 4. und 5. Dezember 2001, VDI-Gesellschaft Fördertechnik, Materialfluss, Logistik

Krokowski, Wilfried: Praxishandbuch Einkauf, Hannoversch Münden 2004

Krotseng, L. (1997): Global Sourcing, Palm Beach.

Kuehn, A.; Hamburger, M.: A Heuristic Program for Location Warehouses, in: Management Science, 1963, S. 670-684

Kuhn, Axel; Hellingrath, Bernd: Supply Chain Management, Berlin Heidelberg u.a. 2002

Kummer, S.: Logistikcontrolling, in: W. Kern u.a. (Hrsg.): Handwörterbuch Produktionswirtschaft, Stuttgart 1996, Sp.1118-1128

Kummer, S.: Einführung in die Verkehrswirtschaft, Wien 2006

Kummer, S.: Management von Transport- und Lagerrisiken in Supply Chains, in: Vahrenkamp, Richard; Siepermann, Christoph (Hrsg.): Risikomanagement in Supply Chains, Berlin 2007, S. 255-272

Küppers, M.: Die logistische Kette, in: Peilnsteiner und Truszkiewitz 2002, S. 15-25

Kurt Salomon Associates (Hrsg.): Efficient Consumer Response, Washington 1993

Lasch, Rainer und Christian G. Janker: Logistik Management. Innovative Logistikkonzepte Deutscher Universitätsverlag, Wiesbaden 2005

Lasch, Rainer: Quantitative Logistik - Fallstudien : Aufgaben und Lösungen zu Beschaffung, Produktion und Distribution, mit Logistik Toolbox auf CD-ROM, Wiesbaden, Gabler, 2006

Lasch, R. und Christian Janker: Risikoorientiertes Lieferantenmanagement, in: Vahrenkamp, Richard; Siepermann, Christoph (Hrsg.): Risikomanagement in Supply Chains, Berlin 2007, S. 111-132

Laurent, M.: Vertikale Kooperation zwischen Industrie und Handel, Frankfurt 1996

Lee, H. und C. Billington: Material Management in Decentralized Supply Chains, in: Operations Research, Vol. 41, 1993, No. 5

Lee, H. , Padmanabhan, V. und W. Seungjin: The Bullwhip Effect in Supply Chains, in: Sloan Management Review, 1997, Spring, S. 93-102

Lee, H.L.; Whang, S.: Information Sharing in a Supply Chain, Research-Paper No. 1549/1998 der Graduate School of Business at Stanford University, http://gobi.satnford.edu/ResearchPapers/Library/rp1549.pdf

Lempik, M: Warehousing, in: Arnold, D. u.a. (Hrsg.): Handbuch der Logistik, Berlin 2004

Levinson, Marc: The Box – How the Shipping Container made the world smaller and the world economy bigger, Princeton/Oxford 2006

Liebmann, H.-P.: Struktur und Funktionsweise moderner Warenverteilzentren, in: Zentes, J. (Hrsg.): Moderne Distributionskonzepte in der Konsumgüterwirtschaft, Stuttgart 1991

Liebmann, H. u. Joachim Zentes: Handelsmanagement , München 2001

Linnemann, H.: An Econometric Study of International Trade Flows, Amsterdam 1966

Lippe, K.-H.: Stadtverträglicher Wirtschaftsverkehr zur Ver- und Entsorgung. Ansätze des Handels am Beispiel Karstadt, in: KPS Messe- und Ausstellungs GmbH (Hrsg.): Traffic Networks, Kongreßband zum Kongress in Bremen 22. und 23. 7. 1993

Löbbe, K.: Der Standort Deutschland im internationalen Vergleich, Essen 2002

Logma (Hrsg.): Logistische Datensammlung, Dortmund 2003

Lorenz, W.: Leitfaden für Spediteure und Logistiker in Ausbildung und Beruf, Band 1, 19.A., Hamburg 2003 und Band 2, 14.A., Hamburg 2002

Lufthansa (Hrsg.) (1994): Weltluftverkehr, Köln

Lufthansa (Hrsg.) (2001): Weltluftverkehr, Köln

Luhmann, N.: Funktion und Folgen formaler Organisationen, Berlin 1964

Lutz, Harald: An die Lange Leine gelegt, in: DVZ , Nr. 39, 3.4.2004, Sonderbeilage Fuhrparkmanagement, S. 11

Marchant, B.: Distribution, a practical guide to planning and operation, Kogan Page Limited: London, 1996

Maruhn, E. (2002): Import wird stiefmütterlich behandelt, in: DVZ, 16.3.2002

Mattfeld, Dirk C. und Leena Suhl (Hrsg.): Informationssysteme in Transport und Verkehr. DSOR Beiträge zur Wirtschaftsinformatik/DSOR Contributions to Information Systems, Band 4, BoD, Norderstedt, 2006

Mattfeld, Dirk Christian: The management of transshipment terminals: decision support for terminal operations in finished vehicle supply chains, New York, Springer, 2006

Mattfeld, D.: Workshop zur Planung von Distributionsnetzwerken am 21. und 22. Januar 2003 in Wolfsburg, Bremen 2003

Mayer, Gabriela (2001): Strategische Logistikplanung von Hub&Spoke-Systemen, Wiesbaden 2001

Mayrhuber, W.: Luftverkehr Quo Vadis? Herausforderungen durch Wandel von Markt, Service und Technologie, Vortrag Münchener Management Kolloquium 2002Meyer, Angela; Schüler, Peter: Mitteilsame Etiketten: Smart Labels wecken Verkäufer-Wunschträume und Verbraucher-Alpträume, in: c't, Heft 9/2004, S. 122 ff.

Michaletz, T.: Wirtschaftliche Transportketten mit modularen Containern, München 1994

Mol, M./Van Tulder, J./Beije, P. (2002): Global Sourcing – Fad Or Fact?, Working Paper No. ERS-2002-55-ORG, Erasmus Research Institute Of Management, Erasmus Universiteit Rotterdam.

Müller-Daupert, B. und M. Jezusek: Logistikstrategien für Osteuropa, Miebach Logistik, Frankfurt, 2004

Nagel, B.; Riess u. Theis, G.: Der Lieferant on line , Baden-Baden 1990

Nagengast, Johann: Outsourcing von Dienstleistungen industrieller Unternehmen, Hamburg 1997

Navel, H.-C., E. Schaffitzel: Optimierungsansätze innerhalb der Ersatzteillogistik, in: G. Bol, T. Christ, B. Suchanek: Das Potential der Lean-Techniken in der Kraftfahrzeug-Wirtschaft, Frankfurt, VDA, 1995, S. 101-118

Nowicki, Matthias: Logistik-Check: Zum Stand der betriebswirtschaftlichen Logistik in Unternehmen, Dortmund 1992

O.V.: CPFR: Revolution in der Lieferkette, in: Lebensmittel-Zeitung vom 22.1.1999, S. 3

O.V.: Europäische CPFR-Erkenntnisse, http://www.imc-ag.com/newsletter/index/1020031200.html#i1, 2003, abgefragt am 26.2.2004

Oettl, A.: Citylogistik in Paris - Probleme und Lösungsmöglichkeiten, Diplomarbeit , Universität Kassel, 2004

Opgenhoff, Ludger: Kundenbindung von Luftfrachtunternehmen , Diss. Saarbrücken, Aachen 1997

Oska, J.: Logistic Operations in South and East Asia, in: Taylor 1997, S. 21-28

Otto, Andreas und Robert Obermaier: Schaffen Netzwerke Wert? – Eine Analytik zur kausalen Erklärung des Netzeffektes, in: Lasch und Janker 2005, S. 135-148

Otto, Andreas und Kotzab, Herbert: Welchen Beitrag leistet Supply Chain Management? Sechs Perspektiven zur effektiven Leistungsmessung, in: Handbuch Industrielles Beschaffungsmanagement. Hahn, Dietger und Kaufmann, Lutz (Hg.). 2. Auflage. Wiesbaden, 2002

Otto, Andreas und Dionhauser, Andreas: Globales Tracking & Tracing, in: Müller-Hagedorn, L. / Mesch, R. (Hrsg.): Efficient Consumer Response in der Praxis – Fallstudien zu Projekten, Konzepten und Strategien, Frankfurt am Main 2006, S. 107-132

Otremba, M.: Internationale Wettbewerbsfähigkeit im Straßengüterverkehr. Eine Untersuchung zur künftigen Wettbewerbsposition deutscher Straßengüterverkehrsunternehmen nach der EU-Osterweiterung, Edition Logistik, Band 5, Deutscher Verkehrsverlag: Hamburg, 2004

Paperlein, J.: der Sportartikler Puma will bis zum Jahre 2007 die begehrteste Marke der Welt Werden, in: Horizonte, 2002, Heft 12, S. 22.

Peilnsteiner, J. und Truszkiewitz, G.: Handbuch temperaturgeführte Logistik, Hamburg 2002

Pfohl, H.-Chr.; Zöllner, Werner: Effizienzmessung der Logistik, in: Die Betriebswirtschaft, Heft 3/1991, S. 323-339

Pfohl, H.-Chr.: Supply Chain Management: Konzept, Trends, Strategien, Berlin 2000,

Pfohl, H.-Ch. (2004): Logistiksysteme, 7. A., Berlin Heidelberg New York.

Pfohl, H.-Chr. (Hrsg.): Erfolgsfaktor Kooperation in der Logistik. Outsourcing – Beziehungsmanagement – Finanzielle Performance, Berlin 2004,

Picot, A.: Der Transaktionskostenansatz in der Organisationstheorie, in: Die Betriebswirtschaft, Bd. 42, 1982, S. 267-284

Piontek, J. (1993): Internationales Beschaffungsmarketing, Stuttgart.

Port of Rotterdam: Port Statistics 2003

Porter, M. E. (1999): Nationale Wettbewerbsvorteile, Wien

Putzner, L.: Redefining Partnerships, in: Air Cargo World, June 2003, S. 22-25

Rall, B.; Alicke, K.: Lagersysteme, in: Arnold, D. u.a. (Hrsg.): Handbuch der Logistik, Berlin 2004

Reck, M.: C-Teile-Management, in: Arnold, D. u.a. (Hrsg.): Handbuch der Logistik, Berlin 2004

Reichmann, Thomas: Controlling mit Kennzahlen und Managementberichten, 6. A., München 2001

Reim, U.: Kombinierter Verkehr 2002, in: Wirtschaft und Statistik, Heft 1/2004, S. 63-73

Reindl, Martin; Oberniedermaier, Gerhard: E-Logistics: Logistiksysteme und -prozesse im Internetzeitalter, München 2002

Reise, Sönke: Offshore-Containerterminals als Transshipment-Hub, in: Logistik Management, 6. Jahrgang, Heft2, 2004, S.54-67

Riebel, Paul: Probleme einer entscheidungsorientierten Kosten-, Erlös- und Deckungsbeitragsrechnung im Güterkraftverkehrsbetrieb, in: Zeitschrift für Verkehrswissenschaft, 57. Jg. (1986), S. 3-38

Ritter, Sabine: Die GCI Roadmap für EPC/RFID, in: Coorganisation, Heft 2/2004, S. 30-33

Rode, J.: CPFR: Zauberformel für Turbo-ECR, in: Lebensmittel-Zeitung vom 22.2.1999, S. 50-51

Rode, J.; Weber, B.: Es wird ernst mit CPFR in Europa, in: Seifert, D. (Hrsg.): Collaborative Planning, Forecasting and Replenishment – Ein neues Konzept für state-of-the-art Supply Chain Management, Bonn 2002a, S. 259-263

Rode, J.; Weber, B.: Es wird ernst mit den kooperativen Prognosen, http://www.lz-net.de, 2002b, abgefragt am 12.12.2002

Rosenbloom, B. Marketing Channels A management view, The Dryden Press: Orlando, 6. Auflage, 1999

Rosenthal, G.: Realisierung einer ganzheitlichen Logistikkonzeption in den Pfanni Werken Otto Eckart KG, in: Pfohl 1991A

Rudnitzki, J.: Die Lieferantenkooperation bei DaimlerChrysler, in: Hahn, D., Kaufmann, L.(Hrsg.): Industrielles Beschaffungsmanagement, 2.A., Wiesbaden 2002, S. 614-627

Rudzio, P. und D. Hoffbauer: Eurologistik für Landmaschinenersatzteile, in: Logistik für Unternehmen, Heft 9, 2003, S. 6-8

Sack, Detlev: Lokale Netzwerke im Stress: Güterverkehrszentren zw. kombiniertem Verkehr und Standortkonkurrenz, Berlin, 2002

Schaaf, Oliver (2001): Neue Dienstleistungen im Air Cargo Groundhandling, in: Luftfracht Gewinnt am Boden, VDI Berichte 1634, VDI-Gesellschaft Fördertechnik, Materialfluss, Logistik (Hrsg.), Düsseldorf 2001, S. 1-7

Schäfer-Kunz, Jan; Tewald, Claudia: Make-or-buy-Entscheidungen in der Logistik, Wiesbaden 1998

Schary, P./Skjott-Larsen, T. (2001): Managing The Global Supply Chain, Copenhagen, 2. Auflage

Schlingmann, A.; Müller, H.-W.: Konsequente Nutzung der NVE, in: Coorganisation, Heft 1/2004, S. 18-20

Schmidt, A.: Lagertechniken, in: Schulte, Christof: Lexikon der Logistik, München/Wien 1999

Schneider, P.: Distribution in der Konsumgüterindustrie, München 2002

Schneider-Rusakova, M.: Tourenplanung – Anforderungen und Marktstudie, Diplomarbeit, Universität Kassel 2007

Schönberger, J., H. Kopfer: Planning the Incorporation of Logistic Service Providers to fulfill Precedence- and Time Window-Constrained Transport Requests in a Most Profitable Way, in: B. Fleischmann, A. Klose (eds.): Distribution Logistics: Advanced Solutions to Practical Problems, p.141-158, Springer, 2004

Scholl, A. und M. Weber: Distributionslogistik, in: Zeitschrift für Betriebswirtschaft, 70. Jg., 2000, Heft 10, S. 1109-1132

Scholz, Collin: Supply Chain, in: Süddeutsche Zeitung vom 3.9.2004

Schrader, Kirsten und R. Vahrenkamp: Software für die Stauraumoptimierung bei Verpackung und Beladung, in: Logistik Heute, Heft 9, 2007

Schröer, F.: B.Braun Melsungen AG – Eurologistik, Vortrag Logistiktag Bad Hersfeld, 2004

Schüler, Peter: Dem Verbraucher eine Wahl schaffen: Risiken der RFID-Technik aus Bürgersicht, in: c't, Heft 9/2004, S. 130 ff.

Schulte, C.: Logistik, 4. A., München 2005

Seifert, Dirk: Efficient Consumer Response, 2.A., München/Mering 2001

Seifert, D.: CPFR als neuer Strategieansatz, in: Seifert, D. (Hrsg.): Collaborative Planning, Forecasting and Replenishment – Ein neues Konzept für state-of-the-art Supply Chain Management, Bonn 2002, S. 55-88

Seuring, S.: Strategy and Organization in Supply Chains, Heidelberg 2003

Siegmund, Heiner (2001): Primus der Luftfrachtspediteure, in: Aero international 2001, Heft 10, S. 68-70

Siek, K, E. Erkens, H. Kopfer: Anforderungen an Systeme zur Fahrzeugkommunikation im Straßengüterverkehr, in: Logistik Management, Jahrgang 5, Heft 2/2003, pp37-48

Siepermann, Christoph: Das Outsourcing von Logistikdienstleistungen, in: WISU – Heft 8-9/2002, S. 1049-1051

Siepermann, Christoph: Die Balanced Scorecard in der Logistik, in: Controller Magazin, Heft 4/2003a, S. 318-324

Siepermann, Christoph: Logistikleistungen, in: WISU, Heft 8-9/2003b, S. 1015-1017

Siepermann, Christoph: Stand und Entwicklungstendenzen der Krankenhauslogistik in Deutschland, Berlin 2004

Silver, E. A., D. F. Pyke, Peterson, R.: Inventory Management and Production Planning and Scheduling, New York 1998, 3. Aufl.

Slijkhuis, C.: Flextronics, Electronics Manufacturing Services in Hungary, Vortrag Logistiktag Bad Hersfeld, 2004

Specht, G.: Distributionsmanagement, Stuttgart 1992

Spreitzhofer, G./Heintel, M. (2000): Metro Jakarta, Frankfurt.

Springob, Katrin: RFID/EPC-Umsetzungsnetzwerk, in: Coorganisation, Heft 2/2004, S. 26-29

Stadtler, Hartmut, Christoph Kilger (Hrsg.): Supply Chain Management And Advanced Planning: Concepts, Models, Software And Case Studies, Berlin, 2004,

Staudt, E., H. Kuhnhenn, M. Schroll, J. Interthal: Die Verpackungsverordnung - Auswirkungen eines umweltpolitischen Großexperiments, Arbeitspapier, Bochum 1997
Sterman, John D.: Modeling managerial behaviour: Misperceptions of feedback in a dynamic decision making experiment, in: Management Science, Heft 3, 1989, S. 321-339
Stölzle, Wolfgang; Heusler, Klaus-Felix; Karrer, Michael: Die Integration der Balanced Scorecard in das Supply Chain Management- Konzept (BSCM), in: Logistik-Management, Heft 2-3/2001, S. 73-85
Stölzle, Wolfgang/Andreas Otto (Hrsg.): Supply Chain Controlling in Theorie und Praxis. Aktuelle Konzepte und Unternehmensbeispiele, Wiesbaden, 2003
Stölzle, W.; Karrer, M.: Finanzielle Performance von Logistikkooperationen – Anforderungen und Messkonzepte. In: Pfohl, H.-Chr. (Hrsg.): Erfolgsfaktor Kooperation in der Logistik. Outsourcing – Beziehungsmanagement – Finanzielle Performance. Berlin 2004, S. 167-194.
Stölzle, W.; Heusler, K.F.; Karrer, M.: Erfolgsfaktor Bestandsmanagement. Konzept, Anwendung, Perspektiven. Zürich 2004
Stölzle, Wolfgang: Logistik-Audits, in: Arnold, D. u.a. (Hrsg.): Handbuch der Logistik, Berlin 2004
Stönner, G. (1996): Globale Märkte – Rund um die Uhr durch Luftfracht versorgt. in: Bundesvereinigung Logistik (BVL) E.V. (Hrsg.): 13. Deutscher Logistikkongress, München 1996, S. 826-839
Sucky, Eric: Coordinated order and production policies in supply chains: a bargaining problem, in: OR Spectrum, 2004, Vol. 26, No. 4, S. 493-520.
Sydow, Jörg: Strategische Netzwerke, Wiesbaden 1992
Sydow, Jörg und Guido Möllering: Produktion in Netzwerken: make, buy & cooperate, München, 2004
Szymankiewicz, J: Coca Cola Retail Study, in: Logistics Europe, Okt. 1994, S. 25 - 30
Taylor, D.: European Distribution Strategy, 1997B, in: Taylor 1997, S. 29-37
Taylor, D.: Global Cases in Logistics and Supply Chain Management, London 1997
ten Hompel, M.: Architekur eines offenen Lagerverwaltungssystems, Vortrag auf dem Wissenschaftssymposium des Bundesverbandes Logistik, 2002 in Magdeburg
Thaler, K.: Lieferabrufsysteme, in: J. Bloech und K. Ihde (Hrsg.): Vahlens großes Logistik Lexikon, München 1997, S. 531f
Thiermann, Jens: Erfolg nach dem Minimalprinzip, in: DVZ – Deutsche Logistik Zeitung, Nr. 39, 3.4.2004, Sonderbeilage Fuhrparkmanagement, S. 3
Thomas, F.: Materialflussverwaltungssysteme, in: Arnold, D. u.a. (Hrsg.): Handbuch der Logistik, Berlin 2004
Timmermann, Carsten F.: von der Börse in die Tasche, in: DVZ – Deutsche Logistik Zeitung, Nr. 88 vom 27.7.2004, Sonderbeilage Speditionsmanagement, S. 9
Treeck, S.: Kooperation von Hersteller und Handel – Erfolgsfaktoren und Hindernisse, Vortrag auf dem 3. Logistics Forum am 20./21.2.2002 in Duisburg, Duisburg 2002
VDA (Hrsg.): Jahresbericht Auto 2003, Frankfurt, 2003
Vahrenkamp, Richard, Dirk Mattfeld: Konfiguration von Logistiknetzwerken, Wiesbaden 2007
Vahrenkamp, Richard; Siepermann, Christoph (Hrsg.): Risikomanagement in Supply Chains, Berlin 2007
Vahrenkamp, R.: Logistik – Management und Strategien, 5. Auflage, München 2005
Vahrenkamp, R.: Produktionsmanagement, 5. Auflage, München 2004
Vahrenkamp, R.: Rivalry and Regulation - The German Cargo Transport Policy 1920-2000, Paper presented at the First International Conference on the History of Transport, Traffic and Mobility (T2M), Thursday 6 – Sunday 9 November 2003, Eindhoven Technical University, 2003A
Vahrenkamp, R. (2002): Die Rolle der Luftfracht in der internationalen Logistik, in: Logistikmanagement, 4. Jg., Heft 4, S. 13-22
Vahrenkamp, R.: Logistikparks – ein neues Marketingkonzept für Paketdienste, in: Wissenschaftssymposium Logistik der Bundesvereinigung Logistik (BVL), Huss-Verlag, München 2002A, S. 371-377
Vahrenkamp, R.: Supply Chain Management, in: Handbuch der Logistik, herausgegeben von J. Weber u.a., Schäffer-Poeschel Verlag Stuttgart, 1999, S. 308 - 321
Vahrenkamp, R. (1999A): Entwurf und Optimierung von Nabe-Speiche-Transportnetzen (Hubs) für die Luftfracht in der Eurologistik, in: Kopfer, H.; Bierwirth, Chr. (Hrsg.): Logistik Management: intelligente I+K-Technologien, Berlin 1999, S. 61-72
Veit, Peter (2001): Warum entsteht am Flughafen Stuttgart ein neues Luftfrachtzentrum?, Vortrag 6. Airport Logistik Tagung, Stuttgart 4. und 5. Dezember 2001, VDI-Gesellschaft Fördertechnik, Materialfluss, Logistik
Vicha, Michaela: Logistiksysteme in der Lebensmitteldistribution, Diplomarbeit, Universität Kassel, 2004
VICS: Collaborative Planning, Forecasting and Replenishment, http://www.cpfr.org/documents/pdf/CPFR_Tab_1.pdf, 2002a, abgefragt am 9.12.2002
Vogell, Klaus: RFID bewegt die Welt, in: Coorganisation, Heft 1/2004, S. 21-24
Vogt, Monika: Tourenplanung in Ballungsgebieten, Diss., Universität Kassel 1998
Voigt, F.: Verkehr, Vol. I/1, Berlin 1965

Vollmann, T.; Berry, W. und D. Whybark: Manufacturing Planning and Control Systems, 3. Aufl., Homewood 2004

Wannenwetsch, Helmut H.; Nicolai, Sascha (Hrsg.): E-Supply-Chain-Management, Wiesbaden 2002

Wäscher, G.: Paletten- und Containerbeladung, in: Arnold, D. u.a. (Hrsg.): Handbuch der Logistik, Berlin 2004

Weber, J. (Hrsg.): Praxis des Logistik-Controlling, Stuttgart 1993

Weber, J. und Kummer, S.: Logistikmanagement, Stuttgart 1994

Weber, J.: Logistik-Controlling, Stuttgart 1995

Weber, J.: Logistikmanagement - Verankerung des Flußprinzips im Führungssystem des Unternehmens, in: Isermann 1998, S. 45-56

Weber, J.: Logistik- und Supply Chain Controlling, 5. A., Stuttgart 2002a

Weber, J.: Logistikkostenrechnung, 2.A. Berlin Heidelberg u.a. 2002b

Weber, Jürgen; Bacher, Andreas; Groll, Marcus: Konzeption einer Balanced Scorecard für das Controlling von unternehmensübergreifenden Supply Chains, in: Kostenrechnungspraxis, Heft 3/2002, S. 133-141

Weber, Jürgen; Engelbrecht, Christoph: Outsourcing: In fremden Händen, in: Logistik heute, Heft 9/2002a, S. 38-39

Weber, Jürgen; Engelbrecht, Christoph: Studienergebnisse: Vorteil Outsourcing, in: Logistik heute, Heft 12/2002b, S. 34-36

Weber, Jürgen; Bacher, Andreas; Groll, Marcus: Steuerung der Supply Chain – Aber mit welchen Instrumenten?, Schriftenreihe Advanced Controlling, Band 32, Vallendar 2003

Wehking, K.-H.: Blechverpackungen, in: Rinschede/Wehking, 1995, S.235-244

Weka Praxis Handbuch (1996): Band 3: Expressdienste als Partner in der Logistik, Augsburg 1996

Welke, Ulrich: Ladepläne und Fahrpläne, in: Gerstenberger, Heide/Welke, Ulrich (Hrsg.): Seefahrt im Zeichen der Globalisierung, Münster 2002, S. 136-145.

Wenz, Birgit (2001): Integrierte Lösung zur Optimierung von Luftfrachttransporten aus Asien nach Europa am Beispiel NOKIA - der Einsatz eines Airlinesystems, Präsentation vom 15. März 2001, 45. Forum BVL Berlin

Werner, Hartmut: Die Balanced Scorecard im Supply Chain Management, Teil I und II, in: Distribution, Heft 4/2000, S. 8-11 und Heft 5/2000, S. 14-15

Wiendahl, H.-P.: Erfolgsfaktor Logistikqualität, Berlin 1996

Wildemann, H.: Behältersysteme. Konzepte zur Optimierung des Behälterkreislaufs, München 1995

Wildemann, Horst; Faust, Peter: Partnerschaft nach Konzept, in: Logistik Heute 10/2004, S. 36-37

Williamson, O.E.: Die ökonomischen Institutionen des Kapitalismus - Unternehmen, Märkte, Kooperationen, Tübingen 1990

Wolfram, Gerd: RFID zur Lösung logistischer Herausforderungen im Handel, in: Bundesvereinigung Logistik (Hrsg.): Kongressband zum 21. Deutschen Logistik-Kongress 2004, Hamburg 2004, S. 70-73

Wood, D.; Barone, A.; Murphy, P.; Wardlow, D. L.: International Logistics, New York 2002

Wörnlein, P. (1997): Sea-Air-Verkehr, in: Bloech, J.; Ihde, G. B (Hrsg.): Vahlens großes Logistiklexikon, München 1997, S. 925

Würmser, Anita: Fourth Party Logistics (4PL): Die neuen Wilden, in: Logistik inside, Heft 1/2001, S. 48-49

Zachcial, Manfred: Neuere Entwicklungen in der Seeverkehrswirtschaft, in: Gerstenberger, Heide/Welke, Ulrich (Hrsg.): Seefahrt im Zeichen der Globalisierung, Münster 2002, S. 43-54

Zachcial, M.: Güterverkehr mit Binnen- und Seeschiffen, Hafenbetrieb, in: Arnold, D. u.a. (Hrsg.): Handbuch der Logistik, Berlin 2004

Zachcial, M.: Märkte der Seeschifffahrt, in: Arnold, D. u.a. (Hrsg.): Handbuch der Logistik, Berlin 2004

Zadek, Hartmut: E-Supply Chain Management in der Automobilindustrie, in: Papae, W.; Rüther, M. (Hrsg.): Die Supply Chain im Zeitalter von E-Business und Global Sourcing, Paderborn 2001, S. 325-338

Zahn, Erich; Barth, Tilmann; Hertweck, A.: Leitfaden zum Outsourcing von unternehmensnahen Dienstleistungen, Stuttgart 1998

Zäpfel, G.: Grundzüge des Produktions- und Logistikmanagements, München 2001

Zäpfel, G.: Sukzessive und simultane Formen der Koordinierung der Material- und Warenflüsse in Lieferketten durch Supply-Chain-Planung, in: Braßler, A. und Corsten H. (Hrsg.): Entwicklungen im Produktionsmanagement, München 2004, S. 183-202

Zeller, T.: Kombinierter Verkehr – die ewige Zukunftshoffnung, in: Harry Niemann und Armin Hermann (Ed.): 100 Jahre LKW, Stuttgart 1997, p. 379-394

Zentes, J.: Strategische Partnerschaften im Handel, Stuttgart 1992

Zentes, J., Janz, M.: Horizontale Kooperationen in der Distributionslogistik, in: Arnold, D. u.a. (Hrsg.): Handbuch der Logistik, Berlin 2004

Zentes, J.: ECR - Eine neue Zauberformel?, in: Töpfer, A. (Hrsg.): Efficient Consumer Response, Heilbronn 1996, S.24-46

Zetlmayer, Heinrich: Technologische Weiterentwicklung sowie notwendige Prozess-, System und Datenintegration, in: Bundesvereinigung Logistik (Hrsg.): Kongressband zum 21. Deutschen Logistik-Kongress 2004, Hamburg 2004, S. 79-83

Zhan, G., W. Murray und D. Scott: Global Sourcing, Multiple Country-Of-Origin Facets, And Consumer Reactions, in: Journal Of Business Research, Vol. 47, 2000, S. 121-133.

Zich, A.: Integrierte Typen- und Teileoptimierung, Diss. Universität Kassel 1996, Wiesbaden 1996

Ziegler, H.-J.: Computergestützte Transport- und Tourenplanung. Ehningen bei Böblingen 1988

Abkürzungsverzeichnis

3PL	Third Party Logistics Provider	GLN	Global Location Number
4PL	Fourth Party Logistics Provider	GNX	Global Net Xchange
AIM	Automatic Identification Manufacturers	GTIN	Global Trade Identification Number
		HTML	Hypertext Markup Language
ADV	Arbeitsgemeinschaft Deutscher Verkehrsflughäfen	HTTP	Hypertext Transfer Protocol
		IATA	International Air Transport Association
APO	Advanced Planner and Optimizer	ICAO	Internationale Zivilluftfahrt-Organisation
ATP	Available to Promise	IFX	Interactive Financial Exchange
B2B	Business to Business	ILN	Internationale Lokationsnummer
BMI	Buyer Managed Inventory	IML	Fraunhofer-Institut für Materialfluss und Logistik
BMS	Business Message Standard		
BRG	Business Requirement Group	IP	Internet Protocol
BW	Business Warehouse	IPA	Fraunhofer-Institut für Produktionstechnik und Automatisierung
CCG	Centrale für Coorganisation		
CD	Cross Docking	ISDN	Integrated Services Digital Network
CDP	Cross Docking Point	ISO	International Organization for Standardization
CEN/ISSS	Comité Européen de Normalisation Information Society Standardization System		
		IT	Informationstechnologie
		IuK	Information und Kommunikation
CEO	Chief Executive Officer	JIS	Just In Sequence
CIDX	Chemical Industry Data Exchange	JIT	Just In Time
CIES	Comité International des Entreprises à Succursales	KMU	kleine und mittlere Unternehmen
		LEH	Lebensmitteleinzelhandel
CIF	Core Interface	LKW	Lastkraftwagen
CPD	Collaborative Product Development	LNP	Logistiknetzplanung
CPFR	Collaborative Planning, Forecasting and Replenishment	LPI	Logistik Prozess Integration
		MDN	Message Disposition Notification
CRM	Customer Relationship Management	MIC	Message Identification Code
CRP	Continous Replenishment Program	MIME	Multipurpose Internet Mail Extension
CSS	Cascading Style Sheet	NAFTA	North American Free Trade Agreement
CSV	Character Separated Values	NVE	Nummer der Versandeinheit
cXML	commerce XML	OASIS	Organization for the Advancement of Structured Information Standards
DIN	Deutsche Industrienorm		
DSD	Direct Store Delivery	ODETTE	Organization for Data Exchange by Teletransmission in Europe
DTA	Datenträgeraustausch		
DTD	Document Type Definition	OEM	Original Equipment Manufacturer
EAI	Enterprise Application Integration	p.a.	pro Jahr
EAN	Internationale Artikelnummer	PGP	Pretty Good Privacy
EANCOM	EDIFACT-Subset des europäischen Handels	PKW	Personenkraftwagen
		PoS	Point of Sale
EBIT	Earnings Before Interest and Taxes	RFID	Radio Frequented Identification
ebMS	electronic business Message Specification	RNIF	RosettaNet Implementation Framework
ebXML	electronic business XML	RoI	Return on Investment
ECAC	European Civil Aviation Conference	RPC	Remote Procedure Call
ECR	Efficient Consumer Response	SC	Supply Chain
EDI	Electronic Data Interchange	SCE	Supply Chain Execution
EDIFACT	Electronic Data Interchange for Administration, Commerce and Transport	SCM	Supply Chain Management
		SCM-SW	Supply Chain Management Software
EPI	Efficient Product Introduction	SCP	Supply Chain Planning
ERP	Enterprise Resource Planning	SEDAS	Standardregelung einheitlicher Datenaustauschsysteme
ESA	Efficient Store Assortment		
EU	Europäische Union	SGML	Standard Generalized Markup Language
EUR	Euro	SINFOS	Stammdaten-Informationssystem
FIDX	Furniture Industry Data Exchange	SMTP	Simple Mail Transfer Protocol
FMI	Food Marketing Institute	SOAP	Simple Object Access Protocol
FTP	File Transfer Protocol	SSCC	Serial Shipping Container Code
GCI	Global Commerce Initiative	SWIFT	Society for Worldwide Interbank Financial Telecommunications
GDD	Global Data Dictionary		
GDSN	Global Data Synchronization Network	T&T	Tracking and Tracing

TCP/IP	Transmission Control Protocol/Internet Protocol
TDSN	Transora Data Synchronization Network
UCC	Uniform Code Council
UDEX	Universal Descriptor EXchange
UIRR	Union Internationale Rail-Route
ULD	Unit Load Device
UN/CEFACT	United Nations Centre for Faciliation and Electronic Business
URL	Uniform Ressource Locator
USA	United States of America
USD	US-Dollar
VAN	Value Added Network
VDA	Verband der Automobilindustrie
VMI	Vendor Managed Inventory
W3C	World Wide Web Consortium
WIM	World Wide Item Management
WTO	World Trade Organisation
WWW	World Wide Web
XML	eXtended Markup Language
XSL	eXtensible Style Sheet Language

»Grundlegend, hilfreich, bewährt.«

Hans Corsten
Produktionswirtschaft
Einführung in das industrielle
Produktionsmanagement

11., vollst. überarb. Aufl. 2007 | XIX, 647 S. | gebunden
€ 39,80 | ISBN 978-3-486-58298-7
Lehr- und Handbücher der Betriebswirtschaftslehre,
(Reihenherausgeber: Hans Corsten)

Dieses Lehrbuch gibt dem an produktionswirtschaftlichen Fragestellungen interessierten Studenten eine Einführung in das industrielle Produktionsmanagement. Neben den Grundlagen der Produktionswirtschaft werden Aspekte der Produktionsprogramm-, Potential- und Prozessgestaltung und darüber hinaus verschiedene Integrative Ansätze diskutiert.

Das Buch richtet sich sowohl an Studenten des Grundstudiums als auch an diejenigen, die im Rahmen einer speziellen Betriebswirtschaftslehre im Hauptstudium produktionswirtschaftliche Problemstellungen vertiefen möchten.

Insbesondere im Rahmen einer Klausurvorbereitung ist es als Nachschlagewerk sehr nützlich. Zudem sind die umfangreichen Quellenangaben für einen tieferen Einstieg in bestimmte Sachverhalte äußerst hilfreich.

O. Univ.-Prof. Dr. habil. Hans Corsten ist seit September 1995 Inhaber des Lehrstuhls für Produktionswirtschaft an der Universität Kaiserslautern.

Oldenbourg